¡Re-imagina!

¡Re-imagina!

Tom Peters

La única cosa de la que podemos estar seguros es de la incertidumbre.
Anthony Muh, Citigroup, director de inversiones en Asia

Si no te gusta el cambio, te va a gustar menos aún la irrelevancia.
General Eric Shinseki, Jefe de Estado Mayor del Ejército de EE.UU.

Un libro de Dorling Kindersley
Publicado por **Pearson Educación**

Para Susan

¡Re-imagina!

Todos los derechos reservados.
No está permitida la reproducción total o parcial de esta obra ni su tratamiento o transmisión por cualquier medio o método sin autorización escrita de la Editorial.

Traducido de: *Re-imagine!*
Copyright © 2003 Dorling Kindersley Limited
Copyright del texto © 2003 Tom Peters
ISBN: 1405300493

DE ESTA EDICIÓN:
© 2006, PEARSON EDUCACIÓN, S. A.
Ribera del Loira, 28
28042 Madrid

ISBN: 84-205-4997-5

Traducción: Francisco Ortiz Chaparro
Edición española:
  Adriana Gómez-Arnau y Mónica Santos
Revisión: César Alonso
Coordinación de producción: José Antonio Clares

Guía del lector...

1. ORGANIZACIÓN DEL LIBRO...

El libro está dividido en lo que llamo texto principal y entradillas. El texto principal es el nudo lógico de la disertación de cada capítulo. Las entradillas proporcionan ejemplos y observaciones intencionadas que corroboran el texto principal. Sumérgete en ellos como quieras. (Consejo: me gustan más las entradillas que el texto principal... pero, entonces, no soy un tipo lineal).

2. ICONOS...

Verás iconos en una banda roja encima de algunas de las entradillas. Mira a la derecha la guía de esos iconos.

3. MÁS ALLÁ DEL TEXTO...

Vivimos tiempos locos. Y con este libro hemos tratado de provocar reimaginaciones. Hemos impulsado todas las que hemos podido y algunas más. El libro no es definitivamente la última palabra y esperamos que te sientas lo suficientemente comprometido, quizás lo suficientemente enfadado, como para reaccionar. Para ... ENTABLAR UN DIÁLOGO.

Nuestro medio:

tompeters.com/reimagine

¡Por favor, entra en contacto y permanece en contacto! Grita, por favor. (O despotrica). Comparte, por favor, tus victorias y derrotas. En resumen, vamos a discutir —sin barreras— todo condenado tema de este libro.

4. PARA LOS CURIOSOS...

En tompeters.com encontrarás también notas detalladas sobre los temas y datos de este libro. Y en el sitio de los amigos guays (tompeters.com/coolfriends) encontrarás entrevistas en profundidad con muchas de las personas que cito en el libro. Para mantenerte al corriente de mis últimas divagaciones y reimaginaciones, debes ver o descargar las transparencias en PowerPoint que coloco inmediatamente después de cada una de las 80 o más conferencias que doy cada año (tompeters.com/slides).

Signo de exclamación: se trata, generalmente, de una breve historia que apoya y a menudo complementa un tema del texto principal. Otras veces es un ejemplo del tema del capítulo.

Comillas: una cita *cool* de alguien del mundo de los negocios, ¡O de cualquier otro mundo!

Libro: ¡Compra el libro! ¡Léelo! A mí me ha influido; también te puede influir a ti.

Mano que señala hacia la izquierda: recordatorio de un tema tratado con anterioridad.

Mano que señala hacia la derecha: tratamiento previo de un tema que se tratará más extensamente más adelante.

Dos manos apuntándose entre sí: hemos colocado este icono encima de los resúmenes cortos. El texto que hay debajo es una recapitulación de lo que se ha dicho anteriormente; también sirve como punto de partida de algo que se trata más adelante.

Contenido

Prólogo: **estoy rematadamente loco**

El decano finge

En 2002, traté (sin éxito) de hacer que la Universidad de Stanford me dejase retractarme de mi MBA.

La razón de ello era que, cuando me licencié, el decano de la escuela de negocios era Robert Jaedicke. Al mismo tiempo, era profesor de contabilidad y me dio clase del curso avanzado de contabilidad cuando fui estudiante. La última vez que vi a Jaedicke fue 30 años más tarde, en la televisión. Estaba testificando sobre su implicación en el fiasco de Enron. No sólo fue miembro del consejo de Enron, sino que fue presidente del comité de auditoría del consejo. Pero, aún así, ¡afirmaba que no tenía indicios de la carga de transacciones peculiares que dieron al traste con la empresa!

El que un tipo que trabajó como jefe de *auditoría* de Enron... el último bastión de la contabilidad... invoque en su defensa la falta de indicios, te hace preguntarte: ¿tenía algún indicio de la falta de utilidad de la carrera en la escuela donde había sido decano?, ¿tenía alguna clave de las lecciones que podía yo sacar de su curso "avanzado" de contabilidad?

No es necesario que diga que mi concepto de los MBA y de la formación tradicional de las escuelas de negocios se hizo aún más amargo de lo que ya era (lo que es mucho decir). Lo mismo vale para mi visión de las "prácticas empresariales concertadas" en general.

Como veis, se trata de un tema personal. Pero ocurre que la empresa es algo personal... y no una abstracción.

¡Ése es el principal tema de este libro!

¡Estoy rematadamente loco!

Cuando escribo esto, tengo 60 años. He estado a mi "rollo" durante más de un cuarto de siglo. He alcanzado un cierto reconocimiento. Llegado a este punto, no tengo por qué escribir un libro. Mis conferencias y mis actividades como consultor me mantienen ocupado hasta la saturación, y más aún. ¿Entonces, por qué estoy sentado, inclinado sobre una mesa de trabajo improvisada... en un magnífico día de julio, en Martha's Vineyard... dándole a la manivela del libro número 11?

Porque estoy cabreado.

Ocurre que todo tipo de innovación procede; no de estudios de mercado o de grupos perfectamente formados, sino de personas cabreadas. De personas que no pueden soportar la opacidad de los informes financieros actuales. De personas que rabian cuando la base de datos de la CIA no se conecta con la base de datos del FBI. Personas que levantan las manos en ademán de frustración cuando el trocito de papel se cae de sus libros de himnos (y que, como consecuencia, se dedican a inventar las hojitas Post-it).

Mi viejo amigo Bob Waterman, coautor de *En busca de la excelencia*, dijo una vez a un periodista: "Tom no se siente feliz hasta que no se vuelve rematadamente loco por algo".

Absolutamente cierto. Y ahora, precisamente, estoy más que rematadamente loco. Me tiene loco el hecho de que yo (y muchas más personas mucho más inteligentes que yo) haya estado clamando, dando alaridos, chillando por las prácticas de bancarrota empresarial durante 25 o 30 años... generalmente en vano.

Cada capítulo de este libro comienza con un "grita".

Mi grito de conjunto, resumido, es: *generalmente, las personas que trabajan... en la empresa y en el gobierno... son bien intencionadas. Les gusta hacer cosas. Estar al servicio de los demás.*

Pero se sienten frustradas... a cada paso... por las absurdas barreras organizativas... y por los egos de los pequeños tiranos (sean directivos medios, coroneles del ejército, o inspectores de enseñanza).

En *Zero Space: Moving Beyond Organizational Limits*, de Frank Lekanne Deprez & René Tissen, aparece una expresión elocuente de ese mensaje:

"Las organizaciones que creamos se han convertido en tiranas. Se han hecho con el control, nos mantienen trabados, crean barreras que entorpecen, en lugar de ayudar, a nuestras empresas. Las líneas que trazamos en nuestros diagramas organizativos se han convertido en muros que nadie puede escalar o penetrar o en los que no se puede ni mirar por encima."

Sí, muros. Barreras. Tiranas.

¿Podemos recuperar el control...?

Pero yo (nosotros) no tengo que soportarlo más

Han tirado una gran cantidad de yogur al ventilador. Nos inquieta la seguridad (el terrorismo global, incluido el uso potencial de armas de destrucción masiva). La globalización ha resultado ser una bendición, un objetivo respetable, pero embrollado y extremadamente escabroso por lo que se refiere a su impacto inmediato. Las *tsunamis* del cambio tecnológico nos engullen y nos confunden. Los CEO caen como moscas, no sólo a causa de pésimos planes estratégicos, sino como consecuencia de hechos delictivos. Muchas personas han sido estafadas, incluyendo, por citar un ejemplo particularmente desagradable, miles de ellas que confiaron en el consejo directivo de la empresa y habían incluido a Enron entre los "activos" de sus planes de pensiones.

Y, luego, *esta* la nueva economía.

¿Te cambiarías por tu abuelo? ¿Querrías trabajar 11 brutales horas al día... en Bethlehem Steel, en una factoría de Ford, alrededor de 1935? Yo no. No querría cambiarme por mi padre... que trabajó en un lugar donde se explotaba a los obreros de cuello blanco, en la misma empresa, en el mismo edificio, durante 41 largos años.

Está en camino una revolución en el trabajo. Ninguna persona sensata espera ya pasar toda su vida en una empresa solamente. Algunos llaman a este cambio "el final de la responsabilidad corporativa". Yo lo llamo el "comienzo de la renovación de la responsabilidad individual". Una oportunidad extraordinaria para hacernos cargo de nuestras vidas.

Necesitamos políticas públicas radicalmente diferentes para hacer viable esta nueva oportunidad. Por ejemplo, sistemas de salud universales y no ligados a la empresa. Abundantes y perpetuas oportunidades de formación continua, financiadas en parte por el gobierno. Pensiones auto gestionadas e independientes del empleador de cada uno.

Pero, sobre todo, necesitamos la pasión, la voluntad y el conocimiento para asumir la responsabilidad que está recayendo sobre nosotros, sea bienvenida o no.

¡Déjame a mí al cargo! Hazme presidente y CEO de Yo, S.A. ¡Eso es lo que pido! (Lo que ruego, de hecho).

Amo a la empresa en su mejor forma. A la que trata de incentivar el crecimiento y proporcionar servicios excitantes a sus clientes y oportunidades excitantes a sus empleados. Amo especialmente a las empresas en este momento de cambio continuo. Este momento auténticamente mágico, aunque terrorífico en muchos aspectos.

Empresa guay: No Opcional

No soy un optimista inveterado. He corrido mucho mundo (y lo sigo corriendo). Hace ya tiempo que la brutal realidad redujo a polvo mis cristales color de rosa.

Pero sigo estando esperanzado. No esperanzado en que los seres humanos se hagan mejores... o en que el diablo se evapore... o en que la avaricia deje de existir. Pero estoy esperanzado en que las personas de la nueva economía vean el poder que se deriva de asumir la responsabilidad de sus propias vidas profesionales. Y estoy esperanzado en que encuentren también placer en el hecho de desplegar su instintiva curiosidad y efectividad, que se han visto tan eficazmente sofocadas por las escuelas y las corporaciones.

La noticia desagradable: esto No Es Opcional. El microchip colonizará todas las actividades en que se emplea la memoria. Y tendremos que esforzarnos por reinventarnos a nosotros mismos, al igual que lo hicimos cuando dejamos la granja y fuimos a las fábricas, y cuando fuimos arrojados de las fábricas al mundo de las torres llenas de trabajadores de cuello blanco.

La noticia excitante (tal como yo la veo): esto No Es Opcional. El *tu* y el *yo* reinventados no tendrán otra elección que luchar y añadir valor de alguna forma significativa.

Cada capítulo de este libro se abre con un "grita", seguido de una "visión".

Mi visión general, resumida: *la empresa es guay. Se ocupa de la creatividad y de la invención y del crecimiento y del servicio. Trata de la "mano invisible" de Adam Smith. Y del "proceso de descubrimiento espontáneo" del premio Nobel Frederich Hayek. Y de los "huracanes de destrucción creativa" de Joseph Schumpeter. En su mejor expresión, trata de hacer cosas que hacen la vida menos onerosa de lo que lo fue en los tiempos medievales. Y de hacernos ir más allá —mucho, mucho, mucho más allá— de la casi esclavitud de la Edad Media, de la servidumbre amarrada por un contrato de los primeros 150 años de la revolución industrial y de la esclavitud del cubículo de los últimos tres cuartos de siglo.*

Sí, la empresa es guay.

(O, al menos, puede serlo).

Los colores del arco iris: compadécete del pobre marrón

Winston Churchill dijo una cosa sobre el marrón. Yo también. El salvador de la civilización occidental dijo una vez: "No puedo pretender ser imparcial con los colores. Me regocijo con los brillantes y me apena el pobre marrón".

Amén.

Me gusta el color en tecnicolor. Me gusta en particular el rojo brillante. El logo de mi empresa, que me costó dos años diseñar, es un signo de exclamación en rojo brillante. Pantone PMS 032.

Disfruto también con el lenguaje en tecnicolor.

Pero "lo mío" es fría lógica y no prejuicio personal.

Fría lógica:

1. Vivimos en tiempos de tecnicolor (sin duda alguna). Por eso...
2. *Se piden* palabras en tecnicolor e ideas en tecnicolor y acciones en tecnicolor.
3. C.Q.D.

Las iniciativas son para los caguetas

Voy a hablar de las mujeres como una fuente deplorablemente no resaltada de líderes eficaces, y de vender cosas a las mujeres como oportunidad de mercado número 1. No sugeriré una "iniciativa de las mujeres". Sugeriré que cambies toda-tu-condenada-empresa de Arriba a Abajo —¡Ya!— para adoptar el tema del extraordinariamente alto potencial de las mujeres.

Yo no creo en las "iniciativas" (*no tienen* color). Creo en Los Asaltos Plenos... a las Enormes Oportunidades (que están *llenas* de color).

Jack Welch dirigió la GE... brillantemente... durante dos décadas. Cambió las reglas. Se pueden señalar sus 20 años al mando como Épocas: destruir la burocracia, perseguir la calidad, adoptar Internet, etc. Pero yo defiendo que no se trataba de "iniciativas". Fueron... Grandes Asaltos en Tecnicolor a las Grandes Oportunidades.

Si no ves las cosas en tecnicolor... bien... has elegido al autor equivocado, al editor equivocado y el libro equivocado.

¡Prepárate!

¡Diviértete!

¡Compadécete del pobre marrón!

El libro: Tampoco es Opcional

Con 60 años, estoy empezando de nuevo. Mi primer comienzo totalmente de nuevo, según lo veo, desde *En busca de la excelencia*, publicado en 1982. Trabajo con un nuevo editor... un-editor-orientado-al-diseño... Dorling Kindersley. Juntos pretendemos "reinventar el libro de negocios".

¿Audaz? Sí.

¿Egocéntrico? Eso, también.

¿Absurdo? Ya veremos.

Pero eso es exactamente lo que pretendemos hacer.

El mundo "ha recorrido un largo camino, chico", verdaderamente, desde que Bob Waterman y yo escribimos *En busca de la excelencia*, hace más de 20 años. Pero aún tiene que recorrer un camino mucho, mucho más largo. Y a medida que las nuevas tecnologías comienzan (¡sí, "comienzan"!) a poner de manifiesto su increíble potencial, aprendemos cada día que sólo hemos empezado (¡sí, "empezado"!) a reinventar las probadas-y-ciertas reglas del *management* que algunos de nosotros empezamos a poner en cuestión en torno a 1980.

Creo honestamente en que has tenido que estar loco para no darte cuenta de que estamos en medio de algo grande... muy grande. Y, para reforzar lo obvio: los problemas muy grandes... exigen... soluciones muy grandes.

Soluciones muy grandes para el individuo. Para la unidad organizativa. Para las pequeñas empresas. Para las grandes empresas. Para la escuela. Para los hospitales. Para todos los niveles del gobierno.

Y... para el humilde libro de negocios. De aquí el tomo no tan humilde que tienes en tus manos. Yo no habría tenido que escribir este libro. Y, sin embargo, ... *tuve* que escribir este libro (recuerda: rematadamente loco).

Escribir este libro... No fue Opcional.

La importancia de los libros "de negocios"

Las fuerzas armadas americanas se desenvolvieron brillantemente en Irak en 2003. Pero... créeme... no me duele que gastemos 400.000 millones de dólares al año en defensa... y que los iraquíes, exhaustos por las sanciones, gastasen 1.000 millones al año.

Los yanquis inclinaron la balanza en la Segunda Guerra Mundial. ¿"La generación más grande"? Quizás. (Personalmente, yo elegiría a los revolucionarios de George Washington.) Pero ¿los mayores productores de armas... mediante la economía más grande?

Sí.

¡La empresa importa!

¡La economía importa!

Los británicos dominaron el mundo, desde una pequeña isla, durante cientos de años. Yo, que soy un viejo tipo de la Marina, admiro a la Royal Navy, pero admiro más a las *empresas comerciales británicas emprendedoras*... que la hicieron posible... y sufragaron los barcos de la Royal Navy.

Nuestros submarinos nucleares no tuvieron precio a la hora de defendernos contra los soviéticos durante casi medio siglo. Pero fue... la economía, estúpido... la que hizo ponerse de rodillas a Gorbachov y compañía cuando Ronald Reagan prometió dejarlos económicamente exhaustos con la Guerra de las Estrellas. Se acabó todo. Los soviéticos no tenían los pavos suficientes para jugar en nuestro terreno.

Los libros de negocios son buenos... y malos (por supuesto).

Pero la idea de la Excelencia Empresarial es... incomparable. El hecho es que quien tiene las... mejores prácticas empresariales... y los mercados más competitivos... manda.

¿No me crees?

Pregunta a los alemanes, los británicos y los americanos... que han "inspeccionado" el último medio milenio de la historia.

Olvida la neutralidad

No espero que estés de acuerdo con todo lo que digo aquí. Pero espero que, cuando estés en desacuerdo,... lo estés *airadamente*. Que estés tan cabreado que... Hagas Algo.

HACER ALGO. Esa es la idea esencial, ¿no es cierto? (Compadécete del pobre marrón.) (Reina el tecnicolor.) La gracia de mi historia... de la historia de "el por qué de este libro"... es una lápida. (Gracia, lápida, quizás una extraña yuxtaposición; pero uno piensa en esas cosas cuando llega a los 60.) Se trata de una lápida con el epitafio que más espero evitar. A saber:

> Thomas F. Peters
> 1942-2003
> podía haber hecho
> algunas cosas realmente fantásticas,
> pero su jefe no se lo permitió

¡Oh Señor, no me des ese epitafio! (Y borra amablemente, por favor, lo de "2003" mientras puedas).

Por otra parte, sé que es lo que quiero que rece exactamente mi lápida:

> Thomas F. Peters
> 1942-cuando sea
> Fue un jugador

No, "se hizo rico". No, "se hizo famoso". Ni siquiera "hizo las cosas bien". Sino: "fue un jugador". En otras palabras: no se sentó en la acera... a contemplar pasar al mundo... cuando éste estaba emprendiendo el cambio más profundo de las premisas básicas de los últimos siglos (o del último milenio; o algo así).

Puedes estar de acuerdo o en desacuerdo conmigo en cualquier otra cosa, pero si tienes un grano de integridad o de espíritu o de osadía o de brío o de nervio, debes estar de acuerdo con esto: dejar la acera —ser un jugador— No es Opcional.

Introducción: **nueva guerra, nueva empresa**

El ataque

El 11 de septiembre de 2001, una minúscula banda de fundamentalistas expertos en la comunicación a través de Internet, humillaron a la única superpotencia mundial. Resultó que el FBI, la CIA, un kilotón de tanques y un océano de aviones de transporte y de submarinos nucleares no fueron enemigo para un núcleo apasionado, una comunicación coordinada y unos cuantos *cutters* de 3,19 dólares.

Los terroristas concibieron la más moderna "organización virtual" —rápida, astuta, flexible, decidida—. Y, además, a pesar de sus numerosos errores, los llamados terroristas se hallaron frente a lentos monstruos burocráticos. Como dijo el *Boston Globe* unos cuantos días después del ataque, "en una era en que los terroristas utilizan teléfonos vía satélite y correo electrónico cifrado, los guardabarreras de los Estados Unidos permanecen armados contra ellos con lápiz y papel y con sistemas informáticos arcaicos que no se comunican entre sí".

De hecho, en mi nativa Maryland, un policía estatal había detenido a uno de los 19 terroristas el 9 de septiembre. Pero la base de datos del policía no estaba conectada con la base de datos de la CIA, que hubiera podido informar al poli de que el elemento al que detuvo por una pequeña infracción de tráfico estaba, al parecer, en la lista de terroristas buscados por la agencia. Pero, ¿quién puede sorprenderse? ¡Yo no! La CIA no habla con el FBI. Y nadie, en las remilgadas agencias federales, se hubiera dignado hablar con un palurdo local de Maryland.

El contexto

Este no es un libro sobre la guerra contra el terror. Pero es un libro sobre la guerra contra el terror. Es un libro sobre el fracaso de las organizaciones inventadas para otra era. Como escribió el almirante Bill Owens, ex vicepresidente de la Junta de Jefes de Estado Mayor, "nuestra estructura militar actual es una estructura desarrollada y diseñada esencialmente por Napoleón". Este mismo principio se aplica a la mayor parte de nuestras organizaciones empresariales —con excepciones como Dell y Wal*Mart, que confirman la regla—.

Por lo que se refiere al tema militar, tenemos la estructura perfecta para vérselas con la (antigua) Unión Soviética... y una pésima estructura para enfrentarse con Al Qaeda. De la misma forma, Sears estaba brillantemente equipada para enfrentarse con Montgomery Ward... y absolutamente falta de preparación ante Wal*Mart. IBM clavó en la pared el cuero cabelludo de Control Data, pero se vio desconcertada ante el nuevo chico del bloque, el geniecillo informático Bill Gates. Merrill Lynch llevó a Bull a lo más alto de la colina solamente para llevarse un golpe cuando Charles Schwab llegó y cambió todas las reglas en el negocio de los *brokers*.

(Y así sucesivamente).

El concepto de "organización virtual" es esencial para entender cómo trabaja la nueva empresa. Y repito: los Nuevos Terroristas han demostrado ser maestros en ese concepto. La forma en que nos enfrentemos a las "asociaciones" terroristas es más que relevante para... ver el modo en que la nueva empresa se debe enfrentar a las nuevas formas de competencia.

La expresión "organización virtual" era de la peor especie en el lenguaje de los consultores el 10 de septiembre de 2001, especialmente con las ruinas de las punto com esparcidas por el terreno. Al final de la mañana del 11 de septiembre de 2001, la "organización virtual" era la nueva realidad dominante.

El desafío

"Puede que algún día se diga que el siglo XXI empezó el 11 de septiembre de 2001...

"Al Qaeda... representa un tipo de organización nuevo y enormemente peligroso, un tipo de organización que se podría denominar como un estado virtual... El 11 de septiembre de 2001, un estado virtual demostró que las sociedades modernas son vulnerables como no lo habían sido nunca...

"Estamos entrando en un periodo en el que un pequeño número de personas, que operan sin el patrocinio abierto de un estado, pero que utilizan el enorme poder de las modernas computadoras, de los agentes patógenos biogenéticos, el transporte aéreo e incluso pequeñas armas nucleares, serán capaces de explotar los tremendos flancos vulnerables de las abiertas sociedades contemporáneas" (*Time*, 9 de septiembre de 2002).

La fortaleza más mortífera de los nuevos adversarios de los Estados Unidos es su extrema fluidez, en opinión del secretario de defensa Donald H. Rumsfeld. Las redes terroristas, que no están constreñidas por fronteras definidas, cuarteles generales o fuerzas convencionales, se ven libres para estudiar la forma en que esta nación responde a las amenazas y se adaptan preparándose para lo que es seguro, que va a ser otro ataque, según Mr. Rumsfeld...

"Al Qaeda... cuenta con líderes y presupuestos y con mando y control y ha demostrado que puede infligir un daño terrible, al tiempo que no se la puede atacar en una batalla tradicional.

"En el interior de un Pentágono construido de ladrillos y hormigón y, ahora, resistente a las bombas, con cristales a prueba de roturas, Mr. Rumsfeld se aplica en crear un dispositivo militar de acero y circuitos para que sus fuerzas puedan luchar mejor contra un 'enemigo virtual'.

"La empresa, tal como la conocemos, no lo hará, dijo. La respuesta es desarrollar formas más flexibles y letales para luchar... Las instituciones grandes no son lo suficientemente ágiles para adaptarse, sino pesadas, torpes y lentas. En el otro lado, en el de las redes terroristas, los cambios pueden ser más rápidos, más baratos e invisibles, al menos durante un cierto periodo" (*New York Times*, 3 de septiembre de 2002).

"La revolución industrial fue una revolución de la escala: grandes complejos fabriles, rascacielos y redes de ferrocarril concentran el poder en las manos de dirigentes de grandes territorios: no solamente dirigentes responsables como Bismarck y Disraeli, sino también como Hitler y Stalin. Pero la revolución postindustrial capacita a todo el que tenga un teléfono celular y una bolsa de explosivos. La superioridad militar de los Estados Unidos garantiza que tales adversarios nuevos no luchen según nuestras nociones de justicia: se enfrentarán a nosotros por sorpresa, de una manera asimétrica, golpeándonos en nuestros puntos más débiles" (Robert Kaplan, *Warrior Politics*).

La respuesta

El jefe de Estado Mayor del Ejército norteamericano, Eric Shinseki, estaba empeñado en la revolución, en preparar a su organización para competir en un entorno radicalmente nuevo.

La tarea de transformar el ejército es desalentadora. Denominada RMA —*Revolution in Military Affairs*— comenzó mucho antes del 11 de septiembre, pero, hasta ese día, el esfuerzo por el cambio... y mucho menos por la "revolución"... fue más o menos tibio. Ahora es irresistible la presión para una revisión casi total.

Yo también me inclino totalmente por la revolución.

Y como todo lo militar es tradicionalmente reacio al cambio... y como quiera que se enfrenta a un tipo de amenaza completamente nuevo (y completamente letal)... considero que el tema planteado por Shinseki es apremiante. Muy apremiante.

La apuesta de Shinseki por transformar la forma en que opera el ejército muestra perfectamente el tipo de cambio que debe emprender la empresa privada (junto con la educación, la sanidad, el gobierno civil, etc.)... para que no se encamine por lo que los tácticos militares denominan "hechos sobre el terreno".

Consideremos estos elementos del programa de cambio de Shinseki, en gran parte tal como han sido expuestos por Peter Boyer en su magistral artículo del *New Yorker* "A Different War". (Y para la "formación básica" en la transformación militar, véase el recuadro "Contrastes" al final de esta Introducción.)

1. Nueva estrategia. El ejército —como toda empresa— se adecua lo mejor posible para luchar contra el último oponente. Hasta muy recientemente estaba diseñado perfectamente para enfrentarse a la guerra fría. La estrategia básica era esta: nuestro material pesado frente al material pesado de la Unión Soviética. ¡Y nuestro material pesado era más pesado y mejor!

Todo cambió el 11 del 9.

Ese día nos aportó el hecho de que la próxima guerra no iba a suponer una batalla definitiva contra otra gran máquina de guerra. En lugar de eso, nuestro nuevo destino sería una larga y futura serie de "escaramuzas" con enemigos excepcionalmente evasivos. Solíamos conocer exactamente dónde estaban los chicos malos. Y exactamente cómo eran de grandes sus bazookas. Ahora no sabíamos *dónde* estaban... O *quiénes* eran... O *con qué* estaban armados. (¿*Cutters* como armas de destrucción masiva?) Lo único que sabíamos era su motivación. Una motivación definida por el fanatismo, al contrario de los motivos de la Unión Soviética durante la mayor parte de la guerra fría. (Lenin pudo haber sido un fanático. Pero, ¿nos acordamos de Leonidas Breznev y de Yuri Andropov? ¡No eran fanáticos precisamente! Grandes viejos más conservadores que nuestros grandes viejos. Alabado sea Dios.)

2. Nuevas tácticas. En los "viejos tiempos", la confrontación militar se componía de encuentros cara a cara. Ahora... estamos cambiando de un modelo "directo" a otro "indirecto". De ahí, por un lado, la nueva Brigada Stryker del ejército. De armadura pesada a armadura ligera. Sigilo. Evitar el contacto directo. En palabras de Boyer: "Elegir nuestro momento...

depende en alto grado de la tecnología de la información y de la mejora de la inteligencia, la vigilancia y las capacidades de reconocimiento".

Se habla incluso de "tanques virtuales". (¿Formas, de Silicon Valley?) Un tanque virtual implicaría múltiples partes discretas —una pequeña parte con sensores, otra con armamento—.

¿Inverosímil? Apenas. Recientemente vi una foto de un soldado que llevaba el New Military, equivalente a un Game Controller. Al igual que el adolescente que fue recientemente, el Soldado Moderno guiaba un vehículo de control remoto en una cueva potencialmente mortal en Afganistán.

El ejército ha comprendido la necesidad de este cambio... Una combinación de una mayor flexibilidad en el campo de batalla y de mayor intensidad de información... Pero la puesta en práctica del cambio ha sido extremadamente difícil... por razones "culturales" más que técnicas.

Nuevo lema que sugiero para el Ejército de los Estados Unidos... cortesía de Mohamed Alí:

"Revolotea como una mariposa, *pica como una abeja.*"

3. **Nuevo soldado.** El ejército ha cambiado su eslogan de "sé todo lo que puedas ser" a "soy un ejército de uno". Y, de hecho, en el conflicto de Afganistán, la acción de las "tropas de tierra" de los Estados Unidos apenas se ha parecido a los terribles momentos de la guerra de trincheras de la Primera Guerra Mundial o al asalto de la Segunda Guerra Mundial del tipo del de Iwo Jima. De hecho, nunca superó más de un puñado de individuos en ninguna de las operaciones.

Ciertamente: ejércitos de uno solo.

"Sustituir el blindaje por la información es una noción desconcertante para un soldado de tanques —dijo un general a Mr. Boyer—. Los soldados aprenderán que tener conciencia del campo de batalla puede ser tan reconfortante como el blindaje."

¡Qué cambio! ¡Sí, qué "cambio cultural"! (¿Se puede utilizar ese término en el ejército?) Verse armado con una computadora y un conjunto de sensores es muy diferente de verse blindado por el mayor tanque del mundo. (Contra el nuevo enemigo, el mayor tanque no es muy bueno. Y lo mismo vale para el mayor transporte aéreo o el mayor submarino nuclear.)

4. **Nuevas armas.** En el ejército se solía hablar de "tanques" y de "artillería". Ahora en el ejército se habla de "sistemas de combate futuro". (Sistemas, una gran palabra. Hablaremos mucho de ella más adelante.)

¿Un objeto lleno de bultos (tanque) *vs.* "sistema" (software)? ¿Discusión semántica? ¿O cambio profundo en los puntos de vista? Yo creo que se trata de lo último.

En el sector privado, los anuncios de UPS dicen "dejemos que lo haga el marrón". Es decir, UPS proporciona servicios de sistemas logísticos... de los cuales el viejo camión marrón sólo es una parte (cada vez menor). El "camión marrón" es para UPS (o lo será pronto) como el rifle para el ejército. De la misma forma, la división de cortocircuitos de GE se ha convertido en sistemas industriales GE. Lo que solía ser una operación manufacturera de la vieja economía ahora vende, de puerta en puerta, soluciones intensivas en información para las necesidades de los grandes clientes... Y deja a un lado los cortocircuitos, fabricados en China.

En resumen, el (los) sistema (s) es (son) la solución, y manda el software. Para UPS. Para GE. Para Eric Shisenki y el ejército norteamericano.

5. **Nuevo modelo de mando-y-control.** Contra el nuevo enemigo, nuestra vulnerabilidad número uno es la pésima comunicación funcional. Entre los Ejércitos de Tierra, Mar y Aire. Entre la CIA y el FBI y Aduanas. Y entre toda combinación de ellas.

¿Cómo sabremos cuándo hemos solucionado ese problema?

La respuesta es cristalina para mí: cuando un agente de primera línea, recién incorporado, de 26 años, de la CIA, sea capaz de comunicarse con su colega, un recién llegado, de 26 años, y agente de primera línea del FBI... mediante la última tecnología... y sin necesidad de tener que vadear cuatro (¿cinco?) (¿seis?) niveles de supervisores en cada organización.

Todavía estamos lejos, muy lejos, de esa meta —y de nuevo no por razones tecnológicas, sino por razones de "cultura corporativa" (que en el ejército se llama "tradición") y "política interna".

6. **Nuevo enemigo.** Durante años, las cuestiones de política "parroquial" (por ejemplo, apoyo del Congreso para versiones cada vez mayores de armas del ayer con contratos en mi distrito) distrajeron la revolución de los asuntos militares. Todo el mundo sabía que, en teoría, los militares tenían que ser ágiles porque la amenaza soviética ya no era la más importante. Pero, hablando en la práctica, no nos habíamos centrado todavía en ninguna nueva amenaza particular. La mañana del 11 de septiembre cambió todo eso. Ahora sabemos cuál es el genotipo del nuevo enemigo: fanático, evasivo, virtual.

¡Ah, los "encantos" de la competencia! FedEx es tan bueno como es, en gran parte, porque UPS (y DHL y Ryder System, etc.) son tan buenos como son. Lo mismo vale para el Ejército de EE.UU. en su lucha contra Al Qaeda.

Las apuestas

Sabemos muy bien a qué debería parecerse el nuevo ejército. Las cuestión es: ¿podemos llegar de aquí a allí (distante)... antes de vernos envueltos en la catástrofe? ¿Podemos deshacernos de la rigidez burocrática que nos impide... hacer las cosas que hay que hacer... o nos quedaremos atascados en tratar de "gestionar" el cambio cuando necesitamos liderarlo?

El general Shinseki, tan valiente como es, aprendió los peligros de no ser lo suficientemente atrevido. También está empeñado en la revolución su jefe... el secretario de defensa Donald Rumsfeld... que decidió que Shinseki era en demasiado grado una criatura de la burocracia reinante y, por consiguiente, le recortó el poder.

El general, explica Peter Boyer, "trató de explotar la revolución militar y aplicarla según una medida que su renuente organización pudiera aceptar; era demasiado para el antiguo orden, pero no suficiente para los revolucionarios. El analista de temas de defensa Loren Thompson compara el papel de Shinseki con el de Aleksandr Kerensky, el revolucionario ruso que fue anulado por los bolcheviques. 'Shinseki representaba un cambio sobre lo que había existido antes, pero el mundo deseaba más cambio del que era capaz de promover en el marco temporal que tenía —dice Thompson—. Él estaba preparado para hacer cambios que eran significativos dentro del contexto de la tradición del ejército. Pero que parecen muy incrementales y conservadores para los estándares del mundo exterior, que no participa de esos ritmos institucionales'".

Así es el cambio. En la nueva guerra contra el terror. En el nuevo mundo de los negocios.

Los retos enteramente nuevos a que se enfrenta el ejército son totalmente análogos a los retos a que se enfrenta la corporación global. Es seguro que las apuestas son más altas en el ejército que en, por ejemplo, la venta al por menor, pero el carácter de los temas y los modelos, los amigos y los enemigos que están en juego en cada situación son exactamente (¡EXACTAMENTE!) iguales.

Y, en un sentido muy personal, al menos, las apuestas son igual de elevadas. Recordemos el epígrafe en el que cité al general Shinseki:

"Si no te gusta el cambio, te va a gustar menos aún la irrelevancia."

!Contrastes

ERA	ES
Ejército de la "vieja economía"	Ejército de la "nueva economía"
Empinado, burocrático, con gran cantidad de "metal"	Plano, descentralizado, con poco "metal"
Lento pero seguro	Rápido y seguro
Pesado y letal	Ligero pero no menos letal
Fuerza abrumadora, dificultad para maniobrar	Municiones de precisión capaces de "dar a una moneda en el aire"
Las mayores armas de la ciudad	Los sistemas más inteligentes de la Tierra
Soldados en formación masiva, que circulan en tanques y que remolcan artillería pesada	Unidades de cinco o diez soldados "ejército de uno", "armados" principalmente con tecnología y capaces de recurrir remotamente a un surtido de armamentos
Intenso en potencia de fuego	Intenso en información
Jerárquico, con unidades independientes que se relacionan a través de operaciones de mando y control de arriba abajo	Céntrico-en red con grupos interdependientes que se comprometen en una planificación operativa adecuada
Grandes cantidades de fricción, baja coordinación, especialmente con otros servicios armados y con los departamentos del gobierno	Libre de fricción, comunicación abierta tanto dentro de las unidades como a través de las divisiones organizativas
Muy "real"	Muy "virtual"

¡Estamos
en una lucha
sin reglas!

nueva empresa!
nuevo contexto

En tiempos remotos, los cartógrafos designaban a los mares no cartografiados como "tierra de dragones". En 1991, cuando terminó la guerra fría y el capitalismo desplegaba su estandarte por todo el globo, parecía que los dragones habían sido eliminados.

Sabíamos muy poco...

En una década escasa, se han revertido las cosas. Los dragones están por todas partes; y hay mucho por lo que luchar. De hecho, lo *desconocido* ha producido siempre temor.

Lo *desconocido*, hoy y mañana... significa las bases para la creación de Valor Económico. Lo *desconocido* significa la idea esencial de las "formas de vida" en la era de la clonación humana y de la ingeniería genética. Lo *desconocido*... significa la definición de un puesto de trabajo cuando el software potenciado por la inteligencia artificial "tiene más cerebro" que tú y que yo. Lo *desconocido*... significa quién es el enemigo, donde está el enemigo, dónde encontrar al enemigo, cómo castigar al enemigo antes de que vuelva a golpearnos.

Por otra parte... sí, hay "otra parte"... lo "desconocido" proporciona oportunidades sin igual... para los capitán Cook y Amelia Earharts de hoy... a quienes sean los suficientemente atrevidos y decididos para obtener ventaja de ello. Es una era propicia para quienes rompen las reglas, para quienes imaginan lo que ha sido imposible hasta ahora.
Y avanza a pasos agigantados...

1 Re-imaginando el mundo: se acabaron las apuestas

! Manda el tecnicolor...

- ¿Reglas viejas? Yendo... Yendo... ido.
- Es un mundo fluido, fluido.
- "Valor", "activos"... todo ello (¿ello?, ¿qué?, ¿dónde?) está disponible.
- El desorden es el mensaje.
- Buscar entre el desorden solo produce... asombrosos descubrimientos.
- ¡Los ejercicios de planificación estática son virtualmente inservibles!
- ¡Disfruta el desgaste!
- "Fracasa más rápidamente. Triunfa antes."

! GRITA   no estamos preparados...

Actuamos como si el fracaso de las punto com señalase el final de la nueva economía. Pero, de hecho, estamos al borde de la mayor y más profunda oleada de cambio económico en 1000 años.

Evitamos el fracaso a toda costa y nos agarramos a ideales como "orden" y "eficiencia". Pero debemos abrazar el fracaso; debemos vanagloriarnos de la auténtica lobreguez y porquería y desorden que produce la auténtica innovación.

! VISIÓN   imagino...

Un nuevo tipo de empleado. Danzando de un proyecto (guay) a otro proyecto (guay). Haciendo su "carrera" a medida que avanza. ¿Su apetito por el cambio? ¡Alto! ¡Más alto! ¡Lo más alto!

Una nueva raza de empresa. Que reduce su burocracia casi a la nada. Haciendo que el movimiento por el *empowerment* de los años 80 y 90 parezca poca cosa. Ágil. Innovadora. Emprendedora.

Un nuevo contrato social. Sociedades que eduquen a sus jóvenes para que rompan las reglas, inventen nuevos y vívidos futuros. Que animen a la movilidad laboral mediante políticas que apoyen el instinto emprendedor. Que abracen la idea de la aldea y el cambio globales, en lugar de cerrar sus mentes y fronteras al cambio.

NUEVA EMPRESA   NUEVO CONTEXTO

!

**TODOS LOS SECTO-
RES ESTÁN... "MAL"**
¿Crees que los cambios no
afectan a todos los sectores
por igual?

¡Error! *Todas* las apuestas
están equivocadas. Repasa la
lista...

Servicios financieros: de
"relaciones caballerosas" a...
competencia despiadada.

Fabricación: de las torpes
Ford y GM y la industria del
acero USA a las... hiperrápi-
das e hipereficientes Dell y
Cisco.

Energía: del dominio del
mercado y la estabilidad a la
constante amenaza de interrupción total de la oferta
en Oriente Medio, en
Latinoamérica y en cualquier
otra parte. Además: un mundo donde (fuera de los
Estados Unidos) manda lo
verde.

Telecomunicaciones: de
monopolios que ofrecen "mejoras" incrementales a... empresas nuevas que conducen
a la innovación básica (y, seguro, que a veces quiebran).

Salud: de mercados for-
mados en torno a los empleadores que pagan (toda) la
factura y medicamentos de
gran poder y caros que garantizan un extraordinario flujo
de caja para las grandes industrias farmacéuticas a...
revuelta de los empleadores y
disturbios tecnológicos y dominio del consumidor.

¿Un "oasis de calma"? No
puedo encontrar uno.

Fácilmente viene, fácilmente se va

Hace años entrevisté al difunto Bill McGowan, fundador de MCI. Él no vivió lo suficiente para ver a su empresa cumplir todo un ciclo vital, pero presintió la forma en que había cambiado el mundo. (¡Después de todo, él había hecho mucho por cambiarlo!). "Tom —le dije el ciclo de cha-ca-chaca solía durar tres generaciones. Ahora suele durar cinco años."

(Está bien, en su caso fueron veinte.)

MCI jugó contra AT&T y... ganó. Bernie Ebbers compró MCI... y la fusionó con WorldCom. WolrdCom cayó en una red de escándalos contables... y se declaró en bancarrota. WorldCom está intentando renacer de las cenizas y tratando de hacernos olvidar a WorldCom al volverse a llamar... MCI. Calcula.

Mientras tanto, tú y yo, en cuanto consumidores de telecomunicaciones, nos hemos beneficiado más de lo que podíamos haber soñado de la liberación de las fuerzas competitivas en el sector.

MCI: nació ayer. Cambió el mundo. Fue engullida. Murió. Quizás haya vuelto a nacer, al menos por cierto tiempo.

Este no es... el mundo de tus padres.

"Pavimentar el camino de las vacas"

Item: Wal*Mart desconcertó a Sears. Los paletos de Bentoville (Arkansas) jugaron contra los héroes de la venta al por menor... y terminaron con La Estrella más Brillante en uno de los capítulos más extraordinarios de crecimiento de la productividad en la historia de América.

Item: Microsoft triunfó sobre IBM. Un puñado de desaliñados geniecillos de la informática provocaron décadas de estragos a la que era presumiblemente la mayor empresa del mundo... y llegaron a dominar rápidamente la industria más importante del mundo.

Item: Charles Schwab metió el temor en el cuerpo a Merrill Lynch. Un advenedizo de San Francisco introduce la palabra "descuento" en el mundo formal de los cigarros y de bebidas alcohólicas y clubs y acciones y bonos... y sacude Wall Street.

¿Estaba sesteando IBM? ¿Estaba sesteando Sears? ¿Estaba sesteando Merrill Lynch? No. No. Y no.

Pero... cada una de ellas estaba librando... *¡la última guerra!* IBM guardaba sus flancos contra Fujitsu y Siemens. Sears estaba luchando todavía contra Montgomery Ward. Merrill Lynch estaba peleando contra el fantasma de J. P. Morgan. y fueron atrapadas... no sesteando sino *¡mirando para otro lado!* Pilladas... pescadas... atrapadas... puestas en apuro... por unos que habían "nacido ayer" y usaban ingenuamente Nuevas Herramientas y Nuevas Tecnologías y Nuevas Ideas mejor... más rápidamente... de forma más consciente.

No, no culpes a Sears (o a IBM. O a Merrill Lynch). Sears escribió el libro de la venta al por menor... *en* una era diferente... *para* una era diferente. Wal*Mart tuvo suerte. Había nacido en el momento justo y emprendió su crecimiento en el momento justo también. A principios de los años 80, justamente cuando la computadora estaba lista para entrar en la flor de la vida, también lo estuvo Wal*Mart. La pauta se repitió con Microsoft. Y con Schwab.

Michael Hammer, el gurú de la reingeniería, examinó este fenómeno en un artículo de 1990 para la *Harvard Business Review*. Las primeras tres décadas de la revolución de la computadora, escribió, se emplearon en "pavimentar el camino de las vacas". (¡Me gusta eso!) Es decir, empleamos 30 años en automatizar... procesos del ayer.

Pero, lo que es más importante... el "camino de las vacas" no llevaba a menudo a donde necesitábamos. Era la codificación de los mapas del ayer. **(¡Nos equivocamos de dragones!)**

Consideremos el gobierno USA. Su apetito por la tecnología de la información es inmensa. Pero sus procesos de adquisición son descorazonadoramente lentos. El tema principal no son los dólares, sino la sensatez: el caro y enorme sistema de tecnologías de información de la CIA... se niega a unirse con el caro y enorme sistema de la DEA... el cual no se puede conectar con el sistema de tecnologías de información de Aduanas, que a su vez no se relaciona con el sistema del FBI... etc... etc.

Gente cuerda, afirmaciones locas

"En la economía global se va a producir un cambio fundamental distinto a todo el que se ha producido desde que el hombre de las cavernas comenzó con el trueque", dice Arnold Baker, economista jefe de Sandia National Laboratories.

"Yo creo genuinamente que estamos viviendo el mayor momento intelectual de la historia", escribe Matt Ridley en su libro *Genome*.

"En 25 años, seremos capaces de conseguir probablemente la suma total de todo el conocimiento humano en un dispositivo personal", afirma Greg Blonder, profesional del capital riesgo y ex consejero técnico jefe de estrategia corporativa de AT&T.

Citas como éstas —y tengo docenas más de ellas— son parte de un conjunto de lo que llamo "afirmaciones locas efectuadas por personas muy cuerdas". Es decir, un gran número de personas con sus pies plantados... muy firmemente en la tierra... están empezando a decir que sienten... que la tierra se mueve bajo sus pies.

Se mueve ahora.

Se mueve rápidamente.

Mi héroe-en-jefe en todo esto es Ray Kurzweil, gurú informático y futurista pragmático con numerosas patentes y un puñado de nuevas empresas a su nombre. Aplicando las herramientas de los modelos matemáticos a toda la historia humana, Kurzweil argumenta persuasivamente que se está produciendo un cambio fundamental a un ritmo cada vez más rápido. Antes de, aproximadamente, el año 1000 después de Cristo, se produce un gran cambio en el modo en que las personas piensan sobre las cosas —un "cambio de paradigma"— que tardó en desarrollarse miles de años. (Recuerda todo lo que aprendiste en el bachillerato: Edad del Hierro, Edad del Bronce, etc.) Hacia el año 1000, se estaba produciendo un cambio de paradigma más o menos cada 100 años. El ritmo del cambio se fue acelerando: sólo en el siglo XIX se produjo más cambio que el que se había producido en los 900 años anteriores; después, en los primeros cinco del siglo XX, se produjo más cambio del que se había producido durante el "loco" siglo XIX. Y hacia el año 2000 se estaba produciendo un enorme cambio de paradigma cada década.

Kurzweil predice, mirando hacia adelante, que habrá mil veces más cambio tecnológico en el siglo XXI del que se produjo en el XX. Exhibe en apoyo de esa pretensión su "singularidad": la "unión entre los humanos y las computadoras, que es tan rápida y profunda, representa una ruptura en la fábrica de la historia humana".

Vigilar el riesgo en dos sentidos

Los estadísticos insisten en que hay una gran diferencia entre "incertidumbre" y "ambigüedad".

Incertidumbre: trabajas en el departamento de exploración de Exxon Mobil. Pinchas un agujero en el fondo del Golfo de México. Sabiendo lo que sabes sobre geología y geofísica, puedes predecir que la probabilidad de encontrar hidrocarburos donde taladras ese agujero está entre (digamos) el 57,5% y el 64,5% (o algo así).

Eso es incertidumbre. Uno no sabe todo, pero sabe algo y sabe que lo que uno sabe se relaciona con lo que uno *no* sabe.

Ambigüedad: te encuentras a tí mismo preguntando...

¿Dónde está el Golfo de México? ¿Y qué es un hidrocarburo? ¿A quién le importa?
Eso es ambigüedad.

Uno no sabe bastante ni siquiera para saber si está formulando las preguntas adecuadas.

Y ahí es donde estamos ahora.

Se han terminado las apuestas.

Apuesta perdedora I: rituales de planificación sistemática

Cuando empecé mi carrera empresarial, a mediados de los años 70, los en su tiempo "invencibles" Estados Unidos estaban siendo humillados económicamente por una nueva raza de competidores... y en particular por Japón. Todas las cosas japonesas eran "buenas" (eso era lo que se decía convencionalmente).

¡PELEA!
"Nos encontramos en medio de una pelea sin reglas", dice Paul Allaire, ex CEO de Xerox.

Ese fue un título alternativo que consideré para este libro. Al final parecía demasiado para el título de un libro pero mi corazón coincide con esa frase maravillosa. Cuando intentamos ejercer carreras individuales, estrategias corporativas, guerra y arte, nos encontramos pillados en... guerras sin reglas.

Implicaciones prácticas: ¡enormes! Si no hay reglas, entonces cobraremos nuestro sueldo —almirante o directivo medio— haciendo las cosas sobre la marcha. (Y de forma opuesta al pasado, cuando medraban los "seguidores de reglas" y los emprendedores recibían palmetazos en las manos, o peor.)

NUEVA EMPRESA   NUEVO CONTEXTO

No sabes lo suficiente ni siquiera para saber si estás preguntando lo correcto.

Como respuesta, las mejores mentes empresariales ofrecían sus mejores ideas sobre la forma de sobrevivir en el nuevo entorno competitivo. Estas eran las grandes "apuestas" estratégicas de finales del siglo XX.

En primer lugar, estaba la *apuesta de la planificación estratégica*. La gente creía en los planes a cinco años. A diez años. Un "gurú" de la estrategia, completamente deprimido por el éxito industrial de Japón, pretendía que una empresa japonesa (pienso que era Canon) tenía realmente un plan a 500 años. Los que estábamos esclavizados por la locura de los ganancias trimestrales de Wall Street, lloramos abiertamente. Imagina, entonamos al unísono... una perspectiva ¡a 500 años!

Ah, qué días aquellos.

Meg Whitman ha visto ir y venir la fe en la estrategia a largo plazo. Es CEO de la locamente exitosa eBay... y superviviente de la epidemia de las punto com. En aquellos días, dice, las "reuniones de estrategia" de la empresa tenían lugar "una o dos veces al año". Ahora, en el mundo de eBay, se necesitan "sesiones de estrategia" "varias veces *a la semana*".

Olvidemos el plan a 500 años. Tienes suerte si puedes escribir un plan para cinco semanas que tenga algún sentido... sí... después de cinco semanas.

Apuesta perdedora II: la calidad

Después fue la *apuesta por la calidad*. Llámala gestión de la calidad total. Llámala *Six Sigma*. Llámala (como hicieron generalmente los japoneses) *Kaizen*... es decir, "mejora continua". O llámala, simplemente, enredando. Los japoneses llevaron la idea de la precisión industrial a sus Últimas Consecuencias. Nos enseñaron mucho sobre el enredo de alta categoría. No hay nada de malo en ello —aprendimos muchísimo de ellos—. No querría olvidar esas lecciones duras y valiosas. Sin embargo, esas lecciones representaron la Última Escena de la Vieja Economía. Los japoneses están debatiendo desde hace más de una década un problema cada vez más profundo. Parece como si en los años 60, 70 y 80, hubieran estado simplemente puliendo la última mancha de la piel de la manzana agria de la revolución industrial.

Ahora, para "ir mejor" (e incluso conseguir "ir mucho mejor"), necesitamos algo Dramáticamente Diferente a lo que hicimos durante unos 200 años. Ahora necesitamos entrenarnos para jugar un juego totalmente nuevo... un juego llamado re-imaginar, en el que ya no se aplican las reglas que definen "lo mejor".

Apuesta perdedora III: ventaja competitiva sostenible

Después vino la *apuesta por la ventaja competitiva sostenible*. Por decirlo sencillamente: imagina una o dos cosas que puedes hacer mejor que los demás... y sigue haciéndola con todas tus fuerzas. (¿Lo he dicho con demasiada simpleza? Apenas.) Y ¿por qué fue perdedora esta "apuesta"? No puedo decirlo mejor de lo que lo hizo mi amigo Rich D'Aveni en su libro *Hypercompetition: Managing the Dynamics of Strategic Maneuvering*. D'Aveni, profesor de gestión estratégica en Darmouth dice:

"La caballería está muerta. El nuevo código de conducta es una estrategia activa de desbaratar el statu quo que permite crear una insostenible serie de ventajas competitivas... No estamos en la edad de los castillos, los fosos y las armaduras. Es más bien la edad de la astucia, la rapidez y la sorpresa. Puede que para muchos sea difícil colgar la cota de malla de la ventaja sostenible después de tantas batallas. Pero el único nivel de competición es ahora la hipercompetencia, un estado en el cual ya no es posible la ventaja competitiva."

¡Se trata de la hipercompetencia? Al menos agilidad. ¿Eh?

Momento de redefinición

Las empresas han pasado por un mal período. Primero fue la manía de las punto com... Después la caída de éstas. Después Enron. Después Andersen. Después Merrill Lynch. Después WorldCom. Después ImClone. Por no mencionar a Al Qaeda.

Y así sucesivamente. Parte de este desastre fue una consecuencia de la especie floral ciclo económico. Expansión seguida de contracción. Una época en la que "todo es posi-

NO SEAS UN CON-DUCTOR DEFENSIVO

De *Business Week*:

"Han pasado los días en que una empresa como Chrysler podía conducir un producto como la minivan directamente al terraplén. 'En este tipo de industria uno tiene la mentalidad de defender su segmento fundamental —dice Wolfgang Bernhard, CEO de Chrysler—. Pero si todo el mundo juega ofensivamente y tú juegas a la defensiva, pierdes'."

DEJAR QUE LOS GENES SALGAN DE LA BOTELLA

El escritor David Ewing Duncan ofreció su cuerpo como conejillo de Indias a Sequenom. Él lo cuenta así: "Sequenom ha industrializado el proceso de identificación de los polimorfismos nucleótidos simples. Me han dicho que es la primera vez que una persona humana sana ha sido protegida contra toda la gama de marcadores de enfermedad genética. En el horizonte: *kits* de genes multienfermedad disponibles en Wal*Mart, tan fáciles de utilizar como los test de embarazo caseros."

ESTOY SORPRENDIDO, SORPRENDIDO

¿No hay límites?

Aparentemente no. Un día después de que nuestros soldados entraran en Irak el 21 de marzo de 2003, Sony solicitó la patente de "Conmoción y maravilla" para un futuro vídeo juego. Sony se retractó tras las protestas del público. Sin embargo, ¡la solicitud es Nueva Economía hasta el cuello!

---

ble"… Seguida de otra en la que alguien va demasiado lejos persiguiendo "oportunidades sin límites".

Pero la clave para comprender la situación, tal como yo la veo, es algo diferente. Sí, muchas personas transgredieron la ley. Y sí, muchos egos persiguieron excesos estrafalarios. Y todos estos truhanes deberían sufrir todas las consecuencias, tanto legales como financieras, de sus crueles jugarretas. Pero aun así… está ocurriendo algo mucho, mucho, mucho más grande.

IDEA FUNDAMENTAL: estamos en medio de la redefinición de nuestras ideas básicas sobre lo que es la empresa y la organización e incluso el ser humano… Y sobre la forma en que se crea el valor y se proyectan las "carreras". Todas nuestras acaloradas discusiones sobre la "mala conducta" empresarial producen debates no solamente sobre cómo tratar los "activos" y "gastos", sino sobre cómo definir todo eso. Y la aparentemente sencilla tarea de definir términos básicos se está haciendo más turbia y no más transparente, a pesar de la legislación sobre la "contabilidad".

Por lo que vale la pena

Hasta muy recientemente, vivíamos en un mundo en el que los "activos" eran "cosas que uno podía tocar". Una chimenea. Una cinta transportadora. Un almacén de ladrillos. Después, de repente, entramos en un mundo en el que los activos de, por ejemplo, Martha Stewart Omnimedia eran cosas como… "percepción de Marta". Por ejemplo:

Marta Ubicua = miles de millones en capitalización de mercado.

Marta como-intermediaria-bursátil-acusada-de información privilegiada = mucho (¡mucho!) menos.

Duración de la transformación: días.

Consideremos a Harley-Davidson. Un "fabricante de motocicletas". ¿Cierto? Bien, eso pensaban los estadísticos federales. (¡La materia manda!). Pero eso no es lo que piensa el antiguo CEO de Harley, Rich Teerlink, que pasó años luchando verbalmente con los magos de Wall Street sobre la auténtica definición de su empresa. "Los presioné una y otra vez —me dijo— para que comprendieran que éramos una empresa de estilo de vida, no un fabricante de vehículos". (¡Manda la imagen!) Teerlink triunfó. Y el valor de mercado de Harley subió, como resultado, miles de millones de dólares.

"Fabricante de vehículos". "Empresa de estilo de vida". ¿Una sutileza semántica? Si es así, se trata de algo que vale billones de dólares… Una "sutileza" que está en el auténtico corazón de nuestro enorme enigma económico.

Bienvenido a un mundo donde el "valor" (¡casi *todo valor*!) se basa en *intangibles*… No en objetos grumosos, sino en ficciones sin peso de la… Imaginación Económica.

Nada de esto excusa el falseamiento de la contabilidad o la destrucción de documentos o el mentir a los inversores. Pero "excusa" la confusión que todos nosotros tenemos sobre: ¿qué es lo que *importa*? ¿Qué es lo *real*? ¿Qué es *valor*?

¡Disfruta del enredo! (Es todo lo que hay)

La vida es embrollada. Muy embrollada. (Por eso es por lo que leo ficción para instruirme y no libros de *management*. La mayor parte de los libros de *management* proporcionan "respuestas". La gran ficción plantea grandes preguntas.) (Postdata: espero que planteemos más cuestiones que las que respondamos. Véase el Capítulo 25: la frase más importante en el léxico de los líderes: "no sé".)

Richard Farson (un gran héroe para mí) y Ralph Keyes, en su fabuloso libro *Whoever Makes the Most Mistakes Wins*, incluyen un episodio encantador. Un compañero de cierto renombre estaba escribiendo un resumen sobre su vida para su prueba anual. Comenzó por plantear una extraordinaria historia de la evolución del éxito a (incluso mayor) éxito. Estupenda. Tuvo mucho éxito. Las felicitaciones fueron reales. Pero después reflexionó… y produjo esta invención revisionista:

"Puesto que no recibí un simple sobresaliente en el colegio, no pude ir a la facultad de medicina… Trabajé como socorrista, pero fui despedido a final del verano. Mi siguiente trabajo, de vendedor de publicidad en las páginas amarillas, se vio interrumpido porque me rompí una pierna... esquiando. Esto me proporcionó tres meses para pensar en qué hacer con mi vida. Como había disfrutado con mi curso de psicología en la facultad, pensé que podía tratar de convertirme en psicólogo escolar. De manera que me inscribí en UCLA para realizar cursos de psicología y educación, pero me vi despedido de los estudios de educación porque no me pude llevar bien con mi supervisor. Vuelta a mi oficio de socorrista. Entonces supe que un eminente psicólogo estaba dando un seminario veraniego en mi facultad, de manera que dejé mi trabajo, y me inscribí. Esta experiencia fue electrificante. El psicólogo me invitó a estudiar con él en la Universidad de Chicago. Yo me sentía tan intimidado por esa seria institución académica, que aplacé un año ir allá. Poco antes de recibir mi doctorado en Chicago, me dieron una beca de un año en la Harvard Business School. Cuando me marché de allí al final del año, casi todo el mundo estaba loco conmigo."

Por supuesto, había logrado todas aquellas... grandes cosas... que había omitido en la primera versión de su resumen. Pero la trayectoria de su ascenso a tales alturas había sido menos que tranquila... o predecible.

Cuidado con los campeones del orden.

Cuidado con los que prescriben "reglas" para una vida honrada, reglas que (supuestamente) te catapultarán al... panteón de los dioses.

¡Las cosas no funcionan de ese modo, eh! ¡Móntate una vida! ¡Disfruta del desorden! Con un poco de suerte, puedes subir desde las ruinas de una carrera fallida... como socorrista... ¡a cambiar el mundo!

Yo valoro... la vida-tal-como-se-presenta.

Por eso yo...

¡Me deleito con el desorden!

Porque...

¡El desorden tiene un mensaje!

Persigue el fracaso (¡maldita sea!)

Consideremos este diálogo entre Regis McKenna, principal gurú del marketing de Silicon Valley y el difunto Robert Noyce, coinventor del circuito integrado, cofundador de Intel y una leyenda de Silicon Valley:

Mckenna: Muchas empresas del valle fracasan.

Noyce: Puede que no fracasen las suficientes.

Mckenna: ¿Qué quiere decir con eso?

Noyce: Cuando fracasas, significa que estás tratando de hacer cosas nuevas.

O, como dice el futurista Paul Saffo: "El Silicon Valley de hoy está construido menos sobre los capiteles de triunfos tempranos que sobre los escombros de fracasos tempranos".

Kevin Kelly, autor de *Out of Control*, lo dice de este modo: "El secreto del progreso rápido es la ineficacia, el ritmo vertiginoso y numerosos fracasos".

Si nada se malogra, nada nuevo puede surgir. Es una ley de hierro de la naturaleza.

El secreto para el éxito es... el fracaso.

El secreto del éxito rápido es... el fracaso rápido.

El secreto del gran éxito es... el gran fracaso.

El fracaso, y no el éxito, es el que hace que el mundo marche. Porque el fracaso significa, generalmente, que alguien se ha aventurado más allá de la zona de confort y ha tratado de hacer algo nuevo... y la ha fastidiado... y ha aprendido algo valioso en el camino.

Hace unos años, *The Economist* publicó los rasgos de los secretos del éxito de Silicon Valley. Encabezaba la lista la siguiente característica: "la persecución del riesgo". Para ilustrar el tema, el *Economist* describía el resultado de una cartera de 20 inversiones ("apuestas") que podría hacer un profesional típico del capital riesgo:

NUEVA EMPRESA   NUEVO CONTEXTO

Están sucediendo demasiadas cosas con demasiada rapidez como para que triunfe el que se dedica a enredar.

Cuatro quebrarían.

Seis perderían dinero.

Seis podrían ir "okay".

Tres podrían ir bien.

A uno podría "tocarle la lotería".

Tal resultado... efectivamente una tasa de éxito de uno cada veinte... podría ser considerado "brillante". (Bueno, exagero. Sumemos las apuestas de "ir bien" y el índice de éxito sube a 4 de cada 20.)

Para muchas empresas, y para muchas "carreras" desafortunadas, el imperativo número uno es... evitar a toda costa El Fracaso y los Inconvenientes asociados con él.

Mi punto de vista: "El fracaso" (¡apoyado en hipótesis salvajemente imaginativas y trabajo increíblemente duro!) es algo que deben... adoptar las empresas y los individuos. Francamente, a cualquier coste. A menos que nos aventuremos... ¡salvajemente!... no vamos a alcanzar ese anillo de latón llamado... Hiperéxito en medio de una guerra sin reglas.

"Jugar" es la cuestión

En su libro *Serious Play*, el gurú de la innovación Michael Schrage argumenta de manera sencilla (aunque profunda): es probable que los que están dispuestos a invertir y a experimentar ideas no probadas, basadas en una corazonada o en una reacción instintiva, acaben echando sangre por la nariz... de manera normal. Pero por el... auténtico acto de entrar a luchar con vigor... se incrementan... ESPECTACULARMENTE... las oportunidades... de unirse al pequeño grupo de auténticos batidores mundiales que moldean extraordinariamente los contornos del mañana.

¿Y los que se ponen a trabajar duro? ¿Quienes practican disciplinas de los años 80 y 90, tales como el *Kaizen*? ¿Los que tratan de hacer su producto o servicio "un poco mejor de lo que fue ayer"? Bien, para ser franco, pienso que están *condenados*. Están ocurriendo demasiadas cosas con demasiada rapidez para que triunfen los enredadores. Es probable que sólo sobrevivan quienes juegan duro —quienes experimentan cualquier condenada cosa que se les viene a la mente, siempre que sea lo bastante loca como para tener la posibilidad de cambiar el mundo—. Muchos (¡la mayoría!) de tales "tomadores" de riesgos serán consumidos ciertamente por el fuego . En el lado opuesto, el puñado de los que perseveren serán quienes nos llevarán a una... Edad de Auténtica Re-imaginación.

!Contrastes

ERA	ES
un trabajo para toda la vida (palabra clave: "carrera")	una vida llena de trabajos (palabra clave: "proyecto")
burocracias lentas	alianzas ágiles
trabajar para tener éxito	fracasando en el camino del éxito
mandan los contables	mandan los innovadores
activos tangibles	activos intangibles
los ciclos éxito-fracaso duran décadas	los ciclos éxito-fracaso duran meses
la tecnología apoya el cambio	la tecnología dirige el cambio
irrumpen nuevas empresas... ocasionalmente	irrumpen nuevas empresas... constantemente
las reglas del sector: grabadas en piedra	las definiciones del sector: garabateadas en arenas movedizas
management según los libros	improvisación del libro de *management*

NUEVA EMPRESA   NUEVO CONTEXTO

!

CUANTO MÁS LIADO, MEJOR

Thomas Middelhoff, ex CEO de Bertelsmann, Jean-Marie Messier, ex CEO de Vivendi, Ron Sommers, ex CEO de Deutsche Telekom.

Todos estos caballeros (que no son tan caballeros) son europeos. ¡Europa necesita emprendedores! Europa necesita más... Middelhoff o Messier y Sommers.

Lección: las visiones atrevidas que se descontrolan, asumiendo la integridad, pueden ser más importantes que los llamados "éxitos".

!

EL GENIO BOYD

Treinta y seis horas antes de la institución oficial del Departamento de Seguridad Interna (27 de febrero de 2003), yo estaba en Washington, D.C., dando una charla a muchos de los líderes del departamento.

Mi mantra para los reunidos:

IZAR LA BANDERA DE "100% CONTRA CERO DEFECTOS". ONDEARLA CON ORGULLO.

Esa bandera, que ondea en la base aérea de Eglin, remonta sus raíces al coronel John Boyd, el revolucionario estratega militar que pasa por ser la mente estratégica más original en 1000 años. El mismo Boyd que dijo una vez a un general que no estaba matando suficientes pilotos en los entrenamientos. El mismo Boyd cuyos pilotos batieron a un enemigo mejor equipado en la guerra de Corea.

"Cero defectos" es algo grande... en un entorno conocido. Pero es La Muerte Misma... en entornos ambiguos.

Únete a mí. Iza la bandera del 100% contra los Cero Defectos.

2 Control Alt Supr:
el imperativo de la destrucción

! Manda el technicolor...

- ¡Manda la destrucción!
- La destrucción es natural (en la naturaleza).
- Las grandes adquisiciones son estúpidas.
- (Imbécil + imbécil = gran imbécil).
- "A perpetuidad" es una frase obscena.
- Ha pasado el tiempo de las prescripciones suaves.
- Tiempo para hacerse cargo. Tiempo para destruir.
- "Cambia las reglas antes de lo que lo haga otro."
- "Organiza" en función del rendimiento y la satisfacción del cliente.
- "Desorganiza" en función de... la renovación y la innovación.

! GRITA   no estamos preparados...

Perseguimos la conservación. Pero el orden antiguo está condenado.

Valoramos la permanencia. Pero la "permanencia" es el último refugio de los que tienen marchita la imaginación.

Practicamos el cambio. Pero "el cambio" no es bastante (para nada).

! VISIÓN   imagino...

Un mundo donde la idea de corporación a perpetuidad se considera... sin ningún sentido.

Un mundo en el que la urgencia para fusionarse está enterrada bajo... el impulso a la autodestrucción (y para la re-imaginación).

Un mundo donde la tímida meta de la "mejora" (y la tendencia a enredar) ha dado paso a... un imperturbable compromiso con la destrucción.

! LA HORA DE HACER-SE CARGO

"Yo siembro sobre la destrucción". Es fácil para mí decirlo, ¿no es cierto? ¿Pero qué me dice de los que están empezando o simplemente tratan de sobrevivir?

De hecho, este libro no está pensado para los CEO de grandes empresas públicas o privadas. Se dirige a los CEO de equipos de proyecto de cinco personas y jefes de 30 personas de los departamentos de SI o de RH. Como sugeriré ("arengar" es más adecuado), cada uno de nosotros es ahora el gran jefe de nuestra propia empresa (Yo, S.A.).

Creo sinceramente que, en momentos turbulentos, los jefes de todas las edades y de todos los niveles se ganan la vida, en último término, volando las cosas e inventando un camino nuevo... no reservando y (meramente) haciéndolo mejor de la antigua forma.

Sí... hacerse cargo.

En cualquier puesto de trabajo.

A cualquier edad.

Manda... DSE.COM

Una palabra acerca de una palabra

"Destrucción" (junto con su verbo "destruir") es una palabra dura. Yo creo firmemente —insisto— que es la palabra adecuada para nuestro tiempo.

Debemos "destruir", en efecto, las estructuras militares y de la seguridad interior del año pasado... Estructuras que han demostrado ser inflexibles frente a enemigos nuevos e hiperflexibles.

Debemos *destruir* el tímido cubículo del esclavo dentro del que... está uno cuya vida es "celebrada" (¿o debería decir "menospreciada"?) por Scott Adams, en *Dilbert*.

Debemos *destruir* las barreras que nos impiden (con raras excepciones tales como Dell y eBay) aprovechar la más ligera ventaja de las nuevas tecnologías que tenemos a nuestra disposición.

Etc. Sí... etc. Debemos destruir barreras por todas partes. En las escuelas, y en los hospitales, en las fuerzas armadas, en la CIA, y en los grandes bancos. En las grandes empresas automovilísticas.

Destrucción. Trata de engullir esa palabra. Comprueba su sabor. No la digerirás *cómodamente* (palabra clave). No al principio.

Más afirmaciones locas de personas muy cuerdas

El observador del cambio Kevin Kelly me dijo que es "mucho más fácil matar a una organización que cambiarla sustancialmente". Y estoy de acuerdo. Y esa terrible afirmación debería enviarnos un Mensaje Alto y Claro a todos nosotros... Y a todas nuestras organizaciones. Es decir: si es realmente más fácil vivir sin nosotros... si es más fácil crear Wal*Mart que cambiar a Sears... o contratar a un sabio de Internet de 26 años que reconvertir a un receloso de la red de 52 años... entonces la apuesta está verdaderamente por las nubes. La necesidad de adoptar el "cambio" (de hecho, de ir más allá del "cambio") es imperativa.

ENEMIGO DEL... *ESTASIS*

Virginia Postrel, en su libro *The Future and Its Enemies*: "La forma en que nos sentimos con respecto al futuro que evoluciona nos dice quiénes somos como individuos y como civilización. ¿Buscamos el *estasis* —un mundo regulado—? ¿O adoptamos el dinamismo —un mundo de creación, descubrimiento y competencia constantes—? ¿Valoramos la estabilidad y el control o la evolución en el aprendizaje?... ¿Pensamos que el progreso requiere un bosquejo central o lo vemos como un proceso evolutivo y descentralizado? ¿Consideramos que los errores son desastres permanentes o correctores subproductos de la experimentación? ¿Deseamos fervientemente lo predecible o apreciamos la sorpresa? Estos dos polos, *estatismo* y dinamismo, definen cada vez más nuestro panorama político, intelectual y cultural".

Jack Welch tuvo un notable cargo de CEO de General Electric. Notable, por supuesto en términos de valor creado para los accionistas de esa orgullosa, legendaria, pero (en 1980) pesada empresa. Pero no fue menos notable por el modo en que había cambiado... él mismo y la empresa... al final de su cargo. Aunque estaba en los 60 cuando llegó Internet, la adoptó con vigor infantil.

Cuando la red adquiría importancia, Jack afirmaba que habría una Nueva Forma GE. La denominó... DSE.com. Donde DSE significa "destruya su empresa". Es decir: vuele esa condenada cosa... *antes* de que lo haga la competencia.

Peter Drucker tiene el desagradable hábito de dejar las cosas claras. Muy claras. Cerca de veinte años antes que todos nosotros (incluido yo). Y creo que tenía razón cuando decía recientemente: "La empresa tal como la conocemos, que tiene 120 años de vida, no es probable que sobreviva a los próximos 25 años. Legal y financieramente sí, pero estructural y económicamente, no".

Kevin Kelly es un visionario... pero no es un loco radical. Y tampoco lo son, por supuesto Jack Welch y Peter Drucker. Son hombres sabios todos ellos. Y aun así se sienten *cómodos* (de nuevo esa palabra) con términos como "más fácil matar", "destruir su empresa" y "no es probable que sobreviva a los próximos 25 años".

¿Que significa el que personas no radicales utilicen un lenguaje radical?

Significa... que es hora de hacerse cargo. La hora de destruir.

El mito de la perpetuidad

Precisamente lo primero que uno aprende en *Accounting 101* es el "hecho" (el "hecho" puramente maquinado) de que la corporación existe "a perpetuidad".

Yo encuentro la noción "a perpetuidad"... arrogante.

En 2003, la encuentro *innombrablemente* arrogante.

Uno de los principales libros empresariales de los últimos 20 años es *Built to Last*, de Jim Collins y Jerry Porras.

Encuentro... ofensiva la idea de "construido para durar".

En 2003, pienso que es... *perturbadoramente* mala.

Conozco a ambos, Jim y Jerry, desde hace mucho tiempo. Los admiro. Admiro su trabajo. Pero decir que Jim, Jerry y yo no vamos de la mano es un eufemismo.

Los editores de *Fast Company*, en un comentario a un artículo de fondo de Collins que aparecía en su revista, presentaron argumentos contra la visión del mundo de Collins como hubiera podido hacerlo cualquiera. "El problema de construido para durar —escribieron—, es que es una noción romántica. Las grandes empresas son incapaces de resolver el problema de la innovación, de resolver el problema de la flexibilidad. Las empresas que tienen éxito serán cada vez más efímeras... Se crearán para ofrecer algo de valor y se desvanecerán una vez que ese valor haya quedado exhausto."

Esto es válido para las empresas y también para las carreras individuales. A menudo, un impacto auténticamente grande se produce en un periodo de tiempo notablemente corto. Los profesores suecos Kjell Nordström y Jonas Ridderstrale tratan de ese tema en su maravilloso libro *Funky Business*: "La grandeza es fugaz y, referida a las corporaciones, será cada vez más fugaz. El fin último de una organización empresarial, un artista, un atleta o un corredor de bolsa puede ser explotar el dramático frenesí de la creación de valor durante un corto espacio de tiempo más que vivir para siempre".

Y he aquí a Warren Bennis y Patricia Ward Biederman en una observación típicamente mordaz de su libro *Organizing Genius*: los grandes grupos no "duran mucho". (Bennis y Biederman saben de lo que hablan. Basan esta generalización en un estudio minucioso de lo Mejor de los grandes grupos y los califican: el proyecto Manhattan. El primer laboratorio de animación de Disney. El Xerox PARC. Y varios más.)

Grandes grupos, carreras, empresas. Donde quiera que miremos, el modelo de la grandeza acaba en esto... produce un Gran Impacto... y luego Sal Rápidamente. Lo podemos ver incluso en la naturaleza. Las flores más hermosas (por ejemplo, los tulipanes) no florecen durante mucho tiempo. (Los geranios florecen siempre. Con eso es suficiente.)

A veces, el público alienta el proceso: los líderes británicos con más fuerza del siglo XX —Churchill y Tatcher— fueron abandonados sin ceremonias cuando la ciudadanía juzgó que habían hecho su tarea. (Los líderes de la transformación... tienden al final a agotar a sus seguidores).

Orson Welles, como Harry Lime en *El tercer hombre*, planteó la misma cuestión... Y la colocó en un contexto histórico: "En Italia, bajo los Borgia, hubo guerra, terror, asesinatos y derramamiento de sangre durante 30 años y produjo a Miguel Ángel, Leonardo da Vinci y el Renacimiento. En Suiza ha habido amor fraternal, 500 años de democracia y paz ¿y qué produjeron? El reloj de cuco".

Por supuesto, eso es injusto.

(¿O no?)

Construido para... desinflarse

La primera de las grandes listas de "los mejores"/"los más grandes" que a las revistas de temas empresariales les gustaba publicar fue la Forbes 100, que apareció en 1917. Setenta años más tarde, en un número conmemorativo, la *Forbes* estudió el subsiguiente desenvolvimiento de esos líderes de la economía sin par de nuestra nación. El socio de McKinsey, Dick Foster y su colega Sarah Kaplan, analizaron todos los datos y los pusieron en su contexto. El título de su brillante libro sobre este tema lo dice todo... *Creative Destruction: Why Companies that are Built to Last Underperform the Market*.

NUEVA EMPRESA   NUEVO CONTEXTO

! BUSCANDO EN LA RED

Mi empresa favorita (reciente) es Netscape. O debería decir: mi empresa favorita (reciente) fue Netscape.

Netscape nació... cambió el mundo... murió.

Todo en cinco años.

Tiene sentido para mí.

! ESTÁ EN EL HOYO

Tiger Woods es el mejor jugador de la historia del golf (hasta el momento, lo es). Dentro de 20 años estará en el Senior Tour.

Tiger Woods nació... cambió el mundo del golf irrevocablemente (y para mejor)... dio el primer golpe de sus años de decadencia.

De nuevo, tiene sentido para mí.

! MOZART ME HACE LLORAR...

Porque creó una música tan hermosa. Porque murió a los 35 años.

Considera esta (hipotética) lápida:

> Mozart
> 1756-1791
> Cambió el mundo.
> Enriqueció a la humanidad
> y sólo bibió 35 años.

Piensa en eso.

¿Tranquilos? ¿Estoicos? ¡Difícilmente! ¿Hicieron que el mundo girase sobre su eje? Amén.

Al leer sus hallazgos me acuerdo de Brando en *Apocalypse Now*: "El horror. El horror".

Resultado neto: de las 100 Cosas Seguras de 1917, 61 habían... muerto 70 años después (39 estaban vivas). De las 39 supervivientes sólo 18 figuraban entre las 100 mayores empresas de 1987. Además, esas 18 "supervivientes" habían evolucionado un 20% por debajo del índice general en el mercado bursátil entre 1917 y 1987. Solo dos (es decir ¡el 2%!) —GE y Kodak— habían superado realmente al mercado en ese periodo de 70 años. Y ahora, 16 años después, podemos decir adiós también a Kodak.

Foster y Kaplan examinaron después la Standard & Poor's 500, una lista de las principales empresas que S&P inauguró en 1957. Escasos 40 años más tarde, sólo 74 de las 500 empresas iniciales estaban vivas todavía, lo que significa que 426 —*más del 80%*— habían desaparecido. Y de las 74 que quedaban, sólo 12 (es decir, el 2,4% del total) habían evolucionado por encima del mercado durante ese periodo de 40 años.

Foster y su equipo añadieron su propio análisis, más crítico aún. Consideremos este resumen del *Financial Times* en noviembre de 2002: "Mr. Foster y sus colegas de McKinsey recopilaron datos detallados del rendimiento de 1000 empresas norteamericanas, remontándose 40 años atrás. Descubrieron que ninguna de las supervivientes... consiguió evolucionar por encima del mercado, a largo plazo. *Peor, cuanto más tiempo habían estado las compañías en la base de datos, peor lo habían hecho*".

Conclusión de Foster: "Cuestión de hecho: las supervivientes evolucionan por debajo del mercado".

¡Caramba! (o, más bien: ¡Ay!)

¿Qué demonios está ocurriendo aquí?

Respuesta (en parte): incluso antes de nuestra loca era, las grandes tenían una tendencia inevitable a quedarse aletargadas... muy aletargadas. Y si no desaparecieron, rindieron de una manera que sólo se puede describir como... lastimosa.

Cuidado... buen *management*

¿Entonces todas las superestrellas de 1917 acabaron cansadas? ¿Se vieron sus directivos... entumecidos por su propio éxito?... ¿Olvidaron cómo gestionar? ¡Si fuera todo tan simple! El profesor Clayton Christensen, de la Harvard Business School, llega al meollo del problema en su libro de gran éxito *The Innovator's Dilemma*. Lee su análisis... y lee luego mi versión de él:

"*El buen management fue la razón más poderosa para que (las firmas líderes) fracasaran en permanecer arriba de sus sectores. Estas firmas perdieron su posición de liderazgo precisamente porque escucharon a sus clientes, invirtieron agresivamente en tecnologías que podían proporcionar a sus clientes más y mejores productos de la clase que deseaban, y estudiaron cuidadosamente las tendencias del mercado y asignaron sistemáticamente capital para invertir en la innovación que prometía los mejores retornos.*"

De nuevo ¡caramba!

Ahora volvamos a escribir ese párrafo. Le doy mi palabra de que las adiciones (en cursiva) son ciertas, según el extenso estudio presentado en el libro:

"El buen *management fue* la razón más poderosa para que las firmas líderes fracasaran en permanecer arriba de sus sectores. Esas firmas *gigantes, burocráticas*, perdieron su posición de liderazgo precisamente porque escucharon a sus *gigantes, burocráticos, mayores* clientes, invirtieron agresivamente en tecnologías *marginalmente innovadoras* que podían proporcionar a sus *gigantes, burocráticos* clientes más y mejores productos de la clase *de los que ya tenían y sin embargo* deseaban más, y porque estudiaron cuidadosamente las tendencias del mercado, *que dice siempre 'haz más de lo que estás haciendo ya con un pequeño cambio o dos'*, y asignaron sistemáticamente capital para invertir en las innovaciones que prometían los mejores retornos, *que son siempre las innovaciones más conservadoras*."

¿Estoy siendo injusto? No lo creo. Y si es así, no mucho.

Vieja tecnología = nueva trampa

Río abajo de Christensen en Cambridge, Massachusetts, trabaja Jim Utterback, profesor estelar del MIT y autor de *Mastering the Dynamics of Innovation*. El libro de Jim — lo mejor

NUEVA EMPRESA NUEVO CONTEXTO

❝❞

LA ERA DEL CAMBIO CONTINUO

En *The Company*, John Micklethwait y Adrian Wooldridge informan de que el índice de empresas que cayeron de la Fortune 500 *se multiplicó por cuatro* entre 1970 y 1990. "En lugar de ser una fuente de comodidad, la grandeza se convirtió en un código de inflexibilidad", escriben.

❝❞

EL CLIENTE NO SIEMPRE TIENE RAZÓN

El buen *management* trata de dar a nuestros mejores clientes lo que desean... ¿Cierto?

Cierto. Y ese es el problema. De nuevo está aquí el Clayton Christensen de *The Innovator's dilemma*. "Las empresas que mejor funcionan... tienen sistemas bien desarrollados para matar las ideas que sus clientes no desean. Como resultado, esas compañías encuentran muy difícil invertir los recursos adecuados en tecnologías rompedoras —oportunidades con un margen menor que sus clientes no desean— hasta que (esos mismos clientes deciden que) las desean. Y para entonces es demasiado tarde."

UNA PIZARRA EN BLANCO

6699

De *Synergy Trap*, por Mark Sirower, un profesional del Boston Consulting Group y profesor de estrategia en la Universidad de Nueva York: "Cuando le pedían que citara una gran fusión que hubiera superado las expectativas, Leon Cooperman, antiguo, presidente del comité de política de inversiones de Goldman Sachs, contestaba, 'estoy seguro de que debe de haber por ahí historias de éxito, pero en este momento veo la pizarra en blanco'. Por favor, vuelve a leer esto. Y llora.

LAS ABEJAS LO HACEN

Puede que la urgencia de *des*-unirse sea al menos tan "natural" como la de unirse. Este es el argumento en el que insiste David Lascelles, codirector del Centro para el Estudio de la Innovación Financiera del Reino Unido:

"Puesto que la manía de unirse hace furor ahora... ¿qué lecciones nos pueden dar las abejas...? Una sola: la fusión no está en la naturaleza. El proceso de la naturaleza es justamente el opuesto. Es un proceso de crecimiento, fragmentación y dispersión... No hay megalomanía, fusión por el gusto de fusionarse simplemente. El tema es que, a diferencia de la corporaciones, que son cada vez más grandes... las colonias de abejas saben cuándo llega el momento de dividirse en colonias más pequeñas que pueden generar valor más rápidamente... las abejas nos están diciendo que el mundo corporativo está equivocado."

NUEVA EMPRESA   NUEVO CONTEXTO

de la camada en este campo— arremete contra la cabeza hueca con que responden la mayor parte de las empresas al cambio traumático:

"Una pauta enfatizada en los casos de su estudio (la mecanógrafa, el DC-3, etc.) es el grado en el que los *competidores poderosos no sólo resisten ante las amenazas innovadoras, sino que realmente se resisten a todos los esfuerzos para comprenderlas, prefiriendo atrincherar sus posiciones en los productos más antiguos*. Esto se traduce en una oleada de productividad y rendimiento que puede llevar a la vieja tecnología a alturas sin precedentes. Pero, en la mayor parte de los casos, es un signo de muerte inminente".

Utterback ofrece, entre otros, el ejemplo del sector de la producción de electricidad, que salió a escena hace 100 años y amenazó con derribar a la dormida industria de iluminación por gas. Pero, al verse enfrentadas a tan grave amenaza, las gentes del gas despertaron de su larga somnolencia, se pusieron a caminar y mejoraron la productividad rápidamente. Fueron tan eficaces que —¡a corto plazo!— echaron del negocio a muchos de los pioneros de la industria eléctrica. Es innecesario decir que hoy nuestras ciudades se alumbran por electricidad. (¿Ayuda esto a clarificar por qué tiemblo ante la idea de "mejora continua" en una época de cambio discontinuo?)

¿Aprenderán alguna vez esta lección esos grandes cerebros? ¡No apuestes por ello! Considera este comentario sobre la (próspera) industria farmacéutica actual, procedente del *Wall Street Journal*:

"La mayor parte de los medicamentos no consiguen buenos resultados en casi la mitad de los pacientes a los que se prescriben, y los expertos creen que parte de la razón reside en las diferencias genéticas. Actualmente existe la tecnología para examinar dicha genética... Pero la técnica amenaza con ser tan destructiva para el negocio de las grandes empresas farmacéuticas —podría limitar el mercado para algunos de sus productos de venta masiva—, que muchas de ellas se resisten a que se utilice ampliamente."

¿Una buena evaluación? No lo sé. Pero dado lo que sé sobre las grandes empresas farmacéuticas, con su inclinación a la hipercomplejidad y la creciente adicción a la conglomeración... y a esos medicamentos de venta masiva... sospecho que es muy acertada.

El gigantismo no es la respuesta

Si reconoces que el "buen *management*" es la ruina del éxito sostenido tampoco aclaras mucho las cosas, ¿no es cierto? Bien, yo no sé lo que es "cierto". (No soy tan arrogante). Pero estoy convencido de que sé lo que está equivocado (*Soy* así de arrogante).

¿Qué es lo erróneo? Sobre todo, esto es lo que es erróneo: en una edad que pide agilidad y flexibilidad, ir en la dirección opuesta... mantener muchas mercancías en inventario, ir a grandes fusiones, es... ESTÚPIDO.

En teoría, las empresas optan por ir a la conglomeración en nombre de la "eficacia" (es decir, reducir innecesarios puestos de trabajo administrativos) y la "sinergia" (es decir, combinar los activos de diferentes empresas para crear nuevo valor). No hay una maldita cosa errónea... por lo que se refiere a la... *teoría*.

Es la práctica la que no es lógica.

Cada gran fusión crea un "conglomerado" y cuanto más niegue la conglomeración esto, más probable es que sea verdad. Y lo niega por una buena razón. En las descorteses y brutales palabras del especialista en economía del *New Yorker*, James Surowiecki, "*los conglomerados no funcionan*".

Se está estudiando el fenómeno de las fusiones y adquisiciones. Y la conclusión es clara como el cristal: la mayor parte de las fusiones no terminan bien. No consiguen sus "eficiencias" prometidas. No crean esas celebradas "sinergias". Algunos estudios dicen que el 50% de ellas no funcionan. Otros estudios dicen que el 80%, o incluso el 90%, no funcionan. El gran análisis más reciente con el que me he topado, de *Business Week* en 2002, fijaba el índice de fracaso de las fusiones ("riqueza del accionista destruida") precisamente en el 61%. Ningún estudio de los que me he encontrado afirma que sean eficaces más de la mitad de ellas.

Piensa en *eso*.

Haz la cuenta (1+1=0)

La tabla que damos a continuación resume el impacto financiero de las diez mayores fusiones del periodo 1998-2002

Fusión reciente (año)	Valor creado (+) o destruido (–) desde la adquisición*
AOL/Time Warner (2001)	–148.000 M $
Vodafone/Mannesman (2000)	–299.000 M $
Pfizer/Warner-Lambert (2000)	–78.000 M $
Glaxo/SmithKline (2000)	–40.000 M $
Chase/J. P. Morgan (2000)	–26.000 M $
Exon/Mobil (1999)	+8.000 M $
ABC/Ameritech (1999)	–68.000 M $
Worldcom/MCI (1998)	–94.000 M $
Travelers/CitiCorp (1998)	+109.000 M $
Daimler/Chrysler (1998)	–36.000 M $

*A 1 de julio de 2002. De "Size is not a Strategy", *Fast Company*, septiembre 2002.

Pero hoy, en 2003, no tienes que pensarlo mucho. Limítate a leer el periódico. Sólo en el primer trimestre de 2002, las nuevas normas de contabilidad exigían a las empresas rebajar en un trillón de dólares (*si, ¡trillón!*) el valor contable de las adquisiciones recientes.

Humo sagrado.

Respuesta parcial: desorganiza

¿Estoy diciendo que la grandeza nunca funciona... que todo los grandes grupos están condenados al fracaso? No del todo. Recuerda el análisis Foster-Kaplan. La única empresa de Forbes 100 que triunfó en el mercado durante 86 años fue GE, y GE resulta que siempre fue una de las empresas más grandes y más amiga de las adquisiciones.

Pero aquí está lo irónico. GE es también posiblemente la... Más Desorganizada... de nuestras empresas gigantes. No indisciplinada. *Sino* desorganizada. GE se fundó con el espíritu emprendedor de Edison. Y de alguna manera se ha gestionado para retener ese espíritu.

Jack Welch tuvo que vérselas con él recientemente. Pero no lo hizo solo. Heredó una institución grande y difícil de controlar. Es cierto que en 1981, cuando Welch comenzó su larga e ilustre tarea en la cumbre, había demasiada burocracia en GE. Pero muchas personas innovadoras de la empresa estaban felizmente... y productivamente... más allá del alcance de esa burocracia.

Yo lo llegué a conocer. Realicé estudios de consultoría para GE... en zonas alejadas. Louisville, Kentucky, Pittsfield, Massachusetts, Rutland, Vermont. Y allí, los directivos de GE puede que se hayan arrodillado ante la sede central como era preceptivo... pero sólo para poder hacer luego su... propio camino feliz. En las áreas remotas, el sello de las fábricas era... irrespetuoso.

En resumen, GE es una empresa *autodestructora*. Siempre sería así. Y el genio de Welch reside en seguir en esa dirección. (Recuerda: Destruyetuempresa.com.)

Según lo veo, los pocos "conglomerados" que han durado son... sí... los que han tenido más éxito en la... Autodestrucción.

NUEVA EMPRESA   NUEVO CONTEXTO

!

SECTORES QUE ZOZOBRAN

No ocurrió de la noche a la mañana. Se tardaron 20 ó 30 ó 40 años, pero sector tras sector que una vez fueron grandes imperios se toparon con aguas violentas y comenzaron a naufragar.

Automóviles. Los tres grandes de América eran indomables. Y luego llegaron Honda y Hiunday.

¡Ay!

Computadoras. IBM manda y Peters y Waterman lo certifican. Y después llegaron Microsoft e Intel. Y. Y

¡Ay!

Televisión. NBC, ABC, CBS... Todo lo que uno necesita. Y después llegó el cable.

¡Ay!

Industria farmacéutica. Gran industria farmacéutica = invencible. Y luego llegó la nueva ciencia... Y docenas y docenas y docenas de productos biotecnológicos.

¡Ay!

Venta al por menor. Sears. Macy's. Kmart. (Y luego llegaron The Gap... Wal*Mart... Home Depot).

¡Ay!

Finanzas. Wells. Chase. Citi. Y luego Schwab, Fidelity y docenas de otras.

¡Ay!

!

¿ESPECIALISTAS DE LA CASA?

GE, bajo Welch, adquirió mil empresas. ¿Puedes nombrarme algunas? Mi respuesta, sólo una: RCA, que trajo NBC en su grupo. La cuestión, entonces, es: el resto fueron adquisiciones sin nombres como GE Capital en particular, que eran especialistas de tamaño medio, las mejores en su clase.

!

SIETE "GRANDES" IDEAS

Mis directrices para pensar sobre la "consolidación":

1. Grande + grande = desastre (estadísticamente). (Hay excepciones: ejemplo, Citigroup)

2. Posibilidades de conseguir las "sinergias proyectadas" entre las grandes "culturas" fusionadas:10%.

3. Las grandes (GE, Cisco, Omnicom) adquieren especialistas estupendas = bueno. Si eres capaz de hacer "todo lo que haga falta" para retener... el talento destacado.

4. Los beneficios de la escala se pueden conseguir a un tamaño mucho menor del imaginado (los estudios son claros en este punto).

5. Pecado común: atacada por la grande, una mediana mediocre se casa con otra mediana mediocre para comprar en grandes cantidades. Resultado: gran mediocridad... o peor. (Las empresas de venta al por menor y distribución caen en esta trampa una y otra vez).

6. Cualquier tamaño puede ganar local o globalmente si es grande y está centrado.

7. Las alianzas producen cada vez más valor que las fusiones y alientan claramente la flexibilidad. (Advertencia: hay que ser condenadamente bueno en el... arte estratégico de gestionar la alianza.)

Respuestas parciales (plural): el mundo según Hamel

El especialista de la estrategia Gary Hamel ha desarrollado un estribillo sobre los secretos de la mentalidad empresarial que refleja mi propia visión del modo en que cambian las organizaciones. He aquí tres de sus "secretos":

1.   Pon una "fecha de caducidad". Cada unidad de negocios debería contar con una fecha antes de la cual debe probar su valor o, de lo contrario, cerrar la tienda.

2.   *Spin in*. Compra firmas jóvenes para incorporar excelentes innovadores. (Cisco. GE.)

3.   *Spin out*. Deja que los tipos emprendedores de tu empresa vuelen bajo tus alas. Finánciales y apóyales en sus esfuerzos por montar nuevas empresas. Si una de esas empresas funciona... vuélvela a comprar (¡y maldice la prima!).

¡Genial! Y sólo hemos empezado.

(Mira en la página siguiente "20 formas de autodestruirse".)

INCAPACIDAD PARA CONCENTRAR

En un artículo de marzo de 2003 para el *Financial Times*, titulado "Supervivencia de la más adecuada, no de la más gruesa", John Kay escribió: he oído de personas que trabajan en la industria farmacéutica y de personas que trabajan en equipos para defensa. De ejecutivos en empresas de servicios públicos y ejecutivos de publicidad. Entre los bancos y los bufetes de abogados... Todos esperan que su sector se desarrolle de la forma en que se ha desarrollado el sector automovilístico. En un mercado cada vez más globalizado, las industrias maduras se concentrarán cada vez más. Sólo un pequeño número de grandes empresas sobrevivirán.

"Esas analogías tienen un problema. No es cierto lo que se ha dicho sobre la industria del motor. El punto culminante de concentración en la industria automovilística se alcanzó a principio de los años 50 y desde entonces se ha producido un declive sustancial... Pequeños fabricantes han ido ganando cuota de mercado a expensas de los grandes. En los años 60, los diez primeros fabricantes tenían una cuota de mercado del 85%; hoy, esta cuota es de un 75%... La concentración ha fracasado, aunque se hayan absorbido empresas que iban mal.

"La diferenciación se hace cada vez más importante a medida que evolucionan los mercados... El éxito en la industria del motor no se debe al tamaño y a la escala, sino al desarrollo de ventajas competitivas y a saber vender tales ventajas internacionalmente. Lo mismo se puede decir de la industria farmacéutica y de la de defensa, de las empresas de servicios públicos y de la banca, y de las telecomunicaciones y de los medios de comunicación".

Respuesta parcial: fusiona con inteligencia

No es el momento de construir castillos y fosos defensivos... y eso es lo que viene a ser la "conglomeración". *Es* momento de creación. Como decía el ex CEO de Reuters, Peter Job, "las adquisiciones suponen comprar cuota de mercado. Nuestro reto es crear mercado. Hay diferencia".

Fabuloso.

De hecho, reconozco que las adquisiciones pueden representar algún papel. Pero deberían seguir la pauta establecida por John Chambewrs en Cisco Systems. Por Jack Welch en GE. O por John Wrem en la superagencia de publicidad Omnicom. Es decir: no adquisiciones que supongan que un gigante aletargado adquiere otro gigante aletargado sino adquisiciones que supongan comprar innovación. No "adquisiciones al por mayor", sino "adquisiciones especialistas" de moderado tamaño y en auge.

Por supuesto que incorporar una empresa especializada a una entidad grande no es fácil. Tampoco la adquisición lo es. A menudo el que adquiere pisa inadvertidamente los dedos de los pies (y los corazones) de las estrellas llenas de vida de la empresa comprada, y éstas se van. Pero unas cuantas empresas, como Cisco, han conseguido hallar la forma, en general, de detener la hemorragia de cerebros y de canalizar la chispa creativa del especialista, no sólo en el amplio mercado... sino también en la mucho más amplia base de clientes del propio adquirente.

Otra forma de fusión inteligente es fusionarse... virtualmente. ¡Internet lo cambia todo! (¡Como de costumbre!) (Véase Capítulo 4). Como escribe Richard Rosecrance en su brillante *The Rise of the Virtual State*, "la virtualización es el reconocimiento de que el tamaño

20 formas de autodestruirse

Permíteme comenzar donde termina Gary Hamel... con una veintena de ideas para convertir la empresa en una máquina de autodestrucción (lee: invención).

1. Marca una "fecha de caducidad" a cada unidad de negocio.
2. "Compra" I + D (el modelo de adquisición de Cisco-Omnicom). ¡Paga tanto dinero que te veas obligado a sacar el máximo partido a la adquisición!
3. Recluta a lo mejor del mundo... y paga los mejores emolumentos del mundo.
4. Cambia cada 36 meses las tarea de los máximos ejecutivos.
5. Pon en marcha un gran fondo de capital riesgo (ejemplo: Intel).
6. Anima a cada unidad de negocio... a poner en marcha equipos especiales... compuestos solamente de primeros espadas... y de inadaptados.
7. Asegúrate de que tu consejo de administración es... lo suficientemente excéntrico. (Consejo aburrido = Tonto S.A.)
8. Sazona todos los programas de formación con instructores fenómenos.
9. Instala (e instila) una filosofía de "ascender o marcharse".
10. Busca religiosamente... clientes desconocidos y proveedores desconocidos.
11. Incentiva la tensión... no el "consenso".
12. Sustitúyete a ti mismo por tu opuesto.
13. El reconocimiento no procede de... las grandes presentaciones en PowerPoint.
14. Incluye constantemente personas de fuera prestigiosas entre los 100 máximos ejecutivos. Muchos podrían proceder de fuera del sector.
15. ¡Diversidad! (diversidad = creatividad). (Punto)
16. ¡Vende una participación minoritaria a las personas de fuera en varias divisiones claves!
17. Traslada las divisiones claves a... puntos de emplazamiento nuevos y energéticos.
18. Asegúrate, si eres una firma global, de que el equipo líder sea muy internacional.
19. Reduce los mandos intermedios en un 90%.
20. Fleta una nueva filial de tu entera propiedad (y después otra).

¿QUIERES APOSTAR...?
¡Cómo fracasa el poderoso! Pero no te puedes imaginar el destronamiento de Wal*Mart o Dell, ¿no es cierto?

Bueno, eso es lo que me parece a mí. Pero... recuerda la lista de 1917: ¿quién podría haber imaginado, en 1917, la muerte de Big Steel? ¿El desmoronamiento de Sears?

A mis lectores de 30 años: apuesto a que cuando tengas mi edad, Wal*Mart y Dell estarán muertas o serán irrelevantes.

territorial no resuelve los problemas económicos... El acceso económico puede convertirse en el sustituto del incremento del dominio". En otras palabras, el tamaño —"El Viejo" tamaño, al menos— puede no ser necesario ya. Las empresas son cada vez más capaces de conseguir los beneficios del tamaño —por ejemplo, un mayor ámbito para la acción— por medios distintos a la propiedad. Una empresa de una sola persona que trabaja desde una sencilla habitación puede estar en contacto directo con todo el mundo y puede conseguir un increíble ámbito y escala, todo ello sin poseer absolutamente nada material.

El *quid* de la cuestión: volumen no es lo mismo que amplitud. Acceso y conexión... pueden perfectamente ganar a la propiedad.

El incrementalismo no es la respuesta

He aquí un tema que no encontrarás en el estribillo de Hamel... ni en ningún otro análisis razonablemente perspicaz: "El lento y constante gana la carrera, da un sensato paso cada vez".

Me temo que los pasos de bebé "sensatos" no lo conseguirán. No, el reto del CEO es actualmente grandes saltos... grandes planes... riesgos enormes.

Todo el mundo lucha con ese reto... Un reto que decidirá literalmente el destino de las naciones. En diciembre de 2000, Xavier Comtesse, antiguo presidente de la Casa Suiza para la Investigación y la Educación Avanzadas, ofreció esta roma evaluación de sus compatriotas: "nunca oyes a un suizo decir quiero cambiar el mundo... tenemos que asumir más riesgos".

Y los japoneses están empezando a cuestionarse, con retraso, los méritos de su profundamente arraigada cultura de-no-trastornes. Hideki Shirakawa, un químico que es uno de los pocos japoneses que han recibido el premio Nobel (*muy* sorprendentemente), dice que su país se enfrenta a un "retraso científico" gigante. Él atribuye el problema a la cultura del cultivo del arroz insertada profundamente en los genes y en la cual se "suprime la singularidad". Los científicos japoneses promocionan sobre la base de la antigüedad. Creen en el consenso y desaprueban el debate, al contrario de lo que ocurre con sus colegas de los Estados Unidos, que pueden ser amigos en la vida privada pero "enemigos mortales" cuando se trata de un debate científico, dice Shirakawa. La inclinación por el *Kaizen* ("mejora continua") en la fabricación del acero y la industria automovilística japonesa afecta también a la ciencia japonesa. Shirakawa cita también una falta de competencia y de evaluación crítica que está en agudo contraste con el proceso brutalmente claro del "análisis por parte de los compañeros" que marca la ciencia de los Estados Unidos. Syukuro Manabe, un científico japonés, lo dice de esta forma: "si queremos hacer que la gente compita más, lo que necesitamos es crear inseguridad, más que seguridad, en el puesto de trabajo".

Suiza y Japón. Dos países muy diferentes. Un diagnóstico muy poderoso: el incrementalismo es *el* enemigo en momentos de cambio discontinuo.

Pero puede que no sea suficiente llamar "enemigo" al incrementalismo ¿Qué tal estaría "el peor enemigo"? Esta frase no es mía. La plagié de Nicholas Negroponte, jefe del Laboratorio de Medios del MIT: "*El incrementalismo es el peor enemigo de la innovación*".

Triste hecho: las grandes organizaciones... son adictas al incrementalismo... por su misma naturaleza. Tanto si están dirigidas con buena intención como si no, raras veces hacen los cambios necesarios para afrontar un entorno verdaderamente discontinuo.

Así... llega Wal*Mart. Todas las reglas cambian. Algunos gigantes competidores de la venta al por menor son incapaces de afrontar el problema. Kmart. Montgomery Ward. Bradles. Y algunas, como Sears, dan una dramática media vuelta... y evitan la guillotina (al menos, por el momento).

Pero afróntalo: la mayor parte de las grandes empresas que sobreviven al reto que les plantea una empresa nueva se convierten en sombras de lo que fueron. Viven todavía. Son grandes aún. Pero ya no son las pioneras.

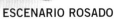

ESCENARIO ROSADO
Del *Kaizen* al "córtalo": ve a la página 44 para leer más sobre las virtudes de una poda sabia.

Algunos tipos de las grandes empresas lo entienden. En 2001 escuché una conferencia del CEO de una de las firmas de servicios financieros más grandes del mundo. Después de hablar sobre los desarrollos revolucionarios que se estaban produciendo en su sector y de la respuesta que había planeado, dijo a su gente reunida en asamblea, "no pretendo sentarme tranquilamente y ser conocido como el rey de los enredadores".

Bonito. Pero demasiado raro.

No hay generalmente tiempo para "mejorar las cosas". Elige. "Mejora"... o "destruye y reconstruye". El canto de sirena de 2003 es casi inevitablemente el último.

Más que una respuesta parcial: destruir, destruir, destruir

"Destruir y reconstruir"... Esa ha sido la marca del, por ejemplo... (y es un gran ejemplo) gran milagro americano de la creación de empleo.

Considera el siguiente análisis de la economía de EE.UU. Entre 1980 y 1998, conseguimos crear la sorprendente cantidad de 29.000.000 de nuevos puestos de trabajo netos. Cerca de dos tercios de esos puestos de trabajo fueron en el segmento de los salarios altos y la mayor parte de ellos en sectores que no existían antes de 1980. (Estamos muy lejos de la nociva predicción que hizo Lee Iacoca a principios de los 80 de que todos los puestos de trabajo nuevos serían cortesía de empresas como Wendy.) Durante el mismo periodo, la Unión Europea, que es tres veces mayor que los Estados Unidos en términos de población, consiguió crear sólo 4.000.000 de nuevos puestos de trabajo netos.

¿Cuál es la diferencia entre 29.000.000 y 4.000.000, aparte de los obvios "25.000.000"? Gran parte de la respuesta se puede ver en dos sencillas ecuaciones (aunque el problema no es tan sencillo):

$$+29M = -44M + 73M$$
$$+4M = 4M - 0M$$

Los americanos alcanzaron los 29 millones después de... lo que no tiene gracia a menudo... destruir 44 millones de puestos de trabajo. En Sears. En Ford. En Chrysler. En AT&T. En IBM. Luego compensamos esos puestos perdidos con 73M. En Microsoft. En Dell. En CNN. En Genentech. En Amgen. En Fidelity. En Charles Schwab... La Unión Europea consiguió la más bien despreciable suma de 4 millones sin destruir nada y creando 4 millones de nuevos puestos... en el sector público. (Algunas interpretaciones son todavía peores, pues sugieren que se eliminaron millones de empleos del sector privado para poder seguir alimentando de empleados al sector gubernamental.) (¿Necesita Europa, Dios no lo quiera, a Newt Gingrich?)

(Gran) Mensaje: si no tienes la capacidad para destruir (puestos de trabajo), nunca crearás (puestos de trabajo) a gran escala.

Lo que es una (GRAN) razón... SOY UN FANÁTICO DE LA DESTRUCCIÓN.

América = re-imaginar

Pero entonces... América es toda destrucción, toda inquietud, toda invención e imaginación. Por eso es por lo que hace 400 años, "abandonamos la ciudad" —es decir, Inglaterra— y partimos para un continente desconocido. Por eso es por lo que, hace cerca de 200 años, volvimos a "abandonar la ciudad" —es decir, *Nueva* Inglaterra— y nos dirigimos hacia el oeste. Americanismo = inquietud.

Y por eso es por lo que tantos de nosotros sentimos hoy una urgente inquietud similar. La urgencia de destruir las identidades del pasado. De colocarnos el proverbial gorro de piel de mapache y convertirnos... de nuevo... en exploradores. Romper los grilletes del cubículo de la esclavitud. Hacernos cargo de nuestras vidas. Reinventar. Y reimaginar.

No será fácil, como tampoco fue fácil para aquellas valientes familias en sus carretas de Conestoga, dirigiéndose a través de las llanuras secas y polvorientas y después a través de las virtualmente impenetrables Montañas Rocosas. Pero si no hubo siempre oro al final del

AL OESTE, COMO UN JOVEN

Yo mismo seguí las huellas del usado vagón, en 1966, cuando dejé mi casa de la costa este para hacer el servicio militar en la Armada, en Port Hueneme, unas 65 millas al norte de Los Ángeles. Acabé permaneciendo en California durante 35 años, 8 meses y 21 días. Cuando regresé finalmente al este, no tuve ningún problema al abandonar la extensión de California o la contaminación de California. Pero tuve pena de abandonar la idea de Fulano-en-California. La idea de haber comenzado de nuevo o de haberme hecho a mí mismo mientras caminaba.

EL NUEVO (E) YO

Resulta, fuera del foco de atención, que esta proclividad a la reinvención es muy universal.

Si quieres una prueba (no tan insignificante), mira la forma en que a los niños —¡y a los adultos!— de todas las culturas les ha dado por asumir nombres y roles en Internet. Este fenómeno "trivial", como una chiquillada, tiene realmente grandes consecuencias: nunca se había visto tan posible la oportunidad de jugar con identidades nuevas.

arco iris (o, para ser precisos, norte de California) había —casi siempre— una oportunidad para re-inventarse. Un nuevo comienzo. Un nuevo yo.

Pensemos en los EE.UU.:

Gobierno: 13 colonias rebeldes se convirtieron en 50 estados rebeldes. El federalismo (la devolución del poder a los Estados y a las localidades) está bien vivo en EE.UU. hasta un grado virtualmente desconocido en el resto del mundo.

Religión: contamos con más sectas y congregaciones que compiten vigorosamente que ninguna otra nación. Porque competimos en... Todo. Negocios. Deportes. Incluso en las materias del espíritu.

Empresas (pero no sólo empresas): reservamos la más alta estima a las empresas nuevas, externas al *Establishement* que derriban de sus pedestales a los partidarios del *Establishement*. Y luego, tan pronto como se han consolidado estas empresas nuevas, trabajamos como demonios para derribarlas. (*Derribarla*: Martha Stewart).

En resumen... estamos siempre "complicando". Nos deleitamos en la Refriega *Per Se*.

La cambiante economía política de las organizaciones

Cuando se cae en ello realmente, esa refriega —la cuestión clave a lo largo de la historia americana— es cuestión de gobierno. ¿Quién manda? ¿Y cómo? ¿Y cuánto? Orden *versus* libertad.

Las mismas cuestiones se aplican a las empresas. Después de todo, cada organización es, más o menos, una nación en sí misma. Algunas organizaciones son el equivalente económico de China (Wal*Mart); otras son el equivalente económico de Mónaco (Tom Peters Company). De cualquier modo, estos tiempos "chiflados" demandan un conjunto de capacidades y estrategias organizativas diferentes a las que servían en tiempos más tranquilos... cuando la mayor parte de los sectores constaba de un pequeño número de competidores conocidos. Esos días, la era de los oligopolios organizados, han pasado.

Cuando lo contemplo, los oligopolistas de ayer fueron los socialistas de su época. Por contra, los nuevos tiempos requieren empresas mucho más retozonas, a cuyos ejemplares llamo demócratas del mercado libre ("demócratas", los que creen en la democracia abierta). Creo que en estos peligrosos tiempos *sólo* sobrevivirán los demócratas del mercado libre.

(Mira, en la página siguiente, la lista de "contrastes"... que ofrezco para ilustrar el cambio de la vieja a la nueva economía política de las organizaciones.)

La eterna tensión de gobernar

Cuando trabajaba en este tratado sobre destruir y después reimaginar empresas, di con dos libros que me hicieron pensar de nuevo sobre toda la cuestión del gobierno.

El primero de ellos fue la espléndida biografía de John Adams, de David McCullough, la historia de Adams y sus colegas luchando con la naturaleza de la humanidad y el gobierno de la misma. Los actores claves defendían puntos de vista diferentes (por decirlo suavemente). Hamilton deseaba la centralización, la estandarización, una moneda sólida y estable. Jefferson la descentralización, la democracia del pueblo llano, un compromiso con el ideal agrario, y el ideal emprendedor. ¡Los de Hamilton y los de Jefferson han batallado desde entonces! Para que lo sepas: Hamilton murió en un duelo).

El segundo fue *A Necesary Evil: A History of American Distrust of Government*, de Garry Wills. Wills trata muchos de los temas de McCullough y comienza por describir la actitud americana básica hacia la institución del Estado:

"En el mejor de los casos, el gobierno es aceptado como un mal necesario que debemos aguantar mientras nos resentimos de su necesidad. Queremos tan poco de él como sea posible, puesto que algo que vaya más allá del mínimo necesario anula instantáneamente una libertad u otra."

¡Esa es exactamente mi actitud!

¡Realmente, de lo que tratan este y todos los demás libros de *management* es de la lucha por las esencias del gobierno! Para una nación. O... para un equipo de proyecto

!Contrastes

"VIEJA ECONOMÍA". SOCIALISTAS	"NUEVA ECONOMÍA". DEMÓCRATAS DEL MERCADO LIBRE
Conservar	Destruir
Promover desde dentro	Dar la bienvenida a los "extraños"
Contratación nepotista	Recluta creativa
Discurso restrictivo	Celebrar el discurso libre
Prevalece la "corrección política"	Florece el disentimiento
Legisladores de por vida	Límites temporales
Tortugas	Liebres
Antigüedad	Meritocracia
"Espera tu turno"	"Asciende o lárgate"
Centraliza	Descentraliza
Mandan los planificadores de la sede central	Mandan las divisiones ("Estados")
(1 gobierno = 1 modo)	(50 Estados = 50 laboratorios)
Preserva el *Establishment*	Derriba el *Establishment*
Respeta a los administradores	Honra a los emprendedores
Hacer economías	Reinventar
Defensa	Ataque
Sedes centrales gruesas	Sedes centrales magras
Manda el centro	Manda la periferia
Salario igual	Salario según méritos
Se calibran cuidadosamente las escalas salariales	Se recompensa abundantemente a los que más rinden
Se marginaliza a los inadaptados	Se busca a los inadaptados
"Mejor cuanto más grande"	"Mejor cuanto mejor"
Pesimismo	Optimismo
Hobbes	Locke
Sadismo	Masoquismo
Miedo	Ambición
Evitar la derrota	Obsesionarse por la victoria
Esforzarse por la uniformidad	Luchar por la excelencia
Mejores prácticas	Nuevas prácticas
Pensamiento monocromático	Sueño en tecnicolor
"Trabaja bien"	"Arremángate"
Calma. Quietud. Estabilidad	Frenesí. Ruido. Agitación
Policía	Juristas
Brahms	Dylan
William Henry Harrison	TR
¡Honra a lo viejo!	¡Da la bienvenida a lo nuevo!
Planes	Acción
Preparados. Apunten. Fuego	Preparados. ¡Fuego! Apunten
Orden y obediencia	Desorden y desobediencia
Cerrar las escotillas	Abrir de golpe las ventanas a los "vendavales de destrucción creativa"

¡SOMBREROS FUERA!
¡Charles Schwab!

Cambian su "estrategia fundamental" cada año o cada dos. Desheredan a su propio (glorioso) pasado. Aman las nuevas tecnologías... encuentran placer en el cambio.

Schwab gana. Por su... inconstancia. Su... total voluntad de ir 89,5 grados en una nueva dirección... sin pensarlo dos veces. Si es necesario. (Y a menudo es necesario.) (Más o menos cada 24 meses.)

COMENTARIO EN COLOR
Me formé como ingeniero. Formado para pensar en términos lógicos: "Es negro. Es blanco".

Pero, como he aprendido con el paso de los años, el mundo real no funciona de esa manera. En el mundo real no hay alivio para la tensión fundamental entre conservación y cambio. Entre orden y libertad. Entre organización y desorganización.

¿Significa eso que estamos condenados a vivir en un mundo que no es blanco ni negro, sino más bien una sombra, o en otro que es monótono, de un gris triste? ¡No! La alternativa a negro/blanco no es gris sino... ¡tecnicolor! ¡Que florezcan 1.000 colores!

BÚSQUEDA DE LA PARADOJA

Para tratar con el terrorismo debemos poner en cuestión algunas de las libertades que estamos defendiendo en la guerra contra el terror.

¡Habla de paradojas! ¡Y habla de grandes apuestas!

UN TRISTE HECHO (MEJORADO)

Las grandes organizaciones tienen buenas intenciones. Es su bagaje el que tira de ellas hacia abajo. A principios de 2003 asistí a un "retiro espiritual" de los máximos directivos de una gran empresa... enfrentada a grandes problemas.

Los del máximo nivel estaban informados (y sabían que sus opciones estaban bajo el agua, enterradas en lo más hondo de la Fosa de las Marianas). Pero hablaban del cambio con poco entusiasmo. Un conjunto de nuevos "programas", pero todos enterrados en complejos algoritmos y estorbados por el "probamos esto en 19... y no funcionó". Pocas veces he visto tan claramente los peligros de pertenecer al Establishment.

¡Buena suerte!

de siete personas que está fabricando de forma artesana un cambio del proceso empresarial. ¿Escuchamos a un hamiltoniano, que quiere tomar el proceso que hemos emprendido ahora, borrar lo peor de sus ineficiencias y hacerlo "más eficiente" y más "bajo control"? ¿O buscamos a un espíritu extravagante, jeffersoniano, que dirá que todo esto son "chorradas", que deberíamos estar pensando en un plano totalmente diferente, que deberíamos estar inventando el mundo, y no haciendo sólo algunos cambios de "eficiencia"?

Ese es el eterno juego del tira y afloja —el dramático tira y afloja, la esencial e inacabable tensión— entre conservación y cambio. ¿Qué parte acabará ganando? No hay respuesta. O, más bien, la respuesta es constatar que... no hay respuesta.

MÁS COLLINS, MÁS CLAPTRAP

En el último *Good to Great* de Jim Collins, el autor elogia a los líderes "modestos, tranquilos, reservados, incluso tímidos que consiguen las grandes transformaciones". Incluye ejemplos.

Excelente, Jim.

El experto en psicología del *management*, Michael Maccob y yo hemos chocado frecuentemente. Esta vez no.

Michael escribió recientemente de los "líderes más grandes que la vida"... "egoístas, personas encantadoras, tomadores de riesgo con grandes visiones". Entre los ejemplos que cita están Carnegie, Rockefeller, Edison, Ford, Welch, Jobs, Gates.

Por supuesto podría haber añadido a Messier y Middlehoff, y Ebnbers y Lay. Sin embargo, todavía prefiero la lista de Michael sobre la de Jim...

Mientras volaba por los Estados Unidos, hace poco, me encontré tan preocupado por lo de "tranquilo" e "incluso tímido" que comencé a garabatear locamente en el interior de la contraportada de la novela de espías que iba leyendo. Aquí está lo que fui capaz de descifrar, después, de mis garabatos: T. Paine/P. Henry/A. Hamilton/B. Franklin/A. Lincoln/U.S. Grant/W.T. Sherman/M.L. King, Jr/M. Gandhi/G. Steinem/W. S. Churchill/M. Tatcher/Picasso/Mozart/Copérnico/Newton/J. Welch/L. Gerstner/L. Ellison/B. Gates/S. Ballmer/S. Jobs/S. McNealy.

Promesa de un jardín de rosas

El cambio es inevitable. La destrucción está a la orden del día.

Sí, *estoy metido en la rutina* de la destrucción.

(¿Te sientes cómodo con esa palabra?)

Pero el dilema insoluble y esencial sigue existiendo... todavía. Organización *versus* desorganización. Orden *versus* desorden (alias caos, alias libertad). Incluso a medida que nos movemos agresivamente hacia un extremo de ese espectro, debemos negociar las formas complejas en que coexisten el orden y el desorden.

Para tratar de todo esto, cambiemos de los temas de habilidad política a... la humilde rosa del jardín. Arie de Geus, que fue pionero de la planificación de escenarios en Royal Dutch/Shell, ofrece la siguiente analogía tomada de la horticultura, en su libro *The Living Company*:

"Los jardineros de rosas... se enfrentan todas las primaveras a un problema: cómo podar nuestras rosas... El destino a largo plazo de un jardín de rosas depende de esta decisión... Si quieres tener las rosas mejores y más bonitas de la vecindad, tienes que podar mucho. Tienes que reducir cada rosal a un máximo de tres tallos...; esto supone una política de baja tolerancia y estricto control. Obligas a la planta a sacar la máxima utilidad de los recursos de que dispone. Sin embargo, si es un año desfavorable (heladas tardías, invasión de pulgones) ¡puedes perder los principales tallos o toda la planta! La poda a fondo es una política peligrosa en un entorno impredecible. De manera que, si te encuentras en un lugar donde la naturaleza puede engañarte... puedes optar por una política de gran tolerancia. Dejarás más tallos en la planta... nunca tendrás las rosas más grandes... pero habrá mejorado tu oportunidad de tener rosas todos los años. También consigues una renovación gradual de la planta... En resumen... la poda tolerante... consigue dos fines: (1) hace más fácil afrontar los cambios inesperados del entorno; (2) conduce a una continua... reestructuración de la planta. Está claro que la política de tolerancia desperdicia recursos... Los brotes extra drenan nutrientes... del tallo principal... pero en un entorno impredecible, esta política de tolerancia hace a la rosa más saludable... La tolerancia de las debilidades internas permite, paradójicamente, que la rosa sea más fuerte a largo plazo".

No soy un cuidador de rosas. Pero encuentro que este pasaje —al menos después de 3, 4, 5 o 6, 7 lecturas— es uno de los mensajes de estrategia organizativa más profundos con los que me he encontrado en 35 años de preocuparme por tales cuestiones.

Dirigido a... la destrucción

Recuerda la gran idea presentada por Clayton Christensen: "El buen *management*" es la razón número 1 (!) (as de corazones) de que fracasen las grandes empresas. Porque "buen *management*" significa, con demasiada frecuencia, grandes, con grandes trabas burocráticas... pobladas de empleados burocráticos... que prestan atención a clientes grandes y burocráticos... y que tienen proveedores grandes y burocráticos.

Es el momento de cambiar todo eso. Dramáticamente.

El momento de destruir lo que somos. (¡Nueva tecnología... y nuevas amenazas... nos están ayudando enormemente!)

El momento de construir de nuevo.

Una época espantosa. Una época divertida. Ambas cosas en igual medida. Siempre es así en momentos de cambio dramático.

Mi objetivo en este capítulo: hacer que sientas frustración... que sientas mi ira por las fuerzas del orden que continúan ejerciendo su dominio en un tiempo de desorden. Y luego hacer que te sientas cómodo tanto de palabra como de obra con... ¡la destrucción!

Mantra: valora la IMPERMANENCIA... valora las NUEVAS EMPRESAS... valora a LOS COLEGAS (y a los clientes, proveedores, empleados) IRRESPETUOSOS... valora LA DESTRUCCIÓN.

Mensaje: ¡La destrucción manda! Destruye para crear. Aprende a amar la palabra... DESTRUCCIÓN.

NUEVA EMPRESA   NUEVO CONTEXTO

99

(DIS)CONTINUAR...

De *Creative Destruction*, de Dick Foster y Sarah Kaplan: "Las dificultades... surgen del conflicto inherente entre la necesidad de controlar las operaciones en marcha y la necesidad de crear la clase de entorno que permitirá el florecimiento de nuevas ideas y el que las viejas tengan una muerte oportuna. *Creemos que para la mayor parte de las corporaciones será imposible adaptarse al mercado sin abandonar la presunción de continuidad*".

!

UNA SOLUCIÓN ENTRE 100

Sólo el 1% de las "mejores" empresas de 1917 lo hicieron mejor que la media en el curso de los 86 años siguientes. No es impresionante, precisamente.

!Contrastes	
ERA	**ES**
Sirvientes del triunfo de la estabilidad	Maestros en el gobierno de la inestabilidad
Honra (y preserva) a quienes te criaron	Vuela (o vende) a quienes te criaron
¡Mantén grandes cantidades en inventario!	¡Sé ágil!
Consigue el dominio mediante adquisiciones (permanentes)	Consigue llegar mediante alianzas (temporales)
Adquiere... GRANDES COSAS	Adquiere... COSAS FABULOSAS (Pista: ¡Generalmente las cosas fabulosas son pequeñas!)
Aprender... Recordar...	Desaprender... Olvidar...
Honrar... Valorar	Deshonrar... Reinventar

El impacto de las nuevas tecnologías ... lo cambia todo. Sí... ¡todo!

nueva empresa!
nueva tecnología

La moderna computadora ha estado con nosotros más de medio siglo.
Pero, hasta principios o mediados de los años noventa, fue presumiblemente miembro del elenco de apoyo y no un primer determinante
de la estrategia empresarial. Después, el surgimiento de Internet y el
salvaje crecimiento de la tecnología de las telecomunicaciones lo
cambiaron todo. Casi de la noche a la mañana.

El hecho es que, a pesar de la confusión y las decepciones secto-
riales de los últimos dos o tres años, estamos simplemente en los más
tiernos estadios de la revolución de la tecnología de la información.
Las organizaciones establecidas no brillan precisamente en tiempos
discontinuos. Tampoco triunfan los directivos medios de 40 años o
más. Por el contrario, las organizaciones y las jerarquías tienden a
hacerse más planas, a defender su terreno ferozmente y a implorar que
"también pase esto".

Pero no pasará...

3 En el punto de mira: el cataclismo del cuello blanco

! Manda el tecnicolor ...

El trabajo de cuello blanco, tal como lo conocemos, ha muerto.

El marco temporal para la reinvención total de tu puesto de trabajo es de 15 años (si tienes suerte).

La "vieja" burocracia (lee: altas torres llenas de burócratas) ha muerto.

Nuevos sistemas de software de cuello blanco = carretillas elevadoras para la mente.

"Un burócrata es un microchip caro."

"No poseas nada si puedes servirte de ello."

Lo impensable es pensable. No: probablemente.

! GRITA   no estamos preparados...

Tratamos de "mejorar la productividad de cuello blanco"... en todas partes. Pero, en vez de ello, debemos destruir los procesos y las estructuras burocráticos y construir de nuevo, a partir de una base nueva.

Corremos a toda prisa para apuntalar los últimos bastiones de la "seguridad en el trabajo". Pero, en lugar de ello, debemos reconocer que la "seguridad en el trabajo" del empleado ha muerto.

Nos centramos en desarrollar "capacitaciones que tengan mercado". Pero, en lugar de ello, debemos cultivar la única cualidad que importa: la convicción de que todo es posible.

! VISIÓN   imagino...

La muerte del esclavo del cubículo y de su trabajo insatisfactorio y entumecido.

Una carrera promedio consiste en 10 trabajos diferentes... en 5 empresas diferentes... de 3 sectores diferentes.

Puestos de trabajo que garantizan una extraordinaria libertad de acción a los que tienen el rigor y el coraje para inventar nuevos futuros.

Un retorno a la autoconfianza: ¡YO SOY EL RESPONSABLE AQUÍ!

  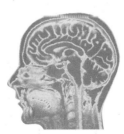

6699

CORTOCIRCUITO

La fuerza destructora de la automatización sigue incrementando su velocidad. Considera esta descripción que hace el *New York Times*, de una factoría de chips de IBM inaugurada recientemente: "A través de los 500 pasos del proceso, que dura generalmente 20 días, las manos humanas no tocan las obleas. Los circuitos grabados en los chips tienen un grosor 1000 veces menor que el de un cabello humano. Los operadores humanos están para monitorizar los sistemas, descubrir los errores y afinar los procesos de producción para una mayor eficiencia".

!

¿"EXTREMADO"? ¿YO? ¡El factor del 98,5%! ¿Creo realmente en ello o estoy tratando de meterte el demonio en el cuerpo? (puede que me preguntes).

Respuesta: creo realmente en ello. Y estoy tratando de meterte el demonio en el cuerpo.

No recurro a la hipérbole. Cuando hago una afirmación extremada... es porque me he encontrado con un ejemplo extremo. Y cuando me encuentro con tal ejemplo... me pregunto ¿por qué no? Siempre argumento a partir de datos —y datos extremos, con seguridad— pero datos extremos precisos.

El estándar, según mi punto de vista, es el "extremismo". (Oye, estamos en tiempos extremos).

El factor 98,5%

Un viejo sindicalista de los muelles de Londres, dijo a mi colega Richard King que, cuando un barco maderero llegaba a dichos muelles en 1970, 108 personas tardaban cinco días en descargarlo.

Es decir, **540 hombres día.** (Hombres días muy duros.) Por aquellos tiempos ocurrió algo... algo llamado *"containerización"*.

Nuestro anciano dijo también a Richard que, 30 años más tarde, al final del siglo (y del milenio), cuando llegaba a los mismos muelles de la misma ciudad un barco maderero, 8 hombres tardaban un día en descargarlo.

Es decir **8 hombres día.** (Además: esos tipos "de cuello azul" realizan ahora fundamentalmente tareas "de cuello blanco" con controladores informatizados).

Resultado neto: una *reducción del* **98,5%** *en las necesidades de mano de obra de cuello azul para una tarea esencial.*

Nadie se queda boquiabierto al considerar estas estadísticas, ya sea en la terrestre Omaha, Nebraska, o en el puerto de Dubai, en los Emiratos Árabes Unidos. Todo el mundo es plenamente consciente de lo que ha supuesto esto para los muelles... de la misma manera que entienden lo que ha supuesto la carretilla elevadora en el centro de distribución... o la robótica en la fabricación de automóviles.

Bienvenida la revolución de cuello azul.

Está ahí. Es un hecho. ¿De acuerdo?

Blues del "cuello" blanco

Al mundo del cuello blanco no le importa realmente mucho eso, en cierto sentido. Somos condenadamente pocos —al menos en los países plenamente desarrollados— los que hemos trabajado de esa forma. En los Estados Unidos, trabajamos en el sector servicios las tres cuartas partes. Pero esa cifra es engañosa, porque más del 80% (quizás el 90%) de las personas que trabajan en la "fabricación" no fabrican nada. Son contables, abogados, ingenieros, personal de compras, profesionales de las finanzas y gente de recursos humanos. Si trabajas como contable en Carterpillar, las estadísticas laborales dirán que trabajas en "fabricación". Si hicieras lo mismo en Airborne Express o DHL serías miembro del "sector servicios". Sólo los estadísticos parecen pensar que la diferencia no es importante.

Lo cierto es que nos preocupamos por la productividad del trabajo de cuello azul durante más de un siglo, al menos desde los días de Frederick Winslow Taylor, cuyos estudios sobre el tiempo y el movimiento contribuyeron a realizar una revolución necesaria en la eficacia del trabajo de cuello azul. En torno a 1980 comenzó otra preocupación frenética por la productividad de los trabajadores de cuello azul, cuando los americanos comenzaron a darse cuenta de que los japoneses les estaban batiendo en la construcción naval, la fabricación del acero, la de automóviles e incluso en la producción de semiconductores.

Mientras tanto —de Omaha a Dubai— prestamos escasa atención a la productividad del trabajo de cuello blanco. Y en ese sentido, importa el mundo del cuello azul. Porque la revolución que se produjo en éste está llegando ya, vestida de forma ligeramente distinta, a la profesión de cuello blanco cercana a ti.

El foco se centra claramente en el mundo del cuello blanco. Esa es la auténtica naturaleza de la Nueva Revolución del Software. La revolución no consiste en sitios web se-

Bienvenido a la revolución de cuello blanco

xis (ya triunfen o fracasen); consiste en la reconcepción y automatización, en marcha y totalmente desprovista de connotaciones sexuales, de los procesos empresariales de "cuello" blanco, dentro de la empresa y de sus socios.

NUEVA EMPRESA   NUEVA TECNOLOGÍA

EN EL PUNTO DE MIRA
Punto crítico: este no es Tom Peters, auto calificado experto, que da conferencias a masas anónimas. Este es Tom Peters, dándose una conferencia a sí mismo, en primer lugar y ante todo.

Los días de la "cabeza parlante" que da conferencias sobre management*, que da seminarios en los salones de los hoteles, están contados.*

Estoy en el punto de mira del cuello blanco, tanto como cualquiera de vosotros.

¿La prueba? Piensa en IBM. Entre otros cambios profundos, la Big Blue ha sacado recientemente la mayor parte de sus actividades de formación fuera de las aulas y las ha trasladado a las computadoras personales. La compañía ha ahorrado, como resultado, cerca de 250 millones de dólares anuales. Más importante aún: los empleados que reciben la formación a través de la computadora consiguen índices más altos de satisfacción del cliente que quienes se formaron en un aula. Se trata de una iniciativa particularmente importante, dado que la formación en las aulas es un área en la que IBM ha sido la mejor de las mejores. Además, el software de formación actual es primitivo si lo comparamos con lo que será dentro de escasos cinco años, y mucho más dentro de diez años, cuando emprendan sus carreras profesionales los integrantes de la "generación de los juegos informáticos".

El factor de los 100 pies cuadrados

Da tres pasos y un brinco. Son cerca de 10 pies. Gira 90°. Da otros tres pasos, más el brinco. Son otros diez pies cuadrados. Repítelo dos veces más. Acabas de circunscribir un área de 100 pies cuadrados... un área más pequeña que el parco dormitorio medio.

100 pies cuadrados. Es apenas el espacio total requerido para almacenamiento de piezas en la nueva instalación OptiPlex de Dell Computer, una fábrica que produce 80.000 computadoras fabricadas según requerimientos de los clientes... al día.

100 pies cuadrados... apenas puedo moverme en ellos.

Hace años, cuando era estudiante de MBA en Stanford, aprendí a calcular el Tamaño Óptimo del Lote (TOL); es decir, la cantidad de inventario que se requería para afrontar un cierto nivel de ventas y las inherentes dificultades organizativas (procesos inútiles = pérdidas del inventario requerido).

Los 100 pies cuadrados... ponen en ridículo ese cálculo.

El significado real del "factor de los cien pies cuadrados": *en la cadena de suministro de Dell, se ha eliminado toda la porquería burocrática.*

100SQFT

Deshazte sin contemplaciones de tu cadena de suministro

Un colega mío me preguntó una vez: "Oye, Tom, ¿cuál es la verdadera definición de un directivo medio?" Yo: "¿No me das una pista?" Mi amigo: "Un directivo medio es una persona cuyo poder se puede medir por su capacidad para *no* firmar algo".

Es decir: "Caramba, ese Fulano de Tal es un tipo poderoso. Mi propuesta de proyecto ha estado sobre su mesa dos semanas y no ha hecho nada con ella".

¿Divertido? Puede ser.

¿Trágico? Creo que sí.

¿Verdadero? Sin duda alguna.

Y ahí es donde entra el "factor de los 100 pies cuadrados". En el mundo Dell, los papeles no permanecen sobre la mesa de Fulano de Tal, o de cualquier otro, *2 segundos*... o 2 minutos, o 2 horas, o dos días. Mucho menos dos semanas. En el mundo Dell, las decisiones estratégicas y tácticas que implican a toda la amplia familia de colaboradores se toman a la velocidad de la luz.

He aquí un ejemplo de cómo funcionan las cosas en Dell: pides a Dell 1.000 terminales, especificando que los quieres lo antes posible. Pero ocurre que una tormenta en cualquier punto del norte de México ocasiona una demora en el embarque. El sistema informático maestro de la "cadena de suministros" de Dell examina el inventario de los fabricantes de terminales que operan dentro de tu radio de entrega.

El sistema descubre que aunque no hay actualmente existencias de terminales del modelo que has pedido, sí hay terminales más grandes, pero cuestan unos 100 dólares más cada uno. El sistema Dell se dirige a ti instantáneamente, te informa de la disponibilidad de esos monitores más grandes y te ofrece un descuento de 50 dólares por cada uno si aceptas esos monitores para satisfacer su pedido.

¿La cuestión? En los viejos días aburridos de (digamos) 1998, ese proceso hubiese requerido "decisiones estratégicas de precios" que implicaban a tres o cuatro niveles de directivos medios. Ahora, son los microprocesadores los que "se ocupan" de tales "tomas de decisiones estratégicas"... y lo hacen en nanosegundos.

¿El resultado? ¡Clientes felices! ¡Increíble eficacia empresarial! ¡Y la supresión de casi todos los puestos de trabajo de cuello blanco de mediano nivel —administrativos y directivos— a lo largo de toda la cadena de suministro de Dell! (Lo cual es la primera razón para que Dell haya proporcionado tales golpes a empresas como IBM, la *anterior* Compaq y Hewlett-Packard, en la última década más o menos.)

Carretillas elevadoras para la mente

Porquería. Ese es el término utilizado por el gurú de la tecnología Michael Schrage para describir todas las cosas del "proceso empresarial" —todo el movimiento baldío— que define el mundo de cuello blanco. Dice Schrage: "¡El coeficiente de fricción que suponen las porquerías de las empresas es asombroso!"

Esa es la versión verbal. Encontrarás la visión pictórica en las tiras de *Dilbert*, de Scott Adams, los "escritos" sobre el mundo empresarial más populares en muchas décadas. *Dilbert* nos permite saber que, incluso en 2003, prácticamente todos los "procesos empresariales" constan principalmente de porquería... es decir, de pamplinas sobre pamplinas.

¡Pero, de repente, estamos apuntando toda nuestra artillería hacia esa porquería!

Y nuestras armas caminan hacia delante a pasos agigantados en una falange de acrónimos. Por ejemplo: PRE (Planificación de Recursos de la Empresa). APS (Aplicación de Proveedores de Servicios). Cualquier cosa. El tema está claro: los nuevos sistemas de software de cuello blanco no son nada más (¡y nada menos!) que... *carretillas elevadoras para la mente*. El objetivo de este nuevo software es sacar esa porquería de los procesos empresariales... sacar esa porquería de las vidas de los esclavos del cubículo de *Dilbert*. Utilizando la última tecnología, Wal*Mart lanzó un bombardeo de productividad de cuello blanco que, según algunos estudios, contabilizó, directa e indirectamente, un tercio del incremento total de la productividad americana durante los años 90.

No es incidental el hecho de que, cuando friegas toda la porquería de los sistemas, has hecho mucho más que "incrementar la productividad" incluso dramáticamente. Lo que has hecho ha sido reimaginar los términos fundamentales de referencia para el sector y para todos los sectores con los que estás conectado. No, ésta no es una historia de "mejora" dramática, es una auténtica saga de re-imaginaciones conectadas.

eLIZA y compañía

Piensas en la revolución de cuello blanco, como la llamo, y generalmente piensas en un microchip que sustituye a un empleado que gana 35.000 dólares al año, que hace trabajo rutinario de proceso de papeles corrientes en la oficina de un banco o de una compañía de seguros. Pero desarrollos recientes ponen de manifiesto que el procesador de 239 dólares aspira a acabar con el directivo de 150.000 dólares al año, que solía ser el superior de ese empleado de 35.000 dólares.

Desarrollos recientes como... el proyecto eLIZA.

El proyecto eLIZA, el mayor proyecto de investigación que tiene entre manos IBM, se centra en lo que se denomina *artilects... artificial intellects* (intelectos artificiales). Los productos de eLIZA pretenden reparar sistemas informáticos averiados, creando solucio-

QUE CAIGA EL CHIP
Dan Sullivan, consultor y *coach* ejecutivo, enmarca de esta forma el cataclismo de cuello blanco: "Un burócrata es un microchip caro". El difunto Big McGowan, CEO de MCI durante sus años de extraordinario crecimiento, dijo igualmente: "Un directivo medio es un intercambiador de mensajes humanos".

6699

LÍNEA FINLANDESA: ¡PERMANECE "OPERATIVO"!
Atención, jefes encastrados en porquería: la tecnología va a saltar sobre ti, si no te mantienes vigilante.

Considera este comentario de Risto Linturi, un gurú finlandés de los móviles: "Los directivos de las compañías finlandesas siempre mantienen sus teléfonos abiertos. Los clientes esperan reacciones rápidas... (y) cuando no puedes conectar con un superior, tomas muchas decisiones por ti mismo. Los directivos que quieren influir en las decisiones de los subordinados deben mantener sus móviles abiertos".

Para saber más sobre el modo en que la tecnología de la información está ayudando a la gente a eliminar porquería (¿y jefes?), lee *Smart Mobs,* un brillante libro de Howard Rheingold.

NUEVA EMPRESA   NUEVA TECNOLOGÍA

nes totalmente nuevas... soluciones que no se habían imaginado con anterioridad. eLIZA constituye una auténtica... Máquina Pensante De La Próxima Generación, mucho más que Deep Blue, el maestro del ajedrez informático de IBM.

No soy experto en todo esto, pero sé lo suficiente como observador laico para pretender confiadamente en que, cuando se trata de inteligencia artificial, eLIZA y su ralea son cada vez más (y finalmente)... La Real Cosa.

Los próximos 25 años van a traer *asombrosos* avances en inteligencia artificial y en las ramas relacionadas de la tecnología de la información.

¿Implicaciones para el individuo?

Asombrosas.

¿Implicaciones para la organización?

Asombrosas.

Es más tarde de lo que piensas

Permíteme ofrecerte una predicción: *sólo en los próximos 15 años... desaparecerán totalmente o se reconfigurarán hasta quedar irreconocibles, al menos el 80% de los puestos de trabajo de cuellos blancos, tal como los conocemos hoy.*

Es decir, el mundo del empleo de los que tienen 35 años en 2003, no se va a parecer en nada al mundo del empleo cuando esas mismas personas tengan 50 años, en 2018.

Es fácil decirlo, ¿verdad? Yo soy uno de esos gurús del *management* que "sacan" libros en los que se profieren afirmaciones extremadas, pero que no se enfrentan a las consecuencias reales de equivocarse.

Bien, puede ser. Pero no puedes decir lo mismo de Jeff Inmelt, CEO de GE. Los analistas de Wall Street diseccionan cada palabra que profiere y, por ello, las profiere... con mucha precaución. En una entrevista a principios de 2002, Jeff dijo que el 75% de los trabajos administrativos de GE se "digitalizarían" (serían realizados por microprocesadores y redes telemáticas) en unos... tres años.

(¡Chúpate esa!)

Yo digo "quince años". El número uno de GE dice "tres años".

Recuerda el "factor 98,5%". No veo razón alguna para que la reducción del 98,5% de horas-hombre en el mundo de cuello azul no se repita en el mundo del cuello blanco, hasta la última hora-hombre.

Ese es mi mundo... y el tuyo.

Para exportación: tu puesto de trabajo

El microprocesador y la computadora en red nos suplantarán a muchos de nosotros (puede que incluso a mí). Pero esa no es la única fuerza que opera en el mundo del trabajo. En el mundo desarrollado nos hemos pasado las dos últimas décadas enviando fuera puestos de trabajo de cuello azul. Primero, esos puestos dejaron países como los Estados Unidos y fueron a otros como Corea. De Corea fueron a Taiwán. Después de Taiwán partieron para la China continental, Indonesia y la India.

Y... ahora... estamos haciendo... precisamente lo mismo... atravesando longitudes y latitudes... con los puestos de trabajo de cuello blanco.

El gurú de la informática Michael Dertouzos decía, en 1999, que la India sumaría 1 billón de dólares a su PIB en poco tiempo, importando 50 millones de puestos de traba-

---

NUEVA EMPRESA   NUEVA TECNOLOGÍA

EL CORAZÓN DEL ASUNTO

Considera la práctica de leer un ECG para descubrir si un paciente ha sufrido un infarto. El científico sueco Lars Edebrandt, creó un software relativamente primitivo de IA para ver si una computadora podía realizar esa tarea y luego comparó los resultados de su software con los de médicos experimentados. Por ejemplo, pidió a Hans Öhlin, jefe de la unidad coronaria de hospital de la Universidad de Lund, que examinara 2.240 ECG, la mitad de los cuales eran de pacientes de los que se sabía que habían sufrido ataques cardíacos. Después de tomarse mucho más tiempo del que necesitaba para leer los 2.240, Öhlin identificó correctamente 620 de los 1120 ataques de corazón. ¿Y el software de Edebrandt? Triunfó fácilmente sobre el doctor Öhlin, al identificar correctamente 738 de los 1.120 ataques.

El doctor Atul Gawande, que cita el estudio de Edebrandt en su libro *Complications*, menciona también a una revista que examinó 100 estudios de inteligencia artificial (y recuerda: la mayor parte de la tecnología de IA es aún muy primitiva). La conclusión de esa revista: "El pensamiento estadístico igualó o superó el juicio humano prácticamente en todos los casos".

Mensaje: tu médico puede ser sustituido por un microprocesador. Y si él puede ser sustituido... ¡también podemos serlo tú y yo!

jo de cuellos blancos a 20.000 dólares cada uno. No es ninguna hipérbole. Ya, las líneas aéreas, los bancos, las aseguradoras y muchas otras están enviando grandes volúmenes de trabajo... desde 55 actividades rutinarias a tareas de diseño de software avanzado... a lugares como Bangalore y Hyderabad, un área que algunos consideran el segundo centro mundial del software, sólo detrás del Silicon Valley. Una red de satélites hacen a Bangalore y Hyderabad tan "cercanas" a mí como el chico de la puerta de al lado en Chicago o Miami.

Y sólo se trata del primer paso. Los salarios están subiendo en la India (al igual que subieron los salarios de los obreros de Corea hace 20 años), y el ciclo de exportación de cuello blanco ha empezado ya. No hace mucho, por ejemplo, Aetna empezó a realizar considerables cantidades de trabajo rutinario de oficina en... Ghana. Es decir, que, en la cascada de *outsourcing* de puestos de "cuello" blanco, Ghana es ahora con respecto a la India, lo que fue Indonesia para Corea en el progresivo traslado de trabajo de cuello azul de un país en vías de desarrollo a otro.

Abróchense los cinturones. Vamos a atravesar un período difícil

El empleo de "cuello" blanco, tal como lo conocemos, ha muerto. La transformación puede ser fea. Y penosa. Pero se produce con... una furia inimaginable.

Todas nuestras organizaciones serán reinventadas —*completamente*— en los próximos 25 años. Todas nuestras carreras serán reinventadas —*completamente*— en los próximos 25 años. La seguridad en el trabajo, tal como la hemos conocido en las últimas tres o cuatro generaciones, ha muerto.

Ahora, yo digo hasta nunca a la mayor parte de lo de más arriba. Pero lo hago reconociendo lo desconcertantes que pueden ser estos cambios. Particularmente, si tienes en torno a los 35 años de edad y no naciste con un *joystick* o un ratón en las manos. Pero, terrorífico o no... estamos en eso.

Recuerda: *no hay ningún botón que nos permita salirnos de la lista.*

La sociedad de la organización plana

El organigrama de la empresa no es el único lugar donde puedes ver el impacto de la revolución de cuello blanco. Mira nuestros lugares de trabajo.

Hace solamente un siglo, más a menos, la mayor parte de los americanos vivía en granjas. En el corto espacio del medio siglo siguiente, cada vez más americanos se trasladaron a la ciudad... y empezaron trabajando en fábricas. Después, en el último medio siglo, desertamos de las fábricas y trabajamos en torres de cuellos blancos.

Ahora, a comienzos del siglo XXI, está llegando a su fin la era de las torres de cuellos blancos. Considera el Silicon Valley. Tierra de edificios planos, de planta baja, puestos unos junto a otros rápidamente. Y asilo de organizaciones planas y relativamente no burocráticas.

¿Recuerdas Sears *versus* Wal*Mart? ¿Quieres verlo? Mira estas dos fotografías.

Foto núm. 1. La torre Sears junto al lago Michigan, en Chicago. Hasta hace muy poco, este edificio monstruoso era la sede central de Sears. Y una imagen perfecta de Sears, podríamos decir: cerca de un centenar de pisos de burócratas formidables y... apilados unos encima de otros.

Foto núm. 2. Una *no* torre en Bentonville, Arkansas. Desde este edificio... plano como una torta, relativamente hablando... se rige el imperio de Wal*Mart .

La torre Sears se parece a la antigua Sears, jerárquica, burocrática, lenta, atada por los antiguos procedimientos. La *no* torre de Wal*Mart se parece a Wal*Mart. Plana. Rápida. Ágil. Sin camelos. Sin porquerías.

El *quid* de la cuestión: RIP para la alta torre... y, con ella, para el viejo puesto de trabajo de cuello blanco.

La empresa sin cuerpo

La organización (una roca sólida, tradicionalmente), se está quedando sin cuerpo. Ese microchip de 239 dólares está supliendo muchos puestos de trabajo. Los indios y los de Ghana están haciéndose con muchos más puestos de trabajos. Todo se da a hacer fuera: la in-

ALQUILA TUS ZAPATOS
Forrest Gump, ese gran y no alabado gurú del *management,* anticipó el advenimiento de la empresa incorpórea: "No poseas nada si puedes servirte de ello. Alquila incluso tus zapatos, si puedes".

! ¿ZONA CERO DEL CUELLO BLANCO?

Yo argüiría... y sé que puede parecer un poco ultrajante... que la destrucción del World Trade Center, el 11 de septiembre de 2001, tuvo un impacto simbólico que va mucho más allá del aborrecible acto de terrorismo que lo provocó. Es decir: la era de grandes números de seres humanos embutidos en altas torres ha muerto. *Finito.* Historia.

La gente trabaja todavía en altas torres. Pero nunca podremos ya contemplar de la misma forma ese trabajo, o esas torres.

RIP para la alta torre... y, con ella, para el viejo puesto de trabajo de cuello blanco.

vestigación farmacéutica. El servicio al cliente. Los recursos humanos. Las finanzas. La logística. Y...

"Tenemos toda la propiedad intelectual. Encargamos todo el trabajo fuera", decía Jim McDonnell, vicepresidente de HP.

¿Cómo de incorpórea puede llegar a ser una empresa? Casi no tengo dificultad en imaginar, en 2020, una empresa global de 10 millardos de dólares... con siete empleados a tiempo completo. Admito que esto parece inverosímil. Pero cada vez me resulta más fácil imaginar lo inimaginable. ¡Ningún pensamiento es demasiado extravagante!

¡Nada es inimaginable!
¡Imagina eso!

Hace sólo unos años, ¿quién habría podido suponer que 157 millones de personas estarían utilizando Internet... sólo en los Estados Unidos... en marzo de 2002?

Si, cualquier cosa es posible. De hecho, cuanto más chiflada sea la suposición, más probable es que se haga realidad. (Nuevamente: ¿quién hubiera podido adivinar que 19 terroristas, utilizando Internet y armados con *cutters* podrían poner de rodillas a los Estados Unidos?)

Cualquier cosa es posible.

Cualquier cosa es *probable*.

¿Estás listo?

El cambio está llegando, y está llegando rápidamente.

Toda institución y todo individuo afrontan una cuestión. ¿Luchar por cambiar... o agarrarse y disfrutar de la carrera?

Yo digo: ¡disfruta!

¡Es más tarde de lo que piensas!

! Contrastes	
ERA	**ES**
Altas torres	Mejoras leves
Papel	Silicio
Reuniones ad nauseam	Grupos cuando se necesitan
Planificación, planificación, planificación	Hacer. Comprobar. Ajustar. Rápido
Adoramos la estabilidad	Sembramos sobre lo salvaje y chalado
"Ten en cuenta mi cargo"	"Ten en cuenta mi capacidad para contribuir"
El 90% de todo el trabajo es trabajo pesado	Los microprocesadores hacen la mayor parte del trabajo pesado
Trabajar con la "misma cuadrilla antigua"	Expandir constantemente la propia red de colegas
Fronteras organizativas bien definidas	Cambio de las alianzas organizativas
Los productos duran años	Los productos duran semanas
Contabilidad	Innovación
Empleados	Talento

6699

¿UNA BREVE HISTORIA DE... TU PUESTO DE TRABAJO?
¿No me crees?

Cree a Stephen Hawking, al que algunos han calificado como la persona más inteligente de la Tierra. En una entrevista para la revista alemana *Focus*, decía: "Los robots informatizados se apoderarán del mundo, a menos que la humanidad se rediseñe a sí misma cambiando nuestro ADN mediante la alteración de nuestra conformación genética".

¡Guau! Yo digo sólo que los robots se apoderarán del trabajo. Él dice que los robots se apoderarán del *mundo*.

!

LAS OLAS DEL CAMBIO
No todos los cambios son terroríficos en el mundo del cuello blanco. Algunos son solamente... complicados.

Ejemplo: según *BusinessWeek,* en un momento de 2002, el desempleo en los Estados Unidos estaba dos puntos por encima de su nivel en lo más alto del *boom*. Normalmente, tal periodo de poca actividad haría bajar abruptamente los salarios. ¡Esta vez no! El crecimiento del salario real era el máximo desde los años 60. La revolución de cuello blanco está por encima de nosotros. Las empresas utilizan las presiones recesionistas como excusa para desprenderse de trabajadores "marginales", al tiempo que consideran a su personal clave más valioso que nunca.

4 La tecnología de la información lo cambia todo: ¿en el autobús... o fuera del autobús?

! Manda el tecnicolor ...

La web lo cambia todo. (Todo = Todo). Adóptala. Totalmente. O bien... (no hay otro tipo de solución).

Mensaje: en el autobús o fuera del autobús. No a medio camino. ¡Aprovéchate de los idiotas!

¡Si tu competencia elimina proyectos de SI/TI, redobla tus esfuerzos! (¡Y tu presupuesto!)

El comercio no es un "juego de tecnología". Es un juego de personas, un juego de poder, un juego político.

¡Es política, estúpido!

"¡Los hiperenlaces subvierten la jerarquía!"

¡Internet nos permite soñar sueños que nunca hubiéramos podido soñar!

! GRITA   no estamos preparados...

Troceamos los presupuestos y aplazamos "grandes proyectos" cuando la economía se debilita. Pero la única manera de ir adelante y salir de la calma chicha económica es el total compromiso con los SI/TI.

Hablamos del "*boom* tecnológico" (y del concomitante "fiasco tecnológico") como si la promesa de la tecnología fuese una cosa del pasado. ¡Pero la estupenda aventura SI/TI sólo está empezando!

Pretendemos "aprovecharnos" de la web en nuestro "probado" "modelo de negocio". En lugar de ello, debemos reimaginar ese modelo de negocio tal como está comandado —interna y externamente— por la web y por el poder de la colectividad total.

! VISIÓN   imagino...

El triunfante ascenso de una empresa de servicios de marketing cerca de 2005: es una "organización" de 300 personas. Seis forman la plantilla permanente. El CEO, el CFO, el vicepresidente ejecutivo de alianzas y 3 coordinadores de superproyectos. Los otros 294 son independientes. Uno de ellos tiene 19 años y ésta es su primera actividad con la compañía. Otro tiene 42 y es la novena vez que colabora con ella. La compañía no tiene "sedes centrales". Su personal, empezando por los seis empleados "permanentes", están todos n-potenciados (a través de comunicaciones inalámbricas, móviles) hasta el enésimo grado.

EL CABALLO MUEVE

Considera este comentario de *Business 2.0:* "Imagina una partida de ajedrez en la que la disposición de las piezas sobre el tablero permanece igual después de cada media docena de movimientos, pero las capacidades de las piezas cambian al azar; los caballos mueven ahora como alfiles, los alfiles como torres... La tecnología hace eso. Borra las fronteras que separan a los sectores. De repente, vendrán competidores con nuevas capacidades, desde direcciones nuevas. Camioneros de baja preparación en camionetas de color pardo, se convierten en expertos en logística".

La web: todo o nada en absoluto

No soy un experto (lo siento). No soy un verdadero creyente. (Demasiado cansado). No llevo gafas con cristales color de rosa. (Demasiado viejo). Y, sin embargo, creo en esto: *mundo web = todo.*

Antes de pronunciar una conferencia magistral en un congreso tecnológico, preparé una simple transparencia que exponía todas mis creencias sobre la web:

La web como una forma de activar... TODAS... las entrañas de tu empresa.

La web como un conector para... TODA tu... cadena de oferta y demanda.

La web como una "tela de araña" que reconcibe toda... LA DEFINICIÓN DEL SECTOR... en el que participas.

La web/B2B como ÚLTIMO TOQUE DE DIANA para los "productores de artículos".

La web como... AZOTE DE LA NEGLIGENCIA, LA INEFICACIA, LA PEREZA, LA BUROCRACIA, LAS PÉRDIDAS O LOS DATOS INCOMPLETOS DEL CLIENTE.

La web como una... FORMA DE VIDA TOTAL.

La web = TODO (desde el desarrollo del producto al servicio postventa).

La web que obliga a... CENTRARTE EN LO QUE HACES MEJOR... y tirar el resto.

La web es la entrada, para cualquiera, de cualquier tamaño, a lo mejor del mundo en todo como... LA EMPRESA VECINA DE LA PUERTA DE AL LADO Y EL SOCIO CON EL QUE TIENES UNA ALIANZA.

Ese es el potencial, y si alguien en tu paraje llega primero, es probable que te veas tostado... mucho más rápidamente de lo que imaginas.

La web: según la traducción

En la misma conferencia, ofrecí la siguiente traducción de algunas de las desdichadas, aunque necesarias, frases de la jerga que ha utilizado la gente para describir el mundo web:

Libre de burocracia = organización plana absolutamente sin burócratas (recuerda el "factor de los 100 pies cuadrados").

Sistemáticamente integrada = cadena de oferta y demanda total (del proveedor al consumidor) densamente cableada, libre de fricción.

Internet-intensiva = ¡Hazlo todo a través de la web!

Basada en el conocimiento = acceso abierto... a todo... por todo el mundo... desde el empleado individual... a todos los miembros de la cadena de oferta y demanda. (El nuevo equivalente I-net de "por el pueblo, para el pueblo...")

Libertad de tiempo y lugar = haz cualquier cosa, cuando quieras, donde quieras... a la velocidad de la luz y a la conveniencia de cada actor.

De respuesta instantánea = ¡los demonios de la velocidad!

Centrada en el cliente = ¡El cliente lleva la batuta! ¡El cliente está al cargo! El cliente lo clienteliza... todo.

Capacitada para la clientelización en masa = cada producto y servicio se adapta rápidamente a los requerimientos peculiares e inmediatos del cliente particular.

Todo esto es todavía jerga, incluso después de la "traducción". Pero representa compactamente la noción total del potencial de la web:

Web = todo.

Power Point

Hace dos años, di una conferencia magistral en un gran "festejo" de ecomercio. Estaba nervioso. Tenía que dar el tono y me enfrentaba con varios miles de personas que sabían más del tema que yo. Decidí sorprenderles lo mejor que pude.

Avancé tranquilamente y comencé: "Cada uno de ustedes está trabajando en un proyecto de gran importancia estratégica para su empresa. Imagino que el 75% de ustedes va a fracasar, a fracasar miserablemente, a echar por tierra sus carreras como consecuencia de ello y de que ese proyecto no desarrollará su potencial".

¡Caramba!, capté su atención.

Después expresé mis preocupaciones en dos transparencias en Power Point.

Transparencia número 1: ¡El ecomercio no es un juego de la tecnología! Es una relación, una sociedad, un juego de organización y de comunicaciones, hecho posible por las nuevas tecnologías.

Transparencia número 2: No hay nada como un efectivo B2B o una estrategia de cadena de suministros por Internet en una organización que no ofrece mucha confianza, que tiene un cuello de botella en la comunicación y seis capas de burocracia.

En otras palabras... *¡es política, estúpido!* No cometas un error: todo este cuento es un alegato modesto sobre el poder. Sobre la cruda y desnuda distribución del poder.

Posponer el paraíso: ¿en quién confías?

Considera esta visión del nirvana de la web ofrecida por la revista *Red Herring:* "Cuando Juan Empleado, de la compañía X, lanza su buscador, se ve trasladado a la página web personalizada de la compañía X. Puede interactuar con todo el mundo de la compañía X: clientes, otros empleados, distribuidores, proveedores, fabricantes, consultores. El buscador —es decir, el portal— parece un Yahoo! personalizado para la compañía X y se convierte en parte integral de cada red asociada con la compañía X... El truco está en que Juan Empleado, sus socios y clientes no tienen que estar en la oficina. Pueden entrar desde su propio teléfono celular, su Palm Pilot, su *pager*, o el sistema de la oficina".

Me gusta esto. ¡Ay, está tan lejos del espacio que ocupan la mayor parte de las compañías tradicionales! De hecho, muchas compañías están haciendo economías justamente en el momento en que deberían estar ganando la mano a sus competidores más tímidos. El primer tropezón: la visión de *Red Herring* demanda que confiemos en Juan Empleado al permitirle acceder a los activos de información de toda la "cadena de suministro". En resumen, no confiamos en Juan en 9,95 casos de cada diez; de ahí que todo lo que hemos dicho sea un chiste macabro.

El erial de los "barones": enemigos en la cumbre

Un colega pasó tres años intentando implementar el software más sofisticado de SAP por todas las tiendas europeas de una multinacional británica. Trabajó duro. Contrató a los mejores consultores. Pero, ¡ay!, consiguió sólo un penoso resultado.

¿El problema? Está en la pegajosa superestructura de la empresa. Pon en marcha correctamente el SAP R/3... y los papeles no pueden languidecer sobre las mesas de los directivos medios durante horas o días o semanas o meses, esperando que les pongan sus iniciales. En este caso, la contaminación asciende por toda la cadena. Pon en marcha correctamente el SAP R/3... y resquebraja las bases de poder tradicionales de los "barones": Mr. Italia, Mr. Alemania, Mr. Reino Unido, Mr. Suiza y otros. Y esos barones no van a cabalgar tranquilamente en la noche.

Es irónico. Cuando se puso en marcha la *containerización* de los muelles (recuerda: 108 x 5 a 8 x 1) hubo escaramuzas a capa y espada en la retaguardia... con los sindicatos. Es decir, la parte más inferior de la organización provocó una revuelta. Esta vez, la "cumbre", los vicepresidentes y sus secuaces inmediatos están en peligro por la nueva tecnología. La lucha del SAP R/3 convierte a la cumbre de la jerarquía en los enemigos claves del cambio total.

¿Qué haces entonces con todo esto? Respuesta esencial: toma en serio la... parte política. Muy en serio. No se trata principalmente de un "juego de la tecnología". Es un juego de las personas, un juego de poder, un juego político. La tecnología permite que se produzca. Pero no se trata de la tecnología. Una tecnología de segunda fila con una implementación de primera categoría vence, con mucho, a una tecnología de primera fila con una implementación de segunda categoría.

Alternativa: Control Supr

Sí, la promesa de Internet depende de la cruda redistribución del poder político. Sin embargo, se trata sobre todo de una forma totalmente nueva de vida. Los autores del *Cluetrain Manifesto* lo resumen de esta manera: "¡Los hiperenlaces subvierten la jerarquía!"

La realidad: sencillamente no puedes (NO PUEDES... PUNTO) tener una organización jerárquica en la que la gente espere que los pedidos y todos esos condenados pa-

! DOS DE CADA DIEZ NO SON BUENOS

Se me pidió en una entrevista que valorase si las empresas habían hecho bien su implementación de la "empresa informática".

Mi respuesta: las grandes empresas consiguen... más o menos un dos en una escala de uno a diez. Muchas de ellas utilizan las nuevas tecnologías. Pero pocas han tomado una hoja de papel en blanco y se han puesto a reimaginar sus operaciones desde el principio, basándose en una forma de comunicación libre de fricción, totalmente nueva, y decidiendo y actuando.

! CIENCIA POLÍTICA

Un pensamiento: puede que todos esos equipos de proyecto que están tratando de implementar procesos empresariales basados en Internet debieran contratar a menos "consultores tecnológicos" y a más sociólogos y antropólogos, o incluso antiguos políticos. A menos personas que hablen de "dar poder a la red" y a más personas que sean maestras del "vínculo del poder" en la vida corporativa.

NUEVA EMPRESA   NUEVA TECNOLOGÍA

El nuevo orden de la web es un mundo de conexiones sin trabas.

peles acumulen polvo sobre las mesas, y una empresa basada en la web. Por supuesto, esta es también la fuente de la tenaz resistencia a ello. Como añaden nuestros amigos del *Cluetrain Manifesto* sobre tal resistencia a las nuevas tecnologías: "Todo se reduce al miedo a perder el control".

¿"Miedo a perder el control"? Prueba: *la realidad de perder el control*. Para esos viejos (jerárquicos) estándares, la empresa gestionada por Internet... en la que todo el mundo habla abiertamente a todos los demás "24/7"... es una organización que está "fuera de control". ¡Los animales dirigen el zoo!

El mundo web sin Baedecker

El gurú de Internet, David Weinberger, escribió recientemente un encantador libro titulado *Small Pieces Loosely Joined*. En el, capta el espíritu que trato de transmitir aquí:

"Suponte —sólo suponte— que la web es un nuevo mundo que estamos sólo empezando a habitar. Somos como los primeros colonos europeos en los Estados Unidos que vivían junto al bosque. No sabemos qué hay en él y no sabemos exactamente lo que tenemos que hacer para descubrirlo: ¿nos aprovisionamos de equipos para escalar montañas, de ropa para el desierto, de canoas, de las tres cosas? Por supuesto, aunque los colonizadores quizás no supieran cómo iba a ser la geografía del nuevo mundo, sabían al menos que era una geografía. Sin embargo, la web no tiene geografía, ni paisaje. No tiene distancia. No hay nada natural en ella. Cuenta con unas cuantas normas de comportamiento y pocas normas de autoridad. En ella no cabe el sentido común, y el sentido no común no ha surgido todavía."

¡Fabuloso!

Weinberger habla poéticamente —y la poesía es de vital importancia— sobre las posibilidades sin límite que nos presenta la web. Nuevas formas de estructurar las organizaciones. Nuevas formas de relacionarnos con los seres humanos. Nuevas formas de comerciar. Nuevas formas de hacer política. (Por ejemplo, plantear presiones enormes e instantáneas que afectan a los que mandan. Ver el extraordinario *Smart Mobs*, de Howard Rheingold, al que nos hemos referido antes). Nuevas formas de educar. (¿Por qué la mayor parte de los niños de nueve años no pueden trabajar por correspondencia en un ejercicio con amigos que estén a 6.000 o, mejor, a 10.000 km?) Nuevas formas de organizar la sanidad. (Bienvenido a la era del paciente informado lleno de vida... que no se acobarda ante la bata blanca del médico.) Nuevas formas de librar las batallas. (Por desgracia, fueron los terroristas los primeros en informarnos sobre el nuevo orden de batalla.)

Pregunta a Alicia

"No sirve de nada intentarlo —dijo Alicia—. No se pueden creer cosas imposibles."

"Yo diría que no has tenido mucha práctica —dijo la Reina—. Cuando yo tenía tu edad, lo hacía siempre durante media hora diaria. Porque, a veces, yo he llegado a creer en seis cosas imposibles antes del desayuno."

Adoro estas palabras de *A través del espejo* de Lewis Carroll. Me conducen al tema central de este capítulo.

Sí, he gritado tan alto como he podido (en letra impresa): ¡en las TI manda la política! ¡La sucia, turbia, cruda redistribución del poder es el nombre completo del Gran Juego de la Revolución Tecnológica!

Pero ahora quiero ocuparme de la otra cara de la moneda. Sí, la revolución tecnológica es un asunto político. Sí, es un asunto de tecnología sofisticada. Sí, es un asunto de gastar (salivazos de) dinero en esa misma tecnología.

Pero es también algo más y realmente mayor.

En resumen: *¡Internet nos permite soñar sueños no soñados con anterioridad!*

Sueños. Sí, sueños. Plásticos. Disolventes. Evolucionadores. Fantásticos. Ridículos. Profundos. Un sueño llamado Microsoft. Un sueño llamado Dell. Un sueño llamado eBay. Un sueño llamado...

6699

SABIDURÍA DE ORÁCULO

No son sólo jóvenes independientes quienes están haciendo esto. Según *Business 2.0*, Ray Lane, anterior presidente de Oracle (oráculo) y socio ahora de la nueva empresa de capital riesgo Kleiner Perkins, recurrió a su profunda experiencia cuando dijo: El e-comercio es un asunto de "reconstruir la organización desde abajo. La mayor parte de las empresas no se han organizado todavía para explotar Internet. Sus procesos empresariales, sus aprobaciones, sus jerarquías... el número de personas que emplean... todo esto es inoportuno al dirigir una e-empresa".

Vuélvelo a leer, por favor. Lentamente.

NUEVA EMPRESA   NUEVA TECNOLOGÍA

PENSANDO EN

... la increíble eficiencia operativa

CISCO

Cisco realiza el 90% de su negocio anual de 19 millardos de dólares por la web. Es decir, cerca de 50 millones de dólares en ventas por la web... diarios.

Estoy particularmente enamorado del ejemplo de Cisco porque Cisco vende *sistemas* sofisticados y altamente integrados, cuyos componentes proceden de factorías de todo el mundo, propiedad de todo tipo de personas distintas a Cisco. Es decir, todo el proceso de especificación del cliente, de producción y entrega a Cisco es tan complicado como se puede suponer y, sin embargo, la empresa es capaz de hacer prácticamente todo... por la web y consigue altísimos grados de satisfacción, tanto de los clientes que operan por la web, como de los que no.

Conclusión: Cisco estimaba que los ahorros en servicios y apoyo tecnológico de la autogestión del cliente ascendían en 2000 a más de 500.000 millones de dólares.

ORACLE

Hablando de ahorrar 500.000 millones de dólares... eso es lo que consiguió Oracle después de tomar la difícil decisión de cambiar rápidamente todos los procesos de la empresa (tomando su propia medicina)... a la web. Un servicio de pedidos muy técnico cuyo coste era de 300 dólares en 1998, se realizaba sólo por 1,50 18 meses después.

Guay.

GE

Durante sus últimos cuatro años al timón, Jack Welch se volcó en la web. De lo que se siguen algunas implicaciones estadísticas.

Compras por la web en GE en 2000: 6 millardos de dólares. En 2001: 15 millardos de dólares.

Ventas por la web en GE en 1999: 1.000 millones de dólares. En 2000: 7 millardos de dólares. En 2001: 20 millardos de dólares.

Bajemos en el nivel corporativo: GE PartsEdge, un componente de GE Power Systems, redujo las dos semanas que generalmente llevaba analizar un gran problema de un generador... a un día. (Una vez más: ¿entiendes por qué utilizo rutinariamente un lenguaje extremado? Dos semanas. Un día. ¿Extremado? ¿No?) En GE Appliances, el coste de un servicio de reparaciones basado en la web ascendía a 0,20 dólares *versus* 5,0 preweb (un gran negocio, dado que GE recibe unos 20 millones de solicitudes como ésta al año).

IBM

La Big Blue adoptó la web con increíble vigor. Consideremos sus prácticas de compra. "Lo habíamos comunicado a todos nuestros proveedores". Decía el jefe de compras John Paterson en 2000. "Al final del año solamente comprábamos a través de Internet". Esas compras ascienden a 50 millardos de dólares... y proceden de 18.000 proveedores de todo el mundo, pequeños y grandes. De hecho, *Industry Standard* informó en 2000 de que IBM estaba haciendo unos 42 millones de transacciones *online*... y ahorrando cerca de 1.000 millones de dólares en el proceso.

AHORROS

Solución de una reclamación en 20 minutos

... rapidez, rapidez, rapidez

PROGRESSIVE INSURANCE

Peter Lewis es un radical. "Radical" no es un término que se utilice normalmente referido a un "tipo de seguros". Lewis, decía recientemente: "Ya no vendemos seguros. Vendemos rapidez". Cuando ocurre un accidente automovilístico, no es extraño que llegue al escenario del mismo una camioneta de Progressive a los pocos minutos de ser llamada. Progressive, que utiliza la última tecnología inalámbrica y bases de datos tremendamente sofisticadas, aspira a que el perito pueda evaluar la naturaleza del daño... y emitir el cheque final... en el acto... dentro de los 20 minutos posteriores al golpe de chapa contra chapa. Como vemos, va probablemente medio año por delante de lo normal en el sector (y si no medio año, terriblemente cerca). Cuando uno puede actuar con esa rapidez... ha, fundamentalmente... reinventado un sector. Y "esto" puede ocurrir... *en cualquier parte*.

... grandes ahorros para el cliente

AUTOBYTEL.COM

En 2001, un potencial comprador de un automóvil que "reservara" su auto de 20.000 dólares a través de Autobytel.com ahorró, por término medio, 400 dólares. ¿Por qué es un gran negocio? Respuesta obvia: 400 dólares es mucho dinero. Respuesta ligeramente menos obvia: el margen promedio del concesionario de un auto nuevo es de 200 pavos. Dentro de este contexto, 400 dólares es mucho dinero.

Dto. 13%

WAL*MART

Considera este estudio del poder indirecto y directo de Wal*Mart. Señala un establecimiento de Wal*Mart en un plano, dibuja un círculo que delimite su zona de influencia. Contempla los precios —de absolutamente todo— dentro de ese ámbito comercial. *BusinessWeek* informa de que, dentro de esa zona, los precios son un 13% más bajos que fuera de ella. Por lo que al impacto del mismo hecho de que Wal*Mart "esté ahí" —¡es de cinco veces el promedio del margen del vendedor al por menor!

... transacciones ininterrumpidas

ELLIE MAE

A primera vista, el negocio de la hipoteca parece muy sencillo. Los agentes inmobiliarios trabajan con un tercero, organizaciones de préstamo, generalmente pequeñas agencias emprendedoras. Estos "originadores" venden el préstamo a grandes prestamistas como Countrywide, Washington Mutual y Wells Fargo. A su vez, el gigante "empaqueta" sus préstamos y los vende nuevamente, esta vez a empresas como Fannie Mae y Freddie Mac.

Como he dicho... parece sencillo. Pero luego estropea las cosas el "factor porquería" (sistemas de información incompatibles y cosas por el estilo). El "sistema" es tan borroso, que el préstamo medio es manipulado por 61 personas y tarda 45 días en viajar desde la solicitud a la concesión.

¡Entra Ellie Mae!

Esta es una empresa que tiene cuatro años, superviviente de las punto com, y parte de una raza creciente que yo llamo de los "amañadores" o "posibilitadores". Las punto com de la raza perdedora se centraron principalmente en la parte visible de la vida empresarial: por ejemplo, ofreciéndonos ultramarinos o cosas para animales domésticos. Pero los ganadores como Ellie Mae se centran en la parte invisible y aspiran a remodelar los procesos andrajosos que manchan el sector de la hipoteca bancaria.

Ellie Mae es el invento del veterano del sector Sig Anderman. Sig se "retiró" a Sonoma County, California, en 1997 y empezó "tonteando con Internet", informa *Mortgage Banking*. Dos años después había nacido Ellie Mae, junto con su producto principal, ePASS Business Center. Se trata de una plataforma basada en Internet, o un "cambio en el crédito universal" (tal como me lo describió Sig), que permite a todos los protagonistas comunicarse entre sí instantánea e ininterrumpidamente. Sólo en marzo de 2003, Ellie Mae facilitó 700.000 transacciones, informa Anderman, "ahorrando al sector más de 100.000 horas de trabajo basura". El crecimiento está siendo del 10% mensual. No es extraño que el cofundador, Scott Cooley, afirme que "Ellie Mae puede hacer más por los bosques americanos que Greenpeace", gracias a la supresión de papel innecesario, confuso y caro.

A veces, los apetitos son tan grandes, incluso en la parte posterior del sector, que conducen al fracaso. (Ejemplo principal: la apuesta del legendario emprendedor de Silicon Valley, Jim Clark, para limpiar la porquería del sistema de salud fundando Healtheon.) Estamos a poco camino de contar con un agente de limpieza universal. Pero esta nueva y generalmente olvidada clase de maestros está cambiando el mundo a medida que quitan detritus de sistema tras sistema y de sector tras sector.

EL CRECI-MIENTO ASCIENDE AL 10% MENSUAL

... nuevas comunidades completas

TOWTRUCKNET.COM

Towtrucknet.com. Me gusta Towtrucnet.com. En cierto modo, más que Dell o Cisco o IBM o eBay. Creo que Towtrucnet.com representa el poder y ubicuidad de la web a largo plazo. Toma *Towtrucnet.com... y multiplícala por un millón...* y *después quizás por otro millón... y comenzarás a "conseguir" la capacidad de la web para introducirse en cada rincón del mundo... y cambiar... todo.*

¿Qué demonios es, entonces?

Towtrucnet.com es, en parte, una pequeña eBay y, después, algo... para ayudarte a comprar y vender camiones de remolque. *Herramientas para remolcar camiones. Noticias sobre camiones de remolque. Comunidades de personas que están altamente interesadas en camiones de remolque.*

Verdaderamente no estoy interesado, ni por lo más remoto, en camiones de remolque (excepto cuando me quedo atascado en Vermont en primavera). Pero estoy tremendamente interesado en Towtrucnet.com porque esta "comunidad" —*información, consejo, amistad, transacción económica*— es un "minimercado" y una "comunidad de afinidad y conocimiento" que es la esencia de la web. (De nuevo: x 1 millón. O más.)

... una revolución logística

CEMEX

La mayor empresa de cemento de México que hace notables incursiones en los Estados Unidos. ¿Cuál es el secreto? En parte, es una inaudita alianza entre una empresa de cemento mexicana (Cemex) y una compañía americana (FDX, padre de FedEx).

Resulta que cerca del 50% de la carga de los camiones de cemento se tira. Se pierde porque, por una u otra razón, el lugar no está preparado para recibir este producto muy perecedero. Pero en un cierto número de áreas metropolitanas, Cemex y FDX han avanzado mucho para tratar de solucionar esto. El camión de cemento llega al lugar donde se trabaja. Y descubre que no hay nadie preparado para recibir la carga. El conductor recurre rápidamente al sistema informático del camión y lanza una oferta, al modo de eBay, por su cemento para alguien que tenga necesidad de él dentro del radio de corruptibilidad de la carga. Como resultado de estas micro subastas rápidas, Cemex ha reducido su tasa de cargas perdidas del 50 al 15%.

La construcción es una industria de muchos millones de dólares marcada por inversiones minúsculas en I+D. Aunque la saga Cemex es la parte más pequeña de ella, pone de manifiesto el poder de la web para cambiar —¡dramáticamente!— la manera en que opera esta enorme industria. El resultado es una construcción más rápida. Más eficiencia en la construcción.

Desperdicio 50%-15%

NUEVA EMPRESA   NUEVA TECNOLOGÍA

6699

UN SIGNO VITAL

Los estudios ponen repetidamente de manifiesto que las pésimas prácticas en los hospitales de EE.UU. originan entre 50.000 y 100.000 muertes innecesarias al año (y quizás uno o dos millones de pacientes quedan dañados). Estos horrores son resultado principalmente de procesos toscos y manuales y de una falta de voluntad para adoptar procedimientos tales como pulseras con un código de barra para el paciente, que ayudarían a las enfermeras a confirmar las adecuadas dosis de medicinas.

¡Pero hay signos de esperanza! Las personas están estableciendo... conexiones.

He aquí a David Veillette, CEO del Indiana Heart Hospital, citado en *HealthLeaders*: "Toda nuestra instalación es digital. Sin papeles, películas, archivos médicos. Nada. Todo está integrado, desde el laboratorio de rayos X, a los archivos de las solicitudes de ingreso por parte de los médicos... Los pacientes no tienen que esperar. Se registra la información procedente de la oficina del médico, y viceversa. Inmediatamente se envía un correo electrónico al médico, diciéndole que su paciente se ha presentado... Es lo inalámbrico en casa. Tenemos 800 computadoras/agendas inalámbricas... Los médicos pueden andar por ahí con una *note book* preprogramada. Si el médico quiere, podemos cablear su casa, de modo que pueda estar sentado en el diván y conectado a la vez. Pueden revisar un gráfico a 100 millas de distancia".

Una declaración de... interdependencia

Richard Rosecrance es un profesor que escribió un libro muy práctico (¡desde la perspectiva de un soñador!): *The Rise of the Virtual State: Wealth and Power in the Coming Century*. El prototipo para Rosecrance en este nuevo siglo basado en Internet es... Hong Kong. El 83% de la renta de Hong Kong procede de los servicios. El 8% procede de la industria. Tales estadísticas hubieran sido impensables sólo hace unos años, incluso en Hong Kong. Ahora son muy concebibles en todos los grandes centros urbanos del mundo, con independencia de cuál sea el desarrollo de la nación en que se encuentren.

Además, en un mundo en el que el afán principal es llegar rápidamente al "no poseas nada si puedes tenerlo. Si puedes, alquila incluso tus zapatos", hay una forma de interdependencia totalmente nueva. O "nueva dependencia" para Rosecrance. "La nueva dependencia de activos productivos localizados dentro de cualquier otro Estado, supone una confianza sin precedentes en la integridad y pacifismo de los extranjeros... En su forma pura, un ideal hacia el cual están tendiendo muchos Estados, el Estado virtual lleva en sí la posibilidad de un sistema totalmente nuevo de política mundial."

¿Cómo funcionará todo? ¿A que se parecerá la nueva política? ¿Cuáles serán las nuevas formas de interacción? ¿Tenemos que tener más confianza? ¿Tendremos más confianza? ¿Puede suceder todo ello si hay una sospecha creciente basada en nuevas clases de guerra dirigida por el terrorismo?

El nuestro es un tiempo de gran confusión.

Es la noticia más vieja de la historia: gran confusión = gran oportunidad. Para "tipos fenomenales". (Silicon Valley, Singapur, Bangalore.) Para "tipos perversos" (Al Qaeda).

Recuerda lo que decía David Weinberger: no hay mapas de carreteras. No sabemos siquiera qué es una carretera. Sólo sabemos que "ello" no está definido en los estándares de ayer.

El "paraíso" alcanzado

Los milagros existen. Considera esta historia de *Business 2.0*:

"Dawn Meyerreicks, CTO de la Agencia de Sistemas de Información para la Defensa, tomó una de las decisiones militares más decisivas del siglo XXI. Después del 11/9... su oficina alquiló rápidamente todos los transpondedores disponibles... que cubrían Asia Central ... Las implicaciones de este acto iban a cambiar todo el pensamiento militar norteamericano para los años siguientes.

"La aviación norteamericana había iniciado su guerra contra los talibán con una campaña ineficaz de bombardeos y Washington se planteaba enviar unas cuantas divisiones del Ejército de Tierra... Donald Rumsfeld dijo al general Tommy Franks que diera la iniciativa a 250 soldados especiales que estaban ya sobre el terreno. Utilizaron teléfonos vía satélite, aparatos de vigilancia Predator y sistemas de localización de objetivos basados en láser y GPS, consiguiendo que las incursiones aéreas fueran brutalmente efectivas. En efecto, «napsterizaron» el campo de batalla suprimiendo los intermediarios (gran parte del mando y control militar) y trabajaron directamente con los protagonistas reales... Los datos arribaban tan rápidamente, que los cuarteles generales revisaron los procedimientos de operación para permitir que los planificadores de análisis y ataque trabajaran juntos simultáneamente... Por cierto, que su instrumento favorito fueron los mensajes instantáneos a través de una red segura."

Esta es la noticia más alentadora que he leído en años (en décadas). Y procede del escenario casi menos probable para tal éxito.

Los tipos perversos... sin jerarquías efectivas... utilizaron de modo maestro la web. Quizás haya esperanza de que los tipos buenos puedan hacerlo también.

¿Un mensaje global? Considera este titular del *New York Times* sobre la conferencia anual de la Asociación de Electrónica de Consumo, de 2002: "En el Gran Show de la electrónica de consumo, sólo se habla de conexiones".

Yo lo escribo de nuevo: el nuevo orden de la web se refiere a conexiones sin restricciones.

Este es el sueño: conexiones sin restricciones.

Aquí y allí... es una realidad.

Hay que controlar más allá de nuestras circunstancias

El gurú de los SI, Don Tapscott, es un soñador. Sueña esos sueños que se creen imposibles. Que ya no son imposibles. "Imaginar un mundo —escribe— en el que un ciudadano pudiera buscar en todo el globo y reunir 'mi gobierno', lo último en servicios centrados en el cliente. Sanidad de Holanda, constitución de una empresa en Malasia."

¡Nada es imposible de imaginar!, ¡(casi) nada es imposible de conseguir! (Y, en unos cuantos años, ese "casi" desaparecerá con seguridad.)

La rapidez con la que la gente ha adoptado Internet no debería sorprender a nadie que sea incluso el más despreocupado estudiante de psicología. Los psicólogos están de acuerdo en muy pocas cosas. Pero están de acuerdo con una cosa primaria: la fuerza más fuerte de la tierra, excepto ninguna, es ¡mi auténtica necesidad de controlar mi universo!

Y eso es exactamente lo que Internet nos proporciona. Puede que no sea realidad el control total. Pero sí, seguramente, la percepción del control total.

Los empresarios inteligentes entienden esto. "Los cambios en los procesos empresariales incentivarán el autoservicio —decía Ray Lane cuando era presidente de Oracle—. Los costes empresariales descienden y la percepción del servicio se incrementan porque los clientes lo están dirigiendo por sí mismos."

¿Clientes duros? Todavía no has visto nada

Los expertos están de acuerdo...

Anne Busquet, de American Express, decía que ésta no es, en realidad, la "era de Internet". Es la "era del cliente".

Regis McKenna, gurú del marketing de Silicon Valley, escribió todo un libro sobre el tema. Me gusta el título (tanto como lo que contiene): *The Age of the Never Satisfied Costumer.*

Los profesores de gestión empresarial suecos Kjell Nordström y Jonas Riddersträle escriben en *Funky Business:* "Las TI hacen posible la transparencia total. Las personas que tienen acceso a información relevante están empezando a enfrentarse a todo tipo de autoridad. El cliente, el empleado, el ciudadano estúpido, leal y humilde ha muerto".

Michael Lewis, autor de *Next,* coincide: "Los padres, jefes, agentes de bolsa, incluso los líderes militares están empezando a perder la autoridad que tenían... También todos esos roles que se basan en acceso a información privilegiada. Estamos asistiendo al derrumbe de esa ventaja, prestigio y autoridad".

Y Deloite Research, en *Winning the Loyalty of the Health Consumer* concluye: "En la sanidad se está produciendo un cambio sísmico. Internet está proporcionando a los consumidores un gran conocimiento y nuevas posibilidades de elegir, elevando sus expectativas y, en muchos casos, dándoles el control. Los consumidores (de la sanidad) están dirigiendo un cambio fundamental y radical".

Habla la relación

GRC. Gestión de la Relación con el Cliente. Es un término de jerga. Traducción: las nuevas tecnologías nos dan la oportunidad de estar más entrelazados con nuestros clientes que nunca. Para manipularlos, seguro. Pero también para ser sus colegas íntimos y útiles y responsables... si se hace bien.

Considera esto, de un artículo de 2001 del *New York Times:* hay ahora 6 millones de E-Zpass sólo en Nueva Inglaterra. Esto nos permite pasar más rápidamente por las casetas de peaje.

Brillante.

Ahora, el personal de E-ZPass está realizando tests entre los McDonald, las estaciones de servicio y los aparcamientos. Es decir, el E-ZPass nos permitirá conseguir más... mucho más... de lo que hemos imaginado.

También GM tiene ahora 2 millones de miembros en OnStar. Ofrecen cada vez más servicios al pasar por los puestos de peaje cada día. (¿Quizá OnStar va a controlar el desarrollo de GM? (Algunos lo creen así en GM.)

De nuevo: brillante.

TOCA EL CLAXON (CURVA)

Una observación muy rápida sobre los ejemplos que utilizo...

Yo no soy un "hipermaestro". Soy un maestro de la verdad. Sólo que las verdades que yo "revendo" no son verdades que se emulen mucho. Todavía.

Yo no creo que haya un requerimiento para "pensar" sobre esto. Creo que hay un requerimiento para "encontrar". Encontrar, en 2003, a la gente que está viviendo ya el e-mundo de 2013 (Progressive, Cemex, Ellie Mae, etc.).

Es la antigua "ley de los grandes números". La lógica blindada de la distribución normal/la curva en forma de campana. Encuentra a la persona "cuatro-sigma" (una entre 10.000)... que en 2003 esté ya "haciendo" el 2013.

Ese es el final de la curva en forma de campana... donde yo "me manejo".

! EL NUEVO MERCADO DE LOS GRANJEROS

La percepción del control es una realidad cada vez mayor. Desde mi granja en West Tinmouth, Vermont, puedo inmediatamente:

● Buscar casas de un millón de dólares u oficinas de 1,95 millones de dólares.

● Realizar todas mis transacciones financieras, triviales o grandes.

● Interactuar con mi médico o con los mejores especialistas del mundo, o con humildes grupos de apoyo, para todos los casos de salud imaginables.

● Reclutar talento... de todo el mundo... para ayudarme en cualquier proyecto.

● Realizar documentos, colaborando con cualquiera en cualquier parte y en cualquier momento.

● Compartir mis extrañas ideas con el mundo.

● Hacer *chatting* con cualquiera en cualquier parte en cualquier momento.

● Buscar cualquier cosa. (Y convertirme muy rápidamente... en más experto que los "expertos"... hasta cierto punto.)

● Seguir un curso de cualquier materia, desde la intrincada cocina del *sushi* a lo más avanzado en diseño de software.

● Estar en contacto con mi madre, de 94 años (o con mi sobrino de tres).

● Jugar a tropecientos mil juegos para pasar el rato.

Más allá de "Servir con una Sonrisa"

Pero si la GRC es tan brillante, ¿por qué se da también el caso, como pretende el Butler Group, una empresa de consultoría del Reino Unido, de que "la GRC ha fracasado casi universalmente a pesar de las expectativas"?

Tengo un presentimiento sobre la respuesta.

Me atreveré a decir que el *Financial Times* (de Londres) se equivocó cuando comentó en una sección especial sobre GRC: "El propósito es hacer que los clientes se sientan como en la era pre-electrónica, cuando el servicio era más personal".

Yo no creo que eso sea verdad. No quiero más servicio "personal". Quiero la capacidad de hacer cosas que anteriormente eran inimaginables: investigar sobre una enfermedad o enviar un libro a toda velocidad a través de Amazon a un amigo mientras viajo por el sureste de Asia. Ni siquiera creo que exista una *percepción* de lo "personal". ¡No quiero que Amazon me ofrezca rostros sonrientes cuando hago un pedido! Quiero... hacer cosas como yo quiero que se hagan, cuando quiero que se hagan.

Paul Cole, director de GRC de Cap Gemini Ernst & Young, dice que el problema es que no hemos pensado todavía los suficiente en ello.

Yo digo: "amén" (reminiscencias de Alicia y la reina).

El pensamiento de Cole encaja con el mío. La idea, insiste, no es una "transacción placentera". Y no se trata de "hacer el trabajo mejor de lo que lo estamos haciendo hoy". En lugar de ello, pide pensar en términos de "oportunidades sistémicas"... un "repensar la estrategia global de la empresa".

Es decir, que no se trata de "amabilidad" o de hacer el trabajo mejor de lo que lo hice ayer. Se trata de tener una relación en profundidad, continua y altamente integrada que me permite tomar las riendas y hacer las cosas que quiero hacer y cuando las quiero hacer.

Cole pone un obstáculo muy alto. Y lo admite, a duras penas. La capacidad de ofrecer esta "oportunidad sistémica" que permite al cliente acceder, a su propio modo, a todo el conjunto de recursos de la firma proveedora del servicio/producto y su cadena de suministro, no requiere ninguna especie de... Reinvención Total de la Empresa.

¡Todos a bordo! (El autobús está saliendo YA)

¡Hop! ¡Aquí estoy de nuevo!

Comencé con una sección y un capítulo sobre "destrucción". La razón: *¡hay que destruir!* Está bien... *¡Hay que!* Uno no puede proporcionar una "oportunidad sinérgica" (cómo palidezco cuando veo la palabra) o "sistémica" (cómo palidezco ante esta palabra) a menos que se eliminen todas las condenadas barreras internas. Completamente.

A menos que nosotros (la empresa) pueda aplicar al cliente Tom Peters todos los recursos de... la entera y condenada cadena de suministro. Desde el condenado proveedor del proveedor del proveedor del proveedor... al condenado cliente del cliente del cliente.

¡Todo ello!

¡No fricción!

¡Quiero ese maldito libro!

¡Lo quiero ahora!

¡Quiero poder enviarlo a mi mejor amigo!

¡Ahora!

¡Quiero ese medicamento!

¡Quiero que me lo entreguen hoy!

¡Quiero que me informen sobre sus efectos secundarios!

¡Totalmente!

¡No quiero que me traten como a un niño!

¡Quiero el conocimiento total!

¡Quiero la absoluta conveniencia!

¡Quiero la capacidad para conseguir todo lo que quiera!

¡Ya!

Dirás "petulante como un mocosuelo". "Exactamente", replico. La web me permite ser precisamente eso: un petulante mocoso consentido hazlo-a-mi-manera-ahora.

Qué *cool.*
Qué misterioso.
Qué inquietante.
Qué revolucionario.

Pero, en ese contexto, ¿para qué sirven los tradicionales gráficos y organigramas de la "organización"?

Que me aspen si lo sé.

¿Estás dispuesto a ello? ¿Eres capaz de soñar? ¿Tienes agallas para vértelas con las cuestiones de poder asociadas a ello?

El mundo web es guay. Es decir, si el miedo no te paraliza. Si eres imaginativo. Si eres inventivo. Si puedes imaginar un mundo vuelto del revés. Si puedes simplemente... subir al autobús.

! Contrastes

ERA	ES
La tecnología ayuda a unir las partes de una organización	La red es la organización
Todos los departamentos utilizan SI/TI	Todos los departamentos viven en la web
Departamento = Compartimento	Acceso = éxito
Todo el mundo trabaja según reglas estrictas "que hay que conocer"	Todos los empleados tienen acceso a todo
Los equipos de proyecto celebran regularmente conferencias telefónicas	Los equipos de proyecto "se reúnen" 365/24/60/60
Propiciamos la independencia	Apreciamos la interdependencia
Estamos orgullosos de estar "de acuerdo" con nuestros clientes	Estamos orgullosamente "de acuerdo" con nuestros clientes
Vendemos "grandes productos" fabricados rigurosamente	Vendemos "experiencias impresionantes" facilitadas por la información
Aquí hoy... aquí mañana	Aquí hoy... reconfigurados mañana
Hombres con trajes	Mujeres al cargo

!

¿HAY QUE IR LEJOS? NO EN WELLS FARGO

Algunas (grandes) empresas están empezando a imaginárselo. Por ejemplo: Wells Fargo. Un tercio de sus clientes al por menor (cerca de 3 millones de individuos) operan *online*. Según informa el *Wall Street Journal*, las estadísticas son... asombrosas:

● La tasa de erosión es un 50% menor en el grupo *online*.

● El índice de crecimiento del grupo *online* es el 50% superior al de los luditas no *online*.

● El grupo *online* es más probable que realice compras cruzadas.

● El periódico informa de que el grupo *online* está "más satisfecho y permanece mucho más tiempo con el banco".

!

¿EN EL AUTOBÚS... A REGAÑADIENTES?

Me encuentro un poco ofendido por el mensaje de este capítulo. Y estoy ofendido porque ataca uno de mis principios sagrados: que para caminar hacia delante hay que probar algo nuevo, ver si funciona, probarlo un poco más si funciona... y desacelerar un poco si no funciona.

Y no parece que el juego de la web se juegue todavía de esa forma.

No en Dell.

No en Oracle.

No en Cisco.

No en Schwab.

No en Fidelity.

"Compra el número" y sube a bordo, o no te molestes.

NUEVA EMPRESA   NUEVA TECNOLOGÍA

¡Todas las
bases de
creación de
valor están
libres!

nueva empresa!
nuevo valor

Es sencillo. Necesitamos un nuevo modelo empresarial que sirva para una nueva y loca economía. Me gusta mucho evitar ese término... "modelo empresarial". Y, sin embargo, necesitamos algo como eso... alguna idea profunda nueva y radical para crear valor en una economía de intangibles/de capital intelectual/dirigida por la creatividad/que gira rápidamente/loca tecnológicamente.

(Traga saliva).

Al redactar la Parte II, creo que el viaje debe comenzar con un primer paso directo: puede —y debe— hacerse una re-evaluación de la naturaleza fundamental de lo que "funciona" en una época en que son la norma las organizaciones libres de fricción y la cadena de valor total; y donde la calidad excelente y el servicio a tiempo, favorecido por la informática ubicua y los dispositivos de comunicación, son algo común. Es decir, ¿qué hace ser "especial" cuando "el funcionar como un reloj" —Dell, Amazon, Ellie Mae o Wal*Mart— se convierte meramente en el precio de entrada?

5 De "centro de coste" al estrellato: la transformación en ESP/Empresa de Servicios Profesionales

! Manda el tecnicolor ...

- Todo trabajo (¡todo!) que se hace en el mundo de cuello blanco se hace también "fuera"... ¡Para conseguir beneficios! Por: Empresas de Servicios Profesionales.
- Una Empresa de Servicios Profesionales añade valor a través de una... y sólo una... cosa: la acumulación y aplicación de... capital intelectual creativo.
- Convierte cada tarea en un "producto". Pon todo en la web. Exporta todo lo que "no sea grande" a quienes sean grandes en esa materia. Y conserva lo poquito que vale mucho.
- La forma de convertirse en una ESP es abandonar la palabra "mejorar", adoptar la palabra "transformar"... y convertirte en una ESP. Ahora.

! GRITA   no estamos preparados...

Aspiramos a mejorar la "eficiencia" y "efectividad" "departamental". Pero la "mejora" no capta lo principal, por muy intensa que sea. De hecho, es profundamente engañosa. Tenemos que *destruir* los "departamentos" y crear en su lugar Empresas de Servicios Profesionales, emprendedoras, agresivas e imaginativas. Debemos adoptar las ESP como motores principales del trabajo creativo... y con ello de prácticamente todo valor añadido de la empresa.

! VISIÓN   imagino...

Departamentos financieros "excitantes"... que venden sus servicios creativos mucho más allá de las fronteras de la empresa.

Una "actitud McKinsey", una "actitud IDEO", en cada "departamento" de la organización. ("Somos las estrellas cinematográficas del mundo empresarial", declaró mi primer socio director McKinsey; y compré el número alegremente.)

Atrevida, descarada, diversa, "talento" creativo en cada uno de esos departamentos-convertidos-en empresas de servicios profesionales... "haciendo" proyectos asombrosos. (Utiliza la condenada palabra: "¡Asombroso!" ¡Maldita sea!). Proyectos que... hincan el diente al universo (en las inmortales palabras de Steve Jobs, de Apple).

"Gastos generales" ha muerto

Trabaja 50 horas a la semana. Rómpete la espalda. Soporta un manojo de viñetas de *Dilbert*. ¿Y qué es lo que te llaman "ellos"? "Ellos" te llaman un... "centro de costes". "Ellos" te llaman "gastos generales". Francamente, dicen cosas mucho peores. ("Oh, mierda, ya viene el tipo de RH".)

¿Quién eres? Eres parte del 90%. El 90% que trabaja en... compras... logística... finanzas... recursos humanos... sistemas de información... ingeniería.

¿Debes ser "gastos generales"? ¿Es tu sino en la vida ser un "centro de costes"?

¡Pienso que no!

De hecho sé que no, y *creo* que puedo probarlo.

Afirmé atrevidamente, en el Capítulo 3, que el 80%, o más, de los puestos de trabajo de cuello blanco, tal como los conocemos hoy, desaparecerán o serán reconfigurados hasta dejarlos irreconocibles en el transcurso de los próximos 15 años, como mucho. (El presidente de GE decía tres años, recuerda.) Todo el trabajo de rutina —el trabajo pesado— del mundo de cuello blanco será realizado por indios, ghaneses, y por microchips de 239 dólares. (¡Que se pasan el tiempo leyendo ECG!)

Entonces, con menos empleados cada vez, ¿qué viene a ser la empresa realmente?

Quizás no mucho.

¿Y qué quedará para que lo hagamos nosotros?

Quizás no mucho.

Pero quizás...

Rock duro en Big Easy

Fui a Nueva Orleans. A hablar a la NAMP, la Asociación Nacional de Gestión de Compras (ahora Instituto para Gestión de la Oferta).

Contemplé el mar de miles de rostros. La mayor parte de mediana edad. La mayor parte blancos. "Profesionales" de compras.

Contemplé este grupo. Y grité con la voz más potente que pude (para romper cristales): *"¡Cuando os contemplo, veo a las estrellas del rock de la era B2B!"*

Pensaron que estaba loco.

Divertido: lo digo en serio.

Iba completamente en serio.

Como indiqué en los dos últimos capítulos, creo en el poder envolvente de la revolución del e-comercio. (Recuerda: "En el autobús. Fuera del autobús". No hay "elección"). Además, creo que la revolución interna del e-comercio (REVOLUCIÓN... maldita sea) debería ser dirigida por una reunión de personas intrigantes que incluyera a los que trabajan en compras, en logística, en SI, en finanzas.

Es decir, creo firmemente que esos "profesionales de compras" a los que hablaba, deberían verse a sí mismos como estrellas de rock... Revolucionarios... Campeones del cambio atrevido... Partidarios de las tecnologías destructivas... Reinventores de la empresa.

Petimetres guays.

E imaginativos.

Esa es la forma en que los miraba.

Maldita sea.

... Y en la Ciudad Ventosa

Corriendo a Chicago. Una charla a la Asociación de Gestión de Recursos Humanos de Chicago. Una audiencia de varios cientos de personas.

De nuevo... debo admitirlo... grité: "¿No estáis cansados de ser una función de apoyo? ¿Un centro de coste? ¿Un obstáculo burocrático? Cuando os miro, ¿sabéis lo que veo? A las estrellas de rock de la era del talento".

Era la misma lógica que utilicé con mis amigos de compras (ahí: estrellas-de-rock-e-mundo-revolucionarios). Las personas de RH son un clásico ejemplo de "empleados de

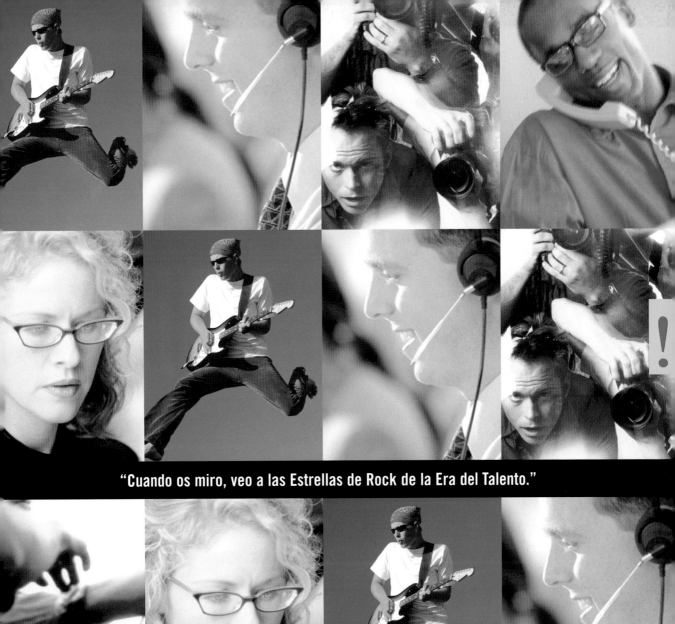

"Cuando os miro, veo a las Estrellas de Rock de la Era del Talento."

LÓGICA, HASTA CIERTO PUNTO

1. Los trabajos de cuello blanco se están... evaporando.
2. Los indios, los ghaneses y los microprocesadores de 239 dólares harán el trabajo rutinario.
3. Los departamentos se ven como "gastos generales".
4. Los departamentos deben reinventarse a sí mismos.
5. Última invención: ¡convertíos en estrellas de rock!
6. Tales "estrellas de rock" existen ya en... las Empresas de Servicios Profesionales.
7. Las ESP hacen "el trabajo de *staff*" en el exterior y para "conseguir beneficios".

¿SERVICIO DE HABITACIONES? LA HABITACIÓN ES UN SERVICIO

Sheraton Hotels, de Starwood, es una cadena hotelera, ¿no? Y un hotel es el último conglomerado. ¿Cierto? Bien. En el caso del Sheraton Princeville de Kaua'i, Hawai, Starwood, "posee": la marca, algunos datos de clientes, un proceso para crear experiencias memorables al cliente, un contrato de gestión. Y eso es todo. (Ni siquiera hay en la nómina empleados que no se dediquen a la gestión). Starwood apenas si posee propiedad alguna. ¿Te has registrado en una ESP (um, hotel) Sheraton últimamente?

staff" contemplados con sospecha... como los últimos utilizadores del papeleo, formularios, burócratas del "limítate a decir no".

Puede que se hayan ganado esa reputación. Puede que hayan tenido un comportamiento generalmente burocrático. Pero esa es una historia antigua. (Lo suplico). Recordemos (¿¡de acuerdo!?) que ésta es una era en la que el valor se creará sobre la base del capital intelectual. Y si eso se reconoce debidamente, debemos reconocer también (obviamente) que es una... Era del Talento sin Adulterar. Y continuar esta increíblemente pedestre cadena lógica... si es una era del talento sin adulterar... ¿quién demonios debería estar dirigiendo el desfile, insuflando energía a todo el proceso de creación de valor?

La gente de RH.

(¡Oh!)

Si conciben correctamente su trabajo. Si comprenden la naturaleza monumental de su oportunidad.

Si... Si... Si...

La solución ESP: con la pistola escondida

¿Si qué?

¡Puede que hayamos tenido "la respuesta" todo el tiempo! ¡Delante de nuestras narices colectivas! Y no le hemos prestado atención. ¡Ninguna! (literalmente).

Existen ahora un conjunto de organizaciones que operan "virtualmente"... y solamente "por sus inteligencias"... un conjunto de organizaciones que añaden valor a través de una... y sólo una... cosa: la acumulación y aplicación del capital intelectual creativo.

Llámalas ESP.

Empresas de servicios profesionales.

Quizás sea ésta su hora.

Yo pienso que lo es.

La Empresa de Servicios Profesionales puede ser una entidad de más de 100.000 personas, como Accenture o EDS. Puede ser una empresa de contabilidad de una mujer, compuesta por una antigua contable de Xerox de 46 años, despedida en la última oleada de reducción de empleo; que proporciona, desde una habitación, asistencia financiera estratégica a pequeñas empresas en los alrededores de Rochester, Nueva York.

(Quizás esa contable solitaria ofrece servicios únicos por todo el mundo... y gracias a Internet. Esa habitación, 10 x 13, es un cuartel general global para una Empresa de Servicios Profesionales... si eres lo suficientemente/especialmente bueno en lo que haces.)

Ofertas de las ESP

Las Empresas de Servicios Profesionales...

... proporcionan seguridad (Kroll) (Guardsmark).

... llevan a cabo ensayos clínicos para empresas farmacéuticas (Health Decisions) (Convance).

... construyen prototipos para empresas automovilísticas (ESG Automotive).

... realizan el mantenimiento de equipos de oficina de todas las formas y tamaños (OfficeZone).

... gestionan centros de atención de llamadas (Tel*Assist) (Convergys).

... realizan todos los servicios de viajes para grandes empresas (Rosenbluth).

... dirigen escuelas (Edison Schools). Y cárceles (Correctional Systems Inc.).

... contratan CEO. Y proporcionan CEO temporales (Heidrick & Struggles).

... proporcionan servicios de logística llave en mano (Ryder) (UPS) (FDX).

... gestionan los beneficios de los empleados (Accord Human Management) (Back Office Solutions).

... dirigen actividades de formación (Forum Corporation).

... realizan actividades de gestión de las relaciones con el cliente (Accenture).

... dirigen instalaciones completas (Accenture... de nuevo).

... organizan operaciones globales de tecnología de la información (EDS).

Punto clave: cada (c-a-d-a) trabajo realizado en el mundo de cuello blanco (y recuerda, el 90% de los puestos de trabajo) se hace... *fuera*... para obtener *beneficios*. (Por una... ESP.)

Agujero negro

Empresas de Servicios Profesionales. Nadie las toma en serio. Hacen "trabajo afeminado"... si las comparamos con los "auténticos hombres" que trabajan duro en "hornos de acero". (Ay, estos últimos casi han desaparecido). Casi nadie estudia las ESP. Encuentra un libro sobre el tema. Sólo hay unos cuantos. Condenadamente pocos. (Casi ninguno.)

Ve a Borders. Ve a Barnes & Noble. Deambula por la sección de gestión empresarial. Veinte o treinta libros sobre gestión de la calidad total. Otra docena sobre la "constitución de equipos de trabajo autogestionado" para fábricas automovilísticas o envasadoras.

Pero ni un libro sobre la creación de un... departamento de contabilidad fabuloso... Un departamento de recursos humanos superfragilísticoespialidoso. Sorprendentemente, nunca un título sobre la creación de una empresa notable de investigación y desarrollo.

¿Por qué? ¿Por qué? ¿Por qué?

Estoy completamente seguro de que por cada persona que trabaja en la cadena de montaje en una planta automovilística de EE.UU., hay 50, si no 150, que trabajan duro, como esclavos del cubículo, en departamentos de contabilidad.

Y aún así... nunca una palabra.

(¿Soy yo el único que se ha dado cuenta de esto?)

De nuevo en la carretera

En 2001, hablé ante la Asociación Internacional de Gestión de Información de Recursos Humanos. Cuando preparaba mi presentación, di con un soberbio artículo de John Sullivan en la revista de la Asociación. Título: "eRH: A Walk Through a 21st Century HR Department".

La idea básica es clara. El "departamento de RH" se convertirá en "eRH". Es decir, un departamento basado en la web en el que toda actividad de RH se realiza *online*... para que esté disponible para cada empleado (recuerda, "Juan Empleado")... que puede buscar, principalmente, la autogestión de todos los muchos aspectos de su trabajo, desde influir en el proceso de evaluación, a formación, a seleccionar una cartera de beneficios.

¿Qué ha quedado después de automatizar el duro y rutinario trabajo de RH? Muy sencillo, concluye Mr. Sullivan: el departamento se convierte en un CCP... un Centro de Consultoría de la Productividad. Y los tipos de RH se convierten en miembros seriamente fenomenales de valor añadido de una "rockera" ESP. (¿Quizás los... trovadores del talento?)

MIS PÁGINAS A ATRASADAS

Hay un libro sobre el fenómeno de la ESP del que soy entusiasta

Y lo escribí yo, en 1999. Se llama *La Empresa de Servicios Profesionales50: Cincuenta formas de transformar su "departamento" en una Empresa de Servicios Profesionales cuyas marcas registradas son la pasión y la innovación.*

Siéntete libre de comprar una ejemplar. (Junto con algo que ha escrito sobre el tema David Maister, como *Managing the Profesional Service Firm*).

NUEVA EMPRESA   NUEVO VALOR

RD = ¿"ROCK DURO"?

Trabaja en el desarrollo del talento. Bob Nardelli, formado en GE, se convirtió en CEO de Home Depot. Inmediatamente utilizó los recursos, para un puesto de vicepresidente ejecutivo, de Dennis Donovan, su antiguo ejecutivo de RH en GE. Según *The Economist,* Donovan se embolsó 21 millones de dólares en 2001.

¡Ese es un salario de estrella de rock!

¡El mundo de RH es un mundo de estrellas de rock en Home Depot!

¿Y en tu empresa?

El modelo ESP:
hazlo sencillo, hazlo grande

Con la idea "eRH" de John Sullivan en la cabeza, elaboré el siguiente modelo genérico ESP. La idea sirve igualmente para un departamento financiero, un departamento de SI, un departamento logístico, un departamento de ingeniería... y un departamento de RH.

Hay cuatro bloques básicos de construcción

Product-iza lo

Traduce cada actividad "departamental" en un discreto "producto" TMPP (Trabajo por el que Merece la Pena Pagar). "Productizar" es una palabra fea. Pero tiene su valor. Conclusión: si no puedes visionar lo que estás haciendo... justo ahora... como un "producto" por el que... alguien pagará... jolín, déjalo. (¿Okay?)

Web-vifícalo

Es decir: todo. Pon el 100% de tus productos en la web. Contratación de personal. Formación. Beneficios. Políticas. Procesos (100% = 100%).

Si no es grande, mejor en *outsourcing*

Contempla cada actividad o "producto" del que es responsable tu ESP: formación, gestión de beneficios, contratación de personal, evaluación, cualquier cosa. Si no eres demostrablemente grande en ello... dáselo fuera a alguien que sea demostrablemente grande en ello. Esto terminará incluyendo del 75 al 95% de lo que haces ahora. No es una chorrada. (Podría terminar siendo el 100 por 100. No más tú.)

Si es grande, celébralo

Cualquier cosa que permanece se convierte en un "centro de excelencia global". ¡Apaláncalo completamente! Mensaje sencillo: agárrate con mucho cariño a aquello en lo que eres bueno. (Condenadamente bueno.) (Notablemente condenadamente bueno.) (Bueno de "categoría mundial".) Conviértelo en material que se pueda vender... por un pico... a otros. (¡Incluso a tus competidores!) La materia que es... SERIAMENTE FORMIDABLE.

Lo escrito más arriba encaja en un "modelo sencillo". Pero es un modelo que, ¡ay!, es profundamente diferente de la forma en que hacemos las cosas ahora (recuerda: "centro de costes", "gastos generales"). Repetición: todo se convierte en un "producto". Un 100 por 100 va a la web. Las cosas que no son grandes se envían a los que son grandes en ellas. Y conservamos un poquito... que valga mucho... CONDENADAMENTE MUCHO.

La formación cambia de frente: el traspaso de un puesto de trabajo

Okay, Janice Nelson-Smith, estás sentada en una silla confortable. Saca el monedero del bolso, extrae una de tus tarjetas. Te han promocionado tres o cuatro veces. La tarjeta reza: *Janice Nelson-Smith, directora de formación, división tal y tal, XYZ Corp.*

He aquí lo que quiero que hagas, Janice. Levántate. Ve a la chimenea. (Un fuego que arde furiosamente, confío.) Toma esa tarjeta. Arrójala al fuego. Contempla como arde.

Mañana... quiero que vayas a la papelería y te hagas tarjetas nuevas. Puedes conservar la primera línea, con tu nombre. Pero tu tarjeta rezará ahora: *Janice Nelson-Smith, socio director, formación de estrellas de rock, S.A.*

(RSTI es una filial propiedad total de la división tal y tal de XYZ Corp.)

Janice, ¡ahora eres una socia directora!

("Mami, ¿qué son gastos generales?" Ya no eres tú.

Independencia financiera. El traspaso de un puesto de trabajo otra vez

Supón, David Yang, que eres el director financiero de una división de 2000 personas. Sesenta y ocho personas dependen de ti.

De aquí mi pensamiento fundamental. *No veo ninguna diferencia... ninguna... entre tú y el jefe de la oficina de Deloitte & Touche, con 68 personas, de tu misma calle.*

Bien, he mentido.

Veo una diferencia.

Y grande.

Al final del mes, el socio director de esa oficina de D&T envía facturas a sus clientes. Y los clientes pagan. Porque proporcionó servicios de valor.

Y, David, ¿que ocurriría si enviaras "facturas" a tus clientes internos? ¿Cómo supones que responderían? Sospecho que se reirían estúpidamente... o les daría un infarto.

Triste, ¿no?

Estudiaste como un loco.

Eres condenadamente bueno en lo que haces.

Has sido promocionado varias veces.

Proporcionas servicios valiosos.

¿Por qué no se reconoce eso? ¿Por qué, David, siguen llamándote "gastos generales"? ¿Por qué, David, continúan etiquetándote como un "centro de costes"?

Dejémonos de chorradas, David. Continuemos haciendo trabajo valioso. Promuévete a socio director. Si no lo haces... ese microprocesador barato va a hacerse cargo del trabajo (del tuyo y también del de tu cardiólogo, recuerda).

DG + PCR = Líder ESP

Enhorabuena, Janice y David. ¡Los dos sois ahora socio director!

¿Qué significa eso exactamente?

Veo que encarnáis a dos "tipos" muy específicos:

Tipo I: *director general de una franquicia de deportes profesionales*. ¿Qué hace un director general de una franquicia de deportes profesionales? Una, y sólo una cosa: *la contratación y desarrollo del máximo talento del mundo*. Es decir, reunir a la mejor lista imaginable.

Tipo II: *profesional de capital riesgo*. ¿Qué hace un profesional de capital riesgo? Dos, y sólo dos, cosas. "Apuestas" por el "talento". "Apuestas" por "proyectos" (ideas). Es decir, el profesional del capital riesgo también tiene una "lista", a la que llama "cartera". Algunos elementos de ella son conservadores. Está bien. Algunos elementos son radicales, y fallarán miserablemente o triunfarán salvajemente.

Nuevamente: un socio director (anteriormente un insípido "director de departamento") es dos —y sólo dos— cosas:

Director general... desarrollador de talento impresionante.

Profesional del capital riesgo... desarrollador de una cartera de proyectos impresionantes.

¡Este es el rol del director de departamento!

¡Esta es la vida del director de departamento!

¡Este es el futuro del director departamento!

Lo que ya no sois, Janice y David, es... la señora o el señor gastos generales.

Maldita sea.

Sois (simultáneamente), el director general de una franquicia impresionante... y un profesional del capital riesgo que reúne una cartera impresionante.

EL NUEVO PONEY EXPRESS

Frank Eichorn es director del Credit Risk Management Data Group en Wells Fargo Home Mortgage.

¿Hum?

¡No!

He aquí cómo describe Eichorn la transformación de su departamento de "costes generales"/"centro de coste": "Generalmente, en una empresa de servicios financieros o de hipotecas, la gestión del riesgo es un coste general, no un centro de beneficios. Nos hemos convertido en algo más que eso. Pagamos por nosotros mismos y ganamos dinero para la empresa".

Él lo hizo con la ayuda de SAS, una brillante empresa de software cuyos sofisticados paquetes estadísticos permiten a los departamentos apalancar completamente lo que hacen.

¡Ese es el camino, SAS!

¡Ese es el camino, Frank Eichorn!

¡Ese es el camino Wells Fargo!

NUEVA EMPRESA   NUEVO VALOR

OPERACIÓN ESP

Recuerda el reportaje del centro de mando aliado en Qatar durante la guerra de Iraq en 2003.

¿Chavales con fusiles? ¡Apenas!

En su lugar: chicos y chicas, a docenas, encorvados sobre terminales informáticos. ¡Si ese centro de mando no se parecía a una ESP, no sé a que se podría parecer!

ESP: un curso corto

¿Pero cuáles son los contornos del modelo Empresa de Servicios Profesionales, este elemento característico del panorama de la nueva economía? He aquí mis "nueve principios fundamentales":

1. Proyectos AVA

Un 100% (¡no hay error de redondeo!) del trabajo que hacemos se convierte en proyectos de AVA (Alto Valor Añadido. Todo el trabajo = trabajo de proyecto chispeante. Mensaje: proyectos de valor añadido. Punto. O... Control Alt Supr).

2. Clientes pioneros

Conseguir la "revolución departamental" buscando nuestros clientes pioneros. En cuanto "proveedor de servicios internos", tienes que responder al teléfono de todas las unidades a las que sirves. Está bien. Pero no tienes que prestar la misma atención a todas. Si lo haces, eres idiota. La verdad desnuda. Quieres dedicarte a las auténticamente mejores personas y crear los mejores proyectos, con el 10% de tu clientela interna adecuadamente clasificada como "adictos", "excéntricos", "revolucionarios", "pioneros". Mantra: ¡nos conocerán por la calidad de nuestro trabajo a la hora de hacer clientes pioneros! (Créeme, más adelante. Mucho, mucho más.)

3. Sólo trabajo formidable

¡Trabaja en lo que eres formidable! ¡Y eso es todo! El condenado microchip de 239 dólares lee los electrocardiogramas mejor que tú, ¿entonces, para qué demonios estás tú? Respuesta: para hacer seriamente cosas guay, o marcharte del "negocio". Aplica rigurosamente a toda "obra" el test del trabajo ASOMBROSO cuantitativo (véase Capítulo 15).

4. Máximo talento

Se trata de... Talento. Esta es la idea plena que está detrás de añadir valor (serio) ya seas un equipo de béisbol, una orquesta sinfónica, una compañía de teatro... o un departamento de logística (¡ahora ESP rockera!).

¡Persigue el Gran Talento!
¡Contrata al Gran Talento!

¡Da al gran talento espacios muy abiertos en los que pueda vagar! ¡Promueve el gran talento! ¡Paga el gran talento! (Lee también el Capítulo 20 para un análisis en profundidad de "todo esto", es decir, el "asunto del talento").

5. Cultura audaz

Estoy enfermo y cansado -¡harto!- de la noción de "departamento de contabilidad aburrido". O... lo que sea. Si es un "departamento de contabilidad aburrido" es que el contable jefe es... uh... aburrido. ¡Departamento financiero... audaz! (¡Sí!) ¡Departamento de logística... audaz! (¡Sí!) ¡Departamento de compras... audaz! (¡Sí!) Si se va a añadir valor (mucho) (formidable) mediante la acumulación y aplicación del capital intelectual y de la creatividad... entonces esos (anteriores) "centros de costes"/acumuladores de "gastos generales" podrían hacerse... fabulosamente, impresionantemente *excitantes*. ¿POR QUÉ NO? (Si piensas que voy demasiado lejos... explícate. Tengo razón en esto. Y si no estás de acuerdo... bien... estás equivocado. Y CONDENADO A LA RUINA.) (Lo siento, yo lo considero así de duro.)

6. Punto de vista propietario/metodología propietaria

Hay una "forma EDS" de hacer las cosas. Una "forma McKinsey" de hacer las cosas. En las auténticas empresas de servicios profesionales, tales metodologías propietarias pueden valer miles de millones de dólares. Entonces... ¿cuál es el "punto de vista"/"metodología" "propietario" que caracteriza a tu "departamento" financiero, logístico, de SI, de RH, de formación?

¿En qué eres (m-u-y) especial?

¿Tan especial que ningún otro lo tiene? (Ningún otro... en toda la tierra.) (Espero que hayas encontrado una buena respuesta a esto.) (Pocos departamentos "internos" la encuentran. Ay.)

7. TMPP/realiza Trabajos por los que Merezca la Pena Pagar

¡Todo trabajo que vale merece una factura! ¡Y una factura grande, además! Si nadie está dispuesto a pagar la (gran) factura por el trabajo que haces... entonces no vale la pena hacerlo, de entrada. (No "te fíes de mí" en esto, pero "piensa en ello".) Los grandes abogados facturan generalmente a 500 dólares la hora. O más. ¿Por qué no puede hacerlo el mejor especialista del mundo en logística... en tu "departamento" convertido en rutilante ESP?

8. Clientes externos

Lo externo debe suponer, al menos, el 25% de lo que hacemos. Toda ESP debe superar el test del mercado. ¿PAGARÍA POR ELLO UNA TERCERA PERSONA? ¿PAGARÍA UN FAJO POR ELLO?

9. Cuando: ¡ahora!

Puede que creas que no puedes recorrer las 9 yardas con esta idea de "ESP-ar". Tu corporación no está lista. Pero seguramente tú si puedes hacer las 9 yardas... *emocionalmente*. Inmediatamente. Esta "idea" (la ESP interna) es una cuestión de actitud (90%) y de detalles contractuales (10%).

" 99

PIENSA...

De hecho, robé esta idea al legendario presidente de IBM Thomas Watson. Alguien le preguntó: "¿Cuánto tiempo se tarda en llegar a ser excelente?" "Un minuto", contestó.

!

TÁCTICA EN PARRILLA

Un equipo de la Liga Nacional de Fútbol, es decir, el "paquete de capacidad" de 48 actores activos, es fácil que valga 500 millones de dólares. ¡Eso es una ESP valiosa!

No veo diferencia (ninguna) entre un equipo de fútbol profesional de 48 jugadores y un departamento de logística/ESP de 48 personas.

En ese equipo de fútbol, incluso los más insignificantes jugadores son MEP (Mejores en El Planeta) en lo que hacen. ¿Por qué no se puede dar el mismo estándar en logística?

!

Y ESCRIBE CUANDO ENCUENTRES TRABAJO...

Designworks/USA es la firma de diseño de BMW USA. Los que mandan en BMW en Múnich han decidido que el 50% de las actividades de la unidad debe producir beneficios... trabajando para clientes externos (incluyendo a los más estrechos competidores).

La idea funciona así: si creas asientos fabulosos para Steelcase... esa creatividad puede acabar funcionando en los interiores que diseñes para el próximo nuevo modelo de BMW. Y si no lo puedes hacer en el "mundo real" con "clientes externos"... no deberías estar en el negocio.

Más: cuanto más interesante sea el trabajo que hagas, más posibilidad tendrás de atraer a tu equipo a mejores profesionales.

Ajuste de la actitud

¿Cuánto se tarda en realizar este "cambio profundo" de "departamento"/"gastos generales"/"centro de costes" a una ESP hecha y derecha?

Años y años, ¿cierto?

"un minuto"

¿Qué te parece?

Deja a un lado, por ahora, la parte de la ecuación "hecha y derecha" y considera la parte del "cambio profundo" que es actitud... en un 99%. Creo que la clave de la "porción de actitud" es... un minuto de excelencia.

Durante diez años, escribí una columna semanal, es decir, unos 520 artículos. Una docena de ellos provocaron respuestas particularmente duras. Uno tenía el siguiente y absurdo título "¡Un minuto de excelencia!"

El problema es... escribí... y lo creo.

La idea global es compromiso personal. Un compromiso "simple" pero decidido de que uno no va a volver a hacer, bajo ninguna circunstancia, algo que no sea totalmente excelente.

Olvida los legalismos. Olvida si tu "departamento" se convierte, oficialmente o no, en Formación S.A., una filial propiedad plena de la división de tal y tal de la corporación XYZ.

En lugar de ello, pregúntate: ¿cómo conseguir la "actitud ESP"?

He aquí mis directrices:

El cambio cultural no es "corporativo".

El cambio cultural no es un "programa".

El cambio cultural no lleva "años".

El cambio cultural no empieza "hoy".

¡El cambio cultural empieza *precisamente ahora*!

El cambio cultural *vive en el momento*.

¡El cambio cultural está *enteramente en tus manos*!

La forma de llegar a ser una ESP es... llegar a ser una ESP.

Ahora.

Prueba este *mantra*:

Sobreviviremos.

Prosperaremos.

Haremos un trabajo ASOMBROSO.

Buscaremos clientes pioneros.

Automatizaremos plenamente la porquería que Dilbert *calumnia tan agudamente.*

Nos centraremos en las cosas que nos hacen especiales y distintos.

Empujaremos hasta el fondo las cosas en las que somos (los mejores en el planeta).

¡Empezaremos AHORA!

En este... minuto.

! Contrates

ERA	ES
Centro de costes	Centro de beneficios
Centrado en el procedimiento	Centrado en el cliente
Reducir al mínimo los gastos	Conseguir el máximo valor añadido
Encerrado totalmente en los muros de la empresa	Liberado totalmente para trabajar para externos
Reduce al mínimo la nómina... y contrata personal de acuerdo con ello	Contrata a superestrellas... y paga de acuerdo con ello
Pasivo: realiza "tareas" según se piden	Activo: crea magníficos proyectos por inspiración
Mejora la "eficiencia de la empresa"	Espolea la "transformación de la empresa"
Esclavos del cubículo	Profesionales orgullosos
Conservación	Creación

La forma ESP: 5 pasos fáciles

Todo se reduce a esto... un sencillo programa de 5 pasos. (Eh, ¡esto supone 7 pasos menos que los alcohólicos anónimos!)

1 TÓMATE SERIAMENTE A LA EMPRESA DE SERVICIOS PROFESIONALES. MUY SERIAMENTE.

2 APRENDE DE ELLA.

3 CONVIERTE CADA PARTE DE TU EMPRESA EN UNA CENTELLEANTE "EMPRESA DE SERVICIOS PROFESIONALES".
(Centelleante = Buena palabra, gran palabra).

4 TOLERA SÓLO LA "EXCELENCIA Y AL EXCELENTE Y FENOMENAL DEPARTAMENTO"

5 DESHAZTE... SIN CEREMONIAS,.. DE CUALQUIERA DE TU DEPARTAMENTO (¡ESP!) QUE NO LO "CAPTE".

!

NO MÁS TIPOS MR. AGRADABLE
A medida que escribo este capítulo... me voy cabreando cada vez más. He estado escribiendo y vituperando sobre "todo esto" durante cinco años. Durante los primeros 4,9 de esos 5,0 años, lancé mis golpes verbales. Dije que el modelo de Empresa de Servicios Profesionales era una "idea muy buena".

Bien, ya no creo más en eso. Yo creo que es una... **GRAN IDEA.**

Creo que tengo razón.

Creo que el microprocesador —o los tipos de la India y de Ghana— sustituirán al 80% de los puestos de trabajo de cuello blanco. Creo que los Estados Unidos no pueden seguir siendo una nación fabricante. Creo que nuestro valor añadido procederá del capital intelectual. Del "talento" impresionante que persigue "proyectos" impresionantes.

¡Mi tolerancia se ha evaporado! Ya no aceptaré la noción de que el modelo ESP es una "idea muy buena". La vida es sutil y da muchas vueltas... pero ésta es... **LA AUTÉNTICA IDEA.**

(OK, quizás esté equivocado. Pero lee lo anterior. ¿Qué ocurriría si... tuviera razón? ¿Qué pasaría si mi arrogancia sobre esta idea fuera adecuada? Hazme un solo favor: **PIENSA EN ELLO. SERIAMENTE**).

6 Las ESP significan negocio: el imperativo de las soluciones

! Manda el tecnicolor...

- "Actualmente, no basta con fabricar el mejor servidor. Ese es el precio de entrada."
- "Los clientes acudirán a los proveedores de costes bajos, porque los grandes no les han dado una razón clara para que no lo hagan."
- Emular —con excelencia— se ha convertido en la norma.
- Estamos flotando, a la deriva, en un mar de uniformidad.
- La única manera de marcar una diferencia es... marcar una diferencia.
- "Vas derecho a las mercancías de mierda si no tienes servicios."
- La "satisfacción del cliente" está pasada de moda. Ahora se lleva el "éxito del cliente".

! GRITA   no estamos preparados...

Creemos que es suficiente con ofrecer un producto excelente o un servicio excelente. Pero, en lugar de ello, debemos comprender que un "producto" o "servicio" —incluso "excelente"— sólo es el "precio de entrada", el comienzo pelado. La aplicación sistemática de las nuevas tecnologías, los bajísimos salarios internacionales y una salvajemente exitosa campaña global de 25 años para mejorar la calidad y la satisfacción del cliente, están acabando con todo tipo de productor de mercancías.

! VISIÓN   imagino...

Un mundo donde las empresas proporcionan "soluciones" "llave en mano" sofisticadas y "experiencias" estupendas/memorables/rutilantes/guays a "clientes que no se satisfacen nunca". (OK, mucha jerga.) (Las pruebas vienen ahora.)

Una economía "modelo 2005" en la que ésta es la fórmula que gobierna el éxito: Dell ("acaba con toda la porquería") + IBM ("añade un abrumador servicio 'blando'") + Harley-Davidson ("se trata de la experiencia, estúpido") = Mágico.

Un tiempo en el que todo el mundo acaba por reconocer que la idea de Empresa de Servicios Profesionales es... la base fundamental del valor añadido en la empresa... ¡Y el principal dispositivo de capital intelectual añadido que conoce la humanidad!

(Al menos para los próximos años.) (Hasta que vuelva a cambiar todo otra vez.)

PLANTADA ANTE EL ALTAR

Nota a pie de página: el asunto HP-PwC fracasó por varias razones. Un año más tarde, HP adquirió Compaq. Y un poco después, IBM acabó por comprar PricewaterhouseCoopers. Treinta y un mil consultores. El mercado tecnológico era entonces un matadero, e IBM gastó 3,5 millardos de dólares. Más sobre IBM luego.

OTRO PRETENDIENTE ENTRE BASTIDORES

Precisamente antes del anuncio de HP, yo había hablado a los líderes de la división de servicios de Sun Microsystems. Habían contabilizado sólo un pequeño porcentaje de las rentas de Sun media docena de años antes. Ahora, la cuota estaba subiendo al 20%. Y su nuevo jefe imaginaba que el porcentaje se podría doblar, o incluso triplicar, en muy poco tiempo.

"¿Cómo demonios hicieron eso?", pregunté. "Sencillo" —replicó—. Compramos consultores de PricewaterhouseCoopers por unos cuantos cientos de miles de dólares por cabeza."

Sospecho que al hacer una oferta por PwC, Carly Fiorina, el CEO de HP, pretendía, en parte, sacar a esos consultores de PwC del campo de juego, es decir, quitarlos de la circulación para empresas como Sun (e IBM...).

Un gran día

Así es como lo llamo: el gran día. Irónicamente, ocurrió un año —justo— antes de los horribles ataques terroristas en Manhattan y norte de Virginia. Seguro que recuerdo el 11 de septiembre de 2001. Pero también recuerdo muy vivamente entrar en Yahoo! en torno al mediodía... del 11 de septiembre de 2000.

Yo había estado merodeando un par de veces. Hay muy poco en el mundo de la empresa que me sorprenda. Pero ese día quedé sorprendido.

El titular decía: *¡Hewlett-Packard ofrece 18 millardos de dólares por la empresa de consultoría PricewaterhouseCoopers!*

HP: una de las máximas... empresas fabricantes... de la tierra. HP: una de las máximas... empresas de ingeniería... de la tierra. Esta brillante firma de ingeniería y fabricación —consciente de la calidad hasta decir basta, obsesionada por la innovación— estaba diciendo, en efecto: *"no podemos hacer ingeniería-fabricación"*.

¿Y qué?

Ann Livermore, que dirige la organización de servicios en HP, planteó el caso crudamente: "Hoy, no basta con fabricar el mejor servidor. Ese es el precio de entrada".

¡El precio de entrada!

También podría haber dicho esto: *Necesitamos saltar (no simplemente escalar) hacia arriba en la cadena de valor añadido para añadir servicios de consultoría integrados. Ofreceremos consultoría estratégica para la transformación de empresas, el rediseño organizativo y la implementación total. Y... quizá podremos agregar de regalo un servidor HP, simplemente porque nos da la gana.*

Eso no era exactamente lo que estaba diciendo HP, pero es exactamente lo que la empresa planeaba hacer.

Esta noticia me pareció asombrosa por varias razones: por una parte, sugería seguramente que las ESP pueden valer un pavo o dos. (¡18 *millardos* de dólares es un buen trozo!) Pero, con una visión más amplia, el movimiento de HP aportó un lugar donde dormir a muchos pollos —a muchos gallineros llenos de pollos, por así decirlo—. Y yo me di cuenta también de que estaba empezando a oír versiones de esa misma historia desde cada uno de los puntos de todo el compás corporativo.

Gran problema: no hay "una razón clara para no hacerlo"

Voy por delante de mí mismo...

No hace mucho, asistía a una reunión de líderes de una de las compañías de seguros más importantes del mundo. Está sinceramente en las charcas del "valor añadido" (según su orientación en marketing). Un eminente analista del sector habló a la reunión, inmediatamente antes de que lo hiciera yo. Garabateé su comentario: *Los clientes se orientarán hacia los proveedores de costes bajos porque los grandes no les han dado una razón clara para no hacerlo.*

¡Esa es una acusación profunda! Es decir: las ofertas de empresas como Progressive y GEICO son estupendas simplemente porque "los líderes del valor añadido" no han añadido mucho valor.

Lo mismo vale para el sector de la aviación comercial, un negocio que (aparentemente) está muy lejos de los seguros. Todas las líneas aéreas, dejando aparte sus quejas y lamentaciones, funcionan muy bien. Los vuelos suelen salir puntuales. Y suelen llegar a tiempo. La manipulación de los equipajes es realmente casi milagrosa. Y la seguridad es... asombrosa. Pero ninguna de ellas destaca "especialmente" en lo que se refiere al servicio. Es decir, las "grandes" no nos han dado una "clara razón para no" volar (digamos) con Southwest. ¿Por qué pagar cientos de dólares por un billete sin almuerzo en USAir a cualquier parte de los Estados Unidos, cuando puedes conseguir la misma plaza... con el estómago gruñendo... por 70 dólares en SWA?

Gran problema: un mar de uniformidad

He aquí la cuestión: sencillamente (en el mundo rico, caro, de altos salarios, desarrollado) no podemos funcionar como fabricantes. No es una coincidencia que casi todo lo que tú y yo compramos parezca tener una etiqueta que reza "Made in China". Ahora en eso se incluyen alas de aviones... al tiempo que gorras de béisbol.

Trabajar de manera instantánea —con excelencia— se ha convertido en la norma. Desde jerseys a computadoras o restaurantes. La calidad de condenadamente casi todo es terrorífica. Ya no son inusuales las cosas que funcionan. Son inusuales las cosas que no funcionan.

Estamos flotando, a la deriva, en un mar de uniformidad. Uniformidad en la alta calidad... pero uniformidad de todas formas.

Una idea que tenga patas... dura sólo unas cuantas semanas, unos cuantos meses como mucho. Después, la continuación y la continuación que sigue a la continuación. Y así sucesivamente.

Gran idea: el fenómeno 10X/10X

Corremos de aquí para allá. Seguimos la cola del que va delante. De Hollywood a Silicon Valley a Madison Avenue. Como dicen en *Funky Business* los profesores suecos Kjell Nordström y Jonas Riddersträle: "La sociedad de los excedentes tiene un excedente de empresas similares, que emplean a personas similares, con bagajes educativos similares... a los que se les ocurren ideas similares, producen cosas similares, con similares precios... y (similares) calidades".

¡Ay!

Yo llamo a eso a esto "el fenómeno 10X/10X":

Diez veces mejor.

Diez veces menos diferente.

Los coches arrancan a −20° F en Vermont en febrero. Todos. Arrancar a −20° F en Vermont en febrero ya no es algo especial.

En *Funky Business*, Nordström y Riddersträle se inclinan a lo vernáculo para describir todo: "Para triunfar tenemos que dejar de ser normales. En un mundo en que el ganador se lo lleva todo, normal = nada".

¡Ay! (De nuevo).

Paul Goldberger, en el notable relato "The Sameness of Things", en venta en una edición especial del *New York Times Magazine*, escribió: "Aunque todo puede mejorarse, también es cada vez más lo mismo".

Idea básica: "el buen producto" se ha convertido en algo común. "Normal = Nada". Ya no es excepcional que las cosas (cualquier cosa, todo) funcionen. Lo cual significa que el listón para "destacarse" se ha elevado... dramáticamente.

Soñar a lo grande

Vuelta a los seguros: mi primera charla en 2002 me llevó a la reunión anual de directores de agencias del Farmers Group. Martin Feinstein, el CEO, consciente del reto de GEICO Progressive, dijo: "Ya no sólo somos un proveedor de seguros. Hoy ofrecemos también a nuestros clientes los productos y servicios que les ayudan a conseguir sus sueños, sean éstos seguridad financiera, compra de un automóvil, pagar reparaciones domésticas o incluso tomar unas vacaciones soñadas".

Generalmente, un lenguaje del tipo "ayudarles a conseguir sus sueños" te hace pensar en llevarte la mano a la cartera. Pero en Farmers Group está ocurriendo algo más que una florida estratagema de marketing. Feinstein, por ejemplo, ha enviado a varios miles de sus agentes a los exámenes del NASD, de manera que puedan vender acciones. Otros miles se están licenciando en planificación financiera. Es decir, sus acólitos están ampliando sus capacidades agresivamente... a fin de convertirse en consejeros financieros al servicio completo del cliente y en proporcionadores de cumplimiento de sueños... que rellenarán un par de pólizas de seguros, aparte.

Destacar en un mundo donde la mayor parte de todo funciona es pasmosamente difícil. Y, sin embargo, algunas empresas lo están consiguiendo.

Algo está ocurriendo.

Algo grande.

HAZ COMO BIG BLUE

Como he dicho, unos meses después de la marcha de Gestner, el nuevo CEO, Sam Palmisano, compró PricewaterhouseCoopers.

Supuestamente, fue el brillante éxito de IBM con Global Services lo que obligó a HP primero a ir tras de PwC y, luego, al no conseguirlo, hacerse con Compaq... en un frenético esfuerzo para seguir siendo un jugador en el gran juego de las "soluciones" TI.

LOS QUE MANTIENEN LA PROMESA

En la historia de IBM hay giro tras giro. Por ejemplo, en 1999, Gestner insistía en que sus máximos ejecutivos firmaran un compromiso para proporcionar a los clientes de IBM el mejor dispositivo o software disponibles, incluso aunque no estuvieran hechos por IBM.

Para demostrar su seriedad, Gestner y compañía dejaron caer cantidades de programas y proyectos internos para centrarse en socios estratégicos externos. Siebel, por ejemplo, se convirtió en un socio de IBM en la arena CRM, suplantando un gran esfuerzo interno de IBM que fue consiguientemente descartado.

DEL MODELO T AL MODELO ESP

John Micklethwait y Adrian Woolridge informan, en *The Company,* de que Ford pretende convertirse en un "propietario de marca de vehículos". El venerable "fabricante" "diseñará, hará la ingeniería y venderá" automóviles, pero no "los hará realmente". (!)

El gran ídem: gira por las ESP + Economía

Lo ves en todo el mundo de la empresa: donde hubo una vez "productos" y "servicios", habrá ahora "soluciones". Limítate a conectar los puntos...

IBM. IBM a principios de 2002, Gestner se jubiló después de nueve años de dirigir excepcionalmente IBM como gran jefe. Las ventas de la empresa crecieron en unos 20 millardos de dólares durante su reinado. ¿Qué parte de esta cantidad se debía a la "M" en IBM, el mejor fabricante de "máquinas" (computadoras)? La respuesta es sencilla:

Ninguna. Nada. Cero. C-e-r-o.

IBM sigue haciendo en sus propias instalaciones chips y memorias. Pero ya no "hace" computadoras.

Casi todo el crecimiento de IBM... quizás más que "todo"... procedía de IBM Global Services. Esta entidad creció durante el reinado de Gestner cuando estaba cerca de sus últimos momentos (los hombres reales no proporcionan servicios... o algo así) a unas rentas enormes de... 35 millardos de dólares.

¿Qué es IBM Global Services? Sencillo: la mayor ESP del mundo. Cuando llegó Gestner, era una fracción del tamaño de EDS. Cuando salió, era una vez y media mayor que EDS.

Como señaló *BusinessWeek,* la meta de IBM bajo Gestner fue convertirse en el "principal integrador de sistemas". Gestner se formó en McKinsey & Company... la eminente ESP. Y, en IBM, ¡levantó más o menos la madre de todas las ESP! La lógica que Gestner ofreció para su estrategia está escrita en negritas y cursivas: "Si no tienes servicios vas derecho a la mercancía de mierda".

Y, de hecho, IBM tenía servicios cuando salió Gestner por la cantidad de esas decenas de miles de millones de pavos. La enorme cantidad de dinero que la empresa se embolsó en nombre de los "servicios de consultoría estratégicos integrados". (Odio el término "servicios de consultoría estratégicos integrados". Jerga. ¡Pero eso es exactamente lo que ha creado IBM!)

Incidentalmente (1) Gestner tiene mi voto como "máximo ejecutivo del giro de 180°" de los tiempos recientes.

Incidentalmente (2) no fue fácil. Gestner era un "tipo de estrategia" y como tal pasó por puestos admirablemente altos en American Express y RJR Nabisco. Pero realizar su "milagro de transformación en servicios de consultoría" en IBM le supuso algo más. Como reflexionaba más tarde, "llegué a ver en mi época de IBM que la cultura no es sólo un aspecto del juego, es el juego". Ese tipo de cambio no es un baile.

AT&T. AT&T ha pasado, al menos, por nueve vidas (y a menudo parecían muertes) en los últimos 15 años o así desde el fracaso de la Big Bell. Ahora, bajo el presidente David Dorman, está aspirando a otra nueva vida. Por una parte, esa "nueva" vida puede parecer un sombrero viejo, al venir como viene bajo la etiqueta de "vuelta a la larga distancia". Por otra parte, la nueva estrategia es, de hecho, todo menos "vuelta a". Implica vender... ejem... "montones de servicios corporativos lucrativos", como señaló *BusinessWeek;* es decir, mucho software y mucha consultoría a corporaciones gigantes como Merrill Lynch, MasterCard y Hyatt. Y, quizás, una pequeña "capacidad" de larga distancia por el camino.

Pero eso es sólo el dulce comienzo del gran cuento. IBM echó a pique todo lo que no funcionaba. También lo hace AT&T. Una estimación sugiere que Mr. Dorman se deshará del 50% de los actuales clientes de larga distancia de AT&T (¡Y eso supone 25 millones de clientes!) para centrarse en esos clientes de alto valor añadido que necesitan de esos "servicios de consultoría integrados".

ERICSSON. Ericsson, el rival sueco de AT&T, desenterró aparentemente la misma partitura. El "fabricante de productos" había enviado más del 50% de su fabricación a empresas externas como Solectron y Flextronics y parte sustancial de su I+D a la India. "¿Qué quedó en su lugar? ¡Bienvenido a... el mundo de los servicios! Hay una flamante división para otorgar licencias tecnológicas y un observador saca la conclusión de que la empresa pretende convertirse en "una especialista de lo inalámbrico que depende de los servicios más que de la fabricación, o del conocimiento más que del metal".

GE POWER SYSTEMS. En 2000, visité a Bob Nardelli, que era entonces el gran jefe de la GE Power Systems... una empresa de más de 20 millardos de dólares que opera en el campo de la vieja economía y de GE. Tenía su sede central en Schenectady, Nueva York (ahora Atlanta). Fabricaban componentes de turbinas a gas.

Cuando me preparaba para hablar a los ejecutivos de Nardelli, descubrí, para mi sorpresa, que su zona del planeta GE era la parte más rentable de la empresa. Más rentable que la división de radio o que su división de motores para aviones. O que su división de productos médicos. O incluso GE Capital.

Eso no contaba, y pregunté a Nardelli (ahora presidente y CEO de Home Depot) cómo lo hacían él y su equipo. "Es la ejecución de nuestra visión —dijo—. Queremos ser los controladores del tráfico de los electrones". Es decir, GE Power Systems no deseaba ser simplemente proveedor de "cajas manufacturadas"... un producto (un excelente producto, seguro). GE Power Systems pretendía proporcionar... sistemas y servicios... para conservar una porción pequeña de la acción cada vez que un enchufe se encendía y se apagaba, desde el Ártico al Antártico. ¿Tuvo éxito? En un periquete, los servicios de GE Power Systems pasaron de obtener "cacahuetes" a 10 millardos de dólares.

Nardelli añadió que las palabras más inadmisibles en su léxico eran "satisfacción del cliente". En lugar de ello, él y su equipo pretendían proporcionar "éxito al cliente".

Considéralo como una nimiedad semántica, si quieres. Yo no. Yo lo considero una distinción que penetra hasta el mismo corazón de esta deliberación concluyente.

GE Power Systems "está haciéndolo mejor (el campo de la calidad *Six Sigma*) cada día —añadió Nardelli—

pero realmente necesitamos pensar en... el beneficio del cliente. ¿Se está beneficiando realmente la cuenta de resultados del cliente de lo que le proporcionamos?"

Es importante que la "caja negra" de GE funcione. Y es importante que llegue a tiempo. Pero eso no es suficiente. Tal rendimiento es, una vez más, sólo el "precio de entrada". La cuestión real es: ¿hace más dinero (¡cuenta de resultados!) la planta de generación de energía del cliente porque compra el "paquete" global de productos y servicios de GE en lugar de, digamos, Siemens? La experiencia GE "llave en mano" proporciona al cliente "éxito" mensurable... algo mucho más significativo que la (mera) "satisfacción".

La *felicidad* es una cosa ("es bonito hacer negocios contigo, Bob"). Hacerse *rico* como consecuencia de una decisión de compra a GE es totalmente otra cosa. ("¡Bob, tú eres el hombre!")

!

AÑADE ÉTICA

Por si sirve de algo, tal idea estaba cerca del meollo de la estrategia de Enron también (de "toscos oleoductos" a "forjadores de mercados"). ¡Pero GE Power Systems ejecutó su estrategia con un pellizco o dos más de integridad!

!

TERMINOLOGÍA DISTINTIVA

Quédate con esa distinción (volveremos a ella más adelante): satisfacción del cliente *versus* éxito del cliente. Es un gran reto. El gran reto, supuestamente. Distinción número 1 de la nueva empresa.

NUEVA EMPRESA NUEVO VALOR

NADIE SABE DÓNDE SE DETIENE

¡Chúpate esa!

Mi consejo: párate sólo un momento a considerar estos ejemplos. ¡La historia HP es la historia IBM! ¡La cual es la historia AT&T! ¡La cual es la historia Ericsson! ¡La cual es la historia GE Power Systems! ¡La cual es la historia de GE Industrial Systems! La cual es... OK, puedes continuar leyendo.

"APARCADORES DE COCHES" A GRAN ESCALA

La UPS Logistics gestiona, entre otras operaciones, las actividades logísticas integradas asociadas con la gestión del movimiento de 4,5 millones de vehículos Ford desde 21 fábricas a 6.000 concesionarios norteamericanos.

(¡Y no llegan en los camiones de la cabina parda!)

GE INDUSTRIAL SYSTEMS. GE de nuevo. Érase una vez, una gran división de GE llamada... un montón de tipos que hacen la división de cortocircuitos. Bien, de acuerdo, no es cierto. Pero eso es lo que era, en efecto. Un montón de tipos... que fabricaban cortocircuitos. Bien, no hay mayor "comodización" que la de cortocircuitos.

Hoy, esa división es un negocio de 10 millardos de dólares llamado... GE Industrial Systems. En los últimos cinco años, GE Industrial Systems ha celebrado una bacanal de adquisiciones... comprando todo tipo de empresas de sistemas y de software. Y ahora la división es capaz de vender "servicios de instalaciones integrados"... y, después, regalar unos cuantos cortocircuitos, más o menos porque le da la gana.

$10.000

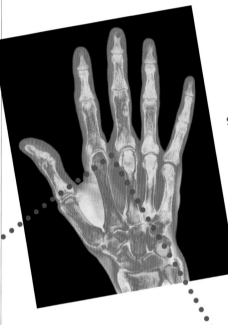

SIEMENS. Nadie alardea más de excelencia en la fabricación que los alemanes. Ninguna empresa alemana tiene más orgullo de su excelencia ingenieril que la venerable Siemens. Por eso puedes imaginar mi sorpresa ante este reportaje de *Forbes*: "Un hecho poco conocido: Siemens es ahora el mayor proveedor del mundo de servicios de aplicación en el campo de la salud. Radiografías archivadas digitalmente, mantenimiento de archivos, cámaras que guían a los cirujanos en el teatro de operaciones, todo ello corre sobre software Siemens". Por ejemplo, añade *Forbes*: Siemens está "proporcionando a HealthSouth un 'hospital del futuro' totalmente digital".

Y sigue, y sigue...

UPS. "UPS desea hacerse con la parte más apetitosa del circuito de bienes, información y capital que representan el circuito sin fin de todos los paquetes que mueve", ha escrito un reportero. Para mí, "la parte más apetitosa en el circuito sin fin de bienes, información y capital" suena terriblemente a... "controladores del tráfico de electrones". UPS está, de hecho, apostando todas su bolsa de canicas en su campaña de marketing y de reposicionamiento de la marca. "¿Qué puede hacer por usted marrón?", que pretende convertir al camión de cabinas pardas en un... suministrador de soluciones y sistemas llave en mano. Algo parecido al IBM Global Systems de la logística. Entre otras muchas cosas, servicios financieros necesarios, tales como seguros y ciertos tipos de financiaciones asociadas con las actividades de la "cadena de suministro" son parte de la oferta "marrón".

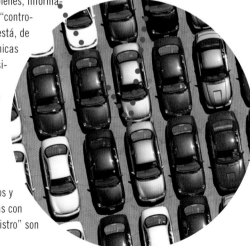

UTC. Realicé una visita a los líderes de I+D de United Technologies Corporation. La persona que me acompañaba en el ascensor de la división Otis de UTC me dijo que el camino para su futuro éxito estaba claro. Dejar de limitarse a "vender cajas" (ascensores) y vender "sistemas de edificios integrados". (¿Ir en un ascensor que proporciona cotización de acciones, marcadores deportivos, etc., mientras te catapultas del piso séptimo al 37? Eso es lo de menos, lo importante es la idea. También re-mantenimiento (los ascensores "hablan" ahora directamente —sin advertirlo— a los servicios de mantenimiento de UTC cuando es necesario).

Los chicos del aire acondicionado, en la división Carrier de UTC, estaban también dispuestos. ¿Y cuál es su plan "estratégico"? Ir más allá de "vender cajas" (aparatos de aire acondicionado) y vender "sistemas de edificios integrados". De hecho, Carrier *vende mediante leasing,* a menudo, sistemas de aire acondicionado, y vende unidades de "frío". En lugar de esas "cajas" pasadas de moda.

HOME DEPOT. Quizás uno puede imaginar fácilmente añadir "servicios de consultoría integrados llave en mano" en HP, Sun, IBM, AT&T, Ericsson o incluso en GE o Siemens. ¿Pero, en el campo de la venta al por menor?

Bien, ésta no es la forma en que la ve nuestro colega Nardelli. Después de haber perdido la oportunidad de suceder a Jack Welch como CEO de GE, se instaló en el puesto máximo de Home Depot, el coloso de 58 millardos de dólares del hágalo usted mismo. Su meta para la empresa es asombrosa: doblar los beneficios... hasta 100 millardos de dólares... para 2005

¿Cómo se propone hacerlo?

¿Abriendo tiendas? Seguro.

¿Haciéndose internacional? Seguro.

Pero la clave de la respuesta es... lo has adivinado (por ahora)... Servicios integrados. Un analista informa de que el propósito principal de Nardelli es hacer ir a Home Depot "de vender sólo mercancías a vender servicios para el hogar. Desea capturar los dólares de mejora del hogar dónde y cómo se gasten".

Nardelli ha empezado algo llamado servicio en el hogar. Este negocio de "demandas domésticas" hágalo usted mismo, pretenden generar... 10 millardos de dólares de beneficios... sólo para el 2005.

Como señala un ejecutivo de Home Depot, el negocio de servicios para el hogar está excepcionalmente fragmentado. Utilizando el poder de la "caja naranja" que es su logotipo, la empresa podría convertirse en la tienda permanente para el cuidado del césped, el cuidado de la piscina, la limpieza doméstica, la instalación y mantenimiento de la electrónica del hogar, los sistemas de seguridad en el hogar y, por supuesto, los proyectos de remodelación de la casa. ¡Qué atractiva podría ser esa combinación para las agobiadas familias en la que trabajan los dos esposos! No es casualidad que cada uno de estos elementos suponga decenas y decenas de miles de millones de dólares en ventas potenciales.

Sólo un pensamiento (no tan equivocado): ¿puede Home Depot mandar en el mundo de los "servicios para el hogar" de la misma forma que Wal*Mart manda en el mundo del "producto" descuento?

! VUELTA AL TABLERO DE DIBUJO

Pocos meses después de la actuación en la SMPS, di una conferencia magistral en la convención anual del American Institute of Architects. Mi tema: comer o ser comido.

En otras palabras: o bien Accenture contrata arquitectos (para hacer "la parte de diseño"), o los miembros de AIA contratarán contables y administradores, de manera que sus empresas puedan llevar la voz cantante en el negocio de los sistemas de gestión de edificios integrados.

¿No hay un final para todo esto? Aparentemente no.

! MÁS ALLÁ DE "LLAMA AL SUPER"

De hecho, he oído últimamente que EOP estaba negociando con mi empresa de formación para dar formación en gestión empresarial a empresas de servicios profesionales que alquilan espacio en los edificios de Zell. Es decir, que EOP de Zell proporcionaría "servicios profesionales llave en mano" a sus clientes... en lugar de limitarse a los baños limpios, las luces brillantes y una ubicación decente.

EMPRESAS DE ARQUITECTURA. Otra parada en mi gira de conferencias de 2001 me llevó ante los miembros de la SMPS (Society for Marketing Professional Services). Sus miembros se concentraban en la arquitectura, la ingeniería y el negocio de la construcción.

¿Qué es lo que oí?

La misma condenada historia de poner puntos a las I y la cruz a las T.

Como me dijo un ejecutivo de la SMPS, "la arquitectura se está convirtiendo en una *commodity*. Los ganadores serán cada vez más los proveedores de gestión de edificios llave en mano. Ya no proporcionarán sólo 'dibujos' o 'supervisión del proceso de construcción'. Proporcionarán todo eso ... mas toda pizca del 'paquete de servicios' que podría ahorrar a los clientes todos los dolores de cabeza que dan los edificios". De hecho, mi estribillo lleva a una pregunta anunciada: ¿quién era el empleador número 1 de los licenciados en arquitectura en los Estados Unidos en 2000?

Tic-tac, tic-tac, tic-tac.

Se te acaba el tiempo.

Y la respuesta es, según mis colegas de SMPS: Accenture. La "ESP" Accenture quiere hacer para la "gestión de edificios llave en mano" lo que EDS hizo para la "gestión de SI llave en mano".

SPRINGS. Springs Industries fabrica toallas, sábanas y almohadas. ¡Me suena a una empresa de *commodities*! Pero Springs, una de nuestras empresas "fabricantes" de productos textiles más modernizadas, está jugando el nuevo juego para subsistir.

Springs solía servir a clientes de todos los tamaños y formas... incluidos tamaños muy pequeños y formas muy pequeñas. Ahora está centrando casi todas sus actividades en los gigantes. Objetivo: Wal*Mart. Otras cuantas.

¿Envía Springs simplemente cargas de sábanas y almohadas de "bajo coste" a Wal*Mart? Apenas. En vez de ello, realiza por sí misma investigaciones de mercado y descubre (digamos) que puedes vender muchas más toallas de playa desde tus espacios de exposición de alta visibilidad en Wal*Mart si incluyes sombrillas de playa y cestas de merienda como parte del cuadro.

Problema: Springs no hace sombrillas de playa ni cestas de merienda. De manera que llega a Wal*Mart con sus datos y dice, "¿compran cestas de merienda, chicas?" Apenas. Springs surte las cestas por sí misma. (¿China?) Surten las sombrillas de playa. (¿Tailandia?) Coloca todo el cuadro en una "colección" (lee: "sistema"). Lo promociona. Crea material de promoción referente a ello. Y hace realmente una significativa gestión del sitio para todos los espacios de alta visibilidad en los almacenes de Wal*Mart.

La antigua Springs: un "proveedor de cajas de sábanas". La nueva Springs: una empresa de gestión de sistemas de marketing integrados llave en mano... que regala unas cuantas sábanas y toallas, más o menos porque le da la gana.

EQUITY OFFICE PROPERTIES. Hablando de desarrolladores... veamos la gama inmobiliaria. "¿Situación, situación, situación?" ¡El *sine qua non*! Nadie negocia mejor en el sector inmobiliario que Sam Zell, cuya Equity Office Properties posee más edificios de oficinas que ninguna otra empresa de su entorno. Sin embargo, Sam Zell está revisando su oferta fundamental "producto"/"servicio".

He aquí cómo resumía el tema un reportaje del *New York Times* de finales de 2001: "Sam Zell no es un hombre acosado por la duda... Mr. Zell controla empresas que poseen casi 700 edificios de oficinas en los Estados Unidos... Ahora, dice Mr. Zell, transformará el mercado inmobiliario convirtiendo esos REIT (Real Estate Investment Truts)... en marcas nacionales. Mr. Zell cree que los clientes empezarán a ver esas oficinas como algo más que una *commodity* elegida fundamentalmente por su precio y situación".

RCI. A mediados de 2002, encontré una empresa absolutamente maravillosa, Resort Condominiums International. RCI, como se la conoce mejor, es parte de la Cendant Corporation, y es la principal empresa en el marketing de la multipropiedad, que se está convirtiendo en un sector monstruo.

RCIWorld en 2002: 3700 *resorts* en "el sistema". Unos 2,8 millones de miembros. En 100 países. Y 2 millones de intercambios en 1999. Idea básica: tu "compras" dos semanas de un condominio en Jackson Hole. Pero gracias a RCI, no tienes por qué ir allí 20 inviernos o veranos consecutivos. RCI permite que pases tus semanas, a través de un sistema de puntos, en el condominio de cualquiera de sus miembros participantes, como contrapartida a ofrecer tu condominio a cualquier otra persona.

RCI tiene cerca del 70% del marketing del tiempo compartido. Pero no es suficiente, según ellos.

Considera la naturaleza precisa de su lenguaje, por gentileza del presidente de RCI, Ken May: *Nuestra misión es pasar de ser la primera empresa de tiempo compartido del mundo —lo que es una gran idea en una industria pequeña— a ser lo que llamamos los forjadores del mercado para los viajes y el ocio global. Necesitamos hacer que los forjadores se impliquen en más mercados de trabajo y ocio, y no sólo en el negocio del tiempo compartido.*

Hoy, RCI tiene dos clientes principales: el propietario del tiempo compartido, y el desarrollador que está creando el destino de las localizaciones de los tiempos compartidos. ¡Pero RCI está levantando ahora esa cadena de valor añadido... y realizando un papel de jugador de medio campo en cada último rincón del mundo de los viajes y del ocio! (¿Controladores aéreos de viajes y ocio?)

OMNICOM. ¡Qué tonto soy! Pensaba que las agencias de publicidad hacían anuncios. Es decir, lo pensaba hasta que tuve la oportunidad de hablar con los líderes de Omnicom, un gigante de 7 millardos de dólares en lo que se solía conocer como "el negocio de la publicidad".

Mantuve correspondencia con un membrete que rezaba DAS. Resulta que DAS significa Diversified Agency Services. Resulta, además, que esos servicios suponen casi la mitad del beneficio de Omnicom.

¿Cuál es el tema?

Lo mismo-lo mismo.

Ídem.

Omnicom está ahora en... seguramente lo has adivinado... el negocio de... los servicios de marketing integrado. Un director general dice que puede que pronto estén "encargando" *todas* sus actividades de marketing a una empresa como Omnicom o WPP, que también realiza unos cuantos anuncios... sólo porque le da la gana.

EL EJÉRCITO DE EE.UU. ¿El Ejército? Sí. Decididamente. La guerra ya no es una cuestión de "fusil" *versus* "fusil" (o sobre qué fusiles son mejores). El enemigo aparente en el futuro previsible es una "empresa virtual" altamente motivada, evasiva, sin nacionalidad.

Así, el nuevo ejército debe recurrir a los "recursos integrados" de otros servicios armados, de agencias de espionaje, etc. Su "competencia clave" y su "ventaja competitiva" corresponde al grado de "intensidad de información" "sistémica" "integrada" que posea. (Así como de la agilidad/capacitaciones adecuadas). Es decir, exactamente paralelo a lo que hemos estado tratando en este capítulo.

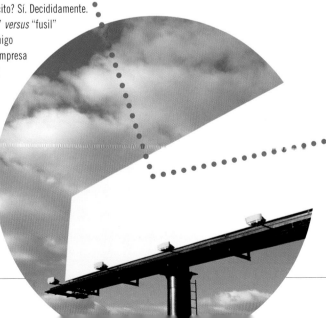

UNA VEZ MÁS... DESDE LA CUMBRE

Te estoy calentando la cabeza con ejemplos porque quiero sugerir lo envolvente que es esta tendencia.

Vuelve atrás a nuestro vistazo al sector de los seguros. Las principales aseguradoras están recibiendo golpes porque "proveedores de bajo coste" están ofreciendo servicios condenadamente estupendos... a, bien, un condenadamente bajo coste. A lo cual respondía el CEO del Farmers Group, Marty Feinstein, al anunciar: "Ya no somos sólo un proveedor de seguros. Hoy ofrecemos también a nuestros clientes productos y servicios que les ayudan a conseguir sus sueños, ya sea seguridad financiera, compra de un automóvil, pago de las reparaciones domésticas o incluso tomarse unas vacaciones de ensueño".

Perdón por la repetición. Es importante.

RUTA A LA INDIA

En el Capítulo 3, hablé de la emigración de puestos de trabajo de cuello blanco a la India. Pero la carta de "soluciones" gana a la carta de la India, ¿no es cierto?

No tan rápido...

Considera este reportaje especial del *Economist,* en 2003: "Los principales *outsourcers* indios reconocen que la clave de su prosperidad a largo plazo es conseguir cada vez más grandes negocios y moverse cada vez más arriba en la cadena de valor".

¿Eres un tipo al que le gustan las apuestas? Apuesto cinco contra seis a que la próxima superestrella de los "servicios de valor añadido" será... la India.

NUEVA EMPRESA   NUEVO VALOR

!

TASAS ELEVADAS: ¿HUM?
A mediados de 2003, las preocupaciones por la deflación
dieron lugar a titulares
periodísticos. Está bien. Pero
si miramos bajo la superficie,
veremos pruebas evidentes
que apoyan el argumento de
este capítulo. Considera esta
lista de precios del *Wall
Street Journal* (cambios de los
precios en 2002):

Televisiones (–12%)

Servicio de televisión por cable (+5%)

Juguetes (–10%)

Cuidado de niños (+5%)

Equipos fotográficos (–7%)

Tasas de los fotógrafos (+3%)

Equipos deportivos (–2%)

Entradas a acontecimientos deportivos (+3%)

Coches nuevos (–2%)

Reparación de automóviles (+3%)

Platos y vajillas (–1%)

Comer fuera (+2%)

Sospecho que no necesito
explicar la tendencia que
ponen de manifiesto estos
datos. O bien, lo haré: adiós a
la fabricación de
"commodities". Hola
servicios.

Gran idea (realmente): nación llave en mano

En este viaje, he dado la vuelta a toda la economía. Es decir: un sorprendente número de líderes empresariales caminan en la misma dirección... fuera del servicio/producto *"commodity" excelente*... y hacia la provisión, llave en mano, del, por usar las palabras de Nardelli, *"éxito* del cliente". Repasa sólo esta lista:

Hewlett-Packard... Computadoras & Servicios integrados TI/SI.
Sun Microsystems... Computadoras & Servicios integrados TI/SI.
Farmers Group... Seguros & Servicios financieros.
Northwestern Mutual Financial Network... Seguros & Servicios financieros.
IBM... Computadoras & Servicios integrados TI/SI.
AT&T... Telecomunicaciones & Sistemas de comunicación.
Ericsson... Telecomunicaciones & Sistemas de comunicación.
GE Power Systems... Sistemas de *utilities*.
GE Industrial Systems... Subsistemas de construcción.
Ford... Propietario de una marca de automóviles.
Siemens... Servicios de salud.
Home Depot... Bricolage & Servicios integrados del hogar.
Deere & Co... Sistemas agrícolas.
UTC Otis... Subsistemas de construcción.
UTC Carrier... Subsistemas de construcción.
UPS... Sistemas & Servicios logísticos.
Springs Industries... Textil & Servicios integrados de marketing .
RCI... Tiempo compartido & Transacciones & Servicios de viaje/ocio.
Equity Office Properties... Espacio & Servicios integrados de oficinas.
Architectural firms... Diseño & Servicios de instalaciones llave en mano.
Omnicom... Publicidad & Servicios integrados de marketing .
The U.S. Army... & Armas & Sistemas de mando aplicados, centrados en la información.
India... Sistemas globales, de nuevo.

Ahora, por el gusto de discutir, ofrezco el "modelo 2005". A saber:

Dell + IBM + Harley-Davidson = Mágico:

Dell = Elimina todas las chorradas. (100 pies cuadrados.)

IBM = Añade cantidades (¡y cantidades!) de valor blando/integrador/llave en mano/éxito.

Harley-Davidson = Una experiencia seriamente fabulosa.

Elimina la chorradas. Añade valor de servicio "blando". Hazlo memorable. Esta es la historia que parece estar desarrollándose y continuará desarrollándose en los dos capítulos siguientes.

¿Tiene razón mi colega gigante publicitario? ¿Y qué me dice del CEO del equipo informático? ¿Es incorrecto el hilo de la argumentación que he pregonado en las últimas páginas?

No.

O, al menos, no del todo.

Hay varias formas de desollar este gato. Debes prestar mucha atención a todas ellas. (Prácticamente imposible. Bien.)

Esta materia de los "sistemas integrados"/"soluciones integradas" tiene mucho sentido para mí. Pero sólo tiene sentido si el... producto original (es decir, el "precio de entrada")... es grande. No "bueno", sino "grande".

Yo no creo en el hada madrina. Si te centras en la innovación del producto... hasta el punto de que creas grandes revoluciones en tu espacio... es probable que no te centres tanto en la cuestión de los "servicios integrados". Y si te centras en (digamos) "servicios de marketing integrado", entonces, sí, tu "producto" puede padecer mucho.

¿Cuál es la respuesta?

Muy sencillo: no hay ninguna.

Bueno, hay *una*.

Y es... olvídate del hada madrina.

Ya no basta con ser "magnífico en todo".

Créeme (por favor).

Resumen final: un viaje larguísimo

Revisemos brevemente las declaraciones de los últimos capítulos.

1. *1.108 x 5 a 8 x 1/eLIZA/100.000$.* Solía llevar cinco días a 108 personas descargar un barco maderero. Ahora lleva un día a ocho personas. Una reducción del 98,5% en el trabajo de cuello azul. El proyecto eLIZA de IBM pretende utilizar microprocesadores para suplantar puestos de trabajo de 100.000 dólares al año mediante la aplicación avanzada de la inteligencia artificial. Dell Computer sólo necesita 100 pies cuadrados para almacenar piezas de repuesto para suministrar a una planta que lanza 80.000 computadoras al día fabricadas a requerimiento del cliente. El *quid* de la cuestión: el equipo de limpieza de la porquería se ha puesto a trabajar.

2. *Del departamento a la ESP /TMPP.* Solíamos tener "departamentos" a los que se llamaba "gastos generales"/"centros de coste". Ahora tenemos a excitantes "ESP"/empresas de servicios profesionales que sólo se ocupan del trabajo por el que merece la pena pagar.

3. *El valor añadido de la empresa viene por ESP y provisión de "soluciones"/"éxito del cliente".* La Empresa de Servicios Profesionales está liberada para unirse perfectamente con sus pares y proporcionar valor añadido mediante la provisión de "servicios integrados"... que se convierte, esencialmente, en el centro del modelo de negocios de la empresa... tanto si el mundo de la empresa es el sector inmobiliario, como el de seguros, el de la multipropiedad, el de la informática, los transformadores, los ascensores, los acondicionadores de aire, la defensa o... cualquier otro.

ASÍ ES.

! Contrastes	
ERA	**ES**
"Productos" y "servicios"	"Experiencias" y "soluciones"
Un gran cachivache producto en masa sobre la base de "puedes elegir el color que quieras, siempre que sea negro"	Una fabulosa experiencia llave en mano hecha especialmente para cada cliente y basada en un conjunto de grandes cachivaches procedentes de todo el mundo
¡Manda la fabricación!	Todas las fortalezas de una extensa cadena de suministro se unen para acercarse a un cliente particular
Firmemente inflexible	Infinitamente flexible
¡Mandamos nosotros (los fabricantes)!	¡Mandan ellos (los clientes)!
Intensivo en "masa"	Intensivo en información y envoltura

NUEVA EMPRESA   NUEVO VALOR

!

¿DOMINAN LOS SISTEMAS?

Un ejecutivo de equipos informáticos me leyó la cartilla y, francamente, creo que lo merecí. Me dijo: "No todos nosotros compramos esa rutina de 'soluciones integradas'. Yo no, para empezar. Admito que estoy apostando en esta empresa por productos verdaderamente innovadores y sólo de manera secundaria por los sistemas y los servicios que les rodean".

Un gurú del sector de la publicidad me hizo un comentario misteriosamente similar: "¿Pero qué me dices de los 'grandes anuncios', Tom?" A lo que respondí: "Um,Uh".

Bonito oficio, Tom.

Pero sigue leyendo.

EH, CHAVALES, MONTEMOS UN *SHOW*
Me gusta jugar con las palabras. Como: de proveedor de productos a empresario de soluciones.

Primero te convertí en una estrella de rock. Ahora quiero que seas el difunto Bill Graham o incluso Don King (si puedes conseguir el pelo adecuado). El Rodale's Synonym Finder ofrece estas palabras para empresario: director, productor, maestro, maestro de coros, preceptor, corifeo. Todas me suenan estupendamente, excepto "corifeo", sea lo que sea.

7 Bienvenido al mundo transfuncional: las 50 soluciones

! Manda el tecnicolor ...

¿Reglas? Tengo 50, envueltas en un bonito y atractivo paquete

---

! GRITA   no estamos preparados...

Decimos que proporcionaremos "soluciones integradas" de alto nivel y que promoveremos el "éxito del cliente" encarnado por el modelo de Empresa de Servicios Profesionales. Pero debemos ir más allá de esta "visión" y... dejarnos de chorradas. Nosotros (los que estamos en los puestos altos de la empresa) debemos sumergirnos profundamente en las minucias de asegurar que los príncipes y las princesas que luchan entre sí desmonten sus torres funcionales, planten césped en sus fosos... y comiencen a andar pavoneándose unos junto a otros.

Decimos que crearemos "grandes experiencias para el cliente", que pondremos todos los recursos de la empresa en cada transacción. Pero debemos dar un paso de gigante hacia adelante y reconocer que quitar/destruir/arrasar todas las barreras de la comunicación transfuncional es nada menos que nuestra... prioridad estratégica, mayor y singular.

Singular
Mayor
Estratégica
Prioridad

Decimos que la nueva tecnología es la prescripción que necesitamos para abrir las líneas de la comunicación en la organización. Pero debemos darnos cuenta de que esta cuestión concierne a la naturaleza del ser humano. Debemos pedir una total... y detallada... concentración del equipo directivo en las interacciones humanas de cada día que construyen... y arruinan... los procesos empresariales más rutilantes... ¡porque Dios está en todos los detalles en esto!

! VISIÓN   imagino...

Hay algo que no tengo esperanza de ver nunca: un tiempo en que las tribus que han luchado históricamente comiencen verdaderamente... a conversar entre sí. Un tiempo en que acaben cayendo... los muros que separan a los departamentos. Un tiempo en que...

(Pero ya es suficiente: la "visión" no tiene nada que ver aquí, por lo general. Son esos condenados detalles. Ve a "grita", más arriba).

SIEMPRE UNA MUJER

Esa vicepresidenta de recursos humanos era la única mujer entre 25 altos cargos más o menos que estaban en este "retiro".

¿Coincidencia? Apenas.

Más —¡mucho más!— sobre el tema de las mujeres más adelante. Véanse los Capítulos 13 y 21.

NUEVA EMPRESA   NUEVO VALOR

6699

¿PUEDE EL AYUNTA-MIENTO LUCHAR CONTRA ESTO?

De la primera página del *New York Times* (20 de agosto de 2002): "EL ALCALDE PROMETE UNA MEJOR RESPUESTA ANTE LAS CATÁSTROFES: Bloomberg quiere que la policía y los bomberos cooperen."

El alcalde Michael Bloomberg quiere que los cuerpos de respuesta ante las emergencias hablen entre sí. No va a ser fácil. Como informa el *Times*, "en el centro del plan (de Bloomberg) hay una meta ambiciosa: un profundo cambio en la cultura de los departamentos de policía y bomberos, que cuentan con una larga historia de rivalidad".

Buena suerte, Mr. Alcalde: puedes ser millonario, pero eso no te da autoridad sobre los jefes de la policía y de los bomberos cuya "fricción en los escenarios de emergencia es legendaria", comenta el *Times*.

"Sólo un ingeniero..."

Los ingenieros son idiotas. (Yo debería saberlo... puesto que soy uno de ellos).

Asistí a un "retiro" de la alta dirección de una gran empresa aeroespacial. La firma estaba metida hasta los ojos en caca de perro. Al final del segundo día, habían surgido una docena de cuestiones candentes y era el momento de asignar responsabilidades de "iniciativas de mejora".

El pez más gordo, que era ingeniero, admitió que "el lío" sería "muy sencillo". Después de todo, añadió con calma, todos esos problemas eran "simples cuestiones de comunicación". (No te engaño).

"Sólo un ingeniero podría decir eso", dije para mis adentros. Bien, no sólo para mis adentros. El vicepresidente de recursos humanos que estaba sentado junto a mí me miró y no pudo evitar una sonrisa.

Los israelíes y los palestinos. "Sólo cuestión de comunicación."

Los departamentos de policía y bomberos de Nueva York. "Sólo cuestión de comunicación."

Finanzas y marketing. "Sólo cuestión de comunicación."

Mamá y papá ante el tribunal que juzga el divorcio. "Sólo cuestión de comunicación."

Esta cuestión es la cuestión. Por una parte, es eterna, por supuesto (o incluso genética...). Por otra parte, esta "eterna" cuestión es ahora, si cabe, más acuciante que nunca y ligeramente más tratable, gracias a las nuevas tecnologías.

¡Muros! ¡Condenados muros!

Toda esta cuestión de "soluciones integradas"/"éxito del cliente" sobre la que he parloteado en el último capítulo es... en buena parte, una chorrada. Principalmente. Y principalmente porque proporcionar "soluciones integradas" (bla, bla, bla...) o "éxito del cliente" (bla, bla, bla...) requiere que cada trocito de la empresa —de hecho, toda su cadena de oferta y demanda— trabajen juntos de una forma armoniosa y sin fronteras.

¡Buena suerte, amigo! (bla, bla, bla...).

Una buena amiga mía ha sido profesional independiente durante años. Era una gran diseñadora que vendía con éxito, trabajando prácticamente sola desde su estudio. Después, entró en el negocio de la regulación. Y comenzó a trabajar con empresas gigantes. Y "descubrió" por primera vez, a sus 50 años, las entrañas de las corporaciones gigantes.

Y lo que descubrió fueron... muros... muros... muros impenetrables. "Cosas obvias" que se tardaban en resolver horas... semanas y, a veces, meses. Ella misma tenía que presentar a Manos izquierdas (dentro de la organización del cliente) a Manos derechas (dentro de la organización del cliente), etc.

Fue fascinante... y quizás bastante deprimente... observar mi profesional y cansado mundo a través de *sus* ojos vírgenes.

Esta es... la madre de todas las cuestiones. Nuestro fracaso en resolverla... y nuestro hábito de tratarla "sólo como una cuestión de comunicación"... hace que todo lo que se hable sobre "sinergia" suene a chiste.

Mensaje 2003: ¡Haciendo ruido solamente, no conseguiremos acabar con ello!

¿De qué lado están?

¿Cuál es el mayor problema en el mundo de la seguridad nacional actualmente?

Muy sencillo. La CIA no habla con el FBI... que no habla con Aduanas... que no habla con el INS... que no habla con el Ejército del Aire... que no habla con la Marina... que no habla con el Ejército de Tierra. (Y los pocos que hablan, por encima de los muros, son vistos como "desleales" a, digamos, "200 años de orgullo" de la tradición del Ejército o de la Marina.) Etc.

La lucha contra "Estados virtuales", como Al Qaeda, pide una integración sin costuras (grandes, grandes palabra) de nuestras fuerzas de seguridad nacionales e internacionales. De hecho, la integración de los activos de seguridad domésticos e internacionales del mundo civilizado.

¿Cómo hacerlo? ¿No es ésta la pregunta del millón? Esta es la pregunta de los 64 *billones*. La cuestión de las nuevas guerras del terror... *la* cuestión de vida o muerte.

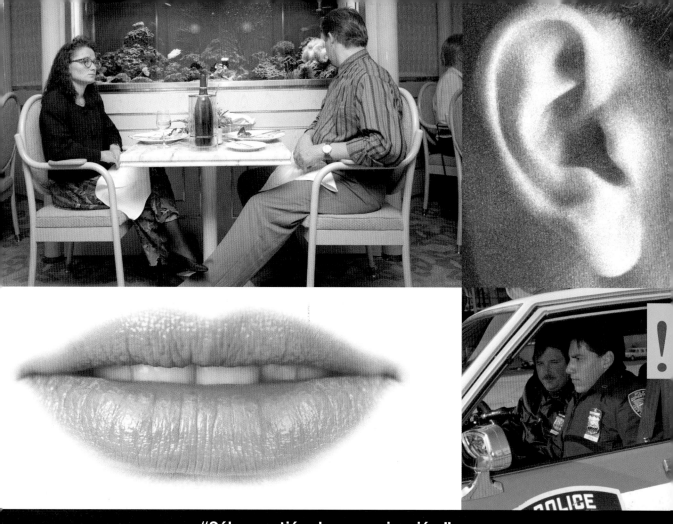

"Sólo cuestión de comunicación."

NUEVA EMPRESA   NUEVO VALOR

¡OH, LA HUMANIDAD!

¿Puede "solucionar" Internet el problema de la comunicación? ¡En tus sueños! La nueva tecnología sólo es eso: tecnología... una herramienta.

Es la naturaleza humana la que manda. Y la naturaleza humana tiende a apoyar... "toberas" y "silos".

No hay solución a la naturaleza humana. Pero podemos empezar por ser honestos. Y por no tratar de echar fuera la cuestión.

LA REUNIONITIS

Esas reuniones para preparar reuniones... para preparar más reuniones (que terminan socavando el juicio) son condenadamente comunes. Se dan en el FBI, en la CIA y en la DEA. Las ves en la Marina, en el Ejército de Tierra y en el del Aire.

Y, ¡ay!, las ves entre los cuadros principales de las principales empresas americanas.

EL MOMENTO PROZAC

Cuando salí de esa reunión con el compañero, me encontraba totalmente deprimido. De hecho, no veía razón alguna para continuar escribiendo este libro.

¿Qué hacer... cuando toda idea fabulosa se evapora en reuniones para preparar reuniones? ¿Cuando personas "poderosas" se convierten en personas cobardes? ¿Cuando no sucede otra cosa que... pequeños ajustes incrementales de los márgenes?

¿Podemos charlar?

El mismo fenómeno perjudica a las empresas cuando se trata de las comunicaciones entre logística e ingeniería... y compras y finanzas y recursos humanos y servicio al cliente... etc., etc. (por no mencionar toda la cadena de oferta y demanda que rodea al globo en ambas direcciones, mucho más allá de las fronteras legales de la empresa).

Caso en cuestión: un fabricante de indumentaria de estilo, quiere presentar a sus clientes una "colección" excitante e integrada. Incluirá, dice, camisas, pantalones, jerseys, calcetines y zapatos (o cualquier otra cosa). Pero todas estas cosas no parecen más que un lío al ser presentadas. No hay coherencia. No forman una "historia".

¿Por qué? Muy sencillo. Los de las camisas no hablan con los de los pantalones... que no hablan con los de los jerseys... que no hablan con los de los calcetines... que no hablan con los de los zapatos. Y así sucesivamente. ("Que les den morcilla a los de los zapatos", dice el comprador de jerseys, rezumando desprecio por cada uno de sus poros.)

De manera que en eso estamos: la CIA no habla con el FBI. Y los de los pantalones no hablan con los de las camisas. ¿Hay algo de nuevo en ello? ¡Nada!

Mensaje: esta cuestión debe convertirse en nuestra máxima prioridad. En todas partes. Desde el despacho oval de la casa Blanca... a la sala de consejos corporativa.

Suite ejecutiva confidencial: el centro del embotamiento

Regresaba de una reunión de tres horas en Chicago con un (muy) alto ejecutivo de una empresa gigante. Una de las 50 principales empresas americanas, según los beneficios. Llámala una empresa de ingeniería. En otras palabras: una empresa dirigida por su confiada creencia en la excelencia de sus capacitaciones de ingeniería lógica.

Pero los competidores han alcanzado a los que una vez tuvieron capacitaciones destacadas. Y, ahora, dicha corporación trata de diferenciarse de sí misma, de acercarse más al mercado. Está considerando ideas tales como un compromiso total con la marca. Y añadiendo más de esos servicios integrados a los que soy tan aficionado.

Mi amigo, el alto ejecutivo, se refirió a los detalles sangrantes (para mí, no para él) de una reciente reunión de la alta dirección. Para prepararla, se habían analizado muchos puntos. Se había vomitado presentación tras presentación. La reunión, típica de las corporaciones gigantes, era realmente una reunión... para preparar una reunión... para preparar una gran reunión. Es decir, una reunión de los 20 máximos directivos de su enorme unidad, para preparar una mesa redonda de los máximos cinco directivos... que, a su vez, tenían que informar de sus resultados al tipo verdaderamente grande.

Muchas de las presentaciones fueron aparentemente brillantes. Se propuso algo más que un cambio radical. Y "proponer" es el término operativo.

Cuando llegó la hora de preparar a los semigrandes tipos para la reunión sobre la reunión con el tipo verdaderamente grande... se evaporó casi todo el radicalismo.

El problema era "cultural", decía un ejecutivo. Es decir, un cambio hacia una empresa "orientada a la demanda", orientada al cliente y centrada en la marca. Como opuesta a una cultura/enfoque orientada hacia la ingeniería y hacia la "oferta". Pero, como explicó pacientemente uno de los semigrandes tipos, el tipo verdaderamente grande "no tolerará la palabra 'cultura'. Piensa que es una chorrada".

Al parecer, el tipo verdaderamente grande se siente más feliz con los organigramas y los análisis estériles. Dios asista al presentador que se extravía en la "parte blanda de las cosas".

Y así fue. Toda propuesta radical tenía que traducirse al LIA... Lenguaje Insípido Aceptable... que se incentivaba en las alturas de la corporación gigante.

Suite ejecutiva confidencial: el farol del hombre insulso

El amigo que me informó es una PMP... Persona Muy Poderosa... para cualquier estándar normal. Salario. Puesto en el organigrama. Inteligencia. Sabiduría política.

Y, aun así, al final, es desdentado y sumiso. Puede compartir mi pasión por viajar a California, en teoría, pero no tiene una "visión" de nada mucho más allá del... "éxito en la siguiente reunión". Y seguramente no está dispuesto a ir al felpudo por algo que sea revolucionario. Es decir, Dios nos ayude si alguna vez pronunciamos la palabra "cultura" delante del... tipo verdaderamente grande.

Chorradas (sí, *chorradas*, lo siento).

Uno reza perversamente para que algo como Wal*Mart aterrice en su espacio de mercado. Alguien que ahuyente la porquería de su empresa establecida. Y le obligue a asumir el bagaje de nuevas palabras, nuevas ideas, nuevas posibilidades.

La propuesta final que surgió de los semi-semi-grandes tipos, atrevida para los semi-grandes tipos (en la preparación de la reunión con el tipo verdaderamente grande) fue considerada por todo el mundo como... Radical.

Problema: yo *no* estaba mirándolo desde su perspectiva. Lo estaba contemplando desde la perspectiva de alguien que no vive cerca de su casa del lago Michigan. Y, para un extraño, fue la presentación en PowerPoint más insípida que he contemplado en mucho tiempo. Para ellos, había un *adjetivo* ajustado aquí, un *adverbio* ajustado allá... pero ello se sumaba al más trivial sin sentido conocido por la humanidad.

(Créeme) (¡Ay!)

Suite ejecutiva confidencial: di la verdad al poder

Esta... empresa monstruo... tiene problemas. Grandes problemas, según los percibo. Y no tienen la sensibilidad suficiente para afrontarlos. No tienen... y es uno de los principales mensajes de este libro... el nervio suficiente para alterar el... lenguaje. Para comenzar a hablar o a imaginar en términos diferentes sobre... los futuros estados de existencia radicalmente alterados.

¡El lenguaje es siempre tan poderoso! Si no puedes usar la palabra "cultura"... cuando se necesita un... cambio cultural clara/desesperadamente... ¿Hay alguna esperanza... cualquiera que sea?

Francamente, pienso que no.

Pero hay otra cuestión vital aquí. ¿Realmente sabemos... con seguridad... que el tipo verdaderamente grande "se volverá loco" si se pronuncia la palabra "cultura" en su presencia magistral? La respuesta, porque mi cliente es muy entendido, puede ser muy bien "sí".

Pero ¿que ocurre si...?

¿Qué ocurre si... Mr. Verdaderamente Grande está cansado en secreto de las increíbles capas de aislamiento que le sirven de amortiguadores frente a la... verdad desnuda? ¿Qué ocurre si está deseando, desesperadamente, una... interacción humana sincera... con alguien que le diga que está... lleno de tonterías... y que quizás necesita girar el timón del barco 180° (o al menos 32,67°) del lugar donde navega?

Si unas cuantas personas pudieran hablar con un poco más franqueza, quizás se producirían más milagros necesarios para el cambio radical.

Pero cuando el grupo que se reúne con el grupo... para preparar el grupo... que se reúne con el grupo para reunirse con el gran (realmente) (gran) tipo... está preocupado por los matices sobre los matices sobre los matices... y sobre el código de palabras que no se pueden pronunciar en su presencia... no hay oportunidad alguna de que se hagan cosas verdaderamente grandes. (Como cambiar la... cultura.)

La misma y poco convincente vieja historia

Estoy desesperado. Absolutamente desesperado.

Nueva economía... vieja economía. "Servicios"... "soluciones". Me temo que la historia es siempre la misma. La misma. "Si sólo (¡sólo!) consiguiéramos que los compañeros hablaran entre ellos..."

¿Qué hacer?

Mi consejo: dales en la cabeza con 50 ladrillos.

No soy muy sutil...

las 50 so

Las que siguen son 50 ideas inmodestas para tratar de descubrir lo que llamo "miopía de la tubería", la falta de voluntad/incapacidad de las personas de las distintas partes de una organización para hablar con las de otras partes de esa organización y de otras asociadas a ella. Ideas aquí:

1. ¡Es (¡Nuestra!) organización, estúpido!

Empecemos por el comienzo. Lo "único" que hay entre nosotros... y el gran éxito es... *la fricción organizativa*. Esto es: "las tuberías". ¡No son "ellos"! No es el "mundo exterior". Hemos visto al enemigo... y somos nosotros.

2. ¡Libre de fricción!

Volvamos a los "100 pies cuadrados". ¡Hay que expurgar toda la fricción del sistema! ¡Todas las chorradas tienen que irse fuera! ¡*Todos* los vicepresidentes tienen que marcharse! ¡El 95% de los directivos medios tienen que salir! Los papeles —una vez más— no pueden permanecer en las mesas de los directivos medios "fanáticos del poder". Ni una semana, ni una hora, ni un segundo, ni una fracción de segundo.

3. ¡Fuera tuberías!

Las luchas territoriales tienen que terminar. (Chico, este es un comentario útil. Es como si dijera, "cambiar la naturaleza humana. Ahora".) (Este discurso rimbombante debe buscar la verdad, incluso aunque las dificultades sean del tipo de que la bola de nieve no se derrita en el infierno.) (Idea para series de televisión: la falta de comunicación transfuncional como el décimo círculo de Dante.)

4. "Entuberiar"/"ensilar" es una AEA (Afrenta de Encendido Automático)

Hay que cortar. Emplumar. Flagelar. Tirar por la borda, sin ceremonias, a los de las "tuberías". Mandan las REGLAS DE TOLERANCIA CERO (ensilando). Dejarlo claro a la hora de... contratar... formar... recompensar... promocionar... y E-X-P-U-L-S-A-R.

5. ¡Todo en la web!

(TODO = TODO) Recuerda: los hiperenlaces subvierten la jerarquía. Véase Capítulo 4. Estas nuevas herramientas son poderosas. No son automáticas... y eso es una subestimación; pero pueden ayudar. Pero: TODO = TODO. "Todo"-en-la-web.
     Sí, Los hiperenlaces subvierten la jerarquía.

uciones

6. ¡Acceso abierto!

Todo el mundo (TODO) debe de tener acceso a todo (TODO).

Recuerda (perdón por repetirme) este escenario de *Red Herring:* "Cuando Juan Empleado de la empresa X lanza su buscador, se ve trasladado a la página web personalizada de la empresa X. Puede interactuar con todo el mundo de la empresa X, clientes, otros empleados, distribuidores, proveedores, fabricantes, consultores... El truco real es que los compañeros y clientes de ese Juan Empleado no tienen que estar en la oficina. Pueden entrar en el sistema desde su propio teléfono celular, su Palm Pilot, su *pager* o el sistema de la oficina".

Problema: PARA HACER ESTO, ¡DEBEMOS FIARNOS DE JUAN!

7. ¡Mandan los jefes de proyecto!

Los jefes de proyecto que llevan el control de los proyectos transfuncionales, controlan el... *presupuesto*.

Los jefes de proyecto que llevan proyectos transfuncionales controlan las... *evaluaciones*. Los jefes de proyectos que dirigen equipos transfuncionales controlan... *todo*.

De nuevo: LOS JEFES DE PROYECTO TRANSFUNCIONALES MANDAN... PUNTO.

8. ¡MANDA EL VALOR AÑADIDO MEDIANTE LA APLICACIÓN INTEGRADA DE LOS RECURSOS!

Mandan los "servicios integrados". Mandan las "experiencias". (Vuelve a leer el Capítulo 6. Lee el Capítulo 8.) (Actúa en consecuencia.) (¡Maldita sea!)

9. ¡MANDAN LAS SOLUCIONES!

"Vendemos SOLUCIONES". Punto. "Vendemos PRODUCTIVIDAD, BENEFICIO Y ÉXITO PARA EL CLIENTE". Punto.

LO CUAL SIGNIFICA: TENEMOS QUE... HABLAR CON LOS DEMÁS... HABLAR A CADA UNO... FORMARNOS ENTRE NOSOTROS... ENTRE TODOS NOSOTROS. PUNTO.

10. SOLUCIONES INTEGRADAS = "nuestra cultura"

Las soluciones nos rigen. Punto.

De donde: LA CULTURA de las soluciones nos rige. Punto. (P-U-N-T-O.)

NUEVA EMPRESA   NUEVO VALOR

11. Socio del MDLC (el Mejor De La Clase)

Los grandes socios nos impulsan hacia... la grandeza. Nos ayudan a ir más allá de... lo pequeño/ensilado. Los grandes socios... nos ponen en apuros económicos... cuando somos estúpidos. De donde: bienvenidos a nuestro redil los MDLC. En cualquier parte. En todas partes. (Hurra.)

12. Todas las funciones contribuyen de igual forma

Sí. RH. Finanzas. Compras. Ingeniería. Logística. Ventas. Etc. Recuerda la "idea ESP" básica. No hay más funciones "de apoyo". No hay "primos segundos pobres". No hay un "otro lado de la vía". Somos todos... ASOMBROSAMENTE TALENTUDOS Y ESTAMOS COMPROMETIDOS... PARIENTES DE SANGRE... PERSIGUIENDO LA EXCELENCIA EN LA "PROVISIÓN DE SOLUCIONES" INTEGRADAS.

(Está claro que la jerga me revuelve el estómago a mí también. Pero la gran idea es acertada, y debemos preparar y entregar. Colectivamente. ¿Eh?) (COLECTIVAMENTE.)

13. La dirección del proyecto puede y debe venir de cualquier función

El liderazgo cambiará con el tiempo... dependiendo de la situación. Un ejecutivo de GE informa de que utilizaba las consultas referentes a las legendarias prácticas de RH de GE como el gran pie en la puerta con los CEO internacionales... en el negocio de fabricar turbinas. ¡Precioso! (Los vendedores se quedaron pasmados ante el coraje de RH, pero se embolsaron alegremente sus comisiones.)

14. TODOS ESTAMOS EN REBAJA. PUNTO

Vender "soluciones integradas" significa que estamos...TODOS... centrados en el cliente (lee también el Capítulo 18).

De nuevo: no jugadores de "segunda fila". Y... cuando prevalece una auténtica mentalidad de ventas... la mezquina falta de comunicación transfuncional le hace a uno sentirse loco e insignificante. (Verdad histórica: los grandes vendedores, incluidos los primeros ministros, duermen con el enemigo si ello facilita el negocio.)

15. TODOS... NOSOTROS... invertimos en "cablear" la organización centrada en el cliente

Vender "soluciones integradas" es un... puro... JUEGO DE RELACIONES. ¡Nada de primos segundos embarazosos de nuevo! Todo el mundo está en los asuntos de todos los demás; la magia de la-tan-rara "sinergia" es una... densa red transfuncional... de conexiones... hasta cuatro niveles más abajo en cada organización implicada.

16. TODOS "VIVIMOS LA MARCA"

Marca = Soluciones integradas (¡Esa es la proposición básica de este libro!)

Marca = Soluciones que... hacen ganar dinero a nuestro cliente-socio. (Esa es también la proposición básica de este libro...)

En el "negocio de las soluciones"... LA MARCA... es... nuestra capacidad para hacer que todos los recursos de la cadena de oferta y demanda de toda la empresa se refieran de manera continuada a la... oportunidad del cliente... precisamente ahora.

17. ¡Utilizamos la palabra "SOCIO" hasta que nos produce ganas de vomitar!

Las palabras importan. "El espíritu de asociación" importa. MUCHO. Una "actitud de asociación" está en el centro de las mejores ESP. (Ejemplo, McKinsey & Co.) *Honramos la excelencia personal —pero honramos igualmente a aquellos que... viven el espíritu de la asociación... con sus colegas internos... y sus clientes.*

(Vuelve al número 4: y... ECHAREMOS... CONTROL ALT SUPR... a aquellos que no lo "capten".)

!

HOLA, SOCIO

Hace muchas lunas, di clases en la Escuela de Gestión Empresarial de Standford. Mi mentor estaba totalmente implicado en los asuntos de gobierno de la escuela. Aunque yo era sólo un profesor visitante, me explicó la auténtica naturaleza del proceso de los profesores numerarios.

Los especialistas técnicos estaban intimidados, por decirlo suavemente. Para "pasar" tenías que estar considerado como uno de los tres mejores del mundo (!) en tu especialidad, entre los de tu edad.

Suponiendo (gran suposición) que pasaras ese formidable obstáculo, te encontrabas con otro igualmente importante. Como él decía: "Nos preguntamos ¿será un buen colega? A pesar de sus notables cualidades, ¿se

echará al hombro su parte proporcional de los asuntos rutinarios del gobierno de la universidad? ¿Lo veremos en dos años, cerca del ápice de su carrera, en el despacho del decano? Y así sucesivamente."

Conclusión: el auténtico test de espíritu de asociación es tan importante como el impresionante test de competencia.

Nuevo mantra. Camina con una sonrisa... y no con una mueca... si quieres ir adelante.

NUEVA EMPRESA   NUEVO VALOR

18. Nosotros utilizamos también la palabra "EQUIPO" hasta vomitar

El "formar equipo" es seguramente un camino muy trillado. Pero es adecuado.

Mensaje: NO TEMAS SER PESADO AL PERSEGUIR "LA SOLIDARIDAD DEL EQUIPO EN BUSCA DE LA EXCELENCIA EN EL TRABAJO".

19. Los botones y las insignias importan

O: ¡Tupperware lo sabe! ¿Lo sabes tú? Los botones & insignias & recompensas & certificados "del equipo" son importantes. (MUCHO.)

20. Recompensa la cooperación/el equipo/el espíritu de asociación

Sí, echa a los infractores (¡Necesitamos ejemplares de aquellos que no lo captan!) pero... PROMUEVE & RECOMPENSA PRÓDIGAMENTE & RECONOCE PÚBLICAMENTE A QUIENES LO "CAPTAN", EN TODOS LOS ASPECTOS.

CONOCEDORES DE LA "NUEVA CULTURA" = COOPERADORES CORDIALES = NUESTROS "HÉROES" PÚBLICOS = $$$ = !!!

21. NUNCA CULPAMOS... a otras partes de nuestra organización porque fastidien. NUNCA

"Inculpación" = Falta merecedora de despido.

("Falta merecedora de despido"... aparentemente utilizo el término con mucha rapidez y ligereza. Pero no es así. De nuevo, esta es... la cuestión... de ahí... las sanciones extremas... son para las ocasiones.)

22. Creemos en "Alta Tecnología, Alto Estilo"

No hay duda de que la tecnología (la web, la telefonía sin hilos, la banda ancha, el proceso de texto, etc.) es el gran capacitador. Pero, paradójicamente, cuando lo que importa son las "soluciones"... el "bit humano" es más importante que antes, y no menos.

Lo cual afecta, por supuesto... ENORMEMENTE... a nuestro "proceso de adquisición y desarrollo del talento".

Mantra: invierte espléndidamente en alta tecnología. Contrata & Promueve Vorazmente el Gran Estilo.

23. Mandan las mujeres

Las mujeres son mejores... mucho mejores... que los hombres en este "TEMA DE LA RELACIÓN". Una razón: se encuentran mucho (¡mucho!) menos... imposibilitadas por la locura del poder y las barreras.

Puede resultar que las "soluciones integradas" sean "cosa de mujeres" (no cosas pequeñas). (Una demoniacamente gran cosa). (Lee e ingiere también el Capítulo 21).

24. Nuestro equipo transfuncional necesita un 100 por 100 de contribuyentes imaginativos

Los directores de equipos deportivos profesionales... REALMENTE... PONEN EN PRIMER LUGAR A LA "PERSONA"/"TALENTO". Siempre. Muchas de las "majaderías de las comunicaciones banales" disminuyen si tenemos un extraordinariamente talentudo/motivado... Equipo ganador.

Una (GRAN) cosa: cuando "ganar" y "excelencia" son pasiones 24/7, queda mucho menos tiempo para las... guerras territoriales. Y mucha menos paciencia de los compañeros ante los combatientes de esas guerras.

25. Los equipos transfuncionales somos nosotros

Simple. Simple. Simple. Hacemos nuestro trabajo... TODO NUESTRO TRABAJO... mediante equipos de proyecto transfuncionales. Por ello, "trabajar en equipos transfuncionales" debe ser tan rutinario como respirar.

Además, la... Excelencia transfuncional... gestiona/determina el rendimiento de cada uno.

!

EN EL "EQUIPO" NO HAY "PORQUÉS"

¿Has estado en un equipo ganador? ¿Has formado parte de una representación teatral de éxito? Hasta los más pequeños actores están comprometidos totalmente. Se puede oler su... búsqueda de la excelencia. Seguramente, quieres que los críticos aprecien tus grandes momentos. Pero eres consciente también de que cuando todo brilla y consigue la excelencia, tu brillarás también.

¿Ausencia de jerarquía? ¿Nirvana? ¡Apenas! Los integrantes de los equipos del campeonato sólo se "quieren entre ellos" después de haber ganado el campeonato. En el agotador proceso, se presionan unos a otros hasta el límite.

Cuestión importante: el compromiso permanente con la excelencia del individuo y del grupo puede suponer muchas interacciones malhumoradas, pero también disminuye la tendencia a implicarse en batallas insignificantes.

NUEVA EMPRESA   NUEVO VALOR

26. ¡Mandan los proyectos asombrosos!

El "proyecto ASOMBROSO"... El emocionalmente ambicioso... El Everest de los retos magníficos... que presiona para conseguir los recursos de todos los departamentos... y de hecho toda la cadena de oferta y demanda... es la forma de conseguir... QUE SE HAGA TODO. (Todo = Todo.) (*Consejo:* emplea por favor, por favor, la palabra "asombroso". Es importante. Lee también el Capítulo 15).

(Texto adicional: el rol número 1 del jefe se desempeña cambiando... TODO... proyecto en un proyecto ASOMBROSO, volviendo a especificar lo aparentemente normal hasta que se inserte en los corazones y en las mentes de quienes van a participar.) (Lo cual significa que su aspiración o el logro extraordinario crece y que disminuye su tolerancia a las discusiones triviales transfuncionales.)

27. "Mercado de talento" abierto

Nuestro lema es "asciende" o "márchate". Capta esta noción de soluciones integradas/"trans funcionales"/ASOMBROSAS... o márchate... RÁPIDAMENTE. Nosotros, al igual que el director de orquesta o el entrenador de fútbol, sólo buscamos a aquellos que "tienen que intervenir" en un momento álgido (¿por qué —otra vez— tendría que seguir comparando al jefe de SI o de RH con un gran director de orquesta o a un entrenador de fútbol de éxito?).

28. Proyectos "basados en causas"

El gurú de la estrategia, Gary Hamel, dice que las empresas que sobrevivan en los momentos caóticos "crearán una causa, y no un negocio". Imagino a nuestras "soluciones integradas" como... causas por las que merece la pena luchar. Es decir: lucha por la "causa", no por "batallas por los derechos".

El papel del jefe: ¡crear-una-causa!

(Consejo I: todos los grandes líderes hacen esto por costumbre.)

(Consejo II: no "causa" = no compromiso = no impactante = política mezquina para llenar el vacío.)

29. PLANA

"Este tema" sólo funciona en una organización m-u-y p-l-a-n-a. (Punto.) (PUNTO.) (Plana = Rápida.) (Empinado = Lento.) (Vuelve a leer por completo el Capítulo 3.) (Echa a quienes producen fricciones... reduce la fricción.)

30. Elimina la porquería de forma proactiva, sistemática y continua

Nosotros somos nuestros peores enemigos, por los sistemas y procedimientos descorazonadoramente complicados. ¡Necesitamos... una guerra TOTAL (¡ORGANIZADA!) CONTRA LA SUPERCOMPLICACIÓN! (véase también el Capítulo 11 sobre los "sistemas hermosos"). Las guerras están justificadas cuando el enemigo es la supercomplicación.

31. ¡Capta lo físico!

Estar en un mismo sitio es una maravilla no suficientemente alabada. Las personas que viven juntas... comparten camaradería-en-la persecución-de-una-causa-magnífica conjuntamente... tienden a estar por encima de las batallitas por chorradas. Los equipos transfuncionales... DEBEN... VIVIR JUNTOS.

Mejor aún I: deben vivir juntos en su propio espacio, fuera de los altos edificios en los que abundan las guerrillas de Reyes y de Reinas.

Mejor aún II: deben vivir en entornos "cutres" que incentiven que nuestra-banda-asalte-el mundo-de-los-peces-gordos. Olvida las mesas de Herman Miller. ¡Pon planchas de madera contrachapada sobre borriquetes!

32. ECHA A LOS "REYES DE LAS BATALLITAS"

No es suficiente con echar a los políticos mezquinos. Necesitamos... desesperadamente... uno o dos... EJECUCIONES PÚBLICAS... de guerreros muy importantes de batallitas. (Oh... ¿lo he dicho dos veces? Bueno).

LA LÍNEA DE FUEGO

Un colega mío habla de un CEO de una industria aeroespacial que se tomaba muy seriamente la "sinergia". Había un director de división que dirigía la parte más importante de la empresa. Pero este tipo no cantaba la "canción de la sinergia". Lo echaron. Públicamente. La sinergia aumentó. Inmediatamente.

33. E-L-E-V-A-D-O-S "BONUS A LA COOPERACIÓN"

Si eres Rey (¡¿Reina?!), ¿qué me dices de un bonus de un millón de dólares... con fanfarrias... para el que haya conseguido el máximo rendimiento en un acto de estrategia cooperativa? Me han dicho que un gran CEO, cansado de las chorradas mezquinas, hizo eso precisamente; en una reunión del comité ejecutivo sorprendió a todo el mundo entregando a un Barón cooperador un inesperado cheque de un millón de dólares.

34. "Inmersión" profunda

¿Quieres enviar un... GRAN MENSAJE... sobre... la cooperación? "Haz una inmersión profunda" (término militar) de 3 o 4 niveles... y promociona (muy) atrevidamente a los de primer rango. (O a quien "lo capte".)

35. Lo musical preside

No dejes que crezca la mala hierba... entre los pies. NO... permitas que la gente se ligue a un puesto de trabajo/función. Trasládalos a puestos de trabajo de sus enemigos. (Y, por supuesto, viceversa.)

(Esto fue fundamental durante años para el rendimiento superior de Digital Equipment).

36. Es un mundo de niños

Los "jóvenes" "sin malear", criados en los mensajes de texto instantáneo (etc.) son mucho menos conscientes de las guerras que "nosotros". (Es decir, ellos no las entienden y, sencillamente, no las tolerarán.) ¡APOYA A LA JUVENTUD! (¡JUBILA A LOS VIEJOS "REYES DE LAS BATALLITAS"!)

37. Experiencia de gestión de proyectos (muy) temprana

No hay nada como la R-E-S-P-O-N-S-A-B-I-L-I-D-A-D de gestión de un proyecto transfuncional para nutrir el deseo de acabar con las luchas mezquinas. Por ello, pon... rápidamente... a jóvenes sin malear... a cargo de los "miniproyectos transfuncionales"... Dentro de los maxiproyectos. Oye: para ser consciente de la transfuncionalidad, dirige trabajos transfuncionales (INMEDIATAMENTE) (SIEMPRE).

38. Pon a los "técnicos" en ventas (o en algo parecido)

Ayuda a comprender a los "intolerantes funcionales" los papeles de los demás... siempre que puedas.

Si eres un técnico formado en el MIT, lo de "ventas" te sonará a hueco. Pero si te enfrentas a dos horas de rigurosas "objeciones" a tu proyecto favorito, puedes respetar un poco más las luchas de los "simples" vendedores.

39. Por qué son tan condenadamente importantes los símbolos (de nuevo)

¡Los símbolos importan! Las insignias transfuncionales... IMPORTAN. Las fotografías de los equipos.... IMPORTAN. Las cartas de "felicitación" de los CEO a los equipos transfuncionales... IMPORTAN. Las *T-shirts* importan. *Mensaje de la naturaleza humana* 101: LOS SÍMBOLOS & RECOMPENSAS & CONMEMORACIONES... IMPORTAN.

(Napoleón nos enseñó el poder de los galones: "Un hombre no te venderá su vida por la mayor fortuna, pero te la dará por un simple pedazo de tela".)

40. Celebra... LOS CABALLOS DE TROYA

El sigilo no es del todo malo.

EL ENEMIGO: LA ESTRECHEZ DE MIRAS FUNCIONAL. Pero *tú* ... no eres totalmente... EL REY DE REYES. De manera que creas una "inocente" organización "matricial". La dimensión "función" (*staff*) tiene influencia todavía. Pero también es importante la "dimensión proyecto" (integrado). De ahí el sigilo: con el tiempo... "incrementa el peso" de la "dimensión proyecto" en las evaluaciones, las promociones, etc. Así: lo transfuncional... y todo lo que representa... acaba consiguiendo tranquilamente la preeminencia.

POSTE DE LA PORTERÍA
Mi meta es volverte loco. Pero si terminas este libro y ves... diferencias... entre un departamento de 48 personas que se ha convertido en una empresa de servicios profesionales y una lista de 48 participantes en la Liga Nacional de Futbol... habré fracasado. Totalmente.

NUEVA EMPRESA   NUEVO VALOR

41. MANDA LA PROMOCIÓN

Promueve a aquellos de todos los niveles que... LO CAPTAN. ¿Obvio? (por supuesto). ¿Honrar el incumplimiento? (Por lo general.) *Bonus:* deja a todos y a cada uno tan claro como el cristal por qué "fueron" promovidos. ETF: la Excelencia del Equipo Transfuncional.

42. Formación en la de entrada

El momento de "enseñar la nueva cultura" (¡a los aspirantes a transfuncionales!) es... EL INSTANTE DE LA CREACIÓN. Asegura que el "recién contratado" tiene... CLARAS COMO EL CRISTAL... las recompensas y sanciones de un adecuado comportamiento transfuncional.

43. Contrataciones externas

¡Manda la diversidad! Diversidad = NUEVAS PERSPECTIVAS. Sacude a los barones de las batallitas: aporta... nueva sangre extraña. Aporta nueva sangre que no tenga inversiones en la... vieja cultura.

44. Implica a toda la cadena de oferta y demanda

Lograr poner en orden "nuestra casa" no es baladí. Pero el "pelotazo" real... llega... en la Dell... cuando se implica íntimamente a toda la cadena de oferta y demanda.

　　Mensaje I: "externos" = internos (si ha de funcionar "esta materia").

　　Mensaje II: de aquí que TODO lo anterior se deba aplicar igualmente a los llamados "externos" (si ha de funcionar "esta materia").

45. Elige a los socios según su "proclividad a la cooperación"

En lo que respecta a la llamada "cadena de oferta": asegura que la selección de vendedores se basa en algo mucho más importante que en el precio; es decir, con base en el... compromiso demostrado... con el verdadero espíritu de asociación de los vendedores.

46. Despide de nuevo: despide a los vendedores que no "lo capten"

Igual que con los de dentro. Incluso los que por otra parte podrían ser socios "excelentes"... deben irse... si no son verdaderos socios a la hora de proporcionar soluciones integradas.

47. Necesitamos... JUECES

Apoyo el papel del "defensor del pueblo" transfuncional. Es decir, el *"broker* honesto" que pesa el grado en que se violan los convenios de protección de la porquería prohibida. (O no.) (Jueces con una licencia "00", ¿eh?)

48. Paso libre a los chivatos

Esto no es... "un" gran negocio. ESTO... LA COMUNICACIÓN TRANSFUNCIONAL... *ES EL GRAN NEGOCIO.* De manera que aquellos que "se chivan" de los reyes de batallitas... son... HÉROES. O HEROÍNAS. (Ejemplo, Sherron S. Watkins, de Enron.)

49. Insértalo como creencia número 1 en la afirmación de visión

Seguramente hay un tono (literalmente) de "afirmaciones de visión" que no valen ni siquiera el papel reciclado en el que se han impreso. Pero algunos pegan. Esto... es... la visión. Inscribe a los guerreros de la no guerrilla/transfuncionales en... granito de Newton Hampshire.

50. Grita desde los tejados

Habla, habla, habla. No dejes pasar la oportunidad de proclamar la importancia de la cooperación transfuncional.

FUERA
LOS REYES DE *BATALLITAS*

Eso es todo, chicos

Puede que seas capaz de poner en práctica una o dos de estas 50 ideas. Puede que seas el gran jefe. Puede que pongas en práctica la mayor parte de ellas... Y puede que todo ese condenado asunto funcione para ti.

O puede ser que no. No soy tan arrogante como para creer que haya ofrecido la... clave de la cambiante naturaleza humana. Es ésta una guerra que no se ganará nunca "de una vez por todas". Lo que pienso es que al dedicar... TODO UN CAPÍTULO... a este tema con detalles morbosos, he hecho ver lo fundamental que es esto para todo lo que precede y todo lo que sigue.

Tengo razón... en que he diagnosticado el *problema* correctamente.

En los capítulos anteriores, he ido... *he ido, he ido, he ido*... "en el autobús" de la estrategia de la web y del "modelo" de la empresa de servicios profesionales y de las "soluciones integradas"... Y de todo lo demás.

Pero nada de esto funcionará... nada de esto funcionará... *A MENOS QUE SE HAYAN DEMOLIDO LAS BARRERAS.*

Pregunta: ¿es eso todo lo que hay?
Respuesta: es muy posible

Tuve ese pequeño intercambio (conmigo mismo) después de leer un artículo en la revista *Fast Company* sobre Roche. La empresa farmacéutica. Roche, se informaba, iba a "desatar una revolución en la organización".

¿Y el "secreto revolucionario"... que sacudirá el mundo de las grandes farmacéuticas?

¡Equipos transfuncionales! Personas con funciones diferentes... imagina esto... ¡Comenzarán a hablar entre ellas!

¿Es realmente tan sencillo? (¿Es realmente tan difícil?)

Es así de sencillo. (Es así de difícil.)

De manera que... HAZ ALGO. (POR FAVOR.)

!Contrastes	
ERA	**ES**
"Silos" & "tuberías"	Una empresa sin costuras
Luchar	Hablar
Dirigen los hombres	Dirigen las mujeres
Se recompensa la competencia	Se recompensa la cooperación
Contrata tipos "competitivos"	Expulsa a los tipos no comunicativos
Todo el mundo conoce su lugar	Todo trabajo es transfuncional
Pureza funcional	Unidad transfuncional
El jefe como "visionario" que deja a sus subordinados "meros" detalles	El jefe como un microdirector de procesos transfuncionales y de sistemas de incentivos
Lealtad a la unidad	Lealtad a la solución
Carrera = muchas tareas dentro de una especialidad	Carrera = una serie de pasos de un destino a otro

AHORA, SEA SERIO
Esta lista podría ser dos veces más larga. Pero estoy seguro de que ahora captas la idea.

La lista no es "perfecta". Pero es sugerente. Sugiere la enormidad de la situación a que nos enfrentamos.

Piensa en ello. Discútelo. Aprende de ello. Vuélvelo a escribir.

Pero... SOBRE TODO... POR FAVOR... Tómatelo en serio.

NUEVA EMPRESA   NUEVO VALOR

6699

SALA (DE EMERGENCIA) PARA LA MEJORA
El doctor Ben Honigman, de la sala de emergencias del Hospital de la Universidad de Colorado, dice, según el *Denver Post:* "Hemos llegado a una solución. Hemos comenzado a crear una forma de comunicación que es mucho mejor de la que teníamos antes y que nos permite reunir datos mejores. Nos hemos acabado dando cuenta de que debemos tener interacción con otros hospitales y con los cuidadores prehospitalarios".

¡Ha llegado
la Era de la
Estética!
¡Manda
el Diseño!

nueva empresa
nueva marca

Estoy convencido de que la cadena de análisis presentada en los capítulos anteriores está formada por fuertes eslabones. Conclusión: escala la cadena de valor añadido en la dirección de más y más "capital intelectual" añadido.

Realizar tal misión significa asumir todo el conjunto de recursos de la organización y, de hecho, toda su cadena de valor de oferta y demanda; lo cual significa... final e inevitablemente... asumir la tarea absurdamente difícil (pero que ahora es un requisito patente) de destruir/machacar/eliminar todas las barreras entre y dentro de esas piezas de la empresa que proporcionan la oferta de las "soluciones" "integradas".

Dicho esto, puede haber más aún del "mirar, sentir, saborear, tocar" las "soluciones" "integradas" que proporcionamos a nuestros clientes. Esto es tan cierto para IBM como para Starbucks. De aquí que esta sección examine las a menudo olvidadas dimensiones "estéticas" de este proceso de "sistemas", "soluciones", "presentación". Perseguimos el meollo de lo "estupendo", lo que convierte una "solución" eficaz en otra que, sí, deja helado y da escalofríos... y añade un valor enorme.

8 Más allá de las soluciones: proporcionar "experiencias memorables"

! Manda el tecnicolor...

- El "valor añadido" de la mayor parte de las empresas, pequeñas o enormes, procede de... la calidad de la experiencia que proporciona.
- La "experiencia" es holística, total, omnicomprensiva, transformadora... y emotiva.
- El "servicio" es una transacción. Una "experiencia" es un acontecimiento. (Un *happening*... como el de ese maravilloso viejo *hippy* Ken Kesey). Un evento que sucede con un comienzo... una parte media... y un final. Una experiencia-evento-*happening* deja una memoria indeleble.
- Esta "experiencia" es... extremista. No hay sólo un poquito de "deleite" en ella; no sólo un pellizco de "diversión". Sino... una forma totalmente distinta de analizar la vida.

! GRITA   no estamos preparados...

(Aún) aplaudimos el ideal del "cliente satisfecho". (Pocas cosas había más importantes en 1982 cuando se escribió *In Search of Excellence*). Pero, ahora, debemos centrarnos en crear una "experiencia del cliente" centelleante... omnicomprensiva... dramática... original.

Continuamos hablando de "servicio" y "calidad" como atributos claves del valor añadido. Y, sin embargo, debemos comprender que "experiencia" no es sólo una palabra muy importante... con connotaciones gigantescas... sino que es, nada menos, la base de una... forma de vida organizativa totalmente revisada. (Sinceramente.)

Limitamos los términos como "experiencia" a actividades como las de Starbucks o Disney. Pero debemos aplicarlos a IBM y GE Power Systems, así como a actividades departamentales (¡ESP!) y proyectos impactantes.

! VISIÓN   imagino...

El *teatro* de IBM Global Services. (O el *teatro* de Starbucks.) La computadora es estupenda. (El café es una gran cosa.) Pero es la parte de *teatro* la que estoy comprando realmente... el *carácter* de la relación. *La promesa de transformación.* IBM proporciona... nueva organización mundial. (Starbucks proporciona... un-nuevo-yo-por-la-mañana.)

El lenguaje de la... experiencia

La idea de las "soluciones integradas" desarrollada laboriosamente en los tres últimos capítulos, nos lleva sólo hasta un cierto punto, al menos tal como la he presentado. Se entendía (intencionadamente en ese momento de mi argumentación) como un mejunje intelectual más bien riguroso.

Pero subir en la cadena de valor, como siempre, significa... incluso si tenemos en consideración los cortocircuitos... algo más. Significa enfatizar los... atributos blandos (los intangibles) de "productos" o "servicios". Atributos tales como conveniencia, confort, calidez, compañerismo, hermosura, confianza, y... ser seriamente estupendos.

Hay una palabra que resume lo que obtienen los clientes de "todos estos" atributos. Esa palabra no-tan-inocente: *Experiencia*.

Así, la "solución integrada" del Farmers Group o Springs o GE Power Systems es... una experiencia con todas las de la ley. El "valor añadido" que ofrece una compañía... la "materia" que puede sumar miles de millones de dólares a su capitalización de mercado... procede cada vez más de la... calidad de la experiencia.

El acontecimiento principal

Se podría escribir fácilmente todo este capítulo basándose en un mero "giro semántico": la utilización de "experiencia" en lugar de "servicio". Cualquier oferta de servicio es una "experiencia". No lo negaría ni por un segundo.

Pero las palabras son cosas curiosas.

Pueden cambiarlo todo.

Cuando pienso en una "transacción de servicio", mi mente no está en el mismo lugar que cuando pienso en un viaje a Disneylandia o al Walt Disney World o a Circus Circus en el viaje a Las Vegas o a la *Super Bowl Week* o al legendario Bass Outdoor World en Springfield, Misuri. Cuando... considero una... *experiencia*... en Disney conjuro una "cosa" totalmente diferente.

Pienso que la diferencia es fundamental. Y pienso que hace el juego directamente a estas "cosas" (¿experiencias?) de valor añadido único de las que he tratado en los tres últimos capítulos.

Para mí, al menos, una "experiencia" es mucho más "holística", "total", "envolvente", "emocional", y "transformadora" que un mero "servicio". Un servicio es una transacción (buena o mala). Una experiencia es un *acontecimiento*... una aventura... un *happening*... un "fenómeno" de alegría espiritual. Con un comienzo... una parte media... y un final. Una experiencia deja un indeleble recuerdo, se añade a mi historia, proporciona materia para mis conversaciones futuras con viejos amigos y grandes tipos.

Así, tenemos dos concepciones diferentes —tan diferentes como el día y la noche— de lo que significa la "oferta" de una compañía.

Concepto I: vale por sí mismo (servicio).

Concepto II: hace que el mundo gire un poco sobre su eje (experiencia).

Hasta donde yo sé, Joe Pine y Jim Gilmore son los inventores de esta idea, al menos en el moderno contexto empresarial. Su libro *The Experience Economy: Work is Theatre and Every Business a Stage,* es sencillamente brillante. Su hipótesis básica es sencilla: "Las experiencias —escriben— son tan distintas de los servicios como los servicios lo son de los bienes".

Dicho en una palabra

Considera...

1. Del *The Random House Dictionary of the English Language*:

experiencia (ik spēr´ē ens), n.v., -enced, -encing.

—n. 1. Una instancia particular de encontrar o sufrir algo personalmente: *mi encuentro*

NUEVA EMPRESA   NUEVA MARCA

!

CUENTA CON ELLO

Considera el ejemplo de los servicios financieros. Si el precio de un préstamo fuera el único problema, sencillamente me iría al proveedor más barato. Pero, como pequeño hombre de negocios, me preocupa más la profundidad y estabilidad de la "relación" con mi proveedor de servicios financieros.

¿Me pedirá el reembolso del préstamo ante mi primer problema? ¿O llegará a conocerme y convertirse en mi... "socio fiel"?

Créeme, ¡si mi banquero es mi "socio fiel" entonces será bienvenido!

!

EL ADORNO FINAL

Southwest Airlines es una "dispensadora de descuentos". Pero su éxito se debe tanto al menos al... carácter de la compañía... como a sus bajos precios.

El mensaje: "somos seguros". (Lo mejor.) "Llegamos a tiempo." (Generalmente lo mejor.) "¡Únete a nosotros! ¡Ven al campo Southwest! Sin 'adornos'. Pero buena gente." (El adorno final.)

con el oso en los bosques fue una experiencia aterradora. 2. El proceso o acto de observar, encontrar o experimentar algo personalmente: *experiencia empresarial.* 3. La observación, encuentro o sufrimiento de cosas generalmente cuando ocurren en el transcurso del tiempo: *aprender de la experiencia; el conjunto de la experiencia humana.* 4. Conocimiento o sabiduría práctica obtenidos de lo que uno ha observado, encontrado o sufrido: *un hombre con experiencia.* 5. *Filos.* La totalidad de los conocimientos procedentes de la percepción; todo lo que es percibido, comprendido y recordado. —v. t. 6. Tener experiencia de; relacionarse con; experimentar; sentir: *experimentar náuseas.* 7. Aprender de la experiencia. 8. *Experiencia religiosa,* experimentar una conversión espiritual por la que se obtiene o se recupera la fe en Dios. Sin. 6. Encontrar, conocer, soportar, sufrir. EXPERIMENTAR, SUFRIR se refieren a encontrarse con situaciones, condiciones, etc. en la vida o tener ciertas sensaciones o sentimientos. EXPERIMENTAR implica verse afectado por lo que uno relaciona con: *experimentar un cambio de actitud, un desacuerdo amargo.* SUFRIR se refiere generalmente a soportar o experimentar algo duro, difícil y desagradable, o peligros: *sufrir severas privaciones, una operación.*

2. *The Synonym Finder*, by J. I. Rodale:

experiencia, *n.* 1. Asunto, episodio, suplicio, evento, incidente, ocurrencia, encuentro, transacción, aventura. *Sl.* viaje, circunstancia, caso. 2. Implicación, encuentro, reunión, enfrentamiento; exposición, observación, percepción, impresión; pruebas, vicisitudes, altibajos. 3. Vida, existencia, bagaje, trabajo; *U.S., Inf.* escuela de duros golpes. 4. Sabiduría, sentido común; sofisticación, ilustración, conocimiento, aprendizaje, saber; saber hacer.—*v.* 5. Encontrar, reunir, enfrentar, observar, percibir, aprender; saborear, comprobar, tratar; sentir; sufrir, pasar, tener algo a sus espaldas; vivir algo, soportar, sufrir algo. 6. Entender, aprender sobre, tener conocimiento de algo, familiarizarse con, descubrir; darse cuenta, ilustrarse, apreciar, conocer, tener conocimiento de. *Pralm. Scoc.* asimilar, absorber, captar.

experiencia, *adj.* 1. Cumplido, practicado, pulido, proficiente, adepto, bueno (en). *Fr. au fait;* versado, sabedor, preparado, cualificado, bien fundado, entrenado, preparado, listo; competente, adecuado, capaz, eficiente, *Sl.* en el ajo; veterano, profesional, *Inf.* saber cómo funciona todo, *Sl.* sabio, experto, maestro, magistral. 2. Maduro, sazonado; erosionado por el tiempo, endurecido, batallado, *Inf.* pasadas las mil y unas, *Inf.* pasado por el exprimidor, sofisticado, conocedor, *Sl.* en el ajo, mundano, *Sl.* sabio, *Inf.* estar informado, iniciado. 3. Sufrido, experimentado, endurecido; contactado, reunido, enfrentado, observado, percibido; saboreado, experimentado, tratado; sentido.

Considera… estas palabras y frases tomadas de las entradas precedentes:

episodio encuentro aventura percepción vida

existencia saborear sentir sobrevivir sufrir afectado

por con lo que uno se reúne conversión espiritual

¿Cuántas veces utilizamos tales palabras y frases en el mundo empresarial?

Mi respuesta: *a veces, raramente, nunca.* Y como quiera que la proposición de valor añadido en las empresas se hace cada vez más… intangible… tales palabras se hacen cada vez más… relevantes, prácticas y valiosas.

¡EXPERIMENTA ESTO!
Espero que este libro sirva a un propósito, que es proporcionar un "servicio" útil. Un pellizco de ilustración sobre esto o lo otro.

Pero hay más: albergo el tierno sueño de que el enérgico estilo de la presentación verbal y visual de este libro haga nada menos que alterar tu visión de la forma en que pueden trabajar las organizaciones y los beneficios que pueden proporcionar, que será una "experiencia" memorable y puede que transformadora.

NUEVA EMPRESA NUEVA MARCA

**APODÉRATE
DEL PARAÍSO**

Recuerda (como señalé en el Capítulo 1) que Teerlink dedicó varios años —y realizó docenas y docenas de presentaciones— a convencer a los analistas de ojos ahuevados de Wall Street de que Harley no era un "fabricante de motocicletas". Es una... "empresa de modo de vida".

CAPTA "LA VIDA"

OK. Eres escéptico. ("¡Por el amor del cielo, esos bastardos de Guinnes venden cerveza por pintas!") Ese escepticismo es completamente adecuado.

Porque la mayor parte de las empresas que tratan de conseguir este asunto de la "experiencia" fracasan miserablemente. No lo captan. Añaden un poquito aquí. Un poquito allí.

Pero en el caso de Harley-Davidson y Club Med y Starbucks y Guinnes, la "experiencia" —el "modo de vida"— es la empresa.

Esta "experiencia" es... extremista. No una pincelada de "deleite" aquí. No un pellizco de "diversión" allí. Sino... un Modo de Vida Totalmente Distinto.

Vida Harley-Davidson.
Vida Starbucks.
Vida Club Medi.
Vida Guinnes.

NUEVA EMPRESA   NUEVA MARCA

Un grito de rebeldía

Mucha gente trabaja para Harley-Davidson. La buena noticia... ninguna de ellas es tan tonta como para creer que "fabrican motocicletas".

Si no fabrican "motocicletas", ¿qué hacen?

¿Qué me dices de las "experiencias"?

Un pez gordo de Harley lo resumía de esta forma: "Lo que nosotros vendemos es la posibilidad de que un contable de 43 años se vista de cuero negro, atraviese las ciudades pequeñas y haga que la gente le tema".

¿Hay que volverlo a decir?

¡Es la experiencia, estúpido!

En particular, la experiencia que Harley llama "estilo de vida rebelde".

Hace unos cuantos años, me tropecé con el antiguo CEO de Harley-Davidson, Rich Teerlink, cuando caminábamos en direcciones opuestas por el aeropuerto de Atlanta. Durante un par de minutos de charla, le pregunté de dónde venía y adónde iba. Me contestó que acababa de regresar de una actividad de formación de varios días en... la Disney University. El lugar donde Disney nos enseña cómo rociar a nuestra clientela con polvos de duendecillo. Y precisamente lo que hace Harley con sus motocicletas es rociarlas con polvo de duendecillo... y es lo que hace a la firma... tan condenadamente especial.

(¿Y no encuentras intrigante que el CEO de una gran y magnífica compañía se enrole como "estudiante ordinario" en un "simple" programa de formación dirigido por una empresa de entretenimiento?)

Harley-Davidson: una "experiencia", no un "producto". Llámalo sutileza semántica. (Si lo crees así.) Llámalo sutileza semántica. (Si te atreves). Pero el éxito de Teerlink al cambiar la "personalidad" de Harley supuso añadir miles de millones de dólares a la capitalización de mercado de su empresa.

¡Algo sutil!

"Algo más"

Cada vez son más las empresas que siguen las huellas de Harley.

"*Club Med es más que un* resort —escribe el gurú del marketing Jean-Marie Dru en su libro *Disruption*—. *Es un medio de redescubrirse uno mismo o de inventar un 'yo' totalmente nuevo.*"

¿Sutileza semántica, de nuevo? Bien, una vez más, los del Club Med triunfaron a la hora de implantar su imagen (y al parecer han tenido mucho éxito), porque son capaces de atraer a una clientela totalmente distinta a la que pueden cobrar un precio completamente diferente, lo que les lleva a un récord excepcional de crecimiento y rentabilidad.

Como nos dijo en una entrevista por televisión la directora de distrito de Starbucks, Nancy Orsoliny: "*Hemos identificado un tercer lugar, y realmente creo que nos coloca aparte. Ese tercer lugar que no es lugar de trabajo ni hogar. Es el lugar donde vienen a refugiarse nuestros clientes*".

¡Yo no sé cómo demonios lo hacen! (Lee el libro del fundador, Howard Schultz, *Pour your Heart Into It: How Starbucks Built a Company One Cup at a Time*, para descubrir los secretos.) Pero el asunto es... que lo hacen. Y han transformado una "inocente copa de cava" en un "modo de vida Starbucks" que, a sabiendas o no, muchos de nosotros suscribimos para... ya sea una pausa de un par de minutos en un aeropuerto o una hora y media leyendo el periódico o escribiendo un capítulo de este libro en un Starbucks, en cualquier ciudad que haya aterrizado.

"*Guinness como marca es cuestión de comunidad* —comenta Ralph Ardill—. *Es cuestión de reunir a la gente y de compartir historias*".

Ralph es uno de los máximos directivos de Imagination, una empresa británica pionera del diseño y los servicios de marketing y la creación de experiencias. Su firma terminó recientemente un trabajo impresionante para Guinness. Denominado Guinness Storehouse, capta el alma de Guinness.

Harley-Davidson no vende motocicletas. Starbucks no vende café. Club Med no vende vacaciones. Y Guinnes no vende cerveza. Piensa en ello.

Piensa en ello. Harley *no* vende motocicletas. Starbucks *no* vende café. Club Med *no* vende vacaciones. Y Guinnes *no* vende cerveza.

¿Has *montado* alguna vez en una Harley, *ido* al Club Med, te has *parado* en Starbucks, te has *bebido* una Guinnes? Creo que hay algo "más" aquí. Y creo que ese "algo más" es... la base fundamental de su valor añadido.

La "experiencia" de "marrón"

Me estoy volviendo contra mí aquí. De "compadécete del pobre marrón" (Churchill) a... locamente chiflado por marrón y la aplicación de su idea de experiencia por parte de una compañía particular. Ésta no vende cerveza ni café. (Materia.) Sino servicios empresariales. (Efímero.) Se expresa en una nueva serie de anuncios publicitarios. Y en un nuevo logo de la compañía. A saber: ¿qué puede hacer marrón por usted?

Marrón... por supuesto... es UPS. ¡Qué grande! El marrón es el más deprimente de los colores. Es casi el anticolor. Y, sin embargo, esos "camiones totalmente marrones" han llegado a significar mucho en nuestras vidas.

Pero ahora , UPS, mencionada ya en el Capítulo 6, está haciendo horas extras para abrir camino a los "camiones marrones" conducidos por "tipos en pantalones cortos marrones". UPS se está "reposicionando". Pretende convertirse en un socio a gran escala en la excelencia de la cadena de logística y oferta.

Hay un... *fenómeno*... que UPS quiere venderte. Y qué manera tan amorosa de describirlo: marrón. Es un fenómeno que tiene que ver con hacerse cargo de una gran parte de la vida de tu empresa en una forma que te permitirá deshacerte de tus cargas logísticas y simultáneamente añadir un increíble valor a tu amado cliente.

No me preguntes a mí. Llama a 1-800 PICK-UPS... y descubre precisamente qué es lo que... ¡marrón puede hacer por ti!

Me fijo en la saga UPS por otra razón. Los ejemplos anteriores proceden del mundo de los bienes de consumo: Harley, Club Med, Starbucks, Guinnes. Pero UPS está en el negocio de vender... servicios profesionales. ¿Qué puede hacer marrón por ti? Se dirige directamente al cliente empresarial.

El poder del plan

Freeman Thomas diseñó el nuevo Volkswagen Escarabajo y el Audi TT. Ahora trabaja para Chrysler. Helo aquí hablando del Plymouth Merodeador: "Los diseñadores de automóviles tienen que crear una historia. Cada automóvil proporciona la oportunidad de crear una aventura... el Merodeador le hace sonreír. ¿Por qué? Porque está centrado. Tiene un plan, una razón de ser, una pasión".

No soy un tipo que se interese mucho por los automóviles y no estoy particularmente interesado en los pormenores de ese Merodeador. Una vez más... estoy interesado... en las palabras.

Considera estas palabras de Mr. Thomas:

historia aventura sonreír centrado plan razón de ser pasión

Amo todas esas palabras.

Táctica de la puntuación: el plan, condensado

Poco después de leer la cita que antecede de Freeman Thomas, tuve la oportunidad de comprobar el poder de su plan. Trabajaba con una empresa de venta al por menor de mediano tamaño que pretendía mejorar radicalmente su catálogo empresarial. Los productos que ofrecía eran bonitos y elegantes. La empresa contaba con una historia excelente y ampliamente respetada. Pero parecía que fallaban una "iniciativa de marketing" tras otra.

!

LA RENTABILIDAD DEL COLOR

Los colores son cosas divertidas. También poderosas.

Coca-Cola "posee" el rojo. Probablemente es cierto. Y Kodak "posee" (o, ¡ay!, "poseía") el amarillo.

De la misma forma, con su nueva campaña de marketing, UPS pretende cimentar su propiedad del... marrón.

Esta misma "teoría del color" se aplica en Home Depot, donde su jefe Bob Nardelli pretende convertir a "la caja naranja" en sinónimo de soluciones para todos los problemas domésticos.

Está también BP, que trata de alterar toda la percepción de su sector (y de ella misma) mediante la "posesión"... del verde.

Hummmm.

El color puede llegar a ser la máxima... experiencia.

Sugerí que el grupo ejecutivo contemplase su catálogo... y pensase sobre la "experiencia"/"plan" que invocaba. Me arriesgué y proporcioné una evaluación personal de un conjunto de catálogos que había escogido al azar, cuando salía para dirigirme al seminario. De hecho, los califiqué audazmente, sobre una escala de **1 a 10**. Uno es... aburrido e insustancial; 10 es un plan que... ¡chisporrotea!

Williams-Sonoma. **5.** Solía ser un 10 claro. Williams-Sonoma reinventó la cocina americana, junto con Julia Child y antes que Martha Stewart. Los productos que proporciona Williams-Sonoma hoy son excelentes. (Calidad.) Pero, para mí, el "plan" ha perdido su filo. "La diferencia" se ha perdido. Es decir: ¿cuál es el asunto? ¿Cuál es el plan?

Crate and Barrel. **8.** Crate and Barrel, al menos hasta su reciente encarnación en Marimekko, no tenía mucho colorido, lo cual me deja frío. Por otra parte, Crate and Barrel tiene claramente un... punto de vista distinto. Un plan. En mi opinión, hacen muy bien el "plan".

Smith & Hawken. **8+.** Puede ser que no sea su saco de compost. No importa. El producto, una vez más, es bonito. La historia es grande. Smith & Hawken vende un cierto "estilo de vida".

Sharper Image. **9.** A veces me gusta su material. Otras veces lo odio. Pero sé qué demonios va a ser su historia y no puedo esperar para ver el siguiente episodio. (Es decir, el próximo catálogo.)

L. L. Bean. **3.** Esta merece probablemente una puntuación más alta. Mi negativismo se debe parcialmente a la nostalgia de un viaje estropeado. El hecho es: ¡recuerdo bien a L. L. Bean cuando hacía un "plan" maravilloso! Recuerdo aquellos días, hace años, en que sencillamente no podía esperar para poner las manos en el catálogo L. L. Bean de mi padre, incluso aunque no estuviese en situación financiera de pedir ni una condenada de sus cosas. Era una historia y un enfoque de la vida chispeante, como el de Starbucks. No cabe duda de que los productos son todavía extremadamente buenos, que siguen estando bien hechos. (Tengo unos cuantos. Lo están.) Pero la historia ha perdido su encanto.

Cuando mis clientes y yo fuimos más allá del análisis desnudo y empezamos a hablar de "historia", "plan", "experiencia"... la naturaleza de nuestro debate cambió drásticamente. El debate sobre "el poder de la marca" y la "coherencia estratégica" tenían muy poco o nada que ver para ellos. Hablar del "plan" de Williams-Sonoma casi nos llevó a un combate a gritos en el que ofrecíamos nuestros puntos de vista a ritmo de ametralladora.

EL ESPÍRITU DEL "NÚCLEO"

Consideremos lo siguiente, de *BusinessWorld* de la India, al hablar de los límites del marketing tradicional:

"¿Han matado el marketing las MBA? Dice el profesor Rajeev Batra: 'Lo que piden estos tiempos es una reingeniería más creativa y rompedora de los beneficios del producto o servicio, pero no formamos a la gente para que actúe en ese sentido'. La forma en que se enseña el marketing en las escuelas empresariales es demasiado analítica y centrada en los datos. Hemos abandonado la creatividad y las grandes ideas que caracterizan a los avances reales del marketing. En la India tenemos un problema añadido: la mayor parte de los puestos de marketing más altos los han ocupado tradicionalmente los MBA. Santosh Desai, vicepresidente de McCann Erickson, y MBA, cree que, en la India, los ingenieros-MBA armados con este enfoque 'tipo logo', tienden a reducir el marketing a sus componentes netos. Este pensamiento reduccionista va en contra de la idea de que las grandes marcas deben tener una idea central, unificadora".

El arte del automóvil

Bob Lutz está cambiando sin ayuda alguna el aspecto, el sentimiento, el sabor, el tacto, el olor y (sí) el plan del gigante industrial aletargado... GM. Y creo que lo está haciendo precisamente según las dimensiones descritas en este capítulo.

Como dijo en una ocasión Lutz, *"yo me veo en el negocio del arte. Arte, entretenimiento y escultura móvil que se da la coincidencia de que también proporciona transporte".*

!

PLANÉALO TÚ MISMO
Párate sólo un segundo y piensa en esta idea de "plan"... relativa a los servicios (¡Experiencias!) de formación que ofreces, a los servicios (¡Experiencias!) de contabilidad que ofreces o a los servicios (¡Experiencias!) de ingeniería que ofreces.

Piensa sobre tu formación, tu contabilidad y tu ingeniería en términos de: Historia. Aventura. Sonrisa. Foco. Plan. Razón de ser. Pasión. Contempla si pensando de esa forma no cambia la naturaleza esencial de tu propia experiencia.

!

LA EXPERIENCIA DEL... LENGUAJE
Pensar en términos de "plan" fue un ejercicio de valor incalculable para los participantes en ese seminario... ¿O debería decir "una experiencia de valor incalculable"?

Porque el lenguaje es también una experiencia. Las palabras establecen toda la diferencia *per se*... Palabras como "historia", "plan", y, sí, "experiencia". Cambian la forma en que respondemos a un producto, a un servicio o a un seminario sobre el marketing por catálogo.

!

NUEVA EMPRESA   NUEVA MARCA

"Arte, entretenimiento y escultura móvil que, curiosamente, también proporciona transporte"

"

Y MIENTRAS ESTAMOS EN ÉL, FUNCIONA UN MOTOR

Sidney Harman y Bob Lutz están definiendo la avanzadilla de algo fenomenal: la mayor transformación de la industria automovilística en décadas.

Considera este chisporroteante titular de un artículo de *Newsweek*, noviembre de 2002: "Salón de estar, para moverse: los automóviles del futuro serán santuarios con luz suave, aromas terapéuticos y asientos de masajes. Para los viajes largos: películas y palomitas de maíz".

Ahora ¡*Eso es* una experiencia!

Aquí es donde el neumático se agarra a la carretera, literal y figuradamente.

Nuevamente: puedes calificar de siniestro total la afirmación de Lutz. O puedes decir, como creo yo, que es el centro del aparente cambio de imagen de General Motors. Un foco en la experiencia. (No sólo bajos intereses financieros.) La comprensión de que uno está en "el negocio del arte, el entretenimiento y la escultura móvil", que proporciona también ese transporte básico.

Por supuesto que otras compañías automovilísticas lo están captando, después de dos décadas de "la calidad es todo", encasquetada e impuesta por los japoneses. Estamos empezando a recordar que nuestro automóvil es... lo que somos, una clave de nuestra identidad. Sidney Harman es el fundador de Harman International, la ultraprestigiosa proveedora de sistemas de sonido. La industria del automóvil en general, y Lexus en particular, están centradas en esta estrategia excepcionalmente eficaz. Harman llegó a decir recientemente que "Lexus vende sus autos como contenedores de nuestro sistema de sonido. Es maravilloso".

Suena un poco a aprovechado. (Lo es.)

Suena un poco extravagante. (Lo es.)

Pero no estoy seguro de que sea un fresco. (No lo es.)

Están en juego cientos de miles de millones de dólares en lo que todavía es una industria enorme, y la vuelta a los "autos fantásticos" (¡experiencias increíbles!) es muy evidente.

Consigue tu tarta, y la experiencia también

Nuestros guías por este viaje, Joe Pine y Jim Gilmore, resumen su argumento en términos de una "escala de experiencia" de valor añadido. En la base están las "materias primas". Después vienen los... "bienes". Después los... "servicios". Después... tocando el cielo... las "experiencias".

Examinemos esta noción tan potente de forma en cierto modo humilde. Mi amigo Tim Sanders es un alto ejecutivo de Yahoo! El irreprimible Mr. Sanders (una experiencia en sí mismo) es responsable de la parte de "experiencia" de la empresa. (Que es en lo que consiste fundamentalmente Yahoo!) Sanders gusta de describir "todo esto" en términos de una humilde tarta de cumpleaños.

Piensa en las tartas a lo largo de cuatro generaciones:

1940. La economía de las materias primas. La abuela se gasta casi un pavo en comprar harina, azúcar y otras "materias primas". (Vale, la harina y el azúcar son bienes procesados industrialmente, pero ya sabes lo que quiero decir.) Con estas "materias primas", la abuela hace una tarta de cumpleaños (**un dólar**).

1955. La economía de los bienes. Mamá va a la tienda de la esquina, se gasta un par de pavos y hace la tarta a partir de un bien industrial empaquetado (**dos dólares**).

1970. **La economía de servicios.** Las confiterías están a disposición de las personas corrientes y no sólo de los ricos y superricos. De manera que mamá va a la pastelería el día del cumpleaños y paga 10 dólares por una tarta hecha por un profesional (**10 dólares**).

1990. **La economía de la experiencia.** Ahora es papá quien se encarga del cumpleaños del niño. Y el niño es quien dicta la ley: "Tengo un guateque, papá. Va a ser en un Chuck E. Cheese y llevaré a mis amigos". Papá se siente obligado y suelta la pasta, un billete de 100 dólares... para la "experiencia" (**100 dólares**).

Un ejemplo. Quizás. ¿Pero es tan diferente de Starbucks? (¿O de IBM Global Services?) La parte más interesante de este ejemplo —y puedes repetirlo con pelos y señales para Harley-Davidson o Starbucks o IBM— es que el gran salto se produce cuando se añade a la mezcla la "dimensión experiencia". En el caso de la tarta: de un dólar a dos, de dos a diez, de diez a cien. ¡La "experiencia" de Chuck E. Cheese añadió los últimos 90 dólares!

No límites I: me suena a chino

Joe Pine cuenta una historia maravillosa sobre un vecino suyo en Minneapolis. Robert Stephens tiene una pequeña empresa que instala sistemas informáticos y de telecomunicaciones. Las llamadas redes de área local (RAL. En inglés, *Local Area Networks:* LAN). El nombre de la empresa era directo: LAN Installation Company.

Bonito. Preciso.

Pero Joe y su vecino técnico empezaron a hablar al lado de su casa sobre el "asunto experiencia". (Un acicate para un técnico.) Para hacer más corta la historia, la empresa cambió su nombre por el de... agárrate el sombrero... *The Geek Squad (La Patrulla de los "manitas" de la informática).* Es decir, los técnicos del talento, que han hecho un buen trabajo, ponen el énfasis ahora en lo divertido, la energía, la excelencia, la fiabilidad de... *la experiencia proporcionada...* detrás de lo que hacen. El negocio creció rápidamente desde el 2% de las instalaciones de Minnesota al 30%.

En el proceso ocurrieron muchas cosas que se salen del ámbito de este capítulo, que sólo intenta introducir la noción de "experiencia" y animar un poco. Es decir, los empleados se sienten más animados al ser miembros de la "patrulla de manitas" que de la "LAN Installation Company". No es que no fueran competentes desde el punto de vista técnico antes, lo eran y lo siguen siendo. Pero se trata de esa autoimagen, de ser... *volador, ambulante, solucionadores extraordinariamente competentes de problemas relacionados con un conjunto de problemas tecnológicos.*

No límites II: no se lo dejes a los castores

Pensaba en todo esto cuando me topé con un artículo del *Wall Street Journal* a mediados de 2002. Resulta que Nueva Inglaterra ha visto volver a convertirse en bosques tierras abiertas de pastos, con la consecuencia de una explosión de la vida salvaje que a veces se mezcla de manera molesta con los vecinos humanos.

EXPERIENCIAS

SERVICIOS

BIENES

MATERIAS PRIMAS

!

!

MOSTRARSE CAPAZ
Al igual que muchos otros, creo que "lo que se mide se hace". De manera que necesitamos nuevos sistemas métricos para una nueva era.

Economía de las materias primas: cantidad... una medida práctica.

Economía de los bienes: Six Sigma... ¡una medida excelente!

Economía de servicios: satisfacción del cliente... ¡una medida brillante!

Economía de las experiencias: éxito del cliente... ¡la máxima medida!

"Éxito del cliente" en "transformar tu imagen"... seguida de una visita al Club Med. "Éxito del cliente" en "transformación organizativa"... siguiendo la utilización de la ayuda profesional de IBM Global Services.
Etc., etc.

NUEVA EMPRESA   NUEVA MARCA

ELLA ES EL JEFE
(O DEBERÍA SERLO)

Sólo una idea...

Vieja economía = bienes y servicios básicos.

Dominada por los hombres. Por el pensamiento y las ideas de los hombres.

Nueva economía = soluciones y experiencias. Dominada por las mujeres. Por el pensamiento y las ideas de las mujeres.

Faith Popcorn y Lys Marigold comentan en EVEolution: "Las mujeres no compran marcas. Se asocian con ellas".

En otras palabras, la idea de la "experiencia" es una idea que las mujeres aceptan con naturalidad. Los hombres... no lo hacen necesariamente.

Por ello, tiene sentido promover a más mujeres a posiciones de liderazgo. Seguramente estamos entrando en una... economía de las mujeres.

De nuevo, sólo una idea. Volveremos sobre ella. (Lee los Capítulos 13 y 21).

EL PRODIGIO
BIG BLUE

Una notable excepción (llámala un maestro metafísico) fue Lou Gerstner en IBM. Como puse de manifiesto en el Capítulo 6, gran parte del sorprendente éxito que IBM ha tenido con su Global Services Division puede deberse a la experiencia de Lou como consultor en McKinsey & Co.

En McKinsey, Lou aprendió el significado de los "servicios profesionales"... y el valor de la "experiencia de los servicios profesionales". El legendario líder de la firma, Marvin Bower, fue el original maestro metafísico ESP y un hombre que fue muy consciente del "plan" que trabajó concienzudamente para crear.

En particular, los castores se han convertido en un problema. Si alguna vez has tenido un estanque en una granja (yo tengo tres), sabes que un castor puede destruir en muy poco tiempo cualquier cosa parecida a un árbol que necesite y después lo lanza al estanque, originando la peor de las inundaciones.

A los que tratan con los castores se les ha llamado históricamente "tramperos". Y, de hecho, hay tramperos sanos y salvos en Nueva Inglaterra. Recientemente, los tramperos han ganado 20 dólares por cada piel de castor atrapado. La vida del trampero consiste en transformar el castor en piel. (¿La llamamos economía de las "materias primas"?)

Pero luego surge un "problema". Demasiadas personas relativamente acomodadas viven cerca de demasiada vida salvaje. De manera que el trampero sabio decide que ya no es un "trampero". Ahora se convierte en un... *profesional del control de los daños de la vida salvaje*. (¡Manda la "economía de la experiencia"! (¡La patrulla de manitas al rescate!) Y un... PCDVS (Profesional de Control de los Daños de la Vida Salvaje) puede cobrar 150 dólares... no unos simples 20 dólares... por la "eliminación de un castor problemático". (Como los transportistas que venden "servicios" y no "cajas".) (Castores "eliminados", no castores "muertos". Quizás.)

Sin embargo, algunos nuevos residentes quieren a sus castores y desean mantenerlos vagando alrededor. Pero no quieren las nocivas inundaciones. Nuestro astuto PCDVS (¡miembro ahora de pleno derecho de la fraternidad de "servicios profesionales"!) cobra de 750 a 1.000 dólares por proporcionar tuberías que controlan la inundación... de manera que puedan permanecer los castores... y desaparecer las inundaciones.

Ama eso.

Bienvenida la "economía de la experiencia".

Bienvenida la "economía de las soluciones".

Bienvenido el mundo de los "servicios profesionales".

En lugar de un paleto con un fusil que cobra a 20 pavos la piel... tenemos ahora un profesional de control de los daños de la vida salvaje y un proveedor de soluciones que cobra 1.000 dólares por proporcionar una "experiencia".

(Ah, la vida.)

Pongámonos metafísicos

Introducirse en el "negocio de la experiencia" es (fundamentalmente) cuestión de un marco mental. La transformación que se requiere no es fácil. Como escribe el experto en marketing danés, Jesper Kunde, en *Unique Now... or Never:* "La mayor parte de los directivos no tienen ni idea de la forma en que pueden añadir valor en el mundo metafísico. Pero eso es lo que el mercado pedirá a gritos en el futuro. No hay carencias de productos (físicos) entre los que elegir".

Los ejemplos de Kunde incluyen a Nokia, Nike, LEGO y Virgin... Todas maestras de experiencia... Todas fabricantes y vendedoras de productos físicos que tienen una presencia metafísica. ¿Pero cuántos líderes están siguiendo esos ejemplos —y ejemplos del tipo de los que he proporcionado más arriba— seriamente? ¿"Seriamente" hasta el punto de alterar fundamentalmente la estrategia de la empresa? ¿Cuántos grandes tipos (y no es una coincidencia que la mayor parte de ellos sean tipos y no tipas) se sienten cómodos con el "mundo metafísico" de Kunde?

Pies, no me falléis ahora...

Me encontraba en una sesión de estrategia de todo un día en una gran empresa de venta al por menor. Oía mucho "destruye a la competencia", "ve por el oro". Me encontraba impresionado por un conjunto de iniciativas de *merchandising* que iban a "aportar los cuartos". Me daba vueltas la cabeza ante el baño de jerga de nuevos programas para esto y para eso y para más.

Pero mi pie no paraba de moverse. Algo —¿qué?— no estaba muy católico. Quizás fuera la cena tailandesa de la noche anterior.

Terminado el día, me trasladé a otra ciudad, después me fui a casa. Pero no podía calmar el temblor de mi pie, al menos metafóricamente.

Exageraría si dijera que me vino en un instante, pero más o menos fue así. Nuestros amigos de venta al por menor lo habían desmenuzado todo y habían hablado de todo, excepto de "ello". ¿Ello? Todo el negocio, la aventura, la historia, el plan, la experiencia "holística".

¿Qué demonios es eso que lo impregna todo, desde la plaza de aparcamiento a la caja, en una tienda determinada? ¿Cuál es el equivalente de Niketown o Sarbucks o Disney? ¿Dónde están los polvos de duendecillo?

El CEO, créeme, no era un tipo metafísico. Pero le escribí una carta desapasionada. Llámala el cuento del pie que se movía y que no se podía parar.

Quién sabe, pero pienso que yo estaba sobre algo. Grande. Incluso enorme.

¿Eres... experimentado?

Vuelve a leer los últimos capítulos. Equivalen a una constante y lógica acumulación de ideas. Vuelve a leer este capítulo en particular. Piensa en los ejemplos. Piensa en otros ejemplos. Juega con esta palabra... *experiencia*.

¿Y luego, qué? ¿Tendrías que contratar a un director teatral para tu departamento de contabilidad? ¿O para tu departamento de desarrollo de productos? ¿O para tu departamento de marketing?

Quizás.

Piensa en la experiencia. *Habla* de la experiencia. *Contempla* ejemplos de experiencias. *Analiza* esos ejemplos. Después, sigue insistiendo, y recuerda:

1. No se trata de un matiz semántico. Se trata de... la esencia de la vida en la nueva economía.

2. Están en juego miles de millones de miles de millones (y algunos miles de millones más) para las empresas gigantes. Y, hablando relativamente, las mismas grandes sumas están en juego para el contable individual... o el trampero de castores convertido en profesional del control del daño de la vida salvaje.

3. **ES UN GRAN NEGOCIO.**

! Contrastes

ERA	ES
"Producto" o "Servicio"	"Experiencia"
Es un buen producto	Es un zambombazo, un bocinazo
Funciona	Deja un recuerdo indeleble
"Me alegro de haberlo comprado"	"¡Quiero más!"
Cliente satisfecho	Miembro de un club
Cliente que repite	Agente de marketing viral boca a boca
Obtienes aquello por lo que pagas	Te sorprendes y disfrutas cada vez más
Está de acuerdo con tu cartera	Está de acuerdo con tu psicología
Satisface una de tus necesidades	Te ayuda a definir quién eres

NUEVA EMPRESA   NUEVA MARCA

9 ExperienciasPlus: dedicarse a "la empresa sueño"

! Manda el tecnicolor...

- "Los sueños son momentos plenos en la vida de un cliente. Experiencias importantes que tientan a los clientes para que comprometan recursos sustanciales. La esencia de los deseos del consumidor. La oportunidad para ayudar a los clientes a convertirse en lo que quieren ser."
- Moldeamos nuestras palabras y luego ellas nos moldean a nosotros.
- ENTRA EN EL "NEGOCIO DE LOS SUEÑOS"... EL NEGOCIO DE "LAS IMAGINACIONES INCREÍBLES".

! GRITA   no estamos preparados...

Aún nos miramos en la vieja economía, en el viejo pensamiento del producto. Pero debemos —¡Todos!— tomar ejemplo de empresas como Virgin Group y enfrentarnos, "estratégicamente", con el hecho de que los ganadores serán... *Masters en el Negocio de los Sueños.*

! VISIÓN   imagino...

Escuelas... Hospitales... Enfoques bélicos... Empresas... Permutaciones y combinaciones que proporcionan algo muy alejado de los servicios ("sueños-imposibles-hechos-posibles").

!

 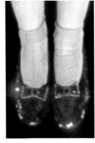 

LENGUAJE ONÍRICO

Así es cómo funciono: me encuentro con una palabra en un discurso. En un libro o en un artículo. Y, de repente... se soluciona una gran parte de lo que me ha estado preocupando... durante los últimos dos meses (o los últimos dos o 22 años). En un instante. En una palabra. Por una palabra.

Y... la vida ya no vuelve a ser la misma.

Las palabras me involucran. Hacen que contemple todo lo que hago... de una forma totalmente distinta.

He estado reflexionando sobre la "trampa del producto". No sirvió para mucho. Después encontré... la palabra. O, más bien, el par de palabras: experiencia, sueño. Y, con un ruido ensordecedor... se liberan las placas tectónicas... y aparecen un montón de observaciones dispersas.

Es francamente un soñador

Amo la idea de la "experiencia". (Traté de transmitir algunas dimensiones de mi flagrante enamoramiento en el último capítulo.) Esa idea está muy lejos para muchos, comparado con nuestra forma "empresarial" normal de contemplar los productos y servicios. Y quizás podamos hacer que nuestras mentes vayan más allá. ¿Mucho más allá?

Las apuestas son altas... Miles de millones sobre miles de millones. (De nuevo.)

De manera que... el próximo vocabulario es a-m-p-l-i-a-r: *los sueños*.

Ahora bien, esa palabra/idea excede con mucho la zona de confort de este viejo ingeniero civil, que se tambaleaba después de nuestra visita al reino etéreo, aunque fuerte en dólares, de las "experiencias".

El poder del "sueño" se me reveló cuando fui lo suficientemente afortunado como para sentarme en una presentación, en Méjico, con el antiguo CEO de Ferrari North America, Gian Luigi Longinotti-Buitoni. Los sueños son su "truco".

Soñar productos.

Soñar satisfacción.

Soñar marketing.

Soñar provisión.

Considera... muy cuidadosamente... la siguiente afirmación de Mr. Longinotti-Buitoni: "Un sueño es un momento pleno en la vida. Experiencias importantes que tientan al cliente para que comprometa recursos sustanciales. La esencia de los deseos del consumidor. La oportunidad de ayudar a los clientes a convertirse en lo que quieren ser".

¡Qué palabras tan maravillosas! "Momento completo." "Tentar." "Comprometer." "Presencia." "Deseos." Y, resumiéndolo todo: "La oportunidad de ayudar a los clientes a convertirse en lo que quieren ser".

No estoy seguro de haber entendido plenamente todas esas palabras. Pero pienso "atraparlas de alguna forma". Y sospecho que si las hubiera entendido plenamente... me hubiera podido... quedar boquiabierto.

Sí, la palabra adecuada: ¡boquiabierto!

LA TRAGEDIA DEL "COMÚN"

Longinotti-Buitoni distingue entre "productos comunes" y "productos de sueño". Es decir:

Producto común		Producto de sueño
Maxwell House...	*versus...*	**STARBUCKS**
BVD...	*versus...*	**VICTORIA'S SECRET**
Payless...	*versus...*	**FERRAGAMO**
Hyunday...	*versus...*	**FERRARI**
Suzuki...	*versus...*	**HARLEY-DAVIDSON**
Atlantic City...	*versus...*	**ACAPULCO**
New Jersey...	*versus...*	**CALIFORNIA**
Carter...	*versus...*	**KENNEDY**
Connors...	*versus...*	**PELE**
CNN...	*versus...*	**"¿QUIÉN QUIERE SER MILLONARIO?"**

No hay nada necesariamente malo en las integrantes de la primera columna. Todas ellas ofrecen una sólida respuesta a una necesidad u otra. Pero la segunda columna encierra un poder de soñar que va mucho más allá del reino de la mera "satisfacción de la necesidad".

Aventuras en... "marketing onírico"

Longinotti-Buitoni predica el "marketing de los sueños", una idea que condensa en una expresión de su propio cuño: *marketing onírico*. Es más bien tonta, especialmente por lo que se refiere a un tema estéticamente tan rico.

Sin embargo, me encuentro mareado por ella:

Marketing onírico: alcanzar los sueños de los clientes.

Marketing onírico: el arte de contar historias y de entretener.

Marketing onírico: promover el sueño, no el producto.

Marketing onírico: construir la marca en torno al sueño principal.

Marketing onírico: iniciar el "runrún", la "exageración", un "culto".

Longinotti-Buitoni proporciona también serios datos financieros que demuestran... claramente... que lo que él llama productos "de sueño" proporcionan (junto con la satisfacción de los clientes) retornos a los accionistas mayores en muchos miles a los retornos de los productos "comunes".

No se trata de castillos en el aire. Es un "mensaje empresarial", proporcionado por un hombre de empresa práctico que ha creado y mejorado algunas franquicias extraordinarias. Creo que vale la pena escucharlo, especialmente a la luz del argumento fundamental que he intentado desarrollar en este libro. El argumento fundamental sobre fuentes totalmente nuevas de valor añadido... en una economía totalmente nueva.

Proyecto: sueño

¡Espero ficharte! Espero que vayas a considerar las ideas de este capítulo, y considerar aplicarlas a tu proyecto actual.

    (En finanzas)

    (En compras)

    (En recursos humanos)

    (En ingeniería)

    (En sistemas de información)

He aquí tus instrucciones: REIMAGINA ESE PROYECTO. NO DESCANSES... HASTA QUE ESE PROYECTO PASE EL TEST DE LA IMAGINACIÓN (O DEL *MARKETING ONÍRICO*) PROPUESTO POR GIAN LUIGI LONGINOTTI-BUITONI. HASTA QUE HAYAS CONVERTIDO EL CURSO DE FORMACIÓN "SUZUKI" EN UN CURSO DE FORMACIÓN "HARLEY-DAVIDSON", EL PROCESO EMPRESARIAL "MAXWELL HOUSE" EN UN PROCESO EMPRESARIAL "STARBUCKS".

Piensa en un departamento... conocido ahora como ESP... en tu empresa. ¿No deberían tus "cursos de formación" cambiar radicalmente la visión de la vida de *todos* los participantes?

SÍ. (MALDITA SEA.)

¿No debería ser el próximo "proyecto de reingeniería del proceso empresarial" un ... ejercicio sobre la satisfacción de sueños?

SÍ. (MALDITA SEA.)

¿Por qué molestarse por un proyecto a menos que sea un proyecto de *marketing onírico*... a menos que altere drásticamente la perspectiva tanto del proveedor-diseñador como del usuario-cliente?

Palabras claves:

DRÁSTICAMENTE. ALTERAR. PERSPECTIVA.

La lógica del sueño

Mr. Longinotti-Buitoni ofrece un consejo específico para los que pretendan convertir su equipo de proyecto en un... equipo de sueños:

- Consigue el máximo valor añadido satisfaciendo los sueños de tus clientes.
- Invierte solamente en lo que es valioso para tu cliente.
- No dejes que los resultados a corto plazo debiliten el valor a largo plazo de tu marca.
- Equilibra el control riguroso del esfuerzo financiero con la gestión emocional de tu marca.

NUEVA EMPRESA NUEVA MARCA

● Construir una estructura financiera que permita la toma de riesgo: no riesgos-no sueños.

● Establecer el "poder del precio" a largo plazo con el fin de evitar la trampa del producto *commodity.*

● Elegir un creador. El líder cultural que proporcione a la compañía un punto de vista estético.

● Contratar eclécticamente: contratar colaboradores con diferentes culturas y pasados con el fin de equilibrar el rigor y la emoción.

● Dirigir emocionalmente: engendrar una dedicación apasionada mediante la visión y la libertad.

● Construir para la larga distancia: la creatividad requiere un compromiso de por vida.

El defecto "cero defectos"

El secretario de defensa Don Rumsfeld está decidido a remodelar el ejército norteamericano. Insiste en que los militares necesitan... una genuina revolución... escenarios de rendimiento totalmente nuevos. En dos palabras: nuevos sueños.

¡Ay!, está luchando contra la mayor corporación de todas: los almirantes y generales hiperconservadores. Como decía *Newsweek* en un artículo de fondo sobre Rumsfeld: "En el ejército moderno el riesgo es un anatema para las estrellas nacientes que no pueden permitirse errores en sus *currícula*. El cero defectos y la tolerancia cero son palabras comunes".

Y los "escenarios de rendimiento totalmente nuevos"... los nuevos sueños... tardarán en llegar si los líderes se miden a sí mismos por el estándar "cero defectos".

El problema de "cero defectos": no fallos "atrevidos", no éxitos "grandes".

NO SE PUEDE ESCAPAR A ESA LÓGICA. NADIE.

La medida de los sueños: más allá (mucho más allá) de "Cero Defectos"

Nuestro guía en este viaje, Mr. Longinotti-Buitoni, insiste en que "cero defectos" y otras medidas igualmente estériles de "calidad" no son más que un punto de partida. Sus medidas favoritas:

"Amor a primera vista."

"Diseñar para los cinco sentidos."

"Desarrollar para expandir el sueño principal."

"Diseñar de manera que se pueda deducir a través de los sentidos periféricos."

A todo lo cual, digo: SÍ. SÍ. SÍ. Y SÍ.

¿He entendido totalmente esto? ¡No! Por otra parte, yo nunca he creado una Starbucks... o una Victoria's Secret... o una Ferragamo... o una Ferrari... o una Harley-Davidson. (¡O una IBM Global Services!) (O lo recién descubierto... MARRÓN).

TRAMANDO "SUEÑOS"

Del *Rodale's The Synonym Finder:* "sueño, n. 1. Visión, pesadilla; aparición, quimera, *ignis fatuus,* hada; fantasma, sombra, espectro, íncubo, diablo, pesadilla; fantasía, fantasma, *Lit.* fantasía, *Inf.* sueño imposible, romance; invención, invención de la imaginación, ficción, fabricación; visualización, alucinación, espejismo, ilusión, desilusión; sombra, vapor, nada".

NUEVA EMPRESA   NUEVA MARCA

Pero piensa en esto. Piensa sobre un aspecto de tu empresa... un "procedimiento" tosco, digamos, un anhelo de hacer que un sueño-se convierta-en realidad. Aplica luego la medida número 1 de Mr. Longinotti-Buitoni: *"amor a primera vista"*.

Tiene sentido para mí. Para un producto o servicio o (sí) solución. Para un proceso empresarial. (Ver más arriba.) Para un curso de formación. (Ver más arriba.) También de la misma manera para un producto nuevo o una campaña de marketing nueva.

Después, aplica rigurosamente otras medidas del sueño de Longinotti-Buitoni...

¡Diseñar para los cinco sentidos!

¡Expandir el sueño principal!

¡Seducir a través de los sentidos periféricos!

Una vez más, con sentimiento (maldita sea)

Una de las medidas más populares en el mundo empresarial de la calidad o de la satisfacción del cliente es... "exceder la expectativas".

OH, CÓMO DESPRECIO ESO.

Supongamos que has asistido al séptimo partido de los desempates de la Western Conference NBA en junio de 2002. Contemplaste la guerra de Los Ángeles Lakers contra los Sacramento Kings. Fue un partido "excepcional". (O algo por el estilo.)

Digamos que fuiste con un buen amigo. A la salida del Arco Arena en Sacramento, te encuentras agitado por el rescoldo emocional del partido (ganado o perdido). Te vuelves hacia tu mejor amigo de unos 25 años y dices: *George, este encuentro "ha excedido mis expectativas"*.

POR SUPUESTO QUE TÚ NO DICES TONTERÍAS COMO ESA.

¡Tú gritas!

¡Tú chillas!

¡Las palabrotas cruzan el aire!

¡Los adjetivos más extraordinarios rompen el cielo!

Era un... momento extraordinario. Un... acontecimiento extraordinario. (Me atrevo a decir que... el hecho de haber asistido a él... ha hecho realidad un sueño... ganaras o perdieras.)

Como he dicho desde el principio, soy un... impasible... enamorado de la empresa. Creo que nuestras empresas, públicas y privadas, *pueden* ser... salvajemente creativas. Creo que pueden proporcionar...

!

DÍAS DE PERRO

Podrías pensar, visto mi... lenguaje... que soy siempre optimista. Un optimista andante.

Pero no: tengo días totalmente cagados en los que apenas puedo levantarme de la cama. En esos días, me obligo a mí mismo y salgo a pasear con mis perros. Para mí, la *experiencia perro* gana a los mejores medicamentos psiquiátricos.

Luego... sigo adelante. Castigo mi espalda hasta el agotamiento, no para "ordenar un proyecto" o "preparar una conferencia", sino para transformar un proyecto, o una conferencia, en una experiencia que transforme (potencialmente) a otras personas.

Mi temor principal es no proporcionar cosas que importen. Que no pueda hacer del mundo... un lugar un poco mejor.

De manera que me las arreglo entre mis perros y la posibilidad de producir "experiencias que importen" (¡Qué brillante!) Y ocurre algo divertido. Cuando vuelvo a encender mi entusiasmo, otras personas responden invariablemente con la misma moneda.

Mensaje: el entusiasmo engendra entusiasmo.

NUEVA EMPRESA   NUEVA MARCA

¡Sueños!
¡Sueños!
¡Sueños!

Nike. Un equipo que es más que un alto rendimiento. La promesa de una vida de alto rendimiento.

Armani. Vestimos Armani. Nos convertimos en Armani.

Intel Centrino. ¿Un chip invisible? ¡No! La garantía de una vida apasionante facilitada por una tecnología sexi.

TECNOLOGÍA MÓVIL

Virgin. Utilice Virgin. Sea guay.

Google. Es un motor de búsquedas ubicuo. Como dijo un comentarista, "Google es un poco como Dios".

Porsche. ¿Difícil de conducir a veces? Sí. Pero ¿a quién preocupa eso?: YO TENGO MI PORSCHE.

NUEVA EMPRESA   NUEVA MARCA

Experiencias extraordinarias... para nuestros empleados... nuestros proveedores... nuestros clientes.

Creo que "la emoción" está "donde está".

Creo en las "experiencias".

Creo en los "sueños".

Creo en el lenguaje. En el lenguaje extremo. En el lenguaje emotivo. En el lenguaje que... *me compromete*. Que me hace... despegar.

El "sentimiento" de los sueños: si lo construyes...

Si te sientes cómodo (en la empresa... o en el ejército) con palabras como "sueño" y "marketing onírico"... entonces te sentirás cómodo con otras palabras "incorrectas" como... coraje.

El experto en desarrollo de productos y marketing Dough Hall proporciona, en un mensaje de correo electrónico que me envió, una salida brillante a los dos últimos capítulos:

Internet es la asesina de beneficios más eficaz de la tierra. Estimula un MERCADO VERDADERAMENTE LIBRE (¡A él también le gustan las mayúsculas!); y un mercado libre REAL es el mercado más peligroso para las empresas que VENDEN LOS MISMOS PRODUCTOS ANTIGUOS. Para quienes tienen CORAJE (¿profesionales del marketing onírico?), los mercados libres son algo grande —eliminan a los competidores inútiles que no tienen el coraje suficiente para cambiar— y abren el camino a los que APALANCAN su DIFERENCIA RADICAL en un crecimiento rentable.

Sombreros fuera ante...

LAS EXPERIENCIAS DESLUMBRADORAS

EL MARKETING ONÍRICO

LA DIFERENCIA RADICAL

LAS PALABRAS CANDENTES

LAS MAYÚSCULAS

EL CORAJE

¡Y al infierno la "esclavitud del cubículo" y el "cero defectos"!

Sueños. Posibilidades totalmente nuevas. Imaginaciones increíbles.

TE DESAFÍO... A ENTRAR EN EL NEGOCIO DE LOS SUEÑOS... DE LAS "IMAGINACIONES INCREÍBLES". NEGOCIOS.

¿Vas a seguir mi idea? ¿A unirte a los soñadores no anónimos? ¿A esos espíritus valientes... dispuestos a perseguir los (cada vez más posibles) sueños imposibles?

CUIDADO CON LAS PALABRAS

Winston Churchill decía: "Nosotros moldeamos nuestros edificios. Después, ellos nos moldean a nosotros". Yo digo: "Nosotros moldeamos nuestras palabras. Después, ellas nos moldean a nosotros".

Algo especial ocurre cuando hablamos de "sueños", o de "marketing onírico", o de "experiencias". Vemos el mundo a través de lentes nuevas.

Es cierto que yo hablo y escribo para ganarme la vida. De manera que las palabras lo son todo para mí. Pero uno de mis objetivos en este libro —uno de mis objetivos principales— es convertirte en la misma clase de fanático cualificado de la palabra que soy yo.

EN EL VALLE DE LOS SUEÑOS

¿Cuál es mi excusa por enamorarme (sí, a primera vista) de la noción de "imágenes increíbles" y "sueños imposibles"? Respuesta: mis más de 25 años en Silicon Valley. Donde David ha humillado a Goliat una y otra vez... sólo para convertirse en vulnerable Goliat él mismo, de la noche a la mañana.

Una tierra para el drama. Y para los sueños (y, sí, pesadillas) hechos realidad.

En Silicon Valley, me enamoré. De Steve Jobs. Scott McNealy. Larry Ellison. Jim Clark. De personas que eran... *más grandes que la vida*. De personas que tenían... sueños.

NUEVA EMPRESA NUEVA MARCA

! Contrastes	
ERA	**ES**
"Meras" experiencias (suficientemente buenas para el capítulo 8)	Imaginaciones salvajes ... y sueños cumplidos
Cosas bien hechas	Cosas que no se creían posibles
"Es condenadamente bueno"	"¿Puedes hacerlo?"
Complacido	Eufórico
Sorprendido	Asombrado
Vender a los clientes	Tentar a los clientes
"No estoy seguro de necesitarlo"	"VOY A HACERME CON ELLO. AHORA"

10 Diseño: el "alma" de la nueva empresa

! Manda el tecnicolor...

- "El diseño es el alma de una creación humana".
- El diseño no es algo superficial o "embellecedor".
- "Los diseñadores son personas que piensan con sus corazones".
- El diseño no es algo que "guste" o "disguste". Es algo relativo a la pasión. A la emoción. A la conexión.
- El diseño es algo que... me hace sonreír. (Y algo que me hace... gritar.)
- El diseño es el DETERMINANTE NÚMERO 1 de que un producto-servicio-experiencia destaque, o no.

! GRITA   no estamos preparados...

Consideramos el "diseño"... cuando lo consideramos... como una "pátina"... "una cosita encima de". Pero debemos apreciar que el diseño es la cuna del alma... si es que se está en el negocio de las soluciones-experiencias-sueños-satisfacción. (Y todos debemos estar, desde el más humilde trabajador hasta el CEO.)

Contemplamos el diseño como un "proceso acabado". Pero debemos comprender que una "sensibilidad por el diseño" minucioso puede dirigir eficazmente la estrategia de la empresa, como en Sony o Nokia, y dejar de ser un primo segundo olvidado.

Pensamos en los diseñadores... cuando pensamos en ellos... como en bichos raros que deberíamos confinar en sus cubículos, lejos del "salón de las batallas" de la estrategia. Y, sin embargo, debemos invitar a los diseñadores a sentarse, como Dieter Rams, de Braun, a la derecha del CEO en las salas de consejos.

! VISIÓN   imagino...

Un "departamento" financiero (¡es decir, una ESP de valor añadido!)... con un músico, un poeta, una actor, una actriz y un antropólogo. (Junto con algunos tipos de números). Este "departamento" representa la precisión y la integridad. Pero es también un... socio empresarial destelleante. Los miembros de esta ESP no son zánganos. No se esconden detrás de espesas y oscuras presentaciones de Excel o de figuras arcanas. Son excitantes. Sus ideas son excitantes. Sus presentaciones son excitantes. Y claras. Y hermosas. Porque estos "financieros" de nueva generación están... IMPULSADOS POR EL DISEÑO.

EL JUEGO DE LA PASIÓN

Considera nuestra historia hasta aquí. (Recuerda: mandan las historias.)

1. El final del trabajo de cuello blanco tal como lo conocemos.

2. El cambio a actividades de alto valor añadido, intensivas en capital intelectual.

3. El surgimiento de la empresa de servicios profesionales.

4. La creación de nuevos servicios ("soluciones") por encima de los "productos".

5. La noción de que los "servicios" no son servicios por sí mismos sino... experiencias centelleantes (o: sueños hechos realidad).

6. El reconocimiento de que todas las "soluciones", "experiencias", y sueños derivan de... la pasión por el diseño.

7. Nuevamente (apúntatelo bien): la pasión por el diseño.

CUESTIÓN DE PASIÓN

El diseño —junto con la conciencia del diseño (¡no el "embellecimiento"!)— es el monte Everest del "capital intelectual".

Es —al igual que la música, que el arte— el pináculo de la realización humana. Implica nada menos que aplicarse a la tarea que se tiene entre manos... lo cual significa estar totalmente comprometido y ser totalmente humano.

Tiene alma

Soy yo, y no los filósofos griegos, quien ha descubierto la "cuna del alma".

Al menos en la empresa.

Y es... el gran diseño.

¿Me hacen parecer arrogante estas palabras?

Sí.

¿Y qué?

Tengo de mi parte a Steve Jobs. "El diseño significa chapa para la mayor parte de la gente —dice Jobs, el genio que está detrás de Apple, Next, Pixar... y de nuevo Apple—. Nada podría estar más alejado del significado de diseño. El diseño es el alma fundamental de una creación humana."

Son condenadamente pocos los que "lo captan". La mayor parte de la gente considera el diseño como algo superficial, algo "embellecedor" y un maquillaje a posteriori. Pero en el mundo de Apple, y de Sony, es la antítesis de todo eso.

El diseño se refiere al "alma".

El diseño es lo primero.

El principio del diseño dirige y define la empresa y su proposición de valor fundamental.

Yo soy el único de los "gurús del *management*" que escribe ampliamente sobre el diseño.

¡Por qué?

Me excita.

(La frase correcta.)

La emoción del diseño: navegación tranquila

Crecí en el agua. En la Cala de Sullivan, sobre el río Severn, cerca de Annapolis, Maryland.

Llevo los ríos en mi sangre. (Y en mi alma.)

Acababa de volver de un viaje. Me dolía la espalda. (Siempre me duele.) Porque mi cartera pesa tres veces más de lo que debiera.

¿Por qué?

El tensor que llevo conmigo. Lo compré en Fawcett's, la primera tienda de Annapolis de productos para yates. (Cuando era niño. Y hoy, cuando ya no lo soy.)

Un tensor tensa el aparejo. Tiene 8 pulgadas de longitud y es una pieza de cromo de los veleros que vale 60 dólares. Es también... lo que viene más al caso... bonito. (Mira la foto de arriba a la derecha.)

La hora de la confesión: *lo acaricio mientras escribo*.

La desilusión del diseño: el infierno del hotel

Me paso viajando casi 200 noches al año. Es una barbaridad. Pero muchos de vosotros/nosotros seguramente pasamos al año unas 100 "noches fuera".

Sospecho que la mayor parte de nosotros llegamos a la habitación del hotel, suspiramos dos veces, enchufamos la computadora y nos ponemos a emprender nuestro "segundo-día-de-trabajo".

El hecho es que llego a la habitación... abro la cremallera de mi maleta rodante... saco mis bolas de cables enredados... busco a gatas por el suelo... enchufo... me acoplo... y... ME PASO DE CUATRO A SEIS HORAS DE LAS DIEZ SIGUIENTES... CONECTADO ACOSTÁNDOME CON LA PRESENTACIÓN EN POWERPOINT DE MAÑANA.

El problema: *sólo un hotel de cada diez o quince "lo tiene"*. No estoy hablando de DSL. Estoy hablando de MED, Mi Espalda Doliente. ESTOY CABREADO. (MUCHO.) Estoy cabreado de los hoteles que proporcionan grandes sofás y armarios... que *nunca* utilizo... pero... ofrecen MESAS DE TRABAJO INDECENTES... CON INDECENTES SILLONES QUE ARRUINAN MI CUERPO.

Maldita sea.

Mensaje a los "estilistas" de los hoteles: la habitación de su hotel es mi "oficina". (Más que mi "oficina oficial"). ¡Respete... por favor este hecho! ¡Respete... por favor, mi dolor de espalda! (Hágalo y me ganará como cliente. Y se ganará mi *afecto*.)

La definición del "diseño": una epifanía de PowerPoint

Definir el "diseño": no es fácil; es importante.

A finales de 2000, me habían encargado la ponencia principal de una gran conferencia sobre diseño. Tardé una eternidad en preparar mi presentación. Pero a medida que se aproximaba el amanecer de "El día", seguía sin estar contento de ella. Estaba extremadamente descontento. Llevaba años trabajando en ese "condenado tema del diseño". Y aún no sabía por qué me había sorbido tanto el seso.

Cerca de las cinco de la mañana del día en que comenzaba la conferencia, me levanté y tecleé un texto sencillo para unas transparencias en PowerPoint. Y me dije a mí mismo (me da vergüenza decirlo, pero lo hice): "ah-ah".

He aquí lo que arrojé en las transparencias:

1. **El diseño "es"... QUÉ & POR QUÉ AMO. A-M-O.**

El diseño no es "gustar". No es "disgustar". Es pasión... emoción... conexión.

Descubrí que, en las conferencias sobre diseño, los diseñadores llevan consigo invariablemente sus juguetes favoritos. Me costó una enormidad descubrir qué era lo que podía llevar yo. Al final, todo lo que tuve que hacer fue mirar en mi cartera. Y allí estaban: un par de cajas de ¡*Ziplocs!*

¡Ziplocs!

¡Ziplocs!

Ziplocs: no podría vivir sin ellas. Si dejaran de hacerlas, probablemente me pondría la última de ellas por la cabeza, y dejaría de cantar. "Sólo" una "bolsa de plástico". ¡Pero no es así! Un millón de usos.

Brillante.

Diseño espectacular.

2. **El diseño es... LO QUE ME VUELVE LOCO.**

L-O-C-O.

El diseño es esa cosa que... me hace reír a carcajadas. (Y esa cosa que me hace... gritar.)

Como he dicho, paso probablemente 200 noches al año en los hoteles. Ya no soy tan joven. He llevado gafas durante unos 20 años. (Ahora, trifocales.) Pero... no llevo gafas cuando estoy en el... *cuarto de baño*. (¿Quién las lleva?) Por eso... nada... en la tierra... me cabrea más... que los botes de champú en los que la palabra "champú" está escrita en caracteres tan pequeños que no se pueden leer.

No es que encuentre la experiencia/problema "desagradable". Es que... *me cabrea* a tope.

CHAMPÚ

3. **Hipótesis: ¡EL DISEÑO ES LA DIFERENCIA PRINCIPAL ENTRE... EL AMOR Y EL ODIO!**

Tardé diez años en dar con esta afirmación. Es muy brusca. Pero pienso que vale la pena esperar diez años porque es precisamente lo que creo.

No se trata de un "sorta"

EJEMPLO PERSONAL DE AUTOSERVICIO

Desde que "irrumpí en la escena pública" (el rincón del management) en 1978, he dado unas 3.000 conferencias y seminarios. Algunos son buenos, otros son malos y otros indiferentes. Unos cuantos son tan maravillosos (para mí) que no los puede igualar ninguna droga —y quizás ni el sexo—.

¿Cuál es el secreto? No "los mejores datos". No "la lógica más firme". Es esto: todos mis sentidos están perfecta y armoniosamente sintonizados con la audiencia. Se produce una conexión estética. Estamos "haciendo teatro" juntos... El teatro de la empresa fabulosa. Tomarse en serio el potencial de esta sintonía estética es... la esencia de la consciencia del diseño.

Créeme, no hay nada que le haga a uno sentirse tan plenamente vivo como estar "en la pomada" (como dicen los atletas). Una vez que se ha estado ahí, no quiere uno abandonarla. Uno se convierte en un adicto al instante... un adicto al diseño puro.

HISTORIA DE "LUV".

LUV es el símbolo de la Southwest Airlines. Al igual que Target, SWA es una empresa que realiza descuentos y que se revela en la estética de lo que produce. La energía y entusiasmo de su personal de tierra y de cabina son un producto de... la auténtica consciencia del diseño.

Por eso, comencé mi presentación a esa festiva Conferencia sobre el Diseño como sigue: *"Soy un fanático del diseño. Aunque no soy artista, amo las cosas bonitas. Pero esto va mucho (mucho, mucho) más allá de lo personal. El diseño se ha convertido en una... OBSESIÓN PROFESIONAL. CREO SENCILLAMENTE QUE EL DISEÑO ES —por sí mismo— LA RAZÓN PRINCIPAL DE LA CONEXIÓN (o desconexión) EMOCIONAL CON RELACIÓN A UN PRODUCTO O SERVICIO O EXPERIENCIA. Tal y como yo lo veo, el diseño es probablemente el DETERMINANTE NÚMERO 1 de que un producto-servicio-experiencia destaque, o no. Es, además, una de esas cosas que condenadamente pocas empresas ponen en primer lugar —coherentemente—".*

Quiero unirles a mi aventura de alguna forma. Mi aventura de "amor" y "odio" y "nunca neutral". Mi conclusión: el diseño es el corazón (el alma) del asunto.

El "asunto" denominado... nueva proposición de valor.

Mitos del diseño I: lo que sabe FedEx que tu quizás no sabes

Generalmente, cuando se piensa en el diseño, se piensa en un Ferrari. En un Rolex. Quizás en un iMAC. Es decir: objetos, no (¿meros?) servicios.

Tonterías.

La revista *I.D. (International Design)* publicó en 1999 su primera, y única hasta el momento, lista de las 40 "empresas de América más inclinadas al diseño". Seguro que Apple Computer estaba en la lista. Así como Carterpillar. Gillette. IBM. New Balance. Patagonia. 3M.

Lo más interesante para mí es que la mitad de las empresas... eran... empresas de *servicios*.

Amazon.coms estaba en la lista. También Bloomberg. FedEx. CNN. Disney. Martha Stewart. Nickelodeon. Los New York Yankees. La Iglesia de Jesucristo de los Santos del Último Día.

Mensaje: *el diseño afecta a los servicios tanto como a los objetos.*

El diseño afecta... al departamento de compras. Al departamento de formación. Al departamento financiero.

La presentación de un informe financiero es un "ejercicio de diseño" tanto como la creación de un producto "sexi" en John Deere. *(Hace tiempo que John Deere hizo "bonito" sinónimo de "trabajar en la granja". Y los accionistas recortaron sustanciosos cupones como resultado de ello).*

Gran (G-R-A-N) mensaje: *todos (T-O-D-O-S) somos diseñadores.* Todos y cada uno de nosotros emitimos docenas —probablemente cientos, quizás más— de "señales de diseño" diariamente. Nuestro proyecto "es reflejo" de la forma en que nos presentamos.

De manera que: el diseño *no* es cosa de objetos apelmazados. El diseño *no* es lo que procede sólo del departamento de marketing o de un nuevo producto.

Mitos del diseño II: lo que sabe Tar-zhay que puede que tú no sepas

Vuelve a pensar en Ferrari. En Rolex. Incluso en iMac. Son triunfos icónicos del diseño. ¿Vale? Y no son sólo objetos, son objetos caros.

Pero el diseño no queda restringido a los objetos de 79.000 dólares. Ni incluso a las computadoras divertidas de 1.000 dólares. Si alguna vez hubiéramos necesitado una prueba de esto último, el sorprendente ascenso —a pesar de las extraordinarias proezas de Wal*Mart— de *Target/Tar-zhay,* es prueba positiva del papel transformador que tiene en potencia el diseño.

La revista *Time* consideró a Target "el campeón de la nueva democracia del diseño de América". *Advertising Age* concedió a Target su codiciado premio "Marketer of the Year" en el año del milenio... 2000.

Me gusta Target. Me gusta el hecho de que no haya cambiado su estrategia lo más mínimo. *Era* una tienda que vendía a precios rebajados. Ahora *es* una tienda que vende a precios rebajados. Target *piensa* continuar siendo una tienda que vende a precios rebajados hasta que se hiele el infierno. Sin embargo, se ha acogido al diseño como diferenciador excepcional; y, al hacerlo así, ha demostrado, de una vez por todas (eso espero) que "vender a precios rebajados" y "porquería barata" no tienen por qué ser sinónimos.

Gillette es líder a la hora de demostrar que el diseño extraordinario se puede aplicar a productos relativamente baratos/"comunes". Consideremos la Sensor. Volvió a definir el afeitado de la mujer. Y cuando pensábamos que habíamos visto la última palabra para los hombres, la Mach3 resultó ser muy especial, muy diferente, y su desarrollo, no por casualidad, costó a Gillette casi 750 millones de dólares. (Yo no dije que el diseño fuera... un bien gratuito).

El cepillo de dientes OralB CrossAction... de Gillette... es otro ejemplo de diseño de primera línea. ¡Cambió el cepillado de los dientes! Su desarrollo costó 70 millones de dólares. Gillette utilizó 23 patentes "sólo" en su cepillo de dientes, incluidas seis patentes sólo por la envoltura. (Este tipo de cosas ocurren cuando uno se plantea... seriamente... el diseño como diferenciador estratégico).

Diseño. Concierne a *servicios* tanto como a productos físicos. Concierne a los departamentos de relaciones humanas y sistemas de información tanto como al de desarrollo de nuevos productos. Y a productos de 0,79 dólares tanto como a productos de 79.000 dólares. Estos son los términos-de-referencia con los que enfoco esta auténtica gran idea.

YO SOY MI PIEL

Listerine es la última de una larga y poderosa línea de... fabricantes de envolturas estratégicas. En 1870, la harina de avena la comían "los caballos y unos cuantos vagabundos escoceses". Sólo veinte años después, en 1890, la harina de avena era una "delicadeza para el epicúreo, un nutritivo bocado exquisito para el enfermo y una delicia para los niños". ¿El secreto de esta repentina transformación estratégica? Una humilde caja. Más concretamente, el envase redondo y aún eficaz Quaker Oats.

Esta es la historia, según Thomas Hine, autor de *The Total Package: The Secret History and Hidden Meaning of Boxes, Bottles, Cans and Other Persuasive Containers.* "Los envoltorios tienen personalidad —escribe Hine—. Crean confianza. Esparcen fantasía. Venden los bienes rápidamente."

Y considera esta poderosa ampliación de esa idea. Se aplica no sólo a productos, sino también a... experiencias. Las comidas rápidas y las cadenas de moteles no son como empaquetamientos, son empaquetamiento: experiencias de empaquetamiento.

Y los segundos cuentan, como en cualquier experiencia. Hine cita estudios que demuestran que los consumidores de bienes o productos de charcutería son conscientes de 30.000 productos en los típicos 1.800 segundos que emplean en caminar por los pasillos de los grandes almacenes. Traducción: los diseñadores tienen 0,06 segundos (!!) para producir una... impresión duradera... en el consumidor.

El diseño y las mujeres

Y ahora algo totalmente controvertido...

¡Los *hombres* no pueden diseñar para las necesidades *femeninas!*

(Traga saliva.)

Esto caldeó el ambiente (y lo puso al rojo vivo) en una conferencia sobre diseño a la que me dirigí recientemente.

Una amiga, arquitecta, me contó que una amiga suya quería comprarse una casa relativamente cara. Un día vio media docena de candidatas. Sólo una de ellas tenía un cuarto de plancha en el segundo piso, donde estaban los dormitorios de los niños. ¿Adivinas qué había pasado? Que la anómala casa era la única que había sido diseñada por una mujer.

El hecho es... que ningún tipo hubiera pensado nunca... ni siquiera en un millón de años... en poner un cuarto de lavado y planchado en el segundo piso... cerca de las habitaciones de los niños.

¿Se merece un "cuarto de plancha" en el segundo piso... una generalización rotunda? Por supuesto que no. Pero es un... indicativo. Porque... desde lo corriente a lo profundo... desde las casas residenciales a los servicios financieros... los hombres son unos inútiles... con relación a las mujeres... cuando se trata de diseño. Los hombres... en su mayor (muy mayor) parte... carecen de capacidad para tratar los temas femeninos.

BLANCO DE LA OPORTUNIDAD

Sencillamente, no lo pude evitar. En una reunión con los altos directivos de marketing de una gran empresa de venta al por menor, me dejé llevar por la ira: "El objetivo está conseguido. ¿Qué es lo que les frena? Tienen un increíble poder de compra. Pidan rotundamente a sus vendedores que todos los productos que pongan en sus estanterías, vulgares o grandes, sean una pura alegría estética. ¿Por qué no ser tan tenaces con sus vendedores en lo que se refiere al diseño como lo son en lo que se refiere al precio?"

Sí, ¿por qué no? (Maldita sea.)

DE "ASESINAR GÉRMENES" A DISEÑO ASESINO

Pfizer fabrica increíbles medicamentos que *salvan vidas.* Pero en 2001, mis amigos de Pfizer estaban contentos por... PocketPaks, de Listerine.

¿Quién podría haber pensado que... una diferencia tan radical... podría proceder de cambiar la forma de presentación... de un pequeño elixir contra el mal aliento?

☞ UNA CRUDA CONSTATACIÓN

¡Es un mundo de mujeres!

"Quizás pueda ser interesante el *macho look* —escribe el diseñador Philippe Starck en el *Harvard Design Magazine*—, si quieres luchar contra dinosaurios. Pero para sobrevivir ahora necesitas inteligencia, no poder y agresión. La moderna inteligencia significa intuición, y ésta es femenina." (Más adelante, más.)

NUEVA EMPRESA   NUEVA MARCA

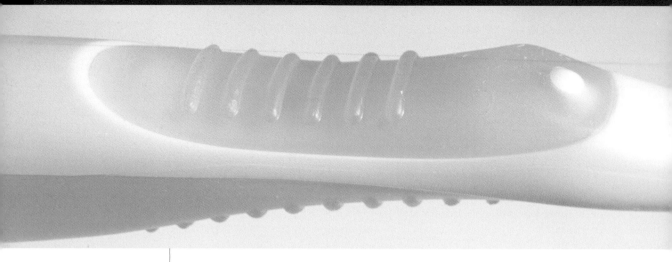

!

DISEÑO: ESTÁS EM-PAPÁNDOTE DE ÉL

Este libro marca un sorprendente alejamiento de mis anteriores trabajos literarios.

Nuevo editor.

Nueva "teoría".

Nuevo... diseño.

Mi decisión de echarme al ruedo y publicar con Dorling Kindersley se produjo por incitación de mi mujer, artista y diseñadora que admira los libros de DK por su fabuloso diseño.

También me encontré con que el equipo que lidera DK y yo compartíamos una ambición muy querida para mí: reinventar el libro de temas empresariales, hacerlo tan enérgico como la empresa misma en su mejor momento. Y, sí, crear un libro de gestión empresarial que esté condicionado por el diseño. (Muy condicionado).

Si este libro no irradia mi mensaje y el de DK (condicionados por el diseño)... la hemos fastidiado.

Voces del diseño

Como he descubierto en los últimos diez años, el diseño es el más diabólico de los temas sobre los que escribir. Es la prueba núm. 1 en la escuela del "lo reconozco cuando lo veo". Sabemos lo que "es estupendo" y lo que "no es estupendo". Y no necesitamos un mapa de carreteras.

Quizás la mejor forma de definir el "diseño" sea apoderarme de las definiciones que he encontrado de otras personas. (Una buena parte de lo que sigue es cortesía del Design Council del Reino Unido).

Quiero que se gaste más tiempo y dinero en el diseño de un producto excepcional, en lugar de tratar de manipular psicológicamente las perfecciones mediante una publicidad costosa. **Phil Kotler, el gurú del marketing**

El diseño es una forma de demostrar lo hermosa que puede ser una cosa. Tiene una calidad muy profunda. El diseño es una forma de cambiar la vida y de influir en el futuro. **Sir Ernest Hall, Dean Clough**

Todo nuevo producto o servicio que ofrece el grupo Virgin debe (1) ser de la mejor calidad, (2) proporcionar una utilidad valiosa, (3) ser innovador, (4) desafiar radicalmente las alternativas existentes, y (5) proporcionar un "sentido de diversión" o de "flamenquería". **Richard Branson, CEO de Virgin Group**

Fue una revelación descubrir la forma en que el diseño podía cambiar el comportamiento de las personas. Aprendí que sólo con alterar el contenido gráfico de una exposición podías doblar el número de personas que la visitaban. **Gillian Thomas, The Science Museum/RU**

El futuro fascinará. Un lugar en donde la experiencia se hace más importante que la información, la verdad más importante que la tecnología y las ideas la única moneda global. **Ralph Ardill, Imagination**

El diseño excepcional en las industrias de servicios no es una opción extra. Es una parte esencial de todo lo que hace una compañía y de lo que representa. **Richard Dykes, Director General, Royal Mail**

El diseño es una de las pocas herramientas mediante las cuales dices algo sobre tu empresa por cada dólar que gastas. Tienes en tu poder utilizar el diseño para mejorar la riqueza y la prosperidad de tu empresa. **Raymond Turner, BAA/British Airports Authority**

Mi palabra favorita es gracia (ya sea gracia que nos sorprende, que nos salva, que nos libra de las severas críticas). Es la forma en que contribuimos a la belleza ya sea al tratar a otras personas o al entorno. **Celeste Cooper, diseñador**

El deseo de belleza y elegancia confirma los descubrimientos más importantes de la historia de la informática... La belleza de una prueba o de una máquina reside en un feliz matrimonio entre la sencillez y el poder... La belleza es la última defensa contra la complejidad... Un buen programador debe ser al menos 100 veces más productivo que el programador medio. La diferencia tiene poco que ver con la formación técnica o matemática o ingenieril y mucho que ver con el gusto, el buen juicio y el talento estético. **David Gelernter, Machine Beauty: Elegance and the Heart of Technology**

Déjaselo a unos niños de 10 y 11 años entrevistados por el Design Council si quieres "captar" la esencia del diseño desde el principio:

"Los diseñadores son personas que **PIENSAN CON SUS corazones."** *James, 10 años*

"Si **no** hubiera **diseño** no habría nada que hacer y nada progresaría o mejoraría. **El mundo se desmoronaría.**" *Anna, 11 años*

"Mi diseño favorito es el 'bastón' de Nike porque me hace **sentirme confiado,** *incluso a mí, que no soy bueno para los deportes.*" *Raoul, 11 años*

¡DILO EN VOZ ALTA!
"Diseño" significa que...
"dices realmente algo sobre tu empresa".
Bonito.
Profundo.

PALABRAS PARA DISEÑAR
Considera las palabras que surgen de estas "voces":
"Demostrar lo hermoso que puede ser algo."
"Cambiar la vida e influir en el futuro."
"Sentido de diversión o de la flamenquería."
"El futuro será fascinante."
"Gracia sorprendente, gracia que nos salva, gracia que nos permite afrontar las críticas severas."
"Deseo de belleza y elegancia."
"Matrimonio feliz de la sencillez y el poder."
"Pensar con el corazón."
Palabras y frases que tan pocas veces se oyen en los templos sagrados de las empresas. (Como de costumbre.)
¿Por qué no? ¿Por qué no... añadir (digamos) la palabra "flamenquería" al léxico de tu empresa?
¿A tus preciosas "afirmaciones de valor"? Maldita sea.

NUEVA EMPRESA   NUEVA MARCA

" "

**EL DISEÑO
DE LOS TIEMPOS**
De un reportaje de *Newsweek* en julio de 2002: "Después de observar a los consumidores luchar por los nuevos modelos extranjeros, los fabricantes de automóviles de EE.UU. han contratado a los principales diseñadores de sus rivales europeos y pagado grandes salarios a los licenciados en escuelas de diseño. Lo que es más importante, han estado concediendo a los diseñadores y a los expertos en marketing más voz a la hora de desarrollar nuevos modelos y colocando a los jefes de diseño más arriba en la jerarquía corporativa. Resultado: no más autos Sedan fabricados como caramelos. Detroit está fabricando modelos que llaman la atención como el Chrysler PT Cruiser, el Ford Focus de estilo europeo y diseños de coches que se transforman en furgonetas".

!

**EJERCITA TU
MÚSCULO
DEL DISEÑO**
He aquí algunos ejercicios de calentamiento para el diseño que deberías practicar:
1. Guarda todo el correo basura estupendo u horrible. Considera: ¿por qué te gusta este? ¿Por qué odias ese?
2. Sal a gastar menos de 10 dólares: aprende que el diseño se encuentra con 2,95... y no sólo con 22.295 dólares.
3. Presta especial atención a las etiquetas. Y a los manuales de instrucciones.
4. Compara los formularios de pedido u otros campos de datos en distintos sitios web. (Después de todo, la web es un puro medio de diseño.)

17 hábitos de las empresas altamente orientadas al diseño

De manera que... supongamos que te centras en colocar... el diseño... en primer lugar dentro de tu empresa (incluido "el departamento financiero"). ¿Qué harías?

He aquí algunos posibles puntos de partida. Las empresas orientadas al diseño...

1 Incluyen el diseño *per se* en la agenda de cada reunión, en cada departamento de la empresa.

2 Cuentan con diseñadores profesionales en prácticamente todos los equipos de proyecto.

3 Tienen instalaciones físicas que resaltan, que reflejan la seria sensibilidad ante el diseño de los productos y servicios y experiencias que produce la empresa.

4 Tienen programas de premios internos y externos (empleados, productos nuevos, vendedores) que se centran en el diseño... *per se*. Son grandes apuestas.

5 Miden los reconocimientos externos a la empresa por sus actividades de diseño. *(Per se.)*

6 Hacen de la diversidad una prioridad absoluta: la esencia de la excelencia en el diseño es sensible a las... necesidades radicalmente distintas, a menudo sutiles, de los distintos miembros de nuestras comunidades interna y externa.

7 Incluyen explícitamente la sensibilidad por el diseño en... todas las actividades de formación... y en la evaluación de cada uno. Lo que se mide se hace, incluido el centrarse en el diseño.

8 Utilizan abiertamente el lenguaje emotivo del diseño. Steve Jobs, el fundador de Apple, habla de "cosas" que son "locamente estupendas" (o no). Lenguaje apasionado. Y sentirse cómodo con él. (Y aquellos que no se sientan cómodos... que no lo hagan.) (Tanto peor.)

9 Utilizan "políticas de diseño" formales (sí... ¡políticas!) para... erradicar todos los vestigios del diseño de mala muerte, tanto internamente en los departamentos como externamente en lo que concierne a las empresas o al consumidor al por menor.

10 Cuentan con un consejo de diseño formal que incluya miembros internos y externos... que supervisen el programa de sensibilidad por el diseño estratégico.

11 Hablan abiertamente de la atención al diseño en nuestra "cultura corporativa", y trabajar, sistemática y programáticamente, para asegurar que se incentiva.

12 Invitan de forma rutinaria a grandes diseñadores para que hablen al personal en todo tipo de foros. La idea: no dejes de poner el alma nunca —a perpetuidad— en todo lo que sea "la idea del diseño a lo grande".

13 Decoran las paredes con Arte. El difunto Jay Chiat, de Chiat/Day, creía que el estar rodeado de Arte podría inspirar a los equipos para crear grandes anuncios. (Amén.) (Y... de nuevo... ¿por qué no en el departamento de logística? Por favor.)

14 Apoyan las artes. Las empresas "centradas en el diseño" prestan atención a aquellas actividades de la comunidad que resaltan el diseño. "El diseño es parte de nuestro carácter". Ese es el mensaje aquí.

15 Cuentan con una formal e importante "función de diseño". Haz subir al diseño en el organigrama de tu empresa... cerca de la cumbre. (PUNTO.)

16 El diseñador jefe es miembro del consejo directivo o, al menos, miembro del comité ejecutivo. (El rango... importa.)

17 Mantienen una... "auditoría del diseño"... anual o bianualmente, y publica los resultados de la misma en la memoria anual de la empresa o en un informe anual sobre diseño.

Se trata de un duro de conjunto de "requisitos". Sospecho que no toda empresa tratará de cumplirlos todos. La intención de esta "lista de lavandería" es sugerir que esta idea "blanda"/"emotiva" de una "empresa orientada al diseño" se puede traducir en... acciones prácticas concretas.

Sé tu propio crítico de diseño

Quizás no seas artista. Yo no lo soy. (Por decirlo suavemente.) ¿Hay alguna esperanza? No tengo dudas de que la hay. Yo sirvo como ejemplo. No soy más artista de lo que era hace 30 años; dejé la escuela de arquitectura y me fui a la de ingeniería por mi carencia total de capacidad artística. Pero puedo decir, con seguridad, que soy 100 veces más "sensible al diseño" y "consciente del diseño" de lo que era hace diez años.

Mi secreto: Despertar. Estar alerta.

Mi truco personal: crear y mantener una... *agenda para el diseño*. Un objeto sencillo, comprado en Londres. En la portada escribí... "guay". En la contraportada... "cagado". Después empecé a hacer anotaciones. Cosas pequeñas. Principalmente. Cosas que me cabreaban. O me emocionaban. Botes de champú... en los que no podía leer "champú". Etiquetas que confunden. Órdenes de software estúpidas. Eso, para los negativos.

O la emoción de Ziplocs. O esa Bendita Cama (Westin). Ninguno de esos ejemplos estaba relacionado necesariamente con lo que hago para ganarme la vida: escribir y dar conferencias e implicarme en actividades de consultoría empresarial. Pero la clave era que la lista, *per se*, me hizo mucho más... *sensible*. Me hizo darme cuenta de las docenas... y docenas... y docenas... de Variables del Diseño... que están en juego... cuando hago una presentación... o emprendo la escritura de un libro. (¡De este libro!)

"La rabia del diseño": ¡deja de culparte!

Oh, oh... y aún otra... llamada de atención... cortesía del observador y cascarrabias del diseño Donald Norman (autor de, entre otras cosas, *The Design of Everyday Things*):

DEJA DE CULPARTE.

Norman insiste en que uno de los problemas principales que tenemos a la hora de... prestar atención al diseño... es suponer... que el hecho de que nos parezca una... cagada es porque... somos tontos.

Bien, puede que seamos "tontos", pero cuando tengas problemas, una y otra vez, con algún programa informático... ¡culpa al pésimo diseñador!

!

EL DISEÑADOR EN EL CONSEJO
Dieter Rams... fue jefe de diseño en Braun.

Dieter Rams diseñó cosas muy guays.

Dieter Rams... pertenecía al consejo directivo de Braun.

Mensaje: cuando el diseño importa realmente, importa realmente.

BIENVENIDAS MORTALES
Tengo dos licenciaturas en... INGENIERÍA.

Tengo dos licenciaturas en... EMPRESARIALES.

No tengo... una sola molécula ARTÍSTICA en mi cuerpo.

Soy (totalmente) incapaz de... dibujar.

Pero eso no me impide... APRECIAR EL GRAN DISEÑO.

"Apreciar" = una GRAN PALABRA. (Significa "comprender"... y "amar".)

De hecho, personas negadas estéticamente pueden aspirar a ello. (Y triunfar.)

Este capítulo no trata de ... "arte". Trata de... APRECIACIÓN.

Citas sobre el diseño (de nuevo)

Más sabias palabras sobre el gran lugar (y potencialmente enorme) que ocupa el diseño en el universo.

> *Es imperativa la creación de un estilo que se convierta en una cultura que nos ligue a la comunidad. Y sólo lo puedes conseguir mediante el buen diseño.*
> Anita Roddick, fundadora y presidenta de The Body Shop.

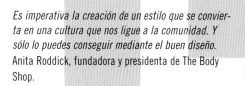

EN TÉRMINOS DE DISEÑO
De nuevo: fíjate muy bien en el lenguaje de estas citas...

"El mañana es el diseño..."
"El diseño es lo único..."
"El diseño es... religión..."
"Encanto de muerte..."
"Objeto de deseo..."
"El diseño es mi pasión"
"Maníacos apasionados..."
"Insanamente maravilloso..."

> *En Sony asumimos que todos los productos de nuestros competidores tienen básicamente la misma tecnología, precio, rendimiento y características. Lo único que diferencia a un producto de otro en el mercado es el diseño.*
> Norio Ohga, presidente de Sony, retirado recientemente.

> *Hace quince años, las empresas competían en el precio. Ahora compiten en calidad. Mañana, en el diseño.*
> Bob Hayes, profesor emérito de la Harvard Business School.

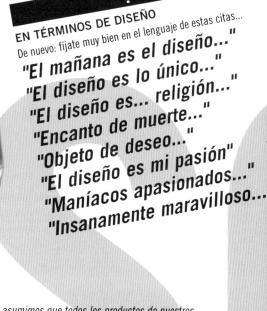

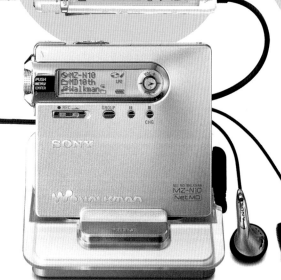

El nuevo Escarabajo *suspende en la mayor parte de las categorías. En lo único en que no falla es en su encanto de muerte.*
Jerry Hirshberg, Nissan Design International

iPod: otro producto "locamente grande" de Steve Jobs en Apple

FedEx ®
Express

El mejor diseño de productos americanos *procede de organizaciones con grandes ideas que no creen en la conversación con el cliente. Están dirigidas por maníacos apasionados que hacen que todo el mundo se sienta miserable hasta que no consigue lo que quiere.*
Bran Ferren, Applied Minds (antiguamente *Imaginero* Jefe en Disney)

En BMW se trata el diseño como si fuera una religión.
Revista *Fortune*

De vez en cuando, surge un diseño que cambia radicalmente nuestra forma de pensar sobre un objeto particular. Ejemplo: el iMac. De pronto, una computadora ya no es una caja anónima. Es una escultura, un objeto de deseo, algo que contemplas.
Katherine McCoy y Michael McCoy, Illinois Institute of Technology

NUEVA EMPRESA   NUEVA MARCA

6699

¿EMPRESA FRUSTRADA?
Barry Sternlich, CEO de Starwood, dice, en *Elite Traveler:* "Como soy un artista frustrado, bosquejo constantemente diseños para nuestros nuevos hoteles... El diseño es mi pasión... Recientemente estuve en la nueva tienda de Prada en Aspen y me gustó tanto el diseño que busqué al diseñador Roberto Baciocchi, que reside en Milán, para que hiciese nuestro hotel de Milán. Esa es nuestra típica forma de hacer negocios".

LOS OJOS LO TIENEN
A veces vago por una tienda de libros de arte y me vuelvo loco... por estar rodeado de varios cientos de dólares.

Lo contabilizo como gastos de la empresa. El "lo" se refiere a una colección formada casi al azar de libros sobre diseño.

He aquí una relación de una reciente visita a una tienda.

New Business Card Graphics... Catalog graphics... Ads International... Graphics Packaging... The Best of Business Card Designs... Direct Response Graphics... What Log Do and How Do It... Raimond Loewy and Streamlined Design ... Logo, Identity, Brand Culture ... Open Here: The Art of Instructional Design.

¿Cuál es el motivo... dado que no soy un diseñador? ¡Gimnasia del globo ocular!

Gran diseño = gran golosina para el ojo = gran inspiración.

El hecho es que mis "músculos para el diseño" están ahora más tersos que los músculos de mi estómago.

NUEVA EMPRESA   NUEVA MARCA

El diseño (malo) es la causa de esos fallos imprevistos... porque un diseñador no fue sensible a ti, un usuario normal, o quizás novato, de cualquier cosa.

La periodista Susan Casey, decía en *eCompany:* "A veces, tengo episodios de arrebato salvaje con los coches de alquiler. No se trata de arrebato por la carretera. Se debe más al diseño".

Amén, Susan.

(Supongo) que no estoy sugiriendo que fusiles a los diseñadores. Ni siquiera a los pésimos. *Estoy* sugiriendo que "el arrebato ante el diseño" es un *brillante* punto de partida para elevar la sensibilidad ante el diseño.

Por supuesto que ahora debemos trasladar el arrebato por el diseño a nuestro propio mundo, y a nuestro departamento, a nuestros clientes, a la provisión de nuestras "experiencias".

¡Qué gran diferencia supone un diseño Horrible!

¡Qué gran diferencia supone un diseño Brillante!

VUELTA A LAS ESCUELAS DE NEGOCIOS (¡UF!)

No dirijas tu cólera ante el diseño sólo contra los diseñadores.

Otros objetivos importantes: las empresas. Y... *las escuelas de negocios.*

El prestigioso Design Management Institute dedicó el número del verano de 2002 de su revista a la relación entre el diseño y la formación empresarial. Uno de los artículos trataba de una encuesta sobre "el diseño en las asignaturas obligatorias y en las optativas" en "los programas avanzados empresariales". He aquí una selección de los resultados (el tamaño de la muestra varía de una pregunta a otra):

Pregunta	Sí	No
Diseño como asignatura obligatoria	▮	▮▮▮▮▮▮▮▮▮▮▮▮▮
Diseño como asignatura optativa	▮▮	▮▮▮▮▮▮▮▮▮▮▮▮
Creatividad como asignatura obligatoria	▮▮	▮▮▮▮▮▮▮▮▮▮
Creatividad como asignatura optativa	▮▮▮	▮▮▮▮▮
Innovación como asignatura obligatoria	▮▮	▮▮▮▮▮▮▮▮▮▮
Innovación como asignatura optativa	▮	▮▮▮▮▮▮▮▮

Una explicación (MUY REVELADORA) del decano para la falta de atención al diseño, la creatividad y la innovación en su institución: "Nuestros programas están muy centrados en lo cuantitativo. Es la base para la toma de decisiones, para las capacidades y procesos de toma de decisiones".

Supongo que está orgulloso de formar a futuros directores de empresas como Enron, Tyco y WorldCom. (¿Entiendes mejor ahora mi desprecio por la mayor parte de las escuelas de negocios? ¿Y el increíble nivel de mi frustración?)

El objeto del diseño

Están en juego miles y miles de millones de dólares (¿de billones?). Algunas empresas lo captan: Sony, Nike, Gillette, Apple, Body Shop, VW, Amazon, Nokia, Target, Bloomberg.

Nada... NADA... (!!!)...

es más importante para los ejecutivos de estas empresas que el... *fanatismo...* descarado... sin tapujos por... *el diseño.*

Pero la gran mayoría (¡la vasta mayoría!) de las empresas no lo captan. De aquí que no se preocupen realmente por el diseño. (Y es una preocupación. Es un trabajo condenadamente duro y requiere preocupación y atención y cariño y afecto y... obsesión constantes.) Y, por decirlo suavemente, quienes no se preocupan están... HACIENDO SALTAR POR LOS AIRES UNA COSA M-U-Y GRANDE.

El (mi) lenguaje es duro.

El (mi) lenguaje es emocional.

Pero el lenguaje es también... frustrante. Es frustrante porque Steve Jobs, mi habitante favorito de Silicon Valley, lo captó *exactamente* cuando dijo: *"El diseño es el alma fundamental de una creación humana"*. Uno no se hace un "orientado al diseño" por abrir el talonario de cheques, gastar unos cientos de miles de dólares en un "gran diseñador" y decirle después, por favor, "ocúpate del 'tema del diseño'".

El diseño es alma profunda.

(De nuevo: ESTÁN EN JUEGO MILES DE MILLONES... DE BILLONES. PERO TAMBIÉN NUESTROS ESPÍRITUS COLECTIVOS.)

Diseño = Alma. Créelo.

! Contrastes	
ERA	**ES**
Departamento estimulado por el diseño	ESP dirigida por el diseño
El diseño como coste	El diseño como creador de valor
El diseño embellece un elemento a posteriori	El diseño es el corazón y el alma de un sueño/solución
Los diseñadores trabajan en un departamento periférico	Los diseñadores influyen en el consejo directivo
El diseño se da en outsourcing *a este proveedor u otro*	El diseño es integral para toda la organización (la conciencia del diseño está por todas partes)
Sedes centrales grises (sólo un lugar para trabajar que se abandona lo antes posible)	Sedes centrales rutilantes (un lugar donde crear al que acudes pronto y abandonas tarde)
Aburrido, "empresarial"	Excitantemente fantástico
Marrón (a menos que seas UPS)	Rojo
Brooks Brothers	Armani
Ceños fruncidos	Sonrisas
Reclutamiento de las "mejores" escuelas	Reclutamiento de las escuelas "más interesantes"

EL LUGAR DE TRABAJO: LA FRONTERA FINAL

Niels Diffrient, diseñador y consultor de *Fortune* 500, en un artículo de la revista *Metropolis* titulado "Re-imagining Work": "Mi oficina ideal no tendría una silla. Sólo podrías estar de pie o tumbado en ella. Estas son las posiciones más naturales de mi cuerpo".

La diseñadora Lise Anne Couture dice: "Creo que es la clásica situación del huevo y la gallina. ¿Hacen cubos los fabricantes porque es esa la demanda, o es que la demanda se ha creado artificialmente ante la ausencia de alternativas reales?"

Ambos comentarios resuenan en mí. Hace no mucho tiempo, di una conferencia a un grupo de profesionales del sector inmobiliario. Hablé sobre la naturaleza cambiante del trabajo: equipos virtuales, la creatividad como base del valor añadido, etc... Después dije, casi como un comentario aparte: "Si decoráis vuestros cuartos de estar con muebles de Steelcase, ¿por qué no lo hacéis con vuestras oficinas?"

Se desató una tormenta (dirigida por Herman Miller, de Steelcase).

Bien. (Maldita sea).

"El espacio de trabajo" es importante. DEFINITIVAMENTE IMPORTANTE. Me disgusta... lo "inhumanos" que son el 99% de los espacios de trabajo. (Especialmente los que consiguen premios.)

11 Los faldones del diseño: los sistemas bonitos

! Manda el tecnicolor...

- Con el tiempo, incluso un sistema bonito tiende a ser elaborado una y otra vez. Terminamos "sirviendo al sistema" en lugar de hacer que el sistema nos sirva a nosotros.
- La razón primera por la que hemos "hecho tan condenadamente difícil que la gente haga las cosas" son... los sistemas feos.
- No debemos asustarnos por tratar cuestiones de sistemas "aburridas". Y la mejor manera de tratarlas es mediante una lente llamada "belleza".
- Los sistemas bonitos... reflejan y magnifican la Proposición Básica de la Marca.
- Los sistemas bonitos son... dinámicos.
- Los sistemas bonitos... incentivan la innovación en lugar de anularla.
- Los sistemas son demasiado importantes como para dejarlos a cargo de los "administradores de sistemas".

! GRITA   no estamos preparados...

Entre las nueve de la mañana y las cinco de la tarde, evitamos pronunciar palabras como "belleza", y todo lo que significa. (Especialmente, si trabajamos en departamentos como RR.HH., SI o logística.) Pero debemos adoptar tanto la palabra como el concepto, como parte del proceso urgente de imaginar las organizaciones, y hacer que la belleza sea un atributo principal no sólo del diseño del *producto,* sino también del diseño del *proceso*. En resumen, debemos crear un entorno empresarial en el que los sistemas empresariales sean nada menos que... Sistemas de Belleza.

! VISIÓN   imagino...

Un manual de política... de recursos humanos, SI o finanzas... que sólo tenga una página.

Un impreso de consentimiento de un paciente de un hospital o una póliza de seguros escritos en... perfecto inglés.

Un avión que vuele directamente desde un sitio del que parto hasta otro sitio al que voy... sin atravesar una "turbulencia".

Un sitio web en el que pueda realizar una transacción en 90 segundos.

6699

VIVIR A LO GRANDE "DE LA JUSTICIA"

Este engrosamiento gradual de las reglas y regulaciones desempeñó un gran papel en las debacles contables que humillaron al mundo de la empresa en 2002.

El legendario Walter Wriston, presidente de Citigroup, escribió en el *Wall Street Journal* un artículo titulado "¿La solución a los escándalos? Reglas más simples": "En su última edición, el *Financial Accounting Standards Board* ha publicado los principios de contabilidad aceptados generalmente, en tres volúmenes que suman unas 4.530 páginas. Algunas de las reglas de la FASB dictan la forma de contabilizar una simple transacción en más de 700 páginas. No debería sorprender a nadie que dos contables capacitados, lleguen a resultados diferentes a la hora de anotar la misma transacción y de utilizar su conocimiento de las mismas reglas.

"Hace muchos años, James Madison vio el problema y escribió en *The Federalist Papers:* 'No servirá para mucho a la gente el que las leyes estén hechas por hombres de su elección, si las leyes son tan voluminosas que no se pueden leer, o tan incoherentes que no se pueden comprender... que nadie que conozca la ley actual pueda adivinar la de mañana. Podemos decir que hemos llegado a ese punto en la profesión contable'".

La bella...

La servilleta: todavía hoy puedes encontrar una réplica de ella en una pared de la sede central de la empresa en Dallas. (Por decirlo con toda veracidad, es posible que esté manchada de pavo, el plato favorito del fundador.) En la servilleta original, sobre la que Herb Kelleher y Rollin King dibujaron en un bar de San Antonio en 1966, sólo se observa un triángulo. Y en los tres vértices, pone... San Antonio... Houston... Dallas. Y de ese *bonito* triángulo ha surgido nada menos que la mejor línea aérea de la tierra. Southwest, por supuesto.

La magnífica sencillez de este primer esbozo de rutas se ha aplicado después a todas las actividades que ha emprendido la Southwest. Los excepcionalmente bajos costes estructurales de la aerolínea son, principalmente, reflejo directo del enfoque puesto en marcha en esa histórica servilleta.

La servilleta de Herb... era bonita.

Y Southwest Airlines es un... sistema bonito.

La tesis: la tesis sólo obtuvo un aprobado. En 1965 parecía tonta la idea que se desarrollaba en ella. Te encuentras en un apuro para enviar un paquete de Manhattan a Newark. Y tiene que llegar. Absoluta y positivamente. La solución obvia: ¡enviarlo a través de Memphis! En esa tesis, que apenas le valió un aprobado a Fred Smith en Yale, están los orígenes del concepto de Smith, un concepto que cambió la entrega de paquetes. En realidad, la empresa que surgió de su tesis nos ha cambiado la misma vida a muchos de nosotros. Me refiero, por supuesto, a Federal Express.

La tesis de Fred era... bonita.

Y Federal Express es un... sistema bonito.

... y la bestia

Estoy dispuesto a jugarme un penique a que, cuando se habla de "sistemas", en las empresas apenas se oyen términos como "belleza", "virtud estética", "gracia", y otra docena de palabras de ese cariz.

Cuando pensamos en "sistemas" o "procesos", pensamos en los detalles básicos y prácticos —los sucios detalles de la ingeniería— que intervienen en la creación de algo que conseguirá "que se haga el trabajo". Pensamos en términos de "eficiencia", no de "elegancia".

Y, sin embargo, la mayor parte de los problemas con que se encuentran las empresas —a la hora de servir a sus clientes y, en general, a la hora de hacer que las cosas se hagan con diligencia— se pueden atribuir directamente a la *fealdad* de sus sistemas y procesos. Con el tiempo, un sistema bonito tiende a elaborarse y elaborarse... y a seguirse elaborando... en cada cambio. Naturalmente, cada vez hay una "buena razón" para ello. Hasta que todo ese lío feo, chapucero, ineficaz, desmoralizante, dehumanizador, hace que todo el mundo se sienta descontento. Acabamos "sirviendo al sistema" en lugar de hacer que el sistema nos sirva a nosotros.

La Real Epidemia de Obesidad

Cuando se piensa en los "sistemas" nos suelen venir a la mente los manuales obesos... miles de páginas en letra pequeña... que se alinean en las paredes de todos los departamentos de empresas de todo tipo. O obesos ficheros... en papel o electrónicos... que dan miles y miles de razones para no actuar... o para demorar la acción... de toda iniciativa.

Los sistemas obesos son el enemigo número 1 del cambio y de la agilidad. Y son el aliado número 1 de Osama ben Laden (en el reino de la seguridad nacional)... y de los rivales comerciales que surgen (en el reino de la competencia empresarial).

Por ello, no debe darnos miedo tratar cuestiones de sistemas "aburridas". Debemos comprender su significado estratégico y afrontarlo firmemente si nuestra meta es el cambio —no, la revolución—. Y creo que la mejor forma de afrontarlos es a través de una lente llamada "diseño"... es decir, a través de una lente llamada "belleza".

Más que superficial

El "diseño", he dicho en el capítulo anterior, va mucho más allá de la belleza de (digamos) un iMac. O de la irresistible naturaleza del logo de Target, y de los irresistibles productos que se encuentran en sus almacenes. (Piensa que tanto en Apple como en Target, el fanatismo por el diseño *per se* ha supuesto miles de millones de dólares en capitalización de mercado.)

Un campo en el que el diseño es lo más importante —y lo menos tomado en consideración— es la creación de sistemas esenciales de la empresa. De hecho, de sistemas de todo tipo.

Lo fácil al hablar de este tema sería decir que "el diseño" se ocupa del aspecto que tiene una cosa y que "el sistema" pertenece al modo en que funciona una cosa. Pero eso es no entender que "el pensamiento sobre el diseño" y "el pensamiento sobre el sistema" son una y la misma cosa. O debería serlo —no, debe serlo, si queremos triunfar en el negocio de las "soluciones", "experiencias", "éxito del cliente"—. La forma y la función van juntas en el gran diseño de un modo que parece un todo continuo, y cada una de las partes contribuye al todo de una forma que parece... inevitable. Ello ocurre también en un gran sistema que nos permite ofrecer una gran solución o experiencia a nuestra clientela. De aquí el término que he acuñado: *sistemas bonitos*.

Un monstruoso puré

Hace años, cuando era consultor en McKinsey, un colega y yo desarrollamos lo que denominamos un "análisis de sistemas antropológico".

Los sistemas se inventan generalmente cuando surgen los problemas. Si la hemos cagado con un pedido de un cliente, ideamos un "sistema" para asegurarnos de que no vuelva a ocurrir.

¡Grande!

¡Inteligente!

Juanita Coneja era la jefa de servicio al cliente cuando se concibió ese sistema. A los tres años, fue promocionada y sustituida por Arturo Conejo (sin relación alguna). Durante el período de Arturo surgió rápidamente otro problema.

¿Qué hizo Arturo? Añadió "materia" al sistema de Juana. Podemos adivinar el resto de la historia: Arturo Conejo fue sucedido por Caty Coneja (sin relación alguna), que fue sustituida por Miriam Coneja (sin relación alguna), que fue seguida por Ricardo Conejo (sin relación alguna).

Cada uno de los Conejos Aplicados pusieron su sello en el sistema. Y el sistema acabó estando tan elaborado que (1) requería un ejército para ser administrado y (2) no dejó sitio alguno para la iniciativa principal.

Los Conejos, todos bien intencionados (*Fiximus Problemi Daminatus* o "Soluciona el Condenado Problema" reza en el escudo heráldico de la familia), habían creado un monstruo sin darse cuenta. Un monstruo *complejo*. Un monstruo feo. Un sistema feo. Un sistema que socava con toda eficacia la vitalidad de la empresa y convierte a los operarios que están en la línea de fuego en Juanes Conejos anónimos.

Besa (KISS: *Keep it simple, Stupid*) y habla

Los "sistemas bonitos" son sencillos. Permíteme ilustrarte eso de "sencillo" con una historia:

El libro/folleto me llegó con una nota en la que se me pedía un resumen de apoyo publicitario. Lo puse a un lado. (Ay, a menudo lo hago.) Pero ocurrió que mi esposa estaba tratando de fundar una empresa. Y deseaba armar un irresistible plan de negocios.

Recordaba vagamente el libro. Autor: Jim Horan. Título: *The One Page Business*. Qué idea tan sencilla, pensó el ingeniero-MBA que hay en mí. Qué idea tan interesante, pensó el fanático del diseño que hay en mí.

De manera que le eché una ojeada. Y quedé fascinado. Mr. Horan pretendía que podíamos hacer todo el camino desde la visión general a los detalles tácticos de ejecución en una sola página.

Nuevamente: una idea absurda a primera vista. (Como la estúpida tesis de Mr. Smith, en la que se colocaba a Memphis en el centro del universo logístico.)

MARCA = SISTEMA

Una vez, oí decir a la estrella danesa del marketing Jesper Kunde, que todos los sistemas deben estar "orientados a la marca" clara e inequívocamente.

Se trata de una visión desconcertante. Por ejemplo, todo director de RH debería preguntar: ¿están alineados estéticament... con la promesa de la marca corporativa... todos mis procesos y políticas?

La promesa de la marca nos define. De hecho... potencia de la marca = alianza entre promesa de la marca y sistemas de la empresa.

Más sobre la marca en el Capítulo 12.

¡HABLEMOS DE "BREVEDAD"!

Un poco de trapos sucios...

John de Laney es abogado de la International Creative Management, la agencia que negoció mi contrato para este libro. En un momento de ese proceso, me sentí muy frustrado y dije a mi agente, "¿qué está pasando?".

Cerca de una hora después, recibí un correo electrónico de un tercio de página de John, explicando con franqueza el serio problema. A medida que avanzábamos, recibía más comunicaciones suyas, ninguna mayor de un tercio de página.

He trabajado con un montón de abogados a lo largo de los años. Créeme que su sello característico es aumentar las cosas. John fue el primer abogado, de todos los que he tratado, que disminuía las cosas.

De aquí, la Ley de John D.: todo lo verdaderamente importante se puede resumir y aclarar en un tercio de página.

Pero, ¿por qué demonios no probar?

Créeme... Mr. Horan fue el consultor del diablo. Hacer un plan de negocios de 70 páginas —repleto de organigramas, gráficos y hojas de cálculo— es un paseo. Hacerlo todo perfectamente —perfectamente— en una sola página. ¡Guau!

Ella/nosotros trabajamos y trabajamos... y trabajamos más. Transcurrieron días y días. Y aquí estoy para atestiguar que ¡valió realmente la pena! Los resultados fueron... *bonitos*.

Y esa *idea* del plan de negocios en una página es también bonita.

Nunca es demasiado tarde para aprender (o volver a aprender) esa humilde sabiduría de las ventas-y-el marketing: "hazlo sencillo, estúpido" (*Keep It Simple, Stupid*, KISS).

Sobrecarga del sistema

La magnitud del potencial de la simplificación es... asombrosa.

Jim Champy, coautor junto con Michael Hammer, de la Biblia de la reingeniería (*Reengineering the Corporation*), deja embelesadas a las audiencias de ejecutivos cuando cuenta un horrible cuento tras otro de los procesos empresariales críticos que son grasa. Considera un proceso para verificar una reclamación de un seguro. Lleva 23 *días de trabajo*. Pero cuando Champy lo contempla con un microscopio electrónico descubre que sólo han sido positivos *17 minutos del trabajo real*. El resto son papeles volando (reptando es más apropiado) de acá para allá. Detenidos encima de las mesas. Complicaciones innecesarias de los formularios a rellenar. Y una firma. Y otra firma. Etc... etc...

Sí, así de mal.

23 días.

17 minutos.

Demasiados ~~cocinillas~~ ingenieros

Gordon Bell es, entre otras muchas cosas, el que desarrolló el mítico sistema operativo VAX, que revolucionó la industria de la minicomputadora en Digital Equipment. Hace varios años, asistí a una de las presentaciones de Gordon y después charlamos. Fue particularmente elocuente sobre este tema de la simplicidad y del grado en que se descontrolan las burocracias. "Nunca he visto un proyecto que haya funcionado con 500 ingenieros —dijo rotundamente Bell— que no se pudiese haber hecho mejor con 50".

Piensa sobre la importancia de esa afirmación. (Empezando por la olímpica credibilidad de Mr. Bell.) La idea no consiste en introducir un "toque de eficacia" (¡manda el *Kaizen*!) y reducir el equipo de diseño/ingeniería de 500 personas a 462. (¡No es una reducción pequeña!) La idea de Bell y de otros con los que me he encontrado sugiere un recorte del 190%... de 500 a 50.

Charles Wang, el brillante y brusco fundador de Computer Associates, ha sido siempre el "vecino que lleva la contraria" en la industria del software. Parece ser que Bell y él surgieron de la misma vaina. El razonamiento de Wang: ¿hay un equipo de proyecto detrás de la programación? ¿Qué haces? ¿Doblas los activos (personas)? No, no en el mundo de Wang. ¿Equipo de proyecto detrás de la programación? Dice Wang: identifica al 25% de los tipos menos productivos del equipo... elimínalos.

La Regla de Wang: no hay ningún trabajo que hagan descuidada y lentamente 30 personas que no lo puedan hacer mejor los 23 mejores. (Gordon B. hubiera dicho los Tres Mejores.)

Sistemas: no podemos vivir con ellos, no podemos vivir sin ellos

No soy anarquista.

El mundo es un lugar complicado. Condenadamente complicado si eres ExxonMobil. Y tremendamente complicado si diriges un restaurante mexicano de 26 mesas en El Paso, Texas. Por eso tenemos que tener sistemas. *Tenemos que tenerlos*. Punto.

Pero, al igual que *tenemos* que tenerlos, debemos también *odiarlos*.

Sistemas: debemos tenerlos. Debemos odiarlos. Debemos diseñarlos. Debemos desdiseñarlos.

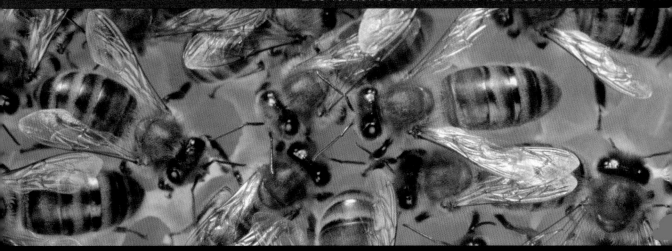

¡Si empiezas hablando de "belleza" —obsesionado por la "belleza"—, la "belleza" se convertirá en un lugar común de tus asuntos diarios! Lo mismo vale para gracia. Lo mismo para claridad. Lo mismo para sencillez.

Y ese es el secreto.

Hay otro secreto. El gran secreto: ¡no hay nada malo en ello!

Ese es el problema. (Recuerda a los conejos bien intencionados.)

Se necesita ayuda: VPE (EACI)

La única respuesta al rompecabezas de los grandes sistemas: haz perpetuamente la guerra a los estrictos sistemas que hemos creado.

Trabajé con el equipo directivo de una empresa en crecimiento. Trataban (desesperadamente) de ser "emprendedores". Trataban (desesperadamente) de descubrir las complejidades que amenazan al crecimiento. El resultado de nuestro trabajo fue añadir un puesto ejecutivo con un nombre intrigante. (Fue idea suya, no mía.) El nombre: VPE/EACI.

¿Aún no lo has imaginado? *Vice Presidente Ejecutivo/Elimina Airadamente las Chorradas Innecesarias.*

No estoy dando la vuelta al mundo real. Quiero que un diseñador de sistemas *brillante* se siente en el despacho 103. Y al otro lado del pasillo, en el 104, quiero a un colega igualmente poderoso, VPE/EACI *de facto* o *de iure*. Quiero que uno de ellos trabaje 19 horas diarias para enfrentarse a los problemas, para mantener "en perfecto estado" el sistema. Y quiero que el otro trabaje 19,1 horas diarias para deshacer toda esa cosa entorpecedora... ¡en el mismo momento en que se crea!

COMPASES Y ESTROFAS

Poetas. Poetas. Poetas .

Ese es el metamensaje de este capítulo: necesitamos menos técnicos y más poetas en nuestra unidad de diseño de sistemas. Y más artistas ... y más músicos de jazz... y más bailarines. Punto.

(O, más bien, considéralo como base de actuación.)

Sistemas bonitos:
seres y excrementos

Garth Thompson, el guía que nos tocó a mi familia y a mí en el safari por Zimbabue en 2001, es uno de los principales expertos en elefantes. Mediante su tutela llegué a reverenciar a esas criaturas extraordinarias. Pero las que me fascinaron fueron... las termitas. Esas criaturas llenas de talento construyen rutinariamente terrones de 20 ó 30 pies de altura. (Lo que supone 3.000 veces la altura de la termita; la estructura más alta hecha por hombres tiene aproximadamente 300 veces nuestra altura. ¡Habla de la excelencia en ingeniería estructural!)

Pero he aquí lo que me conmovió realmente:

Los elefantes tienen sistemas digestivos ineficaces. Lo que es quizás malo para un elefante es bueno para las termitas. Como resultado de ese fallo digestivo, el excremento del elefante está cargado de golosinas nutritivas. Y ahí comienza la historia.

Digamos que una construcción de una termita (un futuro terrón) está a 200 yardas de un abrevadero de elefantes, lleno de excrementos. El "GPS" de las termitas sigue de alguna forma al almacén de excrementos y las criaturas proceden al asalto con precisión guiada. Pero no dejan su terrón desocupado; cada una de ellas acarrea un grano o dos monstruosamente grandes de arena o lodo. Nuestros asaltantes aparecen de repente bajo el excremento y extraen bocados suculentos que el elefante ha cogido de un árbol a 25 pies sobre el suelo. Las termitas depositan sus granos de arena o lodo en el lugar donde han extraído la comida.

Voy al abrevadero y me quedo impactado por el rascacielos de la termita. Después, el guía me pide que recoja un trozo del "excremento" del elefante. Lo hago con cierto asco —puesto que me parece mierda— y quedo sorprendido. ¡El "excremento" resulta ser cien por cien de arena o lodo!

Sí, *me quedé* fascinado. E, incapaz siempre de dejar a un lado mi pasión por el *management,* dije, sin dirigirme a nadie en particular, "ahora *hay* un... sistema realmente bonito". Belleza... Claridad... Gracia... Eficiencia... Elegancia... ASOMBRO... todo en uno. ¡Qué bueno si *nuestros* sistemas empresariales pudiesen igualar tal excelencia de diseño!

VOTO
DE INCOMPETENCIA
Un formulario no es nunca *sólo* un formulario.

Considera el papel que el diseño del formulario desempeñó en el "sistema" de elección a la presidencia de los Estados Unidos en 2000. Una papeleta de voto mal diseñada en el condado de Palm Beach, en Florida, puede haber costado la Casa Blanca a Al Gore.

Piensa en ello.

Concurso de belleza
Espero que este breve relato te haya presentado la idea: sistemas bonitos. Es una importante adición estratégica a toda la noción de experiencia-diseño, central en mi argumento principal.

Ahora me gustaría ofrecerte un punto de partida comprobado. A saber: ¡un concurso de belleza! He aquí el bonito ejercicio:

1. Selecciona un formulario o documento: factura, billete de avión, baja por enfermedad, reclamación de un cliente.

2. Califica el documento seleccionado de 1 a 10 (1 = lamentable. 10 = obra de arte) según cuatro dimensiones:

simplicidad claridad gracia belleza

3. Vuelve a diseñar el documento en los próximos 15 días laborables, utilizando los criterios del paso 2.

4. Repite la experiencia una vez por mes, con una nueva selección. Perpetuamente.

¿Por qué no podría ser obra de arte una... factura? (¡Después de todo, es un importante punto de contacto con un cliente!) ¿Por qué no podría ser una obra de arte un parte de baja por enfermedad? (Dada la importancia de atraer al mejor talento, podríamos esperar que un manual de RH fuese tan convincente en su presentación como una novela fabulosa, aunque tuviese ligeramente menos ficción.)

Cuatro palabras: Simplicidad. Claridad. Gracia. Belleza.

¿Por qué no podríamos juzgar a cada uno y a todos los documentos financieros —y a todos los demás documentos— por ese conjunto de criterios (específicos)? ¿Por qué, en resumen, no deberían ser... bonitos los documentos de todas las empresas?

Última palabra: todos los sistemas funcionan

Ah, las palabras (de nuevo). La empresa, tal como yo la veo, está demasiado escasa de simplicidad, claridad, gracia, belleza. Y la casi ausencia de ello es producto más o menos directo de la casi ausencia de esas palabras del lenguaje empresarial.

He aquí la lección que he aprendido: si empiezas a hablar de "belleza", a obsesionarte por la "belleza", ¡la "belleza" se convertirá en lugar común de tus asuntos diarios! Y lo mismo la gracia. Lo mismo la claridad. Lo mismo la simplicidad.

En nuestras "vidas reales" (en cuanto opuestas a nuestras "vidas empresariales"), hemos "salido del armario", revelándonos como forofos de la simplicidad, la gracia, la claridad y la belleza. En una obra de arte. En un baile de Michael Jordan en la cancha de baloncesto. En cualquier sitio.

¿Por qué no aplicar entonces ese mismo criterio a un procedimiento de compra? ¿A un curso de formación? ¿A un proceso de selección de personal? ¿A un esquema de evaluación? (Etc. Etc.)

Sistemas...
Ámalos.
Ódialos.
Diséñalos.
Elimina el diseño.
Hazlos sencillos.
Hazlos claros.
Hazlos graciosos.
Hazlos bonitos.

! Contrastes	
ERA	**ES**
Más	Menos
Eficiente	Elegante
Desalentador	Bienvenido
Unido artificialmente	Un todo orgánico
Impide la comunicación	Espolea la comunicación
Cerrado	Abierto
"Déjaselo a los técnicos"	"Haz participar a los líderes orientados al diseño"
Complejo	Sencillo
Oscuro	Claro
Desgarbado	Gracioso
Feo	Bonito

Hace años, Wal*Mart presentó un concurso para empleados, repleto de recompensas y premios de todas clases. La idea era que todos los de la compañía identificaran "la cosa más estúpida que hacemos aquí".

Francamente, pienso que es mejor que un sistema de "sugerencias". Generalmente, los sistemas de sugerencias acaban añadiendo más cosas... más porquería. Pero este programa se centraba en la sustracción.

Mensaje: la adición es el ejercicio de los tontos. La sustracción es el ejercicio de los genios.

(No es una idea nueva. Los mejores escultores han tallado de la misma forma. ¿Cómo se crea una brillante escultura de X? Tomas una piedra estupenda y quitas todo lo que no sea X.)

SISTEMAS:
UN RESUMEN
Los sistemas importan.

Los sistemas surgen de modo confuso, generalmente sin que se les preste atención.

Los sistemas, aunque sean bien intencionados, acabarán impidiendo la innovación y retrasando el progreso.

Los sistemas son demasiado importantes para dejarlos a los "administradores de sistemas".

Los sistemas deben ser la preocupación de los CEO.

Los sistemas pueden...
INCENTIVAR EL CAMBIO.

Los sistemas pueden...
INCENTIVAR LA INNOVACIÓN.

Los sistemas pueden... SER CLAROS.

Los sistemas pueden... SER SENCILLOS.

Los sistemas pueden... SER GRACIOSOS.

Los sistemas pueden... SER BONITOS.

NUEVA EMPRESA   NUEVA MARCA

12 La última proposición de valor: el corazón de la marca

! Manda el tecnicolor...

- Disponer de una marca es sangrientamente obvio. La vida es mucho más sencilla... cuando se tiene una "identidad".
- Disponer de una marca es sencillo. Disponer de una marca es imposible.
- "Triunfar significa no permitir nunca que te defina la competencia. En lugar de ello, tienes que definirte en función de un punto de vista que te interese profundamente."
- "Una marca surge de una experiencia poderosa de conexión. Es un punto de conexión emocional que transciende al producto... Una gran marca es una historia no del todo contada".
- En último término, disponer de una marca es nada más (y nada menos) que un asunto del corazón. Es un asunto de pasión... de aquello por lo que luchas. Es un asunto de lo que está dentro: de lo que está dentro de ti, de lo que está dentro de tu empresa.

! GRITA   no estamos preparados...

Reconocemos el poder y el valor único de "poseer una marca efectiva" en nuestra cada vez más etérea economía. Y, sin embargo, sigue siendo rara la institución que capta realmente lo que significa estar totalmente orientados a la marca. Eso debe cambiar. Ya.

Consideramos que poseer una marca es algo que concierne a las corporaciones gigantes. Pero, en lugar de ello, debemos comprender que la idea de marca se aplica tanto a la contabilidad de una persona, o al departamento de formación de seis personas, o al equipo de proyecto de seis personas, como a Coke o Pepsi. Poseer una marca es la Certificación de Confianza & Distinción de Excelencia duramente ganadas dentro de la esfera de influencia de la organización, enorme o minúscula.

Insistimos en ver la "marca" como la "imagen externa" de una empresa, o de un producto o servicio. Pero, en vez de ello, debemos aprender que poseer una marca es algo que va directamente al corazón (y que procede directamente del corazón) de una empresa.

Conclusión final: la gestión eficaz de la marca es, de hecho, más INTERNA que EXTERNA.

! VISIÓN   imagino...

Un "departamento" de formación de 22 personas (¡ESP!) incluido en una división de 700 personas de una gran empresa. Se le conoce como el mejor del sector en formación en ventas. Este departamento de formación ofrece cursos a todo el mundo, a través de la web, y se convierte en un centro de beneficios y en una fuente de reconocimiento corporativo, quizás incluso en la unidad que domina gran parte de la división. Es decir: "pequeño" departamento = marca potente.

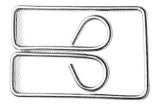

❝❞ BRANSON, SOBRE LA MARCA

El fundador del grupo Virgin y extraordinario maestro de la marca, Branson: "La idea de que la empresa es estrictamente cuestión de números me ha chocado siempre por absurda. Por una parte, nunca he sido particularmente bueno con los números, pero creo que he realizado un trabajo razonable con los sentimientos. Estoy convencido de que son los sentimientos —y sólo los sentimientos— los responsables del éxito de la marca Virgin en todas sus miríadas de formas".

Y "miríadas" es precisamente la palabra adecuada. En un mundo empresarial donde el término "conglomerado" se ha convertido en maligno, Branson ha puesto su magia en todo, desde los viajes por avión a los servicios financieros y a la venta de música al por menor. Una historia excepcional. Basada en una relación amorosa sin adorno alguno de Amor & Posesión de una marca & Rojo).

❝❞ EL VALOR DE LA MARCA. CUANDO LLUEVE, EMPAPA

Tom Asacker, gurú del marketing: "Sal es sal es sal. ¿Cierto? No, cuando viene en una caja azul con la imagen de una jovencita que lleva un paraguas. Morton International continúa dominando el mercado de la sal de los Estados Unidos, a pesar de que cobra más por un producto que es igual a otros productos de la estanterías".

¡La hora del té!

Mis amigos Ron Rubin y Stuart Avery Gold lo captan cuando se habla de marcas. Son los mandatarios de la República del Té. En su maravilloso libro, *success@life*, escriben: "Como ministros de la República del Té, nuestra misión no secreta es llevar a cabo una Revolución del Té".

Me gusta eso.

¡Me gusta, sencillamente!

(¡Qué grande!)

(¿No te gustaría que fueran tus grandes jefes?)

Continúa el dúo de la República del Té: "*Nuestras políticas de inmigración libre y abierta dan la bienvenida a todos los que quieran escapar a la tiranía de las vidas enloquecidas por el café y al rápido ritmo de la carrera por subsistir que alimenta. En nuestro pequeño territorio, hemos llegado a aprender que el café trata de acelerar y perder la perspectiva, mientras que el té trata de ir más lento y echar una ojeada. Porque el té no es sólo una bebida, es una substancia que altera la consciencia y permite una forma de permanecer en contacto con y aprovechar el placer de la belleza y la maravilla que ofrece la vida*".

Puedes pensar que todo eso es una carretilla cargada de porquerías. (Yo no.) (Más bien una carretilla cargada de oro.)

Mi comentario: "todo eso" insinúa... el corazón de la marca. La esencia de la promesa de la marca. Algo que te... *interesa*. Algo que... *importa*. Algo que... *propugnarás*. Algo que quizás *interesará a las 270 personas que trabajan para ti*. (¿Y no sería eso delicioso?)

Crisis de identidad

"La creciente dificultad de diferenciar entre productos y la velocidad con que los competidores asumen las innovaciones, contribuirá al auge de la marca", escriben los expertos neozelandeses en marketing Gillian Law y Nick Grant.

Como escribió Wally Olins, en *Corporate Identity*: "Los productos de las principales empresas que compiten en todo el mundo serán cada vez más similares. Esto significa, inevitablemente, que toda la personalidad de la compañía, su identidad, se convertirá en el factor más significativo a la hora de elegir entre una empresa y sus productos y otra".

Sí. Poseer una marca es más importante que nunca. Hay ofertas "brillantes" de productos o servicios en casi cualquier categoría que puedas nombrar. Pero aunque la brillantez (un producto eficaz a un precio competitivo) es increíblemente importante, sólo es ahora un punto de partida y no el juego final.

¿Cuál es el tema?

¿Cuál es el propósito?

¿De qué... estás hecho... en el fondo?

Poseer una marca es... sangrientamente obvio para mí. La vida es mucho más sencilla... cuando se dispone de una "identidad que inspira". El problema es... que una identidad que inspira... es terriblemente difícil de inculcar... y terriblemente difícil de mantener. Pero las recompensas por hacerlo bien —sólo como los tipos de Nike, o Starbucks, o Coke, o The Body Shop, o Virgin o Harley— pueden valer miles de millones, si no cientos de miles de millones, de dólares en capitalización de mercado. Está, además, el orgullo de saber que lo que haces tiene Significado & Reconocimiento.

Las preguntas más frecuentes no preguntadas

Poseer una marca. Creo en ello.

Locamente.

Creo en la posesión de una marca para mí mismo. Como individuo, como propietario de una empresa pequeña.

Creo en la posesión de la marca para ti. Como empleado novato en el departamento de compras de una corporación gigante. O como un ("mero") camarero en un restaurante familiar... o como la gobernanta jefa de un hotel de 800 habitaciones.

Estoy perplejo por el tema de la marca. (Es confuso). Estoy impresionado por él. (Es poderoso). Estoy enganchado a él. (Es divertido.) Pero, sobre todo, me interesa. (El tema... importa).

La posesión y gestión de una marca es sencilla.

La posesión y gestión de una marca es imposible.

La posesión y gestión de una marca *no* es un truco de marketing. Es algo relativo a responder unas cuantas preguntas sencillas (y, a pesar de todo, *imposibles*).

¿QUIÉN ERES?

¿POR QUÉ ESTÁS AQUÍ?

¿DE QUÉ FORMA ERES ÚNICO?

¿CÓMO PUEDES ESTABLECER UNA DIFERENCIA SUSTANCIAL?

Y... lo más importante... ¿A QUIÉN LE IMPORTA? (¿TE IMPORTA A TI?) (Punto de partida.)

¿Quién eres? (Me gustaría saberlo realmente)

La alta dirección de una empresa americana gigantesca me invitó a hablar con ella. La empresa había crecido de forma excepcional durante dos décadas y parecía que dicho crecimiento estaba disminuyendo. Las encuestas ponían de manifiesto que la moral de los empleados decaía un poco, lo que se traducía en una rotación mayor de la usual. Sus índices de servicio al cliente, que eran extraordinarios, se tambaleaban un poco. No, el mundo no podía haber llegado a su final, pero, de repente, era "incierto" (para ellos). Y una competencia con talento y bien armada hacía que el tema fuera aún más preocupante y urgente.

Estudié como un condenado. Hablé con los clientes. Hablé con los vendedores. Hablé con los empleados de primera línea. Tenía 3 horas para hablar con los 30 máximos directivos; mi orgullo y profesionalidad hacían que contase cada momento. La primera mitad iba a ser una presentación en la que proyectaría mis transparencias en PowerPoint "llenas de ideas excelentes" durante 90 minutos. Después hablaríamos durante la segunda parte de la "representación".

Como de costumbre, sufría el insomnio previo a mis presentaciones. Eran las cuatro de la mañana. La conferencia empezaba a las siete. Y tenía listas las transparencias... 127 exactamente. Pensé. Estaba inquieto. Y luego hice algo extraño: borré 126 de las 127 transparencias. Dejé sólo una. Su texto:

"¿QUIÉNES SON USTEDES [Ahora]?"

La empresa había hecho varias adquisiciones en los últimos seis años. Aunque soy enemigo declarado de la mayor parte de las grandes adquisiciones, no tenía quejas de las que había hecho esta firma; cada adquisición había llenado un hueco en su cartera, con relación a sus principales competidores. Pero la auténtica identidad de la firma parecía haberse deslizado y caído entre los matorrales... en alguna parte... de alguna forma. De manera que dije: "Puedo devolverles mis honorarios si quieren, pero vamos a pasar las 3 horas hablando sobre ¿QUIÉNES SON USTEDES?"

Control de la misión: ¿por qué están aquí?

"En los momentos actuales no se puede uno limitar a flotar para siempre en la marea —escribe el experto de marketing danés, Jesper Kunde—. Estudie la competencia y haga encuestas para descubrir qué quieren sus clientes ahora. ¿Qué quiere usted? *¿Qué quiere decir al mundo en el futuro? ¿Qué tiene su empresa que vaya a enriquecer al mundo?* Debe creer en eso. Creer con la suficiente intensidad para llegar a ser único en lo que hace."

Hay más.

Mr. Kunde añade: "Algunas empresas igualan la gestión de la marca con el marketing. Diseñan un logo nuevo y rutilante, emprenden una nueva campaña emocionante y

ESE ES EL ESPÍRITU

Este capítulo no es una "guía sobre la marca". Otros lo han hecho ya mucho mejor de lo que podría hacerlo. (Mira, por ejemplo, *A New Brand World,* de Scott Bedbury, mencionado más abajo).

Este capítulo es un texto sobre el espíritu de la marca. El corazón y el alma de la marca, el calor interno de la marca. Francamente, creo que hay demasiadas "guías" en el cada vez más amplio mundo de los libros empresariales y que no hay suficientes tratados sobre las... materias del espíritu.

EL "VUELVE", CHICO

Por cierto, mi atrevido enfoque funcionó brillantemente. El CEO, al que conozco bien, me dijo más tarde que quizás había sido ésta la mejor mañana que había pasado su equipo directivo: "Tom, nadie nos había dicho básicamente que estábamos llenos de mierda, y que no sabemos quiénes somos. Bien hecho. Podríamos incluso volverte a invitar".

Postdata: lo hicieron.

Postdata: ¡Uf!

Todos nosotros subsistimos gracias al negocio de repetir las visitas.

NUEVA EMPRESA   NUEVA MARCA

NUEVA EMPRESA   NUEVA MARCA

!

LA IMPORTANCIA DEL LOGO

Estoy de acuerdo con Jesper Kunde en el tema de los límites de la fijación por el logo. Y, sin embargo...

En algunos casos, un nuevo logo puede establecer una diferencia espectacular. Creo que el de British Petroleum es uno de esos casos.

BP se está reimaginando a sí misma, estableciendo una diferencia espectacular dentro del sector (e irritando a muchos de sus competidores en el proceso) al hacerse verde. Aunque hay muchos escépticos ante este cambio, creo que este Asunto Verde es muy real y muy potente.

Una parte de este esfuerzo es la presentación de un logo nuevo absolutamente asombroso. Estoy impresionado de lo impresionado que estoy por el logo cuando conduzco por una calle o una autopista.

¡Estupendo! (¡Y buena suerte!)

❝❞

(NO) SIGAS AL DINERO

Es sorprendentemente fácil cambiar del mundo de Grateful Dead a... Polly Hill Arboretum, en Martha's Vineyard. Stephen Spongberg, que dirige esta magnífica instalación, dice que "no vamos a dejarnos llevar por donde creemos que le gustaría vernos ir a una empresa financiera. Nosotros vamos a basar nuestra causa en lo que es importante para nosotros... y luego a buscar una organización financiera que esté de acuerdo con nosotros".

En otras palabras, lo que está diciendo es que está muy... MUY... claro que conoce la respuesta a: ¿EN QUÉ FORMA ERES ÚNICO?

---

vuelves a estar en la carrera. Están equivocadas. La tarea es mayor, mucho mayor. No se trata de un nuevo logotipo, sino de desarrollar todo el potencial de la empresa.

"¿CUÁL ES MI MISIÓN EN LA VIDA? ¿QUÉ ES LO QUE QUIERO DAR A LA GENTE? ¿Y CÓMO PUEDO ESTAR SEGURO DE QUE LO QUE TENGO QUE OFRECER AL MUNDO ES REALMENTE ÚNICO? LA MARCA TIENE QUE COMUNICARLO POR SÍ MISMA, LA EMPRESA TIENE QUE COMUNICARLO POR SÍ MISMA Y LA DIRECCIÓN TIENE QUE COMUNICARLO POR SÍ MISMA... POR DECIRLO SIN AMBAGES, ES CUESTIÓN DE SI SE QUIERE SER ÚNICO AHORA (O NO)."

Creo que es brillante.

Posesión y gestión de la marca: se trata de significado, no de marketing... de lógica profunda de la empresa, no de nuevos logos elegantes.

El mejor, o en la bancarrota: ¿en que forma eres único?

ÚNICO. No hay una palabra más importante. Ninguna.

Único significa... SINGULAR. ¿NO ES CIERTO? (Y... PUNTO).

Como dice Tom Chappel, fundador de la empresa de productos de cuidado personal Tom's, de Maine: "El éxito significa no permitir nunca que te defina la competencia. En lugar de ello, tienes que definirte en función de un punto de vista que te preocupe profundamente".

Brillante.

Pero incluso Tom puede verse eclipsado. Por... el hombre... El difunto Jerry García de Grateful Dead: "No quieres meramente ser considerado el mejor de lo mejor. Quieres ser considerado el único que hace lo que tú haces".

Y Grateful Dead era precisamente eso. Cambiaron el mundo. (Por cierto, yo soy un forofo. No un participante en el espectáculo, sino un simpatizante... seguro.)

Si no eres *único*, ¿POR QUÉ PREOCUPARTE?

Es la ley: ¿cómo puedes establecer una diferencia radical?

Doug Hall es un "gurú de la idea". *El* gurú de la idea, según un artículo de portada de la revista *2001 Inc*. Antiguo hombre de marketing de P&G, y ahora supervisor de Eureka Ranch, ha dirigido equipos de grandes corporaciones en asombrosos lanzamientos de nuevos productos. Centrado ahora en trasladar esas ideas al mundo de la pequeña empresa, ha escrito un libro maravilloso y meticulosamente documentado, *Jumpy Start your Business Brain*. Lo llamé, en el prólogo... supercalifragilísticoespialidoso. La razón: utiliza un tono de "datos duros" para apoyar un montón de brillantes "ideas blandas".

El meollo del libro contiene tres "leyes" de la "física del marketing".

Ley #1: beneficio palpable. ¿Cuál es el producto o servicio *"Una Gran Cosa"*? (Una o dos "grandes cosas" es mucho mejor que tres o más "grandes cosas". Cuando tienes tres o más... no consigues más que confundir al consumidor. Una tonelada de datos apoyan la afirmación).

Ley #2: la razón real para creer. ¿Proporciona la organización esa "Una Gran Cosa" real y consistentemente?

Ley #3: DIFERENCIA RADICAL.

La diferencia radical en la oferta de un producto o servicio establece una diferencia radical en el éxito total. Pero, como informa Hall, son muy pocos los ejecutivos que lo captan.

Considera: se pide a varios cientos de consumidores que evalúen un potencial nuevo producto o servicio. Se le plantean dos cuestiones: "¿qué probabilidad hay de que *compre* este nuevo producto o servicio?" y "¿en qué forma es *único* este nuevo producto o servicio?"

Las respuestas de los consumidores a esas preguntas son intrigantes pero no tan intrigantes como el modo en que los máximos ejecutivos de la compañía respondieron luego a la encuesta.

Los ejecutivos —*sin excepciones en 20 años para Mr. Hall*— dan entre el 95 y el 100% del peso a los resultados de la pregunta "intento de compra", y de un 0 a un 5% a la consideración de "exclusividad".

El hecho: LO ENTIENDEN AL REVÉS.

Fíate de los datos. El "predictor" del éxito futuro, en relación a la pregunta planteada, es... LA EXCLUSIVIDAD (o: LA DIFERENCIA RADICAL). No la "intención". Porque...

EXCLUSIVIDAD = LA CONEXIÓN EMOCIONAL.

¿Quién se preocupa? (¡Mejor es que te preocupes tú!)

Cuando Bob Waterman y yo escribimos *In Search of Excellence,* el dogma admitido de la época había reducido el *management* a un seco ejercicio de números. Bob y yo recorrimos la nación, estudiando las empresas que funcionaban, y vimos algo más. Lo que vimos era "blando", según el estándar de la Harvard Business School. Tenía que ver con las personas, el compromiso en el trabajo, el amor por la calidad, el instinto emprendedor, el batirse por los valores. *Lo "sorprendente" (hacia 1982) fue el mantra de Waterman-Peters:*

LO BLANDO ES DURO.
LO DURO ES BLANDO.

En otras palabras: es la cuestión de los "números" lo que es abstracto y sin vida. *(Lo duro es blando).* Es la cuestión de "las personas" y "la pasión" lo que mueve montañas. *(Lo blando es duro).*

Para nuestro deleite (y sorpresa), el mundo tomó nota, no por nuestra brillante prosa, sino porque la situación competitiva lo demandaba. Nuestro "disparate" se ha convertido en un lugar común:

Compromete a tu gente.

Haz cosas que sean cools *y que funcionen.*

Arriésgate.

Se trata de una manera prolija de decir que... la PASIÓN (alias EMOCIÓN, alias PREOCUPACIÓN, alias DIFERENCIA RADICAL)... se ha acabado por reconocer como *lo* esencial de la empresa *que triunfa.* No un primo segundo pobre para los "expertos en análisis cuantitativos" que incentivan aún las escuelas de negocios. No una "opción".

El poder de la web: ve adonde está la acción

El CEO de TBWA/Chiat/Day, Jean-Marie Dru, es el especialista de marketing más provocativo que me he encontrado recientemente. Sus últimos libros —*Disruption y Beyond Disruption*— están entre los mejores libros de negocios que he leído en muchos años. Jean-Marie hace esta extraordinaria afirmación:

"Apple se enfrenta, IBM resuelve, Nike exhorta, Virgin ilustra, Sony hace soñar, Benetton protesta... las marcas no son nombres, sino verbos".

Lo admito. Estoy absolutamente enamorado de la idea de JMD. *Me deja alelado.* No sé qué hacer exactamente con ella. Pero sé que necesito hacer... *algo importante...* con ella. (La idea de Dru, por cierto, liga brillantemente con el tema de la "experiencia" y con el tema del "sueño" de los que he hablado antes.)

Estoy tratando de nuevo de proporcionar aquí un *sentimiento.* (Más allá, otra vez, de los "programas". ¿Eh?) La más breve y sencilla pregunta: *¿Cuál es tu verbo? ¿Qué verbo* describe la (única/radicalmente diferente) "cosa" que haces (verbo) en tu... departamento de formación... departamento de logística... departamento de compras... departamento financiero... departamento de desarrollo de nuevos productos... departamento de ingeniería... departamento de SI... restaurante de 18 mesas... empresa profesional de consultoría financiera de cuatro personas?

Esto apesta a metedura de pata para los fanáticos de lo cuantitativo. A mí (un cuantitativista reformado) me suena a la pregunta del millón.

!

LA "DIFERENCIA" DE LAS PALABRAS

¡Palabras!, ¡palabras!, ¡palabras!

Diferencia radical. Añade esa pareja a tu "acervo de palabras de Tom".

"Radicales" es una palabra caliente. Una... gran palabra. También "diferencia".

(Oye: háblame de tu proyecto actual: ¿es... RADICALMENTE DIFERENTE?)

(MALDITA SEA.)

!

VALE LA PENA PREOCUPARSE

Jesper Kunde proporciona este informe de una conversación con un cliente de una empresa "corriente".

Cliente: "¡Pero no somos Nike! Vendemos clips para papeles, y cerrojos de 9 mm. ¿A quién puede preocuparle?"

Jesper Kunde: "Puede preocuparle a todo el mundo... si la dotas de una buena marca. Realmente, Nike no vende zapatos. Vende la *experiencia* de usar Nikes, el sentimiento de ser un ganador, y condensa todo mensaje en tres palabras: *¡Just do it!...* Es cuestión de ser el único, de ofrecer al mercado algo único."

NUEVA EMPRESA   NUEVA MARCA

NUEVA EMPRESA NUEVA MARCA

Una Promesa es… La Premisa

Frecuentemente pongo a mis clientes un pequeño ejercicio. Lo llamo el "ejercicio de promesa de la marca". Funciona así:

1. *¿QUIÉNES SOMOS?* (a) Redacta una historia corta de dos páginas sobre… quiénes somos. (Con una línea argumental brillante.) (b) Ahora, redúcela a página; mejor todavía, conviértela en un poema o canción. (Sí, ¡incluida la canción de promesa de la marca del departamento financiero!) (c) Redúcela a 25 palabras. (O quizás a 10.) (O a 5.) (O a un verbo.)

2. *LAS TRES FORMAS.* Pon en una lista las tres formas en las que somos… ÚNICOS para nuestros clientes.

3. *DIFERENCIA RADICAL.* Describe… con precisión… la… única cosa grande y dramática… que nos distingue de nuestros competidores. En 25 palabras (menos) (muchas menos).

4. *¿QUIÉNES SON "ELLOS"?* (a) Explica quién es cada uno de los principales competidores. En 25 palabras poderosas… precisas… halagüeñas… y verdaderas. (O menos.) (b) Haz una lista con las tres diferencias radicalmente distintas entre "nosotros" y "ellos". (No hagas pamplinas. No tomes atajos).

5. *TRÁTALO CON LOS COMPAÑEROS.* Comprueba los resultados de todo esto con los compañeros. Habla de ello, discute de ello. GRÍTALO. Seriamente. Con detalle.

6. *TRÁTALO CON LOS CLIENTES.* (a) Comprueba los resultados con un cliente amigable. (b) Compruébalos con un cliente escéptico.

7. *TRÁTALO CON… CUALQUIER OTRO.* Comprueba los resultados con los empleados de caja y existencias (sólo para los que empiezan).

GIMNASIA DE LA MARCA: MARCA MIS PALABRAS (Y LAS TUYAS)

Hay docenas de formas de fortalecer el músculo de la marca.

El fenómeno danés del marketing, Jesper Kunde, hace que la gente que trabaja para él escriba un ensayo sobre *"quiénes somos".*

Me gusta eso. (Un "ensayo" es algo… más que los "programas".)

La *disciplina* de la marca se hizo real en mi caso cuando decidí escribir "registros de páginas" para una serie de publicaciones mías recientes. Pensé que era una gran idea. Es decir, lo pensé… hasta que me senté a ponerlo por escrito. Tenía unas quince palabras para resumir… QUIÉN ERA, LO QUE HABÍA HECHO MEJOR DURANTE LOS ÚLTIMOS 30 AÑOS Y POR QUÉ DEBERÍA IMPORTAR A CIENTOS DE MILES DE LECTORES.

(¡Jo!)

Promesas que hay que mantener

Intervine en un seminario para una gran empresa de servicios financieros. Escuché al CEO pronunciar un buen discurso (era, en verdad, condenadamente bueno, y yo soy condenadamente bueno juzgando, por ahora). Expuso una Visión. (¡No olvides ponerlo con mayúsculas!) Tenía sentido. Pero la cuestión es que era hueco. Enormemente hueco, además. Yo hablé inmediatamente después del gran jefe. Y advertí… y *desafié*… a los varios cientos de personas de la sala.

Dije que la promesa de la marca (Nueva Visión) era importante. Y que tenía pleno sentido para mí. Pero añadí que… todo el ejercicio era… un cacharro, a menos que lo compraran todos los que estaban en la sala.

"¿Tiene sentido para ti esta promesa de la marca? —pregunté—. ¿Como individuo? ¿En tu trabajo diario? ¿Con tus clientes? ¿Es una salida del pasado genuina, radical y que provoca inspiración? ¿Te pone carne de gallina el nuevo argumento?" Y si no, les dije, "por favor… POR FAVOR, armar al CEO la de Dios es Cristo… porque los productos y servicios que ofrecéis no añaden la brillante y (dramáticamente diferente) historia de promesa de la marca (Nueva Visión) que acabo de exponer".

Puede que no vuelvan a invitarme. Puede que les cabrease. "Él" había criticado detenidamente la forma en que el equipo directivo había trabajado duro sobre la visión. Equipo directivo, equipo no directivo. ¿A quién demonios le preocupa? Solo preocupa la "Visión"… si la primera clase privada… lo compra… y lo pone en la ametralladora profesional porque cree en esa promesa de marca inspirada en la historia de la Visión.

una gran his-

La marca trata del logotipo. Del eslogan, de la campaña de marketing, de la publicidad (y del presupuesto de la publicidad) pero, en último término, la marca es un asunto de... credibilidad.

¿La compran... el 99,99% del personal que trabaja en las trincheras? ¿La viven? (Con vigor.) ¿La trasmiten? (Con pasión.)

GIMNASIA DE LA MARCA: EL ASCENSOR... ¡SUBIENDO!

En el curso de Brand You que ofrece mi empresa (véase el Capítulo 19), el ejercicio más útil consiste en hacer que los clientes ideen un anuncio de un octavo de hoja en las páginas amarillas... para *sí mismos*. Muchos nos dicen que es la tarea profesional más difícil que recuerdan haber hecho. ("La esencia de Tom"... ¡en 25 palabras!)

De la misma forma, en nuestro curso de WOW Project (véase el Capítulo 15) la pieza central es preparar "el discurso del ascensor", un discurso de 90 segundos para que apoyen tu proyecto... si te encuentras a solas con tu gran jefe en la subida al piso número 20.

Estos ejercicios pretenden una cosa: RESUMIR LA ESENCIA DE LA PROMESA DE LA MARCA & SU DIFERENCIA RADICAL & TODAS SUS VIRTUDES DE UNA FORMA MUY SUCINTA Y CONVINCENTE.

El liderazgo de la marca. Un acto fácil de igualar

El establecimiento de la marca y el "liderazgo" son gemelos siameses. La promesa de la marca es una saga cambiante, vibrante, vital, llamada... cosas por las que nos preocupamos. Requiere pasión, esa variedad de pasión que sólo pueden proyectar los líderes inspirados.

Franklin Roosevelt, el directivo de la marca de dignidad y libertad de América durante la Gran Depresión ("sólo tenemos que tener miedo del miedo mismo") y de la Segunda Guerra mundial ("7 de diciembre, una fecha infame"), dijo que "es necesario que el presidente sea el primer actor de la nación".

¡De hecho, el liderazgo es un número de un espectáculo! Ese espectáculo llamado transmitiendo la promesa de la marca a través de la demostrada alta convicción en la persecución del gran propósito.

El gran propósito puede ser la democracia, la paz y la prosperidad. O puede ser la provisión de la cocina *cajun* más bonita de Nueva Orleans, los procesos empresariales más estupendos en la industria de la banca hipotecaria, o la mejor fiesta de los empleados.

Para salir airosos de cualquier acontecimiento, los líderes deben vivir el papel. Como dice John Peers, CEO de Technology Inc.: "No puedes liderar una carga de la caballería si piensas que estás ridículo sobre el caballo". De hecho, Roosevelt, que no montaba a caballo como consecuencia de su poliomielitis, se cuidó de que nunca se le viese como un incapacitado. Lo que observamos siempre en él fue un aire supremo de tenacidad y confianza (el cigarrillo de Roosevelt, al igual que el cigarro de Churchill, era un apoyo que valía un Óscar en un momento de desafío mortal).

Sin embargo, el Óscar hay que otorgarlo a Mohandas Ghandi, que se disfrazó brillantemente para el papel de constructor sin violencias de una nación y eligió cuidadosamente su principal apoyo, la humilde rueca. Mr. G.: "Debes ser el cambio que quieres ver en el mundo".

Liderazgo de la marca. Una gran historia para contar

"Los líderes consiguen ser eficaces principalmente mediante las historias que cuentan... Además de comunicar historias, los líderes encarnan esas historias —escribe el gurú del liderazgo de Harvard, Howar Gardner, en *Leading Minds: An Anatomy of Leadership*—. Las historias tienen identidad. Son narraciones que ayudan a los individuos a pensar y sentir sobre quiénes son, de dónde vienen y adónde van. Constituyen el arma más poderosa en el arsenal del líder."

El gran líder es... el gran contador de cuentos. Churchill. De Gaulle. Lincoln. T. Roosevelt. Reagan.

La gran gestión de la marca es... una gran historia. La saga Coca Cola. La saga UPS. La saga IBM. (Y la increíble historia que cuentas *a todos* tus amigos sobre un *delicatessen* de cuatro mesas de San Francisco.)

!

IDENTIFICACIÓN CON LA MARCA

Los líderes de la gran empresa asumen su *"rol"* (lee: su "marca") de su empresa o producto. Así:

Steve Jobs es... Apple.

Bill Gates es... Microsoft.

Larry Ellison es... Oracle.

Andy Grove es... Intel.

Scott McNealy es... Sun Microsystems.

Sam Walton es (era)... Wal*Mart.

Richard Branson es... Virgin Group.

Anita Roddick es... The Body Shop.

Giorgio Armani es... Armani.

Charles Schwab es... Charles Schwab.

Oprah es... Oprah.

!

NUEVA EMPRESA · NUEVA MARCA

❝❞ LA NOCIÓN DE LA EMOCIÓN: TIEMPO DE HISTORIA

Rolf Jensen, director del Copenhagen Institute for Future Studies, escribe: "Estamos en el crepúsculo de una sociedad basada en los datos. A medida que la información y la inteligencia caen en el dominio de la informática, la sociedad dará un valor nuevo a la única capacidad humana que no se puede automatizar: la emoción. La imaginación, el mito, el ritual —el idioma de la emoción— afectarán a todo, desde nuestras decisiones de compras a la forma en que trabajamos bien con los demás... Las empresas prosperarán sobre la base de sus historias y mitos. Las empresas tendrán que comprender que sus productos son menos importantes que sus historias".

! QUERIDOS DATOS ANTIGUOS

Nada de lo que digo aquí tendría que sugerir que no necesite una tonelada de análisis. Yo soy ingeniero y MBA. Comprendo lo que supone construir un gran edificio. "Yo sólo entiendo los datos, señora" (en palabras del inmortal sargento Joe Friday). Entiendo la necesidad de "conocer sus números"... "conocer sus datos demográficos". Yo siempre me baso en datos suficientes como para volver a hundir el Titanic.

Pero, bien, todo eso es no comprender el asunto principal... y la pasión... del tema de la marca.

¿Utilizar los datos? ¡Por supuesto!

¿Depender de los datos? ¡Nunca!

¿Puedes transmitir sucintamente tu historia en cuanto líder de una marca (de una empresa de 4 o 4000 personas)? ¿Puedes convencer y animar de una forma poderosa? ¿Es creíble? ¿Emocionante? ¿Excitante? (Literalmente) ¿A los empleados? ¿A los vendedores? ¿A los clientes? ¿A los medios de comunicación? (¿O a tu banquero?)

Así, tenemos... el liderazgo como *actuación* y el liderazgo como *narración de historias*. Pero el liderazgo real —el liderazgo de la marca especialmente inspirado— trata de algo más. Trata de... bien, lo diré: "el liderazgo trata de... el AMOR".

Y ésta no es una afirmación "blanda". ES LA "ÚLTIMA AFIRMACIÓN DURA. El liderazgo trata de... *Winston Churchill, Mohandas Gandhi, Albert Einstein, Martín Lutero King, César Chávez, Gloria Steinem, Charles de Gaulle, T. Roosevelt, F. Roosevelt, Thomas Jefferson, John Adams, Alexander Hamilton, Susan B. Anthony.* Pasión... entusiasmo... apetito por la vida... compromiso... grandes causas y decisión para establecer una diferencia... aventuras compartidas... grandes fracasos... crecimiento... apetito insaciable de cambio.

Ese es el "secreto" de Gandhi. El "secreto" de FDR. El "secreto" de todo líder eficaz. (Pero, ay, sigue siendo, fundamentalmente, un "secreto".)

GIMNASIA DE LA MARCA: HAIKU = GRAN GOLPE (HIGH CUP)

Imagina que haces un curso sobre escritura creativa. La literatura empresarial es generalmente poco natural e insípida. Ten en cuenta la opinión de fulano sobre historias y mitos: tenemos que formarnos en historia, mitos y metafísica mucho más que en... otro curso de contabilidad.

Ejemplo: recuerdo la historia de un brillante ejecutivo japonés que dedicó sus largos viajes por todo el mundo no a trabajar con una cartera llena de memorias de informes financieros, sino redactando *haiku*, esos milagrosos poemas de 17 sílabas. ¿A lo mejor tu próximo curso "empresarial" podría ser sobre *haiku*?

¿Dónde está el fuego?

Tuve una conversación preocupante con un muy alto ejecutivo. Alguien a quien conozco razonablemente bien. Hablábamos sobre una monstruosa iniciativa estratégica que estaba lanzando su empresa. Tenía que ver nada menos que con la redefinición de la empresa. Hablamos intensamente durante hora y media y algunos de los programas que mencionó eran demoníacamente emocionantes.

Pero yo no "oí" (sentí) emoción alguna durante esos 90 minutos. Pensaba en las reuniones que había tenido con personas como Scott McNealy (CEO de Sun Microsystems), Steve Jobs (Apple), Anita Roddick (Body Shop), Mickey Drexler (The Gap), Rich Teerling (Harley-Davidson). Su lenguaje, especialmente el "suave" (como un buen decorado) lenguaje corporal, no podía ser el mismo. De ninguna manera. Cuando pasas un rato con ellos... puedes... sentir el fuego.

Es seguro que el tratar de la marca requiere de esos "programas" e iniciativas estratégicas", pero salen de dentro. Del corazón.

En otras palabras: ¡Tienes que creer! ¡Tienes que vibrar!

Dios, qué difícil es. (Esta "materia blanda" es siempre la "más dura".) Es *tan* abstracta, *tan* efímera. Cuando alcanzas a ver de esta manera "el asunto de la marca" hay un nivel de compromiso que es... puramente visceral.

(ES UNA LOCURA NEGARLO.)

Pura... cruda... emoción. Puro... crudo... compromiso... para "el asunto"... porque... es "lo que hay que hacer para transformar la vida".

(PORQUE ESE ES EL PORQUÉ DE QUE ESTÉS AQUÍ.)

¿Cómo *insuflamos* esto? ¿Cómo lo *conseguimos*? ¿Cómo lo *promovemos*? ¿Cómo *hacemos que lo acepte* la alta dirección? ¿Cómo lo *mantenemos vivo* de generación en generación?

Hay que prestar atención: El Corazón de la Marca

Odio a Dilbert.

Odio a Dilbert. Me río con Dilbert... pero *lo odio*... porque sus tiras rezuman... un cinismo imperturbable. Y yo *odio* el cinismo. Tengo 60 años. No me quedan muchos por delante. Y me gustaría que esos años contasen para algo.

Me interesan las cosas. Apasionadamente.

Y me horrorizan... las personas que no se interesan por nada.

En todas las profesiones. Barrenderos. Altos ingenieros de Cisco Systems.

Yo pongo interés. Espero que tú también lo pongas.

Viví en Silicon Valley durante más de tres décadas. Hay un tipo que me cae más simpático que ningún otro... y que ha habitado en él y ayudado a formar ese valle de sueños espectaculares. Steve Jobs. Steve es... el que hizo realmente que se produjera la revolución. Su empresa, Apple, fue el motor de todo lo que siguió después. He aquí mi *stevismo* favorito:

"Hagamos una muesca en el universo." Que dulce suena.

La mayor parte de nosotros no "haremos una muesca en el universo". Pero... cada uno de nosotros tiene la capacidad para ello... o al menos puede *intentarlo*.

Es sencillo.

Es imposible.

Requiere tu atención. Tu atención a...

¿Quiénes somos?

¿Por qué estamos aquí?

¿Cómo podemos ser únicos?

¿Cómo podemos marcar una diferencia radical?

¿A quién le preocupa? (¿Nos preocupa a nosotros?)

Ese es El Corazón de la Marca. Porque, en último término, la Marca no es nada más (y nada menos) que el *corazón*. Es un asunto de pasión... de lo que te preocupa. Es un asunto de lo que está dentro... de lo que está dentro de ti, de lo que está dentro de tu unidad, de tu empresa.

Es algo más complejo. (Por supuesto.) Pero si "captas" esta parte del BRANDING... has captado su... corazón.

! Contrastes	
ERA	**ES**
Un buen producto	Un gran "murmullo"
Fiable	Único
Excelente	Memorable
Sirve para una función	Cuenta una historia
Satisface una necesidad	Cumple un sueño
Tienes lo que ves	Tienes lo que te imaginas
Los clientes lo tienen	Los clientes lo utilizan para modelar sus identidades
"Una comida condenadamente buena"	"Un sitio que hay que ver"
"Dirige suavemente"	"Establece mis datos"
"Procesa mis datos"	"Me ayuda a tener significado"

TRATAR LA MARCA DESDE EL CORAZÓN

Hagamos una revisión. La marca desde el corazón... desde la cumbre:

El tratar la marca de forma REAL es... personal.

El tratar la marca de forma REAL es... un tema de integridad.

El tratar la marca de forma REAL es... consistencia y frescor.

El tratar la marca de forma REAL es... memorable.

El tratar la marca de forma REAL es... una gran historia.

El tratar la marca de forma REAL... excita tanto al cajero como al cliente.

El tratar la marca de forma REAL... importa (a los empleados, a los clientes, a los proveedores).

El tratar la marca de forma REAL... responde a ¿quiénes somos?

El tratar la marca de forma REAL está... a disposición de todos y cada uno... grandes y pequeños.

El tratar la marca de forma REAL... se centra en la singularidad y la diferencia radical.

El tratar la marca de forma REAL... clarifica una gran cosa.

El tratar la marca de forma REAL es... asunto de pasión y emoción.

El tratar la marca de forma REAL es... la razón de que nos levantemos de la cama por la mañana.

El tratar la marca de forma REAL es... algo que no se puede imitar.

El tratar la marca de forma REAL es... asunto de todos los departamentos, 24/7, de todo el mundo.

NUEVA EMPRESA NUEVA MARCA

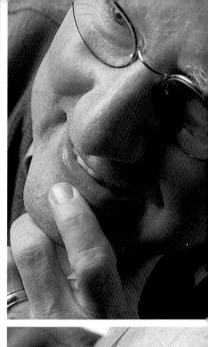

¿Pecados de omisión? ¿O de comisión? ¡Ignoramos las dos oportunidades de mercado principales!

nueva empresa!
nuevos mercados

Tan extraño.

    Muy, muy extraño.

Concretamente... las dos tendencias principales del mercado... pasan prácticamente desapercibidas... por razones que soy incapaz de explicar:

    1. *El marketing para las mujeres.* Esta es... LA PRINCIPAL TENDENCIA EN EL MUNDO... y está ausente sin dejar rastro. (SOY EXTREMADAMENTE LUNÁTICO EN ESTE PUNTO. Sigue leyendo.)

    2. *El marketing para las personas mayores.* En el mundo desarrollado, nos estamos haciendo más viejos... rápidamente. Imagínate: los niños del *boom*. 80 millones de ellos/nosotros en los Estados Unidos. Con el dinero suficiente para hundir una armada. Y el mundo del marketing pierde totalmente el tren.

    Problema (grande): aprovechar verdaderamente una de esas dos tendencias... y sacar una cuota sustancial de su potencial... demanda... la realineación total de la empresa. Observación: no se trata de un *debate* sobre "tácticas de marketing". Es un debate sobre la "visión" y "la promesa de la marca".

13 Tendencias que valen billones de dólares I: el rugir de las mujeres

! Manda el tecnicolor...

Las mujeres son las únicas o las primeras en tomar una decisión, en cualquier tipo de adquisición, tanto de bienes comerciales como de consumo.

Si un consejo de dirección no se orienta a servir al mercado... es que algo (grande) está (perniciosamente) equivocado. (Lo cual significa que algo grande está perniciosamente equivocado.)

"Los hombres y las mujeres no comunican de la misma forma... no compran por las mismas razones. Él está interesado en completar la transacción; ella está interesada en establecer la relación. Las mujeres conectan donde quiera que van."

"Las mujeres no compran marcas. Se alistan a ellas."

"Las mujeres no son un nicho. ¡Las mujeres *son* el largo plazo!"

! GRITA   no estamos preparados...

Troceamos el mercado en microsegmentos y tratamos a las mujeres como un "nicho", entre muchos. Mientras tanto, nuestras organizaciones son aún abrumadoramente masculinas por lo que se refiere a la composición de su alta dirección y de sus consejos directivos, a su cultura corporativa, a su enfoque del diseño del producto y el marketing. Pero tenemos que despertar y oler la verdad: las mujeres son las compradoras principales de... *condenadamente casi todo.* Por tanto, debemos luchar por conseguir nada menos que la realineación de la empresa total en torno a este mercado impresionante, floreciente e increíblemente sin explotar.

! VISIÓN   imagino...

Un concesionario de automóviles... en el que los vendedores, tanto hombres como mujeres, entiendan que... son *las mujeres las que compran los coches;* y donde todo el enfoque del marketing, de la promoción y de las ventas y servicios atienda... la forma de ser y de comprar de las mujeres.

Un banco de inversión... que levanta su negocio no en torno a las prospectivas de comisiones frecuentes (una fórmula que sólo funciona si los clientes son hombres impacientes, que disparan a la menor provocación), sino en torno a los objetivos y sensibilidades de las mujeres.

EL SEXO OPORTUNO

Me he convertido también en un defensor de otra... gran oportunidad... que presentan las mujeres.

A saber: la oportunidad que resultaría... si el *management* dominado todavía por los varones se aprovechara de... las cualidades de liderazgo... de las infravaloradas e infrarepresentadas mujeres entre sus filas.

Para ver más sobre el modo en que las mujeres son la respuesta número uno al problema del talento, consulta el Capítulo 21.

ECONÓMICAMENTE CORRECTO

Mi pasión por este "tema de las mujeres" no es un asunto de "corrección política".

Es verdad: creo que los adelantos, no sólo de las mujeres, sino también de los afroamericanos, son las dos cosas más importantes que han ocurrido en los Estados Unidos durante mis 60 años de vida. Se trata de logros morales del más elevado orden.

Sin embargo: no estoy en modo alguno en una cruzada moral. *Estoy* en una cruzada. Pero es una cruzada de hombre de negocios... contra la estupidez y la pérdida de oportunidades... contra las prácticas económicamente miopes de los varones que mandan.

No creo que la mayor parte de los hombres sean... cerdos sexistas. Creo que son (¡somos!)... idiotas inconscientes.

Al alba: comienzo a ver la luz

18 de diciembre de 1996.

Cerca de las nueve de la mañana, llego a la sede central de Wordworks en Boston, una de las 10 millones de empresas americanas propiedad de mujeres.

La dueña de la empresa, Donna Carpenter, está reunida con otras 30 mujeres propietarias de empresas. Han escrito libros. Su red vale (por lo menos) decenas de millones de dólares, sin incluir un penique de fondos fiduciarios o de sus cónyuges.

Estoy aquí para... escuchar.

Escucho. Estoy atónito. Mi vida da un giro, si no de 90 grados, al menos de 65. Escucho a estas... *mujeres increíblemente poderosas...* contar desapasionadamente historias en las que se han visto despreciadas. O han pasado por invisibles. O han sido tratadas como tontas. Por:

Banqueros y asesores de bancos de inversión.

Médicos y personal de los hospitales.

Vendedores y concesionarios de automóviles.

Recepcionistas y camareros y directivos de hoteles.

Personal y directivos de líneas aéreas.

Empleados de empresas de subastas.

Vendedores de material informático.

Soy un tipo "puesto al día". "Soy enrollado." Participé en la gigantesca manifestación pro aborto de Washington en 1989. Bajo la tapa del retrete después de hacer pis. Me lavo mi propia ropa. (Estoy al tanto incluso de los niveles de detergente y compro los recambios.)

Y, sin embargo... *en tres cortas horas...* aprendí que... *no soy un enrollado.*

Lo admito. *De mala gana. No sabía lo que no sabía. (¡Realmente, no tenía indicios!)* De aquí que, en los más de seis años siguientes, hice penitencia y me esforcé por "captarlo" (lo que puedo hacer muy bien intelectualmente, pero nunca emocionalmente), y convertirme en un... Defensor Vocinglero.

No en un defensor de "los derechos de la mujer". Muchos lo han hecho mucho mejor de lo que podría hacerlo yo. Y continúan haciéndolo. Sino en un defensor de... LA OPORTUNIDAD. La oportunidad que existe... y que ASCIENDE A BILLONES DE DÓLARES SÓLO EN LOS ESTADOS UNIDOS... si los banqueros y los fabricantes de coches y los hoteleros y los del sector sanitario "lo captan"... y empiezan a desarrollar los productos que quieren las mujeres, y empiezan a proporcionarlos y a servirlos en la forma que aprecian las mujeres, o al menos de un modo en que no se sientan ofendidas.

El día de la mujer: ¡Oigo el rugir de las mujeres!

12 de octubre de 2000.

Entro temprano en el centro de convenciones en Long Beach, California, y me doy cuenta inmediatamente de que la mayor parte de los indicadores de los cuartos de baño de caballeros están tapados. Ahora dice en ellos "señoras". ¿Por qué? Porque estoy invitado a pronunciar la conferencia inaugural, en la Conferencia del Gobernador de California para Mujeres de 2000. Fui invitado por la primera dama de California, Sharon Davis. Diez mil "mujeres entusiastas hablando alto", como dijo una amiga mía, surgen (SÍ, SURGEN) en el *hall*. (Por eso habían cambiado los indicadores de los servicios.) ¿Otros hombres? El marido de la mujer del gobernador. (El gobernador Gray Davis.) Un puñado de otros varones simbólicos... inclinándose asustados y comentando la incomparable energía que se veía en el *hall*. Y yo.

Había recorrido un largo camino en cuatro años. Preocupado por este "asunto de las mujeres", había reunido una tonelada de historias, un montón de datos y una gran carga de convencimiento. De manera que, asustado por la magnitud del honor que había merecido, trabajé tan duro como siempre para preparar mi conferencia de 40 minutos. Dediqué horas literalmente sólo a la transparencia de apertura. La llamé "la Afirmación de la Filosofía". Rezaba así:

Soy un hombre de negocios. Un analista. Un pragmático. Tengo claro el enorme bien social del creciente poder de las mujeres; pero esa no es mi ocupación. Mi "negocio" es arengar a los líderes empresariales sobre mi convencimiento basado en los hechos de que el creciente poder de las mujeres —capacidades de liderazgo y poder de compra— es la fuerza laboral más fuerte y dinámica en la economía americana de hoy. ¡Es incluso más grande que Internet !... Me atrevo a decirlo en cuanto residente durante mucho tiempo en Palo Alto y en Silicon Valley

El tema de la conferencia era: "Celebrar el pasado, crear el futuro". Y, sí: *¡Habéis hecho* un largo, largo camino, chicas! Como escribió Andrew Sullivan en *New Republic:* "El logro más significativo en el campo de la libertad humana del último siglo es, probablemente, el incremento de oportunidades para las mujeres". De manera que *había* mucho que celebrar.

Sin embargo... había/hay un largo, largo (LARGO) camino por recorrer.

La literatura femenina *real:* historias de horror

He coleccionado cientos de historias horrorosas de mujeres despreciadas o ignoradas en el mercado:

● Una senadora del estado de California que tenía graves problemas de espalda y de cuello, hace una visita a un famoso médico, acompañada de su marido. Después de 10 minutos de conversación con el médico, se ve obligada a interrumpirle: "Perdone doctor, pero a quien le duele el cuello es a mí". (El doctor se había dirigido exclusivamente al marido, comentando el problema).

● Una mujer que tiene una cuenta bancaria de morirse asiste a una subasta de terrenos en Kentucky. (Como me dijo más tarde: "Yo era probablemente la única persona de la sala que podía haber comprado cualquiera de las partidas de la subasta extendiendo un cheque sobre la marcha".) Durante las dos primeras horas de sesión, el subastador ignoró una y otra vez las señales que le hacía. En la primera interrupción, se aproximó a él y le dijo: "Trate de hacerme caso porque, si no, la próxima persona a la que va a oír hablar será mi abogado. Es muy bueno".

● Una mujer me aborda al terminar mi conferencia en el Primer Seminario Anual de Marketing para Mujeres de MacDonald, celebrado en Nueva York a principios de 1998. Se trata de Kathleen Brown. Ex Tesorera, elegida dos veces, del estado de California. Antigua candidata a gobernadora por el partido demócrata (perdió unas reñidas elecciones contra un popular candidato). Ahora, Ms. Brown es una de la media docena de altas ejecutivas de BankAmerica .

"Tom —me dice (nos conocemos desde su campaña para gobernadora)—, ¿me harías un favor la próxima vez que vengas a en Bay Area?"

"Por supuesto, si puedo."

"Me gustaría que cenases conmigo y con David Coulter." (Coulter fue CEO de BankAmerica antes de la fusión con NationsBank.)

"Claro. ¿Por qué?"

"Me gustaría que le dijeses lo que acabas dé decir a este grupo."

"¿Yo? Fuiste *Tesorera* de la sexta economía mayor de la tierra, con brillante éxito según casi todo el mundo. Eres una de la media docena de... mujeres más poderosas... en una de las 'naciones' más poderosas de la tierra, nuestro querido gran estado de California. Yo soy sólo un 'consultor'. ¿Por qué yo?"

"Él te escuchará."

"Pequeñas" estampas que me dejan alucinado. No: que... ME CABREAN. Y sigo preguntándome:

¿POR QUÉ? ¿POR QUÉ? ¿POR QUÉ?

¡Horrores! Despistado en Carolina

Mi mujer es CEO y diseñadora jefa de una empresa de muebles de mucho éxito con sede en Vermont. Dos veces al año, peregrina a la feria gigante del mueble en High Point, Carolina del Norte. Generalmente, la acompaño unos cuantos días.

!

EL CRITICISMO DE LA CONSTRUCCIÓN

Una señal de progreso modesto: ocasionalmente, las historias de horror me llegan a través de hombres. Una vez, después de un seminario de todo un día en el que traté (como de costumbre) del "asunto de la mujer", se dirigió a mí un compañero. Resulta que era el promotor de tiendas de más éxito en el gran centro urbano americano donde estaba hablando yo ese día.

"Debo pedir disculpas —comenzó con una risita ahogada—, fui el único que me reí en un momento de su debate sobre el asunto de las mujeres. Me hizo pensar. Recordaba una reunión la semana pasada. Un puñado de tipos —en torno a 15 promotores, arquitectos, contratistas, ingenieros, banqueros— sentados para diseñar un centro comercial. ¡Todos éramos hombres! ¡Iodos! Y los usuarios finales del centro serán en su mayor parte mujeres. Y nunca se nos ocurrió. Qué extraño, al mirarlo retrospectivamente."

De verdad.

!

¿"PORNO"?

A menudo utilizo en mis seminarios una transparencia con un fondo negro y letras color púrpura. Dice: "*¿QUIERES VER MI COLECCIÓN PORNO?*"

Mi "porno" consiste en fotografías... arrancadas de la contraportada del informe anual de *Fortune 500*... protagonizadas por consejos directivos.

Generalmente, la fotografía del consejo se compone de 20 caras sombrías. Los semblantes de 18 varones blancos muy viejos. Una mujer (¿recursos humanos?). Un afroamericano. (¿Comunicaciones corporativas?)

No, no pido ver el 51% de mujeres. No estoy por las cuotas en ningún modo, figura o forma.

Pero soy un... pragmático de la empresa. Y creo: si un consejo no refleja el mercado al que sirve... es que algo (grande) está (malamente) equivocado.

(Fan de la cuota o no, digo: hurra para los noruegos... que han propuesto una legislación para que los consejos de las empresas públicas cuenten con el 40% de mujeres para 2005).

La industria del mueble no está en el ajo. (Es un eufemismo.) Dominada en la caja registradora por las mujeres, pero dirigidas casi enteramente por varones viejos con ideas de fabricantes ("el futuro es la madera, hijo".) Patético. Pero yo no capto la... *ilustración perfecta.*

Y entonces ocurrió, gracias a un simple anuncio en una revista del sector editada diariamente durante la feria. Se trataba de un anuncio a doble página de un seminario que iba a tener lugar durante la feria. Título: "¡Reúnete con los expertos! *La forma de mantenerse entre los detallistas de más éxito.*"

Entre los "expertos" presentes hay 16... hombres. Soy ingeniero. Estudié matemáticas. Las mujeres compran en torno al 94% del producto. (SON LAS MUJERES LAS QUE... REAL Y VERDADERAMENTE, DIRIGEN... ESTE SECTOR.) De aquí, que si hay 16 presentadores y si los hombres compran el 6% del producto, calculé que tendría que haber... 272 mujeres "expertas" a mano. No hay problemas lógicos, ¿eh?

La realidad era ligeramente distinta. El número real de mujeres es (por supuesto): cero.

Estúpido.

Patético.

Horrible.

Vergonzoso.

(¡Ay!, probablemente no sea vergonzoso en absoluto para esos "expertos".)

¡Horrores! "Hostilidad" en la "hospitalidad"

La siguiente, de un artículo de julio de 2002 del *New York Times* escrito por Joe Sharkey y titulado *"One Woman's Account of Two Hotel Experiences".*

"Una viajante de comercio informa sobre un viaje de dos noches que hizo recientemente en el área de Phoenix:

"Estuve en dos hoteles, ambos de Hilton, que no pudieron ser más distintos en el trato a las mujeres', escribió en un mensaje de correo electrónico. Sus expresiones ponen de manifiesto el reto a que se enfrentan los hoteles en el marketing para las empresarias viajeras, cuyo número aumenta rápidamente.

"El primer hotel en el que estuve fue el Embassy Suites de Tempe —decía—. Había hecho la reserva por Internet y pedido una habitación tranquila. Cuando me inscribí, la joven de la recepción me saludó por mi nombre y me informó de que me había reservado una habitación del último piso y de que no había nadie en la habitación de al lado. Me informó sobre la piscina, el cóctel de bienvenida y el desayuno de la mañana.

"Salí a mis reuniones. Cuando regresé, el director de atención al cliente me había mandado una caja de bienvenida con dos botellas de agua, patatas fritas, pastelillos y un compuesto de cereales, sésamo, miel y frutos secos. Salí a tomarme una caña de cerveza, de la que disfruté junto a la piscina, mientras los niños chapoteaban alrededor.

"El hotel tenía un restaurante mexicano al que fui a cenar. El *maitre* me designó mesa sin alzar las cejas por el hecho de que estuviera sola. Después, mi habitación era totalmente tranquila, como me habían prometido, y por la mañana, después de una temprana reunión de trabajo, regresé para desayunar tortilla y té en una agradable cafetería, junto a familias y a otras viajeras solas, así como hombres de negocio. Fue estupendo. Me fui contenta. La factura fue de 87 dólares.'

"El otro hotel fue el Phoenix Airport Hilton.

"Me perdí en la carretera, por lo que llamé para preguntar la dirección desde mi teléfono —decía la mujer, que no quiso dar su nombre—. La recepción me hizo esperar durante 3 minutos y 48 segundos, que comprobé por mi factura del teléfono. Colgué y tuve que llamar de nuevo.

"Cuando llegué, vi el problema. Un solo chico en el mostrador y 12 clientes arremolinados en él. Cuando me llegó el turno, todavía había cola detrás de mí. 'Su habitación es la 408', anunció. Normalmente no se dice en alto el número de habitación de una mujer sola, especialmente en un *hall* lleno de gente.

"'Mi habitación estaba cerca del bar de los ejecutivos, que estuvo abierto para bebidas y tapas de cinco a siete de la tarde. Me fui a él en torno a las 6,40 y había 20 personas y sólo otra mujer. Los hombres llevaban allí claramente dos horas. La televisión estaba muy alta y el bufé parecía como si hubiera reptado por él un niño de tres años: había trozos de queso esparcidos por el mostrador; migajas de tortilla por todas partes y ni un solo trozo de comida que no hubiera sido mutilado, excepto una pila de brécol crudo. Déjeme decirle algo: mejor hubiera estado en un bufé con una docena de niños de nueve años que con media docena de hombres entre los veinte y los treinta años.

"'El barman me preguntó si quería algo. Varios me miraron. 'Um', dije avergonzada, cansada y un poco a la defensiva.

"'No tenemos *um*, me dijo. Me sonrojé y le miré encolerizada. Pedí una bebida y me fui a mi habitación, donde pedí al servicio de habitaciones una hamburguesa de queso.

"'La factura por la habitación, más impuestos y cena, fue de 170 dólares. ¿Adivinan a qué hotel voy a volver la próxima vez? Pero déjenme preguntarles algo: ¿realmente piensan los hoteles en estas cosas cuando piensan en las mujeres viajeras?'"

Conozco docenas de historias de mujeres de las que han abusado empresas "hospitalarias". Parece ser que sólo Windham hace algo para servir "estratégicamente" a este mercado enorme y extraordinariamente lucrativo, con su programa orientado hacia las empresarias viajeras.

Repara en esa palabra: "estratégicamente". El problema no es que mis muchos amigos en la industria hotelera nieguen que hay aquí "una oportunidad". Pero relegan esa oportunidad a "programas tácticos", y no pueden imaginar que se está convirtiendo en la base para... la realineación de la marca al por mayor.

REALMENTE, ME HUBIERA CONFORMADO CON UN CARAMELO

Estaba muy cabreado.

Estaba en un hotel muy conocido de Londres, preparando un seminario. En el ascensor había un anuncio de una mujer bajo un edredón lujurioso. ¿Cuál es el problema? ¿Crees que los hoteles deberían agasajar a las empresarias viajeras exhibiéndolas como material de marketing?

Esta mujer no era la "empresaria viajera" media. (Empresaria viajera media: 41,6 años de edad, rendida de cansancio, con bolsas bajo los ojos.) No, la mujer de este anuncio era una chica monísima de unos 25 años. En resumen, una fantasía masculina relativa a la sorpresa que le gustaría encontrar al hombre en su habitación. (Estoy siendo honrado.)

Durante el seminario, pregunté al segmento femenino de mi audiencia si me equivocaba al considerar el anuncio del ascensor descaradamente ofensivo. La audiencia, de unas 600 personas, se componía en un 40% de mujeres y muchas se quedaban en el hotel. Pude ver que muchos de los "chicos" se quedaron sorprendidos de mi enfado. Pero todas (¡TODAS!) (repito: ¡TODAS!) las mujeres que habían visto el anuncio pensaban que era estúpido. La mayor parte de las mujeres dijeron también: "¿Pero qué esperaba?".

¿Podemos sorprendernos de que el 91% de las mujeres digan que "los publicitarios no nos comprenden"? ¿O que el 58% vayan mucho más allá y digan que están francamente contrariadas por los anuncios que van dirigidos pretendidamente a ellas?

¡Horrores! Aventuras en la exposición de coches

Una ejecutiva de servicios financieros con ingresos de seis cifras, elegantemente vestida, se me acercó después de una de mis filípicas sobre el tratamiento que da el mercado a la mujer. Unos cuantos días antes había ido, durante la hora del almuerzo, a un concesionario de Mercedes con la intención de comprar un coche. Los tres vendedores permanecieron en sus cubículos, comiendo sándwiches. (Sí, eran hombres. ¿Hay que preguntarlo?) Ninguno de ellos le prestó la más mínima atención mientras merodeaba por la exposición hasta que, finalmente, uno terminó su almuerzo y se dirigió hacia ella, a paso lento. Las primeras palabras que salieron de su boca fueron: "¿Estás segura de que tienes la clase de dinero necesario para mirar un coche como éste, cielito?".

Algunos de los hombres que lean esta historia dirán: "Chorradas. Se lo está inventando o al menos exagera". (Admito que esa hubiera sido mi respuesta antes del... día en que cambié de opinión... en diciembre de 1996.)

NUEVA EMPRESA   NUEVOS MERCADOS

Del 1 al 50%

COMPROBANDO LAS EXPECTATIVAS

¡Habla de "estupideces"!

Las mujeres suponían sólo el 1% de las empresarias viajeras en 1970. Esa cifra es ahora de casi un 50%. (¡Caramba!) Más aún, muchas de esas empresarias viajeras son tremendamente "influyentes". Por ejemplo, las mujeres son mayoría en el campo de planificar las reuniones. Esto quiere decir ¡personas que reservan cantidades enormes de habitaciones hoteleras!

Sólo en esta área... están en juego... anualmente, decenas de miles de millones de dólares.

EMPRESA CARADURA

Un hecho real: la consejera delegada de una empresa de servicios financieros del Reino Unido va a un concesionario para contratar en *leasing* un coche para la empresa. El vendedor la saluda diciendo: "No sabía que esa empresa ofreciese coches a las secretarias".

**ELLAS HAN
APORTADO
UN PAISAJE NUEVO**

En 2001, después de mi primera conferencia del año, se acercó a mí un tipo. Había asistido a un seminario mío tres años antes, cuando empezaba yo a calentarme en este tema. Me dijo que había rechazado mis comentarios sobre el mercado de las mujeres, pero que después había decidido tomarme algo en serio. Había realizado "un pequeño estudio". Los resultados le dejaron atónito. Informó de que el 80% de los compradores de su producto eran mujeres.

¿Qué producto? Segadoras de césped automotrices.

!

**MATEMÁTICAS
"SUPERIORES"**

De *Business Week*, 26 de mayo de 2003: la cuota que aportan las mujeres al ingreso familiar sube enormemente con el nivel educativo. Los hombres siguen dominando las ganancias conjuntas en las familias de niveles educativos bajos, pero se han visto eclipsados en las familias en que las mujeres tienen una licenciatura.

Mas aún: esa tendencia no hace más que acelerarse.

La razón: las mujeres están empezando a dominar la enseñanza superior tanto en lo que se refiere a las matriculaciones como a las titulaciones.

El resultado: la pasta está... en las familias en que las mujeres tienen formación superior.

HECHO: ninguna de las mujeres que lea esto tendrá la reacción que tuvieron algunos de los hombres. Ninguna encontrará excepcional el cambio. Es algo que... conozco, después de seis años de escuchar y de estudiar.

HECHO: sí, tengo otras tropecientas historias como ésta. De empresas de servicios financieros. De hospitales y médicos. De hoteles. De empresas informáticas. También de esas empresas de venta de automóviles sempiternamente estúpidas. Y cuando he contado estas historias, nunca... NUNCA... NUNCA... he visto que una mujer mueva la cabeza para negarlo entre las decenas de miles de personas a las que se lo he contado.

HECHO: me resulta raro no hablar de este tema... y no tener esperando a dos o tres mujeres en fila, perdiendo en ocasiones muchos minutos de su precioso tiempo, para contarme otra historia de mal gusto.

"Tom, aquí tienes otra..."

"Tom, no vas a creer ésta, pero..."

Lo curioso es que: LAS CREO.

Haz números: decisiones, decisiones

El hecho de que el mercado sirva a las mujeres zafiamente podría tener sentido... si esto tuviera sentido. Pero no lo tiene. Es algo absolutamente loco. Porque las mujeres son las únicas o las principales tomadoras de decisiones en cada tipo de compra. Tanto de productos comerciales como de consumo. Los estudios que he realizado a lo largo de los años arrojan las siguientes cifras:

Las mujeres son las instigadoras-en-jefe de la mayor parte de las adquisiciones de productos de consumo. A saber:

- Todas las compras de productos de consumo: 83%
- Muebles para el hogar: 94%
- Vacaciones: 92%
- Viviendas nuevas 91%
- Productos para trabajos en el hogar ("proyectos para el hogar"): 80%
- Electrónica de consumo: 51%
- Coches: 60%

(Y en la última de las categorías, los coches, las mujeres influyen de forma significativa en otro 30% de las compras, lo que hace que su índice de poder suba al 90%.)

Lo mismo ocurre en los servicios. A saber:

- Nuevas cuentas bancarias: las mujeres eligen en el 89% de las veces.
- Cuidados sanitarios: las mujeres toman el 80% de las decisiones y son responsables de casi los dos tercios del gasto.

Haz números: comprador, sé... mujer

Y así sucesivamente. Dos tercios de las mujeres trabajadoras de los Estados Unidos y más del 50% de las esposas que trabajan aportan más de la mitad del ingreso familiar. Las mujeres americanas extienden el 80% de todos los cheques, pagan el 61% de todas las facturas y son propietarias del 53% de todas las acciones. Las mujeres alimentaron el *boom* de los seguros... casi por sí solas.

Las mujeres americanas constituyen el 43% de los americanos que tienen un patrimonio de medio millón de dólares o más; las mujeres influyen significativamente en el 75% de las decisiones financieras y toman el 29% de tales decisiones por sí solas.

Más: entre 1970 y 1998, el ingreso medio de los hombres subió un 0,6%, mientras que el ingreso medio de las mujeres subió un 63%. *(¡Chúpate esa!)*

Más: durante el primer trimestre de 2000, utilizaron la web más mujeres que hombres; seis de cada diez nuevos usuarios de la web fueron mujeres; y entre las mujeres conectadas, el 83% eran las que tomaban las decisiones en cuestiones familiares de salud, finanzas y educación. (Y, sin embargo, las fracasadas "punto.com" de ventas al por menor estaban dirigidas invariablemente por tipos fanfarrones).

Todos los relatos precedentes son relativos al (gran) papel de las mujeres como "ejecutivos de compras" para sí mismas y para sus familias. Pero las mujeres interpretan tam-

Las mujeres son las instigadoras-en-jefe de la mayor parte de las compras de productos de consumo.

No tengo duda alguna de que los hombres y las mujeres son... diferentes.

❝❞

**RETORNO
AL DERROCHE**
Unas cuantas semanas después de una de mis charlas a WomenFuture —uno de mis grupos favoritos— recibí este correo electrónico de Shelley Rae Norbeck (que presumiblemente había sintonizado el evento a través de teleconferencia):

"Gano un tercio de dinero más que mi marido. Tengo tanta 'pegada' financiera en mis relaciones como él. Esto es verdad también por lo que se refiere a la mayoría de mis amigas. ¡Alguien tendría que despertar, oler el café y venir a besarnos el culo para vendernos algo! ¡Tenemos dinero para gastar y nadie lo quiere!"

bién un papel dominante como personal de compras para las corporaciones o los organismos públicos. Actualmente, suponen más del 50% de los directivos y de los agentes de compras. Su "poder de gasto comercial" incluye también su mayoría en los departamentos de recursos humanos donde son responsables (entre otras cosas) de las decisiones sobre beneficios para los empleados. Y conforman más del 50% de los administrativos de las corporaciones, con un tremendo poder en lo que se refiere a abrir (o no) el monedero comercial.

Si se añade esto a lo de más arriba, resulta que la economía de las mujeres americanas supone más de la mitad del PIB de los Estados Unidos. Es decir: en torno a 5 billones de dólares. De aquí, que según un tipo bromista, las mayores economías del mundo se clasificarían de la siguiente manera:

● La mayor economía de la tierra: los hombres americanos.
● La segunda economía de la tierra: Japón.
● La tercera economía de la tierra: las mujeres americanas.

Haz números: la manifestación de 10 millones de mujeres

¿Quieres oír realmente "rugir" a las mujeres? Después de años de machacarse sus cabezas contra el techo de cristal corporativo, han empezado a decir... casi al unísono... VETE AL INFIERNO.

Seguro que hay más de las tan cacareadas hembras CEO de *Fortune 500*, tales como Carly Fiorina, de HP, Anne Mulcahy, de Xerox, Meg Whitman, de eBay. Pero la historia real son los 10,1 millones de mujeres que poseen sus propias empresas sólo en los Estados Unidos. Estas empresas nos emplean a 27,5 millones de nosotros. (En otras palabras: uno de cada cuatro trabajadores americanos.) De hecho, las empresas propiedad de mujeres emplean a más trabajadores *dentro de los Estados Unidos* que las "míticas" de *Fortune 500 en todo el mundo.*

(Resultado: mujeres, 1; *Fortune 500*, 0.)

Las empresas americanas propiedad de mujeres suponen, al fin y al cabo, 3,5 billones de dólares de ingresos en total. Por ponerlo en perspectiva: ¡los ingresos de las empresas americanas propiedad de mujeres superan al PIB de Alemania!

(Caramba)

Empieza a observar este tema, como lo he venido haciendo yo durante media docena de años, y te quedarás asombrado. Asombrado y luego indignado.

"Indignado" porque las mujeres en cuanto compradoras, profesional y privadamente, son responsables de más de la mitad de todo el gasto en la economía norteamericana. Y, sin embargo:

Las empresas de servicios financieros... **no lo captan.**

Las empresas de servicios sanitarios... **no lo captan.**

Las empresas de servicios hoteleros... **no lo captan.**

Las empresas informáticas... **no lo captan.**

Las empresas automovilísticas... **no lo captan.**

Las empresas de muebles para el hogar (!) **no lo captan.**

NINGUNA DE ELLAS LO CAPTA. (O al menos eso parece.)

Ellos y ellas: a través de una gran brecha

Soy un imperturbable feminista "especial". No tengo duda alguna de que los hombres y las mujeres son iguales. Tampoco tengo duda de que los hombres y las mujeres son... *diferentes*.

Y las diferencias son profundas. En lo que se refiere a mi campo, la excelencia empresarial, esas profundas diferencias tienen profundas implicaciones para la forma en que creamos y distribuimos productos, servicios y... experiencias.

Citemos el clásico estudio *In a Different Voice,* de la psicóloga de Harvard, Carol Gilligan. Por resumir su brillante y meticulosa obra:

● Los *hombres* quieren huir de la autoridad y de la familia. Las **mujeres** quieren conectar.

● Los *hombres* están orientados a sí mismos. Las **mujeres** están orientadas a los otros.

● Los *hombres* están orientados a los derechos. Las **mujeres** están orientadas a la responsabilidad.

Martha Barletta corrobora los hallazgos de Gilligan, en *Marketing to Women:*

● Los *hombres* tienen una "perspectiva individual" (el "centro es 'yo'"). Las **mujeres** tienen una "perspectiva del grupo" (el "centro es 'nosotros'").

● Los *hombres* encuentran "orgullo en la autoconfianza". Las **mujeres** encuentran "orgullo en el rendimiento del equipo".

Barletta informa de hallazgos que demuestran que tales diferencias están incrustadas en nosotros en lo más profundo:

● Visión: *hombres*, centrada. **Mujeres,** periférica.

● Audición: el nivel de molestia de las **mujeres** es la mitad del de los *hombres*.

● Olfato: **mujeres**, sensibles. *Hombres*, relativamente insensibles.

● Tacto: el *hombre más* sensible tiene el tacto menos sensible que la **mujer** *menos* sensible. (No es exageración.)

● Orientación hacia la gente: las niñas ponen de manifiesto el doble de contacto ocular que los niños, desde los tres días de edad.

Judy Rosener, en *America's Competitive Secret: Women Managers*, expresa estas enormes (sí) diferencias en términos de... lenguaje: "Las mujeres hablan y escuchan un lenguaje de conexión e intimidad, mientras que los hombres hablan y escuchan un lenguaje de rango e independencia. Los hombres se comunican para obtener información, establecer su rango y mostrar independencia. Las mujeres se comunican para crear relaciones, animar la interacción e intercambiar sentimientos".

Helen Fisher en *The First Sex* añade de manera intrigante: "Los guiones de Hollywood que escriben los hombres tienden a ser directos y lineales, mientras que los escritos por mujeres tienen muchos conflictos, muchos clímax y muchos finales".

PÁRATE Y REFLEXIONA
Por favor. No leas estos temas porque sean "interesantes". (Aunque lo son.) Por favor.

En lugar de ello, piensa en cómo afectan —o deberían afectar— (fundamentalmente) a todos los aspectos de tu desarrollo de productos y estrategia de marketing.

❝❞

CHARLAR ES AMAR

La novelista y antigua columnista del *New York Times,* Anna Quindlen: "Realmente sólo me entiendo a mí misma, lo que pienso y siento realmente, cuando he hablado sobre ello con mi círculo de amigas. Cuando pasan los días sin establecer esa conexión, me siento como un aparato de radio puesto en una habitación vacía".

He compartido esta afirmación con audiencias en las que había decenas de millares de hombres y pregunté repetidamente: "¿Puedes imaginar —en cualquier modo o forma— a un hombre haciendo ese comentario?"

Todos estamos de acuerdo: ¡de ninguna forma!

Mensaje. No somos peores. No somos mejores. Somos diferentes. Y el impacto en la estrategia empresarial es enorme. Lo debería ser.

NUEVA EMPRESA NUEVOS MERCADOS

!

PAUSA Y REFLEXIÓN
De nuevo: el propósito de estas ideas no es divertir. (Aunque son divertidas.) El propósito es decir: ¡Imagina las implicaciones de t-o-d-o esto para cada aspecto de la forma en que desarrollas y distribuyes los productos!

❝❞

LAS CRÍTICAS DE LAS PELÍCULAS DE MUJERES
A principios de 2003, una productora de Hollywood me dijo: "Cada vez que una 'película de mujeres' triunfa —como *El club de las primeras esposas*— todo el mundo se sorprende, pero no pasa nada. Pero si una 'película de acción' pega, instantáneamente engendra una docena de comentarios favorables frenéticos".

!

LEYENDO ENTRE LÍNEAS (DEL GÉNERO)
Leo más ficción que no ficción. Desde que abordé este tema, he prestado atención a los retratos femeninos de autores masculinos y femeninos. El lenguaje que utilizan los hombres para describir a las mujeres y el que utilizan las mujeres para describir a las mujeres son totalmente distintos.

Las descripciones de mujeres por mujeres son sutiles y complejas. Pero las descripciones de mujeres son, en nueve de cada diez casos, incluso entre autores reconocidos, fantasías sobre las mujeres hechas por hombres. Y cuando un personaje femenino es admirable, se le describe invariablemente en términos masculinos, como "fuerte", "de mirada acerada", etc.

Es hilarante (más o, principalmente, menos).

Él decía, ella... escuchaba

A veces pienso: *¡Los dos sexos no tienen nada en común!* Considera el maravilloso *Why Men Don't Listen & Women Can't Read Maps*, de Barbara Pease y Allan Pease. Este libro no se podría haber escrito hace 25 años, en los momentos del estudio pionero de Gilligan. No está basado en la evidencia anecdótica, sino en los últimos hallazgos de la neurobiología; es decir, que la diferencia procede de las más severa de las ciencias.

Considera: "Para una mujer es obvio ver que otra mujer está molesta... mientras que generalmente un hombre tiene que ver físicamente las lágrimas o un acceso de cólera o verse golpeado en el rostro antes de atisbar que está ocurriendo algo. Las mujeres, como la mayor parte de las hembras de los mamíferos, están equipadas con capacitaciones sensoriales mucho más finas que los hombres".

¿Más? "Una mujer sabe cuáles son los amigos, las esperanzas, los sueños, los romances, los secretos, los miedos, lo que piensan, lo que sienten sus hijos... los hombres son vagamente conscientes de que algunas personas cercanas viven también en la casa".

Algunos encontrarán divertido lo dicho hasta aquí. Otros lo encontrarán amenazador o incluso ofensivo. El tema es que tiene sentido... desde el punto de vista de las ciencias biológicas. Sencillamente no hemos avanzado desde los días de la caverna. En esa época, los tipos estábamos "dentro" o "fuera". Nos levantábamos antes del amanecer, salíamos a la peligrosa caza, subía la adrenalina, pasábamos el día persiguiendo a la presa, regresábamos al anochecer y nos dormíamos en seguida. Como ponen de manifiesto los estudios biológicos, los hombres están activos *hasta el final* o... en "descanso" el 30% del tiempo. En cambio, las mujeres son las responsables de defender la comunidad de la caverna... 24/7. Por ello, las mujeres no están nunca desconectadas. Su estado de descanso es *conectada* al 90%. Las mujeres están siempre sintonizadas. Los hombres están sintonizados o desintonizados... y raras veces en el estado intermedio.

"En cuanto a cazador, el hombre necesita la visión que le permita concentrarse en... objetivos distantes —escriben los Peases— mientras que la mujer necesita ojos que le permitan un amplio arco de visión para controlar a los predadores que se acercan al nido a hurtadillas. Por eso los hombres modernos pueden encontrar el camino fácilmente a un bar cercano, pero nunca pueden encontrar las cosas en los frigoríficos, los armarios o los cajones."

Y: "La ventaja de la hembra para oír contribuye significativamente a lo que se llama 'intuición femenina' y ésta es una de las razones por las que la mujer puede leer entre líneas lo que dice la gente. Pero los hombres no deberían desesperar. Son excelentes... imitando los sonidos de los animales."

Más de los Peases:

● "A las mujeres les gusta charlar. *Los hombres hablan para sí mismos en silencio.*"

● "Las mujeres piensan en voz alta. Las mujeres hablan, *los hombres se sienten hostigados.*"

● "Las mujeres intercambian conocimientos."

● "Las mujeres son indirectas. *Los hombres son directos.*"

● "Las mujeres hablan emotivamente, *los hombres son literales. Los hombres escuchan como estatuas.*"

● "*A los chicos les gustan las cosas,* a las chicas les gustan las personas."

● "*Los chicos compiten,* las chicas cooperan."

● "*Los hombres odian equivocarse. Los hombres ocultan sus emociones.*"

Por lo que se refiere al último punto, añaden los Peases: "Cuando una mujer está enfadada, habla emocionalmente con sus amigas; pero un hombre enfadado arregla un motor o repara un grifo que se sale".

Por qué compran las mujeres

Las mujeres... son diferentes. No es sorprendente que las mujeres compren por... razones diferentes. Y las consecuencias prácticas de esas diferencias para el desarrollo de productos, el posicionamiento, el marketing, la distribución y los servicios valen... billones de dólares.

El director editorial de *Redwood Publications* del Reino Unido (que produce revistas de empresa de gran circulación para compañías del tipo de Boots y Volvo), me explicaba pacientemente cómo fraguar una historia que atrajese a hombres... y/o mujeres: los hombres "necesitan" (¡necesitan!) tablas, comparaciones, clasificaciones". Las mujeres necesitan "narraciones que sean coherentes".

Martha Barletta apoya esta teoría, observando desde el campo del estudio que las mujeres son más "contextuales" y "holísticas". Dice que, al abordar una historia, "los hombres empiezan por el titular". ("Sólo los hechos, señora".) Mientras que "las mujeres empiezan por el contexto". Dice también que durante el proceso de "iniciar las compras", los hombres estudian "hechos y cifras", mientras que las mujeres "piden informes a muchas personas".

Faith Popcorn, la especialista en observación de tendencias, hace una reflexión similar en su libro *Clicking*: "Los hombres y las mujeres no se comunican de la misma forma, no compran por las mismas razones... El hombre quiere hacer la transacción... se interesa en entablar la relación. Las mujeres entablan relaciones en todos los sitios donde van".

No hay un estudio más meticuloso sobre el comportamiento a la hora de comprar que Paco Underhill. Considera esta descripción de su libro *Why We Buy*: "Los hombres parecen cañones sin fijar, los hombres se mueven siempre más rápidos por los pasillos de los almacenes. Los hombres emplean menos tiempo en ver. Generalmente no les gusta preguntar por las cosas. Podemos ver al hombre moviéndose impaciente por la tienda hacia la sección que desea, cogiendo algo y, después, aprestándose a comprar casi abruptamente... Para un hombre, ignorar la etiqueta del precio es casi un signo de virilidad".

Judith Tingley, en *GenderSell: How to Sell to the Opposite Sex*, ofrece una visión de la evaluación que hace la mujer del vendedor masculino. Ve a los vendedores como "conocedores desde el punto de vista técnico" y "firmes"; y van "directos al asunto". También los ve agresivos, "condescendientes" e insensibles a las necesidades de las mujeres."

El significativo esfuerzo de IBM para vender a las mujeres empresarias (nombrada, 10 millones de ellas sólo en los Estados Unidos) subraya todo esto... Robin Sternberg, de IBM, observa que los hombres y las mujeres compran sistemas informáticos según "criterios diferentes". Los hombres están obsesionados por las especificaciones técnicas; las mujeres están más interesadas en la relación con el vendedor. No hay nada "erróneo" en absoluto en lo que se refiere al enfoque de compras de los tíos. Pero los tíos son compradores minoritarios y casi todos los espacios de venta están diseñados por hombres y, de hecho, para hombres. En esto se incluyen los concesionarios de automóviles, las tiendas de electrónica, los bancos, los almacenes de hágalo usted mismo, los despachos de los médicos.

Vender el "escenario": el cuento de mi mujer

Mi mujer, Susan Sargent, está al frente de una línea de muebles de marca de Lexington Industries. Yo estaba en la sala de exposición de Carolina del Norte donde se produjo el lanzamiento que hizo ella en abril de 2002. La escena podría haber sido hilarante si no fuera por el atraso general de la industria del mueble, del que ya hemos hablado. Los varones responsables de las ventas resaltaban los aspectos técnicos a posibles compradores. Mientras tanto, mujeres contratadas especialmente hablaban sobre "ambientación", "contexto", e incluso "alma".

Aquí es donde Lexington posicionaba la nueva marca Susan Sargent, aparentemente la primera "marca hembra" del sector y, más interesantemente, la primera marca dirigida específicamente a compradoras profesionales:

"La cliente marginada de Susan Sargent:

"Al igual que el novelista escribe una novela con un lector particular en mente, Susan Sargent tiene una clara idea de su consumidor primario. La mujer ocupada, creativa, no quisquillosa, profesional enérgica, que elige por sí misma en su trabajo, su vida y su hogar. Es confiada y nada pretenciosa, ecléctica y diversa. Probablemente toma el 90% de las decisiones de compras de muebles para el hogar. Tiene un tiempo limitado, no tiene paciencia ante los dictadores del diseño y desea productos más accesibles, de mejor calidad, confortables, más jóvenes y más llenos de color que se puedan colocar eficazmente y vender de manera atractiva. Es atrevida y ecléctica en sus gustos.

GIR!

NUEVA EMPRESA   NUEVOS MERCADOS

6699

CHARLAS EN TORNO A LA COMPRA

La Charleston (Virginia Occidental) *Gazette* publicaba este titular: "Ir de compras: ¿una pesadilla para los tíos o un sueño hecho realidad para las chicas?". Informaba el periódico de que para los chicos se trata de "comprarlo e irse". Para las mujeres se trata de "entrar en ello y disfrutar de la experiencia". Antaun Hughes, de Capital High School, lo decía de esta forma: "Las mujeres disfrutan con el proceso real de todo, mientras que a los tíos les gusta ir directamente al asunto".

6699

EL ZAPATO (NUEVO) SE AJUSTA

John Hoke, diseñador de Nike, citaba en *Fast Company*: "Las mujeres no se sentían cómodas en nuestras tiendas. De manera que me imaginé donde estarían confortables. Lo más probable es que fuera en sus propias casas. La primera tienda (NIKEgoddess) estaba dotada de un sentimiento residencial mayor. Deseaba que tuviese muebles y no accesorios. Sobre todo, no deseaba que fuera afeminada".

!

EL TONTO MUEVE: EL REY CIERRA EL PASO A LA REINA

Un colega mío, Steve Farber, conoce bien mi pasión por la oportunidad de mercado de las mujeres. Recibí un correo electrónico suyo en abril de 2002. Había realizado una búsqueda en Google, poniendo dos cosas: "el cliente es rey" y "la clienta es reina".

Resultado:

"El cliente es rey": 4.440.

"La clienta es reina": 29.

!

UN LIBRO EN BLANCO
Pregunta: ¿por qué *EVEolution* y el *Marketing to Women* de Martha Barletta son los únicos grandes libros sobre este tema?

Ve a tu librería. En la floreciente estantería de libros de empresas, encontrarás 25 libros —quizás el doble— sobre Six Sigma o sobre otra versión del "tema de la calidad" y, sin embargo, creo... con total certeza... que el "marketing para las mujeres" es un tema mucho más importante que el de la "calidad".

!

¿SÓLO PALABRAS? ¡HAZ NÚMEROS!
Podría ocurrir que el tema de la marca sea... cosa de mujeres.

Las implicaciones que tiene para el posicionamiento de la marca y el mercado total de la empresa son asombrosas.

Unos "pocos" datos que lo corroboran: un gran *broker* me dijo que había orientado su trabajo hacia las clientas, y con gran éxito. Fanático de los estudios, dice que su cliente masculino medio le recomienda a otros 2,6 clientes. Por el contrario, sus clientas le recomendaron a un promedio de 21 personas. Sí: estamos hablando de 2,6 *versus* 21.

¡Chúpate esa!

2,6 VS 21

"Como consumidora principal de muebles para el hogar, hay un desfase obvio en el mercado: está marginada.

"El hogar de la mujer profesional es una obra en ejecución. A medida que evolucionan su carrera, su desarrollo personal, sus familias y sus distintos intereses, el interior de sus hogares refleja el aliento de su estilo individual. Es creadora. Busca elementos que le atraen y que hacen al hogar moderno y habitable. Aunque el estilo de Sargent atrae a una amplia gama de clientes, encaja particularmente con esta consumidora.

"Un hogar es como un jardín: lo nutrimos, lo plantamos con plantas de colores y esperamos que evolucione con las estaciones y los años. Sargent proporciona a sus clientes, con sus diseños, las herramientas para decorar el paisaje casero de una forma alegre y moderna. Susan entabla relación con sus clientas, las invita a compartir su particular visión. Esta mujer moderna no se limita a comprar muebles. Cultiva su propio entorno lleno de colorido, evolucionando y comparando sus gustos con los de Susan."

Es una historia. (Por supuesto, no soy imparcial.) (Para más información...)

Pregunta: ¿Podrían los hombres haber creado este lenguaje hablando sobre los hombres?

Respuesta: No.

Mensaje: El lenguaje diferente atrae y "habla a" diferentes compradores.

El stand de Popcorn: las mujeres son "gregarias"

Lee este libro. Mejor, apréndelo de memoria. Título: *EVEolution: The Eight Truths of Marketing to Women.*

Autores: mi amiga la observadora de tendencias Faith Popcorn (asistió a la fatídica reunión de Boston en 1996) y su creativa directora, Lys Marigold.

Ocho grandes ideas para atraer al cliente de Eva. Me limito a ver una para darte una prueba de lo que incluye. (Por supuesto que espero desesperadamente despertar su interés.)

Verdad número 1: Al conectar entre sí a tus consumidoras las conectas a tu marca. Como dicen Popcorn y Marigold: "La predisposición de las mujeres a conectar comienza muy pronto. Cuando una madre pregunta a una niña: '¿Cómo te fue hoy en el colegio?', generalmente le cuenta todo lo ocurrido con todo detalle, mientras que un niño gruñe: 'bien'".

En mis seminarios, hago siempre la misma pregunta después de utilizar una transparencia en PowerPoint que plantea esas preguntas sobre la predisposición a la conexión: "¿Hay alguien en la sala que no esté de acuerdo con esa caracterización de la diferencia entre chicos y chicas?". Dejo mucho tiempo para que contesten. Nunca he tenido una *sola* objeción.

Popcorn y Marigold ofrecen consejo a los futuros clientes en cada una de las ocho "verdades". Veamos esa predisposición a la conexión: "¿Qué ocurriría si Exxon Mobil o Shell echaran mano a su base de datos de tarjetas de crédito para ayudar a las mujeres que van a trabajar en coche a entrevistarse con otras y elegir compañeras de viaje en el coche?" "¿Qué pasaría si American Express hiciera un esfuerzo para conectar a las mujeres a través de programas *on line* y *off line* adaptados para ayudar a las mujeres a volver a entrar en el mercado laboral con las capacitaciones actuales?"

¿Qué ocurriría si las empresas hicieran este tipo de cosas? Lo que es más importante: ¿POR QUÉ DEMONIOS NO LO HACEN? (ESTÁN EN JUEGO BILLONES DE DÓLARES.)

Conclusión, para Popcorn y Marigold: *"Las mujeres no compran marcas. Se unen a ellas".*

Casos: los favoritos de Faith... y un poco de mi cosecha

La gente me ha preguntado durante años, ¿dónde hay ejemplos de empresas que lo capten? Y la respuesta ha sido clara durante años: NO CONOZCO NINGUNA.

Bien, parece que estamos cerca de un *primer* umbral. *Algunas* empresas están haciendo *algunas* cosas para aprovechar esta gran oportunidad. Para mí, no es suficiente y no hacen todo el alineamiento estratégico que considero necesario pero, y qué. Tomaré lo que pueda.

Jiffy Lube. Popcorn y Marigold escriben: "Para el carácter masculino, Jiffy Lube iba a prestar sobre todo un servicio rápido y eficiente. Pero las mujeres se estaban desanimando

¡Guau! ¡Otro icono masculino que cae!

por la experiencia 'consiga una reparación rápida en la que no se requiere entablar una conversación'". La nueva Jiffy Lube trabaja... *estratégicamente*... para cambiar todo eso. Para Popcorn y Marigold, la premisa es: "*Control* sobre su entorno. *Confort* en el servicio. *Confianza* en que su coche está siendo atendido adecuadamente. *Respeto* por su inteligencia y capacidad".

    (Nota: en la edición de 2000 de *EVEolution*, Jiffy Lube era el ejemplo favorito de Faith de una firma que pretende reposicionarse sistemáticamente en torno a los clientes femeninos).

    Lowe's. "Se ha desatado la guerra por cada dólar empleado en la mejora del hogar —escribe Forbes.com— y Lowe's ha puesto a la defensiva a la poderosa Home Depot. No se trata de ninguna táctica secreta: atraer a las mujeres". (¿Quién lo hubiera pensado? ¡¿Hágalo usted mismo?!)

    Continúa Forbes.com: "Home Depot sigue siendo en gran parte una cadena para los tíos. Pero, según los estudios realizados por Lowe's, las mujeres son las que toman el 80% de las decisiones de reforma del hogar, especialmente en el caso de pedidos caros como armarios de cocina, suelos y baños. Como dice Robert Tillman, el CEO, de 59 años, un Lowe's de toda la vida, 'nos hemos centrado en un cliente en el que nadie se ha centrado en el campo de la reforma del hogar. Pero no nos equivoquemos, las mujeres son mucho más discriminadoras que los hombres'".

    ¡Guau! ¡Otro icono masculino que cae! ¡En la ferretería! ¡Tienes mucho camino, Lowe's!

    Mattel. Titular del *Wall Street Journal*, abril 2002: "Mattel ve un mercado sin explotar para los juegos de construcción: las niñas. El último año, los niños compraron más del 90% de los sets LEGO —escribe el *Journal*—. Mattel dice que Ello —con bordes de plástico que encajan entre sí, bolas, triángulos, garabatos, flores y palillos, en color pastel y con esquinas redondeadas— superará a las pautas de juego lineal de LEGO".

    (¿Pero se había imaginado LEGO, una empresa sofisticada, que las niñas no compraban? Dudo de que los tipos de LEGO fueran tan torpes. Mi presentimiento: suponían que LEGO es "cosa de niños" y no se preocuparon de más. O, por ofrecer una interpretación más benigna, nunca pensaron en ello).

!

PALABRAS QUE VENDEN

Todas ellas son palabras claves (claves): Control. Confort. Confianza. Respeto.

    Especialmente la última. En todas las conversaciones que he tenido con mujeres sobre cualquier tema relacionado... salud, servicios financieros, inmobiliarias, talleres de automóviles... surge la palabra "respeto" (y, mucho más a menudo, su opuesta). Una y otra vez.

"""

¡VICTORIA!

Nike avanza también en el programa para las mujeres. De *Fast Company*: "Darcy Winslow es una figura líder en NIKEgoddess, un equipo cuya meta es cambiar de una vez por todas el modo en que una empresa de testosterona alta vende, diseña y se comunica con las mujeres".

GALA GLOBAL

La mayor parte de mis pensamientos sobre el asunto de las mujeres y la mayor parte de los estudios que he reunido sobre el tema se refiere al mundo occidental desarrollado.

Pero he descubierto que mi "estribillo sobre las mujeres" se traslada... bastante bien.

Ejemplo:

El avión aterrizó en Kuala Lumpur. 18 horas antes había tenido que dar un seminario de todo un día. Era a finales de 1998 y había estado perfeccionando ese "estribillo" de las mujeres durante dos años.

Pero ahora estaba en Asia y en una nación de mayoría musulmana. Calculaba que sólo el 10% más o menos de los participantes en el seminario serían mujeres.

De manera que, ¿tendría que tratar con respeto el capítulo de las mujeres?

Decidí que no. Y me alegro mucho de mi decisión. Utilicé algún papel de lija y quité un poco de sarro de aquí y de allí. Pero, por lo demás, utilicé mi charlatanería convencional.

Tenía razón en un tema: en la audiencia sólo había un 10% de mujeres. Pero raras veces he recibido una respuesta tan sincera como la de esta minoría. Casi todas las mujeres se acercaron a mí y me dieron las gracias por haberles proporcionado una voz.

¿Cambié el mundo ese día? No. O no mucho. Pero me reafirmé en la resolución de no ahorrar mis golpes, con independencia de las coordenadas del mapa.

Tomboy Tools. Las herramientas de Tomboy Tools son más pequeñas y menos pesadas que las normales (es decir, para hombres). Igualmente importante: se comercializan mediante un modelo de distribución como el de "Tupperware". (Recuerda: "Las mujeres no compran marcas. Se unen a ellas".)

Procter & Gamble. Artículo de portada, *Advertising Age,* junio 2002: "Objetivo mujeres". El producto: efectos rejuvenecedores Crest. El grupo líder: el equipo de chicas de Crest. Realizó una campaña publicitaria de salida de 50 millones de dólares. Se cambió el envoltorio. Se cambió el sabor. Se cambiaron las características.

Grandes historias, ¡todas! Y, sin embargo, por tomar sólo el último ejemplo: ¿por qué, sí, por qué, en 2002, la fecha de la historia, supone una "noticia" que una empresa de bienes de consumo primarios haya hecho algo "especial" para atraer a las mujeres? Puedo ver por qué algunas empresas (digamos IBM) llegan tarde a esta reunión particular. Pero ¿P&G? P&G, cuyos productos caen de manera tan obvia dentro del campo tradicional de las mujeres. ¿Y por qué sólo esta iniciativa? ¿Por qué P&G no... reorienta totalmente su empresa... para centrarse en la mujer-en-cuanto-consumidora? ¿Por qué?

"Oye, finanzas": caballeros, encuentren a sus clientes

Como he dicho antes, las mujeres toman parte en virtualmente todas las decisiones financieras de consumo y toman las decisiones totalmente por sí mismas cerca de la tercera parte de las veces.

De manera que... ¿cómo actúan estas "frívolas" mujeres? MEJOR QUE LOS HOMBRES. Mucho mejor. Y, en particular... son mucho menos "frívolas" que los hombres.

"Las mujeres vencen a los hombres en el arte de invertir", dice el titular de un artículo del *Miami Herald.* El periódico informa de un estudio realizado por los profesores Terrance Odean y Brad Barber de la Universidad de California en Davis. Según el estudio, las mujeres superaban a los hombres como inversoras. La razón: generalmente los hombres "entran y salen" de una acción de bolsa; les gusta demasiado "el juego". Las mujeres deciden con más cuidado. Se centran en conseguir un futuro seguro para sus familias. E invierten a largo plazo.

Hablando de mantener la inversión, considera este festivo comentario de Jane Bryant Qinn en *Newsweek,* enero 2001: "¿Por qué esta atención a las mujeres y a nuestra supuesta falta de agallas para invertir? A mí me parece que la especulación de los que disparan a la menor ocasión, hombres principalmente, es un gran problema. Esa clase de tipos cuyos ahorros familiares se fueron al garete con las punto.com. Imagina una lista de *sus* errores a la hora de invertir. *1. Dispara desde la cadera. 2. Infla su contabilidad. 3. Cree que es más listo que el mercado. 4. Piensa con su ratón más que con su cerebro. 5. Alaba su propio genio cuando suben las acciones... 6. Oculta sus errores a su esposa".*

La Asociación Nacional de Inversores, sobre los retornos de los clubs de inversión en 1997:

- Clubs de mujeres solas: 17,9%
- Clubs mixtos: 17,3%
- Clubs de hombres solos: 15,6%

Value Line informaba sobre los principales clubs de inversión en cada estado, en 2000. He aquí los resultados. (La razón del total de 49: no se incluyen Vermont y Maine, se incluye el distrito de Columbia).

- Todo mujeres: 22
- Mixtos: 19
- Todo hombres: 8

Mensaje: Las mujeres toman la mayor parte de las decisiones de inversión. Las mujeres son mejores inversoras que los hombres. C.Q.D.

¿Por qué entonces siguen siendo tratadas las mujeres como una m... por la mayor parte de las empresas de servicios financieros? (Eso no es justo. Las mujeres no son "tratadas como una m...". Son... rechazadas. Tratadas como... *descerebradas*. Tratadas como... *cobardes*. Y, francamente, eso es peor que ser tratadas como una... ¡mierda!)

Casos: relaciones con inversores como si importaran las mujeres

He aquí unos cuantos ejemplos de un artículo de 2002 en el *San José Mercury News*, sobre los esfuerzos de unas cuantas empresas de servicios financieros por perseguir el enorme mercado de las mujeres:

Citigroup. En octubre de 2001, "Citigroup lanzó Women & Co., un servicio asociativo dirigido a las mujeres menores de 55 años que dispusieran de 100.000 dólares para inversión", informa *Mercury News*.

Wells Fargo. En junio de 2002, "el Wells Fargo Bank destinó 5 millones de dólares para su programa de préstamos a mujeres". Esta cantidad se sumaba a los 10.000 millones de dólares que Wells Fargo había destinado previamente al programa. Entre otras cosas, Wells Fargo ha copatrocinado eventos de la Asociación Nacional de Mujeres Empresarias.

Merrill Lynch. Merrill Lynch ha establecido este año un "grupo de desarrollo empresarial diversificado y multicultural dirigido a las mujeres y a los inversores étnicos. Se centra en foros donde las inversoras pueden aprender y entablar relaciones".

Charles Schwab. Charles Schwab está promoviendo Mujeres que Invierten. Es una iniciativa educativa que tiene dos años y que "imparte clases dadas por mujeres".

Cents & Sensibility. Los planificadores financieros J. Kincheloe y Sharon A. Almeida dieron a sus actividades "un cambio de rostro a mediados de 2000 para atraer más a las mujeres que suponen más de tres de cada cuatro clientes", informa *Mercury News*. "Empezaron con un nuevo nombre —Cents & Sensibility—, parafraseando el título de la novela de Jane Austen. Otras señales proceden de revistas (el número de *People* que ha ganado el premio de la Academia, no *Forbes* o *Fortune*) del mundo de la decoración de oficinas (cuadros impresionistas en lugar de gráficos históricos del mercado bursátil). Lo que es más importante, dedican más tiempo a charlar con las mujeres sobre lo que quieren conseguir con su dinero —ahorrar para la universidad o ayudar a la familia, por ejemplo— más que sobre el modelo de incrementarlo. Por ejemplo, sus sesiones para las mujeres han 'cambiado desde ser un tipo de seminario analítico y pensado para hombres, a algo que comienza con el corazón y termina con las cifras', decía Kincheloe."

Las buenas noticias: estos casos se dan ya. Ahora mi letanía no está tan privada de historias sobre empresas que lo están "captando bien". O al menos *pensando* en *tratar* de hacer *algo* adecuado.

Las malas noticias: no hay un solo estudio de caso, distinto al de Cents & Sensibility, de una compañía que se haya movido a propósito... para reorientar toda la empresa... en la dirección de servir a las mujeres.

> ### TÉRMINOS NO TAN FÁCILES
> Rosanna Hertz, presidenta del programa de estudios sobre las mujeres del Wellesley College, sobre el tema de los asesores de inversiones: "Me siento como si nunca me hubieran entendido y nunca me fueran a entender. Hablan un lenguaje masculino. Un lenguaje como '¿es contraria al riesgo?' no es un lenguaje en el que yo piense".

No más Ms. Chica nicho

Para "andar tras" el mercado de la mujer, no se va a un almacén, se compran 1.000 globos, se los llena con helio, se los lanza al cielo y se declara que hoy marca el comienzo del "año de la mujer" para las Corporaciones XYZ.

Estamos hablando (no te equivoques) de... reimaginar toda la empresa: reclutamiento. Contratación. Promoción. Estructura organizativa. Procesos empresariales. Desarrollo del producto. Marca. Marketing. Estrategia. Cultura. Liderazgo. Todo.

¿UN 10 PERFECTO?

En una charla reciente, me despojé de mis últimas reticencias de ingeniero y MBA, y ofrecí un gran final para mi estribillo de la oportunidad de las mujeres. Mis... diez mandamientos:

1. Los hombres y las mujeres son diferentes.

2. Muy diferentes.

3. MUY, MUY DIFERENTES.

4. Los hombres y las mujeres no tienen nada en común, absolutamente nada.

5. Las mujeres compran muchísimas cosas.

6. LAS MUJERES COMPRAN TODAS LAS COSAS.

7 Los hombres siguen siendo responsables.

8. LOS HOMBRES SON... TOTAL Y DESESPERANZADORAMENTE ESTÚPIDOS EN LO QUE SE REFIERE A SU OPINIÓN DE LAS MUJERES.

9. Mercado de las mujeres = oportunidad número 1.

10. DEJÉMONOS DE CHORRADAS.

¿"GIRO DE 180° TOM"?

Nunca he deseado ser CEO. ¿Por qué? ¡Condenadamente duro!

Pero admito haber sentido la picazón... como resultado de haber captado este "asunto de las mujeres".

Me gustaría (¡ME GUSTARÍA!) ser CEO de una gran corporación de servicios financieros... durante 60 meses exactamente. Tomaría ese empresa, revolvería hasta el último rincón y redirigiría su estrategia... 179,5°... en la dirección de desarrollar productos, mercadearlos y distribuirlos a las mujeres.

Para los principiantes: garantizo que al final de esos 60 meses, 11 de los 20 miembros de mi consejo directivo, y 13 de los 20 miembros de mi comité ejecutivo serían... mujeres. (¡Oh! Quizás estoy cayendo en las cuotas, después de todo.)

Martha Barletta está de acuerdo. GRAN MOMENTO. En el último capítulo de su libro *Marketing to Women*, proporciona unas "notas para los CEO". He aquí la esencia de su argumentación:

1. *Las mujeres no son un "nicho".* De manera que sácalas del grupo de "mercados especializados".

2. *La competencia está empezando a entenderlo.* Nike. Nokia. Wachovia. Ford. Harley-Davidson. Jiffy Lube. Charles Schwab. Citigroup. Aetna.

3. Si *"metes los dedos en el agua", ¿qué te hace pensar que te vas a salpicar?*

4. *Rompe las paredes de los silos corporativos.* Hay que implicar... a toda la empresa... en el aprovechamiento de esta enorme oportunidad.

5. *Una vez que la has captado, no te la dejes ir.* Mujeres: difíciles de convencer, leales una vez convencidas. (¡180° respecto a los hombres!)

6. *¡LAS MUJERES SON EL LARGO PLAZO!* Este es el... juego principal.

LOS COLORES DEL ARCO IRIS

Las mujeres no están solas entre los enormes y ocultos "segmentos". Aunque los especialistas en estudios de mercado trocean y desmenuzan los datos demográficos en niveles secundarios y terciarios, ignoran frecuentemente el asunto principal.

Volví sobre este "asunto de las mujeres" y me quedé abrumado. No hice un "análisis estratégico" simplemente, hice caso a Heather Schultz, que era entonces presidenta de mi empresa de formación, y accedí, sin mucho entusiasmo, a ir a la fatídica reunión de diciembre de 1996.

Podía haber elegido otro tema. Por ejemplo, podía haber puesto el micrófono al mercado hispano. Mientras que la población norteamericana crecerá en torno al 10% en la próxima década, la población hispana crecerá casi el 40%.

Los especialistas de marketing contemplan los datos y conciben un programa para varones adolescentes hispanos zurdos, o algo por el estilo. En cierto modo, esa diferenciación fina es imperativa. Pero nos arriesgamos a ignorar el tema más importante: ¿hacemos condenadamente algo sobre los hispanos como parte de nuestra promesa de marca global? (La cadena de ultramarinos Albertson's, por ejemplo, está montando una división totalmente nueva para servir al mercado hispano. ¡Eso se parece más!)

De todos modos, no puedo hacerlo todo. En mi mundo perfecto habría tenido que mostrar capítulos sobre el mercado hispano, el mercado afroamericano (el 14% de los americanos) y el mercado de los productos verdes. Pero eso tendrá que esperar a otro día. Mientras tanto, hay otra cuestión "demográfica" a la que prestaré atención. Véase el Capítulo 14 sobre la "bonanza de los niños del *boom*".

El "gap" de los gurús

Desprecio el calificativo de "gurú del *management*", pero si tiene cierta validez, adivino que soy uno de ellos. Quizás seamos unos 20 los que tengamos la suerte de estar en la primera fila. No estoy seguro de cuántos pueda haber en el siguiente nivel. Pero estoy seguro de una cosa: hay condenadamente pocas *gurusas* del *management*. Y estoy incluso seguro de algo más: no hay ningún gurú del *management* que no sea yo, que se haya centrado —en cualquier forma o modo— en el "asunto de las mujeres". El tema no está en que me sienta orgulloso de ello. (Aunque, para ser honrado, estoy orgulloso.) El tema es que estoy atontado por él: ¿POR QUÉ NO HAY NINGÚN OTRO... ENTRE ESTE RAMILLETE EXTRAORDINARIAMENTE INTELIGENTE... QUE HAYA VISTO ESTA GRAN OPORTUNIDAD? (¿O que haya escrito incluso una sola palabra sobre él, literalmente?)

¿Por qué? ¿Por qué? ¿Por qué?

Bien, estoy decidido. Voy a impulsar este "asunto de las mujeres". Voy a cabrear a otros en el proceso. (YA HE CABREADO... A UN MONTÓN DE PERSONAS. Y HE PERDIDO ALGÚN NEGOCIO: "OLVÍDALO, NOS VA A CALENTAR LA CABEZA CON ESE MALDITO TEMA DE LAS MUJERES".) Pero lo estoy impulsando... queridos ejecutivos masculinos impedidos... porque... en palabras del atracador de bancos Willie Surton... *"es ahí donde está el dinero"*. Dinero que procede de desarrollar de forma eficaz productos, servicios y experiencias que respeten a las mujeres y las sirvan en cada sector: desde el de automóviles al de la salud, desde los servicios financieros a la tecnología de la información, desde la hostelería a... *la cortacésped autopropulsada.*

Ir a China; u, óyeme rugir *a mí*

Nixon fue a China. Sólo un viejo *Red-baiter* podría haberlo conseguido. Soy miembro junior de esa misma liga. Un VBV (Varón Blanco y Viejo). Dos veces en Vietnam. Juro como el marinero que fui. Un tío con toda la barba. Y, sin embargo, me he metido de lleno en este... asunto de las mujeres.

Aunque sólo haya sido eso, este asunto me ha proporcionado algunos encuentros sorprendentes con mujeres sorprendentes.

● La super estrella de los medios Linda Ellerbee, una de mis heroínas de todos los tiempos, se me acercó durante la recepción que siguió a las Quintas Lecciones Mundiales de la Leadership Teleconference, el *show* más importante de este tipo de la Tierra. Linda era la anfitriona del *show,* que reunió a tres VBV: Ken Blanchard y Stephen Covey, que sobrepasaban los 60, y el joven Tom Peters, que tenía 58 años en ese momento. Linda —¡la dandi más dura de cualquier condenada ciudad!— no sólo me dio un abrazo, sino que me hizo pedazos. ¿Por qué? "Gracias, gracias por ocuparte del tema de las mujeres —dijo—. El hecho de que proceda de ti marca la diferencia."

● Agosto de 2000. Después de mi conferencia en Hong Kong en una reunión de altos directivos de CS Johnson, la empresa gigante de bienes de consumo, salí a la calle para ver las famosas tiendas de la ciudad. (¡Yo soy el que va de tiendas en mi familia!) Cuando me acercaba a la puerta del hotel, una mujer profesional elegantemente vestida me abordó y me dio las gracias efusivamente por ocuparme del "asunto de las mujeres". Recuerdo perfectamente que me dijo que era la primera madre trabajadora que habían promovido en su empresa a vicepresidente corporativa. Y al decir yo lo que había dicho en esa reunión, había ofrecido una "confirmación pública" a su hazaña por parte de un respetado VBV.

En resumen, me he visto llevado por el viento. Por historias increíbles. Por hechos duros y fríos. Por la inmensidad de esta oportunidad. Por el grado al cual "nosotros" (quiero decir "hombres") lo hemos olvidado. Por la amplitud de la respuesta emocional que he obtenido por parte de mujeres empresarias fuertes y triunfadoras.

Oye, ¡tengo la oportunidad de mi vida con este tema! ¡Intento clavar la aguja a los VBV, a menudo, tan profunda y dolorosamente como pueda! ¡Pienso que es para morirse de risa el verles abochornarse! (Y mirar cómo unos cuantos de ellos —Grandes Cabezas, especialmente— se ponen rojos de ira.) Y sé que... para aquellos que pueden dejar de abochornarse, para aquellos que pueden contener su rabia... el pago colectivo será... sí... billones de dólares.

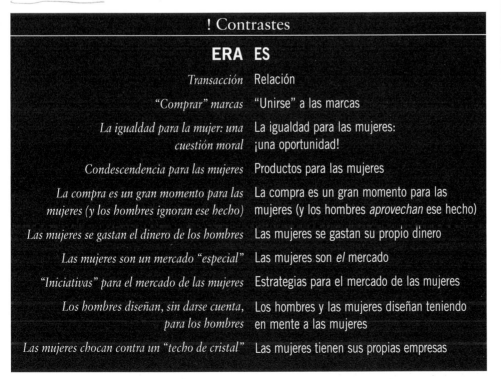

! Contrastes	
ERA	**ES**
Transacción	Relación
"Comprar" marcas	"Unirse" a las marcas
La igualdad para la mujer: una cuestión moral	La igualdad para las mujeres: ¡una oportunidad!
Condescendencia para las mujeres	Productos para las mujeres
La compra es un gran momento para las mujeres (y los hombres ignoran ese hecho)	La compra es un gran momento para las mujeres (y los hombres *aprovechan* ese hecho)
Las mujeres se gastan el dinero de los hombres	Las mujeres se gastan su propio dinero
Las mujeres son un mercado "especial"	Las mujeres son *el* mercado
"Iniciativas" para el mercado de las mujeres	Estrategias para el mercado de las mujeres
Los hombres diseñan, sin darse cuenta, para los hombres	Los hombres y las mujeres diseñan teniendo en mente a las mujeres
Las mujeres chocan contra un "techo de cristal"	Las mujeres tienen sus propias empresas

PAUSA DEL CUARTO DE BAÑO

Tuve el honor de dar la conferencia principal en la Convención de 2002 del American Institute of Architects. Y tuve el placer de meter a la audiencia el miedo en el cuerpo sobre... el asunto de las mujeres. En particular, di a esos "varones" reunidos unos cuantos consejos prácticos.

Instrucciones:

1. Compra la entrada para la sinfónica... 7,30 de la tarde.

2. Bebe tres grandes botellas de agua entre las cinco y las siete de la tarde.

3. Ponte un traje cruzado.

4. En el intermedio, ponte en la cola del baño de señoras.

5 Abochórnate

6. Y...

7. Comprueba lo desgraciado que eres.

8 . Regresa al auditorio, toma el micrófono y pide disculpas... públicamente... a todas las mujeres que están en la sala.

Ve a un concierto sinfónico. A una obra de teatro. A un ballet. A cualquier otro espectáculo. En el intermedio: el baño de los hombres: ¡no hay cola, no hay problemas! El baño de las mujeres: colas que parecen llegar a la mitad del bloque.

¿Seremos capaces de aprender? Me temo que no.

14 Tendencias que valen billones de dólares II: la bonanza de los chicos del *boom*

! Manda el tecnicolor...

¡Rechaza "es 18-44, estúpido"! Adopta "18-44 es estúpido, ¡estúpido!".

"Esta noción de 'niños impresionables' y 'tíos chapados a la antigua' es poco más que un cuento de hadas, en revistas en papel cuché sobre el culto al tú de Hollywood."

¡NO HE EMPEZADO A GASTAR TODAVÍA!

"El mercado maduro es el mercado dominante en la economía de EE.UU., el que hace la mayoría del gasto en prácticamente todas las categorías."

Revisa los números. Si un grupo controla la vasta mayoría de la riqueza y del ingreso discrecional, entonces... ese es el mercado.

! GRITA no estamos preparados...

Seguimos agarrados al asidero de un "culto a la juventud". Orientamos la mayor parte de la actividad de nuestra empresa... en lo que se refiere al marketing, al desarrollo de productos, incluso la estrategia... al codiciado segmento demográfico de los 18 a los 44 años. Asumimos, equivocadamente, que los consumidores más viejos conforman un mercado estancado, no fácil de enfocar... y con ello dejamos pasar una oportunidad enorme. Pero debemos comprender que la población mayor de 50 años está creciendo enormemente en términos de número, riqueza y longevidad. Y para servir a ese mercado debemos... *reorientar completamente nuestras empresas.*

! VISIÓN imagino...

Una corriente de productos nuevos diseñados para los consumidores más viejos que tratan de no "ceder" al proceso de envejecimiento... sino afrontarlo y superarlo.

El desarrollo de nuevos enfoques de marketing por parte de personas que no ofrecen culto ante el altar de la juventud... enfoques que reconocen las demandas y la abundante y rápidamente creciente riqueza de los chicos del *boom,* de 50 años y más.

La aparición de empresas que... *realinean estratégicamente*... toda su organización en torno al servicio a la población, cuyos miembros están reinventando el mismo significado de "viejo".

El que empresas de todas las franjas del mercado entiendan que los chicos del *boom* son más que un nicho. Son una... cámara gigantesca... en la que reside (condenadamente casi todo) el botín.

!

MIEMBRO DEL CLUB

IHRSA me envió cierto material. Me quedé sorprendido... no, asombrado... por unas estadísticas en particular.

Entre 1987 y 1997, los miembros del club IHRSA crecieron un 27% en el tramo de edad comprendido entre 18 y 34 años. Este crecimiento fue del 103% entre los comprendidos entre 35 y 54.

¿Y qué pasa con los de 54 años y más? Los miembros crecieron en un *123%*. ¡Habla de incrementos!

UNA TESIS "MADURA"

Esta tendencia de mercado de los del boom *es tan grande como la tendencia de mercado de las mujeres.*

Sin embargo, incluso aunque yo soy un claro ejemplo de la tendencia de este mercado, no atrajo mi atención hasta hace poco. De aquí que este capítulo sea breve. He empleado más de seis años en el "asunto de las mujeres" y he recopilado una tonelada de datos y otra tonelada de anécdotas sobre él. (Véase el Capítulo 13). Pero no sobre el "el asunto de los tíos maduros".

Pero intentaré presentar este exiguo capítulo con el mismo grado de pasión que el capítulo anterior "Tendencias que valen billones de dólares". La oportunidad de este mercado no es menos elevada. CRÉELO.

La locura del "mercado de la carne"

En 2001, tuve el privilegio de hablar a la International Health, Racquet & Sportsclub Association (IHRSA).

Un poco de perspectiva: he luchado con problemas de peso desde que era niño. Y debo decir que he tenido un éxito muy modesto en la última media docena de años. Pero estaba en San Francisco, hablando a un grupo de varios miles de propietarios y directivos de clubs culturistas. Tan magros. Tan cachas. Tan vibrantes: ¡Tan fastidiosos! (No había un varón cuya cintura tuviese más de 32 pulgadas... o al menos, lo imaginaba.)

El momento culminante de mis comentarios a los miembros de IHRSA llegó cuando les arengué sobre la mayor tendencia a la que se enfrentaba su sector. Desvelé un montón de estadísticas asombrosas (perversamente, *sus* estadísticas) sobre la *tsunami* demográfica que se les aproximaba. Entonces, el director de iluminación del evento (con el que me había puesto de acuerdo) proyectó el foco sobre mi armazón antidemacrada. Y grité.

"CONTEMPLA... tu cuerpo del futuro. ¡Quiéreme! Quiere mi... cartera."

Algunos rieron. Otros fruncieron el ceño. No importa. Yo tenía razón.

Los tipos de los grupos de culturismo y deportes quieren servir a personas de cuerpos jóvenes y esbeltos. Y, sin embargo, son las personas como yo —los no tan jóvenes y no tan esbeltos pero decididos como nunca— las que encarnan el crecimiento real del mercado para sus negocios, obsesionados históricamente por los jóvenes.

A pesar de mi avanzada edad, estoy más que dispuesto a mirar a los miembros atractivos del sexo opuesto. Sin embargo, mejor haría en no intentarlo... en mi trastabillante, jadeante forma... en una atmósfera enfocada hacia las máquinas humanas ágiles.

Los clubs de culturismo no están diseñados, u orientados en lo que se refiere al marketing, hacia personas como yo.

¿Por qué no? ¿No les gusta mi dinero?

Cambiar el mantra del marketing

¡América ama a la juventud! Más para el caso: ¡los tipos del marketing aman a la juventud!

Implícitamente, cuando no explícitamente, desarrollan y dirigen casi todos los productos o servicios que podamos imaginar... "a tratar a los adolescentes y a los adultos jóvenes, y a mantener a esos consumidores como 'clientes de por vida'".

De aquí el mantra del marketing (y quiero decir *el* mantra del marketing): "¡se trata de 18-44, estúpido!".

¡Qué carga de chorradas!

Recházalo: "18-44 es estúpido, ¡estúpido!".

"Nos" estamos haciendo mayores. Gran cantidad de nosotros. Las poblaciones del mundo industrializado están envejeciendo. Rápidamente. Y el significado de "mayor" y "anciano" está cambiando. Radicalmente.

Una perspectiva general de mi argumentación en este capítulo:

1. Los "nuevos maduros" son numerosos. (En los Estados Unidos, los chicos del *boom* —los que nacieron entre 1946 y 1964— son casi 80 millones.)

2. Ellos (nosotros) tienen una salud sorprendente.

3. Ellos (nosotros) han pasado por décadas de años "salvajes" productivos y con capacidad de gasto.

4. Ellos (nosotros) están acostumbrados a verse bien servidos por la empresa comercial.

5. Ellos (nosotros) estamos mal servidos ahora por la empresa comercial. (Cuanto más viejos son/somos, parece ser que más firmemente trata de evitar la empresa el tenerlos/tenernos como clientes.)

La tendencia es grande. Así debe ser nuestra respuesta a ella.

El tabú de edad-vieja "edad antigua"

Como escribe Ken Dychtwald, en *Age Power: How the 21st Century Will Be Ruled by the New Old*, "'El poder de la edad' gobernará el siglo XXI y... estamos deplorablemente preparados".

"Deplorablemente preparados": disiento humildemente de esa afirmación. No es que estemos mal preparados. Es que... parece importarnos una mierda.

Es un lenguaje vívido. Pero no veo cómo podrían conducirnos a otra conclusión los hechos lógicos y fríos que tenemos sobre este asunto.

Pregunté a Ken por qué piensa que la gente ha prestado tan poca atención a un tema tan importante. Su respuesta: estamos tan obsesionados por la juventud, que seguimos siendo aprensivos, francamente, ante la misma noción de envejecer. El del envejecimiento está, de hecho, alarmantemente cercano a ser... un tema tabú.

Justo. Pero con ignorarlo no haremos que desaparezca. Y si estás actualmente en el mundo de los negocios, ignorar al mercado "de los viejos" puede que te lleve a perder ingresos potenciales enormes.

Por decirlo de una vez: están ahí... para tomarlos, billones y billones de dólares. (Sólo en los Estados Unidos.)

Voces: en casa del dogma demográfico

"Los anunciantes pagan más por llegar a los niños porque piensan que cuando alguien llega a la mediana edad ha establecido el precedente de que sea propenso a la publicidad... de hecho, esta noción de niños receptivos y tipos chapados a la antigua es poco más que un cuento de hadas, del culto a la juventud de las revistas de papel cuché de Hollywood." James Surowiecki, *New Yorker*, abril de 2002

"Muchas empresas no se han despojado todavía de la visión pasada de moda de que el mercado maduro está constituido por viejos tacaños de costumbres arraigadas. ¿Por qué preocuparse de ellos... a menos que estés en el negocio de los medicamentos o de las residencias de ancianos?" Economist, agosto de 2002.

"(Los intentos de los profesionales del marketing) por llegar a los mayores de 50 años han fracasado miserablemente. Nunca se han entendido tan mal las motivaciones y necesidades del mercado." Peter Francese, editor fundador de *American Demographics*.

"El mercado maduro... no se puede rechazar alegando que está atrincherado en sus lealtades a las marcas." Carol Morgan y Doran Levy, *Marketing to the Mindset of Boomers and Their Elders*.

Morgan y Levy añaden: "Centrados en evaluar el mercado basado en el valor de la vida, los profesionales del marketing pueden rechazar el mercado maduro porque se dirige hacia su tumba. La realidad es que en los Estados Unidos, una persona de 60 años podrá disfrutar de 20 ó 30 años de vida".

¡Sí!

Haz números. El ataque de Godzilla

Aunque no recuerdes nada más de este capítulo, recuerda, por favor, el siguiente conjunto de afirmaciones sencillas. En los Estados Unidos, entre 2002 y 2010...

● El número de personas entre 18 y 44 años (recuerda el superacostumbrado mantra "18-44") **DISMINUIRÁ** en un 1%.
(REDUCCIÓN = -1%)

● El número de personas de 55 años y más **AUMENTARÁ** en un 21%.
(INCREMENTO = + 21%)

● En particular... y aquí es donde nos enfrentamos... a la última *tsunami* del marketing... el número de personas entre 55 y 64 años se INCREMENTARÁ en un... **47%**.
(INCREMENTO = + 47%)

La única respuesta adecuada a cifras como éstas:
¡Mierda puñetera!

NUEVA EMPRESA   NUEVOS MERCADOS

18-44:
-1%
+55:
+21%
55-64:
+47%

OYE: ¡GRANDES GASTADORES!

Carol Morgan y Doran Levy, en su maravilloso libro *Marketing to the Mindset of Boomers and Their Elders*, ofrecen estadísticas tan asombrosas como las de Dychtwald. Eligieron como umbral de medida los 40 años de edad. Aunque las personas de 40 años pueden parecer jóvenes a algunos, no es así como piensan los profesionales del marketing. Ellos enfocan su atención en los adolescentes y en los veinteañeros, y prestan casi tan poca atención a los de 40 como a los miembros del colectivo de 50 o más. Morgan y Levy escriben: "Los hogares cuyas cabezas de familia tienen 40 años y más disfrutan del 91% (9,7 billones de dólares) de la riqueza neta de nuestra población". Y: "El mercado maduro es dominante en la economía de EE.UU., siendo el protagonista de la mayor parte de los gastos en prácticamente todas las categorías". Vuelve a leer, por favor, la última frase. Lentamente. Después, coméntala con un colega. O dos o tres. (O 23). Palabras claves: CADA. CATEGORÍA.

Haz números: viejetes con dinero en efectivo

Ken Dychtwald es para *los viejos*... lo que Faith Popcorn para las *mujeres*. Ha estado ocupándose del "mercado de los viejos" durante más de dos décadas. Y fue el único en escribir sobre ello hasta muy recientemente.

He aquí algunas cifras que proporciona Ken con respecto a la población de 50 años y más, sólo en los Estados Unidos:

● Controlan **una riqueza de 7 billones de dólares**, que es el 70% de **toda** la riqueza de EE.UU.

● Aportan **2 billones de ingreso anual** y contabilizan el 50% de todo el gasto discrecional. (Recuerda: tienen pagada la hipoteca, sus hijos han dejado ya de estudiar, están percibiendo las pensiones...)

● El 79% de ellos son propietarios de sus casas.

● Entre ellos hay **40 millones de usuarios de tarjetas de crédito.**

● Compran el 41% de los coches nuevos y la mitad de todos los automóviles lujosos.

● Contabilizan 610.000 millones de dólares en cuidados de la salud y el 74% del gasto en medicinas.

Lo cual lleva a Dychtwald, ha admirarse: *¿por qué son el objetivo de sólo el 5% de los dólares destinados a la publicidad?*

¿Por qué?

La madurez del mercado "maduro"

Los números son lo de menos en un sentido importante. O, al menos, no son lo principal. La verdad emergente de la bonanza de los chicos del *boom* es ésta: constituyen un *mercado completamente nuevo*. Porque estos chicos del *boom* son... *un grupo enteramente nuevo*.

Tengo 60 años. Mi padre murió, pero recuerdo bien cuando pasó de los 60. ¿El futuro para él? No tenía aspiraciones particulares. Su idea principal era: AGOTAR EL TIEMPO (como dicen en el fútbol y el baloncesto).

¡No más!

Casi 80 millones de los americanos del *boom*, cuyo primer séquito pasó de los 57 en 2003, han tenido una historia vital única. Ellos han asumido... Y SON LA PRIMERA GENERACIÓN DE LA HISTORIA QUE LO HACE... toda la responsabilidad de sus vidas.

Su actitud, entonces y ahora, se ha resumido en unas cuantas frases:

"Soy responsable." "Estoy activo."

"Tengo muchas cosas que hacer. Y puedo permitirme hacerlas."

Voces: el nuevo comportamiento "apropiado para la edad"

"Desde el jogging *a la cirugía plástica, desde las dietas vegetarianas a la viagra (los viejos del* boom*) luchan para preservar su juventud y desafían los efectos de la gravedad."* M.W.C Howgill, "Healthcare Consumerism, The Information Revolution. And Branding".

"La última tendencia de los años dorados: volver a la escuela." Titular de *Newsweek*, junio de 2002.

"Tal masa crítica de mujeres ancianas con una tradición de rebelión e independencia y una forma de ganarse la vida no se ha dado antes en la historia." Gerda Lerner, historiadora.

"No obran de acuerdo con su edad: dada la forma en que enfocan la jubilación los chicos del boom*, ¿va América a ser ya la misma?"* Artículo de fondo, *USA News & World Report*, junio de 2001.

"Tengo muchas cosas que hacer. Y puedo permitirme hacerlas."

La respuesta a la pregunta de *U.S. News* está implícita en la misma pregunta: ¡no! Los del *boom* no están "actuando de acuerdo con su edad"... y no lo intentan.

América... junto con Europa Occidental, Japón y el resto del mundo desarrollado... no será nunca la misma.

Eres tan viejo como... ¡pareces!

"Envejecer con gracia" solía significar "ceder a la naturaleza"... y perder tu lustre. Ya no más. Los tipos más viejos están volviendo a escribir ese viejo chiste, "edad antes que belleza". El nuevo lema es: "edad *y* belleza".

En un Informe de Associated Press de finales de 2002: "Después de que muriera su marido, Hazel York se fue a una residencia de ancianos, convencida de que había concluido ya la mejor parte de su vida. Después encontró a Damon. Él tiene 81 años. Ella 79. Se casaron hace cerca de año y medio en la residencia de ancianos de Hemet, California. Ella tiene la sensación de haber ganado una segunda oportunidad en la vida, de manera que decidió dar a su rostro una segunda oportunidad también. York se sometió a un *lifting* del rostro de 5 horas en junio, en Beverly Hills, California, para quitarse algunas arrugas y unos cuantos años. Su marido la apoya, pero decía: 'La quiero tal como es'. Ella dice que no lo hizo para sí misma. 'No te equivoques. No quiero parecer que tengo otra vez 16 años, pero tampoco quiero parecer la madre de Damon'.

!

AÑOS DORADOS, PALABRAS DORADAS
Términos claves que definen las prioridades del estilo de vida de los "nuevos viejos" según Ken Dychtwald, autor de Age Wave:

"experiencia"...
"conveniencia"...
"confort"...
"acceso"...

!

¿"GRIS" BAJO PRESIÓN?

A diferencia del "asunto de las mujeres", este "asunto del envejecimiento" me afecta personalmente. Estoy viajando al norte de los 60. (Por ello, no entro oficialmente en los del *boom*). ¿Nos ayudará alguien a mí —y a muchas decenas de millones como yo— a continuar nuestro "viaje"? Si lo haces, te colmaremos de riquezas. Y, hablando como un actuario de seguros, lo haremos durante muchos años.

¿Recuerdas el famoso toque de clarín del comandante naval John Paul Jones, durante la guerra de la revolución americana: "Todavía no he empezado a luchar"? Bien... ¡TODAVÍA NO HE EMPEZADO A GASTAR!

!

PELÍCULAS "VIEJAS"

Me gustaba *The Royal Tenenbaums*. La vi dos veces en los cines y tres veces en los hoteles. Háblame de algo que no esté disponible en la gran pantalla.

Psst: ¿Estás prestando atención, Hollywood?

!

CONTRÓLESE

Servir al mercado "más viejo" produce sinergias hacia abajo de la escala.

Un maravilloso ejemplo: los cacharros de cocina de la marca OXO, cuyas asas fáciles de asir para los que tienen artrosis han sido un éxito... entre personas de todas las edades.

"Dicen los expertos que son miles los hombres y las mujeres mayores de 65 años que se están sometiendo a la cirugía plástica. Quieren sentirse jóvenes y atractivos y combatir la discriminación por la edad. El número de tratamientos cosméticos para esas personas mayores de 65 años subió desde 121.000 en 1997 a 425.000 el año último. Los mayores se habían sometido al 5% de los 8,5 millones de operaciones quirúrgicas realizadas en 2001, según la Asociación Americana para la Cirugía Plástica, en Los Alamitos, California".

"La doctora Sheldon Sevinor, cirujano plástico residente en Boston, decía que el último año había tenido por lo menos 30 pacientes mayores de 70 años. 'Vivimos más y nos sentimos más vitales —decía—. Tener 40 años en la actualidad es como tener 30 antes—.' Recientemente realizó una operación de aumento de los senos a una mujer de 82 años, su paciente de más edad en este tipo de operaciones. 'Tiene salud, es osada y quería parecer tal como se sentía', dijo.

"El Dr. John Grossman, que practicó la cirugía en York y dirige una clínica en Denver y Beverly Hills, California, decía que tenía muchos pacientes de su edad. 'Hazel es un perfecto ejemplo de que la edad cronológica no tiene por qué guardar relación con las sensaciones que uno tiene. El tener 60 años no quiere decir que haya que parecer y sentir como las personas de esa edad', decía".

Haz números: realidades del envejecimiento

Más afirmaciones sorprendentes, cortesía de Ms. Morgan y Mr. Levy:

"Mientras que el americano medio de 12 años y más veía al menos cinco películas al año en un cine, los de 40 años eran los que más iban al cine, ya que vieron 12 películas, o más..."

(¡Chúpate esa!)

"Las mujeres mayores de 65 años gastaron en indumentaria en 1999, 14.700 millones de dólares, casi tanto como las de edades comprendidas entre 25 y 40 años. Mientras que el gasto de las mujeres mayores se incrementó con respecto al año anterior en un 12%, el del grupo más joven sólo se incrementó en un 0,1%. ¿Pero quién está persiguiendo este mercado en la industria de la moda?"

(¡Chúpate esa!)

Buenos tipos: se abre el mercado de la edad

¿Cómo se provee el mercado de los tipos Godzilla? El *Economist,* en un raro artículo sobre este tema, ofrece unos cuantos indicios de lo que podría ser:

Maquillaje. La casa de cosmética L'Oreal firmó en 2001 un contrato con la actriz francesa Catherine Deneuve, de 57 años, para publicitar sus productos. Estée Lauder contrató a su vez a Karen Graham, una modelo de los años setenta.

Margarina. La margarina de Unilever se estaba desplomando hasta que presentó Proactiv, una margarina que baja el colesterol. ¡Bingo! Se ha rejuvenecido toda una división.

Agua mineral. Danone introdujo en el mercado agua mineral rica en calcio. Mejor todavía, diseñó envoltorios para los productos con letras grandes y una tapa fácil de agarrar, que ayuda a los artríticos.

Teléfonos. NTT DoCoMo presentó un nuevo teléfono móvil, Raku-Raku ("fácil-fácil"), con teclas más grandes y números más fáciles de leer. (*¿Dónde puedo conseguir uno?*). Curiosamente (aunque quizás no sea sorprendente), a los jóvenes también les gusta.

Transporte. La empresa de transporte público de París presentó un plano simplificado y fácil de leer para la población mayor. Tuvo una aceptación universal y acabó con el plano antiguo.

Automóviles. Del artículo del *Economist*: "Age Concern, una organización británica sin ánimo de lucro, ha desarrollado un programa de formación para concesionarios titulado 'a través de otros ojos' para ayudar a los jóvenes diseñadores a comprender las limitaciones de los usuarios mayores. Trata de simular las limitaciones físicas que sufren los clientes más ancianos cuando van de compras. Ford, el fabricante de automóviles, ha ideado algo denominado 'el traje de la tercera edad' para ayudar a sus diseñadores —la mayor parte de los cuales tienen menos de 40 años— a captar las necesidades de los conductores ancianos. El equipo añade unos 30 años a la edad de quien lleva el traje reforzando las rodillas, los codos, los tobillos y las muñecas. Añade también material a la cintura —un amplio estómago afecta a la capacidad de la gente para sentarse con facilidad— y cuenta con guantes.

Mi objetivo: marketing "objetivo"

Todos estos son casos importantes, pero son solamente... *casos*. Acontecimientos aislados en una... gran narrativa de marketing... que continúa tratando al joven como un héroe.

Hay un clamor por... la realineación estratégica. Y nada menos que la realineación estratégica... es decir, reorientar la empresa desde la base para servir a los mercados emergentes... te llevará al mundo del gran desarrollo del marketing "de nicho".

Martha Barletta pide a los CEO que no reduzcan el "asunto de las mujeres" a un "grupo de mercado especial". Las mujeres *son* el mercado, dice. (Y yo estoy definitivamente de acuerdo, véase el Capítulo 13.) Lo mismo se puede decir del asunto de las personas mayores.

Revisa los números: si un grupo controla la enorme mayoría de la riqueza y del ingreso discrecional ese... *es* el mercado.

Lo cual no quiere decir que mi argumentación aquí trate de marketing. Más bien: trata del marketing... *y* del desarrollo de producto... *y* de la distribución... *y* de la marca... *y* de la estrategia. En conclusión:

Piensa... EN LAS MUJERES.
Piensa... EN LOS DEL *BOOM*.
Piensa... EN BILLONES DE DÓLARES.
Piensa... EN LA PROMESA DE LA MARCA.
Piensa... EN LA REALINEACIÓN ESTRATÉGICA.

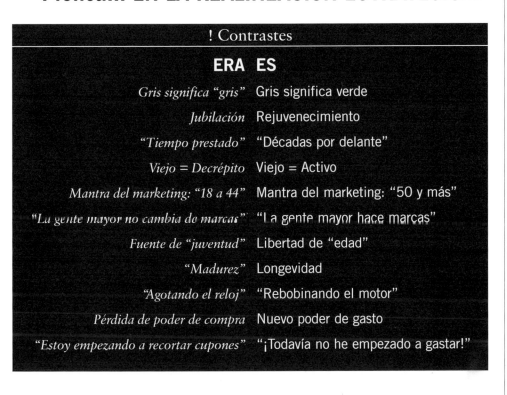

! Contrastes	
ERA	**ES**
Gris significa "gris"	Gris significa verde
Jubilación	Rejuvenecimiento
"Tiempo prestado"	"Décadas por delante"
Viejo = Decrépito	Viejo = Activo
Mantra del marketing: "18 a 44"	Mantra del marketing: "50 y más"
"La gente mayor no cambia de marcas"	"La gente mayor hace marcas"
Fuente de "juventud"	Libertad de "edad"
"Madurez"	Longevidad
"Agotando el reloj"	"Rebobinando el motor"
Pérdida de poder de compra	Nuevo poder de gasto
"Estoy empezando a recortar cupones"	"¡Todavía no he empezado a gastar!"

!

LA HORA DEL "ZOOM"
Titular de *Advertising Age:* "Toma la carretera menos transitada". La historia: Sony está tomando como objetivo, con retraso, a "los del zoom", los hasta ahora olvidados 34% de sus clientes mayores de 50 años.

!

¡ACTÚA, ACTÚA... ESTRATÉGICAMENTE!
Era una estupenda mañana de finales de junio en Martha's Vineyard. Desayunaba en el Black Dog Cafe con un muy alto ejecutivo de una gran corporación.

Mencioné mis "tendencias que valen billones": "Veo enormes cantidades de iniciativas en torno a mí. Algunos bancos lanzan iniciativas para mujeres. Algunas empresas de servicios médicos comienzan un programa centrado en los del *boom*. Pero no veo a nadie... a nadie... que esté actuando estratégicamente en torno a estas tendencias".

Continué: "Dime, ¿estoy equivocado?".

Me contestó: "No, no estás equivocado".

Continuamos charlando y regresamos al asunto de las mujeres, en particular. "No sé por qué no lo hemos convertido en algo estratégico como dices —dijo—. Creo que lo tratamos como algo colateral. No hay ningún campeón real que no nos lo meta holísticamente por la garganta un día sí y otro no. ¿Quieres hacerlo tú por nosotros?"

No busco un trabajo a tiempo completo. Estoy tratando de incentivar a personas que vayan más allá de la mentalidad "colateral". De manera que, por favor... *¡ACTÚA ESTRATÉGICAMENTE!*

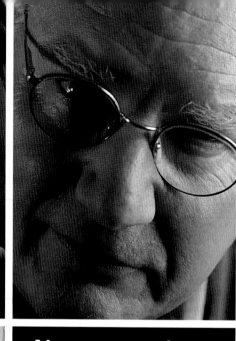
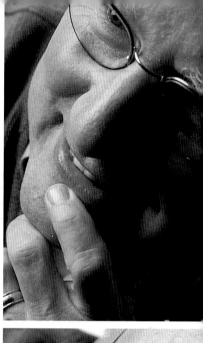

¡Nueva era!
¡Nuevo trabajo!
¡Recompensa
los fracasos
excelentes...
castiga los éxi-
tos mediocres!

nueva empresa!
nuevo trabajo

Hay una cosa curiosa en los libros de *management*. Hablan de la "estructura de la organización". De "motivación" de "estrategias de marketing". Etcétera.

Hablan de casi todo. Excepto del... trabajo mismo.

A mí me importan un comino la "teoría" o la "estrategia". Me gusta "hacer cosas". Y me atrae la gente a la que le gusta "hacer cosas". Es decir, estoy obsesionado... POR EL TRABAJO MISMO.

El trabajo es... lo que importa. El trabajo es aquello de lo que puedes... fanfarronear. Es todo el tema... todo el tema y el único tema.

Mi mantra: se trata de los proyectos WOW, estúpido. (O verás...)

15 Hacer que el trabajo importe: ¡el proyecto WOW!

! Manda el tecnicolor...

- WOW.
- "Nadie te da poder. Limítate a tomarlo."
- "Obedecer las reglas es obedecer *sus* reglas."
- "No te limites a expresarte. Invéntate."
- "Déjame atónito."
- "Construye algo grande."
- "Hazlo inmortal."
- "Premia los fracasos excelentes... castiga los éxitos mediocres."

! GRITA no estamos preparados...

A menudo, nos vemos como víctimas de organizaciones despiadadas, como peones, como "esclavos del cubículo" desafortunados e indefensos. Debemos recordarnos a nosotros mismos que la revolución de cuello blanco borrará todo eso. Debemos comprender que, en la nueva economía, todo trabajo es trabajo de proyecto, y que cada proyecto debe ser un proyecto WOW (especial). (Incluso más.) ("Incluso más" significa "ninguna función, en absoluto"... para los esclavos del cubículo satisfechos por hacer, de hecho, "tareas rutinarias".)

! VISIÓN imagino...

Un mundo en el que... EL TRABAJO IMPORTA.
Un mundo en el que... se niega a *Dilbert*.
Un mundo en el que... aprender algo nuevo cada día.
Un mundo en el que... deleitarse con la emoción de los tiempos cambiantes.
Un mundo donde podamos... fanfarronear por lo que hacemos.
("Fanfarronear" = palabra importante.)

REVISIÓN LUNÁTICA

Robo la última "dimensión" a Ken Blanchard y Sheldon Bowles, que en su libro *Raving Fans* piden a los lectores que se pregunten: ¿Ponen los clientes por las nubes lo que hacemos?

¡Poner por las nubes!

No: "¡Está satisfecho!"

No: "¡Excedemos sus expectativas!"

Poner por las nubes = expresión muy guay.

Poner por las nubes = palabras muy importantes.

(Mr. Bowles inventó esta idea, no de forma tan casual, cuando dirigía una cadena de estaciones de servicio en las agrestes regiones de Canadá. No es un terreno para los "admiradores lunáticos", piensas. ¡Vuelve a pensar! No hay límites.)

WOW: ¿para qué es bueno?

En *The Leader's Voice*, mis colegas Boyd Clarke y Ron Crossland cuentan una historia maravillosa de Marilyn Carlson. Cuando Marilyn era joven, dijo a su padre, Kurt Carlson (propietario de la red Carlson Travel), que pensaba que la catequesis para niños era aburrida y tenía la sensación de que le había llegado el momento de empezar a ir a la iglesia de adultos.

La joven Miss C. recibió una bronca de su querido y viejo padre. Le dijo que no era el momento de ir a la iglesia de los adultos. En lugar de ello, le dijo: "Si no te gusta la catequesis para niños, cámbiala".

Eso hizo.

Ese fue... a todos los efectos, el primer proyecto WOW de Marilyn Carlson. Pero desde luego no fue el último. Ahora es la jefa máxima de la megaempresa Carlson.

Marilyn Carlson aprendió pronto la fórmula con que estaba pavimentado el camino del éxito... proyectos WOW/ASOMBROSOS. Proyecto: una tarea que tiene un comienzo, un final y etapas intermedias a lo largo del camino. Proyecto WOW/ASOMBROSO: un proyecto que tiene "metas y objetivos" que inspiran... conspiran a otros.

Los proyectos "WOW" son...

● Proyectos que importan.

● Proyectos que marcan la diferencia.

● Proyectos de los que puedes jactarte... siempre.

● Proyectos que transforman la empresa.

● Proyectos que te dejan sin aliento. (Medida técnica adecuada.)

● Proyectos que hacen sonreír a ti mismo/nosotros/"a ellos".

● Proyectos que resaltan el valor que añades... y el por qué... de que estés en la tierra. (Sí. Así de importante.)

● Los proyectos WOW no son... propaganda.

● Los proyectos WOW son... una necesidad. (La nueva necesidad.)

El Tao de WOW

La mejor forma de captar la quintaesencia del proyecto WOW es oír a quienes "lo captan".

Primero.... ¡Roseanne! "*Nadie te da poder, limítate a tomarlo*", decía.

Como escribe Harriet Rubin, en *The Princessa: Machiavelli for Women*: "*Obedecer las reglas es obedecer sus reglas. (Las mujeres) nunca podrán ser poderosas mientras pretendan ejercer el mando de la misma forma que los hombres*".

Henry Louis Gates Jr. lo dijo de esta manera en una ceremonia de entrega de diplomas en el Hamilton College: "*No te limites a expresarte. Invéntate. Y no te limites a los modelos del montón*".

El gran coreógrafo Sergei Diaghilev pedía habitualmente a sus primeras bailarinas: "*¡Déjame atónito!*".

El antiguo presidente de Nintendo, Hiroshi Yamauchi, cuando le preguntó el principal diseñador de juegos de la empresa qué podría hacer, respondió: "*¡Construye algo grande!*".

El legendario hombre de la publicidad David Ogilvy dijo a un redactor publicitario que le preguntó sobre el resultado deseado de un proyecto: "*¡Hazlo inmortal!*".

El "cómo" de WOW

¿Cómo deberías evaluar un proyecto? ¿Cualquier proyecto? ¿Todo proyecto?

En mi libro *The Project50*, urjo a los lectores a que midan todo proyecto que emprendan según cuatro dimensiones (y a que midan cada dimensión *cuantitativamente*).

¡Wow!

¡Belleza!

¡Impacto!

¡Admiradores lunáticos!

¿Entonces, qué quiero decir en particular cuando me refiero a medir la dimensión "¡WOW!"? Considera tu proyecto actual. O, si eres el jefe, considera la cartera de proyectos del departamento.

Clasifica cada proyecto, más o menos, de la siguiente forma, en una escala de uno a diez:

1 "El trabajo de cada día. Paga el alquiler."

4 "Hacemos algo 'valioso'."

7 "Condenadamente *cool* (y claramente subversivo)."

10 "PRETENDEMOS CAMBIAR EL MUNDO."

Deberías preguntarte continuamente, con cada proyecto: *¿Es... WOW? ¿Sigue siendo WOW? ¿Hace... "que me quede sin aliento"?*

"Dejarte sin aliento." En estos... sí... tiempos vertiginosos... ¿no debería ser esa la meta de todo lo que hagas? ¿No es eso lo que trata de hacer normalmente un jugador durante un partido de béisbol? ¿No es eso lo que trata de hacer un violonchelista durante un solo de tres minutos? ¿Por qué demonios no deberías tratar de hacerlo... en... finanzas... ingeniería... recursos humanos... sistemas de información?

Jim Collins, coautor de *Built to Last*, y yo estamos en desacuerdo en un montón de cosas. (Véase el Capítulo 2.) Pero una idea suya que ADORO... es su noción de que cada proyecto debe tener un... OAYE .

OAYE: Objetivo Audaz Y Espeluznante.

Término terrible. Concepto Terrible... verdaderamente audaz.

El legado: dejar algo WOW tras de uno

Legado. Legado. Es una gran palabra. Formula la pregunta: "¿Hice algo importante?" ¡Oh, Dios mío!

He llegado la conclusión de que el legado no es una palabra que se aplique sólo a los que tienen más de 60 años. Es una palabra... para... todos nosotros... durante todo el tiempo.

Tuve una sesión desconcertadora en Bermuda, con varios de los máximos CEO de ese país. Fue... mucho después... de la promulgación de la nueva legislación Sarbanes-Oxley que restringió los servicios financieros, y estos CEO se sentían atrapados.

Yo no era de mucha ayuda.

Dije: "Tonterías".

"Ustedes son CEO —continué—. Esto es algo grande... según los estándares de los mortales. De manera que la cuestión —la cuestión— es: ustedes ven estas nuevas 'restricciones' como 'restricciones' o como 'oportunidades' disfrazadas."

Me sentía frustrado por su cinismo, que acabé diciendo a estas personas tan poderosas: "Por favor, salten hasta 2007... después hasta 2012. Escriban una breve historia empresarial de su carrera post Bermuda. ¿QUÉ SE DIRÁ SOBRE... SUS EMPRESAS... DURANTE SU PASO POR LA CUMBRE?"

!

HOMBRE OAYE

Un alto ejecutivo de servicios financieros que conozco, se apegaba a la jerga de Collin. Empezaba por preguntar a su personal donde estaba (¡Específicamente!) "el OAYE" dentro del actual plan estratégico de su firma. Como respuesta, consiguió rostros enrojecidos... y probablemente, unas cuantas sonrisitas cuando no estaba mirando.

Pero eso fue hace dos años. Hoy, Mr. Big está todavía cantando el himno OAYE, y el "Oaying" está en pleno florecimiento en la susodicha firma (gigante).

EXPERIENCIAS GRANDES (Y PEQUEÑAS)

Pasé 30 años viviendo entre los "fracasos excelentes" de Silicon Valley. Eran el sello distintivo de la cultura del Valle, antes de que surgiera la locura de las punto.com. En algún lugar del condado de Santa Clara hay un cementerio empresarial de la mente, donde podrás encontrar miles de tumbas anónimas de empresas informáticas fracasadas, empresas de semiconductores fracasadas, y empresas de software fracasadas, empresas de almacenamiento en memoria fracasadas y, sí, empresas punto.com fracasadas.

Varios economistas, todos más sabios que yo en este tema, han dicho que esos audaces fracasos no son solamente un "producto colateral" del éxito del Valle. Son el principal facilitador.

JACK, FUERA DE SERIE (COMO DE COSTUMBRE)

Jack Welch hizo una vez esencialmente la misma propuesta que Daniels. Welch dice que nadie que trabajara para él tuvo nunca problemas por aventurarse en la cuerda floja y perder. La gente tuvo problemas por emplear dos años en un proyecto que no iba a hacer al mundo rotar sobre su eje —incluso aunque fuera un éxito—.

Es decir: éxito mediocre = gran problema.

(G-R-A-N PROBLEMA.)

Añadí, quizás con un poco de sarcasmo, que "en cierto modo, dudo de que escriban, 'yo estaba desconcertado por la regulación y realmente no conseguí mucho'".

Afligido por mi "cumbre con los CEO", me sentí muy feliz de ir a la mañana siguiente a una reunión con... ¡jóvenes!

¡Hurra!

En una sesión formal con "líderes futuros de Bermudas" fui bombardeado por las... preguntas más difíciles... a que me había enfrentado nunca:

"*¿Cuál es su visión del futuro?*" "*¿Piensa que tiene la obligación de hacer que el mundo sea mejor?*" "*¿Qué ha conseguido desde su primer libro hace 20 años?*"

¡WOW!

¡Habla de elasticidad!

¿Por qué? (¡Por qué!) ¿Por qué... las preguntas de los que tienen 50 años no son tan... transcendentales... como las de quienes tienen 20 años?

¿Por qué?
¿Legado?
¿Hice algo importante?

Nada triunfa como... el fracaso

Phil Daniels es un triunfador hombre de negocios australiano que asistió a un seminario que di en Sidney. Se levantó, en medio de una audiencia de 1.000 personas, para apoyar una cuestión que había presentado yo. Pero lo que dijo terminó por hacerme ver el mundo de una forma diferente. Daniels dijo que el éxito en su carrera surgió de una "filosofía muy simple".

Dos frases. Ocho palabras. A saber:

"*Premia los fracasos excelentes. Castiga los éxitos mediocres.*"

¡Cómo me gusta eso!

Tengo más de 1.000 transparencias en PowerPoint, procedentes de mis presentaciones. Una de ellas debe aparecer la primera, por definición, en la escala de lo provocativo/importante. La fórmula de Daniels... ocupa un alto lugar... en mi pensamiento.

Un "fracaso excelente". Das un salto hacia adelante atrevido, descarado, estridente... y no funciona. Y terminas derrumbado sobre tus cuartos traseros... magullado y molido. ¡Dios te asista! ¡Tú te lo buscaste! ¡Conseguiste una bocanada embriagadora de la Tierra del OAYE! Esa bocanada, a pesar del magullamiento consiguiente, te anima a seguir luchando para conseguir la medalla de oro en sistemas de información o en formación.

Es sencillo (aunque sobrecogedor): ningún proyecto OAYE-WOW llega a ser nunca nada sin... la voluntad de exponerse a... los fracasos excelentes.

En un mundo donde... reina la confusión... donde debemos... experimentar nuestro camino al futuro... la única manera de ir hacia adelante es... Buscar & Conseguir Fracasos Excelentes.

El lío Soem

Ahora, la otra cara de la fórmula de Daniels... "castiga los éxitos mediocres".

¿Te acuerdas de Mr. Kaizen... alias hombre de la mejora continua? Ahora es el momento... de decir "no" a Mr. K. Seguro que la obra de Mr. K. es valiosa. Un poco de mejora aquí. Un toque de cambio allí. En otras palabras, un éxito mediocre tras otro. (Incrementalismo *ad nauseam*).

Problema: "los éxitos mediocres" pueden ser adecuados... para los tiempos mediocres. Pero estos *no* son... tiempos mediocres. No son tiempos que demanden "un poco de" esto o "un toque de" esto otro. Son tiempos que demandan... ir a por ello.

¡Asombrar o reventar!

¡OAYE o romper!

¡Excelente o extinto!

¡Diferente o muerto!

De manera que hagamos de esto nuestro *mantra* para estos tiempos: *no condenados SOEM*. Nunca más... "Sólo Otro Éxito Mediocre" (SOEM). Demasiado esfuerzo y demasiadas personas inteligentes se han desperdiciado ya en la persecución de... sólo otro éxito mediocre.

NO CONDENADOS SOEM. P-U-N-T-O.

Recuerdo claramente cuando comencé a divulgar en mis presentaciones la frase de Daniels. Hablaba a los 300 máximos directivos de una de nuestras principales empresas de servicios financieros. El CEO guardaba un extraordinario silencio ante mis comentarios, pero se me acercó después.

"Acaba de arruinarme el día, aunque le pagaré sus servicios —dijo con una media sonrisa y con más que una ligera desilusión—. Fue ese tema de los 'éxitos mediocres'. Dependemos de la calidad de nuestra tecnología de información. Lanzamos proyecto tras proyecto. A decir verdad, gastamos decenas de millones de dólares al año. Y el hecho es que después de que esos proyectos hayan pasado por las distintas facciones de la empresa, todos terminan siendo prácticamente 'éxitos mediocres'. Quizás haya algún mérito intrigante en la otra mitad de la idea de su amigo: 'premia los fracasos excelentes'. Voy a pensar en eso."

Una vida desperdiciada: cómo *No* ser WOW

Frecuentemente cito en mis seminarios una historia de la revista *Fortune* que comparaba las corporaciones más admiradas del mundo con las "perdedoras". Las perdedoras tenían en común la tendencia a centrarse en estas cuatro metas (OMCP: "Objetivos Mediocres Calvos y Pequeños"):

"Reduce el riesgo al mínimo."

"Respeta la cadena de mando."

"Apoya al jefe."

"Haz el presupuesto."

¡Aarg!

¡Qué forma (tan tímida) de vivir!

Pero cuando cito ese tema me veo enfrentado a personas que dicen: "Tom, no captas el 'mundo real'". (Es una chorrada decir eso a una persona de 60 años.) En el mundo real, dicen, respetar la cadena de mando es "estar donde se debe"... apoyar al jefe es "no negociable"... hacer el presupuesto es "fundamental"... reducir al mínimo el riesgo es "esencial".

Entonces ataco. Salvajemente.

"Lee un libro de condenada historia", bufo. "Agarra el texto de bachillerato de tu hija. Elige 50 nombres. Elimina a los idiotas (Hitler, Stalin). Después mira al resto. Jefferson. Washington. Hamilton. Steinem. Madame Curie. Einstein. Newton. Picasso. De Gaulle. Churchill. Gandhi. King."

NUEVA EMPRESA   NUEVO TRABAJO

¡NOTA DE PRENSA!
(POR FAVOR)

Cogí el **Wall Street Journal**. Flash de noticias: una empresa líder ha anunciado una "gran" reorganización. Encadena una unidad a otra unidad con el fin de hacerlo más fácil.

No hay nada erróneo en ello.

¿Entonces, por qué se me revuelve el estómago cuando leo esa historia?

El problema: ¡tampoco hay nada acertado en ello! Es una empresa orgullosa pero no va a ninguna parte. Está acosada por problemas asesinos. Y este anuncio hace ver que no es capaz de afrontar las profundas cuestiones de "cultura corporativa" que le impiden ir hacia adelante.

Y, de hecho, el sugerir que el cambio es "serio" y "estratégico" refuerza la idea de que el liderazgo ha perdido el contacto incluso más de lo que había imaginado.

Todo lo que veo aquí es un cambio de las casillas del organigrama corporativo. ¿La palabra "WOW"? ¿U "OAYE"? No puedo imaginar que nadie de esta empresa haya utilizado nunca tales palabras. O ninguna otra forma de lenguaje candente.

¡Recompensa LOS FRACASOS Excelentes!

¡Castiga LOS ÉXITOS Mediocres!

EPITAFIO
Recuerda, en el prólogo, mi epitafio más temido:

Thomas J. Peters
1942–2003
Podía haber hecho algo
realmente fantástico,
pero su jefe no se lo
permitió

"¿Alguien de esa lista 'redujo el riesgo al mínimo'? (Oh, cómo puedo pronunciar esa frase con el mayor desprecio). ¿'Respetó la cadena de mando'? ¿'Apoyó al jefe'? ¿'Hizo el presupuesto'?"

Lo que realmente deseo es plantear a esas personas de "el mundo real"... el test del epitafio. Me pregunto... me pregunto realmente... si alguno de ellos podría vivir con los siguientes epitafios:

Joe J. Jones
1942–2003
Siempre hizo el presupuesto
(o: "redujo el riesgo al mínimo")
(o: "respetó las jerarquías de mando")
(o: "apoyó al jefe")

Joe J. Jones
1942–2003
CEO, 1993–2003
Consiguió los objetivos de beneficios
trimestrales 44 veces una tras otra

No hay nada malo en lo de más arriba. El problema: *tampoco hay nada "bueno" en lo de más arriba.*

WOW soy yo ¡el signo de admiración rojo!

Yo compro mi propia actuación, para bien o para mal. Rechazo las... metas mediocres... de las empresas "perdedoras". Y creo que la... esencia de la excelencia empresarial en tiempos desfavorables... es... la... incansable persecución de lo WOW.

Todo ello vino "al caso" (verás en un *flash* lo que quiero decir con "al caso") cuando abordé un proyecto particular mío WOW. Hace un par de años, decidí cambiar la marca de mi empresa. Dar a la Tom Peters Company una nueva imagen, un nuevo logo. Sabía que iba a ser una tarea impresionante. Trabajé con un diseñador, Ken Silvia, que simpatiza tanto conmigo, que cada uno terminamos las frases del otro.

Nos llevó más de año y medio. (Es verdad.) Y ya conoces el logo con el que acabamos dando: un signo de admiración rojo (!).

¡Sí! Un año y medio para crear... un "simple" signo de admiración rojo. Y no podía haberme quedado más extasiado.

El rojo marca el foco

Ante ti tienes un campo de signos de admiración rojos. Representa los distintos humores de lo WOW.

Sigue adelante. Ríete. Pero pensamos que es tan poderoso... aunque no tan valioso (todavía)... como el latigazo de Nike.

¿Qué han aportado los últimos 35 años de mi vida profesional?

Muy sencillo. **Un signo de admiración Rojo.**

Por favor, no me robes el logo. Pero, por favor, roba el espíritu del logo.

¡El espíritu de lo WOW!

Fin de semana WOW

Escenas de un viaje a Nueva York...

Jueves por la noche. La orquesta de St. Lukes, bajo la inspirada dirección de Charles Mackerras, interpreta "una miscelánea de Haydn" en el Carnegie Hall.

Viernes por la noche. El Metropolitan Opera, con Plácido Domingo, presenta un extraordinario *Simón Bocanegra*.

Sábado por la noche. Compro un ejemplar de *Cities in Civilization*, de Sir Peter Hall, en la librería Rizzoli de la 57.

Ocurre que la producción de cada uno de estos "eventos" fue un proyecto WOW... a mucha (mucha) distancia del "horrible día de oficina", estilo Dilbert. La diferencia es inmensa. Piensa en ello.

! Contrastes

ERA	ES
Un trabajo	Un proyecto
Cumplir el plazo	Hacerlo bien
"Nos llamaremos por teléfono"	Ya, "al momento"
Digno de olvido	Memorable
Una tarea burocrática	Una obra de firma
Sin rostro	Lleno de "carácter"
Una caída en la rutina	Una inversión en lo desconocido
El trabajo de otro día	Un producto de un esfuerzo enorme
"Trabajo aceptable"	Obra de artesanía
Entumecido	Agotador
Reina la jerarquía	Manda el talento
Enerva a los empleados	Energiza a los actores
Tibio	Cálido
Pastel	Tecnicolor
Predecible	Extraño
(Es "ho-hum")	("¡Importa!")
Adverso al riesgo	Aventurero
Agachándose	Alzándose
"Otro día más viejo"	"Una experiencia enriquecedora"
"Colorear dentro de las líneas"	"Curioso hasta decir basta"
Motivado por el jefe (la ciudad del peloteo)	Motivado por el proyecto (la ciudad del trabajo en equipo)
Bah!	WOW!

!

GRAN VERDAD "CHACHI"

Palabras, palabras, palabras... otra vez. ¿Por qué utilizo palabras como WOW (en letras mayúsculas, sí, cuando puedo con un signo de admiración)? Déjame responder a la pregunta de esta forma.

El autor de una reseña, en Amazon.com, de mi libro *The Profesional Service Firm50*, preguntaba por qué utilizo una palabra como "chachi" al escribir sobre "temas empresariales", especialmente dada mi... *muy avanzada* edad.

Mensaje implícito (o no tan implícito): ¡Déjate de niñerías!

Mi respuesta:

1. No intento... "madurar".

2. No me gusta... "escribir sobre temas empresariales".

3. *Estoy en una... misión. Una misión para expulsar del lugar de trabajo al cinismo de Dilbert y a la esclavitud del cubículo y a la insipidez terminal.*

Me ocupo de: PASIÓN. COMPROMISO. ALTOS RIESGOS. FRACASOS EXCELENTES. TRABAJO QUE MARCA UNA DIFERENCIA. TRABAJO QUE DEMANDA QUE SE LE PUNTÚE CON UN... SIGNO DE ADMIRACIÓN ROJO.

En una palabra... CHACHI.

16 No hay límites: proyectos WOW para el "desprovisto de poder"

! Manda el tecnicolor...

- "Conseguir que se hagan cosas" no es, en último término, una cuestión de "poder o rango", es una cuestión de... PASIÓN, IMAGINACIÓN y PERSISTENCIA.
- La mayor pérdida de tiempo del mundo: tratar de vender una idea "hacia arriba de la cadena de mando".
- Una idea guay es, por definición... un ataque directo y frontal... a la sagrada autoridad de los jefes actuales.
- El poder de los "sin poder" reside en la "implementación libre-del-jefe".
- Para abordar una Oportunidad Muy Grande no necesitas un Proyecto Oficialmente Grande.
- Voluntario para trabajos de mierda: trabajos de mierda que te permiten hacerte cargo de cosas, rápidamente, al poco tiempo de ocupar tu puesto.

! GRITA   no estamos preparados...

Trabajamos bajo el espejismo de que debemos "esperar nuestro turno"... que debemos "seguir nuestro camino en la escala de la organización". Pero la pérdida de las jerarquías, el desmantelamiento de los cursos de las carreras y la redefinición del trabajo que vale, hace que esas suposiciones sean falsas —*peligrosas*—. Debemos apreciar el poder que resulta de ser "un sin poder"... y convertir toda "tarea" corriente en un Proyecto (¡WOW!) Notable.

! VISIÓN   imagino...

Una "colaboradora independiente" de 24 años, totalmente entusiasmada por... el Wi-Fi. Charla sobre ello con algunos expertos en Wi-Fi. Se aprovecha de su creciente conocimiento —y de su entusiasmo sin límites— para sablear algunos pavos a los proveedores. (Quizás con una mínima aprobación por parte de la "cadena de mando". Quizás sin ella.) Y consigue una cabeza de puente en el proyecto Wi-Fi, metiéndose de lleno en Empresa Enorme S.L. Después, el mundo ya no será el mismo en EE S.L. (O para nuestra chica de 24 años.)

LA MUCHACHA DEL PODER

¿Te acuerdas del mantra de Roseanne? (Lee el Capítulo 15.)

De acuerdo, puede que no sea "muchacha" la palabra totalmente adecuada para describir a Roseanne. Pero tenía en gran parte la idea correcta cuando decía: *"Nadie te da poder. Tienes que tomarlo".*

MI AVENTURA DE LA "EXCELENCIA"

Creo realmente en este tema del "poder de los sin poder". Así es como llevé a cabo el el proyecto que después me llevó a *In Search of Excellence,* en McKinsey & Co. (Aquella gente constituía aparentemente en torno al 50% del negocio de la firma de esos días.)

Mi secreto (y mi golpe de buena fortuna): a nadie le importaba un bledo. Por eso pude trajinar tanto como quise, pude reclutar a todo joven fenómeno comprometido que pude encontrar. Y los recluté. Uno de ellos se convirtió —más de una década más tarde y mucho después de que le "animaran a buscarse otro empleo"— en director general de Whole Shebang.

Autobiografía: "desprovisto de poder" como yo

Hacía dos horas que había empezado mi seminario. Era el momento de hacer el primer descanso. Se me acercó un hombre relativamente joven. Resultó ser de finanzas y empezó adulándome: "Realmente es un gran tema". (Me puse como un pavo, naturalmente.)

Después vino... una frase para parar mil barcos. "Pero yo no soy un vicepresidente, no puedo poner en práctica nada de esto. No tengo poder", dijo.

"No tengo poder."

¿Qué hago? Me pongo como una fiera. Bien, no es verdad. Mi madre me enseñó a ser cortés, de manera que soy cortés.

Pero estaba muy enfadado por dentro.

¿Puedes imaginarte a Martín Lutero King, diciendo: "Los derechos civiles son algo grande, pero no tengo poder"? ¿Puedes imaginarte a Gandhi diciendo: "Los británicos apestan, pero no tengo poder"? ¿O a De Gaulle en Inglaterra, después de la caída de Francia en 1940, aislado, vagando durante mucho tiempo y proscrito en el ejército francés, sentenciado por traición por un tribunal marioneta en la Francia de Pétain, te lo puedes imaginar diciendo en ese momento, "no tengo poder"?

Intelectualmente, sé que este joven estaba planteando algo justo. "No tengo poder" pone de manifiesto un estado común (de hecho, ubicuo). Y, sin embargo, esa forma de hablar me llena de cólera.

Leo —y pienso y hablo y escribo— sobre muchas, muchas cosas. Los temas principales de las empresas y más. (Así es como me gano la vida.) Pero este tema es diferente. *¡Es personal!* Va directo al meollo de la forma en que he vivido desde que era un soldado "sin poder" en la Marina norteamericana en 1966... incluso desde que era un "sin poder", como consultor en McKinsey en 1974.

En ambos casos me rebelé contra mi falta de poder. Fue precisamente el reto (¡y la protección!) que necesitaba. Te apremio a que pienses de la misma forma sobre tu situación "sin poder".

El poder del pensamiento "desprovisto de poder"

"Conseguir que se hagan cosas" no es una cuestión de "poder" formal o de "rango" oficial. Es, en último término, una cuestión de..., PASIÓN, IMAGINACIÓN y PERSISTENCIA.

Digamos que has dado con una idea seriamente guay. Lo peor que puedes hacer —*la mayor pérdida de tiempo del mundo*— es tratar de "vender" esa idea "hacia arriba en la cadena de mando". Con esto sólo conseguirás recordar lo "falto de poder" que estás (oficialmente). (De Gaulle no trató de pedir a Pétain que no lo ejecutara.)

La "cadena de mando": ¿qué es eso, si se puede saber? Se trata de un grupo de personas que han sido promovidas por adherirse con habilidad a "la forma pura y certificada en que hacemos las cosas aquí". En otras palabras: son los que han sido designados guardianes del ayer. La "cadena de mando" podía ser también, para tus propósitos —en cuanto joven "sin poder" con una idea seriamente guay—... una cadena de presidiarios condenados a trabajos forzados.

Pregunta: ¿qué es una idea seriamente guay? Sencillo. Es algo que va directamente en contra de... "la forma en que hacemos las cosas aquí". Es decir, una idea seriamente guay es —por definición— un ataque frontal y directo contra la sagrada autoridad de los jefes actuales.

¡Upa!

De aquí que, como he dicho, el poder de los "sin poder" reside en lo que llamo "implementación libre-del-jefe". O: ¡"ellos" no pueden matar lo que "ellos" no pueden ver!

¿Qué error hay en esta imagen? O: reestructúralo

De manera que aquí estás, una persona poco importante en la parrilla de salida de la organización, "sin poder" para crear tu propio proyecto WOW. Pero mira en derredor. ¿En qué proyectos estás implicado —seguro que no son proyectos WOW—? Pregúntate a ti mismo: ¿puedo yo reestructurar uno de ellos de una forma que me permita implementar... fuera del radar... una idea seriamente guay, libre-del-jefe?

Mi punto de vista: la respuesta es casi invariablemente "¡Sí!". De acuerdo con ello, te pido que consideres las siguientes reglas de reestructuración, como las he llamado.

Regla #1: *No aceptes nunca un trabajo tal como te lo den.*

¡Sólo los idiotas aceptan los trabajos tal como se los dan! Los que van a cambiar el mundo (incluso en la más humilde de las formas) dan vueltas a cada trabajo hasta que lo pueden convertir en un... proyecto OAYE/WOW/seriamente guay.

Regla #2: *Nunca tienes tanto poder como cuando eres un "sin poder".*

¿Cuándo te encuentras verdaderamente cohibido? ¡Cuando todo el mundo te mira! (Bienvenido al mundo VP.) Todo el mundo contempla tu más ligero movimiento a través de un microscopio electrónico. Pero cuando eres oficialmente un sin poder... eres prácticamente libre para profundizar en cualquier trabajo... y ponerlo patas arriba a tu voluntad. "Ellos" están, efectivamente, ciegos ante tus maquinaciones.

Regla #3: *Todo proyecto "pequeño" contiene el ADN de toda la empresa.*

Quizá sea éste el "real" secreto de los secretos. Todo proyecto "pequeño" es una... ventana transparente... del alma de la organización. Una ventana mucho mejor que la "política oficial".

En resumen: para atacar una Oportunidad Real *Muy Grande*, no necesitas un Proyecto *Oficialmente* Grande.

El Ejército del credo WOW: voluntario siempre...

¡Oportunidades! Siempre (¡siempre!) están rondando. Con frecuencia rondan en forma de... trabajos de mierda. Trabajos que nadie quiere, por alguna buena razón aparentemente. Pero vuelve a pensar... y sigue lo que he llamado la estrategia VPTM. Es decir:

Voluntario Para Trabajos de Mierda.

Sí, *voluntario*. Solía haber un credo en el ejército: voluntario nunca. No des un paso ni te destaques. Escóndete en las filas de infantería, e incrementarás las oportunidades de regresar sano y salvo a casa. Bien, eso era en el viejo ejército. En el nuevo ejército cada soldado es... un ejército de uno solo. De la misma forma, en la nueva economía, debes... crear tu propio ejército de lo WOW, lo que significa: ¡Voluntario! Incluso para... trabajos de mierda. *Especialmente* para esos... trabajos de mierda. Porque... los trabajos de mierda... te permiten hacerte responsable, con independencia de otras cosas y al principio de tu estancia en la empresa.

La cuestión central: *¿Es ese proyecto "no deseado un tarea de pasada", una distracción para "quedar fuera del camino?" ¿O es una oportunidad seriamente guay de convertir un problema "trivial" en una... oportunidad sigilosa... una oportunidad para dirigir... un gran tema cultural... que afecta estratégicamente a toda la organización?*

Vayamos a los casos:

Contribución voluntaria # 1: Un *Memorial Day* para recordar.

¿Qué es esto? ¿La "mierda del guateque del *Memorial Day* que-me-gustaría-que-ya-hubiera-pasado"? ¿O la "primera celebración anual seriamente guay de nuestro increíble personal"?

Nadie quiere ese trabajo. Sí, el puesto de "jefe" del guateque del *Memorial Day* de la empresa. Pero dices, "¡qué oportunidad! Nadie lo quiere. Todo el mundo lo odia. ¿Pero no es verdad que tenemos un... personal seriamente guay... en nuestro departamento de telemarketing de 73 personas? ¿No tiene sentido celebrar su grandeza seriamente guay? ¿Y qué mejor oportunidad que el temido... guateque del *Memorial Day*?

De manera que juntas de mala manera una pequeña banda de voluntarios "sin poder", pero decididos. Ponéis el corazón y el alma en lo que puede ser la víspera de convertirse en un... proyecto WOW. Encuentras a algunos "actores" por cuatro perras, descubres cualidades no conocidas entre el personal. Los amigos de los amigos proporcionan otros recursos. Dejas deslizarse durante dos meses tu "trabajo real". Los que mandan piensan que estás chiflado... que estás sacando los pies del tiesto. ("El tiesto", significa... tu carrera oficial.)

Pero el temido guateque se convierte en... ¡un acontecimiento alucinante! Se habla de él. En serio. Estás "dándote a conocer", "sin poder". (¡Tus superiores están mirando!)

REGLAS PARA LO "SUPERREGLADO"
Al principio del curso sobre el proyecto WOW que ofrece mi empresa —antes de que estuviese disponible mi propio libro sobre el tema— utilizábamos un texto inusual. Título: *Rules for Radicals*. Tiene 30 años y está escrito por el defensor de los derechos civiles y militante sindical Saul Alinsky.

El mensaje: conseguir hacer cosas que vuelen frente a la sabiduría convencional es cuestión de organizar una comunidad enérgica y persistente, cuestión de desenterrar y comprometer a otros apasionados (que anteriormente se habían visto *a sí mismos* como... sí... "sin poder").

ELECCIÓN WOW: DE "CHORRADAS" A "GUAY"
El significado de un proyecto es, como casi la mayor parte de las cosas de la vida, una cuestión de... actitud. ¿Es una *rutina* o es una oportunidad, una *oportunidad* de hacer algo grande? El modo en que respondamos a esta pregunta lo dice todo sobre quiénes somos y cómo queremos ver el mundo.

La forma en que respondemos a un "simple guateque" es una... *fotografía perfecta*... del grado en que nos importa (o no) el tema de nuestro personal. Ese "mero" acontecimiento "social" anual nos proporciona mejor información del punto de vista de nuestros empleados que 100 páginas de apretada prosa, en un manual de política de recursos humanos.

NUEVA EMPRESA   NUEVO TRABAJO

¡FUERA DE LA VISTA!

La distancia importa. El tema está en permanecer fuera de la "pantalla del radar" hasta que tu idea empiece a cuajar. "Fuera de la vista, fuera de la mente" sigue siendo un axioma importante incluso en la era de Internet.

El hecho: la mayor parte de los proyectos que golpearon al mundo se incubaron muy lejos de la sede central, un lugar donde las ideas intrigantes acaban politizadas y homogeneizadas hasta la sumisión. Estoy convencido que parte del éxito que tuvimos Bob Waterman y yo hace 20 años se deriva de nuestra estancia en San Francisco, todo un continente aparte del tanque corporativo de tiburones de McKinsey en Manhattan.

CHIFLADOS FUERA: EL GAMBITO DENTRO-FUERA

Los amigos chiflados *no* tienen que ser colegas de tu empresa. Una de las formas más eficaces de innovar es incitar a alguien de una organización cliente. (Un cliente guay.) O a alguien de una empresa suministradora. (Llámalo un proveedor vivaz.)

Nuevamente: tienes una idea seriamente guay. La parte "guay" significa que el *"establishment"*... los clientes cruciales (o los proveedores vanagloriados) de tu compañía hiperconservadora... no van ni siquiera a considerar la idea. De manera que busca a un cliente (o proveedor) pequeño, innovador y utiliza la organización como tu corralito.

Más, te ganaste el respeto inalterable de 73 tipos en el antiguamente menospreciado, pero vitalmente importante, departamento de telemarketing. Más, ¡fue divertido! Más, añadiste miembros a tu red. ("¡Se trata de la agenda, chico!")

Contribución voluntaria # 2: Primero la seguridad.

¿Se trata de "poner en marcha el manual de la condenada seguridad con el chiflado nuevo registro OSHA"? O: "¿Avanzar en la importantísima guerra por el talento, descubriendo cómo la seguridad ayuda a convertir esto en... un lugar maravilloso en el que trabajar?".

Una vez más: nadie quiere el trabajo. (Por decirlo suavemente.) Pero *tú* ves una... increíble oportunidad... de ganar una gran batalla en la Gran Guerra por el Talento.

Contribución voluntaria # 3: La práctica hace al maestro.

¿Se trata de "solucionar esos sangrantes problemas del cliente que han seguido a la aparición de la nueva máquina 2783 B"? O de: "¿Trabajar con un gran joven jefe de división para utilizar la velocidad de Internet para reunir datos de los clientes, no precisamente después, sino antes y durante el proceso del diseño del producto?".

Una vez más, nadie quiere el trabajo. Excepto tú. Bien, por ahora captas la idea. Las oportunidades están donde tú las ves. El poder... no el poder oficial, sino el poder de la iniciativa y la imaginación... está para que lo tomes.

Juega bien con otros: la forma BACHR

De modo que el éxito en varios trabajos de mierda reconvertidos te ha hecho ganar tus estrellas de oro... y un atisbo de reconocimiento. Pero, a decir verdad, estás preocupado todavía por tu idea seriamente guay y, francamente, no estás más cerca de lanzarla al mundo. En cuanto joven ingeniero, tu poder es todavía escaso y tu presupuesto discrecional es cero.

¿Hay alguna esperanza?

Hay más que eso: te está esperando un momento eureka.

¡Busca a un compañero! Lo que necesitas es eso... UN... amigo *simpático, entusiasta, pirata, conspirador.* Sí, uno. (Uno es mucho. Por ahora.)

Has hecho algunos estudios sobre, digamos, tu noción radical de transformar totalmente la gestión del proyecto. Y has leído algunas cosas serias. Has liado a algunas personas que han intentado poner en práctica ideas similares en otros lugares.

Tu nivel de emoción sube. También tu nivel de frustración. Deseas desesperadamente abordar a tu jefe y anunciarle que... has encontrado una manera de... cambiar el mundo.

¡No lo hagas!

¡Resiste la tentación!

En lugar de ello: dirígete a una página de *chatting* de una compañía *online*. Asiste a una reunión de la compañía. Empieza a hacer llamadas de contacto para acordar almuerzos con personas interesantes en la empresa de las que has oído hablar. En resumen, ha llegado el momento de tomar esta idea seriamente guay... y empezar a charlar de ella con gentes que puedan ser aliados seriamente guays.

Otro nombre que me gusta para esta estrategia de "compis" es el enfoque BACHR: Busca a un Amigo Chiflado y Remoto.

Una cita con el destino

Un ejemplo del enfoque BACHR:

Tienes una colega —llámala Nancy— que dirige una unidad de ingeniería de tamaño medio en una filial de tu empresa. Su oficina está a unas cuantas horas de camino en coche de la sede central de la división donde trabajas como un tipo *junior* de ingeniería.

Conoces ya ligeramente a Nancy. Se rumorea que es agresiva y enérgica y dispuesta a hablar de casi cualquier condenada cosa que le interese. Haces el viaje para reunirte con ella y os enfrascáis en la conversación. Hablas de tu idea seriamente guay.

Nancy se entusiasma con tu palabrería. Particularmente porque está trabajando en un proyecto que se ha quedado embarrancado y para el que tu idea seriamente guay (y potencialmente subversiva) podría ser precisamente la solución.

Nancy dice que, aunque no está totalmente "enamorada" de tu idea (¡ese es tu cometido!), se siente "muy intrigada". Te dice que reflexionará sobre tu enfoque, que sondeará a algunas personas de su empresa sobre él, y que procurará comprobar alguna versión del mismo en su oficina.

¡Eureka! (Otra vez.) Estás a punto de encontrar ese primer amigo chiflado y remoto.

Otra vez: *uno* es el número crítico. *Uno* emocionado, al menos al principio, al menos hasta que surjan las demostraciones espectaculares y las pequeñas victorias (ver más adelante).

Prueba, prueba otra vez: el poder de realizar un prototipo

Eres un recién llegado. Eres un "sin poder", no tienes galones en las mangas. Pero has dado con una idea seriamente guay. Y has encontrado a Nancy, esa primera amiga chiflada y remota. Ahora necesitas... un historial. Un historial de eventos-detalles-historias que envíen las señales "algo más arriba".

Creo que hay una —y sólo una en la práctica— forma de perfeccionar tu idea seriamente guay y dejarla lista para la auténtica demostración. Un, y sólo un, enfoque viable para crear una historia. Y, para eso, acudo al experto en innovación Michael Schrage.

Michael pasó la mayor parte de la última década en lo que se puede considerar un tema oscuro y seco como el polvo: *la realización de prototipos*. Es decir, el proceso mediante el cual las empresas pasan de un concepto abstracto a un modelo concreto que funciona para ensayar ese modelo... una y otra vez. La realización de prototipos nace en la industria, pero la idea va mucho más allá.

Schrage llega incluso a decir que la diferencia *principal* entre las organizaciones que innovan brillantemente... y las que no, es la excelencia en la realización rápida de prototipos. Como escribe audazmente, "la realización efectiva de prototipos puede ser la competencia más valiosa que pueda alcanzar una organización innovadora".

Lenguaje rotundo. El mensaje: *conviértete en un maníaco de la rápida realización de prototipos*.

Las grandes "victorias" vienen en paquetes pequeños

Hace años (años y años) acuñé otro término para lo que llamo ahora realización rápida de prototipos (o "juego serio", por utilizar el lenguaje de Schrage), en mi tesis doctoral de la escuela de negocios de Stanford. A saber: la "pequeña victoria". Es decir, la pequeña "demo" cuyo éxito se añade a tu historial... y, consiguientemente, a tu credibilidad.

Sí, esa "pequeña victoria", ese "pequeño examen", esa "realización de prototipos con éxito" pone de manifiesto que tu idea seriamente guay no es simplemente una fantasía. Pone de manifiesto que tu idea seriamente guay puede muy bien ser... una muy gran idea. Una entrada muy importante en la partida del crédito de tu historial naciente. De hecho, un necesario salto de gigante entre destellar ante tus ojos y los de tus primeros adictos, y tener mugre bajo las uñas. Una herramienta sin igual para atraer amigos adictos. Un catalizador del rumor que comienza a filtrarse hacia arriba en la cadena de mando.

La "pequeña victoria" no tiene ni siquiera por qué ser una "victoria" en el sentido obvio y convencional de la palabra. A veces, una pequeña victoria llega en forma de una "rápida pérdida". Así es como vio el asunto Thomas Edison. El mayor de todos los inventores, hizo unos 9.000 experimentos antes de dar con el diseño adecuado de su lámpara incandescente. ¿Consideró "fracasos" los primeros 8.999 experimentos? ¡Difícilmente! Cada uno de esos "prototipos" fue... una demostración brillante e inequívoca de que algo no funcionaba... en otras palabras, ¡una clara victoria!

"¡Huy!", dices, ahórrame "esas historias" que os gusta contar a los gurús del *management*. ¿Quién tiene tiempo para soportar una racha de 8.999 partidas perdidas en el juego? Pero el "secreto" de Edison es una verdad eterna. Sólo ganamos a largo plazo si nos hemos cubierto de sangre a corto plazo. "El éxito es la capacidad de ir de un fracaso

PROPAGANDA EN SERIO
Schrage llevó a sus límites la idea de realizar un prototipo en su libro *Serious Play*. Yo le califiqué, en el prólogo, como "el mejor libro que he leído nunca sobre la innovación". Lo digo en serio.

Schrage comienza diciendo que "no se puede ser un serio innovador si no se está dispuesto a jugar. 'Jugar en serio.' No es un oxímoron; es la esencia de la innovación".

(Repara en que el lenguaje de Schrage es un eco de mi propio énfasis en palabras como "compi" y "corralito".)

NUEVA EMPRESA NUEVO TRABAJO

EN EL "PLAZO MEDIO"
Schrage cita una entrevista con el antiguo CEO de Sony, Nobuyuki Idei, quien decía que la clave del extraordinario historial de desarrollo de nuevos productos era ésta: en Sony, el "plazo medio para realizar un prototipo" (el tiempo que transcurre entre la aparición de una idea y las 16 pruebas de esa idea) son escasamente *cinco* días.

EL AUTÉNTICO "LIBRE DE FALLOS": EL FRACASO RÁPIDO
Variaciones sobre el tema de la "pérdida rápida":
Un alto ejecutivo que asistía a un seminario mío compartía su filosofía: *Fracaso. Hacia adelante. Rápido.*

El fundador de IDEO y gurú de la innovación, David Kelley, le da otra vuelta: *Fracasa más rápidamente. Triunfa antes.*

¿Charlatanería? Quizás. ¿Profundo? Seguramente.

La suite del poder: herramientas para los supuestamente desprovistos de poder

Recapitulación: estás enamorado de una idea seriamente guay. La quieres convertir en un proyecto WOW. Pero... eres un "novato" y por tanto un "sin poder". Mi consejo:

No te lo pienses. EMPIEZA AHORA. Encuentra una excusa. CUALQUIER EXCUSA. Haz algo. HAZ ALGO. Sigue. A TODA PRISA.

Más específicamente... prueba alguna versión de estos pasos:

1. Te apasionas con una idea subversiva y seriamente guay.
2. Resistes con éxito la tentación de gimotearle tu idea al jefe. (Incluso aunque sea tu padre en una empresa familiar.) (Especialmente, si es un padre mayor y querido.)
3. Expresas tu pasión a colegas de acá o de allá.
4. Encuentras (o tropiezas con) un amigo adicto... un compañero apasionado.
5. Compruebas y modificas tu idea con tu colega apasionado, en su corralito.
6. Tú y tu primer adicto lejano buscáis en vuestras redes compañeros que pudieran estar interesados en "jugar" con vosotros en la próxima etapa del juego.
7. Elaboras en secreto un calendario de realización rápida del prototipo.
8. Empiezas a realizar el prototipo como un demonio.
9. Tienes unos cuantos fracasos. Unos cuantos éxitos. Aprendes... mucho. Aprendes... rápidamente. Comienzas a acumular un historial convincente. Afinas el tema.
10. Te apuntas algunas "pequeñas victorias" y aprendes rápidamente algunas lecciones ("pequeñas pérdidas").
11. Sigues resistiendo el impulso de contárselo al jefe.
12. Un nuevo (¡no te olvides de esos almuerzos!) amigo adicto de tu primer amigo adicto lejano (primer compañero apasionado) empieza la danza de la realización del prototipo en su pequeño dominio.
13. El amigo del amigo descubre a otro amigo adicto, puede que ahora no tan lejano, que quiere jugar con tu idea probada en la batalla. Y así sucesivamente...
14. Mientras tanto, ajustas y ajustas y ajustas. (Recuerda: innovación = reacción a la realización rápida de prototipos.)
15. Comienzas a "construir un rumor" de bajo perfil, dejando que goteen las noticias de pequeñas victorias guays, dando crédito siempre a los amigos adictos. (Recuerda, la *línea* de ingeniería de Nancy. Tú eres *miembro* no creíble de la división.)
16. Empiezas a estimular a tu creciente asamblea de conversos *cools* para iniciar una gran propuesta "hacia arriba".
17. Antes de que lo sepas, estás acorralando a los bastardos (el *establishment*).
18. Ahora, y sólo ahora —forrado de datos convincentes sobre "demos" positivas— te lanzas sobre el gran jefe.
19. ¡Sólo que tú no le montas ningún discurso ni siquiera ahora! Recuerda: eres un novato. Deja que lo hagan en tu lugar esas personas "reales" de la "línea", personas que han estado trabajando con éxito con tu criatura.

PERSUASIÓN: COMO SER SALUDABLE, CAUTELOSO Y SABIO

No tenemos espacio para un completo tratado sobre la política de la persuasión. Pero baste decir que, en un mundo perfecto, el jefe ha oído las historias "dejadas caer" de tus prototipos. Le "permites" que asuma la propiedad de tu proyecto y actúe como si hubiera soñado él todo. Por ello, te felicita por haber leído su pensamiento. ¡Y firma un plan de desarrollo de cuatro millones de dólares!

---

20. **Y de esta manera ocurre...** *¡Siempre!*

a otro sin perder el entusiasmo". Esa fue, no tan casualmente, la historia de la vida de Churchill anterior a la victoria final en 1945. ¿Otra perogrullada? Seguro. Pero... todos los verdaderamente grandes parecen cantar la misma página del mismo himnario.

La danza de la innovación

La realización rápida de prototipos resulta que no es asunto de "pruebas" discretas. Es... una forma de vida. Piensa en ella como en una *danza*. Con una serie particular de pasos y un ritmo particular. Piensa en ella como... la danza de la innovación. Es así:

Tienes una idea. Realizas una comprobación (muy) rápida y (muy) burda. Eso es importante. Pero no has hecho más que empezar. Ahora, después de ese primer examen burdo, te sientas inmediatamente con tus conspiradores y os preguntáis: "¿Qué ha ocurrido? ¿Qué podemos aprender de esa prueba? ¿Qué podemos hacer diferente la próxima vez?" Después, te pones a esa "próxima vez"... EN SEGUIDA. Y así sucesivamente. Una y otra vez.

Después de un tiempo, te haces con ello. Desarrollas... *un ritmo*. Y ahí es cuando empieza a producirse realmente la innovación. Sí, tu idea inicial es seriamente guay. (No dejes que nadie te diga otra cosa.) Pero es sólo eso: una idea. Hasta ahora, sólo es subversiva *potencialmente*. Como observa astutamente Schrage, la obra real de la innovación consiste en... *la reacción al prototipo*.

La innovación auténtica no es una idea guay. La innovación auténtica es lo que aprendemos cuando observamos lo que se esconde cuando comprobamos realmente una idea potencialmente guay. La gran-gran idea: no podemos innovar hasta que no tengamos algo tangible... CON LO QUE JUGAR.

¡Juega! ¡Innóvate! ¡Rápidamente!

Y de aquí tu meta: prototipos ejecutados rápidamente... prototipos que pueden triunfar o fracasar... pero que tienen carisma... y de los que adquirimos un rápido conocimiento y generan emoción y credibilidad crecientes. Y, sí... poder creciente..

! Contrastes	
ERA	**ES**
Conocer tu sitio	Hacer lo tuyo
Espera	Actúa
Seguir "las reglas"	Hacer reglas nuevas
Aceptar trabajos	Reconfigurar trabajos
Juega según se presentan las cosas	Hazlo mientras caminas
Llevarse bien para ir adelante	Levántate y anda
Impedido por la antigüedad (careces de ella)	Divertido por la "antigüedad" (y las pretensiones consiguientes)
Barreras	Oportunidades
"No poder (¡ay!)"	"No impedimentos (¡sí!)"
Esclavo del cubículo	Autónomo

NUEVA EMPRESA   NUEVO TRABAJO

!

TODO EL MUNDO ES UN... PROTOTIPO

Las artes tienen mucho que enseñarnos aquí. Pensemos en el teatro. Empezamos leyendo la obra. (Proto-prototipo.) Después la repasamos un poco. (Prototipos.) Después ensayamos partes de la futura representación a toda velocidad. (Más prototipos.) Después ensayamos escenas completas. (Aún más prototipos.) Después viene el ensayo general. (Mega-prototipo.) Después hacemos la representación.

Ese "juego serio" es común en las artes (y en los deportes), pero es muy inusual en la empresa, donde generalmente planificamos y planificamos, y nos reunimos y nos reunimos antes de... *hacer* algo jamás.

!

LA MISMA (NUEVA) HISTORIA

Escribe Schrage: "Los grandes prototipos tienen carisma. Crean relatos y cuentan historias".

Me gusta eso: *gran prototipo = ¡Historia guay, irresistible y carismática!*

Recuerda: el arte de contar historias es la esencia del liderazgo. Los mejores líderes son los mejores narradores de historias, desde Churchill a Roosevelt y Gandhi.

Y, lo contrario, los peores líderes son los peores narradores de historias. Ellos "se atienen a los hechos" y no consiguen estimular la imaginación de sus posibles seguidores con cuentos irresistibles de cambiar el mundo.

(Observación: esto vale tanto para el joven de 25 años que intenta sacar tajada, como para el líder de una nación.)

17 El trabajo del jefe: héroes, demos, historias

! Manda el tecnicolor...

- "Ordenar" el cambio sistemático es... una pérdida de tiempo.
- Tú, el jefe, debes convertir tu empresa (o parte de la misma) en un *Smorgasbord* de excelencia donde *siempre* se inician cosas sorprendentes. De la mayor parte de las cuales no eres consciente.
- "Encuentra héroes. Haz demos. Cuenta historias."
- Si quieres "hacer que el cambio salte como si fuera una rana"... bien, necesitas "ranas *líderes*".
- Un buen líder hace una pregunta: *¿CONSEGUISTE BUENAS HISTORIAS?*
- "Gana el que tiene historia". (¿Cuál es tu historia?)
- "Algunas personas buscan cosas que se estropearon y tratan de arreglarlas. Yo busco cosas que salieron bien y trato de construir sobre ellas."

! GRITA   no estamos preparados...

Pensamos todavía en términos de *planificar* y *ordenar* el cambio. Pero ya no hay tiempo para eso. Debemos comprender que el principal trabajo del jefe no es "hacer el cambio", sino *encontrar* y *alabar* a los que hacen el cambio, héroes escondidos que contribuyen a una cartera rutilante de proyectos WOW, y cuyo trabajo inspira a los demás para que salgan de su escondite y les imiten.

! VISIÓN   imagino...

Un departamento de TI con 123 personas. La jefa del departamento, Ava Jamison, tiene cinco directores ejecutivos de proyectos y trata a cada uno de ellos como un profesional de capital riesgo que lleva una cartera, una cartera de personas WOW & proyectos WOW.

Ava (¡que es una VC!) pide regularmente, a su vez, a cada uno de sus "VC" que le informen de cómo "va" su cartera y ellos le responden con historias emocionantes sobre *demos* reveladoras dirigidas por *héroes* de primera línea.

¿"Ordenó" Ava que se hicieran? Difícilmente. En lugar de ello, lo que hizo fue encargar a sus "informadores directos" (VC) que hicieran florecer 1.000 flores. ¡Pero, cuando se trata de crear una nueva cultura guay, Ava es "meramente" la vendedora fertilizadora de ese primoroso jardín de lo WOW que surge de modo confuso en torno a ella! Ese es "el trabajo del *jefe*".

!

PLAN B: OLVIDA LA PLANIFICACIÓN

Con la "planificación" de la empresa ocurre como con el hecho de "ordenar".

Argumentación: no necesitamos —ni queremos incluso— un "gran plan". Han pasado los días de "mirar por los rincones". Los "rincones" de la nueva economía (y de la nueva guerra) son curvas de 90 grados que surgen casi continuamente y ponen de manifiesto los lugares más inesperados.

Necesitamos, en lugar de la planificación del viejo estilo, definiciones totalmente nuevas de preparación y ejecución.

La nueva *preparación*: un *pool* de talento adaptable y enérgico, junto con un conjunto flotante y cambiante de alianzas temporales.

La nueva *ejecución*: proyectos WOW *ad-hoc*, empezados a montones y ejecutados a toda velocidad.

No funciona: cómo no "ejercer de jefe"

En una era de trabajar en proyectos WOW, ser "el jefe" no consiste en lo que solía ser. La mayor parte de las veces, es una cosa muy buena. Y una cosa sorprendentemente fácil. (Ver más adelante.) Pero puede ser increíblemente difícil terminar con los viejos hábitos de gestión por exhortación y gestión mediante el plan detallado. Considera la persistente tendencia de los directivos a dar órdenes *ex catedra*, órdenes como las siguientes:

"Ser más emprendedor."

"Asumir riesgos."

"Implementar el programa cero defectos."

ESTÚPIDO.

ESTÚPIDO.

Y ESTÚPIDO.

¿Por qué? A pesar de tu rango oficial, "ordenar" el cambio sistemático es... una pérdida de tiempo. Tratar de "ordenar una nueva cultura" no funciona. Puede que funcionase en una época. (Aunque incluso lo dudo.) Pero el jefe que funcione de esa forma hoy se va a encontrar con que va rápidamente a ninguna parte. Y puede que incluso retroceda. Esas órdenes "claras" serán ejecutadas por directivos medios frustrados, inclinados a conservar su base de poder que se desintegra rápidamente, y que se convertirán en sofocadores de la innovación de la peor especie.

La meta del "trabajo del jefe" debe ser ésta: ¡conseguir que la gente... *mucha, mucha gente*... inicie, y trabaje después, en proyectos WOW! ¡Proyectos en los que pongan su corazón y su alma! ¡Proyectos por los que quieran ser recordados! (Y pregúntate a ti mismo: ¿quieres que las personas que trabajan para ti no quieran ser recordadas por lo que están haciendo... precisamente ahora?)

Uno espera que muchas, muchas personas "sin poder", hayan leído el capítulo anterior de este libro y que por tanto estén comprometidas vivamente ya en proyectos seriamente guays (y seriamente subversivos).

Por llevar la idea un paso más allá: tú, el jefe, debes convertir tu empresa en un lugar donde... se estén filtrando *siempre*... cosas WOW. La tarea número uno es reunir un extraordinario conjunto de personas increíblemente guays, personas que inviertan en, se comprometan a, y ejecuten un extraordinario conjunto de experimentos audaces. Experimentos audaces y prototipos carismáticos que se convierten en... ese conjunto extraordinario de proyectos guay.

El trabajo del jefe que funciona

"Estoy tratando de 'liderar el cambio' y de inducir 'la toma de riesgos' en mi empresa. ¿Tienes algunas ideas sobre esto?"

Me han hecho esta pregunta una vez, me la han hecho cientos de veces. De hecho, después de 25 años en el circuito de los seminarios, probablemente la haya oído 1.000 veces. Quien pregunta suele ser un jefe de nivel medio, que dirige un departamento de tamaño medio en una división de tamaño medio de alguna gran empresa.

Dice: "Tengo una idea bastante buena de adónde necesitamos ir y puedo bosquejar vagamente las líneas de la nueva 'cultura' que creo que necesitamos. Confío en mi instinto, aunque pienso que no tengo resueltos todos los detalles. Pero tengo problemas a la hora de conseguir que la gente se alinee detrás de mí. De ahí...

¿Tienes ideas sobre esto?"

Durante años, respondía soltando unas cuantas tonterías. Profería unos cuantos gritos sobre el liderazgo. O daba una cabezada al *empowerment*. Cualquier cosa. No equivocadas. Pero tampoco acertadas.

Últimamente he cambiado la melodía.

"Sólo hay una forma", digo atrevidamente.

"Busca Héroes. Haz Demos. Cuenta Historias."

Más detalles:

Necesitamos *héroes: ejemplares mortales* de la nueva y excitante forma de hacer las cosas.

Necesitamos *demos: pruebas palpables* de que esa forma nueva y excitante de hacer las cosas es factible.

Necesitamos *historias: cuentos fascinantes* que enciendan la imaginación de los... futuros-pero-aún-renuentes héroes-en-espera.

La estrategia de la "rana líder"

Recientemente di con una frase, gracias a la tan desesperadamente necesitada industria sanitaria, que encierra perfectamente esta idea: si quieres que el cambio "salte como si fuera una rana"... necesitas "ranas *líderes*".

(El Grupo del Salto de la Rana abandera a las ranas líderes comprometidas en mejorar el patético estado, en lo que se refiere a calidad, de los servicios sanitarios de los hospitales americanos.)

De aquí, la estrategia de la "rana líder".

Funciona de esta forma. Anda como un gnomo entre las filas de los posibles revolucionarios, personas que se hayan marcado inquietas por conseguir cosas. (O que alberguen historias de éxito que teman publicar... por miedo a la cólera de la vieja guardia.) Estas actuales o posibles ranas líderes *saltarán* sobre la fortaleza de la inercia si se les da la más mínima oportunidad... y marcarán un camino visible para que lo sigan otros.

Corolario obvio: no gastes un precioso tiempo (al menos todavía) con los renuentes, esas "ranas" que están demasiado contentas, o tienen demasiado miedo a alejarse de sus nenúfares.

En cualquier caso, la mayor parte de las veces no necesitas "contratar" a revolucionarios. Es probable (muy probable) que ya los tengas: modelos de rol... personas que ejemplifican una forma nueva e impetuosa de hacer cosas. ¡Están acechando! ¡Esperando que se les descubra! ¡Esperando que se les escuche! ¡Esperando que se les tome en serio!

¿Qué haces, pues? Búscalos. Déjalos en libertad. Enseña unas cuantas maneras (aunque no demasiadas) a esas "ranas líderes" heroínas. Deja claro como el cristal, de una vez por todas, que... ¡Ellos son la Forma Nueva!

Podrían ser héroes

¿Cómo encontramos estas "ranas líderes", esos posibles revolucionarios, esos diamantes en el campo corporativo? La respuesta obvia y cierta: los encuentras en tu "red". Pero puede que eso no sea suficiente.

Puedes necesitar seguir también lo que llamo la estrategia del "papel matamoscas". En otras palabras, animar a esos héroes a que salgan del entramado poniéndoles trampas pegajosas irresistibles. He aquí algunas formas de añadir un pequeño "atractivo" a tu persecución sistemática de los héroes.

El juego de la feria. Considera la tradición del "marketing evento", utilizado generalmente en el mundo de los bienes de consumo. ¿Por qué no hacer algo similar dentro de tu empresa? Monta una feria de la idea, una "fiesta de la fanfarronada", un "*show* comercial" interno. En otras palabras, una ocasión pública y bien anunciada durante la cual las "ranas líderes" salen de su charca y demuestran sus excéntricas mercancías. Resultado: otros locos se sienten inspirados para mostrar sus auténticos colores.

Caza a un excéntrico. Monta una "serie de seminarios sobre la nueva economía", mensualmente. Pero, en lugar de invitar a los sospechosos habituales... a los gurús del momento (¡como yo!)... invita al excéntrico genuino de tu propia empresa a dirigir cada seminario. De nuevo: los excéntricos atraen a los excéntricos. (¡Recuerda, papel matamoscas!)

Financia la diversión. Otro enfoque muy eficaz: crea un fondo para el juego... un "bote" del que pueda servirse el personal de

¿EL *MANAGEMENT* DE PASARLO BOMBA?

Aquí está la mejor parte de este modelo: ¡Tú, el jefe, no tienes que hacer nada!

Has tenido una idea. *Empowerment,* calidad, asunción de riesgos. Innovación. Cualquier cosa. No tienes que "lanzar una iniciativa" para ver que la idea se convierte en algo más que una idea. Porque, en cualquier organización grande, hay motivos para que haya personas enfadadas, "sin poder" *que están ya practicando tu "nueva" idea...* quizás poniendo en serio riesgo sus carreras.

Tu trabajo: hacerlos salir de sus madrigueras. Agárralos por el cogote. (Trátalos como a celebridades ante todos los demás.)

Por ejemplo: "¡Mira a Marylin, es única! ¡Ella lo capta! ¡Y ella *lo ha hecho*! ¡Y ella sólo es como tú y como yo!".

¡ROMPE LA CUARENTENA!

He aquí otra imagen que trata de la parte del liderazgo relativa a "encontrar héroes": piensa en "epidemias". Piensa en "infección". Piensa en "la teoría de los gérmenes".

Puede que debas estudiar epidemiología... si te quieres convertir en un maestro del cambio cultural... si quieres iniciar (¡sí!) una epidemia de proyectos WOW.

La gran idea: ayuda y honra a los que ya están "infectados", aquellos a los que se rehuye a menudo en cuanto portadores de la enfermedad... cuando en realidad son "portadores" de una cultura nueva y excitante.

6699

CITA SOBRE EL TERROR

¿Cómo sabes si una idea como "sabático radical" es verdaderamente radical... y verdaderamente adecuada para ti?

Respuesta: confía en tu instinto.

Alex Trotman no lo hizo todo bien como CEO de Ford, pero sacó algunos productos muy *cool*. Una vez leí que no se sentía feliz hasta que una nueva idea no le "aterraba casi hasta morir" (o palabras similares). Es un bonito test para la idea "sabáticos radicales". O, de hecho, para cualquier idea "radical".

EL ÁNGEL DE LA GUARDA

Proteger a los "héroes" es tan importante como encontrarlos. Todos los locos necesitan guardianes. Un joven inspirado (o, por lo que se refiere a este tema, un viejo inspirado) necesita que alguien le mantenga en la senda de los que tienen el poder.

Yo tuve a Bob Waterman en McKinsey & Co. Durante los años que trabajamos juntos allí, Bob se pasó probablemente el 40% de su tiempo protegiéndome de las fuerzas del mal interno... los burócratas que guardan la forma convencional de hacer las cosas. Dios le bendiga. (Y, Bob, ¡sé lo latoso que yo era!)

tu empresa en pequeñas dosis para tratar de hacer proyectos excéntricos, salvajes, excepcionales. En resumen, muéstrales el dinero y contempla lo que sucede. Lo que mejor funciona generalmente es definir un "área de necesidad" específica, aunque no demasiado específica.

Tiempo libre para el comportamiento excéntrico. ¿Qué me dices de establecer un fondo especial para becas para los... sabáticos radicales? La gente podría optar —al igual que optaría por el fondo de subvenciones mencionado anteriormente— por la oportunidad de pasar (digamos) seis meses con este cliente guay o ese suministrador rutilante. O pudiera ser que quisieran trabajar con un profesor profundo en un proyecto de investigación relacionado de alguna manera con el negocio de tu empresa. Con cualquier cosa. Llámalo "pensamiento fuera de la empresa".

PREGUNTA AL "EXPERTO"

Cuando era jefe del Travel Related Service de American Express, Lou Gerstner se sintió atraído por la inteligencia artificial y, en particular, por la tecnología de los "sistemas expertos". Quería hacer que ocurriera algo. Rápidamente. Pero aunque era el gran jefe, no emitió una orden ("¡ponte a construir ahora mismo sistemas expertos!"). En lugar de ello, creó un pequeño "fondo" de becas para sistemas expertos. Cada beca era de unos cuantos miles de dólares. Todo el mundo podía optar a ella. El proceso de concesión de becas era sencillo: una solicitud razonable y la aprobación o rechazo rápido.

Sólo un par de años después, según Ed Feigenbaum (el gran pionero de los sistemas expertos y autor de *The Rise of the Expert Company*), ¡AmEx poseía una cuota sorprendentemente elevada de todos los sistemas expertos que había entonces en el mundo! Y la empresa había recaudado millones y millones de dólares como resultado de ello. Es decir, Gerstner no lo había "ordenado". En lugar de ello, había elaborado en secreto el más pegajoso de los papeles cazamoscas.

Conclusión: Gerstner no ordenó esto desde las alturas. Lo que hizo fue inducir a salir del entramado a los excéntricos.

Mi "cruzada de los niños"

La estrategia de la "rana líder". Disponer de "papel cazamoscas". Llames como la llames, sé que funciona. La madre de todos los ejemplos (para mí): el proyecto en McKinsey que me condujo directamente a escribir *In Search of Excellence*.

Cuando me dieron las riendas de un pequeño proyecto sobre "la eficacia de la organización", yo no tenía mucho "poder". Pero tenía unas cuantas ideas y, lo que es más importante, mucha pasión. Y movido por la fuerza de esa pasión, atraje lentamente a mi causa a una pandilla de jóvenes "sin poder". La tierra estaba madura para la cosecha: el énfasis de McKinsey en "la estrategia lo es todo" había producido una cosecha de jóvenes renegados. (Tipos jóvenes e inquietos: *toda* gran firma los tiene. Esa es la buena noticia. No, ¡esa es la... gran noticia!) Los busqué por todas partes, utilizando todas las redes de mis amigos.

De aquí el origen de lo que me gusta llamar... La Cruzada de los Niños de McKinsey. Me gustaría pensar que hicimos girar un poco la tierra del *management*, aunque "mis niños" son ahora un tanto viejos.

Mi "búsqueda de la excelencia" en McKinsey produjo un conjunto de perspectivas excelentes en el arte del liderazgo de la "rana líder":

1. Siempre hay junto a nosotros "ranas líderes"... practicantes oportunistas de lo *cool*.

2. Tu trabajo como jefe: encuéntralas. Anímalas. Reconócelas. Ofréceles un grupo de compañeros revolucionarios. (Y no les des demasiada visibilidad demasiado pronto porque si no, las ahuyentarás.)

3. Después de que articules tu punto de vista (contrario), tu papel como jefe se convierte en el de organizador de la comunidad, animador, proveedor de ropa de camuflaje y... cronista-en-jefe.

4. Las "ranas líderes" tienden a ser relativamente jóvenes... y formalmente "sin poder". (Lo que es como decir: el "sistema" no les ha dado la paliza todavía.)

5. La filosofía del "sin poder" es guay... porque, con relación a la "gente real" que esperas atraer a la causa: "sin poder" = "cabreado" = preparado para el ve por ello o revienta.

El camino de la demo

Héroes. Demos. Historias.

No tengo mucho que decir aquí sobre la segunda parte de esa ecuación. "Demo" es otro término para esos "proyectos WOW para los 'sin poder'" y los prototipos rápidos "carismáticos" de los que traté por extenso en el capítulo anterior. Las demos son lo que harán (o te revelarán) los jóvenes que reclutaste (alias "ranas líderes") una vez que les des luz verde. Las demos son experimentos excitantes... fuera del alcance del radar, esfuerzos con medios escasos que ejemplifican vivamente un camino nuevo. Las demos son la auténtica "materia difícil" que vende y obliga. Las demos son (por repetir): la prueba palpable de que el cambio seriamente guay no sólo es posible, sino que ¡está ya en camino!

Las demos son aquello de lo que cuentas historias.

La *obra* de las historias

"Una clave, quizás la clave, del liderazgo... es la comunicación eficaz de una historia". Esa es la "historia", según escribe el psicólogo de Harvard, Howard Gadner, en *Leading Minds: An Anatomy of Leadership*. Es una afirmación condenadamente rotunda. ("¡El arma más poderosa!") Una afirmación a la que me adhiero de todo corazón. Me he formado como ingeniero, no como antropólogo. (Nunca se unirán los dos.) Pero me he pasado los últimos 30 años estudiando el cambio de la organización, lo que significa que me he convertido en un antropólogo de hecho. Y una cosa que se aprende cuando se estudia la cultura humana... ya sean las tribus primitivas o las tribus corporativas... es el poder (no cantado, con frecuencia) de contar historias. Fue verdad en el. (Era todo lo que había antes de la escritura. Lee el maravilloso *The Songlines*, de Bruce Chatwin.) Es verdad en la sala de consejos. Y es verdad en todo lo que ha habido entre ambos.

¿Después de todo, qué es lo que hacen realmente los líderes? John Seely Brown, presidente del famoso centro de investigación de Xerox, en Palo Alto, lo dijo muy sencillamente: los LÍDERES... CONSTRUYEN... SIGNIFICADO. ¿Y en qué consiste el "significado"? ¡Historias *que incitan!* ¡Temas *coherentes!* ¡Mensajes *que vuelan!*

Esas historias, temas y mensajes tratan de... lo has adivinado... personas WOW (héroes, individuos de carne y hueso) que hacen Proyectos WOW (demos, proyectos reales ejecutados en las avanzadillas.)

Tal como yo lo veo, un líder efectivo hace una pregunta al "hacer la ronda"... y sólo una...: ¿conseguiste BUENAS HISTORIAS?

Las *historias*... son la "carne roja" que anima nuestro "proceso de razonamiento".

Las *historias*... nos dan "permiso" para actuar.

Las *historias*... son fotografías de quienes aspiramos a ser.

Las *historias*... provocan respuestas emotivas.

Las *historias*... conectan.

Las *historias*... somos nosotros.

NUEVA EMPRESA   NUEVO TRABAJO

UNA NARRACIÓN SOBRE LA ESCLAVITUD: "LA MEJOR HISTORIA GANA"

Me costó una hora volver a encontrar la escena, pero valió la pena el esfuerzo.

Estaba viendo *Amistad,* la película de Spielberg sobre un motín en un barco de esclavos. El barco había llegado a los Estados Unidos; ahora se celebraba un juicio contra los esclavos rebeldes. Representaba a los esclavos el abogado negro abolicionista Theodore Joadson, interpretado por Morgan Freeman; y le asesoraba el antiguo presidente de los Estados Unidos, John Adams, interpretado por Anthony Hopkins. El personaje interpretado por Hopkins pide al interpretado por Freeman que resuma su caso. El resumen es brillante, preciso... y totalmente desprovisto de emoción.

Entonces, el viejo Adams aconseja a Joadson: "Al principio de mi carrera de abogado aprendí que el que tiene la mejor historia gana. *¿Cuál es su historia?"*

Estaba viendo la película en un canal de pago de televisión, en la habitación de un hotel, y tuve que rebobinar toda la condenada película para volver a ver esa escena. Me alegro de haberlo hecho. Anota bien estas palabras:

EL QUE TIENE LA... *MEJOR HISTORIA...* GANA.

¿CUÁL ES TU... *HISTORIA?*

"Una clave, quizás la clave, del liderazgo... es la comunicación efectiva de una historia."

Más allá del trabajo "manual": la historia de Armstrong

Cuando trabajábamos en *In Search of Excellence*, Bob Waterman y yo aprendimos una frase que era popular en Hewlett-Packard. GD: Gestionar Deambulando.

Una frase bonita. Una frase poderosa y útil. Pero llegó mi amigo David Armstrong y decidió acuñar su propia frase. Armstrong, que dirige una empresa manufacturera de tamaño mediano, asistió a un seminario mío, oyó lo de GD... y le gustó. Y luego ideó...

GCH: Gestionar Contando Historias.

Ahora dirige su empresa, Armstrong International, según los principios de GCH. (Y puedo añadir que la dirige con mucho éxito.) Las historias, el narrador de historias y la tecnología guían las fuerzas para hacer las cosas en la empresa de David.

Armstrong comenzó contando historias. Animó y rogó a los demás que hicieran lo mismo... y les recompensaba si lo hacían. (Llámalo "búsqueda sistemática de la historia", una idea angular.) Historias como: el joven... que se puso a trabajar por propia iniciativa y sin que le supervisaran, en un muelle de carga a las tres de la mañana... y que hizo el esfuerzo por un cliente. O: el contable veterano que había deshecho brillantemente un lío... y había salvado la relación con un cliente clave.

Armstrong modificó esas historias y las puso en unos cuadros —junto con las fotos de los héroes— por las paredes de la empresa. Después convirtió las historias en un "manual de política". El *único* manual que tiene su empresa. No es camelo: el "manual de política" de Armstrong es un *libro de historia*, una crónica, en efecto, de "la forma de hacer las cosas cuando pretendemos servir lo mejor posible a nuestros clientes, a nuestras comunidades, a los empleados y a los proveedores". ¡Fabuloso!

El tema: David Armstrong tomó una idea aparentemente "blanda" y la convirtió en una "práctica de gestión" "dura", es decir, sistemática y práctica. Y funcionó. (No sólo en casa; David ha comenzado una especie de movimiento, con libros, vídeos de formación, etc.)

¿El último proyecto WOW? (Un caso federal)

Mi amigo Bob Stone tiene una... gran historia. Realmente hizo una muesca en la forma de comportarse del gobierno federal. Después de una carrera como alborotador (es decir, amado y odiado) agente de cambio en el Departamento de Defensa, fue elegido para gran jefe del programa de "Re-invención del Gobierno" (ReGo) del entonces vicepresidente Al Gore. No, el sol no empezó a salir por el oeste; pero, bajo la vigilancia de Stone, comenzaron a producirse gran cantidad de cambios sorprendentes y, a decir verdad, a menudo, profundos.

Lo que viene al caso en este capítulo: nadie ha jugado el juego de héroes-demos-historias mejor que Bob Stone.

Stone comprendió, en primer lugar, que... obviamente... tú no puedes "ordenar el cambio cultural" en la burocracia federal. Pero la buena noticia, como el vio también rápidamente, es que una organización que cuenta con miles de unidades... y millones de personas... tiene que estar repleta de futuros revolucionarios. El secreto real (otra vez): *Encuéntralos. Libéralos. Alábalos. Hazlos entrar en el nuevo Hall de la Fama. Invita a otros a que sigan el ejemplo y se "matriculen".*

Stone ofrece un mantra sencillo que supone un nuevo giro en la idea del "cambio cultural" "corporativo".

"Algunos buscan cosas que salieron mal y tratan de arreglarlas. Yo busco cosas que salieron bien y trato de construir sobre ellas."

Una razón para que yo haya dicho que merece el "título" que puso en sus tarjetas del gobierno federal: *"Insuflador-de-Energía-en-Jefe"*.

NUEVA EMPRESA   NUEVO TRABAJO

CADA PROMOCIÓN CUENTA UNA HISTORIA

Una gran historia tiene una guinda final. ¿Y cuál es el clima perfecto para un proyecto WOW de éxito? ¡Una promoción!

Cada vez que haces una promoción, cuentas una historia, sea ésa tu intención o no. Una historia de primera plana, además.

La gente contempla las promociones como halcones: ¿Ganó el pelota? ¿O el raro? La forma en que tú, el jefe, respondas a esa pregunta enviará un mensaje que tendrá resonancia (por decir lo más leve).

Considera lo que los militares llaman "inmersión profunda". Toma a un joven exitoso que se arriesga y promociónalo tres niveles... de una sola vez. Créeme, eso meterá el miedo en el cuerpo a los que arrastran los pies y cuentan el tiempo en tu grupo.

La última demostración: "¡chicos, reuníos con el nuevo director general, el antiguo agitador de 32 años Sally Martínez!".

Mensaje I: no desperdicies nunca una sola promoción.

Mensaje II: la mejor forma de medir el compromiso (o tu falta de él) con el cambio radical es ver los radicales a los que promocionas.

LA LISTA DE REGO

Considera a esos héroes (en gran parte) olvidados: Lynn Gordon, Aduanas/Miami. Joan Hyatt, OSHA/Colorado. Bill Freeman, OSHA/Maine. Joe Deare, OSHA. Marie Urban, FDA. Ed Esparza, FDA. Sue Bruederle, FDA/Chicago. Bob Wenzel, IRS/Fresno. Joe Thompson, VA/Ciudad de Nueva York. Gerry Bolden, Ag/Gulfport, Misisipí. Mike Loh, USAF.

Estas son algunas de las personas muy *cools* (y muy valientes) que Stone descubrió en su... búsqueda de héroes. (Es decir, las "descubrió" después de un extraordinario trabajo preliminar suyo y de su equipo.)

Esta es la clase de personas cuyas demos estudió... cuyas historias contó (y contó una y otra vez). Estas son las personas cuyos nombres y rostros puso ante el vicepresidente Al Gore, quien, a su vez, "certificó" sus actuaciones maravillosas ante sus compañeros y ante los ciudadanos.

ReGo "a gogó": los diez mandamientos de Stone

Bob Stone cuenta sus aventuras como máximo agente del cambio del gobierno federal en un libro maravilloso, *Polite Revolutionary: Lessons from an Uncivil Servant*. Me pidió que le escribiera un prólogo y en él lo califiqué como "el mejor libro que he leído nunca sobre el cambio corporativo". He aquí los mensajes principales que tomé de él.

1. Buscador del talento. La primera misión de los ReGos no fue crear "planes" y "manuales", sino descubrir héroes, ávidos agentes del cambio que habían estado en sus "guaridas" en las avanzadillas y que estaban realizando milagros, a pesar de la inercia o de las fuerzas reaccionarias que les rodeaban. Encontrar a estos héroes no es tarea fácil; es posible que hayan estado trabajando "bajo tierra" durante años, intentando evitar que se prestara atención a sus formas renegadas. Stone aprendió a evitar a los recalcitrantes e ir directamente a las ranas líderes; esta táctica es especialmente importante cuando están tiernos los brotes de la revolución y son elevados el escepticismo o el antagonismo abierto.

2. Mariscales de campo. Stone comenzó una revolución en el Departamento de Defensa entre los jefes de bases, tipos (y algunas tipas) reales que trabajaban sobre el terreno. Cuanto más alejado está uno de los cuarteles generales, mayor es la frustración. (¡"La revolución de los cuarteles generales" es un oxímoron!) Algunos jefes frustrados escondieron el rabo entre las piernas y se jubilaron en el momento clave; pero la permanente urgencia de ayudar a los clientes reales (soldados de tierra y del aire, marineros, *marines*) hizo perder la timidez a los mejores rebeldes entre el 10% de los jefes de base. Estos fueron las pepitas de oro. Las historias del "mundo real" de sus centros de actividad, pegaron duro entre los más renuentes, una vez que salieron a la luz.

3. La "llamada" de la fama. Una vez que encontró a sus héroes, Stone los sacó agresivamente a la luz para dar un toque de inspiración a los tipos no-tan-heroicos. Para ver cómo funciona esto a gran escala, considera a los que se sientan en la House Gallery durante un discurso presidencial del estado de la Unión. Estos héroes son la encarnación viviente y dramática de los problemas centrales de la agenda nacional. Olvida la idea abstracta del heroísmo: allí, cerca de Laura Bush, estaba un veterano del once de septiembre del cuerpo de bomberos de Nueva York; él ejemplifica nuestro modo de vida, nuestra decisión, el por qué entablamos una guerra contra el terrorismo.

4. Recompensas estatales. El refuerzo positivo sigue siendo el instrumento de liderazgo más poderoso de los conocidos por el hombre. Bob Stone era un fanático de las insignias y baratijas en un mundo en el que se escatiman especialmente las alabanzas: el servicio federal. Mary Kay y los chicos de Tupperware no tenían nada que ver con los soldados ReGo cuando empezaron a alentar continuamente... y a proporcionar recompensas de todo tipo de forma totalmente liberal. (Obviamente, Stone, en cuanto agente federal, no podía conceder recompensas de tropecientos dólares. Puede que esto haya sido una ventaja. Su creatividad en el campo del reconocimiento proporcionó estímulo y fama que ni siquiera podría igualar un cheque gordo.)

5. Proyectar: proteger. Algunos de los héroes de Bob Stone no querían publicidad, incluso después de haber sido "descubiertos". Muchos estaban ya reñidos con sus jefes. De manera que los ReGos aprendieron a "mirar" la "espalda" burocrática de estos vendedores del cambio de la primera línea. En lugar de iniciar un programa federal de protección de testigos, Stone puso en marcha lo que resultó siendo un programa de protección de los "héroes" federales. Trabajando codo con codo con Al Gore, por ejemplo, evitó que unos cuantos héroes perdieran sus puestos de trabajo. (¡Es difícil despedir a alguien que ha conseguido públicamente una medalla al valor!) Otra de las herramientas de Stone: los grupos de apoyo. Los pioneros necesitan compañeros, almas de la misma mentalidad para sincerarse con ellas y aprender de ellas. Eventos ReGo y varias prácticas de *networking* ayudaron inmensamente aquí.

6. Ver por uno mismo. Stone consiguió su primer gran cambio cuando fue elegido subdirector de instalaciones en la Secretaría de Defensa. En ese papel, buscó "radicales practicantes". Para mostrar su valiente trabajo, se le ocurrió la idea de hacer (¡sí!) *demos*. O, como las llamó, "instalaciones modelo". Se trataba de bases militares mandadas por esos renegados descritos anteriormente, lugares a los que la gente podía ir para observar sobre el terreno "mejores (extrañas, nuevas) prácticas". Cuando Stone trabajó para Gore, las "instalaciones modelo" se metamorfosearon en "ReGo Labs" (*Reinventing Government Laboratories*.) La gran idea, en ambos casos, es que aprendemos con el ejemplo:

> *"Ve allí. Mira. Contempla las muestras concretas guays de la forma nueva... realizadas por... personas como tú. Ve a hacer tu propia versión (solamente la más estrambótica). Mira: ¡se puede hacer!"*

7. **Tiempos rápidos en la colina ReGo.** Stone aportó rapidez a la organización que es la quintaesencia de la lentitud, los federales. Su mantra: muévete rápidamente, antes de que las fuerzas del mal tengan la oportunidad de matarte con pilas de memorandos y revisiones y auditorías interminables. Cita la resolución del difunto John Boyd, un coronel del Ejército del Aire que decía que gana el que hace el "bucle OODA". Bucle OODA: el ciclo Observa-Orienta-Decide-Actúa. Confunde al enemigo con tu rapidez. Mientras que los campeones de la inercia están ocupados planteando la próxima "revisión de la planificación", haz rápidamente el trabajo... y lo haces público.

8. **Registro importante.** Lo de "contar historias" suena a "blando"... un grito lejano desde la difícil tarea de reestructurar el gobierno. Stone demostró que las historias son todo menos blandas. Hizo una tarea maestra registrando los éxitos ReGo mediante panfletos, vídeos, etc. Mensaje: ¡lo que no se divulga sólidamente y con colorido, no ha sucedido!

9. **"Respáldalo".** Las historias adquieren más potencial cuando se las despliega tras los apoyos que ilustran gráficamente el punto principal. Ejemplo: las pilas y pilas de libros de regulaciones federales infladas y sin esperanza que Stone apilaba detrás de Mr. Gore durante las sesiones fotográficas ReGo... Un *stoneismo* clásico.

10. **Términos de oficio.** Como cualquier líder verdadero, Stone comprendió el poder del lenguaje. Algunos se mofaban de su insistencia en utilizar la palabra "cliente" en el servicio federal, pero esa humilde palabra marcó una diferencia enorme. En general, cambió el vocabulario del servicio federal de "el procedimiento primero" a "el servicio primero". De "el jefe del cuartel general primero" a "el proveedor de servicios de campo primero". De "adversario" (que pretende "jugar" contra, digamos, el dueño de una fábrica que respeta las regulaciones OSHA) a "socio" (que pretende ayudar al dueño "a hacer las cosas que se deben hacer y crear un lugar de trabajo más seguro").

El Zen y el arte del cambio cultural

A lo largo de este capítulo se desarrolla un tema implícito: una vía indirecta que llegaría a admirar un maestro del Zen. No "ordenamos" el cambio. "Nos sumergimos profundamente" (evitando a los jerarcas), encontramos a los ejemplares que están ya espiando, y les ungimos como portadores-en-jefe de la Nueva Cultura.

!

DEL "REGO" AL RTM

De hecho, las prácticas de Bob Stone son sorprendentemente similares a las tácticas que desarrolló Boyd.

Boyd, al que se le llamó el abuelo de la RTM (Revolución de los Temas Militares), dejó tras de sí una generación de discípulos a los que se llamó "maniobreros". En lugar de los ataques frontales sobre los puntos más sólidos, trataron de sembrar la confusión en la mente del enemigo mediante la agilidad, la rapidez y la variación del *tempo*. El objetivo es conseguir que el enemigo pierda el control de sus soldados y del campo de batalla como un todo.

¿Relevancia para el mundo corporativo? Piensa en Microsoft... el maestro del *tempo* y la maniobra de los tiempos modernos. Es decir: ¡Bucles OODA para morirse!

NUEVA EMPRESA   NUEVO TRABAJO

Complica y confunde al "enemigo" con tu rapidez.

NUEVA EMPRESA NUEVO TRABAJO

VC *(VENTURE CAPITALIST)* = VOCABULARIO CAPITAL

El nuevo "trabajo del jefe" requiere... palabras nuevas del jefe:

Héroe. Demos. Historias. Adicto. Rana líder. Juego. Proyecto WOW. Experimento. Prototipo. Epidemia. Papel cazamoscas. Cartera. Capital riesgo. Tales palabras deben convertirse en parte de tu léxico... si quieres realmente crear una forma nueva. (Rápidamente.)

VISITA AL DICCIONARIO

Canalla. Nombre. Ciudadano de un equipo de canallas. Idea surgida en la tira de comic de Li'l Abner. Robada por Lockheed.

Equipo especial. Fuera del camino, conjunto de renegados que confunden a las burocracias implementando rápidamente ideas seriamente guays y subversivas.

Cuando Jill Ker Conway se convirtió en la primera mujer presidente del Smith College, llevó consigo una apretada agenda de cambio. Pero, a pesar de su título y de la positiva publicidad que supuso su elección, se vio constreñida por la escasez del presupuesto y por un profesorado que tenía tendencia de por vida a no ser precisamente adicto al cambio radical.

En lugar de utilizar su "poder posicional", como lo llaman los sociólogos, para luchar contra la cultura existente, eligió el rodeo. JKC preguntó tranquilamente, buscó nombres de renegados del profesorado y de la administración, y empezó por invitarles a almorzar (formando su Tarjetero de la Quinta Columna). Presentó los unos a los otros, empezó el rumor y se plantaron las semillas de una cultura nueva. Los radicales reticentes empezaron a mostrar sus rostros por los senderos entre los *halls* recubiertos de hiedra.

La estrategia externa de Ms. Ker Conway fue igualmente ingeniosa... y de nuevo indirecta. A pesar de la fanfarria que rodeó su elección, incluso el consejo que la eligió estaba asustado ante el cambio radical. No fue éste el caso de las muchas alumnas del Smith que habían luchado por ver finalmente a una... mujer al frente de esta primera universidad femenina. JKC dedicó cantidades de tiempo desproporcionadas a visitar a estas alumnas, a compartir sus planes audaces y a buscar su apoyo. Solicitó en particular un dinero que le permitió comenzar a comprobar esas adicciones radicales (¡*demos* de nuevo!) a los *curricula* de la escuela y a los programas en general.

(JKC reconoce que actualmente le gusta este ir y venir político, lo que no es incidental para los líderes futuros. Los líderes eficaces asumen la política de la organización y no se salen de ella asustados. Mas sobre esto en el capítulo 25.)

Entre los héroes de este capítulo, David Armstrong, Bob Stone y Jill Ker Conway integran la Gran Orden de la Dirección Indirecta.

El modelo PCR; o: apostante ¡créetelo!

Bajo la superficie de todo lo anterior se esconde una idea particularmente buena: *piensa en la cartera. Piensa en el jefe-como-Profesional-del Capital-Riesgo (PCR).*

"Cartera": una lista de "apuestas" que van desde cosas seguras de rentabilidad media, a las grandes jugadas que harán a los inversores ricos... o pobres. En efecto, todos los jefes son ahora "directores de carteras". O, por utilizar un término algo más atrevido (y, por tanto, más preciso): son profesionales del capital riesgo.

¿Qué es lo que hacen los profesionales del capital riesgo? Dos cosas. Y sólo dos: apuestan a las personas guays. (¡Héroes!) Y apuestan a ideas guays. (¡Demos!) Resultado: inversiones guays. (¡Historias!) Muchas de esas apuestas... la mayor parte de ellas, de hecho... no dan resultado. Pero un pequeño número sí... y cambian el mundo.

El modelo PCR se dobla cuando eres un muy alto directivo de grandes empresas. Puedes pensar que las cosas serían diferentes si dirigieses un gran trozo de Grande, S.A. Desde esa elevada altura, ¿no tienes que "ordenar" el cambio cultural? ¿Persiste todavía el enfoque héroes-demos-historias?

Mi respuesta: ¡CLARO QUE PERSISTE!

Digamos que hay seis vicepresidentes (o directores de laboratorio o jefes de departamento o de división) que dependen de ti. Mi consejo: convierte a esa media docena de mujeres o de hombres en... reconocidos profesionales del capital riesgo... cada uno de los cuales es responsable de... una cartera de inversiones claramente identificada. Deberías ser capaz de hacer un aparte en el *hall* con cualquiera de ellos y preguntarles, sobre la marcha, "¿cómo va tu cartera WOW?".

(En otras palabras: "cuéntame algunas *historias* guays".)

En resumen: tú, el gran jefe, eres un profesional del capital riesgo; y todos los que dependen de ti directamente son también PCR. Evalúa constantemente sus "carteras". Y mantén la vista en tu propia "cartera de carteras".

Ésta es la esencia del trabajo del jefe a la hora de perseguir la excelencia en una era inquietante.

Las herramientas del jefe: hacía una rutilante cartera WOW

Una vez más, desde la cumbre: he aquí el tipo de pasos que creo que deberías dar si tienes el "mandato" de realizar el "cambio cultural". (O incluso aunque no lo tengas.)

1. Habla con el personal de tu organización.
2. Haz una lista de "héroes" potenciales ("ranas líderes").
3. Enciérrate con esos héroes en ciernes. Descubre qué es lo que quieren cambiar, cómo lo cambiarían y qué han *hecho* ya para cambiarlo "a hurtadillas".
4. Anímalos a "ir a por ello".
5. ¡Protégelos cuando sus jefes traten de vengarse!
6. Convierte en historias WOW las "demos" de los mejores esfuerzos de los nuevos héroes.
7. Exhibe esas historias WOW. Incorpóralas a tus discursos, tus *newsletters*, tus correos semanales. Añade tu sello de aprobación.
8. Promueve un salto a tres niveles más altos a uno o dos de los héroes más ilustres. (Ahora, la "rana líder" es una rana que salta.)
9. Trata esa promoción como una Gran Historia, como una herramienta de reclutamiento para hacer que quienes arrastran los pies "firmen" y "vengan a bordo", o que, al menos, se larguen.
10. Mantén el ciclo en funcionamiento: más héroes... más demos... más historias.

Observación: Esto no termina nunca.

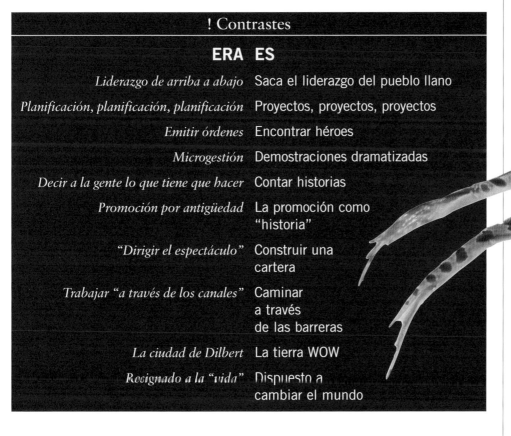

! Contrastes	
ERA	**ES**
Liderazgo de arriba a abajo	Saca el liderazgo del pueblo llano
Planificación, planificación, planificación	Proyectos, proyectos, proyectos
Emitir órdenes	Encontrar héroes
Microgestión	Demostraciones dramatizadas
Decir a la gente lo que tiene que hacer	Contar historias
Promoción por antigüedad	La promoción como "historia"
"Dirigir el espectáculo"	Construir una cartera
Trabajar "a través de los canales"	Caminar a través de las barreras
La ciudad de Dilbert	La tierra WOW
Resignado a la "vida"	Dispuesto a cambiar el mundo

NUEVA EMPRESA   NUEVO TRABAJO

> !

LA DANZA DEL JEFE

"Si hubiera decidido no abordar directamente la cultura de IBM, probablemente no lo hubiera hecho", escribió el antiguo CEO de IBM Lou Gerstner, en *Who Says Elephants Can't Dance?* "Yo estaba predispuesto a la estrategia, el análisis y la medida. Comparado con ello, cambiar la actitud y el comportamiento de cientos de miles de personas es muy, muy duro."

¡Este es el por qué de este capítulo! Cuando se pretende que sobrevivan, y sobre todo que prosperen, formas totalmente nuevas de trabajar (una cultura corporativa nueva) surgen, una y otra vez, las viejas herramientas. Creo que el enfoque "héroes-demos-historias" lleva a cambiar las actitudes y los comportamientos

en la dirección de una innovación mucho mayor y más rápida. La mera "sumisión" a los planes & políticas & edictos (¡que se quedan anticuados antes de que se haya secado la tinta!) es tremendamente inadecuada y francamente peligrosa.

18 Hacer que se haga
el trabajo WOW: las ventas25

! Manda el tecnicolor...

● ¿Reglas? Tengo 25 reglas, dispuestas para la cosecha.

! GRITA no estamos preparados...

Hemos dependido de que "la jerarquía" se "preocupase de nosotros"... mientras hacíamos un "trabajo decente". Debemos entender que si queremos sobrevivir en este mundo puesto boca abajo, debemos convertirnos todos en... Vendedores de Primera Fila.

No "mentalidad de ventas" = no proyectos WOW = no historias guays = no supervivencia.

Punto.

! VISIÓN imagino...

Un equipo de proyecto de 26 personas. Sus miembros "pertenecen a" 14 empresas *diferentes* en siete países *distintos*, de tres *continentes*. La mayor parte no se han reunido más que con dos o tres de sus compañeros. Pero conseguir que se haga un trabajo estupendo... rápidamente... requiere energía, entusiasmo y ausencia de fronteras. Lo que significa que la tarea número 1 del trabajo del líder es "Inclusión, Facilitación, Motivación... *y* Ventas".

Lo WOW de las ventas

He aquí una parte de mi libro de 1999 sobre los proyectos WOW (*The Proyect50*) de la que estoy totalmente satisfecho: creo que puedo decir con cierta seguridad que es el único "libro sobre la gestión del proyecto" que tiene todo un capítulo —¡uno de sólo cuatro!— dedicado exclusivamente a... la venta.

Conseguir que se hagan las cosas es principalmente cuestión de "venta", tanto si eres un miembro recién incorporado a compras, como un director financiero o el presidente de los Estados Unidos. Es decir, conseguir que la gente... *se inflame*... con tus ideas. Inducirla a... *firmar*... y después a... *permanecer contigo*... contra viento y marea.

Punto clave: *todo* proyecto tiene "Clientes". Imagina que tratas de aportar un cambio "radical" a un mero "proceso" de finanzas. En particular, tienes una idea seriamente guay para un nuevo método de realizar informes financieros para tu división. Los "usuarios" de otros departamentos que se beneficiarán de ese método —¡o que se sentirán punteados por él!— son tus *Clientes*.

Esos Clientes deben convertirse en... *entusiastas*... de tu proyecto... *si* quieres provocar un impacto significativo, con independencia de lo "guay" que pueda ser tu idea. (No implementación. No impacto. Punto.) Si puedes reunir... partidarios "Clientes" apasionados del pueblo llano... has dado un gran paso hacia adelante en la tarea de "rodear a los bastardos". "Los bastardos" = los grandes jefes = los defensores de la forma actual de hacer las cosas. (Han estado contemplando ávidamente ese mismo informe familiar, con los ojos medio cerrados, durante diez años.)

Puede que seas un virtuoso de la técnica. (¡Por eso es por lo que se te ocurrió esa idea seriamente guay en primer lugar!) Pero *ahora* es el momento de agudizar tus cualidades "blandas" para dominar las reglas de la venta y de la política. No hay otras reglas que importen tanto.

Todo lo que antecede es una forma muy prolija de decir: BIENVENIDO A LA "ERA DE LAS VENTAS". (La "era" que sigue a la "era de la jerarquía" y de "las órdenes ladradas".)

Preparé originalmente la siguiente colección de "reglas" para una presentación al equipo líder de ventas de una empresa de alta tecnología de varios miles de millones de dólares. Se basa en 30 años de experiencia y creo que se aplica tanto al miembro individual del equipo de proyecto WOW de seis personas en finanzas como a una persona "de ventas" con mucho poder, alojada oficialmente en un departamento de ventas.

Aquí van:

1. Conoce tu producto

Es un punto obvio, pero que merece la pena afirmar (y volver a afirmar): *¡Tienes que ser más condenadamente inteligente en el tema que estás pregonando!* Y el "secreto" para conocer el producto es algo más que asistir a algunas clases, más que leer sobre él, más que la formación para hacer demos. El conocimiento auténtico del producto es un conocimiento *profundo*. "El conocimiento directo" es un punto de partida necesario, pero simplemente eso.

El conocimiento *profundo* procede de buscar todo comentario "objetivo" —y editorial— sobre tu producto o servicio. Todo lo que haya dicho o escrito sobre él... ¡tus competidores!... en letra impresa, en Internet, en cualquier parte. Por ejemplo, deberías conocer todas las "objeciones" planteadas al producto o servicio en publicaciones populares. (Y estar en condiciones de responder a cada una de ellas, por supuesto.)

Conocimiento *profundo* significa también desarrollar tu red interna: hacer amistad con diseñadores (profundos) e ingenieros (profundos) en tu departamento de desarrollo de productos, y animarlos a compartir la "historia real que está detrás del producto", junto con las distintas características significativas del producto, y sus defectos.

Recuerda, cuando se trata de conocer el producto: más, más, más. Y, lo que es más importante: más profundamente, más profundamente, más profundamente. En resumen: *gana quien tiene el mayor apetito por el conocimiento profundo*.

CÓMPRALO, O REVIENTA

No sólo tienes que vender a los Clientes importantes y finales. No, tus "Clientes" son también... los miembros del equipo del proyecto e incluso las personas que dependen de ti. Ladrar órdenes es algo "muerto". Rige el capital intelectual. "Los proveedores" del capital intelectual son, por definición, "voluntarios".

("Creatividad no voluntaria = Oxímoron.) Más: la composición del equipo del proyecto está cambiando siempre. El trabajar una y otra vez con "la misma vieja banda" es historia. Los miembros de los equipos de proyectos WOW vienen de aquí y de allí, y (principalmente) de allí. Trabajar con ellos es una tarea plena de ventas, 24/7.

Conclusión: dirigir cualquier parte de un proyecto WOW significa vender... arriba y abajo y por todas partes en la organización... todo el tiempo.

GUÍA DE PUNTUACIÓN

La palabra "Cliente" va escrita siempre con mayúscula en este capítulo. Es un signo de respeto para la persona que nos da de comer. (Nota: aprendí esto en McKinsey & Co., donde el no poner la "C" mayúscula era un pecado capital.)

2. Conoce tu empresa

Otro tópico (lo cual no significa que puedas permitirte nunca olvidarlo): estás vendiendo tu empresa tanto o más que tu producto o servicio.

Necesitas comprender —fríamente y en profundidad— todos los procedimientos y funciones pertinentes dentro de tu empresa: finanzas, logística, apoyo al Cliente, recursos humanos, fabricación, ingeniería. Estar preparado para afrontar cualquier cuestión de un Cliente sobre cualquier tema.

Pero, más que eso: ¡Está dispuesto a utilizar esa fabulosa red interna que has desarrollado! ¡Guías y mentores en todas (¡TODAS!) las partes fundamentales de tu empresa! ¡Colegas que te enseñarán y actuarán como enlace tuyo con esos otros departamentos! Que, a su vez, engrasarán el camino para unas relaciones más fáciles con los Clientes.

3. Conoce a tu Cliente

Otra vez, debes convertirte en un fanático del estudio. Busca las notas a pie de página en los informes de los analistas financieros. Recorre la web. Hay una *increíble* cantidad de materia estupenda disponible, como nunca la ha habido. Además de eso, deberías ser capaz de encontrar en tu empresa a personas que hayan trabajado para la empresa del Cliente, o personas en una de las instalaciones de tus proveedores que hayan trabajado para la empresa del Cliente. O llamar a un viejo compinche que trabaje allí.

El objetivo: *conseguir conocer el "sabor"/"la cultura corporativa" de la empresa del Cliente.* ¡Este proceso de aprendizaje no termina nunca! *Necesitas conocer la "política" de los procedimientos/estructuras de la toma de decisiones del Cliente.*

Conseguir conocer al Cliente significa también conocer a los individuos con los que vas a tratar. Vale cualquier forma de información legítima, incluidos los chismes (especialmente) personales. Consejo: no pienses siquiera en hacer esa primera llamada al Cliente hasta que no esté muy avanzado tu "trabajo de información" sobre todas esas cuestiones.

4. Ama la política

Axioma: toda venta es política. "Política"... significa "la forma en que las personas trabajan unas con otras para conseguir que se hagan las cosas".

¡Si no te gusta —no "amas"— la política, vas a ser un vendedor de mierda! Está claro que la política puede ser frustrante e indignante. Pero he descubierto que la mayor parte de las personas que están "frustradas" e "indignadas" por la "política" no se acostumbran a los hechos de la vida del juego político.

En resumen, amar la "pelea" *per se* —todo el ir y venir interno de tu propia empresa, de la empresa de tu Cliente y de las empresas proveedoras claves— es esencial para tener éxito en las ventas.

5. Respeta a tus competidores

Y cuando digo "respeta" a los competidores, quiero decir respetarlos... *religiosamente.* Puedes odiarlos. Quizás por buenas razones. (¡Te quitaron una venta! O al menos, lo crees.) No importa.

NO HABLES MAL DE LOS COMPETIDORES. PUNTO.

Nada te hace parecer tan pequeño como difamar a un competidor legítimo. El objetivo —el único objetivo— es demostrar que *tu* producto o servicio es *mejor* para *este* Cliente que el del otro tipo... y por qué *tu* empresa es la mejor empresa con la que negociar.

Una verdad más profunda: no hay mayor bendición que un competidor extraordinario. (Los tipos de UPS deberían quitarse diariamente el sombrero ante los tipos de FedEx. Y viceversa.) ¡Los grandes competidores te mantienen con los pies en el suelo! Ay, no mejoramos cuando no tenemos a alguien que nos empuje.

MITIN "POLÍTICO"

Un punto "difícil de vender" (no puedo decir esto lo suficientemente alto): SI NO AMAS LA POLÍTICA... SI "POLÍTICA" ES UNA PALABRA SUCIA EN TU AGENDA... NO PIENSES SIQUIERA EN TRATAR DE CONSEGUIR ALGO "WOW" EN CUALQUIER COSA QUE HAGAS. Recuerda:

    No política, no implementación.
    No implementación, no WOW.

ELIMINA LA CHARLA BASURA

Lo que digo de los competidores vale también para los miembros de tu equipo de proyecto. Al tratar de hacer que se hagan las cosas te sentirás "zarandeado" por los imbéciles de tu propio campo. ¡Vive con ello! No te eches al suelo ni pongas a nadie de tu equipo que hable mal de tus colegas.

Conclusión: las ventas dependen del... respeto.

6. Cablea la organización de tu Cliente

Desarrolla relaciones estrechas en *todos* los niveles y en *todas* las funciones de la empresa de tu Cliente. Una "venta"... tanto si es una transacción de ventas formal como si es una venta a un equipo de proyecto... se "hace" a menudo a cuatro niveles por debajo de donde se produce *oficialmente*.

Ejemplo: la novata María es responsable de "estudiar las solicitudes CRM en la banca hipotecaria". Todo negocio que hagas, como vendedor CRM, con su empresa, debe pasar por el jefe del jefe del jefe de María, que protagonizará la "gran reunión" con tu empresa y "firmará el acuerdo final". Pero el informe de María es decisivo. También lo es la opinión de Ricardo, un colega, igualmente novato, de María. Encontrar y cortejar a las Marías y Ricardos del mundo no es fácil. Pero eso es lo que tienes que hacer si quieres esa venta. Piensa en María. Piensa en Ricardo. Olvida "la jerarquía".

7. Cablea tu organización

Mi premisa (de nuevo): tu Cliente no está comprando tanto un artilugio como la experiencia de provisión de un artilugio. Por ello: cuanto más puedas aplicar todo el talento multifacético de tu empresa a esa experiencia... más oportunidades tendrás de conseguir y, aún mejor, de repetir una venta.

Consigue llegar a conocer ese "talento". (Es decir: todo el talento a lo largo de tu cadena de oferta.) *Cablea* ese talento. Hazlo *conectar* con tus Clientes.

8. Nunca prometas más de lo puedes cumplir

Quieres conseguir la venta. Tu competidor principal está hambriento y feroz. Sientes una abrumadora tentación de reducir en unos cuantos días el plazo de entrega. Una vocecita te dice dentro de ti, "la fábrica lo resolverá".

Bien... No *escuches* a esa "*vocecita*".

Como vendedor, estás siempre "delante"... solo en la línea de fuego. Tu futuro está... en juego... *siempre*. Y depende siempre totalmente de tu... fiabilidad.

Mi consejo: promete siempre *por debajo*... aunque te cueste esta venta. Añade un par de días aquí y allí para incrementar las oportunidades de "conseguir el objetivo". (¡*Siempre* se producen cagadas!) A largo plazo, ser el correo de sorpresas agradables vence a ser el constante portador de malas noticias.

Toma esto como credo personal: ¡LOS VENDEDORES QUE GANAN, VAN SIEMPRE POR DELANTE DE LOS PLAZOS!

9. Vende la solución

Vende sólo mediante... la solución de problemas específicos... y la creación de oportunidades identificables de beneficios. Los grandes vendedores no venden "dispositivos" (aunque sean "dispositivos condenadamente buenos"). Venden soluciones. (Soluciones *condenadamente* buenas.)

Pregúntate: "¿Es la venta de un producto o la venta de una solución lo que me hará salir en la prensa económica?"

Todas tu palabrería de vendedor debería compendiarse en esto: "Nuestro producto soluciona *estos* problemas específicos, crea *estas* oportunidades increíbles e inimaginables, y te va a proporcionar esta enorme cantidad de dinero. He aquí exactamente *cómo*".

Parafraseando a los gurús del marketing, uno no vende un "reloj Rolex". Uno vende "lo que se siente llevando un Rolex". Es obvio. O debería serlo. Y lo que vale para esto vale también para toda venta... incluyendo la "venta" interna de tu "proyecto de rediseño del proceso empresarial".

Mantra: los idiotas venden... un Rolex. Los genios venden... el estilo de vida Rolex.

TRABÁJATE AL PERSONAL

Durante mi estancia en la Casa Blanca, aprendí una gran lección sobre "cablear la organización" (la organización era, en este caso, el Congreso de los Estados Unidos). Necesitaba ayuda del Congreso para ejecutar mi agenda. Muchas personas en mi posición se ajetreaban como demonios para "conseguir cinco minutos" con un congresista.

Esto lo hacían los tontos. Como me enseñó mi mentor, los listos consiguen conocer a los funcionarios más bajos que hacen el trabajo sobre una cuestión determinada para los congresistas. Las probabilidades de éxito estaban relacionadas directamente con las "horas empleadas" con estos funcionarios "sin importancia".

TRABAJAR AL PERSONAL DESDE EL LADO FEMENINO

Los estudios sugieren, no de manera casual, que las mujeres son frecuentemente mejores vendedoras que los hombres, precisamente porque están menos influidas por la jerarquía y están más dispuestas a emplear tiempo en entablar relaciones con funcionarios de "bajo nivel". (Más sobre esto más adelante.) (Véase el Capítulo 21.)

10. Pide ayuda (y no te dejes llevar por el "orgullo" en esto)

Cuando trabajas para resolver un problema de un Cliente, para expandir una oportunidad de un Cliente, para profundizar en la experiencia de un Cliente... recurre a todos los recursos posibles. "Recursos" significa "personas". Incluidos los enemigos mortales.

Ejemplo: hubo un tiempo en que tuviste una pésima experiencia con Pepito Pérez, un vendedor de servicios. Y, cuatro años más tarde, sigues cabreado. Pero ahora tienes un Cliente; y Pepito Pérez es el "consultor" perfecto para ayudarte a tener credibilidad ante ese Cliente.

De manera que: OLVÍDALO. LLÁMALO. PÍDELE QUE FORME PARTE DEL NEGOCIO.

La venta inspirada implica reunir todos los mejores recursos disponibles para conseguir el mejor resultado imaginable de un Cliente, y tu trabajo consiste en recolectar esos recursos, incluso aunque estés menos que encantado con alguno de los "proveedores de recursos".

11. Vive la historia de la marca

Tu empresa vende una "historia". Una historia sobre "la forma de hacer negocios con nosotros", una historia sobre nuestra "visión", la "experiencia que ofrecemos", nuestro "sueño". En resumen, una historia sobre nuestra... MARCA".

¡Conoce esa historia! ¡Cuéntala! ¡Utilízala! ¡Hazla tuya! No te estoy aconsejando que seas un pelota atolondrado con los directivos de la empresa. Te estoy recordando que el valor de la marca vale cientos de miles de millones de dólares en las mejores empresas; y si no eres capaz de "comprar la promesa de la marca", probablemente no deberías quedarte aquí.

Da tu propio giro a la promesa de la marca. Personalízala. Pero aprovecha todas las ventajas de la "reputación" que tu empresa se ha ganado durante décadas.

12. Celebra las "buenas pérdidas"

Una "buena pérdida" es un esfuerzo valiente y enorme que... no ha dado frutos (todavía)... por una u otra razón. Una buena pérdida puede ser mucho mejor que una "pésima ganancia" (es decir, "éxitos mediocres") particularmente en momentos locos, y especialmente a largo plazo. (Véase el Capítulo 15.)

Una pésima ganancia aporta unos cuantos pavos más por hacer la misma cosa de siempre. Una buena pérdida es producto de reposicionar un producto o servicio para crear una experiencia potencialmente extraordinaria... una experiencia para la que el Cliente no es lo suficientemente valiente ("todavía").

Si llevas demasiado lejos la idea de la "buena pérdida", no tendrás nada que mostrar sino un orgullo desmedido. A pesar de ello, te animo a equivocarte... ligeramente... en la dirección de celebrar esa buena pérdida. Empuja a tus Clientes para que salgan de sus zonas de confort; si no lo haces, vas a perderlos ante una empresa nueva, quizás más pronto de lo que piensas.

13. Haz de cada problema un problema tuyo

Cuando algo va mal en tus relaciones con un Cliente, te sientes fastidiado, ¿no es cierto? Y lo que sigue es obvio: ¡*Todos los problemas del Cliente son problemas tuyos*! Por el amor de Dios, no culpes nunca —¡Nunca!— a la "gente de logística" por una demora en la entrega.

EL VENDEDOR ERES TÚ. "SÓLO" TÚ ERES LA CABEZA VISIBLE QUE REPRESENTA A LA EMPRESA ANTE EL CLIENTE. TÚ ERES LA EMPRESA PARA EL CLIENTE. POR TANTO, SI ALGO HA IDO MAL, TÚ ERES QUIEN LA HA CAGADO. NO LA "GENTE DE LOGÍSTICA".

Esto no quiere decir que no tengas derecho a cabrearte con la gente de logística si fueron ellos, de hecho, quienes la cagaron. Pero no puedes transmitir ese enfado al Cliente. En el momento que lo haces, tu reputación se va al infierno.

Recuerda: ellos firmaron un negocio contigo (con Marta García), no con una "empresa" abstracta.

! EL CLIENTE INTERNO

Un consejo especial: dedica tiempo a los empleados *junior* de tu organización. Una pequeña atención produce grandes resultados. Una gratificación especial que puedes hacer a esos "Clientes internos": ¡llévalos contigo a visitar a los Clientes!

Estos tipos que están en las "entrañas" de finanzas, ingeniería, logística o fabricación pueden obrar milagros para ti... *si* tienen una mentalidad que se lo permita. Generalmente, los "vendedores" tratan a los "*junior*" de otros departamentos como primos segundos pobres o, peor aún, como barricadas que hay que conquistar para "ganar la venta". No te sorprendas. Esas personas "inferiores" difícilmente van a mover un dedo para ayudarles.

! SÉ PORTADOR DE MALAS NOTICIAS

Una fórmula sencilla cuando el yogur golpea contra el ventilador: ¡comunica como un maníaco!

Lo peor que puedes hacer es dejar de comunicar malas noticias que estén en el horizonte, con la estúpida esperanza de que "no va a ocurrir". (Por otra parte, difundir el rumor de malas noticias que *no* lleguen a materializarse puede ir a tu favor.)

NUEVA EMPRESA   NUEVO TRABAJO

14. Asume la *plena* responsabilidad

Tú eres la "persona" de toda tu empresa para el Cliente. Ganas dinero realmente repitiendo negocios. Y repetir los negocios se deriva del producto o servicio que ofreces... pero principalmente de la experiencia continua y seriamente guay que tienen los Clientes al trabajar contigo. Y esa experiencia será absolutamente fabulosa sólo hasta el punto en que tú la *orquestes* conscientemente.

Si lo piensas, resulta que el personal de ventas se gana sus comisiones sostenidas mucho más por orquestar las experiencias seriamente guays del Cliente que emanan de todos los departamentos de su empresa y a través de su cadena de suministro, que por utilizar una palabrería "tórrida". Piensa en ti mismo como un director de orquesta. (¡No como un divo!)

Repite conmigo, pues: *"Soy absolutamente responsable de hacer que toda mi condenada organización y sus socios respondan agresiva y armoniosamente a las necesidades y deseos de mi Cliente".*

15. No acapares la información

Algunos vendedores tratan de "retener al Cliente para sí mismos", controlar todos los contactos entre el Cliente y su empresa.

Tonto. Más tonto. Lo más tonto.

Tú no quieres que el Cliente dependa de ti como si fuera un esclavo, quieres que el Cliente tenga una experiencia rutilante contigo y con todos los que están en su órbita; que se sienta "en casa" en tu organización; que tenga contactos estrechos y útiles en tus departamentos de ingeniería, logística y finanzas.

Quieres que tu Cliente tenga una agenda repleta de personas dentro de tu empresa que puedan solucionar el problema cuando surge y no estás disponible.

El hecho es que si las cosas van bien, principalmente después de un problema, será tuyo el mérito, y las cosas irán bien, a largo plazo, precisamente cuando hayas conseguido crear una red de relaciones que proporcione a la "familia" del Cliente acceso a todos los elementos de tu empresa.

Acaparar = Perder.
Compartir = Ganar.

16. Salte de los malos negocios

No seas un desertor. No abandones cuando aparecen en el ungüento las primeras moscas. Pero no te quedes ahí... y ahí... y ahí... y sacrifiques a perpetuidad tu calendario y tu alma para que te salgan los números.

Ten claro esto. HAY UNA COSA QUE SE LLAMA "MAL NEGOCIO".

Cuando te encuentras en una organización Cliente con personas que no son dignas de confianza, cuando el juego que implica realizar una venta va más allá del toma y daca normal de la política, cuando el negocio se convierte en un tormento, puede que necesites hacer una salida airosa (o no tan airosa).

No te estoy aconsejando que seas "más papista que el papa". La política *es* normal. El compromiso *es* eterno. La mierda *existe*. Pero *hay* límites.

Por ejemplo:

No trabajes con personas que no sean honradas.
No trabajes con personas que no mantengan su palabra.
No trabajes con personas que se preocupen sólo de sí mismas.
No trabajes con imbéciles.
LA VIDA ES DEMASIADO CORTA.

!

HONRA TU FUTURO

Nadie dice en su lecho de muerte, "me cuadraron los números 73 trimestres seguidos". No, cuando uno está en su lecho de muerte, habla de sus experiencias más extraordinarias. Seguro que la mayor parte de ellas tienen que ver con la familia y los amigos; pero también pueden incluir aquellas cosas super guays que has hecho en el trabajo. Y esas cosas son invariablemente honrosas.

17. No lloriquees por el precio

Está bien perder un negocio por culpa del precio. Yo he perdido negocios por el precio. (Muchas veces.) No te gusta, y es justo que te quejes ante el director de ventas por los "márgenes disparatados" que trata de sacar de un producto o servicio "ordinario". Y, sin embargo... uno de los indicios más seguros de que un vendedor no-va-a-ninguna-parte es la queja continua por la "pérdida de ventas por el precio".

Porque, al fin y al cabo, lo que vendes no es un producto o servicio "ordinario". Una vez más: estás vendiendo una oportunidad... una solución... una experiencia... un sueño que se materializó. Todo lo cual puede que todavía no merezca una prima del 50% sobre un competidor excelente; ¡pero debería justificar algún tipo de premio!

En un mundo donde los "servicios añadidos" están siendo cada vez más significativos, según nuestro estribillo del Capítulo 6, el único juego consiste en "añadir una enorme brazada de intangibles" que permita cargar una prima saludable en lo que estás ofreciendo.

Conclusión: quienes dicen "todo es cuestión de precios" sufren una inmadurez rampante y tienen una imaginación muy corta.

(Punto.)

18. No regales la tienda... para conseguir poner un pie en la puerta

¡Sí, sé flexible! Sí, ¡haz el esfuerzo extra! Pero... ¡ten c-u-i-d-a-d-o! He visto demasiados casos de vendedores que hacen contraer a su organización compromisos absurdos para conseguir la "primera venta" con un "gran Cliente". Estos vendedores de baratijas superambiciosos dicen siempre lo mismo: "Vamos a hacerlo sólo esta vez. Después de todo, conseguiremos igualar nuestro margen normal".

¡Ni en sueños!

Recuerda: la línea que separa al "líder de las pérdidas" del "perdedor líder" puede ser... diáfanamente fina. Mensaje: una vez que seas (*percibido como*) un chupón, serás siempre un chupón.

19. Respeta a las empresas nuevas (el enemigo *real*)

Actualmente, y a medio y largo plazo, el enemigo real rara vez es tu "competidor principal". Es más probable que sea el competidor-que-no-aparece-en-la-pantalla-de-tu-radar... pero que tiene realmente una idea seriamente mejor que te va a clavar en la pared en los próximos años. Es decir, si no te mantienes excepcionalmente alerta.

Piensa en Microsoft hace 20 años. O en Wal*Mart hace 20 años.

"Conocer el sector" significa tener las antenas bien desplegadas ante esos "tipos pequeños" que pueden no ser "pequeños", ni mucho menos, más adelante. A ese fin, asegúrate de que tu red personal incluye a unos cuantos profesionales sabios del capital riesgo que puedan darte el chivatazo sobre lo que va a venir. (Puede que se equivoquen, pero serán infaliblemente interesantes. Y te mantendrán en forma para la lucha.)

20. Busca Clientes guays

Los objetivos "obvios" de ventas son casi siempre las empresas principales ya establecidas. Tal enfoque tiene cierta lógica. Pero, en unos momentos de cambio dramático, es extraordinariamente imperativo que tu cartera incluya una cuota significativa de empresas "en la frontera del liderazgo", que están persiguiendo ya hoy *sabores del mañana*.

Tú —tú, el vendedor, y tu empresa— sois tan "guays" como "guay" sea tu cartera de Clientes. Y viceversa.

¡Es así de sencillo!

¡Y es así de difícil!

SI NO PUEDES VENCERLES...

He aquí otra opción: da un respiro a esos competidores nuevos. Trabaja con ellos. Pídeles que formen parte del "paquete" de producto-servicio-experiencia que ofreces.

Es mucho mejor elegir a una estrella naciente como "socio aliado" ahora, que ver cómo esa empresa se convierte en un gran rival más tarde.

ERES LO QUE VENDES

Un punto muy importante: el hecho de juntarte con personas interesantes e innovadoras te hace automáticamente más interesante y más innovador, y te mantiene a la cabeza en la curva.

Lo contrario también es cierto: Clientes tontos = "soluciones" tontas y "experiencias" tontas. Mucho más, más adelante. En el Capítulo 23.

NUEVA EMPRESA   NUEVO TRABAJO

Mensaje: actúa *religiosamente* en la evaluación... CUANTITATIVA de tu cartera de Clientes. Pregúntate a ti mismo: ¿tiene mi lista de Clientes actuales y potenciales un índice suficientemente elevado de... extraños... como para que me proporcione una cuenta genuina en el (inevitablemente) extraño futuro?

21. Habla de "asociación"

La palabra "asociación" está muy manoseada. Mi consejo: utilízala de todos modos. Obsesivamente. (¡Eh!, si encaja el cliché...)

¿Por qué insisto en que utilices esa palabra? Porque lo que estás vendiendo... con independencia de lo que estés vendiendo... sólo es eso: una asociación. Una tela de araña sin costuras, virtual, completa, de colegas y vendedores que dedican sus hercúleos esfuerzos a crear oportunidades/experiencias/satisfacción de sueños para tu Cliente amado.

Tu trabajo como vendedor consiste en aplicar —de forma continua— todo el poder e imaginación de toda la cadena de suministros de tu empresa.

Eso me suena a "asociación".

Por eso quiero decir: UTILIZA ESA CONDENADA PALABRA.

"ASOCIACIÓN".

22. ¡Envía notas de agradecimiento!

Hace media docena de años, escribí una "*summa*" sobre la implementación. Unas 50 ideas. La primera de la lista: ¡NO TE OLVIDES DE LAS NOTAS DE AGRADECIMIENTO!

Un poco obvio (olvidado con demasiada frecuencia): la venta es un... asunto de... relaciones. Y una "herramienta" potente en el juego de la relación es una palabra amable. En otras palabras: una nota de agradecimiento.

Notas de agradecimiento: envíalas por carretadas.

La nota de agradecimiento para el "gran tipo" que sacó tiempo para ti es una de esas cosas. Importante. Pero más importante a largo plazo: notas a personas que están a varios niveles por debajo, personas que "se molestaron un poco" para hacer que prosperase tu causa.

Otra regla general: al menos el 50% de tus notas de agradecimiento deberían ir a personas de *dentro* de tu empresa, esas personas no alabadas que ayudan a crear mejores experiencias (recuerda: eso es lo que estás vendiendo) para tu Cliente.

Y recuerda los cumpleaños. Envía tarjetas de felicitación. Y flores cuando sea adecuado. Los pequeños detalles no son *nunca* pequeños.

23. Haz de tu Cliente un héroe

Cuando contemplas a tu Cliente por encima de la mesa, di para ti mismo religiosa y repetidamente: "*¿Cómo puedo hacer rico y famoso a este tipo o a esta tipa? ¿Cómo puedo conseguir que le promocionen?*".

No es suficiente con centrarse en hacer que tenga éxito la *organización* del Cliente. Desde luego, esa es claramente la meta a largo plazo. Pero el imperativo práctico a corto plazo es hacer que... el *individuo* responsable de comprar (y utilizar) tu producto o servicio... sea un héroe.

Considera: no estoy en el "negocio de vender cacharros". Estoy en el... "*negocio de hacer héroes*".

"Las empresas" no compran "cosas" de otras "empresas". Más bien: *los individuos compran relaciones de éxito a otros individuos.*

(Un gran negocio.)

(GRAN NEGOCIO.)

EL "NOSOTROS" LEAL

He aquí otro "truco" que aprendí hace tiempo en McKinsey & Co.: utiliza siempre la palabra "nosotros". Di, al hablar con los Clientes, "nosotros adoptaremos este enfoque...".

Desde luego, es un "truco". ¡Pero la persona a quien se está engañando (en el mejor sentido de esa palabra) con él, eres tú mismo!

IDEA CAPITAL

Hace años, tuve un jefe en Washington terriblemente ocupado. Pero el primer día en que trabajé con él observé que cerraba la puerta de su despacho sobre las siete de la tarde, durante media hora.

¿Un traguito de Chivas Regal? Difícilmente.

Empleaba religiosamente esos 30 minutos en dictar una docena o más de notas de agradecimiento a personas con las que se había reunido durante el día. Personas que le habían "conseguido una reunión" con alguien que necesitaba ver, o que habían hecho un comentario de apoyo cuando realmente lo necesitaba.

Resultado: tenía una red de esclavos devotos por todo el D.C. (Dechado de Cinismo.)

24. ¡Aspira a cambiar el condenado mundo!

Vender es... guay. Muy guay. Y cuando vendo mi "mercancía" (presentar un seminario o escribir un libro) creo realmente que estoy haciendo algo más que dando mantequilla a mi pan y pagando la contribución. Aunque no creo que cambie de manera rutinaria el mundo para muchas personas, me importa mucho cuál es la talla que doy y me esfuerzo por hacer que mi producto-servicio-experiencia produzca un gran impacto.

Volvamos atrás, a ese grito salido del corazón del presidente de Apple Computer, Steve Jobs: *"Hagamos una muesca en el universo".*

Pienso que la noción de que vender deba ser... "hacer una muesca en el universo"... es lo que nos mantiene motivados y nos permite mirarnos al espejo.

25. Haz que tus transparencias sean sencillas

Si estás en ventas (y, de nuevo, si estás en el negocio del proyecto WOW, estás en el negocio de vender siempre), acabas largando, más pronto o más tarde, la vieja presentación en PowerPoint.

De manera que: ¡mantén las transparencias claras y llenas de significado!

Como ya de dicho, este debate de las Ventas25 procede de una presentación que hice al personal de ventas de una gran empresa de tecnología. Revisé algunas transparencias en el proceso de preparación de este libro. Y me sorprendí. Contenían demasiada materia.

¿Se debe a mi edad? ¿Estoy demasiado viejo para ver la letra pequeña? ¡No, maldita sea! La finalidad de una presentación es persuadir... no asombrar.

Todos somos vendedores ahora

¿Quieres enfadarme? Trata de decir: "Oye, soy de finanzas. Yo no hago ventas".

¡No! ¡No! ¡No!

Éxito = ¡Éxito de ventas!
En cualquier parte.
Punto.
Todos trabajamos en ventas. Todo el tiempo.

! Contrastes	
ERA	**ES**
"El departamento de ventas está al final del pasillo"	"¡El departamento de ventas está justo aquí!"
"¡Mando y control!"	"Todo ventas, todo el tiempo"
Mandan los problemas del líder supremo.	El equipo líder desarrolla la camaradería
Fui "asignado" a esta tarea.	Me presenté voluntario para esta tarea
Líder: "¡yo estoy al cargo aquí!"	Líder: "mi trabajo consiste en extender el entusiasmo y vender el proyecto"

Unos cuantos principios básicos para mantener la atención hacia tu discurso:

Transparencias desordenadas = pensamiento desordenado.

Que sean claras.

Que sean sencillas.

Expón tu caso.

Cuenta tu (INCITANTE) "historia".

Siéntate.

Cállate.

MUTIS... "TRABAJO"
Aquí termina la sección de cuatro capítulos titulada "Nueva empresa. Nuevo trabajo". Cuando trabajaba en esta sección traté de conjurar una "imagen controladora" para la misma. Es decir: ¿QUÉ DEMONIOS QUIERO HACER REALMENTE AQUÍ?

Mi candidato favorito: funcionar como el... teatro de la realización.

Han pasado ya los días de los mimos. Estamos, o estaremos pronto, más o menos (principalmente más) dependiendo de nosotros mismos.

De aquí: el trabajo que hacemos... debe importar. Debe... establecer una diferencia.

De aquí: olvida la terrible imagen del esclavo del cubículo en un rascacielos.

Piensa: TEATRO DE LA REALIZACIÓN.

Piensa: aquí es... donde yo actúo. Aquí es donde... dejo mi sello. Este es... mi proyecto WOW.

(Y al infierno con Dilbert.)

¡Tenemos
encima...
una época
en la que...
"manda
el talento"!
¡Hurra!

nueva empresa!
nuevas personas

¡Se trata del talento!

Debería ser tan obvio "ahora" como el final de todos nosotros.

1. Los microprocesadores suplantan al trabajo rutinario de cuello blanco... y más.

2. El valor emana más-allá-de-la-frontera-del-producto; es decir, de la aplicación de la Creatividad y del Capital Intelectual.

3. Todo trabajo de los supervivientes debe convertirse, por tanto y por definición, en proyectos WOW, comenzando por los más desprovistos de poder oficialmente, que son quienes corren el mayor riesgo.

4. A partir de ahora: SE TRATA DEL TALENTO.

5. CQD.

19 Re-imaginando al individuo: la vida en un mundo de marca personal

! Manda el tecnicolor...

- "Si tu trabajo no tiene algo muy especial, no te harás notar, por mucho que te apliques a él, y eso significa, cada vez más, que tampoco te pagarán mucho."
- "Eres el contador de la historia de tu propia vida, y puedes crear tu propia leyenda, o no."
- "No creo que haya nada peor que ser normal."
- Corporate America *no* te va a mimar ya más. Piensa de este modo. Tienes un jefe nuevo. Compra un espejo: eres *tú*.

! GRITA   no estamos preparados...

Seguimos tratando (¿deseando?) volver a la "carrera" profesional de antes, un modelo de empleo en el que mandaban las grandes empresas y nos arrodillábamos ante el mando. Cegados por el aún vigente mito de la seguridad, huimos de reconocer que los nuevos modos de empresa requieren nada menos que la... Re-imaginación del individuo. Ahora debemos tomar... la responsabilidad inmediata... de nuestras carreras e identidades de última moda, carreras e identidades que consistirán en una ristra de proyectos WOW que realizamos en una serie de empresas, pequeñas y grandes, a lo largo del tiempo. Es espeluznante. Es guay. Comoquiera que sea, se trata de la vida en un... Mundo de Marca Personal.

! VISIÓN   imagino...

Una sociedad auténticamente creativa: cada persona va de proyecto en proyecto, de actuación en actuación. Las que proporcionan los cimientos sobre los que descansamos son las comunidades de intereses voluntarias y globales, más que las corporaciones. Nunca se deja de aprender. La norma es la autoconfianza. La red de seguridad social no es un "paquete de beneficios corporativo" condescendiente; concierne al individuo y promueve la flexibilidad en una economía (global) nueva. Cada carrera consta de numerosas "mini-carreras", con descansos a lo largo del camino. El esclavo del cubículo ha muerto; larga vida al Agente Libre.

¡El derribo de Dilbert!

El trabajo está cambiando. Irreversiblemente. (Bienvenido, de nuevo, al mundo del proyecto WOW.) Y... el trabajador (yo, tú) debe cambiar junto con el trabajo.

Cada varias generaciones se produce una gran convulsión en nuestras vidas laborales. Salimos de la granja, con sus rituales que nunca terminan (las vacas no toman vacaciones) y entramos en las fábricas. Después, salimos de la fábrica, con sus supervisores, y entramos en nuevas prisiones de cuello blanco llamadas rascacielos de la gran ciudad.

Actualmente, los robots de software están asumiendo los (sorprendentemente tontos) puestos de trabajo de cuello blanco de antaño. Una vez más debemos buscar... Formas Totalmente Nuevas de Añadir Valor. Pero ahora, el cambio no es sólo cuestión de trasladarse por millones como ovejas del puesto en la fábrica al puesto en el rascacielos.

"La esclavitud del *cubículo* de cuello blanco", hacia 1980, no fue en modo alguno muy diferente de "la esclavitud de la *fábrica* de cuello azul", hacia 1920. Trabajo menos duro físicamente, cierto, pero el cociente de conformidad era más o menos el mismo: "son las nueve de la mañana, deja tu singularidad en la puerta, por favor". Pero el próximo cambio, el que se está acelerando ahora, promete ser mucho más radical. Todo lo que sea vagamente repetitivo se automatizará pronto. Nuestro único recurso: ir más allá de cualquier actividad que sea "rutinaria" incluso remotamente y subir —¡TREPAR!— por la nueva escala de la creatividad. Desterrando para siempre, por el camino, el mandato de la conformidad

Debemos convertirnos... en *contratistas independientes*... al menos en espíritu, si no en la realidad inmediatamente. Debemos exhibir... *auténtica distinción*. Debemos convertirnos en *negociantes genuinos*... no en meras cifras de cuello blanco. Nuevo yo/tú: emprendedores innovadores que asumen riesgos, autosuficientes, y no hombres (o mujeres) de una organización que funciona tranquilamente.

¿Suena demoníacamente espeluznante, no es cierto?

Tú apuestas.

Pero he aquí lo que creo... y no me andaré con rodeos. Creo que la "esclavitud del cubículo" estilo Dilbert... apesta. Creo que el cambio que está en camino es... Guay. Creo en la oportunidad de derribar las paredes de ese desgraciado cubículo, tomar una piqueta para hacer pedazos los "muebles del cubículo", económicamente correctos pero insípidamente paralizantes; trabajar para nosotros mismos en el mundo abierto es una especie de... *Liberación*.

¡Qué reto! ¡Qué oportunidad! ¡Una oportunidad de creación de valor inmensa y llena de significado! ¡Una oportunidad para la re-invención individual!

EL CAMINO A LA "RE-IMAGINACIÓN"

Volvamos hacia atrás para ver el camino que hemos recorrido en este libro.

Empecé debatiendo el nuevo contexto y la necesidad vital de destruir virtualmente todas las formas y significados de empresas, públicas y privadas, que se han desarrollado desde el comienzo de la revolución industrial.

Después exploré las abrumadoras implicaciones de la tecnología de la información para nuestra fuerza laboral de cuello blanco.

(Es decir: yo. Tú.)

El debate condujo al examen del nacimiento de la proposición de valor basada en "soluciones" y "experiencias". Y la conquista de nuevos mercados.

El próximo paso lógico: todo trabajo se convierte en trabajo de proyecto WOW.

Ahora llegamos a la culminación de un arco argumental que se extiende desde el contexto al meollo. Y el meollo es... la Gente... el Talento y... el Capital Humano que dirige todo proyecto WOW.

En otras palabras: el individuo... preparado para la re-imaginación.

La auténtica locura del milenio. (O: ¡oh, Dios mío!)

Quizás sea éste —el cambiante mundo del trabajo— el asunto más importante de... el milenio. Esta es más o menos la llamativa conclusión de un soberbio historiador-economista de Princeton. Philip Bobbitt, autor de *The Shield of Achilles: War, Peace, and the Course of History* lo califica como una de la media docena de puntos de inflexión de la historia humana.

!

EXPULSAR "TRABAJADORES"

Primera orden: debemos cambiar las palabras que utilizamos para describirnos. Toma la palabra "trabajador"... y tírala.

¡Debemos expulsar de nuestro vocabulario la palabra "trabajador"!

No somos "trabajadores". Somos individuos. Y el reloj que marca el juego indica que sólo queda un minuto. Ha llegado la hora, ha terminado el tiempo para... re-imaginar al individuo y, después, liberarlo.

!

TEMA DE *HAPPENING*

La era de la intensificación de la creación no es una quimera. Está aquí. El profesor Richard Florida, de la Carnegie-Mellon, en su extraordinario *The Rise of the Creative Class,* dice que la "clase creativa" en los Estados Unidos la forman ya 38 millones de personas, o el 30% de la fuerza laboral. ¿Impactante? "La clase creativa —escribe Florida—, deriva su identidad de los papeles que interpretan sus miembros como proveedores de creatividad. Comoquiera que la creatividad es la fuerza conductora del crecimiento económico, la clase creativa se ha convertido, en términos de influencia, en la clase dominante de la sociedad".

¿El problema? Me atrevo a decirlo, aunque tengo miedo de que suene interesado: conviértete en una Marca.

O, al menos, esa es mi traducción.

Durante los últimos siglos, las naciones han tratado su territorio como un sistema cerrado. Su objetivo era mejorar la vida de sus ciudadanos dentro de los confines (palabra clave) de ese territorio. Bien, ese objetivo ya no es sostenible, dice Bobbitt. La economía global está... bien... borrando esa posibilidad.

En una exposición erudita a la que difícilmente puedo hacer justicia aquí, Bobbitt dice que el manto del gobierno está cambiando desde la autónoma, en gran parte, "nación-estado", al globalmente interdependiente "mercado-estado".

Una gran idea: si yo, en cuanto presidente o primer ministro, ya no puedo asegurar tu bienestar dentro de nuestra nación estado... lo único que me queda hacer es proporcionarte herramientas para sobrevivir (y, espero, prosperar) en un mercado verdaderamente sin fronteras para proveedores de servicios capacitados.

Bobbitt ofrece un resumen de su argumentación que podría erizarnos los cabellos: "¿Qué impulso estratégico dominará esta transición desde la nación-estado al mercado-estado? Si el eslogan que impulsó a las naciones-estados liberales y parlamentarias fue 'hacer el mundo seguro para la democracia'... ¿cuál será el impulso siguiente? Quizás 'hacer el mundo disponible', es decir, crear nuevos mundos 'elegibles' y proteger la autonomía de las personas para que puedan elegir".

El presidente Bill Clinton, que según Bobbitt entendió el cambio económico tectónico que viene (junto con el primer ministro británico Tony Blair), se hizo eco del concepto de Bobbitt: "En una economía global, el gobierno ya no puede garantizar a todo el mundo el éxito, pero puede dar a las personas las herramientas para que consigan lo mejor en sus vidas".

Conclusión:

1. Ninguna nación es una isla.
2. ¡Manda Darwin!
3. ¡No hay garantías!
4. La única *cuasi* garantía es... disponer de herramientas (realmente) grandes con las que competir en la aldea (realmente) global.

Conclusión (de la conclusión):

1. Aterrador.
2. Estimulante.
3. Completamente distinto.

La noción del "agente libre"

Para una traducción precisa y drástica "local" de la naturaleza del cambio en el "empleo", no hay nada mejor que recurrir al extraordinario libro de Dan Pink *Free Agent Nation*. He aquí algunos hechos que se presentan en el mismo (a fecha de abril de 2001):

● Menos de uno de cada diez americanos trabajan ahora para una empresa Fortune 500.

● El primer empleador privado de los Estados Unidos, según el número de personas, ya no es GM o AT&T. Es Manpower Inc., la megaempresa de trabajo temporal.

● Entre 16 y 25 millones de nosotros somos *freelancers* o contratistas independientes. Hay ahora tres millones de trabajadores temporales, entre ellos abogados temporales, ingenieros temporales, directores de proyectos temporales e incluso CEO temporales.

● Las microempresas, empresas que emplean a cuatro personas o menos, albergan entre 12 y 27 millones de nosotros.

La clave es... *la actitud.* ¿Puedes hacerlo? ¡Por supuesto!

En total, por tanto, ya hay entre 31 y 55 millones de americanos que están ocupando nichos de trabajo "no tradicionales". Nichos cuya verdadera naturaleza sorprendería —horrorizaría— a los miembros de la generación de nuestros padres.

Lecciones a extraer de todo esto:

1. El empleo de por vida se ha terminado.

2. El empleo estable en las grandes corporaciones ha desaparecido.

3. La carrera promedio abarcará probablemente dos o tres "ocupaciones" y una media docena o más de empleadores.

4. La mayor parte de nosotros pasará períodos profesionales más o menos largos en alguna forma de autoempleo.

5. Conclusión: dependemos de nosotros mismos, chicos.

6. No es teoría. Está ocurriendo... AHORA.

Premisa rota: la ansiedad de la edad

Lo repito: los cambios que se avecinan en el mundo del empleo son... tremendos. Especialmente si eres un contable de 47 años y has trabajado en el mismo edificio de oficinas desde que recogiste tu diploma universitario hace 25 veranos.

Está ocurriendo algo fundamental, que sobrepasa la marea de la tecnología, el gran cambio en el puesto de trabajo. La naturaleza de "quiénes somos" está sufriendo un cambio tectónico. La transformación afecta no sólo al tipo de trabajo que hacemos, sino a nuestra relación fundamental con el trabajo. Y los contables de 47 años tiemblan en sus mocasines, viendo cómo avanzan hacia sus cubículos la reingeniería y la automatización del software avanzado. "¿Qué demonios voy a hacer... cuando IBM decida despacharme de mi cubículo?"

Están aterrorizados. Y con razón.

Cuando trato de la revolución de cuello blanco en mis seminarios, la gente responde de una o dos formas muy distintas. Y la línea de ruptura pasa generalmente por lo que llamo la brecha de 38,5. Si tienes menos de 38,5 años, tienes oportunidad de ver amanecer. Si tienes más de 38,5 años, eres propenso a sentir mareos... a sentirte víctima de las promesas rotas sobre la certeza de tu carrera.

No tengo respuesta fácil para aquellos que se sienten, cronológica o mentalmente, en la parte mala de esa gran brecha. Gestionar nuestra "emigración" a la Nación del Agente Libre no será fácil. *No es* fácil.

¡Pero lo conseguiremos!

¡Y será liberador!

La clave... y sólo hay una clave... es... la *actitud*. Si tu plato de gusto es la seguridad del cubículo y de la esclavitud garantizada de por vida... bien, vas a tener mucho miedo de todo lo que viene por la carretera. Pero si la noción de la vida como una serie de "actuaciones", en la que aprendes nuevos trucos y a vivir por tu ingenio, te emociona, entonces... bien, despertarás para ver cómo se te cae la baba ante la oportunidad de re-imaginarte... y añadir a tu cartera otro proyecto WOW memorable del que fanfarronear.

¿Puedes hacerlo? ¡Por supuesto!

❝❞

EL MEJOR JEFE QUE HA HABIDO NUNCA

Titular para un artículo de fondo de *Forbes* en mayo de 2003: "¿TE HAN DESPEDIDO? CONTRÁTATE A TI MISMO".

❝❞

EL CAMINO "ESPECIAL"

Michael Goldhaber hizo esta afirmación en la revista *Wired:* "Si tu trabajo no tiene nada muy especial, no te harás notar, por mucho que te apliques a él, y eso significa cada vez más que tampoco te van a pagar mucho".

Terrible, dura verdad. Sé especial, o serás rechazado.

¿PÉRDIDA NETA SEGURA?

Mientras tanto, no estamos haciendo lo suficiente para equipar a las personas —viejas, jóvenes, o peligrosamente entre medias— para un mundo posterior al esclavo del cubículo.

Todas nuestras opciones de beneficios, públicas y privadas, son erróneas: cobertura sanitaria limitada o inexistente, indemnizaciones mezquinas de jubilación, bajas pensiones.

Tampoco, en un frente relacionado, está nuestro sistema escolar preparando a los chicos para este mundo nuevo e insólito. Hay demasiado énfasis en la *obediencia* (el principal ingrediente de la esclavitud del cubículo) y demasiado poco en la *independencia*. (Véase el Capítulo 22.)

Pero, como digo, (al final) lo conseguiremos.

HOLA, MR. CHIPS

Un grupo que ejemplifica la idea de la marca personal (quizás sorprendentemente): los profesores universitarios. Generalmente, las personas ajenas al mundo académico no se dan cuenta de hasta que punto los profesores más importantes se han convertido en superestrellas con mentalidad de marketing. El "profesor distraído" de ayer es hoy el "emprendedor de las ideas".

La lealtad principal de los profesores es hacia su especialidad: microbiología, finanzas o derecho. Su comunidad primera no es su empleador putativo, sino sus colegas de esa especialidad y de todo el mundo. Se contratan por un cierto periodo con una institución particular, sobre la base, principalmente, de su oferta de recursos para la investigación, pero todo lo demás que tienen es portátil: sus laboratorios, sus subvenciones, sus contratos con los editores, incluso sus pensiones.

Y, de hecho, el éxito de su carrera apenas si depende de su "empleador", pues depende casi exclusivamente de esa comunidad global de colegas, hasta el día, para un pequeño puñado de ellos, que marchan al escenario sueco para recibir un Premio Nobel.

Los Estados Unidos de... la ac-ti-tud

El afán por "re-imaginar al individuo" no es nada nuevo. De hecho, es quintaesencialmente americano. América ha sido, desde sus más tempranos comienzos, una nación que está absolutamente *definida* por... la auto-reinvención.

A la gente no le gustaban las cosas en Gran Bretaña, o en Alemania, o en Rusia, o en Italia, o en cualquier otra parte. Por eso hicieron un acto de fe (el término preciso) apenas imaginable, rompieron con sus raíces y se embarcaron en barcos increíblemente incómodos para los Estados Unidos. Tomaron tierra en un hormiguero llamado Ellis Island, o algo por el estilo. Lucharon, con gran dificultad, por encontrar algo que hacer en Manhattan, o en alguna otra gran ciudad del este. Después se mudaron. Un poco al oeste. Un poco más lejos al oeste. Y así sucesivamente.

Mi abuelo paterno dejó Alemania para ir a los Estados Unidos en 1870. Mi padre permaneció viviendo y trabajando cerca de Baltimore, donde había tomado tierra el abuelo Peter. Y, así, me crié en Maryland. Pero luego, gracias a la Marina norteamericana, volé a California en 1966, y permanecí allí durante 35 años.

La meta... para mi abuelo, para mí, para tantos otros que siguieron la llamada de la frontera... era siempre la misma: cambiar una identidad vieja por otra nueva. (Yo estaba muy orgulloso, tengo que decirlo, de la persona llamada... California Tom. Y totalmente dispuesto a enterrar a Maryland Tom de nuevo en Maryland.)

Los padres peregrinos entendieron este asunto.

Benjamín Franklin lo entendió.

Ralph Waldo Emerson lo entendió.

Horatio Alger lo entendió.

Dale Carnegie lo entendió.

Y hoy, Stephen Covey, Tony Robbins y muchos, muchos otros, lo entienden.

Es decir, entienden el... Ímpetu Americano y el genio para la Re-Invención Total.

Imagina al tatarabuelo, al bisabuelo, al abuelo, luchando, junto a la tatarabuela, la bisabuela, la abuela, para mantener una pequeña granja en las praderas de Kansas. Ellos no fueron "trabajadores". Fueron, en efecto, emprendedores... ciudadanos de una temprana Nación de Agentes Libres.

La buena noticia, por tanto: de hecho, ésta es una época de "regreso al futuro". Nuestro "nuevo mundo" de proyectos WOW y de contratación independiente vuelve a abrir un "nuevo mundo" más antiguo de ponerse en camino hacia la frontera y aspirar a la independencia.

Decir todo esto sobre nuestra larga y profunda herencia de "invención" no significa sugerir que la tarea actual sea fácil o desprovista de incomodidades. Arrancar hacia otro lugar no fue fácil nunca. Y nunca lo será. Pero lo hemos hecho antes... por millones... y lo volveremos a hacer.

¡YANKEE, COME HOME!

Paul Roberts lo capta. Paul ha sido el primer contratista de los muchos grandes proyectos que hemos emprendido en nuestra granja en Tinmouth, Vermont. Desde luego, no habla "la teoría del *management*". No ladra sobre "nuevos paradigmas del empleo" pero hace perfectamente el camino de la nación del agente libre. Instintivamente, de hecho. Vive de su increíble reputación y aun así sabe que es sólo tan bueno como lo sea su última actuación.

Hace unos cuantos años, cuando me preparaba para una entrevista en la televisión, pensaba en esa gran brecha de edad, 38,5. De repente, se me ocurrió que todos esos 38,5 y más viejos que viven con un terror mortal al mundo externo a su cubículo corporativo son, realmente, una minoría. Y, en el gran esquema de las cosas, siempre lo han sido.

Pensaba en toda la gente que había trabajado en nuestra granja en el verano anterior. Un albañil. Un electricista. Un fontanero. Un soldador. Un ebanista. Un contratista inmobiliario. Un herrero. Un buen perforador. Un barrenero. Un esquilador. Un veterinario. Y, probablemente, una docena más.

Cada uno de estos tipos "lo captó". Lo captó más conscientemente y mucho más personalmente que el viejo contable de 47 años en Kmart, o el directivo medio de 39 años en CSX.

Es la hora de que los ciudadanos del cubículo lo capten. Tiempo de "regresar al futuro". (O algo por el estilo.)

stos tipos "lo captan". Caminan perfectamente por la Nación del Agente Libre. De hecho, instintivamente.

**GANA SAM,
PIERDE SAM**

Nadie tipificó la herencia americana de la invención más exuberantemente que el fundador de Wal*Mart, Sam Walton.

Walton tenía, por ejemplo, una "absoluta intrepidez cuando se trataba del fracaso". Eso es lo que me dijo el CEO de Wal*Mart, David Glass, cuando le pedí hace una década que resumiera el genio de Walton. Walton vivía todavía y yo estaba haciendo preparativos para presentarle en una fiesta que se iba a celebrar en el Waldorf Astoria de Nueva York.

Más de lo que Glass me dijo: "Walton puede fracasar en algo, llegar al trabajo a la mañana siguiente con una sonrisa y comentar, 'bien, nos hemos quitado de en medio esa estúpida idea. ¿Cuál es la próxima?'. Y no es que tolerase la chapuza o la holgazanería. Por el contrario, Sam es específicamente un defensor del intento brillante ejecutado, precisamente ahora, con un vigor sin paralelo. Y, si fracasaba, ensayaba otra cosa. Ahora. Con más vigor aún. Sin malgastar ni siquiera un minuto chasqueando la lengua por lo que podría haber sido".

Voces de la frontera

Parafraseando un viejo dicho: el espíritu es la madre de la re-invención. He aquí algunas citas que prestan voz a ese espíritu. El espíritu "del oeste". Un espíritu que es la quintaesencia americana... aunque no sólo americana.

Lee. Pondera.
Vuelve a leer... en voz alta.
Y escucha.

"Ningún hombre prudente se atrevía a estar demasiado seguro de quién era exactamente... todo el mundo tenía que estar preparado para convertirse en otro distinto. Estar listo para transmigraciones tan peligrosas era convertirse en americano."
El gran historiador Daniel Boorstin.

"Soy americano, nacido en Chicago... y me meto de lleno en las cosas tal como he aprendido por mí mismo, estilo libre, y generaré mi historia a mi propio modo."
El héroe de Saul Bellow, del mismo nombre, en *The Adventures of Augie March*.

"Eres el que cuenta la historia de tu propia vida, y puedes crear tu propia leyenda o no."
La novelista Isabel Allende.

"No creo que haya nada peor que ser corriente."
Ángela (interpretada por Mena Suvari) en la película *American Beauty*.

"Parece que sea el momento adecuado para volver a pensar en las nociones del yo y de la identidad en esta era rápidamente cambiante."
Tara Lemmey, Electronic Frontier Foundation.

EL "trabajo para una empresa llamada YO" STREET JOURNAL.
EL "sublévate y abandona tu cubículo" STREET JOURNAL.
"Aventuras en el capitalismo", anuncios para el *Wall Street Journal*.

"La nueva organización de la sociedad impulsada por el triunfo de la autonomía individual y la auténtica igualdad de oportunidades basada en el mérito, aportarán recompensas muy grandes para el mérito y una gran autonomía individual. Esto hará que los individuos sean mucho más responsables de sí mismos de lo que han estado acostumbrados a serlo durante el periodo industrial. También reducirá la inmerecida ventaja en los estándares de vida que han disfrutado los ciudadanos de las sociedades industriales avanzadas durante el siglo XX."
James Davidson y William Rees-Mogg, en *The Sovereing Individual*.

"¡NO ACUSES A NADIE! ¡NO ESPERES NADA! ¡HAZ ALGO!"

Cartel puesto en las taquillas del New York Jets por el entonces entrenador Bill Parcels.

"Conviértete en Tu Marca"... o revienta

El resultado final de "re-imaginar al individuo", en términos de empresa —es decir, de trabajo y de negocio— es un cambio tectónico en perspectiva hacia lo que yo llamo... pensamiento de la Marca Personal.

Lancé esta idea en 1997, cuando escribí un artículo de fondo para la revista *Fast Company* titulado "La marca llamada tú". Después, en 1999 escribí un libro, *The Brand You50*, que explora la idea con una profundidad considerable. Dicha idea, brevemente: estés o no en la nómina de alguna empresa, estás advertido para que te *comportes* como si fueras el CEO de YO S.L. (Traducción de "advertido": está en juego tu vida —o tu muerte— profesional.)

En otras palabras: contémplate como el director de tu propia representación, incluso aunque esa representación se esté realizando ahora en Citigroup o en ExxonMobil.

En otras palabras (otra vez): DISTINTO... O EXTINTO.

La elección y creación de una marca es una cuestión perennemente "caliente" en los círculos empresariales. Montones y montones de cosas se han escrito sobre ello (incluido yo; mira, por ejemplo, el Capítulo 12 de este libro), y generalmente se pone el empeño en utilizar "la imagen de marca" para vender un producto o servicio. Pero "establecer una marca" tanto individual como corporativamente, *no es* fundamentalmente una cuestión de "marketing". Es una cuestión de *actitud* pura y simple. Y lo que yo llamo "marca externa" (es decir, lo que el mercado "experimenta de nosotros") es una función de "marca interna" (lo que vive dentro de nosotros como empresa... o dentro de nuestra *alma* individual).

El experto danés en marketing Jesper Kunde escribe en su maravilloso libro *Corporate Religion*: "Sólo asentada en un fuerte espíritu puede conseguir una empresa una fuerte posición de mercado".

Lo mismo vale para ti y para tu carrera. (Y para mí y la mía.)

Narcisismo: no y sí

Algunos analistas sociales han atacado la idea de la marca personal como ejemplo del egocentrismo americano estilo años noventa. En 1998, Jedediah Purdy dijo más o menos que Jerry Seinfeld y yo simbolizábamos lo erróneo de América.

Por supuesto que en la idea de la marca personal hay un elemento de egocentrismo. Pero el motivo fundamental no es el ego; es algo mucho más primario, llamado "supervivencia". Sin embargo, el inconveniente de la esclavitud del cubículo es que uno no precisa ser muy egocéntrico si AT&T se ocupa de todas mis necesidades desde mis 23 años de edad (yo empecé a trabajar para ella a esa edad) hasta la muerte, a través de pensiones y subvenciones para el ataúd; pero AT&T tiene ahora aproximadamente 72.000 empleados, que quedan de un máximo de 1.009.000 en el momento del desmembramiento de la Big Bell, el 31 de diciembre de 1983. Y todavía tiene que correr más sangre profesional. Llámalo marca personal o lo que quieras; pero no lo llames "opcional".

Elegí lo de Marca Personal porque pienso que capta el espíritu de ofrecer (¡Vender! ¡Punto!) los servicios de uno mismo en ese mercado global totalmente abierto y en gran parte no protegido que describe el profesor Bobbitt. Dicho con sencillez, mi "oferta de servicio" se debe percibir como algo de valor económico, al igual que los manuscritos de Mr. Purdy. Si eso es narcisismo y egocentrismo, me declaro culpable.

Un comienzo de la "marca personal"

En el curso de Marca Personal que ofrece la Tom Peters Company, proporcionamos formas concretas para que los clientes renueven su cartera de marca personal. Han encontrado valioso un ejercicio en particular. Lo llamamos la evaluación de las acciones de la marca personal. Se pide a los participantes que completen las siguientes afirmaciones:
- *Soy conocido por (2 ó 3 temas); el próximo año por estas fechas seré conocido también por (1 tema).*
- *Mi proyecto actual me está emplazando de las siguientes formas (3 temas).*
- *Entre las nuevas cosas que he aprendido en los últimos 90 días están (2 ó 3 temas).*
- *Mi "programa de reconocimiento" público consta de (2 ó 3 temas).*
- *Las nuevas anotaciones de mi agenda de los últimos 90 días comprenden (2 ó 3 nombres).*
- *Mi resumen es discerniblemente distinto del del último año por esta época de estas (1 ó 2) formas.*

Aquí no hay magia. Pero aplicar la idea "la acción de la marca" a tu carrera es algo claramente ganador, o por lo menos, eso nos dicen los clientes.

GIRO DE 180° DE LA MARCA

Recuerda lo que escribí en el Capítulo 12 sobre "El corazón de la marca". Las preguntas que dije que deberías hacer a tu empresa o a la "solución" o "experiencia" que ofertas, aplícala con especial fuerza a... *ti*:

¿QUIÉN ERES?

¿POR QUÉ ESTÁS AQUÍ?

¿EN QUÉ FORMA ERES ÚNICO?

¿CÓMO PUEDES ESTABLECER UNA DIFERENCIA RADICAL?

¿A QUIÉN LE IMPORTA? (¿TE IMPORTA A TI?)

LA PALABRA CAPITAL

"Personal"... "Marca"... "Capital".

Sí: tú y yo somos MARCAS. Al igual que Coca Cola es una marca. De esta manera, tú y yo tenemos un capital con la marca (grande o pequeño) (en auge o en declive) (sólido o frágil).

Por favor: no muevas la cabeza cuando leas esto.

Por favor: comprende la plena definición y connotación de ese término.

Las palabras son importantes. Tienen valor. Tienen (¿me atreveré a decirlo?) capital.

10 grados de actitud: el kit de supervivencia de la "marca personal"

Si te vas a largar a la frontera... si te vas a reinventar a ti mismo como una empresa de marca personal... necesitas meter en tu vieja mochila algunos atributos. (Digo "si", pero no se trata realmente de una opción. Recuerda: distinto o extinto.) He aquí diez atributos:

1. Piensa como un emprendedor

El tema de la marca personal no es que dejes tu puesto de trabajo en, por ejemplo, JCPenney. Es que deberías re-imaginarte a ti mismo como CEO de Yo S.L., que actualmente está en préstamo a JCPenney para la "próxima actuación". (Quizás sea un proyecto de *merchandising* para la línea "Srta. Junior" de primavera.) Ahora, si JCPenney sigue haciendo grandes actuaciones, puede que permanezcas hasta cinco o 25 años. Pero tu punto de mira debe ser siempre... el grado hasta el cual mejora *tu valor de mercado* la actual gran actuación.

En resumen: sé el jefe de *tu propio espectáculo*. Reinventa todas las actuaciones para asegurarte de que se convierten en mejoras de la marca personal.

2. Sé siempre un "rematador"

Si vas a capitanear una empresa importante, incluida una llamada Yo S.L., necesitas comprender los pormenores de... *hacer dinero*. Incluso aunque no tengas una responsabilidad financiera en tu actuación actual, familia-rízate siempre con "los números" y mantén la vista puesta en la hoja de balance del proyecto.

! ACTUALIZA TU... INFORME ANUAL

La regla general es que deberías "actualizar tu historial" una vez al año, más o menos. Repito: actualizar tu informe anual al menos una vez al año. Eso es lo que es tu historial, después de todo: un anuncio público que presenta lo mejor posible tu auténtica viabilidad y distinción comercial.

 CREDIBILIDAD DE LA FIRMA

Recuerda (Capítulo 5) mi replanteamiento de los "departamentos" como empresas de servicios profesionales rutilantes: si no estás cerca de ser "el mejor del mundo" en tu "rollo", alguien te lo puede quitar (y probablemente lo hará).

 HOMBRE DE MAESTRÍA INTERNACIONAL

Para un debate profundo sobre el *ethos* de "la habilidad comercial", compra una pequeña joya sobre ese tema, el libro de George Leonard. Su título (¿qué otro podría ser?): *Mastery*.

Un tema relacionado. El historial de Yo S.L. se deriva sólo de una cosa: los proyectos implementados. Y la implementación es, en un 98%, cuestión de "cerrar el trato" con un amplio conjunto de factores internos y externos, mucho de los cuales es probable que tengan objetivos que entren en conflicto con los tuyos. Como sabe el auténtico hombre de negocios, la vida es vender. El resto son detalles. O: cuando se trata de cerrar el negocio, "el buen trato" no es suficientemente bueno. (Revisa el Capítulo 18.)

3. Adscríbete al marketing

No, no necesitas poner un anuncio en *Oprah*. Pero necesitas dominar mucho más el rompecabezas del marketing de lo que hiciste probablemente en el pasado. El mundo de la marca personal está lejos del viejo mundo en el que permaneciste durante 20 años con las mismas 17 personas en el departamento de crédito y cobros. Ahora, estarás saltando de proyecto en proyecto... trabajando con desconocidos la mayor parte de las veces. De manera que, en cada actuación, tendrás que venderte de nuevo, haciendo marketing de tu punto de vista, marketing de tu valía, marketing de Yo S.L.

4. Persigue la maestría

Es esencial ser competente en las capacitaciones básicas de la empresa, como marketing y *networking*. Pero no es suficiente. Para sobrevivir a la *tsunami* de cuello blanco, necesitas ser muy condenadamente especial en algo de valor económico específico (como esos profesores de los que hemos tratado antes). En una palabra, necesitas exhibir... una verdadera maestría.

Sobrevivir meramente como Fulanito, placa 248, departamento de compras, ya no es sostenible. Cuando considero a Fulanito para una representación o un puesto de trabajo "hecho y derecho", busco tanta distinción como si estuviera considerando hacer un contrato a un gran jugador zurdo para incorporarlo al toril de los Boston Red Sox. En el caso de Fulanito, el equivalente de ser capaz de jugar esa bola imposible significa ser el mejor del sector, digamos, por ejemplo, en los procesos de contabilidad comercial en América Latina.

La maestría es mucho más que tener sólo una capacitación distinta. Piensa en los atletas de elite y en los actores. Estos tipos son profesionales consumados que trabajan obsesivamente en su arte. Tendrías que enfocar de la misma forma tu "habilidad comercial".

5. Incrementa la versatilidad

La maestría es algo grande. La maestría es esencial. Pero ni siquiera la maestría será suficiente en un mundo donde las auténticas categorías de pensamiento y de acción están cambiando y disminuyendo constantemente. Tan importante como la capacidad de hacer una cosa extremadamente bien es la capacidad de hacer una docena de cosas a la vez, y de cambiar de carrera sin una gota de sudor o una pizca de remordimiento.

Recuerda: no hay límite. Todo está a nuestra disposición. *Nadie sabe a qué demonios se dedica*. En tales inquietantes circunstancias, debes ser capaz no sólo de "ocuparte de ello", sino de incrementar realmente la versatilidad.

6. Ríete de las grandes cagadas

El lado dulce de una actitud de marca personal es... un gran sentido del humor. Por sentido del humor no quiero decir tener el don de contar chistes subidos de tono después de cenar. No, quiero decir la capacidad de *reírte del fabuloso prototipo que se autodestruye*... y ocuparte inmediatamente de la próxima interpretación. Aspirar y exigirse e intentar casi todo es un requisito de la supervivencia, y una forma de excelencia nueva sin especificar todavía.

MAESTRAS DE LA IMPROVISACIÓN

Hacer malabarismo con una docena de bolas al mismo tiempo es fácil para la mayoría de las mujeres y es genéticamente imposible para la mayoría de los hombres. La capacidad de moverse y serpentear en un mundo incierto es una "ventaja femenina" característica.

Mucho más allá.

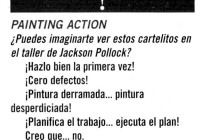

!

PAINTING ACTION
¿Puedes imaginarte ver estos cartelitos en el taller de Jackson Pollock?
   ¡Hazlo bien la primera vez!
   ¡Cero defectos!
   ¡Pintura derramada... pintura desperdiciada!
   ¡Planifica el trabajo... ejecuta el plan!
   Creo que... no.

En la actual e incómoda era, tendremos que cagarla —por definición— mucho más frecuentemente y mucho más embarazosamente que nunca. Triunfarán las empresas que toleran o que incluso celebran el fracaso... que animan a hacer la apuesta atrevida por la grandeza que chisporrotea o que cae envuelta en llamas.

Lo mismo vale para ti y para mí. Debemos estar siempre jugando el juego de Re-imaginar por cuestión de supervivencia... lo cual garantiza ojos morados en abundancia. Recuerda, éste no es el mundo de tu jefe (seguramente él está en la próxima lista de despidos). Este es *tu* mundo, *tu* futuro, *tu* responsabilidad.

7. Alimenta tu red

A pesar de los numerosos informes en contra, no creo que la "lealtad esté muerta". Creo que la lealtad es... *más importante que nunca.* Pero el eje de la lealtad ha girado 90°. "La lealtad antigua" era una lealtad *vertical.* Lealtad a una jerarquía: te agarrabas a un escalón tras otro mientras escalabas una ladera vertical prescrita. Llámala "lealtad pelota" si quieres. Eso ya se ha ido. ¡Y hasta nunca!

"La lealtad nueva" es una lealtad *horizontal.* Lealtad a un oficio o un sector; lo que importa es lo que piensan de tu trabajo tus *compañeros.* Lo cual da una gran importancia a desarrollar lo que he llamado la obsesión por la agenda. Debes formar —¡y gestionar deliberadamente!— una red cada vez mayor de contactos profesionales en tu campo.

8. Apreciar la tecnología

La brutal verdad es que a muchas personas sencillamente "se les ha pasado el arroz" cuando se trata de "captar" las nuevas tecnologías. (¡Habla de autorevelación!) Pero hay esperanza: no necesitas ser un experto titulado en un paquete de software particular; no necesitas ser capaz de programar por ti mismo. Pero debes... *apreciar instintivamente...* el hecho inequívoco de que Internet y todo lo que venga después pondrá boca abajo la empresa en un período de tiempo extraordinariamente corto. Y si esa perspectiva no... te conecta, y si no... te hace estremecer de alegría y anticipación... vas a emprender un viaje muy duro. Y, sospecho, que muy corto.

9. Postrarse ante el joven

Aquellos de nosotros que estamos un poco al norte de, digamos, esa brecha de edad de 38,5, puede que tengamos ciertamente ese "apetito por la tecnología". ¿Pero llegaremos a "captarlo" verdaderamente? ¡Ni pensarlo! De manera que debemos rodearnos de jóvenes.

Este es un momento de gente joven, desde el increíblemente joven que está dirigiendo el cambio de paradigma de la ciber-guerra en el Departamento de Defensa, a la anónima multitud de estudiantes en un dormitorio de un colegio en alguna parte que sueñan con la próxima Apple o eBay.

El resultado final necesario: cada equipo de proyecto debe incluir al menos un joven, alguien que esté por debajo de los 38,5 (¡¿18,5?!), que no necesita "re-inventarse" a sí mismo, porque nació, se crió y se licenció genéticamente en la nueva economía.

10. Cultiva la pasión por la renovación

Adquirir nuevas capacitaciones en la forma de agárralo-como-puedas solía ser una estrategia razonable de carrera. Pero hoy, un enfoque pasivo del perfeccionamiento profesional hará que te vayas dejando pelos en la gatera o que te quedes totalmente fuera de cacho. Revolucionar tu cartera de capacitaciones... al menos cada media docena de años, si no más a menudo, es ahora... una *necesidad de supervivencia mínima.*

Pregunta: ¿tienes un plan formal de renovación de la inversión? Y si tienes uno, ¿es tan atrevido como demandan estos tiempos atrevidos?

¡FOCOS! ¡CÁMARA!... ¡TALENTO!

Como ya han señalado otros, la "nueva lealtad" incentivada por el proyecto, orientada a la nueva economía, sigue el llamado Modelo Hollywood en el cual uno va de una "compañía" de producción a otra, viendo unos rostros familiares al comienzo de cada excursión, pero trabajando principalmente con personas o con temas nuevos.

En ese mundo, el éxito depende de gozar de una buena reputación entre tus colegas. Si quieres (digamos) estar bajo los focos de la nueva película que se rumorea que conseguirá el Óscar, necesitas que haya personas "de la industria" que digan al jefe de ese proyecto cinematográfico, "si vas a hacer pruebas, llama a Fulanita. Nunca he visto a nadie que actúe tan bien como ella; y también es un placer trabajar con ella".

CONTRATA SEGÚN LA "NET-ITUD"

Todavía ocurre, incluso en 2003: me tropecé con un ejecutivo cuya actitud parece ser, "¿por qué demonios tiene que haber ocurrido esto de Internet durante mi guardia?" Para llorar.

Mucho mejor: "¡Esto es guay! Yo no lo capto plenamente. Pero voy a escuchar a la gente que lo capta y después voy a actuar sin miedo".

La opción de renovarse: no es opcional

En el prólogo, hace un montón de páginas, comencé con una descripción de las fuerzas de ruptura sueltas en torno nuestro. Mi argumento allí, y a través de los primeros capítulos, fue altamente analítico (aunque alimentado por una cierta impaciencia "endemoniada").

Este capítulo es... personal.

Trata de... la raíz y la rama del quiénes somos y qué hacemos. Trata de... la forma en que luchamos con esas "fuerzas" que están desgarrando el mundo del cuello blanco. Las fuerzas que están convirtiendo la esclavitud del cubículo estilo *Dilbert* no sólo en un chiste, sino en un anacronismo.

De nuevo, mi mantra:

DISTINTO... O EXTINTO.

O, por revivir una frase clave del prólogo: la vida en un mundo de marca personal...

NO ES OPCIONAL.

! Contrastes	
ERA	**ES**
Esclavitud del cubículo	Nación del agente libre
"Unidad" aburrida	¡Hazte una marca!
Trabajo para toda la vida (fichero de personal en una gran empresa)	Actúa para el momento (cartera de cometidos temporales)
Los beneficios proceden de la empresa	Los beneficios viajan contigo
Objetivo: pasar el día	Objetivo: hacer cosas
Estrategia de carrera: haz lo que te dicen	Estrategia de carrera: aquello en lo que destacas
Competencia	Maestría
Grupo de referencia = La corporación	Grupo de referencia = Colegas en mi especialidad
Leer Fortune	Leer *Fast Company*
El modelo Detroit: trabaja en la fábrica	El modelo Hollywood: únete a un equipo en un estudio
Trabajar con los mismos compañeros de siempre, día tras día	Trabajar con una red cambiante de socios
Objetivo: convertirse en el jefe (después de 25 años)	Objetivo: ser el jefe (ahora)
Promoción basada en la antigüedad	Conseguir actuaciones por el mérito
Trabájate tu ascensión de "la ladera"	Salta en tu camino por un terreno cambiante
Lealtad vertical	Lealtad horizontal
Llama al técnico	Sé tú el técnico
Depende del soporte administrativo "de la empresa"	Transporta una "oficina" inalámbrica donde quiera que vayas
Estate al tanto	Aprende a saltar desde una gran altura atado a un cable

LA VENTAJA "SALLY"
Sally Helgesen, autora de *The Female Advantage* y de otros grandes libros, proporciona una lista de atributos de actitud claves en su libro más reciente *Thriving in 24/7*. Ella y yo llegamos a nuestras ideas por separado, pero no es sorprendente que su enfoque del mundo 24/7 coincida con mi enfoque del... Mundo de la Marca Personal:

Comienza desde dentro. Haz un inventario regular del lugar en que te encuentras. Permanece ágil, localiza tu "voz interior".

Aprende a zigzaguear. Piensa en las "actuaciones". Piensa en el aprendizaje de por vida. Olvida la "lealtad antigua". Trabaja con optimismo.

Crea tu propio trabajo. Articula un valor. Integra tus pasiones. Identifica tu mercado. Dirige tu propia empresa.

Teje una fuerte red de inclusión. Construye tu propia red de apoyo. Domina el arte de "visitar a la gente".

(Repara en que los dos mejores libros sobre el nuevo espíritu de independencia los han escrito mujeres: *Thriving in 24/7* de Sally Helgesen y *Soloin*, de Harriet Rubin.)

NUEVA EMPRESA   NUEVAS PERSONAS

20 La tarea número uno del jefe: 25 reglas para el talento

! Manda el tecnicolor...

● ¿Reglas? He aquí 25. Reglas para un mundo en el que... ¡manda el talento!

! GRITA   no estamos preparados...

Le damos mucho al pico sobre el "poder del personal", aunque nos asimos a nuestra inveterada inclinación a contratar y cultivar "empleados" obedientes. Decimos que tomamos en serio el "talento", al tiempo que fracasamos a la hora de transformar nuestras organizaciones para que sean verdaderamente atractivas para el talento. Pero ahora debemos *obsesionarnos* por el talento... obsesos por encontrar y desarrollar hombres y mujeres seriamente guays de primera categoría, al igual que el presidente de un equipo deportivo profesional trata de reclutar y entrenar a jugadores de primera categoría. Debemos comprender que, en una era en la que el valor añadido fluye de la creatividad, un "*pool* de talento" extraño, enérgico y (sí) *des*obediente se ha convertido en la base principal de la ventaja competitiva... quizás la *única* base de la ventaja competitiva.

! VISIÓN   imagino...

Un mundo en el que "atraer y desarrollar talento" obligue tanto a los líderes de un departamento financiero típico... o alguna otra empresa del tipo ESP... como a George Steinbrenner, de los New York Yankees. Un mundo en el que las empresas se centren en crear Lugares Extraordinarios para Trabajar... entornos que absorban lo mejor de lo mejor en cada línea de emprendimiento. Un mundo en el que los líderes reconozcan que el talento no sólo "soporta" la marca; es la marca.

!

IR AL CINE LOCAL...
Murakami Teruyasu, del Nomura Research Institute, "lo capta": primero, dice, vivimos la edad de la agricultura. Después la edad industrial. Ahora, la edad de la intensificación de la información. Y, en la pantalla grande..., la edad de la intensificación de la creación.

!

MISIÓN CRÍTICA
Tina Brown, editora extraordinaria: "Lo primero de todo es contratar el suficiente talento como para que empiece a desarrollarse una masa crítica de emoción".

!

PALABRAS (OTRA VEZ)
Piensa en el "equipo" (deportes), o en la "compañía" (ballet, teatro) y tu pensamiento se traslada a... Representaciones Brillantes. Piensa en "empleado"... y tú pensamiento imagina filas de cubículos iguales, con zánganos de cuello blanco enterrados en ellos.
    ¿Qué es una palabra? Todo.
    De manera que ¿cómo evalúas al "equipo" de formación del departamento?

El cuento del talento: la historia hasta aquí

La era industrial... ha pasado. La era del proceso de papeles por los trabajadores de cuello blanco... ha pasado. Ya no son suficientes los productos "estupendos". (Casi no son suficientes.) Ya no son suficientes los servicios "estupendos". (Casi no son suficientes.) Se requieren, a toda velocidad, bases nuevas de valor añadido. Y la revolución no ha hecho más que comenzar.

En la nueva economía no vas a conseguirlo solamente incentivando la gestión de la calidad total o la mejora continua, o cualquiera de esas otras panaceas nuevas que adoptamos tan vigorosamente hace 20 años. Vas a "conseguirlo" proporcionando... ¡Soluciones!... ¡Experiencias!... ¡Sistemas hermosos!... ¡Satisfacción de sueños!... ¡Diseño WOW!... ¡Marcas que inspiran!

Y toda esta "materia nueva" trata (toda) de... ¡Creatividad!... ¡Imaginación!... ¡Capital Intelectual! Y toda esta "materia nueva" trata de... Talento. Las nuevas tecnologías que refuerzan la revolución de cuello blanco pueden parecer una fuerza deshumanizadora; pero, de hecho, anuncian el final del trabajo "basura" y, por tanto, una revolución del personal. En otras palabras: una revolución del talento.

Premisa fundamental: hemos entrado en una Era del Talento. "Bien, estupendo", puedo oírte decir. "Coloca a las personas en primer lugar. Permanece ahí. Haz eso".

¡No!

¡No!

¡No!

Mi preocupación no es que "la gente sea guay", que "la gente sea importante". Es que... "la gente" (su talento, su creatividad, su capital intelectual, su impulso emprendedor) es... *todo lo que puñeteramente hay.*

La verdad del talento: entretenimiento, deportes y más

Cuando pienso en el "talento", pienso en primer lugar en Bill Walsh, antiguo entrenador, presidente y director general del equipo de San Francisco 49, de la Liga Nacional de Fútbol. Conozco a Bill desde hace más de una década y es... un fanático del talento. El presidente de un equipo de fútbol como Bill vive, duerme, come y respira... Talento. Trabaja duro para la contratación y el perfeccionamiento de los 48 mejores jugadores imaginables, y lo hace durante... *25 horas al día, 8 días a la semana, 53 semanas al año.*

El talento es un asunto de 25-8-53 (si te lo tomas en serio). Eso es una verdad obvia por lo que se refiere al presidente de un equipo de fútbol de 48 jugadores. De manera que: ¿por qué no puede ser (igualmente) cierto —en (exactamente) la misma forma, y (exactamente) el mismo grado— cuando eres el líder de un departamento financiero de 48 personas?

¿Por qué no? (maldita sea).

Ay, el lenguaje del "talento" se ha limitado tradicionalmente a unos cuantos reinos raros. Habla de ópera. Habla de sinfonías. Habla de películas. Habla de deportes. Habla del departamento de física de Standford. Y la conversación gira inevitablemente en torno a... este barítono o esa soprano, este violoncelista o ese violinista. Esta actriz o ese director, el primer jugador de medio campo, este físico de partículas o ese físico matemático. En otras palabras, la conversación gira, casi exclusivamente, en torno al... *Talento.*

Pero la... Misma Lógica... se aplica (se debe aplicar) a todos los demás sectores y empresas, públicas y privadas. Piensa en Microsoft. Piensa en Genentech. Piensa en Fidelity. Piensa en el ejército de EE.UU. Sí, y piensa en fulanito y fulanita en Dios sabe dónde. Sin personas extraordinarias... cada una de estas organizaciones hubieran valido tan poco como... los San Francisco 49 de Bill Walsh si no hubieran tenido... Grandes Jugadores.

De manera que comencemos a aplicar la lógica del talento a lo largo y a lo ancho de nuestras organizaciones. Y (¡por favor!) empieza a utilizar también el "lenguaje del talento". (En este libro) las palabras importan... enormemente, como de costumbre.

El talento es una cuestión de 25-8-53 (si te lo tomas en serio).

"Talento", el término

Talento. ¡Me gusta esta palabra!

Tan diferente de "empleados".

Tan diferente de "personal".

Tan diferente del "recursos humanos".

¡Talento! Sólo el pronunciar la palabra te hace inflarte y sentirte bien contigo mismo!

Talento. ¡De verdad que me encanta esa palabra!

Me gusta por las... imágenes... que trae inmediatamente al pensamiento. Yo-Yo Ma tocando el cello. Pavarotti a pleno volumen. Gene Hackman o Nicole Kidman dominando por completo una escena. Derek Jeter lanzando un tiro. Michelle Kwan haciendo un triple *axel*. Michael Jordan "dividiendo las aguas"... y realizando ese famoso último lanzamiento que hizo ganar a los Chicago Bulls su sexto campeonato durante su permanencia en el equipo.

El fabuloso chico que en el vestíbulo de llegada del aeropuerto de Newark canta —sí, canta— a los cansados viajeros, dirigiéndolos hacia el área de recogida de equipajes a las seis de la mañana.

¡Talento!

¡Qué palabra!

La hora del talento: el último mercado a prueba de recesión

Durante los días de las grandes apuestas de mediados y finales de los años noventa, había claramente una... Gran Escasez de Talento. ¿Adivinas qué? ¡Todavía la hay!

LO MISMO-LO MISMO
Premisa básica de este capítulo/libro: "equipo" de la liga nacional de fútbol de 48 personas = 48 personas del departamento de sistemas de información/"equipo" ESP.
E-x-a-c-t-a-m-e-n-t-e l-o m-i-s-m-o.
P-u-n-t-o.

❝❞

**LA TIERRA
DE LOS VALIENTES**

Como escriben Stan Davis y Christopher Meyer en *futureWEALTH,* "cuando la tierra era el activo productivo, las naciones batallaban por ella". Lo mismo está ocurriendo ahora... por lo que se refiere a la gente de talento.

De hecho, el talento se ha convertido en el activo productivo. Y la batalla por este "territorio" no suficientemente explorado será la prueba del temple de todas las organizaciones públicas y privadas. Y no se ganará esta batalla con el simple hecho de tener a una pareja de genios intrépidos en la cumbre. Ganaremos esta batalla... y la guerra... sólo cuando nuestro *pool* de talento sea... profundo y amplio. Sólo cuando nuestras organizaciones estén atestadas de personas inquietas que estén decididas a torcer las reglas... a inventar algo excitante... antes de que lo hagan otros tipos. Sólo cuando el jugador número 48 de ese equipo de 48 jugadores esté decidido a... Establecer una Diferencia... durante sus 4,2 segundos en el campo.

❝❞

SIGUE AL DINERO

"Históricamente, la gente inteligente ha ido siempre donde estaba el dinero. Hoy, el dinero está yendo donde está la gente inteligente".

Del *Financial Times* (junio de 2003)

De hecho, persistió durante la recesión de 2001-2002. El desempleo subió con signos invariables de "blandura" en el mercado de trabajo, y eso, a su vez, implica generalmente una estabilización de la productividad y de los salarios. Pero, en este caso, la productividad continuó subiendo y los salarios permanecieron altos.

Estaba ocurriendo algo muy importante. Las empresas utilizaban la recesión como tapadera temporal, mientras respondían a la permanente revolución de cuello blanco. Habían estado haciendo lo mismo desde la depresión, de una forma u otra. Pero la recesión proporcionó una oportunidad inigualable (sí, cobertura) para acelerar el proceso de recortar su carga de "recursos humanos". Pero las empresas no recortan en el consejo de administración. Tampoco expulsan generalmente a los "últimos contratados". Más bien, como pusieron de manifiesto varios analistas, ésta fue la primera recesión en la que la antigüedad no decidió quién iba a ser despedido o no. En lugar de ello, los despidos estuvieron determinados por... ¡el talento!

Más tarde ocurrió algo que contradecía la norma histórica. Después incluso de que la economía empezase a remontar, el número de empleos no se recuperó tan sólidamente como en el pasado. Las empresas rendían más que nunca, con menor cantidad de personas; es decir, con el... Talento Superior... que permanecía en ellas. (De aquí los incrementos de productividad.) Y el "talento" estaba continuamente al frente de las saludables recompensas financieras. (De aquí el que perdurasen los altos salarios.)

El talento importa más que nunca a las empresas. Lo que quiere decir que hay escasez de talento. Habrá escasez de talento en un futuro predecible... incluso cuando haya "sobreoferta" en el "mercado de trabajo". Porque el talento no trata del "trabajo". No es una cuestión de "número de cabezas". No es un asunto de "cuerpos en los cubículos". El talento es una cuestión de... quienes puntúan alto en la escala "distinta". Y el mundo va a hacer cola para adquirir los servicios... de los que son realmente distintos...

El imán del talento: un lugar extraordinario para trabajar

De manera que, por una parte, el talento extraordinario tiene la libertad de deambular por la tierra, de elegir las mejores actuaciones, de embolsarse las recompensas financieras más elevadas. En este sentido, las organizaciones pasarán cada vez más a un segundo plano. (Compara la forma en que los jugadores han controlado, en su mayor parte, el deporte profesional desde que se estableciera la libertad de contratación.)

Sin embargo, por otra parte, las empresas que dominan el mercado del talento irán mejor que nunca. (Compara la forma en que los jefes de los equipos deportivos barajan y vuelven a barajar sus plantillas, sin descanso, constantemente, 365 días al año, para dar con una combinación ganadora.)

Pero las organizaciones que quieran atraer, retener y conseguir la mayor ventaja del talento extraordinario tienen que ofrecer un... Lugar Extraordinario para Trabajar. Un lugar donde a la gente no solamente se le pague "lo debido", sino que también... Consiga Iniciar y Ejecutar Grandes Cosas. Un lugar donde puedan añadir... "Entradas Extraordinarias"... a su cartera de proyectos WOW... y capital a su "marca personal".

La analogía deportiva refuerza de nuevo esta noción. Supón que George Steinbrenner te tienta para los New York Yankees. El contrato es estupendo. Las oportunidades de verte respaldado por uno de los grandes no son para hacerles asco tampoco. Y lo que es igualmente importante, "trabajarás" con los mejores jugadores y te aportarán lo mejor. Pero lo que asegura el contrato es esto: los Yankees te ofrecen la oportunidad de coronar tu carrera con un Anillo del World Series Championship... en cada dedo de tu mano. (¡Habla de proyectos WOW!) El equipo de los New York Yankees es un...

Lugar Extraordinario para Trabajar: *un lugar donde a la gente no sólo se le paga "lo debido", sino donde también... consiguen iniciar y poner en práctica grandes cosas.*

talento 25

Lugares extraordinarios para trabajar. Al igual que los "trabajadores", en cuanto "individuos", se deben re-imaginar a sí mismos como "talento", las empresas que quieren atraer personas emprendedoras deben re-imaginarse a sí mismas como... *organizaciones imanes para el talento.* ¿Pero cómo? Mi solución: 25 reglas para el talento, unas bodas de plata de ideas para hacer saltar la "cuestión del personal" (desde ahora, la "oportunidad del talento") desde una retórica galopante en la primera página de una memoria anual a una... Sólida Realidad Estratégica:

1. ¡Pon en primer lugar a las personas! (realmente)

La frase se ha deslizado de más de una boca corporativa: "Las personas son nuestro activo más importante". El problema: generalmente han sido... CHORRADAS. Jarabe de pico, con toda seguridad, y creído también con toda seguridad en ciertos niveles. Pero no... la esencia de lo que hace la empresa. No... la esencia de... LA FORMA EN QUE EMPLEA SU TIEMPO EL EQUIPO LÍDER. (Estándar Steinbrenner.)

No quiero decir que la mayor parte de las empresas ignoren el "asunto del personal". Por supuesto que no lo ignoran. Pero la palabra "primer" tiene un significado especial en "poner en primer lugar a las personas". Significa que "gestionar bien el tema del personal" es el alfa y el omega... y toda letra entre ambas, sean griegas o no.

2. ¡Sé un obseso!

Hace unos 20 años, los americanos, corrimos a voz en grito detrás del "tema de la calidad". Hicimos enormes avances. Los 14 principios sagrados del doctor Deming tuvieron algo que ver con ese éxito. Pero el meollo real de lo conseguido fue éste: *pusimos la "calidad" al principio de la... Agenda Empresarial.*

Cuando, en 1975, te sentabas en una reunión de dos horas con un grupo de directivos norteamericanos, la "calidad" no surgía en modo alguno. Si te sentabas con el mismo grupo diez años después, la mitad de la conversación giraba sobre ese tema. Miles y miles de directivos habían empleado el 25%, y después el 50%, y después a menudo el 75% de su precioso tiempo en una cosa: calidad

El hecho más importante asociado con el... Dominio (de cualquier condenada cosa)... es... *la atención.* O: *el tiempo empleado.*

Si buscas... Dominar el Juego del Talento... debes dar claramente un primer paso: COLÓCALO AL PRINCIPIO DE LA AGENDA.

Y mantenlo allí.

Perseguir el talento o es una obsesión... o no te lo tomas en serio. Tanto si empleas prácticamente todo el tiempo en ello... como si no.

Obsesión por el talento. Esa frase me recuerda a un colega que dirige un laboratorio de informática. Se le conoce como "el cascarrabias". De hecho, se me cruzaron los cables con él y, francamente, no me cae muy simpático. Se lo estaba contando a un amigo que le conoce bien. Mi amigo me interrumpió: "Estoy de acuerdo, Tom. *Estoy de acuer-*

PURA REVISIÓN

¿Qué tema de la agenda se coloca en primer lugar cuando se hace una "revisión de la empresa"? ¿Estrategia? ¿Presupuesto?

Creo que debe ir en primer lugar el "tema del personal". Generalmente, el "tema de recursos humanos" se deja para lo último. No es de eso de lo que trata el ser... serio en la cuestión del talento... o el... GANAR LA GRAN GUERRA POR EL TALENTO.

EL TALENTO ES SU PRODUCTO MÁS IMPORTANTE

Jack Welch dedicó probablemente entre el 70 y el 90% de su tiempo en GE a la cuestión del talento.

Ed Michaels, de McKinsey & Co., "gurú del talento", denominó a GE una... Máquina de Talento. Y se debe en gran parte a Welch, que fue seguramente el mejor desarrollador de talento del siglo pasado, entre los que ocuparon un despacho presidencial en América o quizás en cualquier parte del mundo.

Poco antes de dejar GE, Welch anunció sus planes para después de la jubilación. ¿Dirigir otra empresa? No. En lugar de ello, se convertiría en un "*coach*". En un tipo particular de *coach*: trabajaría con CEO de grandes empresas para... desarrollar talento.

Talento: lo conoces aunque no lo puedas ver

Ofrezco a continuación una lista de atributos intangibles que marcan el "talento" en cuanto talento. (Créeme, estos rasgos son lo realmente importante. Se los robé, tal cual, a uno de los mejores desarrolladores de talento.) Un verdadero ejemplar de "talento"...

Muestra pasión. Están los entusiastas... aquellos que son visiblemente enérgicos y apasionados por todo. Y están los que no lo son. Busca a los entusiastas.

Inspira a otros. La capacidad para inspirar es escasa. Es difícil descubrir en una entrevista, por ejemplo. Seguro que puedes estudiar experiencias de liderazgo. La mejor prueba: *¿inspira el candidato al... entrevistador?*

Ama la presión. Una razón por la que quienes han sido atletas tienden a desempeñar bien puestos de liderazgo: han sido examinados en una situación de caos, los dos últimos minutos de un partido de fútbol o de baloncesto, cuando está todo en el aire y 70.000 aficionados están poniendo en entredicho (vocalmente) la virtud de tu madre. Hay tipos que dicen tonterías y tartamudean cuando las cosas están tranquilas... y que después se muestran tal como son... extraordinariamente dueños de sí mismos... cuando se producen el lío y el caos.

Es activo. El antiguo jefe de Honeywell, Larry Bossidy, dice que encuentra dos tipos distintos entre las personas que entrevista. Quienes hablan de "visión y filosofía" y los que hablan sobre los sucios detalles de las cosas que han conseguido hacer... y de las barreras que han tenido que derribar para conseguir que se hagan... y de las personas que han ido a la lona para que se pudieran hacer. El consejo de Bossidy: quédate con los fanáticos de la acción. (Ese es también mi consejo.)

Conoce la forma de terminar la tarea. Las personas que hacen "el último 2 por ciento". Muchas personas hacen estupendamente los "primeros 98"... pero fallan a la hora de "solucionar" los "cabos sueltos políticos"... o cualquier otra cosa... que son la esencia de la pasión para conseguir cosas con impacto.

Se crece con lo WOW. Busca al candidato que tiene una gruesa cartera de "proyectos WOW". A dicho candidato le gusta... hablar de... realizaciones que volaron el rostro de la sabiduría convencional. A los que "les disgusta" la burocracia. Trabajos que nadie quería y que fueron convertidos en... Joyas.

Muestra curiosidad. Uno no debería decir nunca "hay dos clases de personas". Pero resulta que es verdad. (Más o menos.) Particularmente en este tema. Están los que *no pueden... dejar de hacer preguntas.* Y aquellos que... *no hacen preguntas.* ¡Vota por los primeros! (¡Y contrátalos!)

Encarna "lo extraño". Me erijo en campeón de la idea de "lo extraño"(o "lo insólito") por una sola razón: *los momentos actuales son... Extraños.* Por tanto (simple lógica): necesitamos desesperadamente un *pool* de talento ecléctico/extraño/peculiar. (No un puñado de clones.)

Destila alegría. Alegría no es lo mismo que "energía". Se trata de personas con "chispa en la mirada". Personas que son fanáticas del rendimiento, pero que son capaces de crear un entorno lleno de espíritu. Esto es tan cierto por lo que se refiere a una persona de 23 años contratada para un trabajo menor, como por lo que se refiere a la búsqueda de un director general.

Piensa a alto nivel. La inteligencia en bruto no está siempre cerca de la cumbre, según yo lo veo. Pero la naturaleza desafiante de los asuntos de hoy día requiere un grado decente de inteligencia. Importante... Sí. "Sumamente importante"... sin comparación con las "otras cosas" de las que he hablado.

"Capta el talento." El CEO de Amazon, Jeff Bezos dice que cuando recluta a futuros ejecutivos, emplea más de la mitad de la entrevista en hablar de su historial como reclutador y desarrollador de personas. ¡Nada es más importante!

!

EL CURRANTE REFORMA

Poco después de que Jack Welch se jubilase en GE, *Fortune* sacó un artículo sobre un puñado de empresas que habían sobrepasado a GE durante los "años de Welch". Una era Limited. Su fundador, Lex Wexner, atribuía su éxito tanto al hecho de "contratar a personas importantes" como al de "contratar a grandes currantes".

do. Pero tienes que admitir una cosa. Nadie, nadie, es mejor para atraer —¡y *retener*!— el talento extraordinario. No tiene una bolsa llena de dinero. Sencillamente, crea un entorno de trabajo que se ha convertido en imán para los mejores de los mejores de todo el mundo". ¡Qué calificativo! (Y mi amigo es un cínico de nacimiento.)

Conclusión: los tipos auténticos mandan... incluso los que son atravesados.

"Los tipos auténticos"...
están obsesionados por atraer el talento.

3. ¡Persigue lo mejor!

Si eres un impenitente conocedor del talento... no buscarás nada que no sea lo mejor. En finanzas. En telemarketing. En el atril del primer violinista. Dejarás sin cubrir un puesto de trabajo —y acabarás estresando en el proceso a otros— antes de "llenar un hueco" con una mediocridad. Un puesto directivo o una posición de telemarketing.

"Los *pools* de gran talento" no son muy amables con los que no pueden "pasar". (Pregunta a Steinbrenner. O a Welch. O a Wexner.) De manera que haz un favor a tu gran *pool* de talento: estrésalos un poco, pero no los rodees de gente de segunda fila elegida para "cubrir un puesto". Dales lo mejor. Punto.

Lo mejor: es una palabra importante. Pero se trata de una palabra que se puede —y se debería— utilizar cuando el problema es la Gran Guerra por el Talento. Ejemplo: hace unos cuantos años, Home Depot decidió aspirar a la luna, hacer que una corporación de 20 millardos de dólares se convirtiese en otra de 100 millardos, en un tiempo relativamente corto. Con el fin de dar este gran salto hacia adelante, la empresa elaboró siete iniciativas de crecimiento significativas. El que era CEO, Arthur Blank, estableció la ley: cada una de esas iniciativas debería estar dirigida por... LA MEJOR PERSONA QUE SE PUDIERA ENCONTRAR EN EL MUNDO.

¡Me encanta *eso*!

¡LA MEJOR! ¡MUNDO!

Una de las siete iniciativas era, por ejemplo, una gran expansión internacional. Home Depot pretendió lo auténticamente mejor, tal como ellos lo veían, y terminaron "cazando" al director de operaciones de Ikea. ¿Es el mejor del mundo? ¿Quién lo sabe? ¡Pero seguramente es... una aproximación condenadamente buena! Tú no eres el gran jefe de Home Depot, pero eso, afirmo, no te impide... en absoluto... jugártelo todo a una carta para adoptar una actitud MDM (Mejor Del Mundo).

Tú eres el (pequeño) jefe. Quieres dejar tras de ti un legado de grandeza. Proyectos WOW. Transformación de tu departamento de SI con 62 personas (¡ESP!), de tu departamento de telemarketing de 217 personas, o de tu centro de distribución de 97 personas. Amigo mío, tu legado es una y sólo una cosa: el talento que despliegas para buscar y desarrollar, con el fin de que se hagan las cosas. ¿Jefe de una unidad de siete personas? Estás en el... Negocio del Talento. A TIEMPO COMPLETO y si aceptas algo que no sea lo mejor —en cualquier cosa— eres un pajolero idiota.

Cuando piensas en el "talento", probablemente piensas en... Tiger Woods. Seguro. Pero pienso que es una... Idea Evasiva... en esta... era de intensificación de la creación, como la calificó Nomura Teruyasu. De aquí que la "persecución de la excelencia" sea la... Persecución del Talento Excelente en... Cada Rincón y Cada Grieta de la Empresa.

POR EL AMOR DEL... TALENTO
Warren Bennis y Patricia Ward Biederman escriben en *Organizing Genius,* su libro sobre grandes grupos (como el Proyecto Manhattan y el primer laboratorio de animación de Disney) que las personas que están al frente de tales grupos muestran un atributo coherente: "Los líderes de los grandes grupos aman el talento y saben dónde encontrarlo. Sacan a la luz el talento de otros".

LINDO.

Otro de los grandes grupos de Bennis y Biederman fue el afamado centro de investigación de Palo Alto, de Xerox. Su líder fundador, Bob Taylor, fue descrito en una ocasión como un... "conocedor del talento".

Lindo.

RENDIMIENTO (NO) LIMITADO
Hace años, hice un pequeño trabajo para Les Wexner's Limited Stores. No dejaba mucho margen para hacer experimentos de *merchandising* en una de sus pequeñas tiendas. Y, sin embargo, descubrí que los... máximos directivos de éstas... superaban al grueso de la manada... por un factor de... tres o cuatro o cinco. Una y otra vez.

4. ¡Elimina el resto!

Cuando se nombra a un nuevo entrenador en la Liga Nacional de Fútbol, rara vez mantiene a más de uno o dos de la docenas de entrenadores auxiliares que había en el equipo. Él tiene una filosofía nueva. Trae un aire nuevo. Trae la promesa de una perspectiva más fresca. Necesita talento nuevo —tanto entre los entrenadores como entre los jugadores— para conseguir algo.

Pensamos que "todo esto" es absolutamente normal cuando hablamos de la LNF. (De hecho, los aficionados nos enfadamos si la nueva escoba no barre con vigor.) Pero pensamos que es condenadamente anormal cuando se trata de la empresa. Puede ser que la estrategia de "jugar con lo que hay" fuera plausible en un mundo más plácido. Pero en un mundo donde la competencia es cada vez más brutal... sólo es suficientemente bueno lo mejor. En otras palabras: ¡asciende o vete!

¿Es brutal este "asciende o vete"? Por una parte, supongo que sí. Es brutal para ese veterano que lleva 26 años en la empresa y que no ha cumplido... los serios estándares de rendimiento... durante los últimos 15 años de su carrera. Por otra parte, he observado repetidamente que al talento le gusta reunirse con el talento. A las personas de talento les gusta la presión. Los Tiger Woods del mundo quieren jugar contra... Los Mejores. (Mr. Woods no disfrutaría mucho jugando con un levantador de terrones como yo.) Y ocurre que esto es verdad también cuando se trata de una tripulación de vuelo de la Southwest Airlines. Ellos "captaron" la energía, vitalidad, espíritu y arrojo de sus colegas *cool*. Se hubieran sentido "desanimados" por la ausencia de tales cualidades que ponen de manifiesto muchas de las otras "grandes" líneas aéreas.

¿Debe descartarse a todo el viejo equipo cuando llega a bordo un nuevo jefe y se pretende revisar la "cultura corporativa"? Por supuesto que no. Pero, la mitad de las veces, el nuevo llega a una empresa que ha sido dejada a la deriva... por permitir que tengan vara alta a la hora de promocionar la antigüedad o el ser amigo de un amigo. Por eso, aunque el número de "novatos" que aporta un líder puede variar, se le debería dejar las manos libres cuando se trata de elegir su "equipo de entrenadores".

5. ¡Centrarse en los intangibles!

¿Qué es lo que buscas cuando se trata de talento? ¿El brazo más fuerte en un jugador de rugby? ¿Las calificaciones más altas para un futuro científico de un laboratorio farmacéutico? ¿O... algo más?

Mis conversaciones con... Grandes Líderes... me han llevado a sacar la conclusión de que siempre hay "algo más"... y mucho más. Cuando digo "algo más" quiero decir esos elementos de una persona que no puedes identificar. Importan mucho más que las "desnudas estadísticas", ya se esté contratando para los San Francisco 49 o para Pfizer.

He llegado a creer que una de las grandes pruebas de la madurez en el liderazgo es la capacidad para manejar "los intangibles". Superar la presunción de que "sólo importan los números". Todos los grandes entrenadores deportivos que conozco tienen una mentalidad: *¡Mandan la actitud y el corazón!* Puedes compensar un poco de lentitud... con un mucho de corazón y de actitud.

6. ¡Cambia el perfil de "RR.HH."!

He creído desde hace mucho tiempo que los de recursos humanos deberían sentarse en la mesa principal. Soy un fan de "RR.HH.". Después de todo... se trata de... la Era del Talento.

Problema: con demasiada frecuencia se considera correctamente a los "tipos de RR.HH." como "mecánicos". No como... Arquitectos... que pretenden... jugar como centrocampistas la Gran Guerra por el Talento.

He dedicado mi carrera al "tema del personal". DESEO DESESPERADAMENTE QUE "GANE" "RR.HH.". DESESPERADAMENTE.

" 99

"NUEVO CRECIMIENTO": LA ADECUACIÓN DE LOS DIRECTIVOS
¿Hasta qué punto de limpieza debería barrer una escoba nueva? Ed Michaels, de McKinsey, plantea el caso de una estrategia agresiva de rendimiento del talento. "Creemos que las empresas pueden incrementar su capitalización del mercado en un 50% en tres años —escribe—. Steve Macadam, de Georgia Pacific (la empresa de productos forestales) cambió los directivos de 20 de sus 40 plantas de embalaje para poner al frente de ellas a directivos de más talento y mejor pagados. Hizo crecer la rentabilidad desde 20 millones de dólares a 80 millones en dos años."
¡Guau!

!

¡PON NOMBRE A ESE DEPARTAMENTO!
"RR.HH." tiene una ventaja en cuanto a nombre: es mejor que "personal".
¡Quiero un título nuevo!
¿Qué tal: departamento del talento?
¿Qué tal: personas realmente guays que contratan y desarrollan personas realmente guays?
¡Las palabras importan!

¿Por qué no ocurre?

Sencillamente: UN FALLO DE IMAGINACIÓN.

Yo no he nacido ayer. Entiendo que hay miles y miles de páginas de leyes y regulaciones que "debe administrar" RR.HH. Pero ello sigue sin ser una excusa para que RR.HH... no se re-imagine a sí mismo.

¡Como líderes!

Como... LOS... líderes.

RR.HH... TE QUIERO... en la mesa principal.

De manera que trabaja "para merecerlo".

Por favor.

7. ¡Forja una estrategia atrevida de RR.HH.!

Cuando trabajas para una gran empresa, ésta tiene sin duda un "plan estratégico", un documento voluminoso que es el resultado de deliberaciones incesantes.

Pregunta: ¿QUÉ "CAPÍTULO" GRANDE (¿Y QUÉ CAPÍTULO?) DE ESE "PLAN ESTRATÉGICO" ESTÁ DEDICADO... EXPLÍCITAMENTE... A LA "ESTRATEGIA DE RR.HH."?

Puede ser que yo no esté al tanto. Pero la mayor parte de los "planes estratégicos" que he visto no tienen ni siquiera una "Estrategia de RR.HH.".

Eso es criminal.

Se necesita tener una.

Con dientes.

Y bravura.

Nuestro "enfoque estratégico" para abordar el "tema del talento" es más importante que nuestro análisis del mercado. (O seguramente igual de importante, ¿eh?) (Olvida eso: ¡MÁS IMPORTANTE!)

8. ¡Toma en serio el pasar revista!

Todos reconocemos que el "tema del personal" es importante. ¿Pero tenemos un... PROCESO FORMAL DE REVISIÓN DEL TALENTO... que se considere tan importante como... digamos... el proceso presupuestario?

GE lo hace.

Como escribe Ed Michaels, de McKinsey: "El proceso de revisión del talento es una comedia en la mayor parte de las empresas. En GE, Jack Welch y sus dos máximos directivos de RR.HH. visitan cada división durante todo un día. Examinan por su nombre a las 20-50 personas principales. Hablan de temas que refuercen el *pool* del talento. En GE, el proceso de revisión del talento es un deporte de contacto. Tiene la intensidad e importancia que tiene el proceso presupuestario en la mayor parte de las empresas".

¿Puedes decir lo mismo?

¿Si no, por qué no?

Contempla la agenda: si la "revisión del talento" no está en la agenda... al principio... no te tomas... en serio... la cuestión del talento. (Ni siquiera vagamente en serio.)

Un ejecutivo de software de éxito con el que trabajé, tenía a su cargo 25 personas. Me dijo que dedicaban 100 días de trabajo (¡100!) al año al proceso de evaluación. Dos días por persona, dos veces al año. Uno de esos dos días se empleaba en recopilar datos; el otro se dedicaba a una evaluación intensa con el empleado.

Me quedé asombrado por el número. Y él, a su vez, se quedó asombrado de que yo me hubiera quedado asombrado: "¿Pero qué hago yo que sea más importante que desarrollar personas? Yo no hago el trabajo, Tom. Lo hacen ellos". Añadió que hubo que recorrer un largo camino hasta que el extenso proceso de revisión hiciese que la gente sin-

NUEVA EMPRESA   NUEVAS PERSONAS

Y cuál es... El Tema Singular... de esa... Sala de Operaciones: el talento. Es decir, hay "instituciones" que "hacen una evaluación"... asidua... de su... Máximo Talento.

No se deja *nada* al azar.

Ciertamente, ello no significa que lo hagan bien el cien por cien de las veces. (No lo hacen.) Pero sugiere que se "preocupan" por la "plantilla" (de departamento, división y empresa) tanto como ese equipo deportivo profesional.

tiera que se le trataba justamente; él no agarraba una botella de whisky al final del trimestre, se sentaba con algunos "formularios de RR.HH." y añadía unos números a los espacios en blanco que había que rellenar para evaluar a la gente.

9. ¡Paga más!

¿Pienso que los salarios altos ganarán la gran batalla por el talento?
¡ABSOLUTAMENTE NO!

Creo que la condición *sine qua non* es… la OPORTUNIDAD. Es decir, la oportunidad de brillar… de "hacer una muesca en el universo"… y rápidamente.

Por otra parte, si a uno *le* dan una gran oportunidad y responde con excepcional vigor, debería ser… Recompensado De Acuerdo Con Ello.

Como dijo Peter Drucker a *Business 2.0:* "Las personas innovadoras y sabias técnicamente han llegado a ser increíblemente caras". ¡Jerry Yang, cofundador de Yahoo!: "Valoramos a los ingenieros como atletas profesionales. Valoramos a la gente competente diez veces por encima de una persona media en su puesto". Y Ed Michaels, de McKinsey & Co., escribió: "Es probable que las empresas de mayor rendimiento paguen lo que haga falta para prevenir la pérdida de quienes más rinden".

Si hay algo que me cabrea, es un jefe que se queje por la "alta rotación" en el departamento del servicio de habitaciones de un hotel… y que cuando se le pregunta cuál es el salario base… diga que está 75 centavos por encima del salario mínimo. ("El servicio de habitaciones no es una ciencia espacial, Tom".) Bien, el servicio de habitaciones es una "ciencia en auge". (Es decir, el gran servicio de habitaciones.) Y ello… *me cabrea*… realmente.

No estoy defendiendo que se deban pagar 100.000 dólares al año por un trabajo de servicio de habitaciones. Lo que mantengo es que las personas que trabajan en ese servicio tienen más contactos con los clientes que cualquier otra en el hotel y que, por tanto, no tienen precio. Y si resulta que no tienen precio… y que la alta rotación es un problema… bien… ¡PÁGALAS! Si no 100.000 dólares al año, al menos empieza por 15,50 dólares la hora.

Casualmente (¡no tan casualmente!) cuando se eleva el salario base ocurre algo. Algo grande. Terminas por atraer a un grupo de candidatos totalmente distinto. En el caso del servicio de habitaciones, hay un "pool de candidatos" para puestos de trabajo de 7,50 dólares. Y otro totalmente diferente para puestos de 15,50 dólares. CQD.

Hay un famoso dicho antiguo en el *management* que suscribo casi en su totalidad. Dice: "lo que se mide se hace". Pero déjame añadir algo nuevo a ese viejo dicho: lo que se mide se hace. *Lo que se paga se hace más. Lo que se paga bien se hace más… y mejor.*

10. ¡Establece estándares de altura!

Recuerdo un viejo artículo de *Fortune* sobre los mejores profesores de las escuelas de negocio. Obviamente, habían convertido sus aulas en… grandes aventuras de aprendizaje.

La encuesta se basaba en evaluaciones de los estudiantes. ¿Sugiere eso que estos profesores darán deliberadamente carretadas de sobresalientes a sus acólitos agradecidos?

¡Difícilmente!

Sin excepciones, según recuerdo, todos estos profesores habían sido vistos como "huesos". (O algo así.) Es decir, ser un descubridor de personas no significa administrar un lugar cordial y placentero. Los descubridores de personas… reclutan a la gente grande. La incitan a que se… apunte a grandes cruzadas. Y después establecen… estándares absurdamente elevados.

6699

¿APTO (SOLO) PARA IMPRIMIR?

Peter Drucker escribe: "Mis antepasados fueron impresores en Amsterdam, de 1510 a 1750, período en el que no tuvieron que aprender nada realmente nuevo."

¿Y ahora? "El conocimiento se queda obsoleto… con increíble rapidez. La formación profesional continua de adultos va a ser el negocio principal de los próximos 30 años", dice Drucker.

6699

LA SOCIEDAD PLANA

Hace varios años, Norman Pearlstine se convirtió en editor jefe de Time Inc. La compañía está centrada en el mercado interior. Decidido a elevar el listón de la excelencia, Pearlstine preguntó a uno de los editores jefes de la revista que cuáles eran los 10 escritores principales a los que le gustaría contratar. La respuesta, que derrumbó a Pearlstine: "No se me ocurre ninguno".

Hay un largo camino hasta Arthur Blank, de Home Depot. (Mejor. Mundo.) Y la respuesta del editor es claramente digna de risa, si piensas en un director de cine o en un entrenador de un equipo deportivo. Sencillamente, no se los puede uno imaginar limitando el "universo del talento" a los que ya están a bordo. Ay, pienso que lo de "no se me ocurre ninguno" es una variedad común en el jardín empresarial.

Oh-la-la.

¡Esto es cierto en los deportes!

¡Cierto en el teatro!

¡Cierto en el ballet!

Y no hay razón... NINGUNA... para que no debiera ser... habitualmente cierto... en los "departamentos" de compra, finanzas, SI o RR.HH. (De nuevo ponemos "departamentos" entre comillas... porque se han convertido... en Rutilantes Empresas de Servicios Profesionales... al perseguir un Extraordinario Valor Añadido mediante un Talento Extraordinario.)

11. ¡Forma! ¡Forma! ¡Forma!

Al preparar una conferencia inaugural para la Sociedad Americana de Formación y Desarrollo, me encontré con datos que fijaban el promedio anual de horas de clase del trabajador americano medio. Su número: 26,3.

ES LA CIFRA MÁS OBSCENA CON QUE ME HE ENCONTRADO NUNCA.

Vivimos en una era de "capital intelectual", y entre un 75 y un 90% de lo que hacen los trabajadores de cuello blanco salidos de las facultades será usurpado por un microprocesador de 239 dólares en el curso de los próximos años, más o menos. ¿Qué estamos haciendo para ser... mejores y mejores... más valiosos... y más valiosos todavía? Me parece, basándome en esos datos, que estamos empleando... en total... ¡seis minutos de cada día laboral en la mejora!

Cuando preparaba esa conferencia, me puse legalista e hice un cálculo de mis actividades durante tres semanas, en mayo de 2001. Resultaron 41 horas de "trabajo", seminarios de hora y media a 7 horas de duración. Como la vida es la vida, dediqué 17 horas a lo que solamente se puede clasificar como "otros" (pamplinas mezquinas que nos persiguen a todos). Y... mi tiempo de preparación, "formación" resultó ser de... 187 horas.

Es decir, el índice de "formación" para "trabajar" es 0,01 en el caso del trabajador medio. En mi caso fue 4,67. Casi 500 veces más.

No estoy fanfarroneando. De ninguna manera. Por el contrario, creo que soy cada vez más "normal" por lo que se refiere a un "trabajador de intensificación de la creación". Por lo que se refiere a un grupo de personas que calificamos generalmente de "Talento".

Piensa en "esa palabra". TALENTO. Piensa en sus ejemplos. Piensa en... FORMACIÓN. ¿Puedes imaginar 26,3 horas... *anuales... en una... diva... un violinista... un velocista... un jugador de golf... un piloto... un soldado... un cirujano... un astronauta.*

POR SUPUESTO QUE NO PUEDES.

¿Por qué?

¿Por qué... las divas lo hacen, los violinistas lo hacen, los velocistas lo hacen, los jugadores de golf lo hacen, los pilotos lo hacen, los soldados lo hacen, los cirujanos lo hacen, los astronautas lo hacen... y sólo parece no ser necesario para las personas que se dedican a la empresa?

Creo que es una desgracia, lo cual es una cosa importante. Creo que nos va a pillar —como individuos y como empresas—; lo que es una cosa mucho más importante.

12. ¡Cultivar las aspiraciones de liderazgo de los que se marchan!

La formación no debería pretender simplemente "incrementar las capacitaciones". La formación debería promover un... *"sólido espíritu empresarial"*... en cada uno de los empleados que trabajan para los demás.

Recuerda: el microprocesador se hará cargo del resto. Los "departamentos" se convertirán en excitantes Empresas de Servicios Profesionales. Cada individuo se convertirá, en efecto, en CEO de Yo, S.L., en el operario-propietario de una empresa unipersonal... que puede estar —actualmente— incrustado en la nómina de otra empresa.

! TÁCTICA: DESARROLLO DEL LIDERAZGO

Mi amigo Roger Enrico fue apartado de su puesto en Pepsi Cola. Dejó un puesto de alto directivo de "línea" para convertirse en un (simple) jefe de "desarrollo del liderazgo".

¡Resultó ser diferente!

¡Muy diferente!

El puesto siguiente de Roger fue... CEO y presidente del consejo de administración. Es decir, Pepsi Cola se unió a las filas (muy atrofiadas) de quienes se toman... MUY EN SERIO el desarrollo del liderazgo. Por supuesto que GE es otra. El "proceso" de desarrollo del liderazgo puede estar muy desorganizado. O puede ser el... Centro de la Estrategia Empresarial.

¿Cuál de estas alternativas compartes?

! TÁCTICA: EL CENTRO DE LIDERAZGO

Necesitamos un proceso atrevido de desarrollo de liderazgo. Y necesitamos un... CENTRO DE LIDERAZGO. Un... LUGAR... donde el "asunto del liderazgo"... DENTRO DEL ÁNGULO DE VISIÓN DE LA ALTA DIRECCIÓN... sea Muy Frontal y Muy Centrado.

(Modelo: GE Crotonville.)

Y eso, creo, es porque *queremos* que la gente... TODO EL MUNDO... no bromeo... "posea" su porción de la acción. Porción pequeña. Porción grande. Cada porción. Por tanto, la formación debería ser formación en "empresa"... formación en "entendimiento"... y, sí, formación *per se* en "falta de respeto a la forma en que hacemos las cosas actualmente".

13. ¡Incentiva la comunicación abierta!

Si el "asunto del talento" es tan importante... EL TALENTO... DEBE APLICARSE A LA TAREA QUE TIENE ENTRE MANOS. Lo que significa que se debe erradicar toda gota de trabas burocráticas que impida que "la gente normal" hable con otra "gente normal" a largo de toda la "cadena de suministro"... PARA CONSEGUIR QUE LAS COSAS SE HAGAN RÁPIDAMENTE Y A TRAVÉS DEL SISTEMA-COMO-UN-TODO.

Mensaje: si pretendemos... GANAR... la Gran Guerra del Talento... debemos... LIBERAR ESE TALENTO.

¡Deben caer las barreras! (TODAS.)

No hay que decir —aunque como ocurre raras veces, debe decirse— que LA INFORMACIÓN ES PODER. Si yo soy... un EJÉRCITO DE UNO... debo conocer sencillamente... QUÉ DEMONIOS ESTÁ PASANDO. En efecto... todo lo que está pasando.

(Lógica directa, ¿no?)

Dadas las nuevas tecnologías, y el creciente ritmo del cambio competitivo, las personas que están cercanas a la acción deben poder tomar decisiones... BUENAS... sobre la marcha. Esto significa que todo el mundo debe tener acceso a todo.

Mensaje 2003: "Compartir (TODA) la información"... no es una opción. (Consejo de partida: vuelve a leer el Capítulo 7.)

14. ¡Liderar "convenciendo"!

¡QUÉ IDIOTA!

El "idiota" fue citado en el *New York Times* cuando la recesión alcanzaba su punto culminante en 2001. Dirige una fábrica y dijo al periodista que se alegraba en cierto modo de la recesión: "Ahora somos nosotros los que estamos en el asiento del conductor, en vez de los empleados".

¡QUÉ IDIOTA! (Bien, me repito a mí mismo.)

Conozco a otro colega que es "jefe"... El jefe de un equipo de baloncesto. Ganó nueve campeonatos mundiales en los últimos 12 años. Seis en Chicago. Tres en Los Ángeles.

Su nombre es Phil Jackson.

Jackson decía, después de ganar su octavo campeonato en 2001 que: "entrenar es convencer a los jugadores".

Esto es verdad cuando esos jugadores son Kobe Bryant y Shaquille O'Neal... que ganan millones. Y es verdad también si esos "jugadores" son miembros del equipo de servicio de habitaciones de un hotel de 300 camas.

¡Sólo importan los "voluntarios"!

Naturalmente que el tema del dinero es importante. Está claro que la persona tiene que ganar dinero para criar a sus hijos. Pero el campeonato mundial de hoteles sólo se gana si "ellos"... *aportan la actitud del voluntario...* al trabajo... *cada mañana...* y, como consecuencia, convierten ese departamento de servicio de habitaciones en un rutilante centro de excelencia. (¡Y creo que los departamentos de servicios de habitaciones pueden ser exactamente eso!)

Si ese "departamento del servicio de habitaciones" es un "Rutilante Centro de Excelencia"... lo será porque el "entrenador" (jefe) "convence a los jugadores"... uno a uno.

(¿Y podrá alguien retirar la licencia a ese idiota citado en el *New York Times?*) (Por favor.)

! LAS SIETE "INTELIGENCIAS"

La diversidad no es sólo una "buena idea". Es un atributo definitorio del... cerebro humano.

El profesor de Harvard Howard Gardner, ha desarrollado el concepto de inteligencia múltiple. Según Gardner, hay al menos siete variedades formales y mensurables de inteligencia: lógica-matemática, lingüística, espacial, musical, cinética, interpersonal e intrapersonal. Cada variedad tiene un valor único en términos de conformar el mundo.

¿El problema? Prácticamente todos nuestros esfuerzos emocionales y nuestros sistemas de contratación y promoción empresarial se centran en la inteligencia "lógico-matemática", quizás en la inteligencia "lingüística" escondida en la puerta de al lado. Con eso estamos descartando cinco de las siete variedades.

Resultado: ¡estupideces múltiples!

NUEVA EMPRESA   NUEVAS PERSONAS

15. Recompensa las "capacidades de relación personal"

Existen las... PERSONAS ORIENTADAS A LAS PERSONAS. Y existen las que... no lo están. Las instituciones que incentivan el talento... PROMUEVEN EL MEJOR DESARROLLO DE LAS CAPACITACIONES DEL TALENTO.

PER SE.

Estoy en lo que hago. En pensar sobre el *management*, en escribir sobre él. En hablar sobre él. En el análisis de "las cosas". Y en la presentación consiguiente. A decir verdad, y soy reacio a hacerlo, no soy una... persona orientada a las personas. No me podría considerar, ni remotamente, un "conocedor del talento". Eso no es lo que yo hago. No es "mi tema". ¡Y la única sabiduría de la que me congratulo es de la sabiduría de darme cuenta! ¡Y de no tratar de fingir!

Hay personas orientadas a las personas.

Y hay quienes no lo están.

Con demasiada frecuencia, promocionamos a un puesto de liderazgo al mecánico (al mejor formador, al mejor vendedor, etc.), porque es el mejor mecánico. (Contable, vendedor, formador.) No porque sea la mejor "persona orientada a las personas". Y aun así el liderazgo... trata... en la Guerra por el Talento... de las Personas Que Necesitan a las Personas.

ESCUCHA: las personas orientadas a las personas no son... "blandas". De hecho, las mejores de ellas son duras como uñas. Orientadas al rendimiento hasta decir basta. Decididas a reunir al mejor condenado grupo de talento que puedan. A persuadir a ese talento-en-bruto a que vaya, y cree desde cero, a lugares a los que nunca había imaginado que podría ir.

16. ¡Muestra respeto!

Como escribió el psicólogo americano William James: "La necesidad humana más profunda es la de ser apreciado". Y la mayor parte de las personas de talento llevarán sus talentos a los lugares donde se sientan... más apreciadas, porque disfrutan de una amplia variedad de posibilidades entre las que elegir.

Aprecio significa muchas cosas. Oportunidades. Recompensas financieras. Conciencia corporativa del equilibrio trabajo-familia. Etc. Pero en lo más alto de la lista está (sin excepción)... el "SIMPLE" RESPETO.

Algunas instituciones destilan... RESPETO.

Otras... NO.

Lo hemos visto todos una docena de veces. (UNA DOCENA DE DOCENA DE VECES.) Estás en presencia del gran jefe. Él te mira... Y NO TE VE. Él "ve" a la persona que le precede en el poder en medio de la sala. Él no te ve... A TI.

¿La cuestión práctica? Pienso que debemos "prestar atención a 'tales cosas'". Podemos buscarlas cuando contratamos. Podemos buscarlas... AL PRINCIPIO DE LA LISTA... cuando promocionamos.

En resumen. Las instituciones que... "ganarán" la gran guerra del talento son... las instituciones que aprecian.

17. ¡Ocúpate del individuo total!

En algunos sitios... les importas un bledo como... ser humano. En otros, obviamente, no. Preocuparse de la persona como individuo es en parte una cuestión de detalle de los "programas": permiso de maternidad, seguros sanitarios, guarderías, matrículas para los estudios. Todas estas cosas son importantes. Y deberíamos esforzarnos por estar en el cuartil más alto y pendiente de cualquier medida que se pueda realizar.

Pero va mucho más allá de eso. Hay instituciones que... SE PREOCUPAN. Instituciones que te tratan como mucho más que forraje para el canon de las "de-9-a-5". Instituciones donde los máximos líderes (¡Y, COMO CONSECUENCIA, LOS LÍDERES DE TODOS LOS NIVELES!) hacen el esfuerzo extra... de mostrar su preocupación por la familia de sus empleados y por la comunidad.

NUEVA EMPRESA   NUEVAS PERSONAS

TALENTO PARA ALMORZAR

Cuando era un neófito en McKinsey & Co., se me hizo un espinoso encargo que implicaba un cierto razonamiento económico sobre los carteles, que superaba mi formación. Aturdido, llamé a un viejo amigo que hacía un doctorado sobre empresariales en Stanford. Antes de que me pudiera dar cuenta, estaba almorzando en el club de la facultad de Stanford con un famoso profesor de economía y con el jefe del departamento de ciencia política. Se quedaron perplejos por el rompecabezas y hablaron con otro par de colegas. No estoy seguro de si el cliente obtuvo el asesoramiento adecuado, pero estoy seguro de que se benefició del pensamiento de algunos de los mayores talentos del mundo, todo ello por mi negativa a limitarme a "hacerlo lo mejor que podía con lo que tenía a mano".

Creo que está claro... TAN CLARO COMO EL CRISTAL... que a las personas las atraen... y las retienen... LAS INSTITUCIONES QUE LAS HACEN SENTIRSE BIEN COMO SERES HUMANOS.

Y una de las cosas (MÁS IMPORTANTES) que hacen que eso ocurra... es que la institución proporcione "buenas vibraciones" en la dimensión llamada... INTEGRIDAD. Una institución que esté "al frente" en los temas éticos. En los familiares. En los comunitarios. En los del entorno. En los de seguridad del producto. En los de calidad. Etc.

(Aunque tengo 60 años, no tengo idea de cómo definir la integridad. Pero... LA CONOZCO CUANDO LA VEO. Algunos lugares me hacen sentirme bien... de acuerdo con la ESCALA DE LA INTEGRIDAD. Otros me hacen sentir... APRENSIÓN.)

18. Medida de la singularidad

¿Quién entiende el talento? ¡El profesor de primaria de tu hijo! (Si es de los buenos.) Los profesores y las profesoras están... en el negocio del talento.

Obvio, ¿no es cierto?

¿Y cuándo nos gusta esa profesora de tercer grado que tienen Sally o Sammy? Especialmente cuando no es una esclava de "enseñar los temas del examen". Cuando es una de... las gloriosas... que entienden que cada una de los 6 millardos de personas humanas... es totalmente única. Trata a cada uno de sus 19 alumnos como un... ser humano totalmente único... comprometido en una... Trayectoria Totalmente Única de Aprendizaje, Descubrimiento y Desarrollo.

Es una forma muy cómoda de decir que el talento es "un asunto muy particular". El "talento" no es fácil de clasificar (di mejor que... NO SE PUEDE CLASIFICAR EN ABSOLUTO). Seguramente aplicamos el cronómetro a los jugadores que vienen a la campaña de entrenamiento de verano de la liga nacional de fútbol, y les controlamos la salida de las 40 yardas. Pero al final de la semana, cuando consideramos si deberían quedarse o no, los tratamos como... individuos totalmente únicos. Medimos las capacidades físicas... y después empleamos el 98% restante de nuestro tiempo en pensar en la actitud, la capacidad de aprendizaje y otros 27 intangibles. Y después tomamos la decisión de retenerlos. O no.

¿Los medimos con un instrumento de RR.HH. estandarizado? ¡TOTALMENTE ABSURDO! Y... si esto es absurdo para la LNF... maldita sea... es... *igualmente absurdo*... para el profesor del jardín de infancia... o el directivo de un departamento de formación de cuatro personas... o el líder de un departamento de telemarketing de 68 personas.

¡*Todos* somos únicos!

¡Una medida nunca vale para todos!

¡Una medida vale para *uno*!

¡Punto!

De vuelta a la LNF, donde es tan obvio: hay 48 chavales en una plantilla plenamente motivada.

Mensaje: *48 jugadores = 48 proyectos = 48 mediciones del éxito totalmente diferentes.*

(Tengo un calificativo para quienes creen en los instrumentos de evaluación estandarizados de RR.HH.: ¡imbéciles!) (No podemos poner en letras de imprenta mi calificativo *real*.)

19. ¡Honra a la juventud!

Las nuevas tecnologías no han dejado aún los pañales. De hecho, se puede ver un desfile de tecnologías revolucionarias en el horizonte... durante los siguientes años y años... y décadas y décadas.

¿Y quién liderará este desfile?

¿Los de 50 años? ¡Difícilmente!

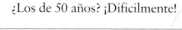

USUARIOS AMIGOS

¡Niños! A ellos les da por "todas estas cosas". Instintivamente. Sugata Mitra, del NIIT de Nueva Delhi, describe un increíble experimento realizado en 1999. Pusieron computadoras personales en quioscos públicos en Delhi. Como consecuencia de las perpetuas tormentas de polvo, no eran muy apetecibles, al haber tenido que colocar fundas de plástico sobre el teclado.

¡Algo que difícilmente puede incentivar! Sin embargo, los jóvenes granujillas de la calle, analfabetos informáticos, se aproximaron a las computadoras con alegría. (Los textos de las computadoras estaban en inglés. Los niños hablan hindi.) El tiempo medio que transcurrió entre el primer contacto del niño con la computadora y su entrada en Internet y comienzo de navegación por la misma fue de... ¡ocho minutos!

¡Dios mío!

"¿Por qué centrarnos en estos adolescentes y veinteañeros? —escribía el *Economist*—. Porque son los primeros jóvenes que están en una posición de cambiar el mundo, y realmente lo están haciendo.... Por primera vez en la historia, los niños se encuentran más cómodos, mejor informados y formados que sus padres en una innovación fundamental para la sociedad. Internet ha desencadenado la primera revolución en la historia que va a ser dirigida por la juventud." El gurú de la innovación Michael Schrage llama a "todo esto" la era de la discriminación por razones de edad: "El dilema real del innovador no es la amenaza de las tecnologías inquietantes; es el ascenso imparable de los casi adolescentes que las esgrimen".

Tengo 60 años. ¿Debería ser arrojado al mar los viejos de 60 años? ¿Para bien? Quizás no. Aunque pienso que, honestamente, debería decir "no está claro". *Diré*, y lo hago habitualmente: ESTA ES UNA CRUZADA DE LOS JÓVENES.

Soy curioso. Pero la persona más curiosa que conozco es 33 años mayor que yo. Es mi madre, de 94 años. De manera que creo que nosotros, los "viejos mequetrefes" podemos ser demoníacamente curiosos.

Pero la cuestión no es esa. Hay algo que yo... no puedo... ser. Es decir: *¡ingenuo!* El gran físico y premio Nobel, Richard Feynman, decía que no era una coincidencia que prácticamente todos los grandes descubrimientos de la física hayan sido protagonizados por personas menores de 25 años. Y concluía: cuando tienes menos de 25 años, no sabes qué es lo que no sabes.

¡No dejaré que mis niños se acerquen a mi computadora! La razón: son demasiado buenos. Siempre están haciendo pruebas. Forzando su capacidad hasta el límite. Y, por supuesto... escacharrándola en el proceso.

Lo cual me aterroriza.

Lo cual no les preocupa en absoluto.

Son miembros de una... especie nueva. De hecho, los más jóvenes de Tokio parece que hubiesen nacido con una consola de juegos en las manos y a veces se les califica como miembros de la "generación del pulgar". Es decir, han utilizado tanto sus pulgares en las consolas, que los utilizan ahora para muchas cosas en las que los demás utilizamos nuestros dedos índices, como... para dar el interruptor de la luz y cosas por el estilo. Tenemos a nuestra disposición docenas y docenas de historias como éstas. Y todas se suman a una cosa: LOS JÓVENES DOMINARÁN ESTA NUEVA TECNOLOGÍA. *(QUE LO CAMBIARÁ TODO.)*

POR ELLO OFREZCO MI...

TEST AGRIO I: ¿CUÁNTOS MIEMBROS DE TU CONSEJO DIRECTIVO TIENEN... MENOS DE... 35 AÑOS? ¿DE TREINTA? ¿DE VEINTICINCO?

Es una pregunta legítima.

¿No?

TEST AGRIO II: ¿CUÁNDO FUE LA ÚLTIMA VEZ QUE TU COMITÉ EJECUTIVO PASÓ... TODO UN DÍA... CON ALGUIEN QUE TUVIERA MENOS DE... 25 AÑOS?

LA MISMA IDEA, ¿EH? (Robada a Gary Hamel.)

Estamos descubriendo una nueva actitud —¡loado sea!— entre los nuevos jóvenes que se incorporan al mundo del trabajo. Es una actitud que no es probable que se vea anulada mucho tiempo por las incertidumbres de la economía actual. Después de todo, esas incertidumbres están ocasionadas por el caos/lío asociado con la introducción de tantas... tecnologías verdaderamente transformadoras... a la vez.

Es (de nuevo) la Era del Capital Intelectual. Es (de nuevo) la Era de la Curiosidad Recompensada. (Más que... sumisión demandada.) Necesitamos personas que... contesten... desde el principio. Que estén... decididas... a seguir adelante... rápidamente. Que no estén... *impresionadas*... por las recalcitrantes burocracias corporativas contra las que tropiezan. Que estén decididas a... hacer una muesca en el universo. Que estén decididas... a clavar su cuchillo entre mi envejecimiento y mis frágiles costillas.

¡Bendícelos!

¡Quizás esos jóvenes revolucionarios nos anulen con gran ceremonia! (y nos proporcionen cupones para que los recordemos en nuestra chochez... espero).

!

CAMBIO DE MONEDA "EXTRANJERA"

Hace años, un colega de McKinsey trabajaba con un banco japonés. Estaba en Tokio cuando supo que su padre estaba mortalmente enfermo. Regresó a casa inmediatamente y, por desgracia, su padre falleció unos días más tarde. Mi amigo estaba en casa el día antes del funeral cuando su madre le dijo que tenía una llamada telefónica de cierta "persona extranjera". Esta "persona extranjera" era el presidente del gran banco japonés que le llamaba para decirle que estaba junto a él en este momento de gran tristeza.

Estoy seguro que el "gran jefe (japonés)" tenía una secretaria que le recordó que hiciese la llamada. No importa. El gran jefe hizo... la Gran Llamada.

20. ¡Crea oportunidades de liderar!

Lo oíste primero aquí (quizás). LA MEJOR MANERA DE CREAR LÍDERES ES... PERMITIRLES LIDERAR.

Nueva economía. Nuevo mundo. Nuevo índice de cambio. La peor frase imaginable: "espera tu turno".

Busca a alguien grande. Genial. Ponlo al cargo. De algo. Ahora.

El proyecto complejo medio tiene tareas sobre tareas sobre tareas. Subtareas sobre subtareas sobre subtareas. Traducción: CANTIDADES ENORMES DE... OPORTUNIDADES DE LIDERAZGO.

Utilízalas. Divide el proyecto en un montón de subtareas. Busca a un "chico" o una "chica " con un punto de energía, osadía, espíritu —y mucho más listo que tú en lo que respecta a este nuevo tema— y ponlo al cargo. ¿Qué tiene 23 años? ¿Y QUÉ?

Entabla relación con él o con ella.

EL LIDERAZGO NO ES CUESTIÓN DE EDAD.

Como escribe Ed Michaels, de McKinsey & Co.: "Es menos probable que las personas de talento esperen su turno. Solíamos ver a los jóvenes como 'en formación'; ahora son autoridades. Quizás sea ésta la primera vez en que la generación más antigua pueda —y deba— apalancar a la generación joven muy al principio de sus carreras". Michaels presenta después una lista de las "demandas" de la generación X, apenas mellada por el fracaso de las punto.com: *Aman el reto. Desean asumir responsabilidades muy pronto. Anhelan la libertad, la independencia y el control. Están obsesionados por formar capital humano personal. Valoran otras cosas además del trabajo. Ven un marco temporal muy comprimido para sus carreras.*

21. ¡Aprecia la diversidad!

Soy fanático de la nueva economía. Por eso soy fanático de la creatividad. Por eso soy fanático del capital intelectual. Por eso... SOY FANÁTICO... DE LA DIVERSIDAD.

¿Significa esto que soy un fanático de la acción afirmativa? No necesariamente. Y, en cualquier caso, eso no tiene nada que ver.

¿Cuál es el tema? Es realmente muy simple: la creatividad y los grandes saltos hacia adelante proceden de... la mezcla/la combinación/el lío. Es decir, de todo tipo de personas que proporcionan todo tipo de ideas que rebotan locamente unas contra otras... originan gran cantidad de caos... y finalmente originan la emergencia de una gran idea... que... cambia el mundo.

BusinessWeek, agosto de 2002: "Contratar personas diversas, incluso excéntricas, mezclarlas de formas inesperadas y pedirles que hagan algo inusual, puede incentivar ideas sorprendentes".

"¿De dónde vienen las buenas ideas nuevas? —preguntaba el prestigioso director del laboratorio de medios del MIT, Nicholas Negroponte— ¡Es sencillo! De las diferencias. La creatividad procede de yuxtaposiciones improbables. La mejor forma de conseguir las máximas diferencias es mezclar edades, culturas y disciplinas."

El profesor de la Carnegie-Mellon, Richard Florida, escribe en un tono similar sobre la acumulación regional de "capital creativo". (¡O la falta de él!) "No puedes conseguir un lugar tecnológicamente innovador, a menos que estés abierto a los comportamientos extraños, la excentricidad y la diferencia", concluye Florida.

Por eso, "diversidad" significa "un gran asunto", la savia vital de las naciones.

BusinessWeek, agosto de 2002: "La batalla por los inmigrantes que se acerca: la capacidad para absorber extranjeros podría determinar si las naciones del mundo industrializado crecerán o se quedarán estancadas".

Diversidad significa también, creo, "un poeta en cada departamento de contabilidad". Mi personaje favorito en el largo drama de Silicon Valley es Steve Jobs. Steve tuvo... la visión. Y una vez y otra ha creado productos increíbles... que cambian nuestra... visión del mundo. Es seguro que hay muchas razones para ese historial de éxitos extraordinario y consistente. Pero una parte significativa de la historia es que Steve ha dotado siempre a los equipos de desarro-

---

6699

HIP, HIP ¡HÍBRIDO!
Diversidad significa muchas cosas. Grandes cosas. El periodista del *Wall Street Journal*, G. Pascal Zachary, escribió un magnífico libro, *The Global Me: New Cosmopolitans and the Competitive Edge*, en 2000. "La diversidad define la salud y la riqueza de las naciones en el nuevo siglo —escribía—. El poderoso es el mestizo... lo híbrido está en la onda... los impuros, los mezclados, los adulterados, los manchados, los rudos, son las personas que van a heredar la tierra. La nueva norma es la mezcla... la mezcla triunfa sobre el aislamiento. Engendra creatividad, nutre el espíritu humano, espolea el crecimiento económico y da poder a las naciones."
¡Habla de lenguaje rotundo!

llo de productos con todo tipo de personas... seriamente guays y seriamente extrañas, procedentes de lugares seriamente guays y seriamente extraños.

"Ábrete a las mejores cosas que han hecho los humanos —dijo— y luego trata de aportar estas cosas a lo que estás haciendo". Tal era su explicación del hecho de reunir equipos con artistas, actores, poetas, músicos... y cualquier otro ejemplar intrigante de "extraños"/"creativos"... que miraron al mundo a través de cristales distintos.

Por eso, la diversidad es un tema estratégico que lo abarca todo y que está en el meollo del éxito económico futuro, tanto para la corporación como para toda la nación. ¿Corrección política? ¡Olvídalo! La diversidad es una cuestión de supervivencia —o extinción— en un mundo nuevo y audaz.

Otra vez: DISTINTO... O EXTINTO.

22. ¡Libera a las mujeres!

A menudo, en un cierto momento de mis seminarios, pongo esta sencilla transparencia:

¿ALGUIEN DE ENTRE USTEDES HA SUFRIDO A CAUSA DE DEMASIADO TALENTO?

"¡Por supuesto que no!" contestan todos. Y, por supuesto, tú tampoco sufres a causa de demasiado talento. Después de todo, se está desarrollando una gran guerra por el talento.

¿Entonces, a dónde miras? A todo tipo de rincones extraños. Pero hay un lugar al que mirar que no es tan extraño. A saber: el grupo mayoritario de la población de los Estados Unidos (y del mundo).

Está muy claro: LAS MUJERES.

(Es un reto tan importante que todo el capítulo siguiente está dedicado a la próxima aparición de las mujeres en los puestos más altos de las corporaciones.)

23. ¡Celebra a los extraños!

Unas pegatinas de un psiquiátrico del norte de California rezan: *"Los chalados salen a la luz."* *"Los desviados cuentan la historia de todos los mercados de masas creados"*, escribieron los gurús de la tecnología y emprendedores Ryan Matthews y Watts Wacker. *"El próximo gran momento corporativo de América será el que empiece siendo extraño y peligroso. ¿Estás buscando entonces la próxima idea de mercado de masas? Está allí... camino de allí."* *"Nuestra empresa necesita masivas transfusiones de talento. Y el talento, creo, es más probable que se encuentre entre los no conformistas, los críticos y los rebeldes"*, decía el gran hombre de la publicidad, David Ogilvy.

Sigamos con Ogilvy. Si disientes de su afirmación, recuerda que fue un "hombre de la publicidad". "Hablaba de los creativos en la agencia publicitaria", dices. Quizás. Pero no creo que eso marque mucha diferencia. En el nuevo orden mundial —recuerda nuestra larga perorata sobre la idea de valor añadido y la empresa de servicios profesionales— necesitamos "radicales" en todos los rincones y huecos de la empresa. Radicales en... formación. Radicales... en compras y logística. Radicales en... RR.HH. Radicales... bajo cada banco, radicales que se peguen como murciélagos a las vigas. Radicales: ¡Personas que no compran los hechos de hoy día! ¡Personas que no son respetuosas! ¡Personas inclinadas a inventar un hecho nuevo!

¿Entonces, qué hacemos? ¡Adoptar (no sólo "tolerar") sus puntos de vista contrarios!

He aquí un consejo de partida: deja de mirar bajo las farolas en las que has mirado siempre. Deja de contratar a los que proceden de las escuelas de siempre... incluso aunque sean "grandes" escuelas.

EL MONSTRUO DE LAS GALLETAS

Hace años, seleccionaba personal para un programa de política pública de la escuela empresarial de Stanford. Eché un vistazo general a varios cientos de solicitudes y sólo una me resaltó como esa que "uno-debe-tener-bajo-cualquier-circunstancia". No me malinterpretes, todos los chicos eran brillantes como llamaradas. Pero este chico había organizado, además, un equipo que acabó "situándose", según recuerdo, en el Guinness Book of World Records. Él y sus colegas del campus habían cocinado una galleta de una tonelada, aparentemente la mayor que se había fabricado hasta ese momento. (Es verdaderamente difícil de imaginar, ¿no?) Deseaba desesperadamente conseguir a esta persona porque había hecho algo extraño y chiflado de categoría mundial. Sí, sus notas eran aceptables. (Y más.) Pero había demostrado también ese "factor extraño-chiflado". Y, si he hecho algo extraño-chiflado en el pasado, hay posibilidades de que "lo" haga de una forma u otra en el futuro.

(Mi "monstruo de la galleta" se ha convertido en mi metáfora. Exhorto a todos y cada uno: "¡Busca a los monstruos de la galleta de una tonelada!").

¿Quieres fenómenos? (LOS QUIERES) ¿Quieres extraños? (LOS QUIERES.) Respuesta: obvio. Busca en lugares fenómenos y extraños. Contrata en lugares originales. Contrata *currícula* originales.

Mensaje: *no contrates nunca a nadie que no tenga una aberración en su currículum*. (NO BROMEO.) Si han sido "normales" desde su nacimiento, incluso "brillantemente" normales, no esperes de ellos que hagan algo Extraño & Guay & Excéntrico mañana por la mañana. Cuando se es conformista una vez, se es conformista siempre.

He dicho a menudo a los asistentes a los seminarios: "no contrates a nadie que tenga un 9 de nota media". Suena horrible. Y, por supuesto, ofende a un considerable número de participantes que han invertido tiempo y dinero incitando insistentemente a sus hijos para que alcancen ese 9. Por supuesto que no estoy contra la inteligencia. Pero una nota media de 9 significa: absolutamente, positivamente... no tener tiempo... para hacer el vago.

Si tienes el hábito de desafiar las reglas, dicho hábito surgirá probablemente en torno a los ocho años de edad. Y si no lo tienes a los ocho, o al menos a los 18, probablemente no va a surgir a los 88.

¡Busca a los aberrantes!

¡Acéptalos!

¡Toléralos!

¡Cosecha las recompensas de su comportamiento original!

24. ¡Proporciona un escenario para la aventura!

"El reto para IBM, AT&T y otras empresas importantes —escribió el director de RR.HH. de AT&T, Burke Stinson— es instilar un sentido de la aventura a la hora de reclutar personal".

¡Fantástico!

Pero ir de aquí a allí no es fácil. Quizás deberíamos empezar por cambiar la lógica fundamental del *management:* quizás la gran idea debe ser "**¿qué podemos hacer nosotros por ellos?**" más que "¿qué pueden hacer ellos por nosotros?".

Como escribe el último gurú de las carreras profesionales, Tim Hall, "las firmas no gestionarán las carreras de los empleados como hicieron en el pasado. Proporcionarán oportunidades... que capacitarán al empleado para desarrollar su identidad y capacidad de adaptación para que se pueda responsabilizar de su propia carrera".

Conclusión: los líderes obsesionados por el talento están en el... Negocio de la Creación de la Aventura. A tiempo completo.

25. ¡Revela el gran secreto!

Día del trabajo de 2000. El 75 cumpleaños de mi suegra. Decía que tenía un puñado de grandes deseos. Uno de ellos: asistir a un partido de béisbol en el famoso Fenway Park de Boston. Mi cuñado la llevó y les acompañamos mi mujer y yo. Fuimos felices. Pedro Martínez jugó maravillosamente para los Red Sox. Hacía lo que hace Pedro. Volvió totalmente locos a los nueve atletas del otro equipo.

Fue un gran día para mí. Aprendí algo: PEDRO MARTÍNEZ ES MEJOR QUE YO JUGANDO AL BÉISBOL.

No es demasiado perspicaz, me dices.

Pero no estoy de acuerdo.

HECHO: algunas personas tienen más talento que otras. HECHO: algunas personas tienen condenadamente más talento que otras.

Eso es lo que aprendí. Y es una de las grandes claves del juego del talento.

El talento importa. El talento es, en último término, todo lo que hay. El talento en tu *"pool"* constituye el comienzo y el fin de tu proposición de valor... el principio y el fin de tu oferta de soluciones o experiencias... el principio y el fin de tu... marca.

¡ELIMINAR A LA GENTE "FLOJA"? ¡ELIMÍNALA!

¿Podría la integridad ser "más importante que nunca"? Respuesta, en una palabra: SÍ.

La lógica es algo así: en un mundo "sensiblero" donde la competencia no es tan intensa, donde los ciclos de vida del producto duran años, donde el enemigo y su táctica y sus armas son conocidos... es posible dejar que la gente holgazanee un poco. Pero he dicho que en estos días (extraños) necesitamos lo... MEJOR. He dicho también que necesitamos someter al personal a una FILOSOFÍA DE... ASCIENDE O VETE.

Hacer esto supone una carga especial para el jefe. Si fuéramos serios sobre "asciende o vete", el "nepotismo" y otras formas de falta de honestidad relativas a la "cuestión del personal" estarían... FUERA. FUERA. FUERA.

¿Qué es una marca? Recuerda: no es sólo un logotipo. El logotipo del Boston Red Sox es bonito en una camiseta. Hay mucha tradición ("capital de la marca") detrás de él, etc., pero cuando ya se ha dicho y se ha hecho todo, la esencia de la marca Red Sox es… Pedro Martínez, junto con otros 24 jugadores que dan a la camiseta del Sox 162 juegos por partido (más el *manager*, los entrenadores, los ojeadores y todas las otras personas que hacen funcionar al equipo).

¿Qué es un "equipo de béisbol"? Muy sencillo: un equipo de béisbol es… SU PLANTILLA. El marketing deportivo es importante. No cabe duda. Pero todo el marketing deportivo del mundo no levantará a un equipo que pierde año tras año. El talento manda a medio y largo plazo.

A *largo plazo:*
TALENTO = MARCA. MARCA = TALENTO.
Caso cerrado.

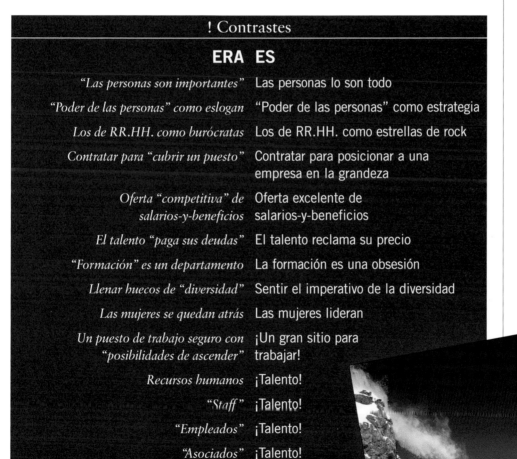

! Contrastes	
ERA	**ES**
"Las personas son importantes"	Las personas lo son todo
"Poder de las personas" como eslogan	"Poder de las personas" como estrategia
Los de RR.HH. como burócratas	Los de RR.HH. como estrellas de rock
Contratar para "cubrir un puesto"	Contratar para posicionar a una empresa en la grandeza
Oferta "competitiva" de salarios-y-beneficios	Oferta excelente de salarios-y-beneficios
El talento "paga sus deudas"	El talento reclama su precio
"Formación" es un departamento	La formación es una obsesión
Llenar huecos de "diversidad"	Sentir el imperativo de la diversidad
Las mujeres se quedan atrás	Las mujeres lideran
Un puesto de trabajo seguro con "posibilidades de ascender"	¡Un gran sitio para trabajar!
Recursos humanos	¡Talento!
"Staff"	¡Talento!
"Empleados"	¡Talento!
"Asociados"	¡Talento!
"Personal"	¡Talento!

¡Talento!
¡Ahora!
¡Punto!
(¡Punto!)

NUEVA EMPRESA NUEVAS PERSONAS

21 Conoce al nuevo jefe: ¡mandan las mujeres!

! Manda el tecnicolor...

- "El mañana pertenece a las mujeres."
- Las mujeres *improvisan* con mucha mayor facilidad que los hombres.
- Las mujeres son más *decididas* y más *sensibles ante la confianza* que los hombres.
- Las mujeres aprecian más su *intuición* y dependen más de ella que los hombres.
- Las mujeres, a diferencia de los hombres, se centran de forma natural en el *empowerment* (más que en el "poder" jerárquico).
- Las mujeres entienden las *relaciones* y las entablan con más facilidad que los hombres.
- "Los chicos están formados de una forma que les hará irrelevantes."
- "Creo que hay un 'secreto' en mi éxito. A saber, contratar mujeres."

! GRITA   no estamos preparados...

Reconocemos que está surgiendo un mundo nuevo y fluido. Pero seguimos con nuestras jerarquías inspiradas por los hombres y dominadas por los hombres. Hacemos reingeniería. Pero nuestra forma de pensar, nuestro mismo vocabulario ("ingeniería") continúa estando inspirado por los hombres. Reconocemos los "derechos" de las mujeres. Pero ignoramos la *fortaleza* de las mujeres.
Valoramos la "fuerza". Pero no conseguimos ver que la fuerza de las mujeres es mucho más "acerada" que la de los hombres. Predicamos el valor de un nuevo tipo de empresa. Pero olvidamos a quienes quizás sean los más adecuados para dirigirlas. A saber: las mujeres

! VISIÓN   imagino...

A una mujer en la Casa Blanca.

Una nueva época en la que todos (hombres y mujeres) reconozcamos, recompensemos y aprovechemos la extraordinaria fortaleza de las mujeres.

Una doctrina empresarial que vea a las mujeres como gran parte de la respuesta no sólo al "problema del talento", sino también al "problema del liderazgo".

Un mundo en el que éste condenado capítulo sea... Totalmente Innecesario.

LA PROFUNDIDAD DEL POZO DEL TALENTO

La amplia "perorata" que constituye este capítulo comenzó sólo como un elemento del Talento25. (Véase el Capítulo 20.) Después, me cabreé. Decidí que la explotación del pozo más profundo de talento requeriría una... *revolución*.

Pero incluso así, mis objetivos son bastante modestos. La "revolución" que deseo incentivar es una revolución de la *concienciación*.

De manera que: ¡Presta atención! ¡Estate atento! ¡Escucha! ¡Pondera lo que sigue! ¡Por favor!

ESCÚCHALAS RUGIR

Nunca pretendí hacer del tema de "las mujeres en cuanto líderes" algo central de mis escritos. Me llegó por sorpresa... y me golpeó duramente en una reunión con mujeres propietarias de empresas en 1996. (Véase el Capítulo 13.)

Escuché cómo una mujer poderosa tras otra describía su lucha contra las jerarquías dominadas por los hombres que habían marcado su vida personal y profesional. Francamente, escuchar esas historias me hizo sentirme como un idiota o mocoso consentido (a los 54 años).

Palabras como "epifanía" no deberían pronunciarse a la ligera; pero sufrí una epifanía de concienciación ese día. Y ha echado raíces. Y me he decidido a... transmitir.

Regreso al género: donde está el talento

Hay una Gran Guerra por el Talento. El gran talento es escaso. Y la oferta será cada vez más escasa... a medida que se acelere la Era de la Creatividad y del Capital Intelectual. Y se acelerará.

¿Podemos permitirnos entonces ignorar a la mitad (o, para ser precisos, ligeramente más de la mitad) de nuestro almacén de gran talento potencial?

Bien... NO.

Si nos tomamos en serio el papel central que tiene en nuestra nueva economía ese talento... debe ser automática la conexión mental entre "talento", "liderazgo" y "mujeres". El comienzo de un informe especial de *BusinessWeek* en 2000, lo dice todo: "LAS MUJERES MANDAN EN CUANTO LÍDERES: nuevos estudios ponen de manifiesto que la mujer directiva eclipsa a sus colegas masculinos en casi todo lo que se mide".

Mi argumento central en este tema es realmente muy sencillo:

1. El talento es cada vez más importante.
2. Nuestro *stock* de líderes no satisface las necesidades del momento.
3. Las mujeres son una fuente de talento increíblemente olvidada (especialmente talento para el liderazgo).
4. Las mujeres y los hombres son diferentes.
5. La fortaleza de las mujeres satisface las necesidades del liderazgo de la nueva economía en un grado sorprendente (y significativo).
6. Luego, las mujeres deben desempeñar un papel importante en la solución del "problema del talento".
7. Acelerar la incorporación a los papeles de liderazgo de las mujeres es un... imperativo estratégico... del más alto rango.

El *show* de Helen y Judy

Las autoras Helen Fisher y Judy B. Rosener lanzan un poderoso *"punch"* sobre el tema de las diferencias de género y la forma en que se relaciona con el... Nuevo Mundo del Trabajo.

Es un hecho (¡maldita sea!) que los hombres y las mujeres son diferentes (¡significativamente diferentes!) por lo que se refiere a los estilos de percibir y actuar en el mundo. He estado estudiando con todo interés este "tema del género" durante la última media docena de años. Y estoy sorprendido de lo que he aprendido. Han aparecido libros a montones sobre este tema, pero la obra de Fisher y Rosener destaca por su capacidad para penetrar incluso en una cabeza dura masculina como la mía.

"EL MAÑANA PERTENECE A LAS MUJERES." Esta es la valiente respuesta que ofrece Helen Fisher en *The First Sex: The Natural Talents of Women and How They Are Changing the World*.

He aquí, en resumen, su argumento: "Las mujeres y los hombres poseen un cierto número de diferentes capacidades innatas, por término medio. Y las tendencias actuales sugieren que muchos sectores de la comunidad económica del siglo XXI van a necesitar los talentos naturales de las mujeres... Las mujeres tienen muchas facultades excepcionales: talento para las palabras, capacidad para leer señales no verbales, sensibilidad emotiva; empatía; paciencia y habilidad para hacer y pensar simultáneamente en varias cosas... inclinación por la planificación a largo plazo, capacidad para entablar relaciones y negociar; y preferencia por cooperar, llegar a un consenso y dirigir mediante equipos igualitarios".

(Por favor, pare y vuelva a leer eso L-E-N-T-A-M-E-N-T-E.)

"Ha llegado la hora de que las organizaciones norteamericanas actúen –escribe Judy Rosener, en *America's Competitive Secret: Women Managers*–. Ningún otro país del mundo tiene una oferta comparable de mujeres profesionales que esperan para entrar en acción. Este es el secreto competitivo de América.

La lista de Rosener sobre la fortaleza del liderazgo de las mujeres es un eco de la lista de Fisher:

- Conectan más que los trabajadores medios.
- Favorecen estilos de liderazgo interactivos-colaborativos.
- Mantienen colaboraciones fructíferas.
- Comparten fácilmente la información.
- Ven la redistribución del poder como una victoria y no como una rendición.
- Aceptan con facilidad la ambigüedad.
- Honran la intuición tanto como la pura "racionalidad".
- Son inherentemente flexibles.
- Aprecian la diversidad cultural.

(Vuelve a leerlo otra vez por favor. L-E-N-T-A-M-E-N-T-E.)

Es un mundo (laboral) de mujeres

Dicho sencillamente, pues: hay un conjunto de atributos, fundamentados más generalmente en las mujeres que en los hombres, que satisfacen los requisitos del nuevo mundo de... *soluciones... experiencias... proyectos* WOW... etc.

He aquí mi propia lista de tales atributos:

- Las mujeres ponen en práctica la *improvisación* con mucha más facilidad que los hombres.
- Las mujeres son más decididas y más sensibles ante la *confianza* que los hombres.
- Las mujeres aprecian la *intuición* y dependen de ella más que los hombres.
- A diferencia de los hombres, las mujeres se centran naturalmente en el *empowerment* (más que en el "poder").
- Las mujeres entienden mejor las *relaciones* y las entablan con más facilidad que los hombres.

Una diferencia en particular arroja un foco de luz sobre la causa de que la nueva economía favorezca a las mujeres. A saber: las mujeres se preocupan mucho menos por el rango que los hombres.

Las reglas básicas de la nueva economía:

1. ¡Grita adiós al "mando y control"!
2. ¡Grita adiós al "conocer el sitio de cada uno"!
3. ¡Grita adiós a la jerarquía!

A los tipos les gustan las reglas. Les gusta mandar y controlar. Les gusta "saber cuál es su sitio". Les gustan las estructuras jerárquicas y las incertidumbres asociadas a ellas. (Oye, puedes seguir el rastro de su instinto hasta la caverna). Tales estructuras existen no sólo a causa de "necesidades organizativas", sino más bien a causa de que la jerarquía y el pensamiento masculino se ajustan entre sí como un guante, y porque los hombres han dominado siempre (hasta ahora) las organizaciones. Pero todo eso está cambiando. Las "necesidades organizativas" de la nueva empresa están cada vez más en consonancia con la parte femenina de la brecha (diferencia) hombre-mujer.

CHEQUEO DE LA CORTESÍA

Las mujeres son adictas a la cohesión, los hombres no. Un tópico, ¿verdad? ¿Pero es verdad? Para comprobarlo, he realizado lo que podría parecer un experimento...

Durante tres semanas muy ocupadas, tomé vuelos de líneas aéreas comerciales. En cada uno de los casos tuve un compañero de asiento; 17 fueron hombres y cinco mujeres. Llevé la cuenta de la frecuencia con que estos compañeros profirieron un sentido "gracias" cuando un miembro del personal de vuelo les prestaba un pequeño servicio (proporcionarles una toalla caliente, servirles la cena, llenar un vaso, etc.).

He aquí los resultados. Entre los 17 hombres, el número total de gracias fue... 11, es decir, 0,65 gracias por tipo. Entre las cinco mujeres, la cifra resultó ser... 11, es decir, 2,75 gracias por tipa.

¿Qué significa este "trivial" experimento? Tú decides. Yo no sacaría una conclusión de una muestra de diez personas. Mi "muestra" no era significativa estadísticamente (tampoco garantizo que no se me pasara un gracias por el camino). Pero, para mí los resultados de esta pequeña encuesta son... considerablemente sugerentes, realmente, nada triviales.

(RE)VIVA LA DIFERENCIA

Recuerda el material que expuse en el Capítulo 13, relativo a *Why Men Don't Listen and Women Can't Read Maps*, de Barbara Pease y Allan Pease. He aquí algunos ejemplos que tomé de su libro, humorístico a menudo, pero siempre muy serio:

"A las mujeres les gusta hablar. *Los hombres hablan en silencio con ellos mismos.*"

"Las mujeres combinan distintas enseñanzas."

"Las mujeres son indirectas. *Los hombres son directos.*"

"Las mujeres hablan emotivamente, *los hombres son literales. Los hombres escuchan como estatuas.*"

"A los chicos les gustan las cosas, a las chicas les gustan las personas."

"Los chicos compiten, las chicas cooperan."

"Los hombres odian equivocarse. Los hombres ocultan sus emociones." Lee de nuevo el Capítulo 13 sobre todo esto.

¿QUÉ PASA CON ALFA?

La mente cerrada del animal masculino es algo que incluso admiten unos cuantos hombres. "Los tipos quieren poner a todo el mundo en su lugar jerárquico", dice Paul Sagmor, de Mercer Management Consulting, con quizás demasiada franqueza. "Como debería respetarle yo, o usted quien está por debajo de mí"?

Oh, chicos: ¿hay alguna posibilidad —una posibilidad, cualquiera que sea— de que una mujer pueda plantear una pregunta como ésta... y adoptar una actitud así?

Piénsalo. Por favor.

TÍTULOS: LAS MUJERES SUPERAN A LOS HOMBRES

Titular de un artículo de fondo de *BusinessWeek,* mayo de 2003. "La nueva brecha del género. Los chicos se están convirtiendo en el segundo sexo desde la guardería a las licenciaturas universitarias."

Estadísticas que lo demuestran: en 2010, el índice mujer-varón de receptores de licenciaturas universitarias será 1,42:1; en lo que se refiere a los *masters,* el índice será 1,51:1.

Y repara en esto: los títulos universitarios son los mejores indicadores globales del futuro éxito económico.

❝❞

LOS CHICOS SERÁN CHICOS

El legendario gurú de la organización, Phil Slater, dice, medio en broma: "Se forma a los chicos de una forma que les hará irrelevantes".

❝❞

CONVERSACIÓN SOBRE LAS "RELACIONES"

Hardwick Simmons, antiguo CEO de Prudential Securities: "Los inversores buscan cada vez más la relación con sus asesores financieros. Quieren a alguien en quien puedan confiar, alguien que escuche... según mi experiencia, las mujeres pueden ser mejores, en general, que los hombres en lo que se refiere a la materialización de estas relaciones."

Dice que "las mujeres pueden ser mejores...". Yo digo que las mujeres son mejores, con seguridad...

Problema masculino

Mensaje a los colegas: el asunto empeora. Considera el siguiente análisis, sacado de un artículo de fondo de *Atlantic Monthly:*

En 1996, había 8,4 millones de mujeres y 6,7 millones de hombres en las facultades universitarias americanas; en 2007, esa disparidad habrá aumentado a 9,2 millones de mujeres contra 6,9 millones de hombres. Además, la mayor parte de las mujeres permanecen y terminan. (Para tu información: las brechas salariales hombre-mujer se invierten a medida que suben los niveles educativos). Como resultado sorprendente (¿para los hombres?) de esta brecha extraordinaria, tenemos actualmente más mujeres que hombres en carreras de alto nivel de matemáticas y ciencias.

Los números "cuentan un cuento" apremiante en casi todos los lugares donde miremos. (Sí, colegas, los números. No es un tema insustancial al que puedas dar de lado con tu actitud de "sólo hechos, señora".) Por ejemplo:

● Hay muchas más chicas que chicos en los órganos de gobierno académicos.
● Hay muchas más chicas en sociedades honoríficas que chicos.
● Las chicas leen muchos más libros.
● Las chicas superan a los chicos en los tests de capacidad artística y musical.
● Los índices de chicas que estudian en el extranjero son más elevados.

Pero no desesperéis, tíos. Todavía mandamos en algunas áreas. A saber: delitos y violencia de todas clases. Abuso del alcohol. Consumo de drogas. Fracasos escolares.

Punto de venta: ¿fuera todos los hombres?

Bien, suficiente pensamiento trascendente sociológico. ¿Cuál es la conclusión práctica y factible de todas estas diferencias de género para tu empresas? Qué me dices de esta:

ECHA A TODOS LOS VENDEDORES MASCULINOS.

Sólo estoy bromeando. Más o menos.

Considera: "HAZ ESTE RÁPIDO EXAMEN. ¿Quién se ocupa de más cosas al mismo tiempo? ¿Quién se esfuerza más en el tema de la apariencia? ¿Quién se ocupa generalmente de los detalles? ¿Quién encuentra más fácil conocer a nuevas personas? ¿Quién hace más preguntas en una conversación? ¿Quién es mejor a la hora de escuchar? ¿Quién tiene más interés en las capacidades de comunicación? ¿Quién se inclina más por implicarse? ¿Quién anima la armonía y el acuerdo? ¿Quién tiene más intuición? ¿Quién se ocupa de listas de cosas más extensas? ¿Quién disfruta recapitulando los acontecimientos del día? ¿Quién es mejor para mantenerse en contacto con los demás?"

Ese "rápido examen" aparece en la contraportada del libro *Selling is a Women Game. Fifteen Powerful Reasons Why Women Can Outsell Men,* de Nicki Joy y Susan Kane-Benson. Y, como no te sorprenderá saber, la respuesta a cada una de estas preguntas es... LAS MUJERES.

Obviamente, no aconsejo echar a todos los vendedores masculinos. Pero te aconsejo que pienses qué cosas son las que conforman una gran fuerza de venta. Qué cualidades se implican... no sólo en hacer "la venta", sino en entablar y mantener el tipo de relaciones continuadas que dan continuidad a los negocios.

Hace varios años, un alto ejecutivo de una empresa de viajes (ahora tiene un puesto mucho más alto en una corporación mucho más grande) se acercó a mí después de uno de mis seminarios. Este tipo, que se había ganado la vida vendiendo sistemas en AT&T, empezó a cavilar sobre el "factor de las mujeres". "Tom —dijo—, creo que mi éxito tiene un 'secreto'. Y es, contratar mujeres". Puedes imaginar mi sorpresa. Esto ocurrió antes de mi esfuerzo por comprender las implicaciones de las diferencias de género en la empresa.

Continuó: "Mis chicos sólo querían hablar con Mr. Importante. Pero las mujeres con las que trabajé estaban dispuestas a invertir cantidades extraordinarias de tiempo tendiendo cables por la organización. Entablaban relaciones, de forma habitual, con varios niveles más abajo en el organigrama de la organización. Cuando llegaban a hablar con el máximo ejecutivo, el negocio estaba esencialmente cerrado. Fue realmente espeluznante lo que hicieron las mujeres. Los tipos no podían hacerlo. Nunca contemplé realmente las causas

Anita Roddick · Carly Fiorina · Oprah Winfrey · Eva Perón

Nefertiti · Hillary Clinton · Zadie Smith · Tracy Emin

"COMO LÍDERES LAS MUJERES DOMINAN."

más profundas de todo esto, pero estoy totalmente seguro de que saqué de ello una tonelada de dinero".

El asunto Reich: como lo "captó" un tipo

De un relato de conversión a otro...

Para algunos hombres, el camino al reconocimiento de los talentos únicos de liderazgo de las mujeres circula por el terreno de los "resultados". Para otros, la peregrinación es más personal. Dicho de esta forma: si un conservador es un liberal que ha sido "atracado por la realidad", puede que un feminista varón sea... un tipo que ha contemplado como se hacía objeto a su mujer de un tratamiento profesional desigual.

Bob Reich es ex Secretario de Trabajo de EE.UU. (1993-1997). Es también, según una encuesta reciente, el tercer pensador más importante sobre *management* de nuestro tiempo. Como parte de su carrera (que no tuvo éxito al final) para gobernador de Massachusetts, escribió un libro en el que exponía sus puntos de vista. El siguiente extracto, sacado de un capítulo titulado "El día en que me convertí en feminista", es un texto que me ha parecido absolutamente fascinante. Trata del día en que su mujer, que es una reconocida profesora de derecho, vio cómo se le denegaba una plaza de profesora numeraria en Harvard.

"Se había votado a una ristra de varones blancos para la plaza poco antes que ella. La mayor parte no habían escrito tanto como ella y no habían recibido los mismos elogios de los especialistas de toda la nación. Ninguno de sus textos había sido sometido al escrutinio detallado —de nota de pie de página a nota— al que sus colegas habían sometido el último manuscrito de ella. Ninguno de los varones había alcanzado el grado de rabia y amargura que le supuso la negativa a darle la plaza.

RATIO AD ABSURDUM

A principios de 2001, di conferencias a tres de las mayores empresas asesoras de servicios financieros del mundo. Las operaciones de tales empresas caen dentro de dos grandes categorías. Servicios y ventas. En la parte del servicio, el 80% de los empleados eran mujeres y el 20% varones en las tres empresas. En el lado de las ventas, la proporción se revierte totalmente: cerca del 80% varones y el 20% mujeres.

Si crees, como lo creemos otros muchos, que las mujeres son mejores que los hombres en lo que se refiere a las "relaciones para vender", esa distribución del talento es Realmente Estúpida.

¿UN "LARGO CAMINO"? HAZ NÚMEROS (I)

Citando el viejo eslogan, las mujeres "han hecho un largo camino". Pero... tienen que hacer un camino aún más largo.

A la llegada del milenio, Susan Estrich informa, en *Sex and Power,* que sólo 63 de los salarios más altos en las empresas de *Fortune 500* eran de mujeres. Solamente el 8% de los socios de las cinco grandes empresas de contabilidad eran mujeres. Un escaso 14% de socios en los 250 despachos más importantes de abogados de América eran mujeres. En las facultades de medicina, el 43% de los nuevos estudiantes son mujeres; el 26% son profesoras, pero sólo el 7% de los decanos son mujeres.

¡Patético!

LA OPORTUNIDAD LLAMA

Algunas veces, la oportunidad llama. Y, otras veces, es un ariete y tienes que quitarte de su camino.

Mi motivación es el rendimiento empresarial, no la justicia social. Por eso contemplo la cuestión de las mujeres y el talento a través de un cristal de rendimiento empresarial. Y lo que veo es, sencillamente, una oportunidad estratégica. Esa oportunidad está llamando... y no va a esperar mucho a que le abras la puerta.

"¿Por qué? Al principio estaba desconcertado. Conocía a la mayor parte de los hombres que habían votado contra ella. Sabía que unos cuantos tenían una mentalidad muy estrecha y que uno o dos podrían ser sospechosos de misoginia. Pero la mayor parte eran hombres sesudos e inteligentes. Habían viajado mucho, leído mucho, habían ocupado puestos de responsabilidad y confianza. Estaba seguro de que tenían la sensación de haber sido justos e imparciales a la hora de juzgar su obra. Les hubiera horrorizado cualquier sugerencia de sesgo sexual.

"Llegué a entenderlo gradualmente. Le habían aplicado sus estándares universitarios tan imparcialmente como sabían. Pero sus estándares suponían que la persona a la que se los aplicaban había recorrido el mismo camino que ellos en lo que se refiere a la formación y a las experiencias intelectuales. Suponían, además, que la persona había realizado el mismo camino de comprensión de la disciplina académica y había experimentado los mismos enfoques de los problemas claves que ellos. En resumen, sus estándares se basaban en la creencia de que la persona a la que juzgaban había llegado a contemplar los modos y propósitos de la vida académica de la misma forma que habían llegado a verla ellos.

"Mi esposa me había ayudado, a lo largo de los años, a ver los sesgos por razón del sexo de estas suposiciones. Sus experiencias y las de otras mujeres profesoras se habían visto moldeadas por la irrefutable realidad del género. Los valores y perspectivas que ella aplica al mundo —y al mundo de las ideas en particular— son diferentes de los de ellos, porque ella ha tenido una experiencia diferente del mundo. De hecho, lo que anima su trabajo de profesora, lo que le proporciona su originalidad y su mordiente intelectual, es la auténtica singularidad de su perspectiva femenina. Ellos habían aplicado sus estándares tan imparcialmente como sabían, pero eran estándares masculinos."

Reich continúa explicando la forma en que él ha integrado la conciencia de las diferencias de género en su propia enseñanza:

"Presento en mi clase un problema de *management* complejo. Una organización está plagada de disensiones. Pregunto, ¿qué pasos tendría que dar el jefe para mejorar la situación? Las respuestas de los estudiantes varones están plagadas de palabras como estrategia, conflicto, intereses, reclamaciones, transacciones y derechos. Mis estudiantes femeninas utilizan palabras como resolución, relación, cooperación y lealtad. ¿Han sido siempre diferentes sus vocabularios y enfoques de los problemas, o es que yo estoy escuchando de una manera distinta a como lo hacía antes?

"El vicepresidente de una corporación a la que asesoro me dice que no puede poner en práctica una de mis recomendaciones, aunque está de acuerdo con ella. 'Yo no tengo autoridad —explica— no es mi tema'. Más tarde, ese mismo día, su vicepresidenta adjunta me dice que la recomendación se puede poner en práctica fácilmente. 'Formalmente no es responsabilidad nuestra —dice improvisadamente—, pero podemos hacer algunas sugerencias aquí y allí, en el momento adecuado, a las personas adecuadas, y se harán. ¿Es el vicepresidente varón especialmente cuidadoso con las líneas de autoridad formales y su asistente femenina especialmente informal, o ejemplifican diferencias en cuanto a la forma en que los hombres y las mujeres enfocan, en general, las cuestiones de liderazgo?

"Si ser un feminista significa reparar en este tipo de cosas, entonces me convertí en feminista el día en que le negaron la plaza a mi esposa. ¿Pero cuál es mi responsabilidad, como feminista varón, más allá de tomar conciencia de ello? Por lo menos: recordar a quienes contratan en las corporaciones que no deberían preguntar a las mujeres que se presentan para un puesto si quieren tener familia; que adviertan a los colegas masculinos sobre las sutiles posibilidades de sesgo sexual a la hora de evaluar a sus colegas femeninos; ayudar a que las mujeres sean escuchadas en las reuniones que solían ser sólo de hombres; ayudar a mis estudiantes femeninas en la clase y legitimar explícitamente las diferencias en las percepciones y los estilos de liderazgo de los hombres y las mujeres. En otras palabras, debo educar a otros hombres, al igual que me he educado a mí mismo.

"No es una tarea fácil. El día después de la votación para la plaza de mi esposa, telefoneé a uno de sus oponentes, un viejo cascarrabias, tan arrogante como inteligente. Decidí lanzarle un epíteto sin el más ligero sentido de la ironía y le llamé 'hijo de perra'."

¡Bravo, Bob!

Indulgencias del género: hacia una revolución del talento

Elevar a las mujeres a posiciones donde merecen estar... y donde añadirán valor real a los resultados... no es fácil. Una organización que ha hecho grandes avances en esta dirección es Deloitte & Touche. Douglas McCraken, antiguo gran jefe de Deloitte, describió brillantemente la "epifanía" de su firma en un artículo de la *Harvard Business Review* titulado "Winning the Talent War for Women: Sometimes It Takes a Revolution".

Deloitte lo estaba haciendo muy bien en esa "guerra". Se esforzaba mucho por contratar a grandes mujeres. Las calificaba más alto —¡más que a los hombres!— en sus primeros años. (No hay que sorprenderse: lo merecían). *Y después... las mujeres se iban.*

Ah: ¡el Gran Problema de los Niños!

No tan rápido, amigo.

Como escribe McCraken, Deloitte se esforzaba por contratar a mujeres de alto rendimiento. De hecho, las mujeres obtenían índices de rendimiento más altos que los hombres en sus primeros años en la empresa. Pero el porcentaje de mujeres disminuía a cada paso de la carrera.

"Las mujeres no se iban para formar familias; habían sopesado sus opciones en la cultura dominada por los varones de Deloitte y las encontraron deficientes. Muchas cambiaban de profesión insatisfechas por la cultura que consideraban endémica en las firmas de servicios profesionales."

Deloitte examinó cuidadosamente qué era lo que llevaba a las mujeres a dejar la empresa, y encontraron una suposición tras otra que bloqueaba inadvertidamente el progreso de las mujeres. Por ejemplo, escribe McCraken: "No se había examinado, en profundidad, el proceso de asignar las cuentas de clientes. Los socios varones hacían suposiciones: 'Yo no la pondría en ese tipo de empresas, porque es un duro entorno fabril'. 'Tratar con ese cliente es difícil.' 'Los viajes producen mucha presión a las mujeres'."

De manera que Deloitte empezó a trabajar para acabar con esas suposiciones. La empresa no se transformó de la noche a la mañana, pero ha establecido un compromiso *estratégico* a diez años para promocionar a las mujeres a sus puestos más altos del liderazgo en mucho mayor número que antes.

Y eso supone, de hecho... *UNA REVOLUCIÓN.*

Palabra de McCracken. ¡Y mía!

! Contrastes	
ERA	**ES**
Competencia	Cooperación
Reglas	Relaciones
Unitarea	Multitarea
Dar órdenes	Hacer preguntas
Reivindicaciones rígidas	Señales sutiles
"Sí, señor"	"Gracias"
Conquista	Comunicación
"Management"	"Empowerment"
Mando y control	Conexión y zalamería
Información: "necesidad de saber"	Información: "deseo de compartir"
Mujeres en funciones de "apoyo"	Mujeres en puestos de ventas

NUEVA EMPRESA NUEVAS PERSONAS

22 Dejarlo claro desde el principio: educación para una era creativa e independiente

! Manda el tecnicolor...

- Nuestro sistema escolar es una conspiración, apenas disfrazada, para anular la creatividad.
- Estamos en un punto de inflexión. Parece que estamos re-inventando todo, excepto el sistema escolar que (en teoría) debería sustentar, o incluso liderar, al resto.
- "La principal crisis de las escuelas hoy día es la irrelevancia".
- "Nuestro sistema escolar es una organización de segunda fila, estilo fábrica, que bombea información obsoleta de formas obsoletas".
- "Nuestro pensamiento educativo está preocupado por 'lo que es'. No sirve para diseñar 'lo que puede ser'"
- "Cada vez que paso por una cárcel o un colegio, siento pena por los que están dentro".

! GRITA no estamos preparados...

Intentamos "reformar" un sistema educativo que fue diseñado para la era industrial, para una era Fordista en la que los empleados tenían que "conocer su sitio" y necesitaban una formación uniforme en forma de "piezas" intercambiables" (tanto los "trabajadores" de cuello azul, como los de cuellos blancos). Pero ahora debemos prepararnos para un mundo en el que el valor surge de la iniciativa individual y de la creatividad. Y debemos rechazar todas las nociones de "reforma" que se limitan a proporcionar más de lo mismo: más exámenes, más "estándares", más uniformidad, más conformidad, más burocracia.

! VISIÓN imagino...

Un sistema escolar que reconozca que el aprendizaje es *natural*. Que el gusto por el aprendizaje es *normal*, que el aprendizaje real es un aprendizaje *apasionado*.

Un *currículum* escolar que valore más las preguntas que las respuestas... la creatividad más que la repetición mecánica de hechos... la individualidad más que la uniformidad... y la excelencia más que el rendimiento estandarizado.

Una *sociedad* que respete a sus profesores y a los directores de los centros de enseñanza, que les pague bien, y (lo que es más importante) que les garantice la autonomía para hacer su trabajo... como los individuos creativos que son y para los individuos creativos que tienen a su cargo.

 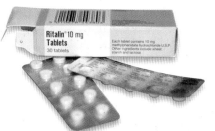 

!

EL RECORTE MENOS GUAY

Steve Jobs ha hecho más cosas increíbles que ningún otro en Silicon Valley. Como he mencionado anteriormente, uno de los "secretos" de sus éxitos es dotar, a todos los equipos de desarrollo, de artistas... historiadores... poetas... músicos... y dramaturgos. Dice que quiere reunir en cada proyecto a lo mejor de las realizaciones culturales y humanas.

¿Cómo es que las escuelas no lo captan? ¿Recorte presupuestario? ¿Los primeros programas a suprimir? Arte y música. Yo digo... al infierno con el presupuesto para matemáticas. (Realmente, no quiero decir eso). Mejoremos el presupuesto de arte e inflemos el presupuesto de música. La formación en creatividad es importante, en general, pero es absolutamente esencial en esta era de intangibles y de capital intelectual.

!

AULA GLOBAL

Una palabra sobre el mundo en general: reconozco que los sistemas escolares son particulares de las culturas nacionales individuales. Y, sí, las observaciones de este capítulo se relacionan más directamente con los Estados Unidos. Pero los problemas fundamentales son los mismos en todas partes: estamos entrando en un mundo nuevo. Un mundo nuevo donde la "intensificación de la creación", como la llamó un analista japonés del Nomura Research Institute, es la condición imprescindible del éxito. Y ninguna escuela del mundo está diseñada para preparar a los niños —a los niños franceses, a los británicos, a los alemanes, a los japoneses, a los coreanos, a los de Singapur— para ese tipo de trabajo creativo

"¡Insuficiente!": ¿Captación o iniciación?

Gordon MacKenzie hizo su carrera durante tres décadas en el departamento creativo de Hallmark. Lo dejó porque sentía que la empresa se estaba quedando un poco apelmazada. Y escribió un brillante libro sobre el tema de mantener enérgica a la empresa: *Orbiting the Giant Hairball: A Corporation Fool's Guide to Surviving with Grace.*

Después de su "jubilación", dedicó mucho tiempo a estudiar y comentar el sistema escolar. Recordaba una visita típica a una escuela elemental americana al final del siglo/milenio.

"'¿Cuántos artistas hay en la clase? ¿Podríais levantar la mano?' PRIMER CURSO: los niños saltaron en masa de sus sillas, ondeando los brazos.... ¡Todos los niños eran artistas! SEGUNDO CURSO: cerca de la mitad de los niños levantaron la mano, a la altura del hombro, no más. TERCER CURSO: sólo unos diez niños de 30 levantaron una mano. Tentativamente. Con plena conciencia. Cuando llegué al SEXTO CURSO no levantaron la mano más que uno o dos, y tan tímidamente... que ponían de manifiesto el miedo a que el grupo les identificara como 'artistas no declarados'. El problema es: todas las escuelas que visité participaban en la supresión sistemática del genio creativo."

Lenguaje duro.

Lenguaje triste.

Lenguaje trágico.

Ahora, otra historia. (No me lo estoy inventando...)

"Mi mujer y yo fuimos a una conferencia para los padres en una guardería —escribe Jordan Ayan en su brillante libro sobre la creatividad, *Aha!*— y nos informaron de que nuestro artista en ciernes (Christopher) sacaría una nota de "insuficiente" en arte. Nos quedamos sorprendidos. ¿Cómo podía darse a un niño —y mucho menos a nuestro hijo— una mala nota en arte a esa tan temprana edad? Su profesor nos informó de cuál era uno de los requisitos del estado para demostrar "capacidades suficientes para aprobar":

... se había negado a colorear dentro de las líneas.

Creo, al igual que MacKenzie, que nuestro sistema escolar es una conspiración (el término que él emplea es "supresión sistemática"), apenas disfrazada, para aplastar la creatividad. Eso me podría preocupar en cualquier momento de la historia. Pero éste no es "un momento de la historia", nos encontramos en un punto de inflexión. Un corto periodo de tiempo en el que estamos re-imaginando todo. La economía y el comercio. Las organizaciones en general. La política. El sistema de salud. La forma de hacer la guerra. Es decir: parece que estamos re-imaginando todo, excepto el sistema escolar que (en teoría) debería sustentar, e incluso dirigir, al resto.

"Irrelevante": aprender y ganar dinero en la nueva economía

He dedicado dos tercios de este libro a urgir... una renovación total de la empresa. Estamos en medio de una revolución. El trabajo rutinario está siendo barrido de la economía de cuello blanco que emplea a cerca de un 90% de nosotros en las naciones desarrolladas. Ello supone un impacto sobre los "burócratas" que habitan en los "centros de costes" tan grande al menos como el impacto de los contenedores en los muelles, de las carretillas elevadoras y otras formas de "automatización" en el centro de distribución.

TODA LA NATURALEZA DEL TRABAJO CAMBIARÁ. RADICALMENTE. RÁPIDAMENTE. ¿ESTAMOS PREPARADOS PARA ESO? ¿ESTÁN PREPARADOS NUESTROS NIÑOS? ¡NO!

Y gran parte del problema comienza en el momento en que enviamos a nuestros niños a la escuela.

Richard Rosecrance, autor de *The Rise of the Virtual State*, escribe: "En último término, la competencia entre naciones será una competencia entre sistemas educativos, y los países más productivos y ricos serán los que cuenten con la mejor educación y formación".

El sector privado no opera en el vacío. EL TALENTO LO ES TODO. Y la "producción" de "talento" depende significativamente de... las escuelas.

Según lo veo, nuestro sistema escolar lo está haciendo todo mal... en una era en la que la creatividad y el capital intelectual dirigen la economía. El "sistema" escolar detesta la creatividad. El alboroto. Los instintos empresariales.

Nuestras escuelas están dirigidas por rituales rígidos y quizás eficaces, creados hace más de un siglo, para otra era, para otra economía. Además, el moderno movimiento de "reforma escolar" supone... un paso de gigante hacia atrás.

"Enseñar para el examen". "Estandarización". Oye. ¡No en mi Silicon Valley!

Nuevo Mundo del Trabajo = Era de la Creatividad. La materia escolar rara y mejor, encaja a la perfección con el nuevo orden mundial. La forma "normal" de hacer las cosas —"reglas de memoria de los reformadores"— encajaba a la perfección con el "viejo mundo del trabajo".

"La principal crisis de las escuelas actuales es la irrelevancia", escribe Dan Pink, en *Free Agent Nation*. El libro de Dan está entre los mejores que se han escrito hasta ahora sobre el nuevo mundo. Un mundo en el que prácticamente todos nosotros nos estamos convirtiendo, por razones de supervivencia, en independientes, propietarios de marcas... CEO de Yo, S.L. (repasa el Capítulo 19). Efectivamente, estamos tratando de abrirnos camino por nuestra cuenta en un contexto más-caótico-que-en-varios-cientos-de-años. Rechazando la posibilidad inminente de que la computadora nos aventaje en utilidad.

Irrelevancia. El sistema educativo es irrelevante... con relación a nuestras nuevas necesidades.

Éste no es el grito de un experto en educación. Es el grito de un analista empresarial, de alguien que mira tan intensamente como puede al nuevo mundo de la empresa —pública y privada— y al nuevo mundo de las carreras. ¿No puede situarse en el epicentro de este nuevo mundo, por definición, alguna forma de "nueva educación"?

"La docilidad perfecta": la forma en que las reglas sobrepasan a las escuelas

La culpa de todo este condenado tema: John D. Rockefeller. Él se interesó por la educación. (¡Hurra!) Creó el Consejo General de Educación. (¡Hurra!) Y esta fue la meta de esos "educadores" en torno a 1906: *"En nuestros sueños, las personas se adaptaban con perfecta docilidad a nuestras manos para que las moldeásemos.... La tarea es sencilla. Organizaremos a los niños y les enseñaremos a hacer de forma perfecta las cosas que sus padres y madres están haciendo de forma imperfecta".*

Sólo hay una respuesta a eso: ¡POR DIOS BENDITO!

(Léelo de nuevo. Por favor. "DOCILIDAD PERFECTA". ¡POR DIOS BENDITO! ¿Y ha... cambiado... algo un siglo después?)

Escuchemos a John Taylor Gatto contar su cuento, que ahora resulta trágico. Gatto es un hombre que vive para salirse de la raya, para pisar todas las líneas. Pero es alguien que ha sido elegido Profesor del Año de la Ciudad de Nueva York tres veces seguidas y una Profesor del Año del estado de Nueva York. En su sorprendente libro *A Different Kind of Teacher*, traza la historia de los puntos de vista trágicamente estrechos que han dominado la educación americana hasta hoy:

"Las escuelas fueron diseñadas por Horace Mann, E.I. Thorndike y otros para ser instrumentos de la gestión científica de una población masiva. Se pretendía que las escuelas produjesen, mediante la aplicación de fórmulas, seres humanos formularios cuyo comportamiento se puede predecir y controlar. Las escuelas consiguieron este objetivo en un alto grado. Pero los productos de la escuela... son irrelevantes en una sociedad cada vez más frag-

---

! ENCOLERÍZATE

Pido disculpas. Soy muy emotivo en este tema. Este capítulo —en el espíritu de otro Tom, Tom Paine— está escrito con rabia. Una rabia contra la malevolencia de los diseñadores de nuestro sistema escolar. ¿Cómo pudo tanta gente ser tan colectivamente estúpida?

!

NUEVA EMPRESA   NUEVAS PERSONAS

! NO ES ASUNTO DE... BISMARCK

Otros dos villanos en escena: Bismarck y Ford. Las luces principales de lo que se ha convertido hoy en el sistema educativo americano fueron imitación, hace más de un siglo, del enfoque educativo hiperdisciplinario adoptado por los alemanes bajo el canciller Bismarck. Henry Ford y (muchos) otros hombres eminentes se convirtieron en devotos. Y tú y yo hemos pagado el precio, y continuamos pagándolo.

!

HAZLO

John Merrow, en *USA Today*: "Lo que se relaciona realmente con el éxito no son las licenciaturas, sino el compromiso, la implicación genuina en los cursos y las actividades de los campus. El compromiso lleva a aprender profundamente... Esto es muy diferente de memorizar cosas para un examen... Como dice Russ Edgerton, de Pew Forum of Undergraduate Learning, lo que más cuenta es lo que los estudiantes hacen en la facultad, no quiénes son o adónde van a la facultad o cuáles son sus licenciaturas".

!

CONFESIONES DE UNA MENTE ENFERMA

Otra vez: sé que estoy gritando. He molestado a personas en fiestas y en cenas. A cualquier condenada persona que he pillado por la calle. Estoy tan loco, que no puedo ver bien. Es una conspiración. Una conspiración anti-educación. Exactamente... en el momento menos adecuado.

ACUSO TODO ELLO EN EL TIEMPO LIBRE. Se suponía que estaba de vacaciones. Verano. Martha's Vineyard, 2001. Y leí a John Taylor Gatto, por recomendación de mi hijastro de 19 años. Continué leyendo. Y me puse furioso. Furioso porque no sabemos cómo educar a los niños. Y de que no lo hagamos.

"IRRELEVANTE"
"penalizar a quien asume riesgos"
"segunda fila"
"obsoleto"

mentada, en la que las únicas personas que triunfan genuinamente son independientes, seguras de sí mismas e individualistas".

¡Ahí vamos de nuevo!

¡IRRELEVANTE!

Hay que acusar también a Frederick Taylor, condenado sea. Nos proporcionó el único modo de hacer las cosas. Quizás tuviera sentido para un mundo en el que había una forma mejor de golpear con un pico una veta de carbón. Pero hemos recorrido un largo camino desde los pozos de carbón de Pennsylvania hasta el Project Studio en Redmond, Washington, donde los programadores y diseñadores de Bill Gates trabajan sin cesar para inventar todos los días una "forma nueva" que supere a la "mejor forma" del día anterior.

Algo más tremendo todavía: los que consiguen lo mejor son invariablemente quienes no participan en el teatro de la educación. Incluso en nuestras "mejores" escuelas. Como escribió el biógrafo de FDR, John Gunter, "los chicos que fueron los mejores resultaron ser generalmente nulidades más tarde; los que odiaban empollar lo hicieron mucho mejor".

O considera a Thomas Stanley, nuestro principal estudioso de los historiales de quienes consiguieron un significativo éxito económico. En *Whoever Makes the Most Mistakes Wins*, los gurús del *management* Richard Farson y Ralph Keyes resumen la argumentación de Thomas: "Thomas Stanley no sólo no ha encontrado relación alguna entre el éxito escolar y la capacidad para hacer dinero, sino que, por el contrario, ha descubierto una relación negativa. 'Al parecer, las evaluaciones relacionadas con la vida escolar son malas para predecir el éxito económico', concluía Stanley. Lo que predice el éxito económico es la capacidad para asumir riesgos. Pero los estándares de éxito-fracaso de la mayor parte de las escuelas penalizaban a quienes asumían riesgos. La mayor parte de los sistemas educativos alaban a quienes se orientan hacia la seguridad... Como resultado de ello, quienes lo hacen bien en la escuela encuentran difícil asumir riesgos más tarde".

Como escribe el "futurista" Alvin Toffler: "Nuestro sistema educativo es una organización de segunda fila, estilo fábrica. Que bombea información obsoleta de formas obsoletas. Sencillamente, las escuelas no están conectadas al futuro de los niños de los que son responsables". "Nuestro pensamiento tradicional está preocupado por 'lo que es'. No es bueno a la hora de diseñar 'lo que puede ser'", añade el gurú de la creatividad Edward de Bono.

Revisemos, entonces, los términos claves de nuestra acusación: "irrelevante", "penalizar a los que asumen riesgos", "segunda fila", "obsoleto".

Estoy cabreado. *Muy cabreado*. Increíblemente molesto porque hayamos hecho "la educación" tan sangrientamente difícil. Tan "de memoria". Tan divorciada del... verdadero aprendizaje... que en realidad es alegría y no angustia, y que trata de... Re-imaginaciones.

"Brutalmente sencillo": examen *versus* preguntar

Hemos estado haciendo de forma errónea la tarea de la educación durante más de 100 años. Perversamente mal. Por diseño. Y ahora nos encontramos con otro movimiento de "reforma escolar"... haciéndolo mal... totalmente mal... una y otra vez.

George W. Bush, republicano conservador... abraza a... Edward M. Kennedy, demócrata liberal. ¡Aprueban otra ley de reforma escolar! ¡Otros 20 años caminando en la dirección errónea! No cuestiono en modo alguno la buena intención de esos líderes. Sin embargo, y pensándolo bien, debo reconocer mi perplejidad por los procesos elegidos.

Por supuesto que nuestros niños deben "conocer las bases" de la lectura, la escritura, la aritmética; y, ay, esas bases se olvidan a menudo. Pero no son sino un punto de partida para la educación y no el punto final. Además, incluso las bases se pueden infundir con emoción en manos de profesores inspirados. Como dijo un guasón, las matemáticas se aprenden fácilmente trabajando como oficinista después de la escuela; ocurre simplemente que las matemáticas en la cárcel-llamada-escuela, con los ojos puestos en otro examen estándar-y-deshumanizado, se desproveen del calor motivador que lleva al verdadero aprendizaje.

La frase más obscena de la lengua inglesa... ENSEÑAR PARA EL EXAMEN. (ME HACE BUSCAR LA BOLSA DEL AVIÓN PARA VOMITAR).

"Lo que realmente se relaciona con el éxito no son las licenciaturas sino el compromiso".

NUEVA EMPRESA   NUEVAS PERSONAS

!

MENSAJE SUECO

La obsesión por los tests afecta también a otras panaceas de la reforma escolar: horas-por-año-en-clase. En Suecia, por ejemplo, las puntuaciones de los tests están cerca del máximo en todas las categorías. Pero los niños suecos no empiezan a ir a la escuela hasta los siete años. Tampoco pasan muchas horas en las aulas. Mientras tanto, nuestros "reformadores" piensan que si alargamos la jornada escolar... y el año escolar... alcanzaremos a los suecos y a los coreanos y a cualquier otro en (sí) las puntuaciones de los tests. (De nuevo: Aaarg.)

❝❞

LÁPICES AFILADOS, MENTES ROMAS

Anny Gaul, profesora de educación secundaria en Charlotte, Carolina del Norte, escribió en el *Charlotte Observer:* "Aunque es verdad que hay que poner en práctica alguna especie de medida de evaluación para calibrar el progreso de nuestros estudiantes y la eficacia de nuestros profesores, me he encontrado, como estudiante, que si no tenemos cuidado, un aula puede pasar de ser un cielo para la educación de las mentes jóvenes, a una fábrica para producir realizadores de tests automáticos (completado con dos lápices bien afilados del número 2 y una hoja de papel en blanco para garabatear). La educación es un privilegio; vivimos en una sociedad en la que el aprendizaje debería ser sagrado, no algo que se considera en último término cuantificable, reducido a una selección de respuestas entre múltiples posibilidades para elegir".

"Descubrí la simple y brutal motivación que hay detrás del desarrollo e imposición de todos los programas y tests instructivos sistemáticos, una falta de confianza en que los profesores puedan enseñar y los estudiantes puedan aprender", escribe el líder del pensamiento educativo Frank Smith, en su soberbio libro *Insult to Intelligence*.

Como escribe John Taylor Gatto: "Lo que miden realmente (los tests estandarizados), es la docilidad del estudiante, y esto lo hacen con toda precisión. ¿Tiene valor alguno saber quién es dócil o no? Dígame. A los profesores no se les permite hacer lo que piensan que es mejor para cada estudiante. Enganchados a un régimen colectivizado, pronto dejan de pensar seriamente en los estudiantes en cuanto individualidades, con independencia de lo que puedan desear".

"Aprender-para-los-exámenes" es el último oxímoron. El examen examina de la materia que va en él. Por otra parte, "aprender" trata de una materia que realmente importe. Por supuesto que los exámenes "importan" a los estudiantes. Pero eso también es revelador. "El examen" no es un "producto final"... salvo en la escuela. Los exámenes no conducen a la maestría. Conducen principalmente a un temor por la materia y al entendimiento de la materia según las "respuestas" forzadas del examen, más que a una profunda apreciación del tema.

Gatto: "La escuela se desarrolla en un entorno controlado por otros... La educación describe esfuerzos en gran parte autoiniciados con el propósito de afrontar la vida con sabiduría y vivir en un mundo que entiendes. La educación es un complejo tapiz tejido de una amplia experiencia, duros compromisos y toma de riesgos sustanciales".

Por favor, comprende: cuando despotrico contra "la estandarización de los exámenes" no quiero decir que despotrique contra la evaluación del rendimiento o la medida del mismo. De hecho, soy un... fanático del rendimiento. Soy un... fanático de la contabilidad. NO SOY UN BLANDENGUE. No lo soy en mis prácticas empresariales. Tampoco en mi vida. Pido rendimiento y fiabilidad... para mí mismo, en primer lugar, y para otros. Pero el rendimiento en el mundo real y el rendimiento en los exámenes son dos cosas totalmente distintas. Los exámenes estandarizados son solamente una forma de evaluación, altamente anormal, además.

RELLENAR Y SOPLAR

Mark Edmundson, que enseña inglés en la Universidad de Virginia, escribió esto en el *New York Times* al comienzo del curso escolar 2002: "La genuina enseñanza —eso que nos enseñaron Sócrates y sus descendientes espirituales— es exactamente lo que el centro educativo americano está tratando de desalentar. A muchos de nosotros se nos ha dicho que nuestra tarea principal es preparar a los estudiantes para los tests basados en los hechos, rellenar nuestros cometidos de información, como si fueran aves de Pascua. Se nos presiona también para que actuemos como partidarios, sin sentido crítico, de nuestros estudiantes, se nos invita a inflar las notas, se nos empuja a convertir nuestras recomendaciones en ejercicios de publicidad engañosa, se nos pide que nunca digamos una sola palabra crítica sobre los estudiantes".

"Absurdo y anti-vital": clases para "las masas"

Las aulas son lugares anormales, a menos que sueñes con hacer carrera como guarda de prisiones. No tienen nada que ver con el mundo real. Nada que ver con el mundo real... a los dos meses de edad... a los 72 años de edad. Las aulas frenan el rendimiento. Tragedia. ¡Millones de personas nunca se recuperan de la experiencia!

"La mejor prueba de que nuestras escuelas se han creado para 'ser escuelas' y no para ser útiles educativamente, reside en el aspecto de las aulas en que confinamos a los niños. Habitaciones sin relojes ni espejos, o teléfonos, máquinas de fax, cuadros, sobres, mapas, directorios, espacio privado para pensar, mesas de conferencia para debatir. Habitaciones en las que no hay un contacto real con el mundo exterior donde transcurre la vida", escribe Gatto.

"Es absurdo y anti-vital verse obligado a sentarse confinado con personas exactamente de la misma edad y clase social. Esto... aparta a los niños de la inmensa diversidad de la vida y de la sinergia de la variedad.... Es absurdo y anti-vital trasladarse de una celda a otra al sonido de una campana todos los días de tu juventud en una institución que no te permite la privacidad.... En los siglos pasados, los niños y los adolescentes empleaban su tiempo en algo real, en el trabajo real, en aventuras reales, y en buscar mentores que pudieran enseñarles lo que realmente querían saber", continúa Gatto mordazmente.

Las escuelas "crean rituales kafkianos" observa Gatto. Dichas escuelas...

● "imponen la privación sensorial en clases que se imparten en aulas inadecuadas para los niños".

● "clasifican a los niños en categorías rígidas, utilizando baremos fantásticos de clasificación como edad, curso o tests estandarizados".

● "entrenan a los niños para dejar cualquier cosa en la que estén ocupados y se muevan como un solo cuerpo, de aula en aula, al sonido de una campana, un timbre o un cuerno".

● "mantienen a los niños bajo constante vigilancia, privándoles de tiempo y espacio privados".

● "asignan constantemente números a los niños, fingiendo la capacidad de descubrir cualidades cuantitativamente".

● "insisten en que todo el tiempo debe llenarse con abstracción de bajo nivel".

● "prohíben a los niños hacer sus propios descubrimientos, pretendiendo poseer algún secreto vital que los niños deben obtener, entregando a cambio su tiempo de aprendizaje activo".

Como se lamenta Frank Smith en *Insult to Intelligence*, "la bomba retardada en cada aula consiste en que los estudiantes aprenden exactamente lo que se les enseña". Y las escuelas emplean la mayor parte de su tiempo ideando contextos en los que los niños aprendan a *no gustar* de temas particulares. ¡Los estudios ponen de manifiesto tales prácticas brillantes pero antipedagógicas! Los tests estandarizados enseñan principalmente a los niños a saber que no son competentes y, por eso, abandonan las ciencias... abandonan las matemáticas. El sistema escolar cumple realmente con algo, después de todo: *desanima* a gran cantidad de seres humanos competentes a explorar cosas que realmente les podrían interesar.

"Prefabricado": enseñar significa alcanzar

En una clase de 25, hay 25 trayectorias de aprendizaje totalmente distintas... 25 viajes en marcha totalmente diferentes. Cada niño es... un caso totalmente único... que procede de un lugar diferente... y va a un lugar diferente... a un ritmo diferente. El aprendizaje es cuestión de idiosincrasia. Todos los estudios sobre conocimiento están de acuerdo. Las personas diferentes aprenden con ritmos diferentes y de formas muy diferentes. Algunas personas aprenden de forma pictórica. Otras aprenden abstractamente. Tristemente, el sistema escolar no lo capta. En absoluto. No está diseñado para ello. En absoluto. Lo ignora. Lo desprecia. Desprecia a todos los que no "aprenden al mismo tiempo" que los demás.

"Es una realidad insoslayable —escribe Ted Sizer, brillante educador y creador de la Coalition of Essential Schools— que los estudiantes aprenden a ritmos diferentes de formas a menudo diferentes. Eso crea la necesidad de un programa de sensibilidad que sólo pueden redactar los profesores cercanos a los estudiantes, y no una oficina central y teórica que realiza un programa mediante computadoras."

Lo captamos de forma equivocada.
Totalmente equivocada.
Retrógrado.
Totalmente retrógrado.
Trágicamente... perversamente... retrógrado.

NUEVA EMPRESA NUEVAS PERSONAS

❝❞

"LA CÁRCEL" GRITA
Como escribe Jimmy Breslin, el picante columnista de *Newsday:* "Cada vez que paso por una cárcel o por una escuela, siento pena de los que están dentro". El contexto: Breslin criticaba las "escuela de verano" de Nueva York. Continúa: "Si no han aprendido en el invierno, ¿qué van a recordar de los días en que deberían estar en la piscina?"

!

ESTO ES TODO LO QUE MEMORIZA
Permíteme revisar lo que escribí al principio de esta sección. Puede ser que las clases sean como el mundo real, es decir, el viejo mundo real. Tareas rutinarias en fábricas estandarizadas (Mundo real de cuello azul.) Tareas rutinarias en los cubículos estandarizados de las torres de oficinas. (Mundo real de cuello blanco.) El problema, por supuesto: los robots harán pronto todo eso. Pero ya los humanos (en su mayor parte) no tendrán opción de hacer el trabajo rutinario.

!

EL TAMAÑO IMPORTA

Otra panacea del movimiento de "reforma escolar": clases más pequeñas. Sin embargo, de hecho, el tamaño del aula no se relaciona realmente con la eficacia educativa. Algunos profesores pueden manejar a siete niños. Manejar brillantemente a 27. Algunos pueden manejar a 37.

Pero se puede decir algo sobre el tamaño. A saber: el tamaño de la escuela. Las escuelas pequeñas —las que tienen alrededor de 100 estudiantes— son "comunidades íntimas" donde tiende a florecer el aprendizaje. Las escuelas grandes son impersonales. Y la impersonalidad engendra problemas. Problemas de disciplina. Problemas de asistencia. Problemas de aprendizaje.

Las clases grandes son ligeramente problemáticas. (Quizás). Pero las escuelas grandes apestan. (Totalmente).

❝❞

EL "RESTO" DE LA HISTORIA

Oye, si vas a dividir la jornada escolar en periodos pequeños definidos rígidamente, da a los niños un recreo entre dos atiborramientos. Se crea o no, aquí los educadores americanos pueden aprender mucho de los japoneses. El sistema escolar japonés es demasiado rutinario. Pero hace bien una cosa: los niños japoneses tienen recreos... después de cada clase. Eso tiene sentido. No es normal que un niño que está creciendo... un joven en particular que está creciendo (es cuestión de genes)... esté sujeto a una silla durante 5 o 6 horas seguidas.

¡Recreo después de cada clase!

Amén.

Los profesores necesitan tiempo y flexibilidad para conocer a los niños en cuanto individuos. Enseñar es cuestión de una sola cosa: conseguir *conocer* al niño. Entrar dentro de su psicología. Mantenerse lo suficientemente cercano como para aprender algo sobre su trayectoria y estilo de aprendizaje. *Asociarse* (GRAN PALABRA) con él en una experiencia única de exploración-aprendizaje-desarrollo. Esto no se hace a base de pequeños trozos. Esto es, de hecho, psicoterapia. ¿POR QUÉ NO LO CAPTAMOS CUANDO SE TRATA DE DISEÑAR EL SISTEMA ESCOLAR?

Un factor que contribuye a extender la insatisfacción del profesor, escribe Gatto, "es la naturaleza extremadamente superficial de la empresa intelectual en las escuelas. Las ideas se rompen en fragmentos denominados temas, los temas en unidades, las unidades en secuencias, las secuencias en lecciones, las lecciones en deberes para casa y todas estas piezas prefabricadas constituyen una clase".

La lógica es clara. Asusta. (Utilizo esa palabra,... "asusta"... con extremo cuidado). Ted Sizer lo capta: "Si empleamos más de un día en la declaración de derechos, no podemos llegar a Grover Cleveland el día de San Valentín".

Aprender en bloques de 40 minutos es... una chorrada completa. Uno no aprende en bloques de 40 minutos. Los estudios sobre ello son claros. El sentido común es claro. Cualquier idiota lo entiende. Excepto los idiotas que dirigen el "sistema" escolar.

Ted Sizer comenta: "Hacemos desfilar a los adolescentes en grupos ante los profesores por espacios de tiempo. Cualquier profesor verá generalmente a más de 100 estudiantes y, a menudo, a más de 160 en un día. Tal sistema niega a los profesores la oportunidad de conocer bien a muchos estudiantes... de conocer cómo funciona la mente de un estudiante particular".

Frank Smith se hace eco de Sizer en *Insult to Intelligence*: "Existe el mito de que el aprendizaje se puede garantizar si la enseñanza se da sistemáticamente, un trozo pequeño cada vez, con frecuentes exámenes para asegurar que los estudiantes y los profesores se aplican a la tarea".

"ENSEÑAR" SU SINGULARIDAD

Cada niño es distinto. También cada profesor. Y eso es bueno. Parker Palmer enmarca soberbiamente ese tema, en su libro *The Courage to Teach*:

"Es imposible pretender que todos los buenos profesores utilicen técnicas similares: algunos hablan sin parar y otros hablan muy poco; algunos se ciñen a su materia y otros dejan correr la imaginación; unos enseñan con la zanahoria y otros con el palo. Pero en todas las historias que he oído, los buenos profesores comparten un rasgo: un fuerte sentido de la identidad personal infunde su trabajo. 'El doctor A está realmente allí cuando enseña'. 'Mr. B tiene mucho entusiasmo por este tema'. ¡Se puede decir que esa es realmente la vida del profesor C!... Una estudiante decía que no podía describir a sus buenos profesores, porque eran muy diferentes entre sí. Pero podía describir a sus malos profesores, porque eran todos iguales: 'Sus palabras flotan de algún modo delante de sus rostros como los textos de las viñetas en los tebeos'".

Tiempo de preguntas. Aprender a aprender

El gurú del *management*, Karl Weick, dice que lo más importante que un líder puede decir en estos tiempos turbulentos es "no lo sé". Y lo explica así: "'No lo sé' es la licencia principal que se da a los seguidores de uno para explorar, para plantear preguntas abiertas... crear marcos nuevos para ver el mundo... asumir riesgos... imaginar por sí mismos".

La estabilidad ha muerto. Por tanto, la educación debe preparar a los jóvenes para un futuro desconocido, ambiguo y rápidamente cambiante, lo que significa que "aprender a aprender" es mucho más importante que dominar un cuerpo estático de "hechos".

Ay, el aula raramente funciona según ese principio. La lógica tradicional: los profesores son "expertos" que "saben las respuestas" y pretenden asegurar que los estudiantes repiten esas respuestas. A toda velocidad. Especialmente el día del examen.

Frank Smith cita a Richard Paul, director del Center for Critical Thinking and Moral Critique, en este tema: "Necesitamos cambiar el foco del aprendizaje pasando de limitarnos a enseñar a los estudiantes a tener la respuesta adecuada, a enseñarles el proceso mediante el cual la gente formada busca las respuestas correctas".

Los grandes profesores son grandes aprendices, no grandes "comunicadores de hechos". Son, en efecto "co-aprendices" con sus estudiantes. Eso es lo que me dicen los grandes profesores. Los incompetentes, los timoratos, los dubitativos son "máquinas de impartir hechos". Se atienen al modelo Ford: recalcar los hechos en las gargantas de los inocentes. (¡Preparando para "el examen"... sin duda alguna!)

Roger Schank escribe, en *The Connoisseur's Guide to the Mind*: "Puede que el contenido real no sea el problema en modo alguno, puesto que estamos tratando de impartir la idea de que uno puede introducirse en nuevas áreas de conocimiento si conoce la forma de aprender, de encontrar lo que se conoce, y de abandonar viejas ideas cuando ya están agotadas. Esto significa enseñar formas de plantear buenas preguntas más que memorizar respuestas conocidas, una idea a la que los sistemas escolares tradicionales no son aficionados en modo alguno y que los métodos de examen tradicionales están incapacitados para afrontar".

Si el aprendizaje es cuestión más de "buenas preguntas" que consigan "respuestas correctas", considera esto, del *Sócrates Café* de Christopher Phillips: "*Preguntas, preguntas, preguntas. Perturban. Provocan. Hacen reír. Intimidan.* Te hacen sentirte un poco como si hubieras perdido temporalmente tus canicas. Tanto, que a veces estoy seguro de que la tierra se mueve y gira bajo nuestros pies... *Bienvenido al Sócrates Café*".

("Sócrates Café" se refiere a reuniones en las cuales, siguiendo las reglas del diálogo socrático, la gente examina lo trivial y lo grande, con extraordinarios resultados de aprendizaje y experiencias para la mayor parte de los participantes. Depende de una cosa: preguntas, preguntas y más preguntas.)

El libro de Phillips no trata de la escuela; más bien trata de la escuela *real*: la vida. De la exploración. Del aprendizaje. Del aprendizaje continuo. Lo cual significa... eso que, ay, es anatema en el aula... ¡PREGUNTAS!

Fácil como el ABC: el aprendizaje es natural

Cuando empecé a escribir este capítulo, mi mujer y yo acabábamos de añadir un "niño" a nuestra familia. Los niños humanos tienen 18 y 22 años. El resto de nuestra familia son perros. Rosie, de ocho años. Hummer, de 5. Y ahora... Wally, de diez semanas. Raramente me he divertido tanto como mirando a Wally... "educarse por sí mismo". Ver a Wally "aprender". Wally ha encontrado el camino a la puerta de la calle. Ha aprendido cómo tratar con Hummer, su compañero pastor australiano, que le acepta... y con Rosie, una Collie que no le acepta en absoluto. Aprende por minutos. (Aprende *por segundos*). Aprender es tremendamente importante para él. Su "supervivencia" en nuestra "familia" depende de ello.

La forma en que las criaturas de Dios aprenden a manejarse en su mundo es... sorprendente... SI ABRES LOS OJOS.

Soy ingenuo. No soy un educador profesional. Pero conozco esto tanto como cualquiera conoce cualquier cosa: no necesitamos "enseñar" a los niños la forma de... *aprender*. ¡Los niños *saben* cómo aprender! ¡Está en los genes! ¡El aprendizaje es natural! ¡El aprendizaje es normal! Para Wally. Y para el pequeño George. Y para la pequeña Jane. Aprendizaje es "lo que hacemos". Es tanto nuestro pasatiempo como nuestra vocación. Lo hacemos bien a los siete años. Lo hacemos... a los 77. Los únicos que han hecho difícil el aprendizaje son... los que mandan en el sistema escolar.

Escribe George Leonard en *Education and Ecstasy*: "La educación es, en el mejor de los casos... ÉXTASIS. EN EL MEJOR DE LOS CASOS, ES LO MÁS DESINHIBIDO. EL MOMENTO DE APRENDER ES UN MOMENTO DE... DELEITE. Esta verdad esencial y obvia la demuestran cada día el bebé y el niño preescolar.... Cuando falta la alegría, la eficacia del proceso de aprendizaje cae y cae hasta que el ser humano actúa dubitativamente, de mala gana y con temor (estoy profundamente enamorado de George Leonard. Lee sus cosas. Por favor).

NUEVA EMPRESA   NUEVAS PERSONAS

!

LA MARCHA DE CHAPIN

Mi profesor de historia de segundo de bachillerato, Mr. Chapin, era un fanático de la guerra civil. Se detuvo casi un año en ese conflicto. Gran parte del resto de la historia americana cayó al servicio de esta pasión. ¿Dejé de aprender "hechos" sobre otros periodos de la historia de EE.UU.? Seguramente. ¿Pudo esa laguna en mis conocimientos haberme perjudicado en los tests estandarizados? Sin duda. Pero... me vi expuesto al análisis apasionado y en profundidad de un tema por primera vez en mi vida. No, ello no me hizo entusiasta de la guerra civil. Hizo mucho más: me hizo entusiasta del "análisis profundo" y un entusiasta de la historia.

Estoy intensamente interesado en los 15 años que siguieron a la guerra de la Revolución. Probablemente haya leído 75 libros sobre el tema. Todavía no conozco la mitad, o la décima parte, de lo que me gustaría conocer sobre él. Pero trabajo como un demonio... en ese periodo de 15 años. En esto consiste el aprendizaje.

Aprendizaje es "lo que hacemos". Lo hacemos... a los siete años de edad. Lo hacemos... a los 77 años.

Tengo 60 años. Recientemente leí hasta la última palabra de las 736 páginas de la obra de Davis McCullough, *John Adams*, que fue un best-seller. ¡Me gustó! Me gustó porque mi formación en historia no es lo que debería ser. Me gustó porque... ¡ME GUSTA APRENDER!

Y como he estudiado educación, he aprendido... que no soy tan maravilloso o tan diferente como pensaba. Porque: A TODO EL MUNDO LE GUSTA APRENDER.

El profesor de educación de Harvard, Howard Gadner, en *Unschooled Mind*, dice: "Los jóvenes de todo el mundo dominan durante los primeros años de su vida un ASOMBROSO conjunto de conocimientos con apenas tutela formal". Hmmm.

Como escribe Frank Smith, en *Insult to Intelligence*, "infravaloramos nuestros cerebros y nuestra inteligencia. La educación formal se ha hecho tan complicada, insegura y superregulada, que aprender se considera en gran parte como algo difícil que el cerebro debería no hacer.... Tal creencia está seguramente bien fundamentada si los profesores se refieren a los esfuerzos por mantener a los niños cambiando a lo largo de secuencias de instrucción que se prescriben como actividades de aprendizaje en las escuelas. *Todos somos capaces de logros enormes e insospechados a la hora de aprender, y sin esfuerzo*".

El currículum "preocupa": aprender cosas que importan

Aprender. Es tan condenadamente sencillo. Aprendemos... como demonios... cuando queremos aprender. Y no aprendemos condenadamente nada... sin importarnos las "consecuencias" que se pudieran derivar... si no es interesante, emocionante, divertido y relevante.

¿Dudas de que el apetito por aprender sea insaciable? Bien, has planteado un tema, si es que te refieres al aprendizaje de las aulas. Pero aprender es algo normal incluso en el caso del adolescente más apático. Considera el caso de un joven de 16 años que es también jugador en el equipo juvenil de fútbol de la universidad. Le cuesta trabajo permanecer despierto durante el inglés y las matemáticas. Pero puede aprender una docena de juegos nuevos y complicados en hora y media... cuando trota en el campo de entrenamiento a las 2,45 de la tarde. Porque: ¡Eso le interesa! ¡Es sobresaliente! ¡Se siente comprometido!

Continúa Frank Smith: "Los niños aprenden lo que tiene sentido para ellos. Aprenden las cosas que quieren aprender por el sentido que tienen". Smith añade que los niños que están, como mi nuevo perro Wally, esencialmente intentando *sacar tajada* (deben aprender para manejarse en el mundo)... son "*informavores*" (devoradores de información) que "devoran saberes nuevos".

Me gusta eso: "informavores". "Devorar Saberes Nuevos".

El aprendizaje es rápido. Es alucinantemente rápido... CUANDO IMPORTA. "El aprendizaje —dice Smith— nunca está divorciado de los sentimientos". Smith continúa proporcionándonos lo que él llama "el Manifiesto de los Aprendices":

El cerebro está siempre aprendiendo.

Para aprender no se necesita coerción.

El aprendizaje debe ser significativo.

El aprendizaje es casual.

El aprendizaje es colaborador.

Las consecuencias del aprendizaje importante son obvias.

Aprender implica siempre sentimientos.

Aprender debe estar libre de riesgos.

6699

APRENDER Y MOTIVAR

Escuché una entrevista a un antiguo entrenador de fútbol de Notre Dame. Le preguntaron: "¿Cómo motiva a sus jugadores?" Su respuesta: "Yo no motivo a mis jugadores. Trabajo duro precisamente para no desmotivarlos. Ellos llegan con motivación. Yo trato por todos los medios de no desconectarlos".

Probablemente haya machacado la cita, pero no he machacado la idea. El hombre tenía razón. Mi perro Wally está tremendamente motivado por aprender... a una velocidad increíble. Y lo mismo lo están un niño de cinco años y una persona de 78. Para lo que debemos trabajar como demonios es para no desmotivar a la gente a la hora de aprender.

6699

EL APRENDIZAJE COMO JUEGO

El psicólogo Edward de Bono: "Se debería enseñar a los niños de una forma activa, haciendo cosas y jugando. Es muy diferente de la enseñanza de las escuelas que supone sentarse y absorber información".

Como dijo James Coleman en 1974, la educación debe "desarrollar en el joven las capacidades de comprometerse de forma intensiva y concentrada en una actividad".

Detente. Vuelve a leer esa frase: "... *capacidades de comprometerse de forma intensiva y concentrada en una actividad*". ¡Así es como te conviertes en un campeón de ajedrez! ¡O en un ganador de medallas en una carrera de velocidad! ¡O en un gran cantante de ópera! ¡O en un gran cirujano! ¡En cualquier cosa!

Mihaly Csikszentmihalyi y Barbara Schneider amplían este tema en su extraordinario libro *Becoming Adult*: "Un chico perderá probablemente la perseverancia... que es necesaria para afrontar con éxito el futuro, si no tiene el entusiasmo que permite una actividad intensa y concentrada. Puede que no sepamos los trabajos que tendrán que realizar los jóvenes dentro de diez años.... Pero si los adolescentes han tenido experiencias que demanden disciplina, que requieran la utilización inteligente de la mente y del cuerpo, y si se les da un sentido de responsabilidad e implicación en objetivos útiles, podemos esperar que los jóvenes de hoy estén listos para hacer frente a los retos del mañana".

Párate. Vuelve a leer todo ese párrafo. Todas las palabras de esta cita son claras y verdaderas. La esencia de una genuina educación es la habilidad para aprender continuamente... y con entusiasmo. Quizás esa cualidad no fuera tan fundamental en la era dominada por Bismarck, Ford y Rockefeller, por las grandes empresas y el trabajo para toda la vida. Pero es fundamental ahora.

No hay nada que no sea importante en esta idea. No se trata de "hacer lo que uno quiera" ni de "soltarse el pelo". Se trata de metas y compromiso. El mensaje: *actúa con resolución. ¡Haz lo que marca una diferencia para ti! ¡Fórjate una vida (independiente)!*

(RE)EDUCACIÓN DE ADULTOS

Csikszentmihalyi y Schneider continúan: "Desarrollarse para ser un adulto feliz se hace más difícil a medida que los roles ocupacionales se hacen más vagos y efímeros.... Los jóvenes no pueden ya contar con un futuro predecible y no pueden esperar que los conocimientos adquiridos en la escuela sean suficientes para asegurarles una carrera. Por ello, necesitamos contemplar detenidamente las condiciones que preparan al joven para un futuro cambiante e incierto".

Representación escolar, o la escuela *versus* la representación

Hubert B. Herring escribió, en un ensayo titulado *Sometimes, Second Place for Homework*:

"He oído que hay sólo 24 horas en el día de un estudiante de bachillerato. En esas horas debe empollar las materias escolares, hacer los deberes, jugar con sus amigos, dar lecciones de piano, hablar por teléfono, practicar el tenis, dormir un poco y quizás tener unos minutos de charla familiar, de mala gana, como concesión a los padres.

"Todo suena a mochila escolar atiborrada y a mera rutina. El trabajo escolar sigue su marcha monótona, produciendo una chispa aquí, otra chispa allí, pero generalmente, no mucho más.

"Pero, ¿qué ocurre cuando irrumpe en este calendario tan apretado, como una bola de fuego, una gran pasión? (Y no estoy hablando de cuestiones chico-chica; esa bola de fuego es totalmente otra y procede de un planeta muy diferente).

"Podría ser el gusto por la danza o por la antigua Grecia, devoción por el fútbol, e incluso manía por el ajedrez. Pero, cualquiera que sea, ¿cómo se puede conseguir que arda brillantemente sin que devore cosas en su camino, como los deberes caseros o el sueño?

"Dejémoslo devorar, digo....

"¿Con qué frecuencia se ven los estudiantes de hoy, sobreprogramados y subestimulados, barridos por algo a lo que no pueden verdaderamente hincar el diente, por no decir poner sus corazones y sus almas en ello?

"Precisamente una bola de fuego así entró directamente en nuestra casa no hace mucho tiempo, cuando nuestra hija tuvo la gran suerte de conseguir que le dieran un papel principal en la producción de 'Camelot', lo que produjo una exuberante conmoción en nuestra casa durante unas semanas agotadoras...

"No puedo pensar en nada... que iguale la intensidad y el extraordinario número de horas de ensayos para un papel principal en un musical.... Cuando estaba en su habitación, estudiando supuestamente biología o historia, podíamos oír de repente, a través de la puerta, compases de *Lusty Month of May* o *I loved you Once in Silence*. Algunos deberes no quedaron tan bien como deberían haber quedado. Algunos exámenes estuvieron por debajo de lo deseado. Empezó incluso a perderse su amada serie *Gilmore Girls*. (Un sacrificio por amor al arte). A medida que subió el ritmo de los ensayos, se perdieron las clases de baile, y las lecciones de piano quedaron relegadas a rincones extraños de la semana...

"Pero el triunfo de la representación del fin de semana hizo que todo ello mereciera la pena. Incluso aunque sus notas hubieran sufrido mucho —lo que al final no ocurrió, milagrosamente— la enorme experiencia que obtuvo hubiera sido más importante...

"Si cede a su pasión por actuar, elegirá una carrera tremendamente difícil, y se lo hemos dicho. Pero en modo alguno queremos ser como esos padres que luchan por clavar una estaca redonda en un agujero cuadrado, insistiendo en que un niño nacido para la danza se haga médico o abogado (o en que alguien que ha nacido para abogado se calce unas zapatillas de bailarina).

"Podemos empujar un poco allí, lijar los clavos un poco aquí, asegurar que el colegio está en el centro. Pero más allá de eso, el tema es la pasión".

La fuente del aprendiz: proyectos WOW (otra vez)

Sobre el tema de la prominencia, Howard Gardner expresa la importancia de "el aprendizaje y los proyectos" en la educación efectiva. Son el pan y la sal en la vida "real", especialmente en la nueva economía. Ya sea la aspiración de ir a los Juegos Olímpicos o de ser elegido para el consejo del colegio local, o de hacer algo extraordinario con un proyecto en sistemas de información que nos enfrenta con el departamento de finanzas.

Aprendizaje. Proyectos. Esas experiencias definen lo que hemos aprendido... y cómo lo hemos aplicado a algo que nos importa. Nos marcan. Y constituyen la esencia de... la marca personal. Eso es, después de todo, la vida y especialmente... la vida en estos días nuevos, extraordinarios, inciertos y ambiguos.

Añade el profesor Gardner : "Si tuviéramos que configurar una educación... para el mundo del mañana, necesitaríamos tomar extremadamente en serio las lecciones en un museo y las relaciones del aprendizaje... para pensar en las formas en que la fuerza de la atmósfera de un museo, del proceso de aprendizaje y de proyectos que nos comprometen puedan invadir todos los entornos educativos".

¿Por qué no?

Respuesta obvia: es difícil. Requiere... profesores imaginativos. Requiere... confiar en los profesores. Requiere una política de "no intervención" por parte de los ejércitos de funcionarios educativos quisquillosos.

Gardner pone también de manifiesto cómo la ciencia, en particular, tiene sentido realmente sólo en el contexto de proyectos prácticos. En *The Unschooled Mind*, cita estudios realizados en el MIT y en la Johns Hopkins University, y concluye: "Frecuentemente, los estudiantes que obtienen altas calificaciones en física de bachillerato suelen ser incapaces de resolver problemas básicos planteados de una forma diferente de aquélla en la que se les ha instruido y examinado formalmente".

En otras palabras, el proceso de descubrimiento científico y la enseñanza de la ciencia son totalmente discrepantes. El descubrimiento científico consiste en... una exploración sin barreras. Por desgracia, la "enseñanza" científica consiste, con demasiada frecuencia, en "hechos" en bandeja. Gatto repite esa crítica: "Hay una gran cantidad de testimonios por parte de científicos altamente respetados como (el premio Nobel) Richard Feynman, de que el descubrimiento científico está relacionado negativamente con los procedimientos de las clases de ciencias de la educación".

Breve respuesta. Modelos educativos que funcionan

Siguiendo el espíritu de la verdadera educación, mi objetivo aquí han sido más las preguntas que las respuestas. Pero aún es necesario preguntar: ¿Qué ejemplos específicos de grandes iniciativas educativas se pueden citar? Me vienen a la mente un par de casos.

ESCUELA ABURRIDA

En su novela *Thinks*, David Lodge ofrece esta conversación maravillosa entre un científico ("Messenger") y una profesora de inglés ("Helen"):

Messenger: "La mente es una máquina, pero una máquina virtual. Un sistema de sistemas".

Helen: "Quizás no sea un sistema en absoluto".

Messenger: "Pero lo es. Si eres una científica, tienes que empezar por esa presunción".

Helen: "Espero que sea por eso por lo que dejé las ciencias en la escuela tan pronto como me lo permitieron".

Messenger: "No, creo adivinar que las dejaste porque te las dieron en cucharadas de destilado aburrimiento".

LA LEY DE HOOPER

Mi profesor de física de tercero de bachillerato, Mr. Hooper, me enseñó que la ciencia no es un montón de hechos, sino un modo de vida. Él había llegado a la educación procedente de la industria y fue (según recuerdo) coinventor de uno de los primeros sistemas de cambio automático que funcionaron, el revolucionario Buick Dynaflow.

Creo que nunca nos puso ejercicios basados en textos. En lugar de ello, nos hacía realizar nuestros propios proyectos y luego nos guiaba para "inventar" las matemáticas que podrían explicar lo que acabábamos de hacer.

En primer lugar, el de John Taylor Gatto, que llamó a su clase la Escuela Laboratorio. En un capítulo de su libro *A Different Kind of Teacher*, deja las riendas de la escritura a un antiguo alumno suyo, de 13 años, llamado Jamahl Watson. He aquí cómo delineó Jamahl las cinco partes del *currículum* de la Escuela Laboratorio:

1. **Estudio independiente. Un día a la semana fuera del edificio escolar, a la caza de una "gran idea".**
2. **Período de enseñar. A alguien. En algún lugar.**
3. **Servicio a la comunidad. Un día a la semana.**
4. **Trabajo con los padres, propios o de algún otro. (Gatto llama a esto el *currículum* del equipo de trabajo familiar).**
5. **Un poco de trabajo de clase "estándar".**

> **!**
>
> **¿QUIÉN ENSEÑA A LOS PROFESORES?**
> Según un amigo mío muy implicado en los programas de formación del profesorado, tales programas atraen a personas que "generalmente colorean dentro de las líneas". Triste. (Oye, tales instituciones se solían llamar "escuelas normales", no sin razón, según adivino). Sí, hay grandes profesores y grandes directores. Pero no tienen mucha influencia en el sistema general. Y ahí reside el problema. No ocurre así en el sector privado. Cuando llega un "revolucionario"... un Dell, un Schwab, un Wal*Mart... el resto del mundo se levanta y toma nota... o sale machacado. En el sistema escolar, quien sale machacado es el "revolucionario"

En segundo lugar, está mi amigo Dennis Littky, uno de los educadores más brillantes de América. Ha conseguido milagros de excelencia educativa media docena de veces a lo largo de su carrera. Hoy su dominio es la Met School, en Providence, Rhode Island. Dos principios definen la forma en que opera la escuela: EPI (Educación Por el Interés) y APP (Aprendizaje Por Pasantía). Por supuesto, ambos están en agudo contraste con el problema estándar "EPH" (Educación Por Hágase).

La Met School surgió de la transformación de lo que había sido una típica escuela urbana decrépita. Los estudiantes en "la Met" trabajan en grandes proyectos realizados por ellos mismos. Describen tales proyectos e informan de ellos a sus compañeros y también a personas externas bastante exigentes. Se les evalúa por el éxito de sus proyectos. Y descubren tales proyectos mediante prácticas que deben procurarse por sí mismos. La primera promoción de este intenso programa terminó en 2000. La mejor medida de cómo lo hicieron los niños (la mayor parte de los cuales eran "marginados" según a la definición estándar): *un 100% de los mismos fueron aceptados en la universidad*. "Cuando cuentan las historias de sus proyectos, son irresistibles para quienes realizan las pruebas de admisión (en la universidad)", dice Littky.

Para ser estudiantes en la Met no hay que ser pusilánime. Los proyectos, el aprendizaje y el autodesarrollo son exigentes. Como lo son los frecuentes informes sobre los mismos. En el mundo de Dennis Littky, la responsabilidad es muy alta. ¿Responsabilidad? *¡Condenadamente correcto!* Los niños de Littky deben explicar —a menudo y competentemente— hasta dónde han llegado, por qué lo han hecho, qué han aprendido y por qué es importante. Tuve el privilegio de pasar un rato con algunos de esos niños. Están comprometidos, integrados y seguros de sí mismos en una forma que no solía ver entre los estudiantes de bachillerato "educados" de la forma tradicional.

Mi terca esperanza: los (beneficiosos) límites de la educación

Hay miles y miles de profesores inspirados... que trabajan como demonios... son poco apreciados... y, a menudo, están mal pagados.

Hay cientos de escuelas fabulosas. Algunas son nuestras escuelas públicas... en comunidades ricas. Algunas son escuelas públicas... en comunidades afligidas por la pobreza. Algunas son escuelas diplomadas. Otras son Waldorf o Montessori. Algunas son urbanas. De hecho, hay muy buena gente trabajando en la educación.

El problema es la idea general y la evidente influencia del *establishment* educativo... que se centra en... la uniformidad... los exámenes... la estandarización... y, con ello... "educa" a los niños para la sumisión.

¿Pero hay alguna esperanza?

Para ser sincero, no la tengo. No tengo ninguna esperanza en el sistema educativo más que en cualquier otro sector de nuestra sociedad. Puedo imaginar a la CIA, al FBI y al ejército de EE.UU. cambiando para afrontar nuevas amenazas antes de que pueda imaginar que cambia la educación para afrontar el... nuevo contexto.

El gran horror de todo esto, tal como he llegado a verlo:

SABEMOS EXACTAMENTE LO QUE TENEMOS QUE HACER.

Ocurre simplemente que no lo hacemos. Los gobernadores quieren poder alardear ante otros gobernadores por los porcentajes de incremento en las graduaciones o calificaciones de los exámenes, en cuanto opuesto a los niños que salen realmente formados, niños que vayan a convertirse en emprendedores, niños que vayan a convertirse en sargentos condecorados en el Ejército del Aire.

Recuerda la cita de Richard Rosecrance al principio de este capítulo: "La competencia entre naciones será una competencia entre sistemas educativos". La única "buena noticia", supongo (y es "perversa"), es que ningún país lo está haciendo bien, al parecer.

Un editorial que leí en una ocasión decía que el único atenuante del sistema escolar norteamericano era el hecho de que nuestros niños nunca habían mostrado mucho respeto por sus profesores a lo largo de la historia. Es una extraña cosa de la que enorgullecerse. Pero el escritor tenía razón. Generalmente, los niños alemanes y japoneses se levantan y saludan cuando entra el profesor en la clase. Los nuestros, no. Somos una nación cuya historia está basada en la facultad de renegar. Nuestra época es una era de cambio constante y revolucionario. Necesitamos... más facultad de renegar... que nunca. Necesitamos cambiar drásticamente el sistema escolar... o necesitamos rogar porque nuestros niños continúen "faltando al respeto a sus profesores".

Ahora, que elija el maestro armero.

! Contrastes

ERA	ES
Enseñar para el examen	Enseñar a preguntar
Devorar "hechos"	Desarrollar talento
Preparación escolástica para el examen (pensar en la "elección múltiple")	Proyecto WOW (el pensar como elección individual)
Se hace un fetiche de los "estándares"	Se habla de la creatividad individual
Aulas tranquilas	Aulas ruidosas
La escuela como fábrica, centrada en las "unidades"	La escuela como estudio, centrada en la singularidad
Educar trabajadores dóciles	Construir "talento" creativo
La obediencia como virtud clave	La iniciativa como virtud clave
Enseñar según una "norma" estándar (mínimo común denominador)	Enseñar según un estándar de excelencia (el mejor resultado posible)
Atención a las similitudes	Atención a las diferencias
Examinar según la "inteligencia" (singular)	Enseñar a "inteligencias" (múltiple)
Dominan las matemáticas y la lengua	Florecen el arte y la música

ELECCIÓN SENCILLA
Mi elección sería definitivamente la opción A: cambiemos el sistema escolar. Drásticamente. Y comencemos a poner al frente a los radicales. Si yo fuera rey, nombraría co-secretarios de educación a Dennis Littky, a John Taylor Gatto y a Ted Sizer. Después les encargaría atraer a la profesión de enseñar a tantos radicales y fanáticos como les fuera posible.

¡Los fanáticos cambian el mundo! ¡Directores fanáticos! ¡Profesores fanáticos! ¡Necesitamos fanáticos! ¡Desesperadamente!

NUEVA EMPRESA   NUEVAS PERSONAS

SI TIENES QUE PREGUNTAR...
Me gusta estudiar. Cuanto más estudio, más confuso estoy. Cuanto más confuso estoy, más deseo profundizar. Cuanto más profundizo... mejores preguntas hago.

He estado haciendo "lo mío" —preocupándome de una forma u otra por la empresa y el *management*— durante 35 años. La cuestión es que me encuentro más confuso ahora que cuando empecé. Y, sin embargo espero, y creo, que hago mejores preguntas ahora. Puede que alguien ponga esto en mi tumba,

Thomas J. Peters
1942-????
Se ocupó de hacer preguntas y más preguntas engorrosas

"¿Salirse
del tiesto?"
¡Destroza el tiesto!
¡Re-imagina!
¡Llámala: la tarea
número uno
del líder!

nueva empresa!
nuevo mandato

La cuestión no es "romper con la pana" o "salirse del tiesto". La cuestión es... cargarse la pana y destrozar el tiesto.

Mi problema con ambas frases tradicionales (además de su abuso): ambas sugieren que hay un pana estupenda o un tiesto robusto. Pero la pana está vieja y desgastada y el tiesto está lleno de desconchones.

Nuestra tarea en esta sección final: Piensa "de forma insólita". (Re) piensa en "la excelencia". Re-imagina "el liderazgo".

Buena suerte...

23 Piensa de manera insólita: la base del valor añadido

! Manda el tecnicolor...

Júntate con un tonto... y te convertirás en un tonto. Júntate con un excéntrico... y te convertirás en un excéntrico.

Estamos en una Era de desvíos de Alto Nivel. Están ocurriendo cosas insólitas de todo tipo. Aparecen de repente todo tipo de competidores insólitos. Se forman todo tipo de alianzas insólitas. ¿Cómo puedes afrontar tales cosas extrañas? ¡Conviértete en extraño!

La fuente número uno de la innovación es la Gente Cabreada, la gente que es incapaz de tratar con la idiotez que ve en torno suyo.

Quema a los planificadores. Contrata a los bichos raros.

! GRITA no estamos preparados...

Somos campeones de la innovación. Pero después nos ponemos de rodillas cuando un gran cliente "nos urge" a anular un nuevo producto arriesgado que pueda alterar el statu quo. Pedimos más "asunción de riesgos". Pero firmamos el discurso sobre "ser osados" que presenta el jefe vestido con un traje de Brooks Brothers, sentado rígidamente detrás de una vieja mesa de roble. Exhortamos a la gente a que "adopte las nuevas tecnologías". Después les pedimos que trabajen solamente con proveedores "seguros". (¡No nos extrañemos de que la "organización innovadora" continúe siendo una quimera!)

! VISIÓN imagino...

Un equipo de ventas que pone tanta energía por conseguir "la cuenta insólita" como por conseguir "la gran cuenta".

Un director de personal que dice a sus entrevistados, "describe el proyecto más excéntrico que hayas emprendido nunca, y cómo has conseguido vivir para contarlo".

Un jefe de compras que busque proveedores que no sólo satisfagan las necesidades actuales, sino que también presenten oportunidades emergentes.

Un CEO que insista en que su consejo directivo incluya, junto a los honorables varones blancos ancianos sí-señor, a un buen número de bichos raros, *freaks,* hombres y mujeres de todo tipo que no sean capaces de decir "sí" sin decir también "pero..."

NUEVA EMPRESA   NUEVO MANDATO

With a Little Help from My (Freaky) Friends

Durante 1984, me encontraba estancado. Mi pensamiento estaba hundido en el barro de la teoría y la práctica de la gran empresa que había adquirido en McKinsey & Co.

Después tuve suerte. Me encontré con Frank Perdue, de Perdue Farms. Y Roger Milliken, de Milliken and Co. Y Bill y Vieve Gore. Y Tom Monaghan, de Domino's Pizza. Y Lex Wexner, de The Limited. Y Don Burr, de People Express. Y Anita Roddick, de The Body Shop.

Empecé a reunirme con ellos y con otros llenos de energía, personajes del tipo podemos-cambiar-el-mundo-y-lo-estamos-cambiando-condenadamente-bien-y-esto-no-es-un-juego. ¿Y adivinas qué? Su espíritu se me pegó. Me vi arrastrado a su raro mundo.

¡Y nunca he mirado hacia atrás!

Por el camino, aprendí una dura lección: LA INNOVACIÓN ES FÁCIL.

Me puedes llamar loco. Puedo vivir con eso. Pero, por favor, déjame terminar. "La innovación" —el *sine qua non* para conseguir la excelencia en una era de cambio— es fácil. No difícil.

Proposición fundamental: Júntate con excéntricos... *y te harás más excéntrico.* Júntate con tontos... *y te harás más tonto.*

¿Puede ser realmente así de sencillo? Pienso que sí.

Yo no creo mucho en el cambio, aunque me han llamado a menudo "consultor del cambio en la organización". No creo mucho en que lanzar una "iniciativa estratégica" o crear un "programa de formación brillante" vaya a hacer de repente que la gente pierda su miedo al fracaso para convertirse en emprendedora o en cualquier otra cosa.

Lo que creo es que si me obligo a entrar en contacto con "cosas extrañas"... esas cosas extrañas me arrastrarán, voluntariamente o no, hacia algo nuevo y emocionante, algo excéntrico y maravilloso. Cambiaré por una y sólo una cosa: ¡me he visto obligado a hacerlo!

El "gran" problema: pobre empresa rica

En 2002, *Advertising Age* decía que las ventas domésticas de 20 de las 26 principales categorías de productos de Procter & Gamble estaban bajando, incluidas siete de las diez categorías máximas.

¡Asombroso!

¿Cuál es la razón? Algunos analistas lo llaman el "problema de los mil millones de dólares": dado el enorme tamaño de P&G, la empresa raramente contempla la oportunidad de un producto nuevo a menos que tenga un potencial enorme. Y, en este caso, "enorme" significa... en torno a mil millones de pavos.

Pero aquí reside el problema. Casi todo lo que tiene un potencial "demostrado" de mil millones de dólares es, casi por definición, "más de lo mismo", más del mismo tipo de producto, vendido principalmente de la misma manera al mismo tipo de personas a las que P&G ha vendido en el pasado. En tiempos de cambio, las grandes empresas —enamoradas de los grupos centrados en el "yo-también", y dedicadas a productos descomunales dirigidos a clientes descomunales— están condenadas a cimbrearse en el futuro después de un lento crecimiento.

Hecho simple y a menudo demostrado del mundo de la maldita innovación: las cosas que alteran el mundo, entran invariablemente por la puerta de al lado. Un pequeño grupo de clientes pioneros ("adoptantes tempranos"), unidos con un proveedor pionero, actúan como portaestandartes para el resto del mundo.

Criticismo perturbador: prevenir y curar

El orador más fluido sobre los peligros de "ser precavidos" es Jean-Marie Dru, CEO de TBWA/Chiat/Day. Resumió sus puntos de vista en un magnífico libro llamado *Disruption*... que continuó con otro magnífico libro llamado *Beyond Disruption*. Dru afirma que hay tres obstáculos principales que impiden a las empresas adoptar estrategias "perturbadoras":

1. *Miedo al "canibalismo"*. A las compañías les preocupa que la introducción de un producto *cool* pueda "confundir" al mercado y afectar a las ventas de los líderes actuales del mercado (aunque dichos "líderes" como en el caso de P&G, están experimentando un descenso de sus ventas).

2. *Un "culto excesivo al consumidor"*. Demasiado énfasis en un enfoque "dirigido al cliente" se traduce en una "esclavitud a la demografía, los estudios de mercado y los grupos de referencia". ¿Podría ser ese socorrido "escuchar a los clientes" realmente el pecado número uno del marketing? Bien, eso es más o menos lo que dice Dru y creo que tiene más o menos razón. La planificación de la cuenta en las agencias de publicidad, dice el director creativo de TBWA/Chiat/Day, Lee Clow, "se ha convertido en un 'centrarse en el voto del grupo de referencia'".

3. La seducción de la *"ventaja sostenible"*. Dru afirma que la ventaja sostenible es una trampa, un mito, una ilusión. Las empresas deberían centrarse más en conseguir una ventaja actual, y después rogar que puedan agarrarse a ella el suficiente tiempo como para inventar algo nuevo.

La próxima cosa excéntrica

El término estadístico "desvío estándar" significa, aproximadamente, *el desvío promedio de la media de un conjunto dado de comprobaciones*. Un desvío estándar "bajo" significa una distribución muy "compacta": todas las comprobaciones están muy cercanas. En cambio, un desvío estándar "alto", connota una distribución muy "suelta": las comprobaciones ocupan todo el mapa.

Utilizando este lenguaje, yo diría que estamos en una era de desvío de alto nivel. Están ocurriendo cosas extrañas de todo tipo. Surgen competidores extraños de todo tipo: terroristas, en el reino de la defensa nacional; empresas nuevas como Dell, Wal*Mart y eBay en el reino del comercio.

¿Cómo nos las arreglamos con lo insólito? ¡Haciéndonos insólitos! Necesitamos introducir... lo extraño en nuestro medio. Empleados extraños. Clientes extraños. Proveedores extraños. Socios extraños. Miembros de consejos directivos extraños. Etc.

La idea principal es, entonces, increíblemente sencilla (y, estoy totalmente seguro, increíblemente poderosa): júntate con el tonto... y te convertirás en un tonto. Espantosamente tonto. Júntate con el extraño... y te convertirás en un extraño. Maravillosamente extraño.

Me tomaré la molestia de afirmar que ésta es la *única* estrategia segura para... la Renovación Personal Continua y la Innovación Radical de la Organización.

Clientes insólitos: comprueba siempre la fecha de caducidad

"Los clientes que definen el futuro pueden ser sólo el 2 o el 3% de tus clientes totales", dice Adrian Slywotzky, de Mercer Management Consulting. Pero, añade, "suponen una ventana crucial para el futuro". En resumen, escribe Slywotzky, "el futuro ha ocurrido ya. Sólo ocurre que no está distribuido". (¡Habla como un estadístico!)

¿De manera que... qué has hecho... exactamente para asegurar que tu cartera de clientes incluye a "extraños 4-Sigma"? Te estoy animando, realmente te estoy rogando, que midas... cuantitativamente... a cada cliente de esa cartera. ¿Hay suficientes chiflados a bordo? (Atención: si te consideras incapaz de tener clientes chiflados, ¡tu cartera de productos o servicios tiene auténticos problemas!)

CLIENTES TONTOS = TONTO TÚ.

CLIENTES GUAYS = GUAY TÚ.

NUEVA EMPRESA   NUEVO MANDATO

!

EL ESTÁNDAR

Cuando Jacques Nasser fue CEO en la Ford, hizo *"benchmarking"*. Y yo le aplaudí. ¿Por qué? ¡La empresa contra la que lo hizo era Dell! Es decir, una empresa externa a su más bien fastidiado sector.

De la misma manera, el cuerpo de marines de EE.UU. está haciendo *benchmarking* de las actividades de su cadena de suministro contra... Wal*Mart. Aplaudo de nuevo.

❝❞

(NO) SIGAS AL LÍDER

Seht Godin, en *Fast Company*: "No puedes ser notable por el hecho de seguir a alguien que es notable. Una forma de descubrir una gran teoría es buscar qué es lo que funciona en el mundo real y decidir qué tienen en común los distintos éxitos. ... ¿Pero que podrían tener en común Four Seasons y Motel 6? ¿O Neiman Marcus y Wal*Mart? ¿O Nokia (que pone en circulación un nuevo hardware cada 30 días más o menos) y Nintendo (que comercializa el mismo juego durante 14 años seguidos)? Es como si trataras de conducir mirando por el espejo retrovisor. Lo que todas estas empresas tienen en común es que no tienen nada en común. Están fuera del común. Están al margen. Superrápidas, superlentas. Muy exclusivas o muy baratas. Extremadamente grandes o extremadamente pequeñas. La razón de que sea tan difícil seguir al líder: el líder es el líder precisamente porque hizo algo notable. Y ese algo notable es aceptado ahora, de manera que ya no será notable cuando decidas hacerlo".

Competidores insólitos: no te acorrales tú mismo

No soy un fan del *"benchmarking"*. Está claro que creo en el "aprendizaje", venga de donde venga. Y admito de buena gana la idea que hay detrás del *benchmarking*. Pero mi gran problema es éste: el *benchmarking* se hace contra el "líder del sector" en nueve casos de cada diez. Por ejemplo, GM mide sus prácticas de gestión de la cadena de suministro frente a Toyota. U otra por el estilo. Aunque puedo reconocer que Toyota puede probablemente todavía ser una referencia para GM en las prácticas de la cadena de suministro, no es el *"benchmarking"* adecuado. El *"benchmarking"* es estupendo, pero sólo cuando se trata de una organización verdaderamente estupenda, genial, 4-Sigma (¿6-Sigma?)... que hace algo salvaje y chiflado y lo va a seguir haciendo en 2013.

El primer miembro de la leal oposición al *benchmarking* fue, seguramente, nada menos que Mark Twain. "El mejor espadachín del mundo no necesita temer al segundo mejor espadachín del mundo —escribió Twain—. No, la persona de la que tiene que tener miedo es de cualquier antagonista ignorante que nunca haya tenido una espada en sus manos; no hace las cosas que debería hacer y, por tanto, el experto no está preparado para luchar contra él; hace lo que no debería hacer y, a menudo, pilla al experto en un renuncio y termina con él en el acto".

Me encontré con la cita de Mark Twain poco después de la tragedia del 11 de septiembre; me dio escalofríos.

Nuestros militares se ocupaban de defendernos contra la Unión Soviética. Y, sin embargo, hemos comenzado el nuevo siglo/milenio con uno de los más grandes retos en la historia de nuestra nación, procedente, en efecto, de "un antagonista ignorante que nunca había tenido una espada en la mano... que no hace lo que debería hacer y, por tanto, el experto no está preparado para enfrentarse a él".

Esto nos da motivos para temblar, ¿no?

La descripción de Twain, descendiendo a un terreno menos trascendente, es también el mejor análisis que he encontrado de los problemas que acosaron a la anteriormente invencible IBM durante los años ochenta. Muchos dicen que IBM era arrogante y complaciente. Mi relación con ellos podría hacerme apoyar la idea de la arrogancia, pero no acepto ni por un minuto la de complacencia. IBM reaccionó siempre... intencionadamente. El problema (no distinto del problema de los militares): IBM reaccionaba ante el enemigo equivocado.

La firma "invencible" había visto al "invencible" Detroit humillado por brillantes competidores japoneses y alemanes. Por eso, cuando anduve por IBM a principio de los ochenta, el gigante se veía mortificado por las amenazas de la alemana Siemens y de la japonesa Fujitsu. Mientras tanto, un ramillete de jóvenes geniecillos de la informática —con nombres como Gates y Jobs, de cabellos y patillas largos— reinventaron la industria justo bajo los pies de IBM. Está claro que IBM se recobró notablemente durante los noventa, pero no era seguro que fuera a sobrevivir antes de la remodelación de Lou Gerstner.

Mensaje de Twain: ¿tienes los competidores nacientes auténticamente insólitos, en el centro de la pantalla de radar? ¿la próxima generación de Bill Gates, Steve Jobs, Charles Schwabs, Fred Johnsons, Michael Dells, Les Wexner... y, sí, Osama bin Laden?

¿*Benchmarking*? Seguro. Pero identifica primero los merecedores marginales contra los que hacer *benchmarking*. Después, sígueles, comprométete en actuaciones de capital riesgo; sigue quizás incluso el modelo Cisco-Microsoft-Omnicom... ¡y cómpralos!

COMPETIDORES TONTOS = TONTO TÚ
COMPETIDORES GUAYS = GUAY TÚ.

Personas extrañas: contrata por latitud

Me han dicho que Craig Venter es un tipo magnífico, aunque nunca he estado con él. Venter fue CEO de Celera Genomics, la nueva estrella que realizó con éxito el mapa del genoma humano y que en el proceso perturbó el Proyecto Genoma Humano, con mucha mayor financiación.

Tuve la oportunidad de hablar ante los líderes de unos grandes laboratorios farmacéuticos. En un momento determinado, pregunté: "¿Creen ustedes que Craig Venter hubiera venido a trabajar con ustedes?" Puedo afirmar que pocas preguntas son más importantes: ¿Pueden ustedes —especialmente aquellos que están en empresas "establecidas"— atraer a personas punteras como Craig Venter?

Hace años fui testigo de un extraordinario intercambio de palabras durante una mesa redonda sobre el liderazgo empresarial en Londres. Entre los presentes estaba un viejo amigo que era profesor de estrategia empresarial en Suecia; asistió también la alta dirección de una prestigiosa empresa de tecnología sueca. (Casualmente... mostraban signos de ser mayores). Quizás se debió a un vaso o dos de vino, o de algo más fuerte. En un momento determinado, mi amigo el profesor se acercó al CEO de la "prestigiosa" empresa y dijo (*recuerdo cada palabra*): "En mis seminarios de estrategia empresarial avanzada he tenido a unos 20 de los tipos más agudos de Suecia. Todos me dicen que se morirían antes que trabajar para ustedes. No están dispuestos a 'esperar su turno' antes de conseguir que se les ponga al frente de algo interesante". Estábamos en la sala quizás unos 40. Mi amigo no hizo su comentario en voz muy alta. Pero un silencio barrió la sala y se hubiera podido oír caer el proverbial alfiler.

Sabes qué: ¡MI AMIGO HABÍA PLANTEADO ALGO IMPORTANTE!

Las empresas consolidadas tienden a rechazar a los rebeldes. Mucho peor, los rebeldes no tienen intención de entrar en ellas. Naturalmente que la gran empresa tiene el beneficio de los "grandes recursos" y una "red importante de distribución". ¿Pero a quién le importa eso cuando tiene que emplear el 98,6% de la energía juvenil haciendo pasillos... día tras día... semana tras semana... mes tras mes... año tras año?

Uno de mis *hobbies* es leer sobre la historia de la innovación. Reconozco que el problema es complejo, pero también ofrece una lección bastante sencilla:

La fuente N.º 1 de la innovación es la gente cabreada

Irritación. Enfado. Esa es la fuente de la innovación seria. Por supuesto que la mayor parte de las veces puede ir unida a la agresividad, la voluntad de ir en contra de los que mandan. Y arriesgarlo todo.

Pregunta: ¿hubiera venido Craig Venter a trabajar para ti? ¿Eres capaz de atraer a los excéntricos, extraños y malditos de categoría mundial? ¿Estás totalmente decidido a seguir haciendo *jogging* después de que el bebé Travis entre en tu frenética vida?

MANAGEMENT ENFADADO

Walt Disney creó Disneyland porque, según los rumores, no podía encontrar la clase de sitio que deseaba para entretener a sus nietos. Mickey Drexler fundó Gap Kids porque no podía encontrar un sitio en el que comprar ropa decente a su propio hijo.

Y Phil Baechler inventó el triciclo para bebés porque quería continuar trotando después de que llegase a su vida un bebé, Travis. Phil nos contó la historia: "Cuando nació Travis, trabajaba en el turno de noche como editor en el periódico local. La única forma de poder salir a correr durante el día era imaginarme un modo de llevarlo conmigo. Las mochilas para niños no servían porque, con ellas, lo que hacía era llevarle dando tumbos por ahí. Como también había sido ciclista y mecánico, recordé los antiguos *trailers* de las bicicletas y pensé que podía fabricar una especie de *chariot*. De manera que agarré un cochecito, soldé un trozo de tubo a su parte trasera para poderle poner un par de ruedas de bicicletas, puse una horquilla en la parte delantera para hacer un triciclo y salimos a la carretera. Lo llevé a una carrera cuando tenía seis meses y aluciné a todo el mundo. Resultó ser una gran idea '¿Qué pasaría si?' De manera que hice algunos prototipos, puse un anuncio con cupón para pedidos por correo en *Runner's World* y comenzó la carrera empresarial".

¿En la gran empresa? ¿En tu unidad de RR.HH. de 28 personas?
EMPLEADOS TONTOS = TONTO TÚ.
EMPLEADOS GUAYS = GUAY TÚ.
Una vez más, hay que calibrar: ¿tienes suficientes excéntricos y extraños?

PRUEBA DE LABORATORIO

Recuerdo otro encuentro con una líder de la industria farmacéutica. Esta mujer, directora de un gran laboratorio, hizo un aparte conmigo después de uno de mis seminarios. Me dijo: "Cuando salí de nuestra reciente reunión del consejo, se me acercó nuestro vicepresidente, que había dirigido I+D, y me preguntó si tenía 'suficientes personas extrañas' en los laboratorios ahora".

Es un "momento extraño" en el mundo de las empresas farmacéuticas en general y de la investigación de medicamentos en particular. Los momentos extraños requieren... personas extrañas.

NUEVA EMPRESA · NUEVO MANDATO

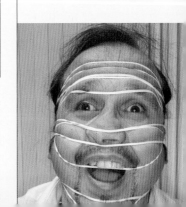

NUEVA EMPRESA   NUEVO MANDATO

INSÓLITO, MATERIA "AMPLIA"

Consideraba que mi tesis "insólita" era totalmente original hasta que me topé con el maravilloso libro de Wayne Burkan, *Wide Angle Vision: Beat Your Competition by Focusing on Fringe Competitors, Lost Costumers and Rogue Employees*. En un mundo revuelto, dice, los que nos conduzcan a la salvación (o, al menos, los que nos salven de la extinción) serán precisamente el tipo de personas y de empresas que las grandes compañías están dispuestas a perder o ignorar.

"La conciencia corporativa está centrada de forma predecible en la corriente principal. Su foco de atención son casi exclusivamente los grandes clientes, los principales competidores y los empleados modelo."

Admito gustosamente que este capítulo va a caballo de las ideas de Mr. Burkan.

"""

ELLOS OFERTAN, TÚ DEMANDAS

"Hay un fatídico inconveniente en las relaciones con el suministrador estratégico", escribe Wyne Burkan en *Wide-Angle Vision*. Un suministrador estratégico "no es probable que funcione sino como un espejo de tu organización. Los suministradores marginales que ofrecen prácticas empresariales innovadoras no lo necesitan".

Suministradores insólitos: eh, gran proveedor... vete

El tópico de los "suministradores estratégicos" ha sido uno de los principales del *management* de la última década. Idea: poda la base de suministro, elimina una cantidad difícil de manejar y quédate con un puñado con el que te puedas "asociar" con confianza. La consecuencia es la eficiencia, se dice, y generalmente es verdad.

¿Entonces cuál es el problema? He aquí el problema, y es ENORME. Los suministradores estratégicos tienen un objetivo vital principal con relación a ti. A saber... CHUPAR.

Recientemente hablé a una asociación de productores de equipos que suministraban a un determinado sector. La buena noticia: estaban despojándose del dogma de "suministrador estratégico". Los grandes clientes habían decidido que querían simplificar la vida adquiriendo todo su equipamiento a uno o dos productores. CLIENTES IMPORTANTES por supuesto que podían ofrecer ECONOMÍAS DE ESCALA. Problemas: el sector está lleno de docenas de suministradores pequeños y medianos que están haciendo cosas seriamente innovadoras. Como resulta que los proveedores (MÁS GUAYS) pequeños y medianos habían sido expulsados del negocio de los grandes clientes, se volvieron hacia clientes medianos y pequeños ¡De lo que se sigue que, dentro de la cadena de suministro, los clientes de mediano tamaño, unidos a los productores de tamaño mediano (o pequeño) eran quienes estaban innovando! Se tardó una docena de años, pero los "grandes clientes" despertaron ante el hecho de que se habían quedado al margen de innovaciones de equipamientos interesantes. Cuando me dirigí al grupo, la marea estaba bajando. "Suministrador estratégico" se había convertido casi en una frase despectiva.

Mensaje: ¿Tienes suficientes proveedores insólitos en tu cartera? (Compruébalo. Por favor. De nuevo). ¿O dependes de un corto número de (grandes) proveedores que chupan de ti?

PROVEEDORES TONTOS = TONTO TÚ.
PROVEEDORES GUAYS = GUAY TÚ.

Adquisiciones insólitas. Compra la empresa, mantén el "cambio"

Soy bien conocido como enemigo público y ruidoso de las macroadquisiciones. (Véase el Capítulo 2). He dicho una y otra vez que casar dinosaurios está totalmente fuera de lugar en estos tiempos. Pero mi aversión a los dúos-dinosaurios no me hace enemigo de las adquisiciones *per se*.

Por ejemplo, uno de los principales problemas de las grandes empresas farmacéuticas, son los procesos tan descorazonadoramente complicados de descubrimiento de medicamentos que se han impuesto a sí mismas, parcialmente como respuesta al descorazonadoramente complicado proceso de aprobación por parte del gobierno, parcialmente como respuesta a los procesos científicos y administrativos cada vez más complicados que se alcanzan dentro de las empresas. En cualquier evento, las poderosas empresas farmacéuticas han invertido para asociarse con empresas nuevas más pequeñas nacientes y a veces las han comprado. (Se dice que sólo Pfizer ha realizado 1.000 alianzas de este tipo). Esto es sabio, para mí.

Sabio, pero no fácil de ejecutar. Todo menos automático. La mayor parte de los gigantes que compran acaban dejando escapar a los líderes de las nuevas empresas adquiridas, dando incluso paquetes de compensación muy placenteros a estos renegados. Pero la compra se ha quedado sólo con el caparazón. Cisco Systems (al menos cuando sus acciones estaban subiendo), el gigante de la publicidad Omnicom, y muy pocas otras han escapado a este castigo, creando entornos posteriores a la adquisición que proporcionan a los líderes de las firmas compradas acceso a los grandes mercados, sin aplastar el fervor emprendedor que hizo que mereciera la pena comprar la nueva empresa.

ADQUISICIONES TONTAS = TONTO TÚ
ADQUISICIONES GUAYS = GUAY TÚ

Directores insólitos: quítate de la cabeza el "consejo"

¡Todo lo que tienes que hacer es mirar! MIRAR UNA FOTO DEL CONSEJO DIRECTIVO EN LA MEMORIA ANUAL. Viejo. Viejo. Viejo. Cansado. Cansado. Cansado. Normal. Normal. Normal. Y aterradoramente, desesperanzadoramente no representativo del mercado al que se sirve.

El consejo importa (mucho). De manera que ¡incorpora a tu consejo extraños de fuera!

Pregúntate: ¿Incluye tu consejo directivo...

● al menos un 30% de mujeres
● al menos un hispano
● al menos dos afro-americanos
● una pareja de miembros menores de 35 años
● un número de miembros no americanos proporcional a tus ventas fuera de América?

No estoy haciendo de defensor de las "cuotas", aunque pueda deducirse de lo que antecede. Estoy haciendo de defensor de un consejo cuya composición refleje (la diversidad de) el mercado y las (jóvenes) tecnologías que constituyen nuestros retos principales.

CONSEJO TONTO = TONTO TÚ.

CONSEJO GUAY = GUAY TÚ.

Proyectos insólitos: la medida de la locura

Proyectos WOW. Proyectos insólitos. Esencialmente, la misma idea: tu departamento (es decir: ¡tu ESP!) se define por su cartera de proyectos. De manera que: *¿es esa cartera de proyectos tan insólita como demandan los tiempos?*

He examinado la "idea de la cartera" con alguna amplitud en el Capítulo 17. Quiero coronarla aquí. Toda la vida es... *carteras.* Tienes una Lista I (personas)... y una Lista II (proyectos):

1. ¿HAY SUFICIENTES "PERSONAS INSÓLITAS" EN TU DEPARTAMENTO DE FORMACIÓN DE 26 PERSONAS? (LISTA = CARTERA)

2. ¿HAY SUFICIENTES "PROYECTOS INSÓLITOS" EN LA CARTERA DE TU DEPARTAMENTO? (DEPARTAMENTO = CARTERA DE PROYECTOS)

Los departamentos (ESP) tienen personas. Los departamentos (ESP) hacen proyectos. De manera que: mide tu departamento por lo insólito (¡MALDITA SEA!)

La idea en detalle: tienes 14 proyectos vivos. Cuatro de ellos son principales. ¿En una escala de extrañeza (1 = sacar brillo a las manzanas actuales. 10 = genial, chachi), cuántos de los 14 superan una nota de siete o más? ¿De los cuatro proyectos principales, cuántos superan una nota de seis o más?

PROYECTOS TONTOS = TONTO TÚ.

PROYECTOS GUAYS = GUAY TÚ.

Encuentros inusitados: permítenos "almorzar"

¿Con quién has almorzado hoy? ¿El mismo de siempre, el mismo de siempre? ¿O con alguien nuevo e inusitado?

Fred Smith, fundador y CEO de Federal Express, se sentó junto a mí en un panel de prospectiva económica hace unos cuantos años. Charlamos un poco antes de empezar y, en un determinado momento, se volvió hacia mí con una mirada decidida: "Tom, ¿cuál es la persona más interesante con la que te has reunido en los últimos 90 días? ¿Cómo puedo ponerme en contacto con ella?" Honestamente, eso es exactamente lo que dijo. Smith era un coleccionista de "insólitos". Deseaba asegurar que su empresa seguía estando años por delante de sus vigorosos rivales. Para tener siquiera una oportunidad de conseguirlo, necesitaba ponerse en contacto perpetuamente con personas que estuvieran (al menos) una docena de años por delante de lo normal.

¿Cómo haces eso?

REÚNETE CON ELLOS.

(¡Ahora de nuevo!) considera cuidadosamente tus diez últimos almuerzos de trabajo. (Comprueba tu agenda. No inventes.) ¿Cuántos de estos almuerzos exactamente han sido con novatos (para ti) que darían un 8 o más, sobre 10, en una "escala de singularidad"? (Desde luego, la singularidad no es fácil nunca. Lo "confortable" es mucho más fácil. Y casi más INÚTIL.)

Estamos en momentos extraños. Los momentos extraños requieren compañeros extraños.

ENCUENTROS TONTOS = TONTO TÚ.

ENCUENTROS GUAYS = GUAY TÚ.

Extremista

¿ALBOROTO EN LA SALA DEL CONSEJO?

El profesor Jeffrey Sonnenfeld, de la Yale School of Management, ha realizado estudios sobre los consejos directivos. El resultado: ¡gana el "insólito"! Las empresas de más éxito, concluye, se caracterizan por tener consejos "extremadamente beligerantes que consideran disentir como una obligación y entienden que ningún tema puede dejar de ser sometido a debate".

¡

6699

ANIQUILA LA SUPERVISIÓN

Un productor de Hollywood me contó un secreto no pequeño sobre el negocio de las películas: "A menudo, los proyectos gigantes contienen en su interior semillas casi seguras de mediocridad. El mismo hecho de su tamaño provoca un examen constante y microscópico y, por tanto, una interferencia política constante. Tal examen socava la pasión de los campeones y arriesga el que se produzca un enmudecimiento fatal y la pérdida de la auténtica distinción y locura pretendidas en un principio".

NUEVA EMPRESA   NUEVO MANDATO

Ideas insólitas: cómo conseguir el impacto de "Sutton"

Para una exposición sin igual del poder de lo insólito, inhala el libro de Bob Sutton, *Wierd Ideas that Work: 11 ½ Practices for Promoting, Managing and Sustaining Innovation*.

He aquí, resumidas, sus once y pico prácticas extrañas:

1. Contrata a los que aprenden lentamente (el código de la organización).
1½. Contrata a personas que te hagan sentirte incómodo, incluso personas que te disgusten.
2. Contrata a personas que (probablemente) no necesites.
3. Utiliza las entrevistas de trabajo para obtener ideas y no para cribar candidatos.
4. Anima a la gente a ignorar y desafiar a los superiores y a los compañeros.
5. Busca a algunas personas felices y consigue que luchen.
6. Recompensa el éxito y el fracaso, castiga la inactividad.
7. Decide hacer algo que probablemente fracasará, y después convéncete a ti mismo y a todos los demás de que el éxito es cierto.
8. Piensa en hacer algunas cosas ridículas y poco prácticas y, después, hazlas.
9. Evita, cambia de conversación y aburre a los clientes aburridos, a los críticos, y a cualesquiera otros que sólo quieran hablar de dinero.
10. No trates de aprender nada de personas que parecen haber resuelto los problemas a los que te enfrentas ahora.
11. Olvida el pasado, particularmente el éxito de tu empresa.
　　PRÁCTICAS TONTAS = TONTO TÚ.
　　PRÁCTICAS GUAYS = GUAY TÚ.

La obsolescencia de la "planificación "

Esas once ideas y media insólitas creo que se podrían reducir a una:

Echa a los planificadores. Contrata a los extravagantes.

¡No necesitamos elaborar planes! ¡No hay tiempo para planificar!

¡NECESITAMOS ACTUAR! ¡NECESITAMOS NUEVOS HÉROES!

Héroes... alias extravagantes... alias ejemplares... alias personas que tienen el nervio para levantarse, desmarcarse y luchar contra la sabiduría convencional.

Recuerda a mi amigo Bob Stone, que tardó mucho tiempo en re-inventar el gobierno. No "planes". No "procesos". En lugar de ello: una multitud de... ejemplares nuevos... ya existentes... cazados por los campos y presentados ante sus colegas como... portadores de la nueva cultura.

Estamos en "tiempos insólitos". Por lo tanto, debemos pensar de forma "insólita". De nuevo: la innovación es fácil.

　　COMPAÑEROS TONTOS = TONTO TÚ.
　　COMPAÑEROS GUAYS = GUAY TÚ.

DE "BUENO" A... LOCO

Hajime Mitarai, CEO de Canon: "Deberíamos hacer algo cuando la gente dice que es una locura. Cuando la gente dice que algo es bueno, significa algo que ya está haciendo alguien".

Este es el secreto para la renovación. Piensa en ello. Piensa. Duérmete pensando en ello. Habla con los amigos sobre ello. Trata de descartarlo. Vuelve sobre ello. De nuevo: este es el secreto de la vida innovadora, alimentada a la fuerza y autorenovada.

De barcos y locos: la fuerza bruta y los extravagantes valientes

La innovación real es una cuestión de... fuerza. Forzarte a ti mismo a entrar en contacto con quienes te van a empujar en direcciones que son significativamente diferentes de tu camino anterior.

El máximo ejemplar de ese enfoque fue un explorador. Hernán Cortés. Cuenta la historia que Cortés desembarcó con su valiente banda de soldados en Veracruz, México. Se inter-

---

NUEVA EMPRESA　NUEVO MANDATO

!

SUTTON PROFUNDO

Me gusta *Weird Ideas That Work* de Bob Sutton. Más aún, estoy perdidamente enamorado del hecho de que exista ese libro y de que haya sido escrito por un profesor titular de ingeniería industrial en nada menos que una institución como la Stanford University. ¿Estamos alcanzando finalmente un punto en el que las "ideas extrañas" se consideren... no tan extrañas?

TENEMOS IGNICIÓN

Jack Kerouac, en *On the Road*: "Las únicas personas para mí son los locos, aquellos que están locos por vivir, locos por hablar, locos que hay que evitar, deseosos de todo al mismo tiempo, aquellos que nunca se aburren o dicen un lugar común, pero arden, arden, arden como cirios fabulosos y como cohetes que suben vertiginosamente y explotan entre las estrellas".

naron en el territorio. Se enfrentaron a la enfermedad, las brutales condiciones de vida y a un enemigo decidido. Temiendo que los soldados pudieran flaquear en su decisión de seguir avanzando, Cortés recurrió a un remedio brutal y hermosamente sencillo: QUEMAR LAS NAVES.

Esa es una estrategia atrevida

Pregunta: ¿HAS "QUEMADO TUS NAVES"? ¿HAS ABANDONADO A ALGUNOS DE LOS QUE TE TRANSPORTARON?

En términos prácticos, "quemar las naves"... limpiar tu cartera de tus días "triunfales". Hay empresas que lo "captan", incluso empresas grandes.

● *HP* vendió varias divisiones que fueron los pilares básicos de la empresa.

● *3M* vendió varias divisiones que fueron los pilares básicos de la empresa.

● *Corning* vendió varias divisiones que fueron los pilares básicos de la empresa.

● *Nokia* vendió prácticamente todos los pilares literalmente fundamentales de la empresa (por ejemplo, árboles).

● *Perkin Elmer* vendió todo —incluido su nombre— y corrió tras la revolución biotecnológica como la nueva PE Biosystems (en su nueva guisa, atrajo... sí... a Craig Venter... y por ello trazaron el mapa del genoma humano).

¿Cómo te puedes situar en un estado mental de "quemar las naves"? Simple:

¡BUSCA A LOS EXTRAÑOS!

¡CONTRÁTALOS!

¡ESCÚCHALOS!

¡HAZLOS DE TU CONFIANZA!

¡HAZLOS SOCIOS TUYOS!

¡DEJA QUE TE AYUDEN A HACER LA REVOLUCIÓN!

CQD

!

EL CAMBIO DEL CEMENTERIO

Hay un viejo y mísero dicho en el mundo de la ciencia: "Si quieres un cambio de paradigma, no basta con que los viejos profesores se jubilen. Tienen que morirse".

Me parece un poco fuerte. Sin embargo: LO CREO.

NUEVA EMPRESA   NUEVO MANDATO

! Contrastes

ERA   ES

ERA	ES
"Ve por delante del grupo"	"Ve por delante de la curva"
Consigue rápido lo grande: "el tamaño nos defenderá"	Consigue una pista: "el tamaño no constituye defensa alguna"
Ventas: las "previsiones usuales"	Ventas: prospectivas inusuales
Maximizar el beneficio centrándose en unos cuantos clientes grandes	Maximizar la innovación buscando clientes pequeños y "extraños"
Hacer benchmarking *contra los líderes del sector*	Hacer *benchmarking* contra las firmas líderes
Suministradores "estratégicos"	Suministradores marginales
Empleados de confianza	Empleados ruidosos
Contrata al tipo (la tipa) de una escuela prestigiosa	Contrata al tipo (la tipa) con una cartera curiosa
Consejo directivo pasivo	Consejo directivo agresivo
Adquisiciones: comprar tamaño	Adquisiciones: comprar innovación
Socios según "la seguridad primero"	Socios según "dispuestos al riesgo"
Actúa sobre seguro: "cubre toda las bases"	Actúa de forma "extraña": "quema todas las naves"

24 En busca de la excelencia: un informe-programa en tres generaciones

! Manda el tecnicolor...

La falta de predisposición para la acción sigue siendo el mayor problema de las organizaciones grandes. Sencillamente, piensan demasiado. Planifican demasiado. Se reúnen demasiado. Y hacen demasiado poco.

Es una era de transitoriedad perpetua y acelerada. "La permanencia" ha muerto.

¿Por qué lo de "empleo para toda la vida" me suena a "sentencia de muerte"?

Tenemos a nuestra disposición todos los "principios básicos", incluidos los alabados en *En busca de la excelencia*. Estamos acostumbrados a "jugar tal como viene". Tenemos que acostumbrarnos a "hacerlo mientras caminamos".

! GRITA no estamos preparados...

Asumimos que la excelencia empresarial es algo que podemos definir, analizar, planificar y después mantener a perpetuidad. Imaginamos, a cada vuelta de la rueda empresarial, que ahora entendemos la Única Cosa Duradera y Cierta que distinguirá a una buena idea de otra mala, a una estrategia ganadora de otra estrategia torpe. De hecho, seguimos trabajando bajo la ilusión de que la clave para ganar es... la estrategia adecuada. Pero debemos aprender que la excelencia no es algo que podamos "conceptualizar". Creamos mientras caminamos. Después lo destruimos y comenzamos de nuevo. Dicho sencillamente, la búsqueda de la excelencia... no termina nunca y siempre está cambiando.

! VISIÓN imagino...

A un joven —no, digamos a una joven— que se sienta animada por la necesidad de saber cómo funcionan las cosas en el mundo de la empresa. Al igual que yo en McKinsey hace 20 años, afronta el gran tema. Lo toma donde yo lo dejé, ofreciendo respuestas a preguntas sobre "la búsqueda de la excelencia, hacia 2022" que sólo puedo empezar a plantear aquí. ¿Qué ocurre cuando los microchips empiezan realmente a llevar la batuta, y a acaparar los puestos de trabajo? ¿Cómo nos "aferramos a nuestra labor" cuando surge una forma de "labor" tras otra?

Esta joven publica un libro que define y analiza a las personas y a las organizaciones que están volviendo a definir la excelencia para una era nueva. Ofrece ideas y lecciones que, bien, yo sólo apenas puedo comenzar a imaginar.

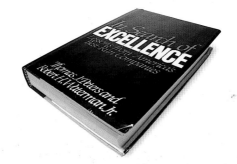

IMAGINO...

Me imagino... a Rip van Winkle. Que se quedó dormido en 1962 y despertó en 2002. Cuando RVW entró en el gran sueño mandaba George Babbitt. La certidumbre era el rey. Los trabajos duraban toda una vida. Las guerras se libraban entre torpes monstruos. Cuando RVW despertó la velocidad era el rey. La certidumbre había muerto. El camino rápido era el único camino. Los niños estaban al mando. Los ejércitos de millones se habían convertido en... EJÉRCITOS DE UNO.

NUEVA EMPRESA   NUEVO MANDATO

En busca de... una llamada

Sé exactamente cuándo y cómo surgió mi fascinación por el *management*. Fue en 1966. Danang. Primer Cuerpo. Vietnam. Era un jefe de 24 años del destacamento de construcción de la Marina norteamericana, miembro de las legendarias *Seabees*. Lo hice "bien". Me reenganché para una segunda vuelta. Con el tiempo, fui "promovido" a un puesto *staff* en el Pentágono.

En resumen, vi una gran cantidad de *management*, muy de cerca y (literalmente) bajo el fuego. Yo mismo hice una buena cantidad de "*management*". Y... no quedé asqueado por ello. Me quedé excitado. Me quedé profundamente intrigado por las organizaciones. ¿Por qué, me preguntaba, algunos grupos lo hacían increíblemente bien, mientras que otros no lo hacía bien, enfrentados a circunstancias aparentemente similares y formados por personas aparentemente similares?

Me fui al oeste. A Stanford, donde hice un MBA. A principios de 1973 trabajé en la Casa Blanca... centrándome en cuestiones relacionadas con el consumo de drogas. Después de que el jefe (Richard Nixon) perdiera su puesto de trabajo, regresé al oeste. A San Francisco y a McKinsey & Co. Entretanto, terminé un doctorado en comportamiento de la organización en la Stanford Graduate School of Business. Después vino un "pequeño" proyecto, encargado por los grandes jefes de Nueva York, que cambiaría mi vida.

En busca de... "la efectividad"

En McKinsey, la "estrategia" era el sabor de la década. La idea principal: consigue planificar bien y todo lo demás caerá brillante y rentablemente. La misma idea dominaba en el Boston Consulting Group. Y en cualquier otra consultora.

Pero el nuevo jefe de McKinsey, Ron Daniel, imaginaba que podía haber más vida que la de limitarse a hacer bien "la estrategia". De manera que me pidió en 1977, cuando estaba todavía húmeda la tinta de mi diploma de doctorado, que "echase un vistazo a los temas de eficacia organizativa". Lo hice, convirtiendo gradualmente mi búsqueda de la "efectividad" en una... búsqueda de la "excelencia". Viajé por ahí. Hablé con expertos de todo el mundo. Suecia, Noruega, Inglaterra, Alemania, los Estados Unidos también, y me quedé fascinado por lo que aprendí. Porque prácticamente todo lo que aprendí contravenía la sabiduría convencional. Mi posición: lo que separa a los ganadores de los perdedores no es... el brillo del plan estratégico. Es... la forma en que la empresa organiza y motiva a su personal. Esta idea era muy extraña en 1976

Mi colega y jefe putativo Bob Waterman, me compró la idea y se convirtió, al igual que yo, en un estudiante ávido de la "excelencia". Juntos buscamos "empresas excelentes", aquellas empresas norteamericanas que parecían estar "haciéndolo bien", a pesar de la tremenda competencia. Entre 1977 y 1982, visitamos a personas de esas empresas, hablamos con ellas sobre lo que funcionaba y lo que no, y presentamos nuestros hallazgos a la gente de McKinsey; después, nos sentamos y escribimos *In Search of Excellence*. Y después...

Pero eso nos lleva un poco por delante de nuestra historia. Cambiemos por un momento de la historia personal a la... Historia.

1950: se despliega la excelencia

El *management* americano había ganado, en efecto, la Segunda Guerra Mundial. Los Estados Unidos no fueron quienes sacrificaron más cuerpos. Lo hicieron los rusos. Y Churchill pronunció discursos más conmovedores que Roosevelt. Pero la máquina de guerra norteamericana superó a la de los aliados. Produjimos *más* fusiles que los malos. *Más* aviones. *Más* tanques. *Más* camiones. *Más* vehículos anfibios. Los superamos por... el poderío industrial. Más que más, la verdad sea dicha, que era el espíritu indomable de manejo de nuestros fusileros granjeros de Iowa (sin quitar mérito alguno a esos granjeros de Iowa).

Después de la guerra, nuestras magistrales empresas industriales regresaron a las preocupaciones de los tiempos de paz... y dirigieron el mundo. A principios de 1950, produciamos casi la mitad del PIB mundial. Nuestras empresas eran invencibles. Es decir, nuestras *prácticas de management* eran invencibles.

El *management* americano. El alfa y el omega de la excelencia económica en torno a 1950.

Comenzaron a aparecer gradualmente grietas en ese poderoso edificio. Por ejemplo: el *Sputnik*, 1957. Los rusos saltaron al espacio antes que nosotros. Esto desató una crisis nacional. Y, perversamente, envió el mensaje precisamente erróneo: la planificación centralizada (estilo soviético) es muy guay.

Entra en escena el Sovietus Americanus. ¡Fue... una era de planificación centralizada!... ¡Una era de organizaciones mecánicas!... ¡Una era de tecnócratas!

1980: pérdida excelente

Nuevas y mayores grietas aparecieron en la estructura de la hegemonía empresarial americana. La mayor de todas: Japón puso en orden su casa durante los años posteriores a la Segunda Guerra Mundial y con fulminante tenacidad reconstruyó su economía industrial. En el paso de los años sesenta a los setenta, la industria japonesa comenzó a dejar perplejos a sus rivales de EE.UU. Primero en la construcción naval. Después en el acero. Después en la fabricación de automóviles. Después en los semiconductores.

Hacia 1980, América estaba muerta de miedo. El índice de desempleo alcanzó los dos dígitos por primera vez desde la Gran Depresión. La inflación superaba el 10%. Los tipos de interés subieron al 20%. ¡Demasiado para ser invencible!

Los americanos aprendemos rápidamente cuando estamos despiertos. Esta vez aprendimos que la forma correcta de gestionar era... la *forma japonesa*. En 1980, si no "captabas" eso, no captabas nada.

La nueva crítica de la paz empresarial americana alcanzó incluso a la ciudadela del *management* americano, la Harvard Business School. Dos profesores titulares de esta, los expertos en fabricación Bill Abernathy y Bob Hayes, escribieron un artículo titulado "Managing Our Way To Economic Decline" para la *Harvard Business Review*. Argumentaban que los líderes empresariales americanos se habían obsesionado con las cifras. Con las abstracciones. Con los planes. Habían perdido el contacto con la esencia de la empresa: el personal, la calidad, los clientes. Este fue el disparo que resonó por toda la tierra, un toque de difuntos, para muchos de nosotros, por la supremacía del *management* americano.

Bob Waterman y yo acabamos disparando el siguiente tiro.

1982: ¿la excelencia recuperada?

Cuando Waterman y yo escribimos *En busca de la excelencia*, no era nuestra intención "disparar un tiro". Simplemente, estábamos cabreados (yo en particular). El mantra de la empresa norteamericana había sido durante mucho tiempo "el plan lo es todo". Y yo pensaba que "El Plan" era (principalmente)... una mierda.

En cualquier caso, el libro tuvo resonancia. Nuestra oportunidad, aunque casual, fue positivamente brillante (¿no ocurre siempre así?). Entre indicios del "declive" económico americano, demostramos que no todos los empresarios americanos eran idiotas. Encontramos algunas pistas de esperanza americanas... exactamente en el momento adecuado. Vendimos una tonelada de libros (¡sólo nuestras madres no se sorprendieron!) y el mundo —al menos el del *management*— se tambaleó ligeramente.

Mientras tanto, las fuerzas del cambio económico siguieron siendo tan feroces al menos como lo habían sido desde los años sesenta (cuando empecé) hasta los ochenta (cuando comencé a forjarme un nombre como "gurú" del *management*).

Un cierto número de las empresas que resaltamos bajaron. Muy rápidamente. Sólo tres años después de que apareciese nuestro libro, *BusinessWeek* sacó un desagradable artículo de fondo (titulado "Oops") que nos sirvió de reprimenda porque tres de nuestras cuatro empresas estrellas —Hewlett-Packard, Digital Equipment y Disney— se habían visto penalizadas por el mercado.

Pero cierta porción de nuestras Golden 43 originales habían alcanzado niveles cercanos a la "excelencia". Según mi estimación, en torno a un 30% de ellas lo habían hecho razonablemente bien, especialmente dada la inherente torpeza asociada con su tamaño y la extraordinaria cantidad de mierda que se había lanzado contra el ventilador en los años posteriores a 1982.

!

UN PASEO NO TAN AL AZAR

En conjunto, las empresas resaltadas en nuestro "estudio" lo habían hecho sorprendentemente bien, según un artículo meticulosamente escrito que apareció en Forbes.com en 2002.

"Sigue destacando un hecho: las empresas de la lista (del libro) han ido bastante bien a lo largo de este tiempo.... a lo largo de un periodo de 5, 10 o 20 años. La lista de excelencia —una cesta no sopesada de 32 empresas entre el conjunto de Peters y Waterman— se mantuvo sustancialmente por encima del Dow Jones Industrial Average y del más amplio de S&P 500. Si invirtió 10.000 dólares en la lista de excelencia hace 20 años y se mantuvo sin hacer nada, ahora mismo tendría 140.050 dólares. Una inversión igual en el Dow hubiera ascendido a sólo 85.500 dólares.... Algunos podrían suponer que es fácil elegir 30 o 40 compañías que hayan superado el Dow. Pero muy pocos directivos de los fondos mutuos lo hicieron, incluso aunque ése era su trabajo y podían cambiar su cesta de empresas a voluntad."

NUEVA EMPRESA   NUEVO MANDATO

NUEVA EMPRESA   NUEVO MANDATO

Ocho principios básicos: el eje de la excelencia

A pesar de que algunos de nuestros ejemplos de excelencia se han tambaleado, nuestras ideas principales han demostrado su poder. De hecho, algunas de esas ideas ("las personas son *cool*", "los clientes son *cool*"), se han convertido en rutina dentro del vocabulario empresarial. En particular, ocho nociones —ocho "principios básicos" como los denominamos— eran el meollo de *En busca de la excelencia*. Y aunque algunos de ellos requieren ahora una revisión seria, todos sirven como puntos de referencia sobresaliente cuando consideramos el nuevo mandato de nuestra inquietante era.

Lo que sigue es una revisión de esos "ocho principios básicos" desde la perspectiva de tres generaciones. Tomando como base de partida 1982 (cuando apareció el libro), voy hacia atrás 20 años y miro otros 20 años hacia adelante y ofrezco una serie de instantáneas de lo que ha definido la "excelencia" del *management* a lo largo de los años: en 1962, en 1982, en 2002. También, demostrando una gran temeridad por mi parte, ofreceré unas breves palabras (¡no más!) de lo que puede esperarnos en 2022.

Principio básico 1: la predisposición a la acción

1962. Predisposición a la planificación

En las primeras décadas del siglo pasado, el *management* había sido más bien un asunto de "última fila". Se desencadenó la Segunda Guerra Mundial. Robert McNamara dejó la Harvard Business School, donde había sido profesor de contabilidad, y comenzó a contar los aviones del Ejército del Aire en lugar de contar "frijoles" para las empresas. (No bromeo, el Ejército del Aire no sabía cuántos aviones tenía). Nuestras empresas habían crecido mucho, aunque nuestros sistemas eran todavía muy pequeños. McNamara contó los aviones. Ganamos la guerra. McNamara se fue a la Ford. Contó automóviles. "Ganamos" la paz.

Y así, con el tiempo, empezamos a rendir culto... al *plan*... hasta excluir casi todo lo demás. La gestión empresarial se convirtió en el campo de la abstracciones. Mandaban los números. Mandaba el análisis. Todos los tipos que pensaban "correctamente" querían ser "planificadores estratégicos". Piensa en tu camino al éxito. *Deja de pensar* en la competencia. Olvídate de los tipos que llevan las uñas sucias. Olvida a los tipos que están en primera línea. ¡*Gana el mejor plan*! Exagero, pero no mucho.

1982. Predisposición a la acción

Bob Waterman y yo creíamos en la planificación. Ambos éramos ingenieros y consultores de McKinsey. Ambos nos criamos en el análisis. Pero los dos vimos también los límites inherentes a él. Vagabundeamos en torno nuestro. Hablamos con personas de Hewlett-Packard y 3M. Y descubrimos que... *ellos* también vagabundeaban. No estaban pegados a sus oficinas. No estaban defendidos por secretarias y asistentes ejecutivos. Se movían por sus propias empresas... y cuando encontraban personas de primera línea que podían tener una nueva idea insólita, decían las cosas más condenadas. Tales como: "inténtalo".

No nos esperábamos eso. Encontramos líderes empresariales que no sólo pensaban y pensaban y pensaban... y se reunían y se reunían y se reunían. En lugar de ello, captaban una idea e iban a por ella. Mientras tanto, la ausencia de predisposición para la acción sigue siendo el mayor problema de las grandes organizaciones. Sencillamente, piensan demasiado. Planifican demasiado. Se reúnen demasiado. Y hacen demasiado poco. Y se adaptan con demasiada lentitud.

2002. Predisposición a la locura

Llámala "Vida a la Velocidad de Internet". Llámala "la Era de la Obsolescencia Instantánea". Llámala lo que quieras, pero la empresa de hoy opera a un ritmo enloquecedor. No hay descanso.... ni siquiera para el que tiene éxito. Como observó con anticipación el teórico de los medios de comunicación Marshall McLuhan hace muchos años, "si funciona es que está obsoleto".

Empecé a preocuparme por el nuevo "metabolismo" de la nueva empresa hace casi una década. En *Liberation Management* (1992) invoqué una naciente Era de la Moda. La fugacidad controla hoy, más que nunca, el destino de las empresas informáticas y de los fabricantes de semiconductores y de los proveedores de servicios financieros... al igual que de los productores de lápiz de labios y de automóviles.

Por cierto, no dejes que te confunda el pinchazo de la burbuja de las punto.com. "La velocidad de Dell", "la velocidad de Wal*Mart" y la "satisfacción de Amazon" suponen un fenómeno totalmente nuevo. Un fenómeno que está aquí para quedarse. Un fenómeno que pide nada menos que... una reestructuración total de la empresa (junto con su amplia familia de proveedores y clientes).

2022. Predisposición por... ¿quién demonios sabe?

Se están liberando todos los demonios. Los expertos en informática insisten en que nos estamos aproximando rápidamente a un cambio de velocidad infinita. Las computadoras y las redes de computadoras pensarán por sí mismas y la frontera entre el hombre y la máquina va a estar muy, muy borrosa.

¿Entonces, el papel de los humanos? NO ESTÁ CLARO.

Principio básico 2: cercanía al cliente

1962. Estudia al cliente

El "paradigma analítico" llegó a dominar con sorprendente rapidez. El "marketing" fue un ejemplo clásico

Considera: antes de que se produjeran la industrialización y el consumo de masas, el contacto entre las empresas y sus clientes era inherentemente estrecho. Los esquiladores, los herreros, los propietarios de tabernas y de burdeles, no necesitaban presumiblemente "hacer la pelota" a sus clientes.

Pero esa era pasó. Y llegó el "marketing". Pegado a sus talones, llegó "el estudio de mercado". Que era una idea estupenda, una idea necesaria, una idea que valía miles de millones de dólares. No te arriesgas a actuar en el vacío. Puedes prever el comportamiento del mercado.

Pero ocurrió algo curioso en el camino al futuro. Una orientación que era muy adecuada para el análisis se convirtió en... una "predisposición a la abstracción"... una "predisposición a la inacción". (Piensa primero, actúa nunca). ¿Los clientes? ("¿Quién demonios son los clientes?") Mandaban los datos. La carne se corrompía.

1982. Cercano al cliente

Bob Waterman y yo estudiamos IBM. Estudiamos el concesionario de automóviles Carl Sewell. Encontramos lo que otros acabarían llamando "intimidad con el cliente". Nosotros lo llamamos "permanece cerca del cliente". ¡Hay mucho sitio para esas abstracciones de marketing! ¡Conoce mejor las *frías* estadísticas de tu mercado!

Pero hay sitio también para... el ser humano... alias el cliente que respira y sangra. Y hay que colocar la dimensión del servicio en el asiento delantero; después de todo, el "tema del servicio" es el determinante principal de la lealtad y del negocio repetido.

2002. Uno con el cliente

Sé bien que la frase suena a jerga: "hazte uno con el cliente". Esto es exactamente... adecuado. La idea "cercano al cliente" era "adecuada" hacia 1982. El "análisis del marketing" desarrollado por Ted Levitt, Phil Kotler y sus colegas de Harvard y Northwestern era "adecuada" hacia 1962.

Pero ahora, gracias en gran parte a la magia de la tecnología de Internet y de las telecomunicaciones avanzadas, puedes conseguir también tu trozo de tarta, y comértelo. Esa es la historia que he contado antes, al hablar de las "soluciones". Empresa tras empresa tras empresa, han seguido esa huella, desde Omnicom ("servicios de marketing integrados")

ARTÍCULO DE FE
Después de 40 años de carrera profesional, creo una cosa con absoluta certeza: los que ganan son los que... intentan hacer cosas (rápidamente)... contemplan lo que ocurre... realizan ajustes (rápidamente)... y después intentan algo más (rápidamente). Todo ello con poco alboroto o desorden.

En el artículo de **BusinessWeek** *(julio de 1978) que presentaba el trabajo preliminar para* **En busca de la excelencia,** *califiqué a ese enfoque como "Hazlo. Fíjalo. Inténtalo". Que más tarde se convirtió en "predisposición para la acción".*

Predisposición para la acción. Dedicaré mi vida a ello. Con alegría.

NUEVA EMPRESA   NUEVO MANDATO

... la frontera entre el hombre y la máquina será muy, muy borrosa.

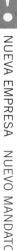

UNO-A-UNO = GANAR-GANAR
Dos autores nos proporcionan un lenguaje que va directo al corazón de lo que hace posible (e inevitable) la combinación del marketing inteligente, los clientes inteligentes y la nueva tecnología. Don Peppers y Martha Rogers nos dicen que ésta es (por citar el título de su libro) la era del marketing uno-a-uno.

Lindo.

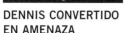

DENNIS CONVERTIDO EN AMENAZA
Ay, nunca nos cansamos de exaltar a los que consiguen grandes sueños. Después de tomar el control de manos de Jack Welch en GE en 2002, Jeff Immelt concedió una entrevista a *BusinessWeek*. Al preguntarle cuáles eran los enfoques de empresas que admiraba, citó como favoritas a Tyco, de Dennis Kozlowski y a Vivendi de Jean-Marie Messier.

Lo siento, Jeff.

a UPS ("gestión logística integrada"), Otis ("sistemas de construcción integrados"), o Farmers Group (con su enfoque de los servicios financieros de "satisfacción de un sueño"). Jerga o no, la idea es tan poderosa como sencilla: *ve más allá del "producto". Ve más allá del "servicio". Hazte uno con el cliente.*

Una vez que empresas como Dell y Amazon nos demuestran que lo pueden hacer, no aceptaremos nada menos de *nadie*.

2022. Inseparable del cliente

Dell Computer, pienso, ofrece una premonición de lo que va a venir. Una premonición sobre lo que significa que todo el mundo esté entrelazado completamente, a través de la cadena de oferta y demanda, formando una tela de conexiones guiada automáticamente y siempre cambiante para conseguir que se hagan cosas.

Uno deja a un lado términos como "simbiosis" o "sinergia" quizás con demasiada ligereza. Pero lo que permiten las nuevas tecnologías es exactamente eso —sinergia, simbiosis— cuya visión y sentido precisos es difícil imaginar (a menos que seas Michael Dell o Ray Kurzweil). Pero sabemos que la escala y el ámbito de la "inteligencia" informática en red serán asombrosos. No me sorprendería que el término "cliente" o "proveedor" dejasen de existir hacia 2022. O, por lo que se refiere a esta materia, quizás en 2012.

Principio básico 3: autonomía y espíritu emprendedor

1962. Conglomeración y *"management"*

Los años sesenta vieron la llegada de... la "última celebración y certificación de la grandeza". Es decir: EL CONGLOMERADO OMNIPOTENTE. ¡Ponlo todo bajo un mismo techo! ¿Por qué no? Limítate a aplicar esos principios de *management* americanos garantizados y —*voilà*— estás a salvo. (Oye, quizás pudiera haber un solo-mega-conglomerado para 1982.)

La "gran idea" era que un buen "directivo" podía dirigirlo todo. No necesitabas entender de cuestiones de salud para gestionar las cuestiones de salud. No necesitabas entender de productos forestales para gestionar productos forestales. El clásico ejemplar de este modelo fue Harold Geneen, supremo director de ITT. La empresa poseía bosques madereros y empresas de telefonía, compañías de seguro y empresas hoteleras... y panaderías. Y mucho más. Y Geneen, según su propia mentalidad y la de muchos observadores incondicionales, era plenamente capaz de... gestionarlo todo. Hasta que el conglomerado se despegó.

El movimiento de la aglomeración marcó... la Cumbre del Orgullo Desmedido. Es decir: el punto exacto antes de que Japón y Alemania nos dieran algunas duras lecciones sobre la forma de entender realmente el producto y de buscar la calidad.

1982. Autonomía y espíritu emprendedor

Me enamoré de tres de las 43 empresas principales que estudiamos para el libro: 3M, Johnson & Johnson, Hewlett-Packard. Conseguían resultados brillantes. Una (gran) razón para ello: su casi religiosa devoción a promover el espíritu emprendedor dentro de una estructura altamente descentralizada.

Una división de 3M era una pequeña empresa... que decía al personal del cuartel general corporativo dónde y cuándo había que apearse. Una división de Johnson & Johnson, era una pequeña compañía... que se enorgullecía de reñir a los lacayos del cuartel general. Una división de Hewlett-Packard era una pequeña compañía... que generalmente rehusaba reconocer que había incluso un cuartel general corporativo. (De hecho, apenas lo era en ese momento). Estas tres empresas —y unas cuantas otras— "demostraron", para mi mentalidad, que era posible mantener a la enérgica-pequeña-dentro-de-la-grande.

HP y 3M tuvieron problemas después. (HP se ha convertido en una empresa totalmente distinta, mucho más centralizada en su actitud y en su práctica que la HP de 1982). Pero nunca perdí un átomo de mi pasión por lo pequeño-dentro-de-lo-grande, aunque sí he llegado a apreciar mucho mejor lo difícil que es mantenerlo.

2002. Outsourcing y management en red

Recuerda a Forrest Gump: "No poseas nada si puedes acceder a ello. Si puedes, alquila incluso tus zapatos". Ese Pronunciamiento Gumpiano fue profético. El nuevo modelo: *Outsourcing, Outsourcing, Outsourcing...*

Da en *outsourcing* la TI a EDS.

Da en *outsourcing* los RR.HH. a Forum.

Da en *outsourcing* la gestión de las instalaciones a Accenture.

Da en *outsourcing* la I+D a pequeñas empresas nuevas.

Etc.

El viejo mantra: no lo podrás controlar si no eres el propietario. Actualmente, ese tipo de compromiso con la "integración vertical" se ve principalmente como una locura. ¿Por qué negarte el acceso a los mejores socios del mundo? ¿Y por qué no cambiar de socios cuando se presentan nuevas oportunidades? (¿Nuevo mantra? Si lo posees, probablemente la cagarás). Nuestra tarea número uno resulta ser: crear, gestionar, destruir y re-imaginar toda la red que configura el valor.

De hecho, el modelo "autonomía y espíritu emprendedor" se ha hecho problemático. En tiempos de locura (como los nuestros), puede ser una trampa la misma noción de estructura empresarial estable y duradera —pequeña-dentro-de-la-grande—. Quizás el modelo mejor sea éste: entra en escena una empresa, cambia el mundo, está un par de años (o un par de décadas) en la cumbre y luego desaparece.

Incluso el tipo de herramientas anti-complacencia de las que quedé encantado en 3M, HP y J&J (divisiones pequeñas "independientes" y cosas por el estilo) rara vez es adecuado para la fuerza colectiva de... los Rivales de la Próxima Generación. El resultado final: debemos desarrollar ideas totalmente nuevas sobre "organización", "control" y "sostenibilidad".

2022. Transitoriedad y más transitoriedad

La permanencia (el supuesto de 1962, incluso de 1982) está dando paso a la transitoriedad (el supuesto emergente de 2002). La cual está dando paso a... más y más transitoriedad.

Hemos conocido en los últimos tiempos explosiones emprendedoras, seguidas por periodos de consolidación. Tales oleadas duraban quizás 30 o 40 años. Pero el cambio tecnológico se está acelerando a la velocidad de un vídeo clip. Los mercados financieros globales continúan metiendo dinero a raudales en las nuevas ideas. Es... una era de transitoriedad perpetua y en proceso de aceleración. Nuevas ideas seguirán a las nuevas ideas con un desenfreno imprudente, con total desacuerdo y falta de respeto a los genios que reinan hoy, a una velocidad sin precedentes. La "permanencia" ha muerto.

!

SOCIOS SOBRESALIENTES
Hace años, estudié detenidamente a MCI. Entonces era una empresa pequeña que se batía audazmente contra AT&T. No fabricaba nada. Muchos observadores consideraron esto como un gran inconveniente en la batalla de la empresa contra la propietaria de Western Electric y Bell Labs.

Pero uno de los altos ejecutivos de MCI me dijo que esa falta de actividad manufacturera era su mayor ventaja. MCI ha desarrollado necesariamente una gran "competencia clave" para crear y gestionar lo que podríamos llamar ahora "alianzas estratégicas". Con ello, MCI podía elegir entre los mejores socios del globo, incluidas numerosas empresas nuevas que estaban redefiniendo completamente la industria de las telecomunicaciones.

NUEVA EMPRESA   NUEVO MANDATO

!

TIEMPOS DIFÍCILES
¿Por qué me suena a "sentencia de muerte" lo de "empleo de por vida"? Bien, de cualquier forma, me suena. (¿Estoy loco?) (No hay respuesta.)

Principio básico 4: la productividad y el personal

1962. Los empleados como piezas intercambiables

Hace un siglo, la empresa estaba desorganizada. Totalmente desorganizada. Necesitaba organizarse. La organizó Frederick Winslow Taylor. La organizó más Peter Drucker. Hacia 1962, personas como Robert McNamara la habían organizado demoníacamente bien. No, no niego la importancia de "estar organizado".

Por otra parte: las empresas consiguieron estar tan... CONDENADAMENTE OR-GANIZADAS... que drenaron conscientemente la inteligencia y la pasión.

El "empleado" había sido autónomo previamente. Un herrero autoempleado, o un granjero o un impresor. Después, cuando fue a trabajar a Bethlehem Steel (o a alguna por el estilo), tuvo que aparcar su cerebro en la puerta. Era un "tipo interesante" antes de las nueve de la mañana... y un "tipo interesante" después de las cinco de la tarde. Pero, de 9 a 5, él y sus compañeros eran... piezas intercambiables. Piezas de una máquina.

Y esta construcción se aplicó no sólo a los malos de cuello azul que trabajaban para Bethlehem Steel o para la fábricas del Modelo T... sino también a los trabajadores "trajeados" de cuello blanco que ocupaban torres altas, más altas, más altas. Los tipos de corbata y cartera tenían que aparcar su imaginación en la puerta, y procesar esos formularios creados por los tayloristas de cuello blanco.

1982. La productividad y el personal

Bob Waterman y yo aprendimos esta idea "básica" en las rodillas de Ren McPherson. Miembro del Vestíbulo de la Fama Empresarial de *Fortune* más tarde, era el gran jefe de Dana, fabricante de repuestos para automóviles. En ella hizo una transformación (no, una revolución). Decía: ¡Los trabajadores tienen cerebro! ¡Los trabajadores tienen ideas! Ren creó una empresa extraordinaria en un sector despiadado. Todo lo que hicimos fue escucharle, tomar notas y después escribir. (No pudimos dejar de alabarle.)

Bob y yo no utilizamos la palabra *"empower"*. (Eso vino unos cuantos años más tarde. Y rápidamente se abusó de ella.) En lugar de ello, seguimos las huellas de McPherson y dijimos básicamente: ¡LOS TRABAJADORES TIENEN CEREBRO! ¡LOS TRABAJA-DORES TIENEN IDEAS! Estábamos a mucha distancia del mundo actual. Pero estábamos también a mucha distancia del pensamiento convencional de 1962.

2002. Los empleados como... ¡Talento!

¡Ah, cuánto ha ocurrido desde 1982! ¿Trabajo para toda la vida? *Olvídalo*. Caminamos "de regreso al futuro", de regreso a los días en que mandan los "contratistas independientes" autónomos.

Llámala "la era de la obsolescencia instantánea".

Tú y yo somos... responsables de nuestras vidas. (De nuevo). CEO de Yo S.L. Seguramente, Yo S.L. puede estar asociado temporalmente con GE o Fidelity, pero sigue siendo Yo S.L., sin esperar que la gran compañía vaya a mimar al "CEO"/yo durante 40 años.

De vuelta a los días de Henry Ford, la idea consistía en contratar a individuos y amoldarlos a una tarea definida con anterioridad. Pisotear su individualidad. Disciplinar cualquier signo aberrante. Ahora la idea es... ganar la guerra por el talento. Casi todo el valor económico surge de la acumulación de capital intelectual. De la creatividad. Del entusiasmo. De la individualidad. Del comportamiento aberrante, sí.

2022. La productividad sin personas

Los humanos y las computadoras convergerán. Los trabajos rutinarios se estaban muriendo en 2002 y estarán muertos hacia 2022. Predicción atrevida para 2022: las computadoras serán tan inteligentes como nosotros. Aprenderán más rápidamente que nosotros. Demostrarán creatividad en todo el mensurable sentido "humano" de la palabra. Pueden incluso desplegar "emociones" indiscernibles de la realidad. (Si estoy siendo prematuro al hacer estos pronósticos, sospecho que será sólo por unos años). ¿Cuál será el papel del "humano corriente" en todo esto? Francamente, no tengo la más ligera idea.

Principio básico 5: la práctica, el valor dirige

1962. Por los números, por el libro

El mundo empresarial no es para los débiles! ¡El mundo empresarial no es cálido ni borroso! ¡Apréndelo en la Harvard Business School! ¡Olvida esa majadería del personal! (Es decir, olvida la materia blanda.) ¡Mide! ¡Mide! ¡Mide! ¡Mandan los números!

Ese era el reto. Y lo hicimos bastante bien... durante algún tiempo. La figura icónica aquí es (de nuevo) Robert McNamara. Fue el último representante de la era de los análisis-somos-nosotros. Para el Ejército del Aire durante la Segunda Guerra Mundial y después en Ford, como ya he mencionado. Pero realmente lo llevó a la cumbre como Secretario de Defensa con Kennedy y Johnson. Puso orden en el desorden, en cada una de sus encarnaciones. Su forma de hacer las cosas —la forma de la Harvard Business School— dominó el mercado y el campo de batalla. El modelo analítico dominó la guerra y la paz. Ambas se trataron como abstracciones. Cualquiera podía gestionar algo... si era un "buen gestor". (Si "hacía bien los números".) Ese era el dictamen de la época.

¡Admira a las Toyotas y las Hondas y las Sonys por haber puesto al descubierto lo raído de los vestidos no-tan-nuevos del emperador!

!

LA TEORÍA DOMINANTE

Enron no fue nuestro peor escándalo en los últimos tiempos. Mi favorito es el enfoque insolvente de "recuento de cadáveres" de la "gestión de la guerra" de McNamara. "Traed las orejas de esos enemigos, chicos", salmodió el teniente. Guerra según una medida engañosa = derrota humillante y 58.000 americanos muertos. Principalmente gracias a ese parangón del análisis: recuento de cadáveres Bob McNamara.

¿Hablo como un amargado? Hablo. Si piensas de forma positiva en las fuerzas que desató *En busca de la excelencia*, no me des las gracias. Da las gracias a mi anti-mentor. Robert Extraño McNamara.

!

NUEVA EMPRESA   NUEVO MANDATO

FÍJATE EN LOS CARTELES PUBLICITARIOS

La próxima vez que camines por un aeropuerto, repara en que dos de cada tres carteles publicitarios parecen ser de... empresas consultoras. Caramba. Hace sólo unos años, estos tipos eran "parásitos" económicos. Ahora son: "el asunto principal". La lección: las empresas tratan desesperadamente de reinventar su forma de hacer negocio... y confían cada vez más en un nuevo grupo de especialistas de "capital intelectual" para conseguirlo.

EL SERVICIO ATACA (BUENOS TIEMPOS)

Recuerda que, en 2000, Hewlett-Packard —"hacedora" de cosas por excelencia— ofreció 18 millardos de dólares por los servicios de 31.000 consultores de Pricewaterhouse-Coopers. Piénsalo bien: *consultores.* *Ho-Hum.*

1982. La práctica, el valor dirige

La idea que más nos gustaba a Bob Waterman y a mí de todas las nociones que salieron a la luz en *Excelencia*. A saber: GD. Gestionar Deambulando. La frase, mencionada con anterioridad, y que tomamos de los tipos de HP, puede parecer trillada, pero la idea era todo menos eso. Especialmente en 1982. La gente de HP entendía que una "empresa triunfadora" no es una abstracción. Por supuesto que hacían las cuentas, pero también procuraban permanecer cerca de sus empleados y sus clientes, incluso cuando se convirtieron en una empresa gigante.

GD: un excelente ejercicio de taquigrafía para... *implicación íntima con el personal, que es realmente quien hace el condenado trabajo, y con las personas que realmente compran el condenado producto.*

2002. Materia "blanda", capital intelectual

Estamos en una era de las ideas. Toda la creación de valor económico procede del talento... de "soluciones", "experiencias" y "creación y gestión de la marca"... del capital intelectual. Manda la materia "blanda". Bienvenido al: mundo de Schwab, Dell, Microsoft, Celera Genomics, Amazon y, sí, IBM (*International Business "Machines"*).

En 1982, la noción de que la "economía de servicios" podía ser el gran reto era revolucionaria (no bromeo). De hecho, muchos de los que dirigían la política estaban preocupados por la indebida y creciente influencia de las empresas de servicios, pues creían sinceramente que la única base real para el progreso económico era lo material. Hoy ni siquiera hablamos de la "economía de servicios". Porque la economía de servicios está en todas partes. Todo es servicio, incluso en la "fabricación". Todo se deriva de la materia "blanda"... de ese capital intelectual.

2022. ¿Por un pelo?

Si escuchamos a personas como Ray Kurzweil y Stephen Hawking, pensaremos que estamos entrando en "la última fase del dominio humano". La computadora tomará el control de una forma u otra, dentro de unos 40 años. Es decir, que para 2022... nos encontraremos a mitad de camino.

El mundo de hoy aparecería "muy avanzado" desde la posición estratégica de 1982. Mientras tanto, el ritmo del cambio se ha ido acelerando de una forma loca. Yo no sé qué es lo que va a venir, pero sólo un tonto podría ignorar escenarios "extremos".

Principio básico 6: pegarse a la propia labor

1962. El complejo de Dios

En las décadas que siguieron a la Segunda Guerra Mundial, la cuota de los Estados Unidos en el PIB mundial era enorme. Las empresas americanas no encontraban competencia real, y eso se reflejaba en sus prácticas empresariales. ¡Somos buenos gestores! ¡Podemos entrar en la empresa que queramos y convertirla en oro! Yo llamo a esta actitud... "el complejo de Dios".

1982. Pegarse a la propia labor

El peso de la arrogancia corporativa... del complejo de Dios, de la paz empresarial americana... fue la nación conglomerado. Pero mucho antes de 1982, el movimiento de acumulación dio un patinazo. Y las empresas comenzaron a centrarse de nuevo en las "competencias clave".

Nosotros adoptamos esa noción en *En busca de la excelencia*, pero no abogamos por una estrategia de seguridad y de no toma de riesgos. Nos basamos en los estudios del profesor Richard Rumelt, de UCLA, que *no* decía que las empresas debieran seguir apegadas a lo que habían hecho siempre. De hecho, Rumelt decía que apegarse a ello con una mente estrecha era desastroso. Los ganadores, decía, siguen generalmente una estrategia de "diversificación relacionada". Ellos abren "ramas", pero sus "ramas" crecen orgánicamente a partir de su tronco y de sus raíces. Los modelos eran empresas como 3M y Johnson & Johnson... empresas que hicieron gran cantidad de cosas "nuevas", aunque las cosas nuevas estaban relacionadas siempre con una Propuesta Empresarial Coherente.

Ahora, gracias en gran parte a la magia de la tecnología de Internet y de las telecomunicaciones avanzadas, también tú puedes conseguir tu trozo de tarta y comértelo.

2002. ¿Cuál es tu labor?

Quizás haya un número pequeño de cosas que hagas realmente bien. La estrategia obvia (en términos de 1982): centrarse en eso. Subcontratar el resto.

El problema: no es fácil. Puede que esa cosa que haces realmente bien (tu "labor") deje de ser relevante, y por tanto rentable, pasado mañana. O que alguna empresa nueva pueda surgir de cualquier parte con un plan para ser no sólo "realmente buena" sino "realmente grande" y "radicalmente diferente" en "lo tuyo".

¿A qué te "agarras"? No lo sé. ¿Quién demonios sabe lo que tendrás que hacer? No lo sé, lo siento. (Se devolverá el dinero a quien lo solicite.)

2022. El complejo de "vagar sin rumbo"

Me encuentro confundido en lo que se refiere al año 2002, estoy más que confundido en lo que se refiere al 2022. De hecho, ¡no tengo una respuesta! ¿Qué es "clave"? ¿Qué es "competencia"? ¿Qué demonios es "la labor"? Todo es un... GRAN MISTERIO.

Principio básico 7: *forma simple*, staff *reducido*

1962. La sede central lo sabe mejor

El mensaje: contrata a un puñado de "chicos universitarios". Págales un puñado de dólares. Colócalos en puestos directivos. Instálalos en... la sede central. Haz que digan a "los demás" lo que tienen que hacer. Los demás: los rebeldes, los tipos con las uñas sucias, los que no son universitarios, los que (¡horror de los horrores!) trabajan en las plantas.

La superestructura era guay (mucho). Los MBA estaban al borde de lo guay (mucho). Estas eran las suposiciones características del espíritu de certeza moral de la época. Análisis. Abstracción. Control desde el centro. Tales ideales definían el mundo nuevo y perfecto del... *management tecnocrático*.

Otra vez, esta superestructura monstruo era un correctivo necesario de la mentalidad de "gestionar por la cuenta de la vieja" de la era anterior. Pero fue demasiado lejos. Demasiado, demasiado lejos.

1982. Forma simple, *staff* reducido

Bob Waterman y yo reventamos absolutamente esto.

Teníamos razones. Dijimos que "deben mandar los directivos de línea". Argumentábamos que esos tipos de las uñas sucias eran de hecho... dedos-en-el-pulso-de-la-empresa. Después de todo, estaban más cerca de los empleados y de los clientes. Teníamos razón en todo eso.

Pero cuando hablábamos de "forma simple, *staff* reducido", no teníamos idea de hasta qué punto las organizaciones deberían ser "simples" o "reducidas". Sólo señalábamos

---

!

VÍCTIMAS "CLAVE"
En los últimos años hemos visto a muchos CEO inteligentes (¡y honrados!) —Mike Armstrong en AT&T, Chris Galvin en Motorola, George Fisher en Kodak— enfrentarse a gran cantidad de problemas al tratar de hacer las cosas de forma inteligente. Tratan de imaginar cuáles son sus "competencias claves", pero no pueden. El terreno bajo sus pies es de arenas movedizas y las arenas movedizas se están moviendo cada vez con mayor rapidez.

!

NUEVA EMPRESA NUEVO MANDATO

lo abultadas —lo grotescamente fofas— que eran las viejas superestructuras, incluso en nuestras denominadas "compañías excelentes".

Más sobre el asunto: no habíamos anticipado empresas como Dell. Y seguramente no habíamos anticipado Internet.

2002. Un mundo libre de ficción

"Forma simple, *staff* reducido", tenía sentido en 1982, aunque no supiéramos la magnitud de la grasa que necesitaba una liposucción competitiva. Pero estaba muy, muy lejos, de donde íbamos a llegar.

"Las funciones *staff*", tal como las conocíamos, están muertas o se están muriendo. Todo el trabajo rutinario será hecho fuera, o automatizado. El resultado: una organización (y una familia de organizaciones) "libre de ficción" en la que los documentos ya no van a permanecer sobre las mesas de la gente, a menudo durante días o semanas (o más) esperando que se les "ponga en circulación".

¿Cómo es esta nueva organización? *Insólita. Muy, muy insólita.* Piensa en una cadena de suministros instantánea y continua. Piensa en Dell, Oracle, Schwab. Piensa en el modelo militar emergente. Son iconos de la nueva empresa libre de ficción.

2022. ¿Un mundo sin personal?

Computadoras que piensan, que aprenden. Computadoras que hacen *todo* el trabajo. ¿Habrá sitio para las personas? NO ESTÁ CLARO. Si hay algo que puedan hacer las personas será centrarse en producir un valor añadido increíblemente creativo. (¡Caramba! ¡Hurra! ¡Espeluznante! ¡Guay! O algo así.)

Principio básico 8: lo simultáneo suelto - las particularidades compactas

1962. Lee el manual de política. Sigue las reglas

Volvamos atrás, cuando sabíamos con certeza "como gestionar". Frederick ("el cronómetro Freddy") Taylor buscó fervientemente ese... modo mejor. A través de Peter Drucker, Michael Porter y otros, convertimos las ideas iniciales de Taylor en la teoría y la práctica del "*management* moderno". En resumen: había "formas" de "gestionar", y esas formas eran "adecuadas". Eran "principios del *management*" y, si los seguías, conseguirías cosas buenas. Y se consiguieron cosas buenas... durante un cierto tiempo.

1982. Lo simultáneo suelto - las particularidades compactas

Bob Waterman y yo no abandonamos totalmente el principio de los "principios". Creíamos en lo "compacto", creíamos en los "valores" compartidos y en una "cultura" unificada de la empresa. Creíamos que toda gran empresa (incluso una tan enorme como GE) debía portar la marca de ciertas "filosofías clave".

Pero también creíamos que las "empresas excelentes" sólo eran excelentes en cuanto permitieran simultáneamente a las personas una gran libertad para inventar y hacer sus propias cosas..., siguiendo, en general, esos valores clave (a esto nos referíamos con lo de "suelto"). En otras palabras, prescribíamos una dosis *masiva* de autonomía —tanto para el individuo como para la unidad— guiada por un conjunto pequeño de verdades, solo en cierto modo compulsivas.

Apenas si sabíamos lo que iba a venir...

2002. Los modelos empresariales vienen. Los modelos empresariales se van

Aquí hoy, Enron mañana. Todos los "principios básicos", incluidos los que fueron tan alabados en *En busca de la excelencia*, están ahí para que los agarremos. Hemos aprendido a... "jugar tal como viene". Hemos aprendido a... "hacerlo mientras caminamos".

Dentro de los próximos diez a veinte años, estaremos reinventando todos los aspectos de la vida... las empresas y el gobierno, la cultura y la guerra, y el mismo significado

UN PLAN MEJOR

El experto en *management* Henry Mintzberg dice que la "era de la estrategia" fue, en efecto, el taylorismo trasladado a la sala del consejo de administración.

de lo que es ser humano. Si eso es verdad —y creo realmente que lo es— sólo se puede seguir una estrategia.

A saber: Mantente Abierto a Todo, con Vigor. MATV por decirlo más sucintamente. Observación: hablo tremendamente en serio.

2022. Los modelos empresariales "se van" en su mayor parte

MAT(CM)V: ¿Mantente Abierto a Todo (Cada vez Más) con Vigor?

Reflexiones

Ocho "principios básicos". Tres generaciones. A lo largo de estas coordenadas, hemos hecho un increíble viaje que no muestra signos de llegar a ningún "destino". Desde 1962... cuando me encontraba a medio camino de la universidad y me disponía a desempeñar mi primer trabajo como alférez de fragata en la Marina de los EE.UU. A 1982... cuando Bob Waterman y yo propusimos alternativas a la forma demostrada de hacer las cosas. A 2002... cuando Internet y otras nuevas tecnologías estaban en camino de reescribir nuestras ocho ideas "básicas". (Control Alt Supr). A 2022... cuando se habrán producido cambios profundos en algo tan "básico" como lo que significa ser humano.

Nos espera un extraño mundo. Un mundo en el que definir la "excelencia" —y mucho más "buscarla" (¡y mucho más conseguirla!)— será cada vez más evasivo y más y más emocionante.

¡Qué espantoso! ¡Qué GUAY!
¿ESTÁS PREPARADO?

! Contrastes	
ERA	**ES**
Planificación	Acción
Analizar al cliente	Aliarse con el cliente
"Trabajadores" (piezas intercambiables)	Talento (socios indispensables)
No te detengas en nada (el complejo de Dios)	Dedicarte a la labor (conseguir el objetivo)
Integración vertical	Vértigo más innovación
Centrarse en la organización	Centrarse en la red
Mundo de cuello blanco	Mundo sin cuello
Tangibles (montones de materia)	Intangibles (bits de datos)
Real (propiedad)	Virtual (posibilidad)
Lento y firme	Rápido y más rápido
Certeza	Ambigüedad
Mantra del liderazgo: "dentro de lo sabido"	Mantra del liderazgo: "no lo sé"
Gestión "por los números"	Gestión por la agilidad
Estructura: un nudo apretado	Estructura: holgada
Ciclos de la moda: años, décadas	Ciclos de la moda: días, semanas
GM. Ford. Bethlehem Steel	Dell. eBay. Wal*Mart
Cleveland. Detroit.	San José. Bangalore.

¡Qué espantoso!

¡Qué GUAY!

¿ESTÁS preparado?

!

NUEVA EMPRESA NUEVO MANDATO

25 Perseguir la excelencia
en una era inquietante.
Las 50 reglas del liderazgo

! Manda el tecnicolor...

¿Reglas? ¿Bastará con 50?

! GRITA no estamos preparados...

En estos tiempos locos y caóticos, volvemos a caer en el modelo de liderazgo de mando y control, un modelo que ya no es compatible con la forma en que operan realmente los líderes dinámicos.

Buscamos abrigo en la fantasía de un líder que tiene Las Respuestas... que promete "el cambio" o "el éxito" o "beneficios" a cambio de un "seguidismo" (alias "obediencia") paciente. Pero, en una edad en que todo valor fluye de la creatividad y de la iniciativa, debemos imaginar y adoptar un modelo de liderazgo que es impreciso, abierto y perpetuamente innovador.

Pedimos a los líderes que sean "buenos administradores" de los activos que heredan. Pero en una era en que la permanencia es una ilusión peligrosa, debemos pedir a los líderes que desafíen los legados que han heredado para crear proposiciones de valor totalmente nuevas y, después, echarlas fuera antes de que se queden rancias.

! VISIÓN imagino...

A una joven de 27 años que aguarda una Maravillosa Oportunidad de re-inventar las actividades de servicio al cliente que chirrían crónicamente en su empresa. Habla a todo el que se encuentra de su excitante idea y todos le dicen, "¡gran idea, pero buena suerte!". A pesar de todo, ella da vueltas (y vueltas) (y vueltas) al problema... y acaba juntando, de mala manera, un equipo de proyecto de seis personas. Todas fanáticas. El equipo incluye a un desarrollador de talento y a un mecánico del beneficio; nuestra supermujer es visionaria y animadora jefe. Dirige a su equipo en un viaje de descubrimiento mutuo y descubre que su noción original no era tan acertada... pero su ilimitada búsqueda acaba produciendo algo... mucho, mucho mejor... y mucho, mucho más extraño.

Liderar importa (una definición muscular)

El liderazgo es... ¡*gozoso*! Es una oportunidad sin igual para establecer una diferencia, aunando los talentos de otros hacia una causa seriamente guay.

El liderazgo es... ¡*horrible*! Es un ejercicio de poner orden en el lío de las relaciones humanas, en todos sus detalles morbosos, día tras día. (Tras día).

El liderazgo es... ¡*guay*! Es una aventura gloriosa que nos capacita para aumentar nuestro impacto en el mundo.

El liderazgo es... ¡*solitario*! Es una batalla contra la duda y el temor en la que sólo puedes recurrir a tu propio juicio sobre la naturaleza humana.

El liderazgo es... ¡*diferente*! No es cuestión de "hacer" la excelencia, sino de "inspirar" la excelencia a otros.

El liderazgo es... ¡*la principal responsabilidad*! Es la asunción de la responsabilidad... de gente que no puedes controlar, de acciones que no puedes realizar, de instituciones que pueden no compartir tu sentido de la responsabilidad.

El liderazgo es... ¡*no lo que piensas*! No es cuestión de "mando y control" o de carisma regio. Es cuestión de vivir en las profundidades (de florecer en el juego de ajedrez de los egos y de la instituciones) y de subir a las alturas (reunir a otros para inventar y después perseguir sueños aparentemente imposibles).

El nuevo liderazgo es... ¡*el primer mandato nuevo*! Es un prisma a través del cual resumir este largo viaje emprendido a través de nuestra inquietante era. Es un proyecto que nunca termina, con un objetivo impresionantemente sencillo (y abrumadoramente difícil): ¡Re-imagina!

El liderazgo es... *50 ideas*.

PREMISA: LOS LÍMITES DE UN LÍDER

1. Los líderes crean oportunidades

Leía una revista de una organización educativa (a la que, por cierto, apoyo). El título del artículo principal me produjo... una rabia enorme. Sugería que las instituciones (educativas) excelentes "transforman a las personas".

¡Una tontería!

¡Nadie "transforma" a nadie!

Lo que hacemos es crear oportunidades para las personas... y después animarlas a que apliquen sus talentos latentes para aprovechar esas oportunidades. La diferencia entre estas dos nociones es tan sutil como... UN TREN DE ALTA VELOCIDAD QUE SE TE ACERCA A 115 MILLAS POR HORA.

Los líderes NO... "transforman a las personas". En lugar de ello, los líderes construyen un contexto en el que tienen lugar... viajes de descubrimiento mutuo. Los líderes proporcionan acceso a una cartera lujuriosa de proyectos WOW que desafían a las personas para que expresen su innata curiosidad y visiten (o, de hecho, creen) lugares que ni ellos (ni sus líderes) han soñado nunca. ¡Y cuando el viaje da fruto, los líderes aplauden como demonios, escenifican "sesiones fotográficas" y repican 100 veces las campanas de la iglesia para conmemorar el valor de las exploraciones de sus "seguidores"!

"Lugares nunca soñados". Ese es el corazón del asunto. ¡NADIE TIENE LA CLAVE! LOS JEFES = NO TIENEN LA CLAVE. EL SEGUIDOR = NO TIENE LA CLAVE. Debemos... LA AUTÉNTICA DEFINICIÓN ANTE ESTA ERA SALVAJE Y CONFUSA... descubrir-inventar lugares que no han existido nunca. (¡En esto consiste todo el condenado asunto!) Y si tú, en cuanto líder, no tienes... la ENERGÍA suficiente... para animar a la gente... a que reconfiguren el mapa/creen un mapa nuevo... bien... entonces... NO DEBERÍAS ESTAR LIDERANDO. A NADIE. EN NINGUNA PARTE.

! CONSULTOR EXULTANTE

Los líderes crean proyectos. Los grandes líderes crean... búsquedas.

Historia personal: comencé a trabajar como consultor en McKinsey en diciembre de 1974. Llegué a las 8,30 de la mañana. A las 10 ya tenía llaves y tarjetas de crédito. A las 11 se me había asignado un proyecto. A mediodía me habían dado un billete de avión. Volé a Calgary a las 2 para estudiar (por mí mismo) la dimensión de la demanda y la oferta en el sector agroquímico canadiense.

Es decir, que en 5 horas y media estaba haciendo la primera de mis muchas... búsquedas. Estaba muerto de miedo. Estaba exultante.

2. Los líderes dicen "no lo sé"

Hay tres palabras más importantes que todas las demás para un líder. Dichas palabras son, según el gurú de los gurús del *management* Karl Weick, y que hemos mencionado antes en otro contexto: "NO LO SÉ".

"No lo sé" es la... AUTORIZACIÓN PERPETUA PARA DAR UN PATINAZO. "No lo sé" significa: "oye, tienes que descubrirlo".

Karl lo explica: "El líder que dice no lo sé, dice esencialmente que el grupo se enfrenta a un partido nuevo, donde las viejas herramientas de la lógica pueden ser su perdición más que su salvación. Dejar caer tales herramientas no es dar por imposible hallar una respuesta que funcione. Es sólo abandonar un medio de contestar que no se adecua a lo inestable, lo desconocido, lo impredecible. Dejar caer las pesadas herramientas de la racionalidad es conseguir acceder a la ligereza en forma de intuición, sentimientos, historias, experiencia, escucha activa, humanidad compartida, conciencia del momento, capacidad para la fascinación, sobrecogimiento, palabras nuevas y empatía".

La idea de liderazgo, según los "libros de texto": ¡Los líderes lo saben todo! ¡Los líderes dan órdenes! ¡Los seguidores les siguen! Pero, en tiempos insólitos, salvajes, que desafían a los libros de texto, como éstos, el modelo de líder como "comandante que lo sabe todo y extraordinario impartidor de órdenes" está fatal y fundamentalmente marchito.

Los líderes recurren al modelo de mando y control cuando están... asustados. Es decir: *asustados como demonios de que los seguidores descubran que ellos (los líderes) no tienen la clave de qué demonios está pasando.*

El Gran Truco consiste en convertir el "no lo sé" en una demostración de fuerza más que en un reconocimiento de debilidad. Los líderes *tienen* una "debilidad": realmente *no* "saben". Pero lo que ofrecen los líderes no es conocimiento, es un pellizco de sabiduría y (sobre todo) de espíritu. El espíritu que proporciona el nervio para liberar la pasión y para liberar el talento de los demás. De hecho, esta es la última "fortaleza" del liderazgo.

3. Los líderes rara vez son quienes hacen mejor las cosas

Un director de orquesta es generalmente un buen músico, pero raras veces un intérprete de primera fila. Los decanos universitarios más eficaces no son, con frecuencia, los mejores profesores. La capacidad de liderar... de comprometer a otros y de conectarlos... raras veces coincide con estar en la cumbre del... acervo del rendimiento individual.

Esto no quiere decir que los líderes no estén familiarizados con su actividad particular. Pero los factores que te hacen ser bueno en el "tema del personal" y en el "tema de la inspiración" y en el "tema de conseguir beneficios" son totalmente distintos de los factores que catapultan al pináculo de la maestría individual.

Ay, en las empresas es demasiado frecuente promover al "mejor" profesional para que dirija a los demás profesionales. El mejor formador se convierte en jefe del departamento de formación. El mejor director de contabilidad se convierte en jefe del departamento de ventas. Etc. Contundentemente, no es así como funcionan las cosas en... las empresas del verdadero talento. (Una orquesta sinfónica. Un equipo de béisbol.) ¿Entonces, por qué tenemos esa rutina en las empresas? ¿Una gran estupidez? Puede ser. Pero lo más probable: es no ver que el liderazgo es una cualidad... *discreta, limitada, especial.*

4. Los líderes son desarrolladores de talento (tipo I del liderazgo)

Los grandes líderes sobre hermosos corceles son importantes, pero los desarrolladores de talento son la roca en que se basan las organizaciones que funcionan, a largo plazo.

El desarrollo del talento... digno de ese nombre... es una actividad 25/8/53. (Vuelve al Capítulo 20). Y... LA OBSESIÓN... por aquello que podría crear verdaderamente un legado. Jack Welch... *no tenía*... una visión... en mi libro. Welch *fue*... el primer desarrollador de talento de nuestros tiempos. Algunas personas (líderes) sacan su capacidad de influir, en último término, de... desarrollar el talento extraordinario. Ay, algunos (¿la mayoría?) no lo hacen. Incluso aunque podamos llamar

---

!

EL LÍMITE DE LOS TÉRMINOS
Odio los términos "cambio organizativo", "*empowerment*" y "motivación". No "cambiamos" a las personas (o a las organizaciones). No "damos poder" a las personas (o a las organizaciones). No "motivamos" a las personas (o a las organizaciones).

Descarta esos términos. Pisotéalos. Todos y cada uno de ellos.
A riesgo de parecerme mucho a Tony Robbins, digo que despertamos el talento que está ya dentro de quienes trabajan con (o para) nosotros... proporcionando oportunidades que justifiquen su elección de invertir en nosotros sus recursos más preciosos: su tiempo y su compromiso emocional.

!

UN MOMENTO "DIFÍCIL"
Nota: ésta *no* es una idea "blanda". Es una idea empresarial quintaesencialmente dura. El subtexto de "no lo sé" es: nos estamos aventurando en lo desconocido. Te he contratado por una razón, y no era seguir las órdenes. De manera que imagina *algo*. Hazlo mientras caminas y... desde luego, no regreses con las manos vacías.

a este grupo (¿la mayoría?) "líderes", tienen miedo de contratar a personas que sean mejores, miedo de la diversidad, miedo de las personas que son distintas.

5. Los líderes son visionarios (tipo II del liderazgo)

En la pared de mi despacho de Vermont cuelgan dos obras de "arte". Ambas son portadas de la revista *Life*. Franklin Delano Roosevelt, 1933, en el foso de la Gran Depresión. Winston Churchill, 1940, durante la batalla de Inglaterra.

Los expertos dicen que Roosevelt no era un gran economista. Y que el talento de Churchill para la estrategia militar era cuestionable. Pero mantuvieron viva la esperanza. Como dijo Napoleón, "un líder es un comerciante de esperanza".

A largo plazo, honramos a la mayor parte de esos líderes que son desarrolladores de talento sin rival, pero hay momentos en que es esencial un "comerciante de esperanza". Piensa en FDR. En Churchill. De hecho, piensa en Gerald Ford después de la debacle de Nixon. En el mundo de la empresa, piensa en Lee Iacocca, en Chrysler, a finales de los setenta. O en Howard Lutnick, en Cantor Fitzgerald, después del once de septiembre.

6. Los líderes son "mecánicos del beneficio" (tipo III de liderazgo)

Un colega mío dirige una empresa de 200 millones de dólares. Es inteligente como el demonio, un tipo auténtico. Y su presencia, si no carismática, es enérgica y reconfortante. Pero ese no es el secreto vital de su asombroso éxito como CEO durante 15 años.

Mi amigo se licenció en matemáticas. Le *gusta* el crucigrama del domingo del *New York Times*. Y... lo que viene más al caso... le gusta el rompecabezas llamado empresa.

(Supongo) que los pelos del cuello se le ponen de punta cuando examina una hoja de balance. Le gusta sacar las más extraordinarias conclusiones de los datos más oscuros y voluminosos. Esto le hace reír. Tararea... no es camelo... cuando juega con los números. (Lo he observado.)

He llegado a llamar a este tipo de líder el MBI: Mecánico del Beneficio Inspirado.

Un MBI podría ser... un desastre total por sí mismo. Por otra parte, los otros dos —el desarrollador de talento y el visionario sin miedo— podrían terminar siendo también unos desastres, a menos que nuestro amigo el MBI esté al pie del cañón... tarareando mientras examina los números.

7. Los líderes entienden que... ¡todo depende!

En el verano de 2000, leí el brillante libro sobre John Adams de David McCullough. Uno de los objetivos del autor fue resucitar la importancia del adusto Adams en la panoplia de los "candidatos rushmorianos que condujeron a América a su más alto nivel de desarrollo". Adams está en ascenso ahora. Jefferson está en declive. Sin embargo, acabé el libro con una posición totalmente distinta: en primer lugar, me hizo leer mucho más sobre Jefferson. Y, en segundo lugar, me hizo creer que tuvimos... mucha suerte. Necesitábamos a Adams... y a Jefferson... y a Washington... y a Tom Paine... y a Alexander Hamilton... y a James Madison. Quita un solo ladrillo de esa estructura... y seríamos todavía una colonia de Inglaterra. (Quizás.) Cada uno de esos individuos "rushmorianos" tenía defectos asombrosos. Una falta de visión asombrosa. Pero también grandes visiones... y fortalezas asombrosas.

Mensaje: ¡El liderazgo es un asunto complejo! El "hombre (la mujer) del Renacimiento" es una trampa, un mito y una ilusión peligrosa.

Y lo que es verdad en el caso de los padres fundadores (¡*en plural*!) es verdad también para el restaurante nuevo. ¡Necesitas a ese *chef* visionario! ¡Necesitas a esa "persona orientada a las personas" que pueda tratar con esos ayudantes de camareros que ganan un pobre salario! ¡Necesitas al MBI que sueñe con las hojas de balance y que pueda hallar respuesta a las objeciones de un banquero escéptico! En resumen, necesitas fortalezas distintas en los distintos momentos.

!

CONTRATA A LOS GRANDES

Hay un viejo dicho en la gestión empresarial: serás grande en la medida en que estés dispuesto a contratar a personas que sean mejores que tú. (Un dicho viejo, viejo de veras. Pero no menos agudo por eso).

"99

DIÁLOGO DE LA ESPERANZA

John Gardner, antiguo alto funcionario y brillante estudioso del liderazgo, hizo la misma observación: ¡la primera tarea de un líder es mantener viva la esperanza!

Amén.

!

CONVICCIÓN TRILATERAL

Tres tipos de liderazgo. Una gran idea: ¡Necesitamos a los tres! Necesitamos al fanático y al mentor del talento. Necesitamos al visionario y al animador. Necesitamos al mecánico del beneficio y al genio operativo. El triángulo de oro del liderazgo es tan esencial para un equipo de proyecto de seis personas como para una corporación de 60.000 personas.

PERFIL: LA DANZA DE LIDERAZGO

8. Los líderes prosperan en la paradoja

Olvida lo que te enseñaron en la escuela de negocios de Harvard. En la escuela de negocios de Illinois. En la escuela de negocios de Stanford. En la escuela de negocios Wharton. ¡El *management* no es una ciencia! Es... arte... el 100% de las veces.

EL *MANAGEMENT* ES UN... ARTE. Un arte de la paradoja.

La mayor paradoja del... LIDERAZGO: para ser "excelente" tienes que ser... coherente. *(Para más definiciones: excelencia = coherencia de rendimiento superior.) Pero en el auténtico momento en que te haces excelentemente "coherente"... te harás... TOTALMENTE VULNERABLE... a los ataques del exterior.*

Debemos vigilar constantemente. Vigilar a los... CONTRARIOS.

Por ejemplo: ¿estamos "suficientemente" organizados? Si lo estamos... PREOCÚPATE. ¿Estamos "suficientemente" desorganizados? Si lo estamos... PREOCÚPATE.

Preocúpate... constantemente... del equilibrio... y del tambaleo... de la oscilación del péndulo.

Bien... esta idea no trata realmente del... equilibrio. Trata de ir... demasiado rápidamente... hacia adelante... durante un tiempo... y después regresar durante un tiempo... demasiado rápidamente. Mi punto de vista: el secreto de la eficacia a largo plazo es probablemente... la oscilación extrema y salvaje entre... demasiado control... y demasiado poco control.

9. A los líderes les gusta el jaleo

Considera estas palabras del genio de la publicidad, Jay Chiat: *"No me encuentro cómodo a menos que esté incómodo"*.

¿La definición de un liderazgo fracasado? El líder que necesita sentirse "cómodo" "con el control".

¿Definición del liderazgo verdaderamente grande? Los líderes que sacan la mayor parte de su energía... cuando la mierda golpea el ventilador.

Liderar es... ocuparse de problemas que no podrían "solucionarse" "por debajo de ti" en la organización. Los problemas cargados de ambigüedad. Un alto ejecutivo de AT&T me dijo hace 20 años que si llegaba a su bandeja de entrada un "problema" que pudiera solucionar sobre la marcha... es que algo iba mal en la "organización"/"sistema". Ese problema particular debería haber sido resuelto en un nivel o dos por debajo de él. Él se ganaba su alto salario sólo por el hecho de merodear entre los problemas intratables.

El director de una empresa de sistemas de ingeniería de 6.000 personas me dijo que, extrañamente (su propia palabra: "extrañamente") los altos directores de proyectos no procedían generalmente de las filas de sus ingenieros titulados brillantemente; procedían de los que "habían obtenido notas medianas en el bachillerato o en la facultad", aquellos que estaban acostumbrados a afrontar crisis tras crisis tras crisis y después agarraban un rollo de cinta adhesiva y arreglaban el condenado problema, al vuelo y sobre el terreno.

¿Interesante, no? Un posible mensaje: *¡no contrates nunca a nadie que no lleve consigo a una entrevista cinta adhesiva!* (Esto es lo que pensamos los de Vermont.) Y si no es una cinta real, que sea al menos una cinta metafórica. (Hmmm.) Quizás se podría planificar una crisis en medio de una entrevista: una alarma de incendio o un infarto. Y contemplar la reacción del candidato. ¿Aturdido o calmado? ¿Implicado o pasota? Quizás no sea tan tonta la cosa (hmmm).

La "conclusión": al seleccionar líderes, debemos buscar asiduamente a quienes se divierten frente a la locura... allí donde otros vacilan o se cruzan de brazos.

10. ¡Los líderes hacen!

Si no sabes qué demonios está pasando... si no sabes cómo es o incluso dónde está el campo de juego... si no te sabes el libro de reglas, o ni siquiera si hay un libro de reglas... entonces, en las inmortales palabras de mi viejo: *"Thomas, no te quedes ahí parado. Haz algo"*.

!

FUERA DE CONTEXTO
El gran CEO de General Motors, Alfred Sloan, decía que el *management* consistía en... conducir adelante y atrás entre (a) centralizar absolutamente todo, lo que socava la creatividad y eso conduce a (b) descentralizar absolutamente todo, lo que anima a la toma de riesgos continua y eso lleva a...

(Capta tú la idea.)

Mi único (gran) problema sobre la visión de Sloan. La mayor parte de las organizaciones (incluida la suya) se ven pilladas a largo plazo en la dirección de la excesiva centralización. Vencen los adictos al control... y conducen a sus organizaciones a una zanja. (O a un acantilado.)

!

COMPRUEBA TU KIT DE "JALEO"
La propensión al caos es particularmente necesaria en tiempos de guerra. En tiempos de paz, los militares tenderán a promocionar a los "adictos a la silla". Pero ante la primera bocanada de metralla quieres dar el mando a... quien sea capaz de brillar entre la "bruma de la batalla", como la llamó Clausewitz.

"Los líderes están cabreados. Sí, cabreados. Completamente desquiciados por el statu quo."

Es una bonita frase. Pero es mucho más profundo que eso. Si no sabes qué está pasando... deja de pensar (no te hará mucho bien). Trata de hacer... *algo*. Ve qué es lo que está ocurriendo. Es decir, hasta que no dejes volar al nuevo sistema... o al nuevo producto... al nuevo procedimiento... o lo que sea... no tienes... la más remota idea de qué demonios está pasando.

11. Los líderes repiten

Cuando algo se tuerce, la gran empresa típica... mata al mensajero. Contrata a un... investigador especial. Trata de asegurar que no volverá a producirse... esa aberración. En el proceso, queda severamente disminuida la posibilidad de... un progreso rápido. En resumen: "hacerlo bien la primera vez" es... estúpido. Una emboscada. Una ilusión (una abominación).

Piensa en dos grandes estrellas que vuelven a pensar sobre lo que ocurre la "primera vez". (O la vez 21). A saber: Sony y Microsoft. Ellas "lo hacen"... rápidamente. *¡Y... lo vuelven a hacer... más rápidamente incluso!*

Como informaba *BusinessWeek*, "Sony Electronics se ha ganado una buena reputación por su insistencia. La primera salida de la empresa a un campo nuevo no es con frecuencia muy buena. Pero, como ha demostrado con sus *laptops*, seguirá intentándolo hasta hacerlo bien".

"Si Microsoft es buena en algo —escribe el gurú del marketing por Internet Seth Godin— es en evitar la trampa de preocuparse por las críticas. Microsoft falla constantemente. Se la destripa en público por productos pésimos. Pero insiste, versión tras versión, hasta que consigue algo suficientemente bueno. Luego se apalanca en el poder que ha ganado en otros mercados para mejorar su estándar."

El enfoque de Sony-Microsoft es notable, *y demasiado raro*. La mayor parte de las empresas insisten en la pésima versión primera... hasta que llegan a parecer idiotas. O se retiran... por considerar que el fracaso supone que no deberían estar en el mercado esa primera vez.

12. Los líderes saben cuándo tienen que esperar

Los líderes actúan. Y... ah, las paradojas del liderazgo... los líderes esperan.

Hace años, pasé una tarde con el presidente Tex Schramm de los Dallas Cowboys. Me dijo que tenía una tercera "bandeja" muy especial... además de las de "entrada" y salida".

La extra era para... *lo demasiado difícil*.

Schramm me dijo que ponía en esta tercera bandeja las cosas que constituían un verdadero problema. A menudo (con más frecuencia de la que se supone) se producía, en unos cuantos días o en un par de semanas, algún movimiento natural por parte de alguien que proporcionaría la clave para arreglar las cosas. Axiomas:

1. Elige tus batallas... cuidadosamente. (Aprende cuando subir y cuando plegarte.)
2. A veces, la falta de acción permite arreglos y conservar las opciones.

13. Los líderes están cabreados

Jack Welch, CEO maestro de GE durante 20 años es... un hombre enconado. También lo es Steve Jobs. Ambos imaginan universos mejores y se irritan (principalmente consigo mismos) cuando esos universos nuevos y mejores siguen resistiéndose.

Sí, *cabreado*. Completamente desquiciados por el statu quo. Completa y perpetuamente cabreados porque el sol no salga por el oeste... y decididos a hacer algo para remediarlo.

Ahora mismo.

Axioma: no... promociones... nunca a posiciones de liderazgo a personas "no cabreadas". De hecho, no contrates a personas no cabreadas. El candidato ideal para un puesto entra, te mira a los ojos y dice: *"No puedo creer que este lugar sea tan jodido. Pero estoy dispuesto a aceptar una oportunidad, siempre que piense que se me da una oportuni-*

!

EL VUELO LLEGARÁ CON RETRASO

La paciencia sigue siendo una virtud. Considera el 12/9/01. El día después del 11 de septiembre. Probablemente, 279 millones de los 280 millones de americanos deseaban que el presidente George W. Bush "bombardeara a alguien" ese mismo día. Pero no lo hizo. Esperó su momento. Hizo algunos planes. Y después actuó.

!

"DISPARA" TODO EL TIEMPO

Phil Kotler postula tres eras del *management*:

1965-1980: era de la planificación estratégica. *Motto* de esa era: *Listos. Apunten. Fuego.*

1980-1995: era del calentamiento competitivo global. Nuevo *motto*: *Listos. ¡Fuego! Apunten.*

1995 a ???: era del cambio discontinuo. *Motto* de esta era: *¡Fuego! ¡Fuego! ¡Fuego!*

!

LA CARA OCULTA DE LA LUNA

¿Hay una cara oculta de este necesario encono? ¡Por supuesto! Todas las cosas buenas son productos de excesos. Y todas las cosas buenas alimentan, por tanto, su extremo. En este caso, una "necesidad de ganar" alimentada por el encono puede producir un comportamiento antisocial. De ahí mi interés en constituir el liderazgo como... una Danza de Contrarios.

dad decente para cambiarlo". No encontrarás a un tipo así muy a menudo. Pero si alguna vez lo encuentras... contrátalo sobre la marcha. Y págale lo que quiera.

Un lector de mi artículo original en *Fast Company* sobre el liderazgo, alto ejecutivo de una empresa de servicios financieros, decía esto: "Los líderes no quieren ganar. Los líderes eficaces *necesitan* ganar".

En los días en que Tiger Woods ganó su quinto título consecutivo del campeonato, escuché a un comentarista de radio preguntar a un experto: "¿No supone que Tiger se siente al menos un poco mal porque el subcampeón, Phil Mickelson, no haya ganado todavía un título?" (o palabras por el estilo). El experto replicó: "Usted bromea. Tiger es un vicioso en el campo de juego. Quiere ganar todos los campeonatos. Quiere apabullar a los competidores".

Craig Venter, científico y antiguo CEO de Celera Genomics... *necesitaba ganar*... la carrera del mapa del genoma humano. No, "deseo" (un importante punto de partida) sino... "necesidad". Es una cuestión psicológica profunda... que está ciertamente de alguna parte y que es, de alguna forma, el epicentro del liderazgo-eficaz-de-proyectos-en-tiempos-desordenados-y-totalmente-ambiguos.

14. Los líderes son optimistas

Los líderes deben tener no solamente "fuego en la barriga" sino también... una sonrisa en el rostro. Sí, la vida *es* dura. Algunos de nosotros absorbemos esa realidad y luego exhalamos el miedo y la ansiedad consiguientes por nuestros poros. Pero los líderes efectivos exhalan una confianza y determinación que inspira a los demás. Les inspira para lamerse rápidamente sus heridas... y continuar con la (a veces horrible) tarea que tienen entre manos.

El reportero Lou Cannon observó de cerca a Ronald Reagan durante muchos años. Su sugerencia de lo que hizo tan eficaz al cuadragésimo presidente: Reagan "irradiaba una felicidad casi transcendente".

Hay también una forma más elemental de decir esto: *los líderes se hacen visibles*. Los líderes están ahí. Insisten en permanecer. Inspiran a otros para que continúen en la carrera... con su sola presencia.

Piensa en Rudy Giuliani. Rudy "se hizo visible" cuando realmente importaba, el 11 de septiembre. Como dijo un guasón, pasó de ser una persona quemada, un esposo mariposón, a Hombre del Año de la revista *Time*... en 117 días. ¿Cómo? No por su "estrategia", sino por mostrar su rostro. Por permanecer como la encarnación del Indomable Espíritu de Manhattan.

Woody Allen lo dijo mejor: "El 80% del éxito consiste en exhibirse".

15. Los líderes transmiten un gran propósito

Un líder "marca el tono". Eso es obvio. El líder es también... Arquitecto en Jefe. No necesariamente planificador estratégico jefe.

El "modelo arquitecto" me parece mejor: es decir, él es quien establece... los parámetros de propósitos generales. Sepamos qué es lo que piensa sobre.... la calidad. Sobre... tolerar los fallos bien intencionados perseguidos con energía. Sobre... la innovación. Sobre... la logística llevada a la perfección.

Llámalo... Valores Clave. Llámalo... Filosofía Esencial. O... Constitución.... Yo lo llamo el ESPECIALISTA DEL PROPÓSITO. La "materia" esencial... de la que nos preocupamos, la forma en que intentamos... Vivir y Hacer Nuestra Marca. Y la materia en la que... nos comprometemos. La materia que es la Esencia de nuestro Carácter Organizativo.

Los conglomerados (de las empresas relacionadas débilmente entre sí) están pasados de moda. Por una buena razón: la mayoría de ellos se han demostrado inmanejables. Pero hay uno que parece funcionar. Es el Virgin Group. Su fundador y CEO, Richard Branson, encaja a la perfección con el modelo de arquitecto en jefe. Dice que nunca lanzará un producto nuevo a menos que sea "fresco". (También tiene que ser de gran calidad... y muy asequible.)

Branson... ESTABLECE EL PROPÓSITO. Él... ENCARNA... VIVE... EL PROPÓSITO. También Welch... con su fanatismo por el rendimiento y su obsesión por el talento... en GE. Iacocca... con su tenacidad en un momento de gran oscuridad en Chrysler. Churchill... con su determinación... Gandhi... con su persistencia y su inquebrantable filosofía de la no violencia.

NUEVA EMPRESA   NUEVO MANDATO

CAMBIO EN EL "ÉXITO"

Los amigos me dicen que Woody Allen dijo realmente que "el 80% del sexo es exhibirse". Sea como sea, para mi propósito actual, me quedo con la Versión Oficial Autorizada.

UN HOMBRE DE CALIDAD

Uno de los grandes de todos los tiempos en lo de "marcar el tono" y enviar después un mensaje es Roger Milliken, el CEO de Milliken & Co. Cuando Milliken emprendió su increíble cruzada por la calidad, desarrolló una costumbre fascinante. Cada vez que venía a visitarle el director de una fábrica, se iba a esperarle al aeropuerto.

Milliken preguntaba: "¿Qué ha hecho usted para mejorar drásticamente la calidad durante los últimos 90 días?". Y ese director de fábrica podía ascender en su carrera si era capaz de echar una buena perorata en 30 minutos.

¡La calidad era la pasión de Roger! ¡Lo llevaba en las venas! No es que no supiera la respuesta. Pero para el "Gran Propósito", sabía precisamente la naturaleza de la cruzada en la que quería que se comprometiera el equipo directivo.

16. Los líderes atienden a los detalles logísticos

¡Me gustan los grandes propósitos! ¡Me gustan los conceptos brillantes de la empresa! Pero seré el primero —y espero estar entre quienes más griten— en reconocer los "bloqueos y placajes" que están detrás de la ejecución brillante a lo largo de la historia de, digamos, las campañas de marketing de Coca Cola. O Pepsi Cola.

Hecho: gran parte, si no la mayor, de la implosión de las punto.com en 2000 fue una implosión originada por la logística. Se disponía de la materia sexy —los sitios web—, pero la capacidad para "entregar la mercancía", o los juguetes, en las Navidades de 1999 constituyó más que un problema.

Por un clavo se perdió una herradura. Por una herradura... (y lo que sabes después es que te has quemado). Seguramente es una vieja homilía. Pero es tan verdad en 2003 como lo fue hace cientos de años. Las guerras... tanto comerciales como militares... se ganan y se pierden... como resultado de la ausencia de herraduras y alimentos y de balas y de clavos y de gasolina... tanto o más como por una estrategia o una táctica equivocadas.

Gus Pagonis es el general que consiguió la primera promoción en el campo de batalla —su tercera estrella— de manos del general Schwarzkopf en la Guerra del Golfo de 1991. ¿Por qué? En un plazo increíble, el general consiguió poner en el desierto los "materiales" (¡ellos lo llaman logística!) necesarios para mantener una fuerza americana de más de 500.000 personas.

Es cierto también en el caso de George Washington (que generalmente dejaba el campo de batalla en los momentos críticos para ir a Filadelfia, con el fin de solicitar pagas y suministros para los soldados al Congreso Continental). Es cierto también en el caso de George Patton (cuya sorprendente hazaña en la batalla de las Ardenas hubiera sido todavía más sorprendente con un poco de más combustible para sus tanques). Es cierto para Norman Schwarzkopf y Gus Pagonis.

17. Los líderes se ponen del lado del "partido de la acción"

Bill Creech, el general de cuatro estrellas jubilado que dirigió el extraordinario cambio del Mando Táctico de la Fuerza Aérea de los Estados Unidos, encuadró de esta forma el reto del liderazgo: *"Se está librando una batalla... entre las personas que tratan de hacer algo y las personas que tratan de evitar que se haga algo erróneo"*.

Bill presenta un tema fascinante. Los "malos" ("las personas que tratan de evitar que se haga algo erróneo") son representantes, en gran parte, de las... fuerzas del mal. "Sencillamente", tratan de evitar que los "fanáticos de la acción" hagan "algo erróneo"... que rompan las reglas. En el proceso, utilizan "el proceso debido" y el "acatamiento" para estropear desesperanzadoramente las cosas, para tirar abajo las cosas y reprimir la innovación. *(Toda innovación = rompe las reglas actuales.)* (¿Cierto?)

De hecho, debe haber siempre una guerra total (¡término adecuado!) entre las fuerzas vitales de la acción y las necesarias fuerzas del control. (Enron representa el caso opuesto de los descontroladores "inteligentes", "emprendedores", "fanáticos de la acción".) El problema: los que salen victoriosos en este juego de tira y afloja son... en nueve casos de cada diez... los impositores "autorizados" de las reglas burocráticas. De manera que, para guardar el equilibrio, uno trata de perseguir... el DESEQUILIBRIO... en favor del partido de la acción... especialmente en estos tiempos traumáticamente turbulentos. (El precio: unos cuantos Enrons.)

PROVOCACIÓN: SI NO ESTÁ ROTO, RÓMPELO

18. Los líderes honran a los rebeldes

Es muy común que las empresas presten mucha atención a sus clientes más contrariados. Después de todo, los clientes que son más fuertes que nosotros pueden hacernos adoptar potencialmente reformas fundamentales.

Por desgracia, rara vez extendemos la idea de escuchar a los disidentes a un grupo que es incluso más importante: *los empleados cabreados.*

NUEVA EMPRESA NUEVO MANDATO

BOLETÍN DE "TODAS LAS ESPECIES"

Al llegar aquí, me preocupa que estés... abandonando.

"Demasiado. Demasiado. Demasiado. ¿Cómo puedo hacer todas estas 50 cosas?" Puedes decir (o gritar).

Bien, por supuesto que no puedes hacer todas estas cosas. Pero no tienes que hacerlas. Recuerda: en el liderazgo entran todas las especies. O, más bien, entran al menos tres especies. (Mira, más arriba, los "tres tipos de liderazgo"). Norman Schwarzkopf no necesitaba ser Gus Pagonis. Sólo necesitaba saber que necesitaba a Gus Pagonis. Los mejores líderes reconocen y reclutan a otros líderes (diferentes) (extraordinarios).

EL ALTO COSTE DE "HACER"

Si yo fuera Secretario del Tesoro, aceptaría con gusto los casos de Enron o WorldCom como el precio a pagar por una economía realmente emprendedora. De la misma forma: si fuera el líder de un equipo de proyecto de ocho personas, asumiría gustosamente la tensión que produce un miembro rebelde... a cambio de convertir un proyecto aburrido en un... *show-stopper.*

Un estudio reciente de Gallup pone de manifiesto que el 55% de los empleados están "desintonizados". Entre los demás, el 19% trabajan activamente para sabotear a su empresa y el 26% apoyan los objetivos y prácticas actuales de su empresa.

La sabiduría convencional dice: céntrate en conseguir más productividad del 26%. Sin embargo, yo afirmo que el 55% tienen generalmente razones condenadamente buenas para estar "desintonizados". Y el grupo que más me interesa es el 19%, que son... saboteadores activos. Al menos, hacen lo suficiente por hacer... *algo*. Son tus... salvadores-en-espera. ¡Los rebeldes entre los tuyos! ¿Qué ocurre si nos tomamos su ira... *en serio*? ¿Qué ocurre si dijéramos que se trata de un... *reflejo fabuloso de la realidad*? ¿Qué ocurre si... *les escuchamos*? ¿Qué ocurre si... como resultado de ello... alteramos nuestra estrategia?

19. Los líderes se juntan con los fanáticos

Como escribí antes: *la innovación es... fácil*. Es decir ¿quieres "ser más interesante"? Júntate con personas "más interesantes". Yo lo llamo el... *enfoque de ponerte-en-peligro*.

¡CONVIÉRTETE EN UN COLECCIONISTA!

Las colecciones: ¡Consultores excéntricos! ¡Empleados excéntricos! ¡Proveedores excéntricos! ¡Clientes excéntricos! *¡Hobbies* excéntricos! ¡Vacaciones excéntricas! ¡Cualquier-condenada-cosa excéntrica! Siempre que sea... excéntrico.

La innovación es *"fácil"*. ¡Dedica tiempo a los innovadores! ¡Rodéate de fanáticos! Ese es mi secreto. Y creo que funciona para cualquier... líder.

Mensaje: **¡SOMOS LO QUE SON AQUELLOS CON LOS QUE NOS JUNTAMOS!**

20. Los líderes promocionan *demos* (insólitas)

Recuerda el Capítulo 17: el líder está decidido a desencadenar una revolución en la cadena de suministro. ¿Debería ladrar "tú supervisarás la cadena de suministro"?

Puede ser. Pero probablemente no.

En lugar de ello, el líder deja claro que ésa es la prioridad. Asigna una determinada cantidad de dinero y pide demos rápidas (y un poco sucias). Proyectos de demostración que se comprueban rápidamente y que alteran y mejoran espectacular y enormemente la idea.

Para incentivar su caso, el líder necesita: (1) pruebas difíciles, (2) pruebas guays-insólitas-imaginativas, (3) un cuadro de pioneros-pilotos (¡de cualquier rango!) que comprueben celosamente. (4) Y el líder necesita todo esto... ya.

La idea clave es... Héroes. Demos. Historias.

Generalmente, las cosas que se "ordenan" "a través del consejo" salen por la culata. Usualmente se convierten en enfoques prematuros, de arriba abajo, conservadores, dominados a menudo por las unidades más grandes (y, por tanto, las más conservadoras). Pero cuando se produce una llamada para *"algo, guay, rápido"* se desencadena la competencia, que compromete a una... extensa banda de piratas reconocidos... en cualquier parte y en cualquier rango de la corporación.

Conclusión: *los líderes que pretenden cambiar su mundo... de forma rápida... identifican... héroes palpables... que han ejecutado palpables... "proyectos de nueva imagen"; luego, los líderes señalan a esos pioneros y dicen a la masa: "Mira. Aquí. Es así y fue hecho por... uno de vosotros".*

21. Los líderes cometen errores

Y no tratan de ocultarlos. Otra de las cosas que cuelgan en la pared de mi despacho de Vermont es una cita de David Kelley, fundador de IDEO Product Design: "Fracasa rápidamente. Triunfa más pronto". Cerca de él cuelga una frase de la extraordinaria fotógrafa Diane Arbus, que dijo a sus estudiantes: *"Aprende a no ser cuidadoso"*.

NUEVA EMPRESA   NUEVO MANDATO

¿UNA EDAD (AVANZADA) DE "CAMBIO"?

Recientemente, cuando me pidió un periodista irlandés que le diese mi punto de vista sobre el estado actual del juego (corporativo) contesté: *"Hace veinte años, alabábamos a los que no encajaban. Hace diez años, empezamos a pedir a todos que se convirtieran en agentes del cambio. Y ahora, en medio de la locura en auge, pido... ruego... a todos que se hagan no menos que... patentemente irrespetuosos".*

Creo que pensó que estaba chiflado. Pero es que vivimos tiempos chiflados.

En los tiempos tranquilos, los líderes puede que tengan... las respuestas. En tiempos turbulentos, los líderes tienen las... mejores preguntas. Preguntas que animan (repara en la raíz: "ánimo") a otros a emprender esos... viajes de descubrimiento mutuo.

Y la esencia del proceso: permitir a las personas... fastidiarla. El fastidiarlo es la esencia del... intentar cosas nuevas. Si intentas cosas nuevas... la fastidiarás. Si intentas... muchas cosas nuevas... la fastidiarás mucho.

22. Los líderes cometen grandes errores

NO BASTA CON COMETER ERRORES. EN TIEMPOS DISCONTINUOS, SE NECESITAN GRANDES ERRORES. MÁS AÚN... SE EXIGEN.

Recuerda mi elección como favorita entre las miles de transparencias en PowerPoint de mi cartera: "RECOMPENSA LOS FRACASOS, SANCIONA LOS ÉXITOS MEDIOCRES".

Estos tiempos tumultuosos piden... iniciativas atrevidas... para tener opciones... de estar siempre a flote.

Aunque no se debe aplaudir la imprudencia irreflexiva, se debe considerar... cuidadosamente, la palabra "imprudente". La mayor parte de quienes cambian el mundo —King, Galileo, Picasso— fueron, de hecho, "imprudentes". Pero no irreflexivos. Estaban haciendo ciertamente algo más que "pensar fuera de las reglas." (¡Un término tibio que odio!) Los Kings y Galileos y Picassos (y los Churchills y De Gaulles)... intentaban... Re-imaginar Reglas Totalmente Nuevas... frente a enormes posibilidades de fracasar. Si eso no es ser "imprudente"... no sé qué quiere decir la palabra.

23. Los líderes crean culturas libres de culpa

No basta con cometer errores (incluso grandes errores). El paso más importante es crear una cultura amiga del error.

Jorma Ollila tiene un secreto. Ollila transformó un "conglomerado" que era un revoltijo en un poder centrado y ferozmente global. Ollila es CEO de una... Máquina de Invención... llamada... Nokia. Y en *Cold Calling: Business the Nokia Way*, el autor Trevor Merriden atribuye gran parte del extraordinario éxito de Nokia a una cultura corporativa libre del espíritu de culpa ve-adelante-e-inténtalo.

ASUNTO IMPORTANTE: honrar "los errores" y crear una cultura "libre de culpabilidad" no significa... tolerar el trabajo chapucero. O renegar de la responsabilidad. Por el contrario. La esencia de la responsabilidad: LAS PERSONAS QUE SE PREOCUPAN... CONDENADAMENTE TANTO... QUE ARRIESGAN TODO... Y LA FASTIDIAN MUCHAS VECES... PARA CONSEGUIR SUS FINES.

¿Está claro?

24. Los líderes derriban las barreras

¡Estamos imaginando el mundo! Estamos añadiendo valor en formas totalmente nuevas y ello requiere... poner en juego todo el bagaje de recursos de la empresa... y toda su cadena de suministro y distribución. Lo cual significa: ¡NO TUBERÍAS! ¡No barreras... cualesquiera que sean... a la comunicación!

¡TENEMOS QUE APRENDER A HABLARNOS LOS UNOS A LOS OTROS! ¡SIN CORTAPISAS! ¡INSTANTÁNEAMENTE!

¡DEMOLER LAS TUBERÍAS!

Hacerlo así es el trabajo de la alta dirección... exacto y detallado. De nuevo: ensúciate las uñas. Profundiza en los detalles. No descanses hasta que no... hayas erradicado... TODA LA PORQUERÍA.

¡EVALÚATE! ¿QUÉ... HAS HECHO... HOY (!!)... EXACTAMENTE... EN LAS ÚLTIMAS 2 HORAS... EN LA ÚLTIMA REUNIÓN... PARA "LIMPIAR LA PORQUERÍA"... "DEMOLER LAS TUBERÍAS FUNCIONALES"?

NUEVA EMPRESA   NUEVO MANDATO

!

NUEVO Y EXTRAÑO ORDEN
Una corporación muy importante me pidió una vez que presentara a su equipo directivo puntos de vista "radicales". De manera que puse en marcha el viejo proyector y regalé a los miembros del equipo una rutilante presentación en PowerPoint, ¿cierto?

¡No!

En lugar de ello, les presenté lo... extraño. Ellos querían "ser serios en el tema de la marca". De manera que les presenté a los mejores fanáticos de la marca que conozco: Jean-Marie Dru de TBWA/Chiat/Day. Mickey Drexler, de Gap. Rich Teerlink de Harley-Davidson, etc.

Siempre hay... alguien extraño, para cada oportunidad.

Reglas extrañas. (En tiempos extraños.) (Uh.)

!

FRACASA, FRACASA OTRA VEZ
Al principio, *rara vez* triunfabas. De aquí que necesitaras... fracasar, fracasar otra vez. Considera mi mantra:

No fracasos... no éxitos.

No fracasos rápidos... no éxitos rápidos.

No grandes fracasos... no grandes éxitos.

No grandes y rápidos fracasos... no grandes y rápidos éxitos.

25. Los líderes olvidan

¿Qué me dices de esto? La tarea número uno del líder: ¡Olvidar!

El extraordinario inventor y fundador de Polaroid, Edwin Land, decía que la innovación "no era tanto cuestión de tener una idea nueva como de abandonar una idea antigua". Y el fundador de Visa, Dee Hock, dice: "El problema no es nunca cómo hacer que surjan pensamientos nuevos e innovadores en tu mente, sino sacar de ella a los antiguos".

¡Olvidar! (¡Destruir!)

¡Este tema me obsesiona!

Conclusión: ¿qué ocurriría si dijera que... LA ESENCIA DEL LIDERAZGO 2004 ES LA... DISPONIBILIDAD PARA OLVIDAR?

LAS PERSONAS: UNA RELACIÓN CON EL TALENTO

26. Los líderes son fanáticos del talento

Soy consciente de los problemas que origina "exagerar". (Y he originado algunos de esos problemas). Sin embargo: "*Talento*" puede ser la palabra más potente que conozco en el lenguaje empresarial.

Cuando se utiliza la palabra... "talento"... viene a la mente un cierto tipo de imagen. Una imagen que es tan distinta como se pueda imaginar tanto de la de "empleado", como de la de "esclavo del cubículo" de Dilbert.

Pienso en el "talento"... y me viene a la mente un equipo de fútbol ganador. O la producción de *El Rey León* que vi en Nueva York hace unos años.

No soy un ingenuo. Pero creo que no hay razón alguna para que no podamos... imaginar... a cada uno de los... "empleados" como... TALENTOS. De hecho, creo que eso es precisamente lo que los líderes del futuro harán... ¡y deberán hacer!

Talento: *Atráelo. Aliméntalo. Cuídalo. Recompénsalo. Crea el contexto en el que pueda prosperar.*

De manera que: ¿Eres un... reconocido FANÁTICO del talento? ¿En cuanto jefe de un equipo de proyecto de seis personas a los 24 años? ¿Como jefe del departamento de obras públicas de la ciudad de Long Beach? (A los 42 años.) Piensa en ello. Llámalo el "estándar del director general NMT" (No por Mucho Tiempo). ¿Cómo lo mides?

27. Los líderes crían a otros líderes

Hay que ceder los honores aquí al líder-iconoclasta-político Ralph Nader, quien decía: "*Empiezo por la premisa de que la función del líder es producir más líderes, no más seguidores*".

La primera imagen que me viene a la mente cuando pienso en el "liderazgo" es la famosa foto de 1945 en la que están Roosevelt, Churchill y Stalin sentados en la popa del barco U.S.S. Quincy. Hitler se ha hundido. Han muerto 20 millones de rusos. Londres ha quedado aplastado por las bombas. Y los tres seres humanos más poderosos de la tierra están totalmente tranquilos, repartiendo la tierra, preparándola para el periodo de posguerra.

Mensaje: el líder... Hombre Fuerte.

Pero sospecho que esos tiempos han pasado. Que la tecnología está cambiando... con demasiada rapidez. Como he mencionado antes, hablé con Bill McGovan, fundador *de facto* de la naciente estrella de las telecomunicaciones MCI, quien me dijo: "El ciclo cha-ca-cha-ca solía durar tres generaciones. Ahora dura unos cinco años". El poder duradero... que ha sido históricamente una fantasía... es ahora... una fantasía total. Por tanto, ofreceré unas nuevas líneas maestras para los líderes.

A saber: ¡LOS LÍDERES NO CREAN "SEGUIDORES"! CREAN LÍDERES LLENOS DE ENERGÍA Y AUTÓNOMOS. "LÍDERES" POR TODA LA ORGANIZACIÓN, COMENZANDO POR ESE JOVEN INSPIRA-

NUEVA EMPRESA NUEVO MANDATO

SIN ESTRATEGIAS, POR FAVOR: SOMOS MCKINSEY

Trabajé durante siete años en McKinsey & Co. La empresa tiene sus defectos. (Grandes defectos). Pero ha tenido éxito (un éxito sorprendente) durante 70 años. Y afirmo que una de las grandes razones de ese éxito es que, aunque su famosa consultoría estratégica no ha tenido *nunca* nada que se aproximara a una estrategia (!)... ha estado absolutamente *obsesionada* por el... talento... desde el primer día. Como reza el refrán: mira lo que "hacen", no lo que "dicen".

DO DEL RANGO MÁS INFERIOR; AYUDA A OTROS A DESCUBRIR NUEVOS MUNDOS. ANIMA A LOS "LÍDERES" A QUE INVENTEN MUNDOS NUEVOS. LÍDERES QUE SUPEREN —Y DESTRONEN— A SUS LÍDERES PUTATIVOS.

No estoy sugiriendo que todo el mundo sea... Albert Einstein. O... Winston Churchill. No quiero decir que todo el mundo sea responsable de... crear-definir su propio camino. TODO EL MUNDO ESTÁ ACUSADO DE ANULAR LAS CREENCIAS ACTUALES.

Uno ya no puede depender de la pelusa de la gran corporación para alimentarse... durante 30 o 40 años. Ni siquiera 10 o 20 años. O incluso... cinco o 10 años.

Cada persona es un... renegado.

Cada persona es un... innovador.

Cada persona es un... líder.

28. Los líderes engendran confianza

Mi colega y presidente emérito de Tom Peters Company, Jim Kouzes, escribió un libro, junto con Barry Posner, cuyo título era una sola palabra... CREDIBILIDAD. Kouzes y Posner, tras 20 años de recopilación de datos... insistían en que... al final del día... lo que daba al líder ("poderoso" o "sin poder") la capacidad para... pedir grandes contribuciones... a la nación o a un equipo de proyecto de siete personas... era el grado de... credibilidad.

Llámalo... credibilidad.

Llámalo... confianza.

Si se considera superficialmente, es "el más blando" de los... atributos del liderazgo. Y no es exactamente lo que te enseñan en la Harvard Business School (incluso en 2003). Y, sin embargo... a largo plazo... la credibilidad es el rasgo del liderazgo absolutamente "más duro".

No hasta el punto de decir que los "buenos líderes"... "nunca mienten". Roosevelt mintió como un demonio cuando eludió la constitución y más o menos nos encaminó a la Segunda Guerra Mundial. Los líderes... de cualquier cosa... deben demostrar... astucia... cuando caminan hacia la cumbre a través del laberinto.

Y sin embargo... sin que suene a sensiblero... los mejores líderes entienden que... el liderazgo... es... al fin y al cabo... una verdad sagrada. Las responsabilidades son enormes. Ya sea la tropa de *scouts* de Hilda Stewart, a la que pertenecía en Severna Park, Maryland, en 1949... o las sesiones de orientación cara a cara entre un mentor-profesor y el estudiante de doctorado... o el que trabaja con un equipo de 2.500 personas.

La expresión casi más importante —y más sagrada— del idioma inglés es "digno de confianza".

29. Los líderes son especialistas en relaciones

Puede que sea la era de Internet, pero el primer agente deportivo, Mark McCormack, insistía en que hay ciertos momentos... no tan infrecuentes... en que uno debería volar 5.000 millas para celebrar una reunión de 5 minutos. He seguido su consejo. Es tan obvio como que tienes nariz. O, al menos, debería serlo: EL LIDERAZGO ES... EN ÚLTIMO TÉRMINO... PURAMENTE PERSONAL... EL MÁS GENUINO JUEGO DE LA RELACIÓN.

Cuando Lou Gerstner se hizo cargo de IBM, muchos se burlaron porque carecía de bagaje técnico. Y aunque a IBM se la solicitaba porque proporcionaba "un gran servicio al cliente"... la empresa se había convertido en una perdonavidas y había olvidado el... arte de escuchar atentamente. Gerstner se pateó la carretera... visitando a clientes de todo tipo y tamaño... preguntándoles... a bocajarro... que problemas tenían con IBM. Se lo dijeron. A bocajarro. Él los solucionó. E IBM dio la vuelta. Obviamente, la historia no es tan sencilla, pero es difícil exagerar el impacto del viaje de escucha atenta y mágica de Mr. Gerstner.

¡Se trata de relaciones (cercanas), estúpido!

!

UN TRUCO DE PLANIFICADOR

En una ocasión, después de hablar a los líderes de una empresa de servicios y asesoramiento financiero, su CEO me dijo algo sobre el liderazgo que no me ha abandonado desde entonces. Las fuerzas de campo de la empresa consistían enteramente en contratistas independientes, muchos de los cuales estaban cerca de la edad de jubilación. El CEO comentaba que muchos de esos tipos no tendrían a nadie a quién vender sus empresas. "Ellos saben mejor que yo cómo ser verdaderamente grandes asesores financieros —dijo—. Lo que no entienden, es que el truco para crear un legado es hacer de mentor. Yo les digo: emplea tiempo —mucho tiempo— en formar *sólo a una* persona que siga tus huellas."

Me gusta esa idea: "sólo una".

"Los líderes tejen densas telas de inclusión en todos los niveles".

30. Los líderes son entusiastas de la creación de redes de relaciones

Algunas personas son... creadores de redes por instinto. Las mujeres lo hacen mejor que los hombres. Mucho mejor. Bill Clinton fue de un lado a otro en Oxford, en los años sesenta, tomando notas detalladas de todas las personas con las que se encontraba. Una vez vi al senador Bob Graham, de Florida, "trabajándose una sala". ¡Asombroso! El mismo negocio. Dos o tres minutos con cada persona. A veces, un poco menos. Rara vez más. Y, cuando se giraba para reunirse con la siguiente persona, introducía casi subrepticiamente, pero sin olvidarse ni una sola vez, la mano en el bolsillo de su traje, sacaba una tarjeta y anotaba algo.

Aunque una gran parte de "todo esto" es innato más que aprendido, y el aprendizaje sólo nos puede llevar hasta un cierto punto, el ser conscientes de... la proclividad a entablar relaciones... significa prestar una atención muy explícita a ello en el proceso de desarrollo del liderazgo. (Especialmente en una era de inestabilidad... en la que la nueva norma es cambiar conjuntos de socios de proyecto.)

Mantra: LOS LÍDERES TEJEN DENSAS TELAS DE INCLUSIÓN EN TODOS LOS NIVELES. LOS PERDEDORES SON ESCLAVOS DE LA JERARQUÍA & DEL RANGO & DE LOS PROCESOS DE COMUNICACIÓN FORMALES.

31. Los líderes conectan

Los grandes líderes están realmente... AHÍ. ESTÁN REALMENTE... CONCENTRADOS INTENSAMENTE EN TI. Son realmente... reales. Realmente... conectan.

No hay nada que pudiera hacer mejor que reunirme con el ser humano más extraordinario aún vivo: Nelson Mandela. Y apuesto dos veces el precio de este libro a que, si me reúno con él, saldré de una reunión de dos minutos y medio pensando que Mandela había pensado que yo era... LA PERSONA MÁS INTERESANTE DE LA TIERRA. Sí, eso es exactamente lo que... "hacen"... los grandes líderes.

Hay una historia que es más o menos así: la Sra. X se había sentado en una cena entre el Sr. Y y el Sr. Z. Y y Z eran individuos famosos. Z en particular. La Sra. X dijo del Sr. Y: "Cuando te sientas a cenar con él, acabas creyendo que quizás sea el individuo más inteligente que has visto nunca". Sobre el Sr. Z (el que de verdad ha triunfado), dijo: "Cuando te sientas a cenar con el Sr. Z, acabas creyendo que *tú* eres la persona más inteligente de la tierra".

Algunas veces he llegado a conclusiones erróneas en este tema, y en unos cuantos más. Lo que quiero decir es que hay algunas "técnicas" ensayadas y ciertas... que te permitirán dominar el "tema de la relación". Pienso que podemos hacerlo mejor en el "tema de la relación". (Forcé a un amigo a enviar "notas de agradecimiento". Él dice que esto le "transformó la vida".) Pero yo pienso que, al final, a menos que seas un "tipo de relaciones" —y no estoy seguro de hasta qué punto se puede aprender y enseñar esto— lo vas a pasar muy mal con estas ideas. Porque invertir en relaciones significa dos cosas importantes: (1) SINCERIDAD. (2) TIEMPO. Ninguna de las dos se puede improvisar. Sinceramente, si no "ligas" con la gente... no tienes mucha esperanza en términos de eficacia en el liderazgo. Y quienes hayan elegido ser líderes... que tengan cuidado.

PROFESIÓN: EL "TRABAJO" DE LIDERAR

32. Los líderes catapultan sus organizaciones a la estratosfera del valor añadido

En particular, impulsan sus organizaciones hacia arriba, arriba, arriba en la escala del valor añadido. Ya no es suficiente con hacer "cosas buenas". No a largo plazo. Las "cosas buenas" se han convertido sólo en el... punto de partida. De hecho, incluso las "cosas buenas" han llegado a ser casi *commodities*.

Recuerda el Capítulo 6: como dijo Ann Livermore, directora de la división de servicios de Hewlett-Packard: "Hoy ya no basta con fabricar el mejor servidor. Ese es el precio de entrada". Esta observación la hizo en el transcurso de una

LAS MUJERES SUBEN

Este capítulo omite un factor esencial en la ecuación del liderazgo. A saber: el 51% de la población que constituye la "veta madre" del potencial de liderazgo.

Razón de esa omisión: traté de este (gran) tema en el Capítulo 21. Por mostrar un breve ejemplo de mi argumentación aquí,

recuerda este titular de un reportaje especial de *BusinessWeek*: "Las mujeres mandan en cuanto líderes: nuevos estudios ponen de manifiesto que las mujeres directivas eclipsan a sus homólogos masculinos en casi todos los parámetros".

oferta por valor 18 *millardos* de dólares que hizo Hewlett-Packard, en el año 2000, por los 31.000 consultores de PricewaterhouseCoopers. La idea: Servicios Añadidos... Capital Intelectual Añadido.

¡Grandes cantidades de ambos!

La historia es... *la historia*... de muchos de los mejores-de-los-mejores. UPS (¡marrón!). Home Depot. Federal Express. GE. Hewlett-Packard. Yellow (Yellow Freight anteriormente). United Technologies/Carrier. United Technologies/Pratt & Whitney. United Technologies/Otis Elevator. Etc. Etc.

Pregunta: ¿qué me dices de *tu* sabor de los "servicios-añadidos-llave-en-mano"?

33. Los líderes crean mercados nuevos

Postulo: NUNCA NADIE ENTRÓ EN EL... VESTÍBULO DE LA FAMA EMPRESARIAL... POR UN HISTORIAL DE AMPLIACIONES DEL NEGOCIO.

Piensa en Gates (Microsoft). McNealy (Sun). Ellison (Oracle). Dell. Jobs (Apple). Bezos (Amazon). Welch (GE). Walton (Wal*Mart). Blank & Marcus (Home Depot). Carnegie. Rockefeller. Ford. Sloan.

¿Te viene a la mente "ampliación del negocio"?

Difícilmente.

Esta corta lista no está formada por campeones de todo tipo. Algunos (Jobs, Ellison, McNealy) fueron brillantes... innovadores de productos. Otros (Dell, Gates, Bezos, Welch, Ford, Sloan) fueron brillantes... innovadores de los sistemas empresariales. Pero todos fueron... creadores de mercado.

Hay otro (gran) problema en lo que se refiere a la mentalidad de "ampliación del negocio" en una Grande S.A. La mayor parte de las Grande S.A que "se saltan los índices" exigen... mucha pasta... rápidamente... a estas "ampliaciones del negocio". ¿Qué inconvenientes tiene eso? Muchos. El hecho: la mayor parte de los productos que re-definen comienzan como pequeñas ideas de nicho, que despegan... y sólo años después... cambian el mundo.

34. A los líderes les gusta la nueva tecnología

La tecnología... está... cambiando... todo. Yo no pretendo que el líder, o lo que quiera que sea, sea también el director de tecnología. Eso es mucho pedir, especialmente al gran jefe de 52 años de una corporación enorme.

Pero estoy pidiendo algo... específico. Algo... verificable. Algo... importante. Ese CEO de 52 años no tiene por qué ser capaz de entrar como un *hacker* en la red informática de su empresa. Pero sí necesita... ENAMORARSE... DESESPERADAMENTE... DE LA NUEVA TECNOLOGÍA.

Difícilmente soy un ingenuo en lo que se refiere a la tecnología. Para ser honrado, el último lenguaje de programación que aprendí fue... el FORTRAN. Mis hijos "dominan" la web mucho más que yo (por decirlo suavemente). Pero soy un... APRECIADOR APASIONADO.

Mi arraigada creencia: en torno a 2003... los líderes eficaces... deben... ESTAR ENAMORADOS/APRECIAR PROFUNDAMENTE (en el más auténtico sentido de esa palabra "apreciar")... las nuevas tecnologías... y utilizar instintivamente su poder para derribar todas las normas reinantes en el sector.

35. Los líderes son vendedores extraordinarios

Los líderes lo saben... TODO ES VENDER, TODO EL TIEMPO.

Liderazgo = ventas.

PUNTO.

¿No estás de acuerdo? No me preguntes a mí.

Pregunta a George W. Bush. Pregunta a William J. Clinton. Y pregunta... al "jefe" triunfador de un equipo de proyecto de seis personas que fue capaz de inducir un cambio significativo en la forma en que maneja la logística una división

TODO ES VENDER, TODO EL TIEMPO.

Política =
conseguir que las *personas hagan cosas.*

de 600 personas. No cabe duda de que tuvo una idea buena. No cabe duda de que es un buen técnico. Pero, más allá de toda duda: *es... un gran vendedor*.

Axioma: si no TE GUSTA VENDER... búscate otra vida. Y no pretendas ser un "líder". (Duro... pero cierto.)

36. A los líderes les gusta "la política"

POLÍTICA. He observado que la mayor parte de los "directivos" la odian. La consideran... "fangosa"... "humillante"... "despilfarradora".

Están equivocados.

Son estúpidos. (Lo siento.)

AMA LA POLÍTICA... O NO ESPERES CONSEGUIR NADA DURANTE TU MANDATO.

Política = *conseguir que las personas hagan cosas.*

Comprometerte. (¡Cierto!)

Escuchar. (¡Todo el tiempo!)

Mantenerte en tu sitio por encima de las ocasiones. (Aunque te cueste.)

Ceder... cuando hay que hacerlo. (Aunque te cueste.)

No hay literalmente nada que me saque más de quicio que el "científico", y el "ingeniero" o el "administrador" que me dicen, "todo eso es una mierda... sólo es condenada política. No tengo estómago para ella".

Las personas que gobiernan en tiempos de guerra... *hacen política.*

Las personas que consiguen publicar artículos científicos en revistas prestigiosas... *hacen política.*

Las personas que ganan Premios Nobel... *hacen política.*

El director del proyecto de la gran obra ciudadana de Boston... *hace política.*

Las personas que dirigen las gestiones para conseguir que se construya un centro comunitario... *hacen política.*

Cierto que a veces es francamente sucio. (A veces tienes que quitar el espejo de delante de ti.) Pero... la política... es siempre un asunto de seres humanos que hacen frente al éxito (o al fracaso)... en el matrimonio... o en un escenario empresarial.

De manera que: SI NO TE GUSTA LA POLÍTICA... NUNCA CONSEGUIRÁS QUE SE HAGA NADA. NO ERES UN LÍDER.

37. Los líderes dominan sus organizaciones

En el Capítulo 17, tratamos de los esfuerzos de la presidenta del Smith College, Jill Ker Conway, para descubrir y utilizar a las disidentes, con el fin de poner en práctica sus audaces objetivos de re-invención. Descubrió y sacó a la luz a simpatizantes reticentes secretas y les dio su bendición... y tuvo éxito particularmente al solicitar fondos "discrecionales".

Creo que la estrategia de Conway es de aplicación universal: (1) Los líderes eficaces (incluso los "presidentes") son maestros en la Última Vuelta. (2) Los líderes eficaces evitan en su mayor parte a la "vieja cultura", en lugar de luchar contra ella. (Sé cortés. Pero no gastes la mayor parte de tu precioso tiempo tratando de cambiarlos.) (Al menos, hasta que hayas "ganado", en cuyo caso serán ellos los primeros en precipitarse a subir a bordo y decirte que siempre te han apoyado en secreto.) (3) Los líderes eficaces saben que, si no se puede cambiar a las "personas", se pueden cambiar las "culturas", desenterrando... especies nuevas... que ponen en marcha "la forma nueva". (4) Como se decía en *Todos los hombres del presidente*... sigue al DINERO; busca... dinero... para eludir el presupuesto y lanzar los programas nuevos discrecionales que definirán tu mandato.

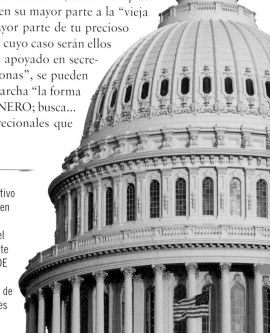

NIX POPULI

¡Manda la política! Tienes que aprender a maniobrar suavemente entre las aristas del comportamiento humano y la dinámica institucional.

Pero: todos los cambios significativos se producen en confrontación directa con las fuerzas del "*establishment*" (¡por eso es por lo que lo llaman "cambio"!).

De manera que todo cambio significativo es una... *guerra*. Guerra contra "el modo en que hemos hecho siempre las cosas". De manera que si crees que puedes "hacer el cambio" sin romper un plato (o muchos) te sugiero que... TE BUSQUES OTRO MODO DE VIDA.

Mensaje: si tratas desesperadamente de ganar un concurso de popularidad, no eres un líder.

38. Los líderes son grandes aprendices

Creo que el mejor consultor (y el más brillante) con el que trabajé durante mis siete años en McKinsey, tenía un auténtico secreto: preguntaba invariablemente y sin miedo… "¿POR QUÉ?"

"¿Por qué?" es… ¡tan… poderoso! ¡Herramienta número 1 del explorador intrépido! Y no tan inocente como parece.

Es condenadamente duro para un líder… que, según afirman algunos, se supone que "conoce las respuestas"… preguntar humilde y repetidamente cuando se trata del más "sencillo" de los problemas… ¿POR QUÉ? Y, sin embargo, generalmente, la clave del asunto de esos problemas llamados "sencillos" es el nunca proferido "¿POR QUÉ?". Nadie pregunta "¿por qué?" en lo que respecta a este o ese procedimiento. Durante años. "Oye… es la forma en que hacemos las cosas aquí". ¡Caramba!

De aquí: liderazgo efectivo = preguntar invariablemente "¿POR QUÉ?"

Al menos una docena de veces al día.

¡Cuéntalas!

39. Los líderes son grandes actores

FDR decía que, "*el presidente necesita ser el actor número uno de la nación*". Amén.

¿Es un enchufe para un comportamiento insincero?

No. (O no, principalmente.)

Cuando un líder intenta convencer para que se asuman riesgos… debe encarnar la toma de riesgos, aunque sea una persona naturalmente reticente a ello.

Como me dijo, sin tapujos, un amigo mío: "Mira, Tom, los líderes no pueden tener días malos, especialmente en los días malos. Desde el campo de la venta al por menor a las cosas más importantes, los líderes deben transmitir la energía y la confianza que animará a los demás a hacer frente al peligro. Así de sencillo. Y así de difícil".

Todos los movimientos que hace un supervisor de 24 años, al igual que los que hace el presidente de los Estados Unidos, se vigilan y diseccionan para ver en que forma presagian el futuro de la organización (y del individuo).

De manera que: ¡*actúa* en consecuencia!

40. Los líderes son grandes narradores de historias

Una historia brillante presenta una estrategia (abstracta) real. Le da vida. Ronald Reagan tenía un puñado de creencias muy queridas para él. Y se aferraba a ellas… a pesar de las locas presiones de la presidencia. Pero, sobre todo, Ronald Reagan era… un gran narrador de historias. (Le puedes querer u odiar, pero no puedes negar su espléndida capacidad de narrar historias o el grado en que cambió todo el diálogo en América, ¡para mejor!)

Es sencillo. Profundo. (Y la mayoría de las veces no comprensible para los científicos, los ingenieros y las personas de esta índole). (Sólo bromeo en parte.)

De manera que: ¿cuál es tu (convincente) historia?

PASIÓN: EL JUEGO "INTERIOR"

41. A los líderes les gusta liderar

Al terminar un seminario en Dublín, en diciembre de 2001, se me acercó el director de una empresa de servicios de marketing, me hizo algunas observaciones complementarias a mis comentarios sobre el liderazgo… y me comentó que se me había olvidado el más importante. (Caramba.) "A los líderes les debe entusiasmar liderar", me dijo.

Planteó un tema brillante.

¿Por qué? ¿Por qué? ¿Por qué?

LA HISTORIA "LÍDER"
Recuerda las palabras del gurú del liderazgo Howard Gardner: "Una clave —quizás *la* clave— del liderazgo es la comunicación efectiva de una historia.

De manera que... con mi agradecimiento... helo aquí.

Un historiador decía que Franklin Roosevelt, a pesar de estar en una silla de ruedas, no podía esperar para llegar a su mesa de trabajo por la mañana, de tanto como le gustaba *el tema*. En el lado opuesto, Warren Bennis, el gurú del liderazgo y gran amigo mío, fue durante una temporada presidente de la Universidad de Cincinnati, y a menudo no se sentía feliz. Me decía que un viejo amigo suyo había visto el origen de su problema con asombrosa agudeza: "Warren —me dijo—, tú quieres *ser* presidente, pero ¿quieres *hacer* de presidente?"

¡El liderazgo no es para todo el mundo! ¡Para mí, por ejemplo! Me gusta lo que hago, estudiar, escribir y hacer presentaciones. No tengo "entusiasmo", como me dijo uno de mis colegas, por las cuestiones que ocupan el día de un verdadero líder, y eso es así. Al menos me concedo unos cuantos puntos por haber tenido el buen sentido de reconocerlo y, como consecuencia, delegar el puesto de CEO de mi propia empresa a otra persona a la que le entusiasma llegar a la oficina por la mañana y encontrarse con un puñado de insolubles "problemas de personal".

Mensaje: si no te *gusta* liderar, busca... rápidamente... la salida más cercana. *No trates de fingir.*

42. Los líderes se conocen a sí mismos

El liderazgo es... personal.

Los líderes, primero y ante todo, deben: *Conocerse a sí mismos. Ser conscientes de su influencia sobre los demás.*

LOS LÍDERES TIENEN UNA RESPONSABILIDAD ENORME, ¡EN CUALQUIER NIVEL! (¡Son responsables del desarrollo y del futuro de los demás!)

Lo que da miedo es que los líderes... *marcan* una diferencia.

Para bien.

O para mal.

Y marcan esa diferencia como resultado de... la forma en que se consideran a sí mismos.

El liderazgo inspirado (en el centro de telemarketing o entre los estudiantes de un simple doctorado) es un... PROCESO DE DESCUBRIMIENTO MUTUO. (Ver más arriba.) Mi experiencia es clara:

Los individuos (llámales líderes) no se pueden comprometer en un "proceso de descubrimiento mutuo liberador" si no se encuentran a gusto consigo mismos.

DESCUBRIMIENTO MUTUO significa... por definición... afrontar lo desconocido, enfrentarse a ello, tomar sin temor el camino ambiguo. Los "líderes" que no se encuentren a gusto consigo mismos tienden a ser o convertirse en fanáticos del control. Necesitan recordarnos constantemente "quién manda". (YO.) ¡Por supuesto que lo que hacen realmente es tratar de convencerse *a sí mismos* de que son *ellos* los que mandan!

Vuelta a la maravillosa expresión de Weickian: "NO LO SÉ". La verdad desnuda es que "NO LO SÉ" es un acto de extremo valor... por parte del líder. Pone de manifiesto la disposición a... ceder el control.

De manera que el liderazgo es lo opuesto de lo que parece: LIDERAR ES GARANTIZAR LOS "DERECHOS DE EXPLORACIÓN" A LOS "SEGUIDORES" DE UNO. Recuerda que la idea de "seguidismo" supone realmente... crear más líderes.

Creo que todo esto tiene sentido. Sentido común. (Ay, probablemente sentido *no* común). Si, por ejemplo, el objetivo es la "excelencia", especialmente entre la locura de hoy, entonces nosotros (los líderes)... debemos tener... el... pleno compromiso emocional... de los "seguidores"/"exploradores".

Truco 22 +: las personas sólo se comprometen al ciento por ciento si... *perciben que alguien está al mando de sus cruzadas personales.*

(Y, de nuevo, tú-el-líder solamente permitirás ese nivel de desarrollo, y por tanto de la experimentación y el fracaso subsiguientes, si estás seguro de... TI. Es decir, si sientes entusiasmo por el jaleo.)

NUEVA EMPRESA   NUEVO MANDATO

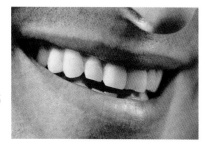

Hay una cosa llamada
"LIDERAZGO".
Si no te resulta divertida...
HAZ MUTIS POR EL FORO,
¡AHORA!

EL BUEN HUMOR DEL DIRECTIVO
Las personas (los líderes) que están a gusto consigo mismo también se ríen mucho. Esa es mi experiencia. De aquí, dos de mis reglas:
1. No trabajes nunca en un sitio donde la risa sea rara.
2. No trabajes nunca para un líder que no se ría.

43. Los líderes aceptan la responsabilidad

Es sencillo: *los líderes asumen —¡visiblemente! — la responsabilidad de las decisiones que toman y de sus consecuencias.*

(*El espectáculo de altos directivos de empresas gigantes y antiguamente prósperas "acogiéndose a la quinta enmienda de la constitución" en la televisión nacional no ha sido muy edificante.*)

En cualquier nivel, a cualquier edad, en cualquier puesto de responsabilidad: jugar el "juego de culpar a otros" destruye la... CREDIBILIDAD... del "líder" que acusa, más rápidamente que ninguna otra cosa.

¿Significa esto que no se debe realizar un análisis retrospectivo de las cosas que se han torcido? Por supuesto que no. Por otra parte, he dicho durante 20 años que "la predisposición a la acción" es el atributo positivo más significativo que pueda tener una empresa, pública o privada. Pero "predisposición para la acción" no significa olvidar el pasado. Significa que la visión retrospectiva que se debe hacer tiene un límite (relativamente bajo). Recuerda mi sincero refrendo de la "realización rápida de prototipos"; la mejor respuesta a una cosa que sale mal es evaluar un poco en retrospectiva, después, continuar deprisa con el próximo ensayo/demo/prototipo/piloto.

Hecho: las grandes burocracias piensan demasiado... y hacen demasiado poco. La "cabeza de turco" es una parte importante de este proceso debilitador y paralizante.

44. Los líderes se centran

El presidente recién jubilado de CVS/pharmacy, preside el consejo asesor de una fundación educativa. El líder educativo, que es muy creativo, estaba a punto de embarcarse en un programa para expandir su extraordinaria escuela a un sistema nacional de escuelas que encarnen su filosofía. Mi colega está en uno de esos "puntos de inflexión"... en los que el interés cambia de "hacer una gran escuela" a "hacer un gran *sistema*". "Tu prioridad número uno —decía este tipo— es crear una lista de cosas 'para no hacer'."

Curioso. ¡UNA LISTA DE COSAS "PARA NO HACER"!

Hecho: No hay nada... ¡NADA!... más fácil que confeccionar una lista de 50 cosas "PARA HACER". En la cual... CADA UNA DE ESAS 50 COSAS... es... verdaderamente... de la... mayor importancia.

Hecho: CONSEGUIR QUE SE HAGA UNA COSA SERIAMENTE ESTUPENDA... ES UNA... COSA MUY IMPORTANTE en el desempeño durante seis años de un puesto de gobernanta en jefe... de director de finanzas... de cualquier otra cosa.

Nuestro sabio consejero continuó diciendo que mi sesudo colega debería sentarse una vez a la semana, o al menos una vez al mes, con un "consejero de no hacer" amigable, pero formal, con el fin de revisar su calendario... y considerar qué es lo que se podría haber eliminado durante los últimos dos días o semanas, y lo que se debería eliminar durante los días y semanas siguientes.

Estupendo. Un "sistema" formal para "gestionar" la lista "para no hacer".

45. Los líderes se toman descansos

Las exigencias del liderazgo de cualquier nivel podrían llenar tres veces nuestras horas de vigilia, especialmente en la actualidad. En ocasiones, son necesarias 18 horas al día. Pero... ten cuidado con el desgaste. Ten cuidado, en particular, con tu *falta de conciencia* del desgaste... y de la no predisposición de quienes están en torno tuyo a decirte que estás... Zombi.

No se trata de una homilía sobre el "equilibrio trabajo-vida". Eso se lo dejo a tu esposa o marido, o a tu confesor-predicador-rabino-psiquiatra. Es una advertencia: el estrés puede matar. Literalmente. (En su versión corporal.) ¡Y, con toda seguridad, mata la eficacia!

¿Antídoto? Es cosa tuya. Unos cuantos descansos para respirar profundamente o dos minutos de meditación con-los-ojos-cerrados pueden ser tremendamente valiosos en el transcurso del día. También unas *largas* vacaciones y, a veces, un fin de semana largo. Tales descansos son esenciales y seguramente necesitarás un cierto entrenamiento para conseguirlo.

CULPA AL JUEGO

En 2001, los Texas Rangers firmaron un contrato a Alex Rodríguez (A-Rod) por 250 millones de dólares. Los Rangers comenzaron la siguiente temporada de manera muy deficiente. Muy deficiente. Claramente, alguien tenía que caer. ¿A quién echar? ¿A A-Rod o al entrenador? Al entrenador... por supuesto. Del mismo modo, cuando una orquesta sinfónica comienza a flaquear, quien tiene que irse es el director, no el primer violinista.

El tema: en una empresa basada en el talento (¿y qué empresa actual no está basada en el talento?), el fracaso es... culpa del líder.

Mensaje: Tú los has seleccionado. Tú los has contratado. Tú los has entrenado. Tú los has evaluado. Los has dirigido. Ellos no rinden. Es culpa tuya.

SOBRECARGA EXPRÉS

En toda organización hay siempre 100 cosas importantes que se tienen que hacer. Pero, según mi experiencia como observador, los líderes que dan tumbos son los que tratan de hacerlas todas a la vez.

Yo llamo a esto... SIE: Sobrecarga de Iniciativa Estratégica. Que invariablemente desorienta y cabrea a todos los miembros de una organización.

"Tú eres quien tiene que asegurar que los adictos al trabajo (*workaholics*) de *tu establo* se tomen descansos".

Una cosa más: ¡cuanto más difíciles sean las circunstancias, cuanto más "imposibles" sean los descansos, más necesitas tomarlos! Mr. Bush dice que se relaja más en sus horas de entrenamiento diario desde el 11 de septiembre. Me parece que tiene sentido. El impedido FDR dedicaba tiempo con regularidad a su colección de sellos.

Mensaje I: *¡los Zombis son líderes malísimos!*

Mensaje II: *los Zombis son los últimos en darse cuenta de que están... ¡Zombis!*

Mensaje III: *tú eres quien tiene que asegurarte de que los adictos al trabajo de* tu establo *se tomen descansos*, a punta de pistola *si es necesario*.

Haz un favor a un amigo: échalos de la oficina... al final de otro día de 16 horas de trabajo.

46. Los líderes expresan su pasión

En su libro *The Leader's Voice*, mis colegas Boyd Clarke y Ron Crossland dicen que *"la visión es cuestión de enamorarse de una idea"*.

La "visión" no es algo creado por un... *comité*.

La "visión" no es algo generado mediante... *análisis*.

La "visión" no es un subproducto del... *informe de una consultora*.

La "visión" es cuestión de... *AMOR*... salvaje, apasionado, incontrolado.

6699
ORDEN DE BATALLA

Cuando James Schlesinger se disponía a convertirse en Secretario de Defensa de los Estados Unidos con Jimmy Carter, recibió el siguiente consejo de su colega Richard Hallock: "Debes comprender que si quieres dejar un legado es vital que tomes una rápida decisión sobre dicho legado... porque después de varios meses estarás tan absorbido por los asuntos del Pentágono... tan abrumado... que será demasiado tarde. Elige unos cuantos proyectos y pon todo el peso de tu departamento en ellos. Guía los proyectos. Incentívalos. Haz saber desde el principio que serán tu legado. Haz que superen la burocracia".

!
TOMA TIEMPO O HAZ TIEMPO

Las personas que llegan a la cumbre de una empresa tienen generalmente más energía que el resto de nosotros. Pero no tanta energía como piensan. Cuando veo en la televisión a los CEO conducidos esposados ante los tribunales, me pregunto si no podían haber eludido ese destino... si se hubieran tomado más semanas de vacaciones.

La "visión" es cuestión de amor... salvaje... apasionado... incontrolado.

Cuando empecé a escribir sobre liderazgo, hice una transparencia en PowerPoint que me sorprendió. Decía que el liderazgo era... "una cuestión de amor".

Amor según la definición de Tom P.: *Pasión. Gusto por la vida. Compromiso. Grandes causas y la decisión de establecer una diferencia. Aventuras compartidas. Fracasos valientes. Crecimiento. Apetito insaciable por el cambio.*

Me cayó simpático el libro de Tracy Kidder, *The Soul of a New Machine*, 1981, la saga de fabricar una minicomputadora muy arriesgada —y finalmente muy exitosa— en Data General. Recuerdo en particular el proceso en el que los líderes del proyecto "ficharon" a los miembros del equipo. (Su expresión: "fichar".) Recuerda, eran días en que no era usual asumir riesgos. Pero los líderes-piratas de GD pidieron a los mejores-y-más-brillantes que eludieran el proyecto principal de la empresa y "ficharan"... que se unieran a ellos en una... Cruzada... de escasas posibilidades... para Cambiar el Mundo.

47. Los líderes son la marca

La marca es una "cuestión de carácter". De aquí que "el asunto de la marca" sea... personal. Una pura cuestión de liderazgo. El líder —Welch en GE, Goizueta en Coca-Cola, Gates en Microsoft, Jobs en Apple, Branson en Virgin Group— es la marca.

Aunque a la marca la puedan *apoyar* docenas y docenas de programas, lo que define la marca para muchos públicos son las acciones momento-a-momento de Knight de Nike, Ellison de Oracle o Bush de América.

"¡LOS LÍDERES necesitan ser como el peñón de Gibraltar sobre patines!"

Hecho: no hay nada que sea una "minucia" para los líderes. Ya seas el líder de un equipo de proyecto de 24 años, recién incorporado... o un gran jefe... todas las personas que trabajan "para" ti son lectoras empedernidas de las hojas de té. (De TUS... hojas de té).

Es decir, ellas están contemplando (metafóricamente, al menos) la forma en que empleas el tiempo, por ejemplo.

La forma en que empleas el tiempo: un... "por ejemplo"... IMPORTANTE. La forma en que empleas el tiempo... pone de manifiesto *exactamente* aquello de lo que te preocupas.

¡Gestiónate a tí mismo! (¡*Verdaderamente*!) ¡Vigílate a tí mismo! (¡*Verdaderamente*!) Vivirás... o morirás... en cuanto líder... según el grado en el que... tu calendario refleje.... precisamente y al minuto... tus prioridades sobre la marca.

Resumen:

1. Tú = tu calendario
2. Tú = la marca
3. La marca = tu calendario
4. CQD

POSTDATA: HACIA UN LEGADO

48. Los líderes saben cuándo dejarlo

Hay un momento para llegar. Y... un momento para marcharse.

Las personas que son grandes para "agitar las aguas y provocar el cambio" son, por lo general, tristemente ineptas a la hora de "mantener a flote el condenado asunto" una vez que se ha lanzado dentro de "el sistema".

Resulta que ninguno de nosotros somos "hombres (¡mujeres!) para todo". Somos hombres y mujeres para una cosa... es decir, damos lo mejor de nosotros durante un corto periodo de tiempo.

Piensa en ello.

49. Los líderes...

En una temprana (y considerablemente diferente) versión de esta lista que escribí para la revista *Fast Company*, pedí a los lectores que diesen sus definiciones de "liderazgo". De las 287 respuestas que recibí, muchas de ellas estaban al menos tan "en línea" como mis observaciones preliminares. He aquí mis favoritas:

"Contrata inteligencia. Busca locos. Ten modales. Comete errores. Ama la tecnología. Comienza todo de nuevo."

"El liderazgo es el proceso de comprometer a las personas para crear un legado de excelencia."

"Los líderes son individuos cuya presencia pueden oler, sentir, tocar los empleados."

"'Sólo es profesional, no personal': SIEMPRE ES PERSONAL."

"A los líderes les gusta su trabajo. Esa pasión es contagiosa."

"Los líderes llevan un niño dentro de ellos."

"Los líderes destilan integridad." (Esta me llegó al menos dos docenas de veces entre las 287 respuestas. Y fue antes de Enron, WorldCom, Adelphia y otras.)

"Los líderes no tienen miedo nunca de salirse de los (malos) negocios."

"Los líderes comunican sin descanso."

"Los líderes seleccionan sus batallas cuidadosamente."

"Los líderes no siempre se salen con la suya."

"Los líderes se preocupan."

"A los líderes les gusta su trabajo. Esa pasión es contagiosa."
"Los líderes llevan a un niño dentro de ellos."

NUEVA EMPRESA   NUEVO MANDATO

"Los líderes sirven."

Y mi favorita...

"Los líderes necesitan ser como el peñón de Gibraltar sobre patines".

50. Los líderes hacen cosas que importan

A veces pienso que toda la "literatura sobre liderazgo" apesta, incluida buena parte de las cosas que he escrito. Se pone demasiado el acento en la táctica y en la motivación (y, francamente, en la manipulación). Todo eso carece de sentido: *¿liderazgo para qué?* Desde King, Ghandi y Jefferson... a Bill Gates, Steve Jobs y Richard Branson... los líderes lideran porque quieren conseguir... hacer... una cosa particular. Quieren conseguir... Cosas Que Importan.

Steve Jobs pretendía cambiar el mundo... con una idea "locamente importante" (su expresión) sobre lo que tenía que ser una computadora. Siguiendo con la tecnología, podríamos decir lo mismo sobre Michael Dell. También sobre Larry Ellison (Oracle). O, en el mundo de los servicios financieros, podríamos señalar a Charles Schwab y Ned Johnson (Fidelity).

Estos y otros grandes líderes no son (solamente) grandes a la hora de "liderar". Son grandes a la hora de inducir a los demás nuevos viajes a... lugares de importancia sin igual.

! Contrastes	
ERA	**ES**
"Cambiar" a la gente	Responsabilizar a la gente
Mando y control	Creación de "contexto"
Piensa grandes cosas	Realiza hazañas atrevidas
Planifica, planifica, planifica	Juega, juega, juega
Serenamente distante	Tercamente enfadado
Pureza	Paradoja
"No me preocupa" ("... lo que piensas")	"No sé" ("... todas las respuestas")
"Transformar" a las personas	Transferir oportunidades
Hacerlo todo	Delegar
Humo y espejos (el liderazgo como mística)	Detalles básicos y prácticos (el liderazgo como maestría)
El "clan del plan"	El "partido de la acción"
Preocupación por la propia imagen	Trabajar la propia imaginación
Pura lógica	Logística prosaica
"Corregir" a las personas	Conectar a las personas
El líder como "hombre sabio" (olvidar a las mujeres)	El líder como "hombre (¡o mujer!) de los porqués'"
Presidir	Impulsar
Liderar para... el largo plazo	Liderar con... un largo disparo
Hacer el agosto	Establecer una marca

SUEÑA COMO SI FUERAS A VIVIR ETERNAMENTE. VIVE COMO SI FUERAS A MORIR HOY.

JAMES DEAN

Índice

Agradecimientos

Dorling Kindersley quiere dar las gracias a:

Editorial Corinne Asghar, May Corfield, Antonia Cunningham, Jude Garlick, Cathy Rubinstein
Diseño y Maquetación Sarah Cowley, Michael Duffy, Jackie Plant
Índice Janet Shuter
Lectura de pruebas Amy Corzine

PERMISOS

Se agradece la contribución de:

The Assoicated Press: Extractos de "Forever Young", por Colleen Long. Reimpreso con autorización de The Associated Press.

The Economist: Extractos de "Over 60 and Overlooked" © The Economist Newspapers Limited, Londres, 10 agosto 2002.

The New York Times Co.: Extractos de "One Woman's Account of Two Hotel Experiences", por Joe Sharkey, copyright © 2002 by The New York Times Co. Reproducido con autorización.

The New York Times Co.: Extractos de "Sometimes, Second Place for Homework", por Hubert B. Herring, copyright © 2002 by The New York Times Co. Reproducido con autorización.

Robert Reich: Extractos de *I'll Be Short: Essentials for a Decent Working Society*, por Robert Reich. Copyright © 2002 by Robert B. Reich. Reproducido con autorización del autor y de Beacon Press, Boston.

Rodale Inc.: Sinónimos de "experiencia" reproducidos de *THE SYNONYM FINDER* © 1978 por Rodale, Inc. Autorizado por Rodale, Inc., Emmaus, PA 18098. Disponible en librerías, o en www.rodalestore.com o en el editor en (800) 848-4735.

Gracias también a Stewart Clifford en www.enterprisemedia.com por proporcionar las cintas de vídeo.

CRÉDITOS DE LAS FOTOGRAFÍAS

El editor quiere agradecer a Kellie Walsh todas las fotos de Tom Peters del interior del libro.

Dorling Kindersley agradece también la amable autorización para reproducir sus fotografias: (Clave de las abreviaturas: ar=arriba, ab=abajo, d=derecha, i=izquierda, c=centro)

Búsqueda de fotografías
Pernilla Nissen
Librería de fotografías
Richard Dabb

2: Corbis Jon Feingersh (fila inferior i), Paul A. Souders (cuarta fila d), Randy Faris (segunda fila i), Stephen S. T. Bradley (segunda fila c), Cooper Hewitt Museum (cuarta fila i), Science & Society Picture Library/Science Museum (fila inferior d), Science Photo Library Daniel Sambraus (fila superior d), Jerrican Mura (fila superior c), Simon Fraser (fila inferior c), Getty Images Clarissa Leahy (fila inferior i), David Roth (cuarta fila dd), Davies & Starr (fila superior dd), Donna Day (tercera fila d), Greg Pease (segunda fila ii), Hans Gelderblom (cuarta fila i) Martin Barraud (segunda fila ii), Matthias Clamer (segunda fila d), Myron (tercera fila dd), Tom Schierlitz (fila inferior d); **12:** Corbis Hans Halberstadt (ab), Paul Edmondson (ar); **21:** Science Photo Library James King-Holmes (ab), Getty Images Christian Lagereek (abd); **22-23:** Bridgeman Art Library, Londres/New York British Library, Londres; **24:** Corbis Massimo Listri (ar), Getty Images Antonio M. Rosario (ab); **28:** Science Photo Library Patrice Loiez, CERN (ab), Getty Images Christian Lagereek (ar); **31:** Corbis (ab), Mark Peterson (abi); **32:** Ronald Grant Archive cortesía de British Lion/London Film Productions (ari); **33:** Paul A. Souders (abd); **34:** Corbis Archivo Iconografico, S. A. (abi, ard), Bettmann (ci, abd), Hulton Archive/Getty Images (ari), PA Photos/EPA (cd); **35:** Corbis Paul A. Souders (abd); **37:** Corbis Paul A. Souders (abd); **39:** Corbis Mark Peterson (ar); **41:** Corbis Paul A. Souders (abd); **43:** Corbis Paul A. Souders (abd); **45:** Corbis Paul A. Souders (abd); **49:** PA Photos/EPA (ab), Science Photo Library Mehan Kulyk (abd), Getty Images Bruce Ayres (abi); **51:** Corbis Ray Krantz (ar), Science Photo Library Jerrican Mura (ab); **53:** Science Photo Library George Bernard (ard); **55:** Ronald Grant Archive cortesía de Paramount Pictures (ard); **56:** Corbis Roger Ressmeyer (ar), cortesía de Wal*Mart (ab); **59:** Science Photo Library Daniel Sambraus (abi), Getty Images Nicholas Veasey/Photographer's Choice (ab), Don Butcher (abd); **61:** Getty Images Rex Butcher (abd); **62:** Science Photo Library Daniel Sambraus (ari, ard, ci, cd, abi, abd); **63:** Mary Evans Picture Library (ard), Getty Images Rex Butcher (abd); **64:** Getty Images Brian Stablyk (abi); **67:** Getty Images Rex Butcher (abd); **68:** Science Photo Library Jerry Mason (abi); **69:** Getty Images Rex Butcher (abd); **73:** Corbis (ab), Getty Images Davies & Starr (abi), Siegfried Layda (abd); **75:** Corbis (fila inferior d, fila segunda ci, tercera fila cd, fila superior i), Getty Images Bruce Ayres (segunda fila cd, tercera fila d, fila superior ci), Dirk Westphal (segunda fila d, fila superior cd), Farmhouse Productions (fila superior d), Nicolas Russell (fila inferior cd, segunda fila i, tercera fila ci), Paul Thomas (fila inferior i), Sadik Demiroz (fila inferior ci, tercera fila i); **76:** Getty Images Howard Huang (ar), Inc. Butch Martin (ab); **77:** Getty Images Benelux Press (ar), Christopher Bissell (ab); **78:** Getty Images Vonda Hussey (ard); **80:** Getty Images VCL (ar); **82-83:** Getty Images Davies & Starr; **85:** Getty Images G. K. & Vikki Hart (abi); **88:** Science Photo Library Gusto Productions (ab), Will & Deni McIntyre (ar); **89:** Corbis Philip Bailey (ab), Getty Images David Lees (ar); **90:** Corbis Douglas Slone (ab), Science Photo Library (ar); **91:** Getty Images Kaz Chiba (ar), Peter Gridley (ab); **92:** Corbis Philip Harvey (ar); **93:** Getty Images Greg Pease (ab); Luis Veiga (ar); **97:** Corbis Leif Skoogfors (abi), Royalty-Free (ab), Getty Images Greg Ceo (abd); **99:** Corbis Bob London (ard), Najlah Feanny/Saba (cd), Peter Turnley (abd), Robert Maass (abi), Royalty-Free (ci), Magnum Martin Parr (ari); **102:** Corbis Randy Faris (ab); **103:** Corbis RNT Productions (abd), Getty Images David Hanover (ard), Ghislain & Marie David de Lossy (abi); **106:** Getty Images Greg Ceo (ab); **107:** Corbis Joseph Sohm (abd), Getty Images Paul Edmondson (abi); **108:** PA Photos/EPA (ab); **113:** Robbie Jack Photography (abd); Cortesía de Starbucks (abi), Getty Images Brian Stablyk (ab); **116:** Cortesía de Starbucks (c); **117:** Ronald Grant Archive cortesía de Columbia (ar), con la amable autorización de Guinness & Co. (c) Guinness & Co. Todos los derechos reservados (cd), cortesía de Starbucks (ab), Getty Images Grant V. Faint (ci); **120:** Corbis Kim Kulish (ard), Stephen S. T. Bradley (ari); **121:** Corbis Martyn Goddard (ard), Yassukovich/Sygma (ari); **125:** Ronald Grant Archive cortesía de Time Warner (ab), **125:** Getty Images Matthias Clamer (abi), Richard Ross (abd); 126-27: Corbis William Manning; 128-29: Corbis Bill Robinson/ Sygma (ab), William Manning (ar); **130:** Corbis Alain Nogues/Sygma (ab); Stephane Cardinale/Sygma (ard), Viviane Moos (c), Wally McNamee (ari), William Manning (ar), cortesía de Google (cd), cortesía de Intel Corporation Ltd (ci); **133:** apple mac computers cortesía de Apple (abi), Corbis Royalty-Free (ab); **137:** Gillette Group cortesía de Gillette Group (abd); 138-39: Gillette Group cortesía de Gillette Group; Gillette Group cortesía de Gillette Group (ari), Sony Corporation cortesía de Sony (abd); **143:** apple mac computers cortesía de Apple (ard, abi), Cortesía de BMW (abd), Corbis DiMaggio/Kalish (ari); **147:** Corbis George Hall (abd), Science Photo Library Scott Camazine (abi), Simon Fraser (ab); **151:** Science Photo Library Scott Camazine (c), Simon Fraser (ar); **152:** Corbis George D. Lepp (ar); **155:** Corbis Bettmann (ab), Getty Images Bruce Forster (abd); 156-57: Getty Images Jody Dole; 160-61: Corbis Bettmann; **161:** Corbis Wally McNamee (cd); **167:** Corbis Ariel Skelley (abi), Mark Garten (abd), Getty Images Bill Truslow (ab); **169:** Getty Images Jason Hetherington; **170:** Getty Images Chip Simons; **171:** Corbis Larry Williams (ard); **172:** Corbis Natalie Fobes (ari); **173:** Corbis Charles Gupton (ar), Chuck Savage (abi), Getty Images Steve Smith (abd); **174:** Corbis Anton Daix (ard), Getty Images Norma Zuniga (ari); **176:** Getty Images Ghislain & Marie David de Lossy; **179:** Getty Images Bill Truslow (ard), Clarissa Leahy (ari); **180:** Getty Images Justin Pumfrey; **183:** Getty Images Howard Kingsnorth (ard); **185:** Corbis Tamara Beckwith (abi); Science Photo Library Scott Camazine (abd), Getty Images Don Farrall/Photodisc Green (ab); **187:** Getty Images Don Farrall/Photodisc Green (cd); **188:** Science Photo Library Scott Camazine (abi); **189:** Magnum David Hurn (ari), Getty Images Donna Day (ci), Robert Daly (cd), Thomas Hoeffgen (ard); **195:** (c) EMPICS Sports Photo Agency (ab); **196:** (c) EMPICS Sports Photo Agency (ci); **197:** Ronald Grant Archive cortesía de Warner Brothers; **203:** Corbis Bettmann (abi), Jon Feingersh (abd) Tim Davis (ab), Getty Images C Squared Studios/Photodisc Green (ab), Will Crocker (abi); **204:** Corbis Bettmann (ci); 206-07: Cooper Hewitt Museum; **211:** Getty Images Hans Gelderblom (abi), Ross Harrison Koty (abd); **212:** Getty Images Jean-Noel Reichel (ab); **213:** Getty Images Hans Gelderblom (abc); **215:** Corbis Andrew Brookes; **216:** Magnum Chris Steele-Perkins (ar), Ian Berry (ab); **218:** Corbis (c) Joseph Sohm; ChromoSohm Inc.(ari); **219:** Getty Images Ross Harrison Koty (abi, abd); **220:** Corbis Tim Davis (ari); **221:** Getty Images James Balog (ab); **223:** Getty Images Paula Bronstein (abi); **225:** Corbis Mug Shots (abi), William Whitehurst (ar); **229:** Corbis Doug Wilson (abd); **230:** Corbis Cooperphoto; **235:** Corbis Rufus F. Folkks (abd), Getty Images Adastra (abi), Karen Moskowitz (ab); **238:** Corbis Charles O'Rear (ar), Paul A. Souders (ab); **241:** Corbis Bill Miles (abd), Jennie Woodcock/Reflections Photolibrary (c), Johnny Buzzerio (ci), Michael Pole (cd), Steve Prezant (ar),Tom Stewart (abi); **244:** Corbis Tim Davis (ar); **249:** Getty Images David Roth (abd), Ellen Stagg (ab), Willie Maldonado (abi); **251:** Arena PAL Toby Wales (arc); **251:** Corbis Duomo (ari, c), Kraig Geiger/Sygma (ci), Sygma (cd), Ronald Grant Archive cortesía de 20th Century Fox (ard); **253:** Corbis Duomo (ar); **254:** PA Photos/EPA (abi); **255:** Getty Images Ellen Stagg (ard); **256:** Corbis Duomo (ci); **257:** Corbis Amos Nachoum (abd); **258:** Davies & Starr (ard); **260:** Corbis Sygma (abd); **261:** Getty Images Anthony Marsland (abd); **262:** Getty Images David Roth (abi); **263:** Getty Images David Roth; **264:** Getty Images Willie Maldonado (abi); **265:** Corbis Gerald Zanetti (cd); **267:** Corbis Lee Cohen (abi); **269:** Bridgeman Art Library, Londres/Nueva York (abi), Corbis Gregory Pace/Sygma (ab), PA Photos/EPA (abd); **271:** Corbis Steve Prezant; **272:** Corbis Jon Feingersh (ari); **273:** Bridgeman Art Library, Londres/Nueva York (cii), Corbis Bob Daemmrich/Sygma (arci), Frank Trapper/Sygma (ard), Joseph Sohm/Chromosohm Inc. (ci), Neville Elder/Sygma (cdd), Colin McPherson/Sygma (cd), Gregory Pace/Sygma (arcd), Richard Smith (ari); **277:** Science Photo Library Tracy Dominey (ab), Getty Images Myron (abd), Peter Cade (abi); **279:** Getty Images Myron (abd); **281:** Impact Photos Peter Arkell (ab), Getty Images Peter Cade (ar); **284:** Getty Images David Roth; **286:** Corbis LWA-JDC (ab), Steve H. McDonough (ar); **289:** Corbis Tom Stewart (ard); **295:** Corbis Nancy A. Santullo (abd), Getty Images Kelvin Murray (ab), Martin Barraud (abi); **296:** Getty Images Martin Barraud (ci); **297:** Corbis Bettmann (abd); **299:** Getty Images Peter Beavis (abd); **300:** Corbis Nancy A. Santullo (abi); **301:** Corbis RNT Productions (cd), Getty Images Jana Leon (abd); **302:** Corbis Allen Ginsberg (abi); **303:** Corbis Ronnie Kaufman (abd), The Art Archive National History Museum Mexico City/Dagli Orti (ard); **305:** Science & Society Picture Library Science Museum (abd), Getty Images Fox Photos/Hulton Archive (abi); **306:** Corbis Bettmann (ari); **307:** Corbis Bettmann; **310:** Corbis Sygma (ard), Science Photo Library NASA (ari, ar); **312:** Corbis Tom Wagner (ard), Science & Society Picture Library National Museum of Photography, Film and Television/Science Museum (ari); **313:** Corbis Paul A. Souders (ard), Science Photo Library Volker Steger (ari); **315:** Corbis Chuck Savage (abd), Getty Images Bill Truslow (ard), Lambert/Hulton Archive Photos (ari), Steven Gottlieb (ar); **316:** Getty Images Pete Pacifica (ari); **319:** Corbis Don Mason (abi); Getty Images Tom Schierlitz (ab); **320:** Corbis Georgina Bowater (abd); **323:** Getty Images Tim Simmonds (ar); **324:** Getty Images Bob Scott (ab), Leland Bobbe (ard), Per-Eric Berglund (ari), Zigy Kaluzny (ar); **326:** Getty Images Pando Hall (ar); **328:** Getty Images David McGlynn (abd); **329:** Corbis Jonathan Blair (ar); **330:** Corbis James L. Amos (ab); **332:** Getty Images PHOTOMONDO (ar), Wendy Ashton (ab); **333:** Corbis Don Mason (abd); **335:** Corbis Joseph Sohm/Visions of America (abd); **336:** Getty Images Dan Hallman (abi); **337:** Getty Images Wilfred Krecichwost (ab); **339:** Getty Images Christian Hoehn (ard), Clarissa Leahy (ari), David Leahy (c); **340:** Getty Images Erik Dreyer (ari), Jason Hetherington (ard), Jim Naughten (cd), Paul Viant (ci), Peter Beavis (c), Yellow Dog Productions (ar); **341:** Corbis Volker Mohrke (abd), Getty Images Marc Romanelli (abi).

Resto de las imágenes (c) Dorling Kindersley. Ver, para más información: www.dkimages.com

Agradecimientos del autor

Si te has visto envuelto en un proyecto como éste, sabes bien que no hay nada que se pueda considerar como una contribución "pequeña". La contribución más "insignificante" es vital para el resultado. Por ello, en un determinado nivel, todo el mundo, incluido el "autor", merece exactamente la misma paga. Ni más. Ni menos.

Sin embargo, tengo que reconocer diferencias en la contribución.

En primer lugar y sobre todo, Erik y Mike. Erik Hansen es el "director del proyecto". Es el sexto libro en el que hemos trabajado juntos. Por decirlo brevemente, si Erik dejara de dirigir el proyecto, yo dejaría de escribir. Quienes no están en nuestro (extraño) mundo no tienen ni idea de los miles de (literalmente) miles de bolas con las que hay que hacer malabarismo con vigor y aplomo. Erik es el mejor.

A Mike Slind se le denomina "editor". Sería mejor coautor desconocido (excepto para mí). Su enorme talento como autor y editor brilla en cada párrafo y en cada página de este libro. Desde mi colaboración con Bob Waterman en *In Search of Excellence,* no había encontrado un auténtico socio con tal capacidad de forja para las palabras y las ideas.

Stephanie Jackson es el equivalente de Erik en Dorling Kindersley. Estoy acostumbrado a los editores fríos. No es el caso de Steph. Su pasión por este libro —y su increíble seguimiento del mismo— brilla también en cada página.

Susan. La dedicatoria va para mi mujer Susan Sargent. Artista y empresaria, pedía esencialmente que reformulara mi mensaje de una forma enérgica. Cuando ya desesperaba de hacer otro "libro importante" ella insistió en que hablase con Dorling Kindersley, un editor sin igual. En la primera reunión con Marjorie Scardino, CEO de la propietaria de DK, Pearson, fue Susan la que hizo "la venta", y no yo.

DK ha resultado ser un socio maravilloso. Además de Marjorie y Stephanie, permíteme señalar al editor Chris Davis. Chris creyó desde el principio y nos animó a seguir trabajando hasta que hiciéramos algo grande. (Esperamos haberlo hecho.) Peter Luff es un super gurú del diseño en DK. Y como quiera que DK es diseño ... ya tienes el cuadro. Hemos sido bendecidos al contar con la clara atención de Peter en cada aspecto de lo que aquí se contiene.

Peter ha trabajado con el editor de proyecto Nicky Munro, con la editora Jude Garlick y con el maestro en el día a día del diseño de este libro, Jason Godfrey, de Godfrey Design. Al igual que Mike Slind, Jason estuvo "en la zona" e hizo mucho más que diseñar en torno a nuestras palabras; su enfoque lleno de energía dio vida al espíritu y al carácter de este libro.

En nuestro "equipo de impresión", Cathy Mosca merece un trato especial. Ella ha sido la centrocampista de, literalmente, una docena de borradores de un manuscrito de 1.000 páginas. Maestra de los hechos y, principalmente, la reina de "ningún detalle es tan pequeño como para no ser un problema". He dormido por las noches porque Cathy no dormía. Cathy apenas ha estado sola; la dura tarea de revisar los hechos, el vértice de mis preocupaciones, ha sido llevada a cabo brillante y asiduamente por Sue Bencuya, Tara Calishain y Martha Condry. Hubo un "érase una vez" hace casi quince meses, cuando todo empezó. Inicialmente dicté unas 37 cintas —y Connie Procaccini, Je'Nise Gross, Susan Wegzyn, Roszo Moser y el difunto Kevin Clarke, en el Mulberry Studio, convirtieron mis *ejem* y *ajás* en un primer borrador (¡En sucio!).

Susan, yo, Marjorie Scardino y el editor de Penguin John Makinson congeniamos desde el principio. Pero luego llegó la hora de traducir nuestras altas aspiraciones en realidad empresarial. Es decir: ¡La hora de Esther! Esther ha sido mi agente durante casi 20 años. ¡Bueno! Es más exacto decir que yo he sido su autor durante 20 años. Ella me ha guiado a través de los pantanos y los matorrales con atención y firmeza. Asistiéndola en esta ocasión estuvo John de Laney, mi abogado favorito.

Mi "rollo de los libros" procede de mi "rollo de las charlas". Y mi rollo de las charlas se debe a mis sin iguales socios en el Washington Speakers Bureau. Los fundadores Harry (Rhoads) y Bernie (Swain) revolucionaron un sector y me dieron una oportunidad increíble de parlotear-por-todo-el-globo. Harry es, probablemente, mi mejor colega (ciertamente es con el que más empatía tengo) y sus socios de mucho tiempo —entre ellos Georgene Savickas, Tony D'Amelio, Bob Thomas, Michael Menchel, Shayna Stillman, Bob Parsons, Christine Farrell, Theresa Brown— son todos miembros estrellas del Equipo Tom. (No soltar el rollo, no libro.)

Coordinar mi vida durante el año de la creación de un libro no es exactamente un paseo. Si no me crees, pregunta a Shelley. Shelley Dolley es la manager de mi vida. Ha realizado un millón de tareas "administrativas" y, como la más literaria de nuestro equipo, ha añadido también un conjunto de sugerencias editoriales. Con su clásica suavidad: "eso es horroroso". Con nuestro trabajo a medias, Shelley cometió la temeridad de dar vida a su hija Ava. No estoy seguro de la contribución de Ava al libro, pero estoy seguro de que éste será el primer agradecimiento formal en un libro para Ava. Y, a su vez, mi frenético ir y venir vez se ha hecho posible por el agente de viajes y entrenador de la vida Jen Kruger y Andrea Chlebek, de la Coordinación de Eventos del Washington Speakers Bureau. Por no mencionar a John Staus, gran jefe del sorprendente y estupendo hotel Four Seasons en Londres, que se convirtió de facto en mi casa cuando el libro estaba próximo a terminarse.

Gracias también a Charlie Macomber, capaz y dedicado socio empresarial por parte de la Tom Peters Company; Gary Gras, que me ayudó en Vermont en todas las tareas conocidas por la humanidad; Boyd Clarke, CEO de Tom Peters Company; y Geoff Tatcher, que supervisa, entre otras cosas, nuestras extremadamente importantes actividades Web.

Dos menciones especiales más. Julie Anixter es Musa Oficial. Ahora con la empresa de marcas LAGA, ella es más una encarnación de mí de lo que lo soy yo la mayor parte del tiempo. Su pasión por esas ideas no tiene límites y a veces me hace sentir que no estoy tan loco como pienso en ocasiones. He sido bendecido con cuatro o cinco estupendos mentores en los últimos 40 años. Ninguno más importante que Warren Bennis. Por decirlo brevemente: es una persona sabia y atenta que se tomó en serio mi cruzada cuando otros no lo hicieron. Decir más sería superfluo.

Y dos menciones verdaderamente especiales. Mis hijastros Max Cooper y Ben Cooper. De 22 y 18 años de edad respectivamente, tienen un espíritu libre y un enorme talento que definen el mañana para mí y que influyen en mi mucho más de lo que imagino.

Mis socios ocultos son los muchos que practican el oficio y de cuyo trabajo dependo. Por ejemplo: Faith Popcorn, Marti Barletta, Sally Helgesen y Judy Rosener... cuyos escritos y estudios en cuanto a las mujeres ha influido tan poderosamente en mi pensamiento.

Un recuerdo especial también a Donna y Ken. Donna Carpenter y Ken Silvia fueron mis "socios del libro" de 1993 a 1999. Me sacaron de mi zona de confort editorial lanzándome a un mundo que ahora culmina con mi alianza con DK.

Por último, pero no con menor importancia, hay que honrar a Rosie, Wally y Hummer. Escribir es un negocio nefasto. Al final se acaba uno cargando la amistad de todos los amigos. Entra el Trío Terrorífico —la Collie y los dos Aussies que compartieron mi despacho durante un año. Su visión del mundo puede curar casi cualquier enfermedad y desbloquear cuasi cualquier bloqueo del escritor.

Y ... una vez más. Gracias, Susan.

Londres
4 de julio de 2003

TOM PETERS

A Tom Peters le ha llamado *Los Angeles Times* el "padre de la corporación post-moderna". Según el *New Yorker*, "lo que las corporaciones americanas han llegado a ser es, en un parte no pequeña, lo que Peters las ha animado a ser". *Fortune* añade, "Vivimos en un mundo Tom Peters".

Peters saltó a la escena pública con la publicación en 1982 de *In Search of Excellence*, escrito en colaboración con Bob Waterman, que encabezó las listas de *bestsellers* durante más de dos años. En el año 2000, National Public Radio calificó esta obra como uno de los "tres libros principales del siglo sobre temas empresariales"; una encuesta de Bloomsbury en 2002 lo clasificó como el "libro sobre temas empresariales más importante de todos los tiempos".

Peters publicó a continuación *A Passion for Excellence* (1985, con Nancy Austin); *Thriving on Chaos* (1987); *Liberation Management* (1992, considerado en una encuesta como "el libro de managemente de la década", de los noventa); *The Tom Peters Seminar* (1993); *The Pursuit of WOW* (1994); *The Circle of Innovation* (1997); *The Project50* (1999); *The Brand You50* y *The Professional Service Firm50* (1999). Recientemente han aparecido dos biografías de Peters: *Corporate Man to Corporate Skunk: The Tom Peters Phenomenon*, por Stuart Crainer; y *Tom Peters: The Bestselling Prophet of the Management Revolution,* por Robert Heller.

Además de escribir, Peters imparte unos 80 seminarios al año y es presidente de Tom Peters Company. Su currículo incluye dos ingenierías, dos licenciaturas en temas empresariales y varios doctorados *honoris causa;* sirvió en la Marina durante cuatro años (en los que estuvo dos veces en Vietnam); estuvo una temporada en la Casa Blanca como asesor en la prevención del consumo de drogas; y ocho años en McKinsey & Co. donde llegó a ser socio.

Tom y su familia viven entre una granja en Vermont y una isla de la costa de Massachusetts. Se puede contactar con él en: tom@tompeters.com.